望城年鉴 2021

WANGCHENG YEARBOOK

长沙市望城区地方志编纂委员会　编

方志出版社
Publishing House of Local Records

图书在版编目(CIP)数据

望城年鉴. 2021/长沙市望城区地方志编纂委员会编. --北京 : 方志出版社，2021. 11

ISBN 978-7-5144-4994-5

Ⅰ. ①望… Ⅱ. ①长… Ⅲ. ①望城—2021—年鉴 Ⅳ. ①Z526. 44

中国版本图书馆CIP数据核字(2021)第275415号

望城年鉴（2021）

编　　者：长沙市望城区地方志编纂委员会
责任编辑：罗　滔

出 版 者：方志出版社
地址　北京市朝阳区潘家园东里9号（国家方志馆4层）
邮编　100021
网址　http: //www.zgfzcb.cn

发　　行：方志出版社图书营销中心
电话（010）67110500

经　　销：各地新华书店

印　　刷：湖南省日大彩色印务有限公司

开　　本：889×1194　1/16

印　　张：21

字　　数：758千字

版　　次：2021年12月第1版　2021年12月第1次印刷

印　　数：0001~1500册

ISBN 978-7-5144-4994-5　定价：210.00元

《望城年鉴》编纂委员会

顾　　问　张作林　苏春光　李雪龙

主　　任　孔令强

副 主 任　杨钦涵（常务）　黄金国

成　　员　李刚民　李果实　徐志辉　李　勇　刘　彬
　　　　　陈宏武　贺　艺　周志国　胡维平　张红元
　　　　　王涧波　吴南军　杨东方　龚国华　胡阳光
　　　　　黄　定　苏景文

《望城年鉴》编辑部

主　　编　孔令强

常务副主编　龙　宇

副 主 编　李富强　张姣美

编　　辑　宁利宏　任俊国　赵运良　刘俊杰
　　　　　袁吉平　肖　艳

翻　　译　肖　艳

《望城年鉴（2021）》组稿人员

（按编目顺序排列）

陈宇峰	佘吉琼	张　宇	刘　玲	刘银华	肖　艳	欧阳祥生
瞿俊龙	钟　珍	彭碧云	文　涛	谢晓燕	叶晨馨	吴　茜
李　伟	王　念	彭译萱	蒋瑞芳	刘玉明	刘　赛	刘鹏宇
周静文	李　灿	曾　斌	荆亚萍	李　婧	杨英占	叶　宁
周衍曾	季冬怡	刘柯渝	唐定乾	刘　颖	刘志坤	周小利
肖　刚	刘小芳	潘红波	戴　喆	冯　恋	陈　萌	阙　硕
丁亚玲	万　可	孙　澜	晏　婧	夏悦瑶	瞿　瑛	周　帆
邓燕洁	刘　赛	任　敏	梁景宇	张　如	曹　辉	方鸿华
刘　甜	王　卓	罗天一	崔淙豪	佘吉琼	谷继安	洪　威
肖　丽	彭　广	谢　意	周旻曦	黄敏超	李　宇	张　宇
袁熙军	唐春华	金文清	刘瑞洁	朱　姣	文　慧	李俊川
浣溪沙	汪芳舟	陈伟仕	张文君	杨　洋	张　璨	李　明
张　勋	江思琦	彭新凯	袁著韬	周　源	周嘉沁	付　宇
邹泽芳	王　丹	李思思	熊宝忠	李　簪	熊宝忠	易　军
卞啟阳	贺　佳	胡　超	姚　尧	董文彬	杨　理	杨兰俊英
放永志	黄烨斌	史瑞芝	刘明望	毛伟冬	杨燕舞	陈宇峰
廖安娜	何　金	张　开	谭　恋	周　硕	易雅迪	周　锦
李胜辉	刘兰竹	阳　彪	王英姿	杨　柳	苏　杰	解巾英
魏　笑	雷世勇	张姣美	任　卓	王小凤	范　琳	刘志远
李婷玉	高伟平	韩　洁	刘银华	殷　霜	陈　依	袁建武
邓　虎	唐定乾	任　喜	易　叶	胡　亮	宋子阳	李　锋
黄雅恬	黄　锐	蔡　瑶	王　娟	周　泓	陈　庆	李　焕
李湘湘	王正庭	周新宇	熊　伟	袁芝城	虢正宏	邓宇兵

编辑说明

一、《望城年鉴》是由中共长沙市望城区委员会、长沙市望城区人民政府主办，长沙市望城区地方志编纂委员会编纂的反映望城区情的大型年刊。《望城年鉴（2021）》（以下简称本年鉴）的编写坚持以马克思列宁主义、毛泽东思想、邓小平理论、“三个代表”重要思想、科学发展观、习近平新时代中国特色社会主义思想为指导，坚持辩证唯物主义和历史唯物主义的立场、观点和方法。全面记载2020年1月1日至12月31日望城区各乡镇（街道）、各部门、各行业的基本情况、主要工作和重要事件，收录了部分文件和统计资料，反映望城区2020年经济、政治、社会、生态、文化等领域的情况及存在的某些问题。所载资料力求全面、系统、真实、准确。

二、本年鉴采用分类编辑法，设类目、分目、条目三个层次。正文体例有概述、概况、条目、专文、特载、附录、资料等，以条目为主体，卷末设置索引。后附《望城红色文化资源概览（节选）》特色栏目。

三、本年鉴所载内容均由各部门、各单位专人撰写、领导审核，最后由编委会定稿。

四、本年鉴中有关全区国民经济和社会发展的主要数据由区统计局提供，行业数据由各部门提供。由于统计口径不同，引用数据时请读者以望城区统计公报为准。

五、本年鉴行政区划图由区民政局提供，书中插排图片由各单位提供，彩色专版部分图片由区内相关部门提供。

六、本年鉴标点、数字的使用按照《出版物上标点符号用法》（GB/T 15834—2011）、《出版物上数字用法》（GB/T 15835—2011）统一规范，计量单位均采用国际通用公制单位。

七、本年鉴封底附有二维码，可扫码访问年鉴电子书。

望城区行政区划图

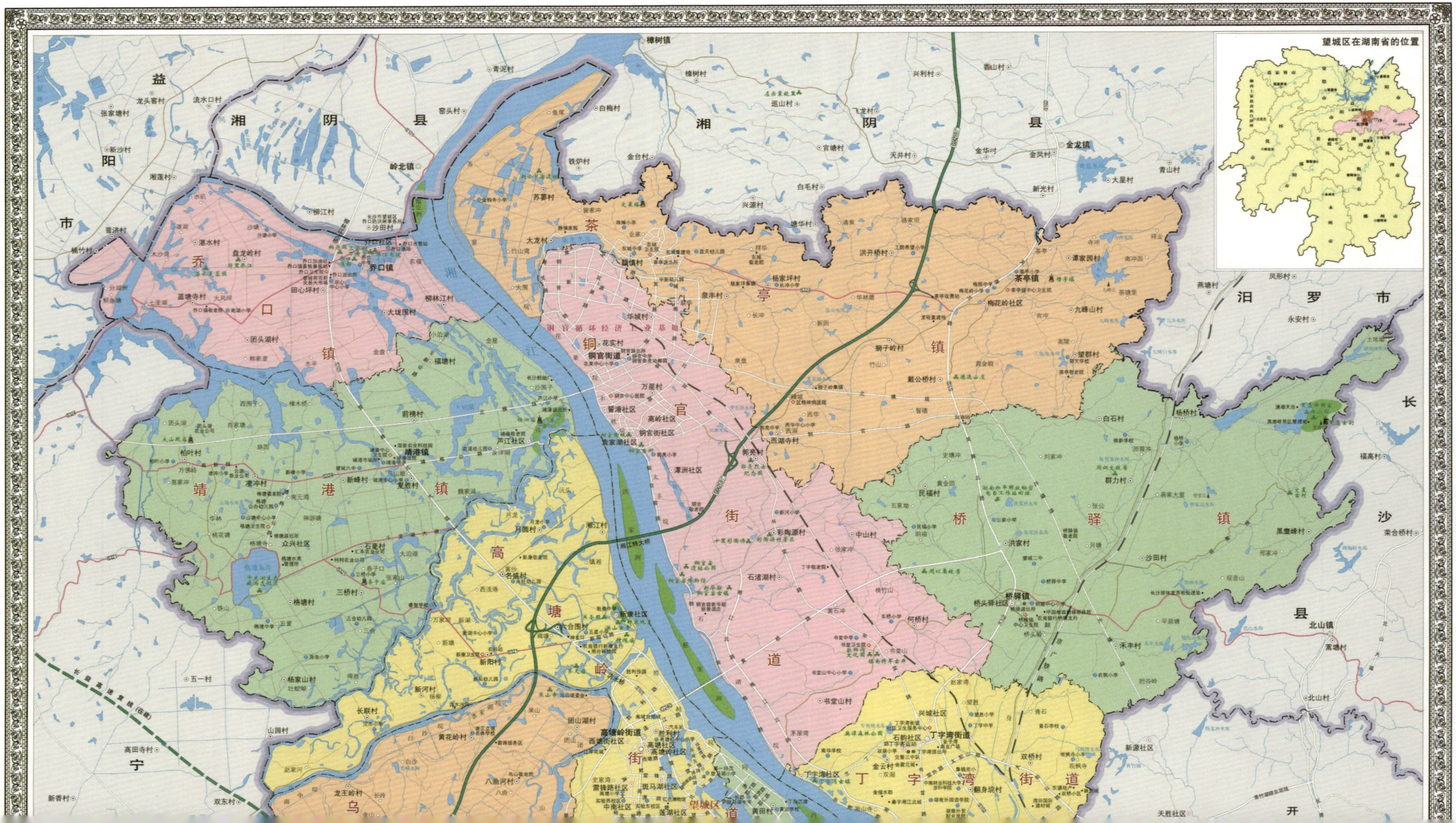

望城区在湖南省的位置
益阳市
湘阴县
汨罗市
长沙县
宁乡
开
乔口镇
靖港镇
茶亭镇
铜官街道
高塘岭街道
桥驿镇
丁字湾街道
白沙洲街道
乌山街道
望城区
湘江
樟树镇
岭北镇
金龙镇
北山镇

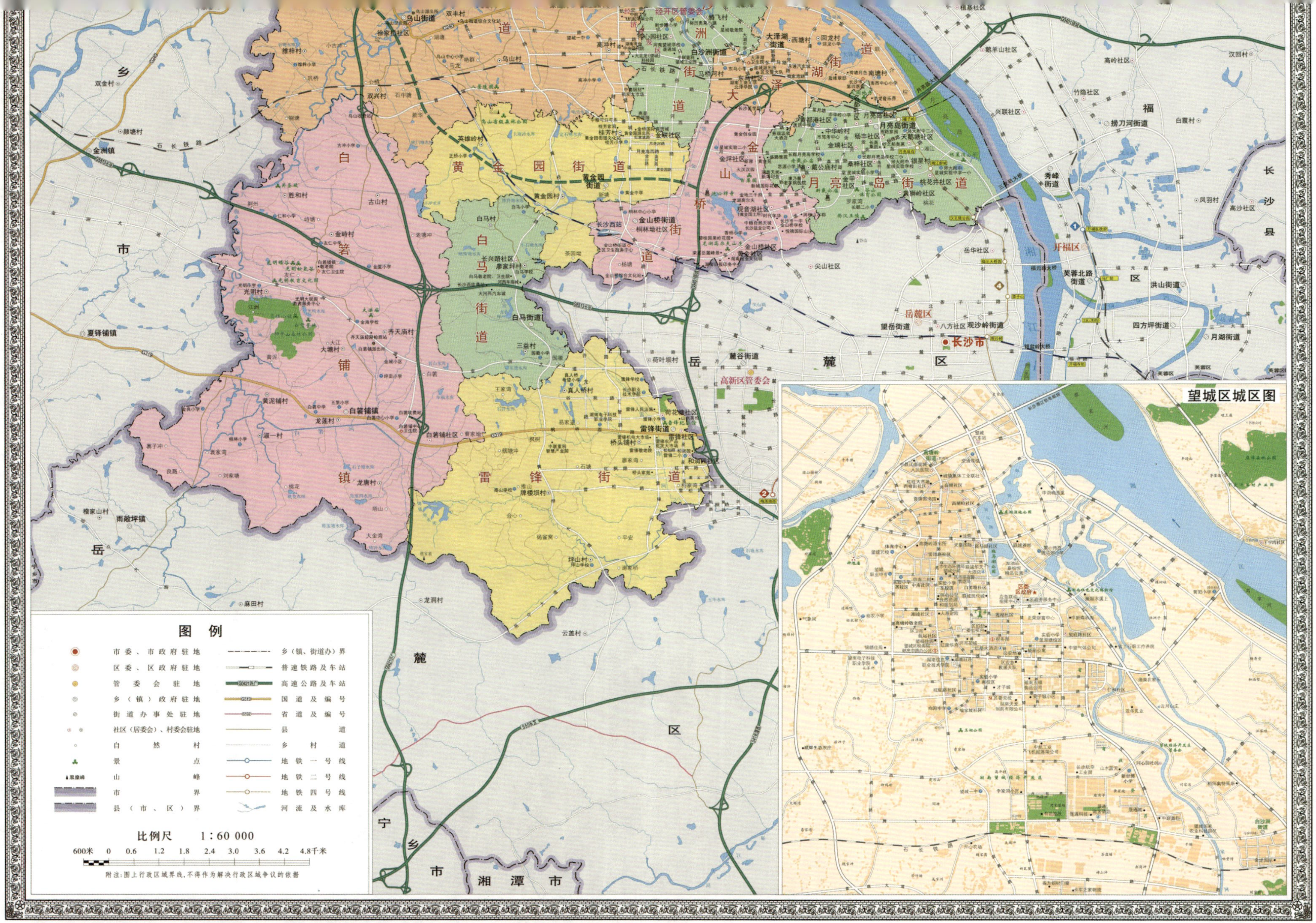

湖南省民政厅、湖南省自然资源厅 监制　长沙市望城区民政局、中国冶金地质总局湖南地质勘查院、湖南地图出版社 编制

审图号：湘S（2020）096号

望城速度

WANGCHENG

2020年是极不平凡的一年，面临疫情、经济的双重大考，望城区认真贯彻市委、市政府决策部署，统筹推进新冠肺炎疫情防控和经济社会发展，全面落实“六稳”“六保”任务，全力以赴抓产业、扩投资、促消费、稳增长，全区经济社会发展呈现向稳向好态势，凸显了发展中的“望城速度”。

抗疫复产速度

The Pace of Recovery from the Pandemic

与时间赛跑，与疫情竞速！望城区坚持把防疫作为区域治理体系和治理能力的一次大考。“早”字当头，在全省率先制定“早发现、早报告、早隔离、早治疗”疫情防控举措，用29天实现新增确诊病例清零，在全市城区中确诊病例最少。

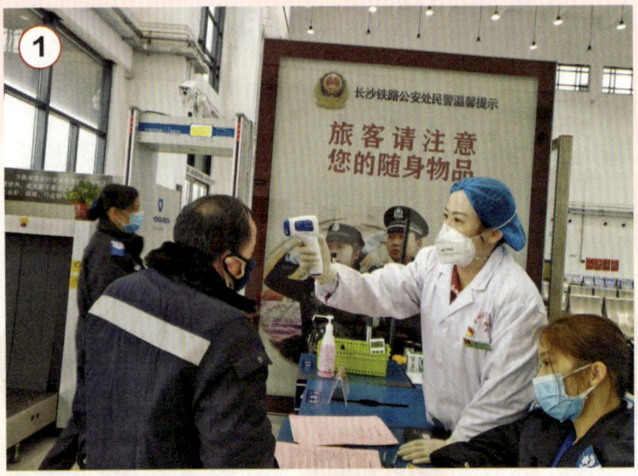

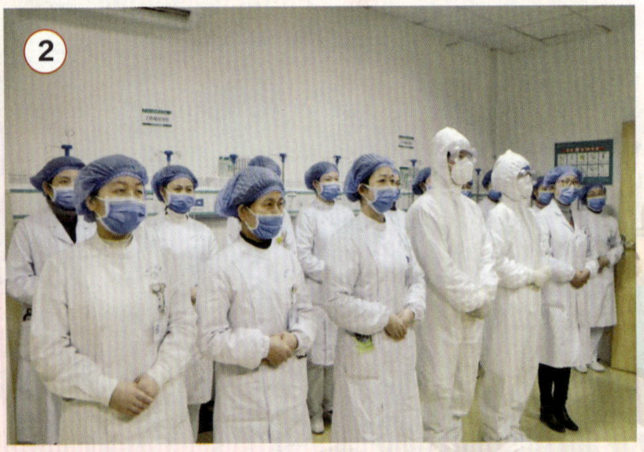

① 2020年2月，旅客进入长沙西站前接受额温测量（区卫生健康局供图）

② 2020年，望城区人民医院医护人员向疫情宣战（区人民医院供图）

③ 2020年，高塘岭街道湘陵社区为居民发放口罩（区妇联供图）

④ 2020年2月，春节期间望城党员干部在望城北大门柳林大桥值守（乔口镇供图）

①2020年2月20—21日，区委统战部联合区妇联、民盟望城支部组织20吨新鲜蔬菜及蛋类、肉类、鱼类等爱心捐赠活动（区妇联供图）

②2020年2月，桥驿镇志愿者为来望人员测量体温（桥驿镇供图）

③2020年1月28日，区卫监局对医疗机构新冠疫情防控工作进行现场督查（区卫监局供图）

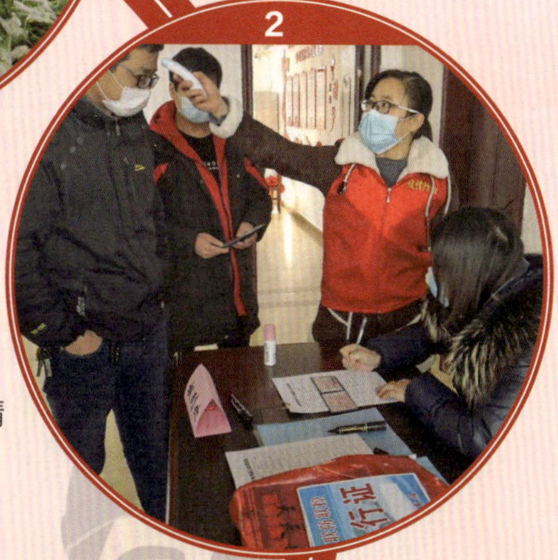

疫情传播控制迅速

望城第一时间进入战时状态，率先搭建区、街镇、村（社区）三级联防联控体系，积极筹措防疫物资，抽调1475名机关干部，动员2万余名志愿者参与群防群控。新冠肺炎疫情期间，利用大数据累计排查中高风险地区来长（望）数据2.9万条。率先开展重点人群集中隔离、核酸检测，实施“四包一”帮扶责任和“一对一”管控措施，社会秩序恢复走在全市前列。

④2020年2月，月亮岛街道桑梓社区志愿者参与小区防控工作(月亮岛街道供图)

⑤2020年2月3日，月亮岛街道干部查看天鹅塘社区返望人员情况摸排（月亮岛街道供图）

⑥2020年2月18日，高塘岭街道白芙塘社区志愿者登记车辆人员信息(高塘岭街道供图)

医疗救助科学及时

望城完成3个标准化发热门诊建设和1个隔离病区专业化改造，建成日检测量达8000人次的新冠肺炎PCR检测实验室。累计派出18名援鄂医疗队员，圆满完成防疫支援任务；月亮岛党工委获评省抗击新冠肺炎疫情表彰先进集体，李晓辉、王甜佳、陈宏武、盛状猷获省抗击新冠肺炎疫情表彰先进个人。

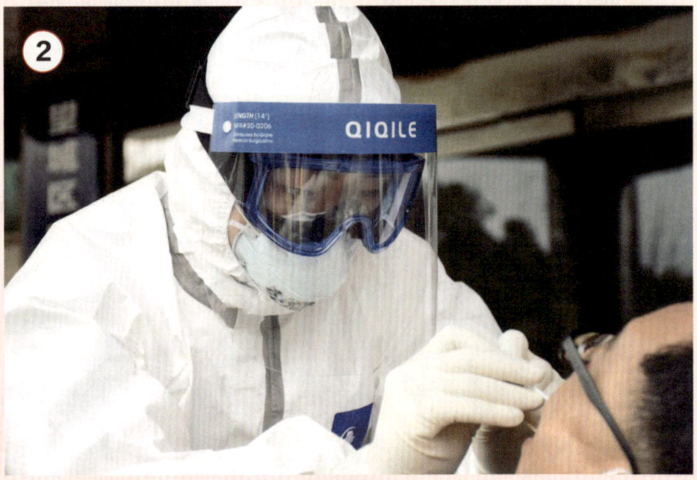

① 2020年2月，乔口镇工作人员为居家隔离住户消毒（乔口镇供图）
② 2020年2月，医护人员进行核酸检测取样（区委办供图）
③ 2020年4月22日，长沙医学院附属第一医院援鄂医疗队凯旋（区融媒体供图）
④ 2020年11月30日，湖南省抗击新冠肺炎疫情表彰大会望城区先进个人合影（区人民医院供图）

复工复产率先作为

望城率先派出免费大巴“点对点”接企业员工返岗，累计帮助企业招聘员工1.63万人。开发返（来）望人员登记管理平台、复工复产企业员工健康管理平台，提升疫情常态化管理水平。选派348名驻企联络员下沉923家企业，率先出台并兑现复工复产“望十条”、乡村旅游“望五条”、“六稳”“六保”25条等政策措施，涉企补助、奖励、政策性减免13.9亿元。

① 2020年2月21日，望城区举行支持企业复工复产第一批政策兑现活动（区委办供图）

② 2020年5月22日，长沙市“大干一百天 实现双过半”竞赛活动驻企联络员帮扶及惠企政策落地现场推进会召开（经开区供图）

③ 2020年2月28日，区检察院对湖南省泰嘉新材料科技股份有限公司进行复工复产政策指导(区检察院供图）

④ 2020年疫情期间，区工信局干部职工随车前往湖北接员工返岗(区工信局供图）

⑤ 2020年，中信戴卡股份有限公司复工复产（区融媒体供图）

园区建设速度

The Pace of Campus Construction

砥砺奋进，只争朝夕！2020年，望城全力推进“三区一园”（滨水新城片区、铜官文旅片区、高铁西城片区，国家级望城经开区）规划建设，坚持高层级指挥、高频率调度、高效率推进，全方位、强力度开展规划、设计、征拆、报批、融资等各项工作，全面加速开启“三区一园”高质量发展的崭新征程。

① 2020年8月，暮色下的文旅胜地新华联铜官窑古镇（陈洪 摄）

② 2020年，望城经开区铜官工业园区全景（铜官工业园供图）

③ 2020年9月21日，全省园区产业高质量发展交流会在望城召开（经开区供图）

④ 2020年6月，长沙绕城高速公路望城经开区互通式立交工程完工（刘湘东 摄）

1

5

滨水新城片区

滨水新城片区以加快建设生态、智慧、活力的宜居城区为目标，整体控规，优化提升。大泽湖片区产业策划、城市设计及海归小镇规划有序实施，高效完成海绵城市建设省级试点，积极推进浅层地热能开发利用省级试点。大泽湖生态智慧城综合开发建设项目正式启动，投资27.1亿元的香炉洲大桥项目实现最快报批动工。新一代半导体科创中心加快建设，康佳集团、和顺集团等总部项目入驻，引进总投资过亿元现代服务业项目10个。

2

6

3

① 2020年8月31日，明德美琪学校建成开学（毛伟冬 摄）
② 2020年9月，银星湾公园（区委办供图）
③ 2020年11月27日，普瑞隧道建成通车（毛伟冬 摄）
④ 2020年8月，新建成的月亮岛龙湖小区（刘湘东 摄）
⑤ 2020年6月，月亮岛中心消防站项目竣工（李楷哲 摄）
⑥ 2020年12月，金星大道（滨水四医院院区）地下通道项目实现主路通车（李楷哲 摄）

4

高铁西城片区

长沙高铁西城片区是以高铁长沙西站为依托，联动长沙高新区、望城经开区、宁乡经开区三大国家级园区，通过“站、景、产、城”融合，打造集商贸商务、科创研发、生态休闲等功能于一体的综合性城市功能区。2020年，望城区高标准编制高铁西城控制性详规和综合交通规划、片区产业规划等17个专项规划，快速启动片区新基建、10千伏配电网等专项规划编制，投资59亿元的高铁西站产业新城一期PPP项目加快实施。

① 2020年7月，金桥国际商城一角（区委办供图）

② 2020年6月，长沙市一中金山桥学校竣工（李楷哲 摄）

③ 2020年8月，建设中的高铁西站(刘湘东 摄)

④ 2020年1月10日，长株潭城际铁路乌山联络线开通（乌山街道供图）

⑤ 2020年8月31日，长常北高速通车(区交通局供图)

铜官文旅片区

铜官文旅片区依托铜官窑的历史文化底蕴，以“黑石号”及古窑遗址为魂，新华联铜官窑古镇、铜官文旅小镇为“双核”，带动湘江沿岸“多点”整体发展。2020年，片区整体规划基本完成，基础设施及配套建设、民宿提质全面启动，五号山谷民宿、太丰垸现代农业公园等项目加快推进，铜官草市、陈家坪遗址相继开放，中国好声音、铜官穿越跑、世界旅游小姐大赛等活动举办，进一步提升片区影响力。

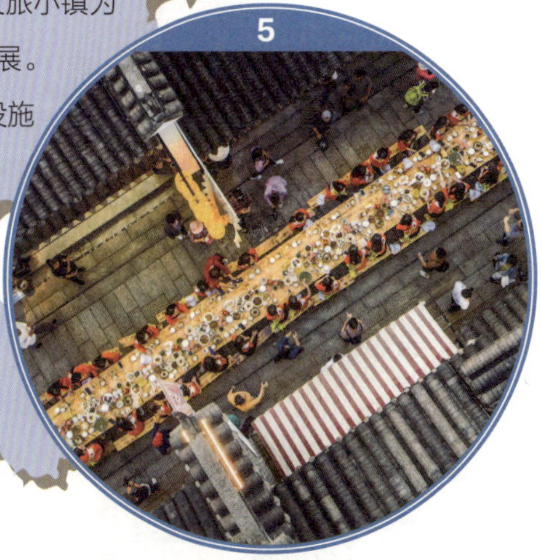

① 2020年8月，铜官五号山谷民宿(水利投供图)
② 2020年11月，太丰垸现代农业公园入口施工现场（区融媒体中心供图）
③ 2020年11月16日，“乐在望城”2020铜官穿越跑(区文旅广体局供图)
④ 2020年10月，铜官窑古镇中秋国庆游艺活动（区委办供图）
⑤ 2020年10月27日，铜官草市举行长桌宴（周灿黎 摄）
⑥ 2020年9月28日，陈家坪遗址对外开放（区融媒体中心供图）

望城经开区

2020年，望城经开区贯彻市委、市政府决策部署，紧盯目标任务，扎实开展“百日竞赛”活动，全年多项主要经济指标走在全市前列，市重大项目投资完成全年任务的120%，释放产能百亿元以上，整体发展速度稳居全市前列。作为全省唯一园区代表，在省产业项目建设推进现场观摩等会议上作典型发言，获湘江新区重大贡献奖一等奖，入选中国高质量发展百强城区。

①2020年，长沙比亚迪电子有限公司（区委办供图）

②2020年，湾田国际（肖毅　摄）

③2020年，国家级望城经济技术开发区（经开区供图）

④2020年8月29日，南京贝迪5G新材料生产基地项目签约仪式（经开区供图）

⑤2020年，望城经开区亿达智造小镇(刘湘东　摄)

产业发展速度

The Pace of Industry Development

蹄疾步稳，走出困境！2020年开局坎坷，面对国内外复杂的经济形势，望城坚定不移推进现代产业高质量发展，聚焦智能终端等重点产业链，延链条、强龙头、补短板、育生态，打好产业基础高级化、产业链现代化攻坚战。

① 2020年6月，中航飞机起落架生产车间（区委办供图）
② 2020年，TDK新视电子操作车间（区委办供图）
③ 2020年6月，望城经开区手机智能终端产业园竣工交付（区委办供图）
④ 2020年，可口可乐公司生产车间（经开区供图）
⑤ 2020年4月29日，永杉锂业年产4.5万吨锂盐项目开工（经开区供图）

工业经济

望城持续推进智能终端、绿色食品等六大重点产业链建设，立邦新材、永杉锂盐等产业项目启动建设，智能终端配件产业园、吴赣药业、金浩粮油等产业项目实现主体竣工或投运，比亚迪实现Buysell模式生产，日产能达13万台。完成工业技改投资67亿元，比2019年增长33%，完成智能化改造58家，建成5G基站1450个。

①2020年7月31日，德赛电池长沙基地投产（经开区供图）

②2020年，澳优乳业盘活园区企业闲置土地和厂房，打造亚洲最大的益生菌生产基地（王鹏 摄）

③2020年，晟通全景图（区委办供图）

④ 2020年12月12日，湖南吴赣药业正式投产（铜官工业园供图）

⑤2020年，长远锂科铜官基地智能仓库（铜官工业园供图）

⑥2020年4月26日，立邦新型材料华中区域生产基地建设项目奠基开工（经开区供图）

现代服务业

望城打造9条旅游精品线路，全域旅游年卡销售火爆；精细策划“全民嗨购，望城有约”等系列促销活动，砂之船（长沙）奥莱获评全市“最美夜购示范商圈”。成功举办“金融助力六稳六保”银政企对接签约活动，20家银行机构达成融资合作606亿元；联智科技、军信环保等9家企业进入省上市后备企业名单。

1

6

2

5

3

①2020年4月26日，“五一去哪儿乐在望城吖”文旅消费活动（区文旅广电局供图）
②2020年，砂之船（长沙）奥特莱斯商圈（砂之船奥莱供图）
③2020年8月31日，在助力国家农业产业强镇暨乔口镇银企对接会上，望城农行为客户发放惠农担——粮食贷支票（乔口镇供图）
④2020年6月，黑麋峰森林公园（区委办供图）
⑤2020年8月1日，“出手吧，姐姐”我为望城农产品代言，助力望城女企业家农产直播活动现场（区妇联供图）
⑥2020年4月，幼儿园小朋友在贝拉小镇春游（蔡石姣 摄）

4

招商引资

2020年，望城引进项目103个，协议引进资金185亿元，其中投资过亿元项目37个，益海嘉里等三类500强项目7个，成功与世界500强中交二航局公司“云签约”。积极发展外向型经济，新办外贸经营者备案企业92家。

① 2020年11月18日，“开放拥抱粤港澳·深情礼赞新生活”——粤港澳大湾区媒体高层商界代表望城采风及宣传活动（区委宣传部供图）
② 2020年4月24日，五八科创新经济智慧产业园项目签约（经开区供图）
③ 2020年，经开区全景图（刘湘东 摄）
④ 2020年6月23日，2020年招商引资重点产业项目集中签约仪式（经开区供图）
⑤ 2020年1月5日，益海嘉里湖南粮油食品生产加工基地项目签约（经开区供图）

乡村振兴速度

The Pace of Village Revitalization

全面推进，驰骋向前！2020年，望城区5475户16239名贫困人口全部脱贫，8个省级贫困村全部出列，脱贫攻坚取得决定性胜利，区扶贫开发事务中心获“全国脱贫攻坚先进集体”荣誉称号；在全市率先实现所有村级集体经济收入迈上20万元台阶；农民“带地入建”集中居住模式获全国推介。

① 2020年8月20日，湖南省“四季同行·雷锋家乡学雷锋”助力决战决胜脱贫攻坚主题活动暨授旗仪式（雷锋纪念馆供图）

② 2020年3月28日，桥驿镇开展“书记代言又带货”活动（周新宇 摄）

③ 2020年，区扶贫开发事务中心获全国脱贫攻坚先进集体（区农业农村局供图）

④ 2020年，昔日省级贫困村乔口镇盘龙岭村蝶变为省级美丽乡村示范村（乔口镇供图）

⑤ 2020年4月，茶亭花海（刘湘东 摄）

人居环境

在全市率先完成农村无害化厕所新改建任务，建成市级垃圾分类示范村84个，高标准创建八曲河、马桥河两条市级美丽河流和4个市级小微水体示范点。开展农村乱占耕地建房整治专项行动，农村宅基地和集体建设用地“房地一体”确权登记工作稳步推进。新改建农村公路170千米，完成农村安保工程300千米，“十三五”干线公路“迎国检”获国家、省、市肯定。大众垸堤防整治工程等项目顺利完成，新增农村通自来水1.79万人。打造茶亭花海、靖港虢大湾等美丽屋场45个，白箬铺八曲河美丽屋场接受全市观摩，静慎村、彩陶源村获评全国文明村。

①2020年，静慎村主景（邹麟 摄）

②2020年，彩陶源村一角（周玲旭 摄）

③2020年，省级美丽河流——八曲河（区河长办供图）

④2020年，市级小微水体示范点——大龙村（区河长办供图）

⑤2020年5月，靖港镇虢大湾美丽屋场900平方米花园式生态墓地建成（靖港镇供图）

⑥2020年，全市“美丽屋场”创建工作现场观摩推进会（白箬铺镇供图）

特色农业

望城高标准设施蔬菜示范园建成投运，万亩蔬菜基地提质建设全面完成；望城荷花虾交易大市场、加工厂建成投运，“文和友”荷花虾养殖基地配套建设逐步完善，优质种苗繁育技术取得重大突破。成功申报中央数字渔业试点县项目、获批省现代农业特色产业集聚区。乔口镇入选国家农业产业强镇建设名录。

① 2020年4月，文和友荷花虾养殖基地（乔口镇供图）

② 2020年12月16日，第四届中国湖南长沙·望城鲌鱼节暨湖南特色渔业产业发展论坛在千龙湖开幕（区农业农村局供图）

③ 2020年12月15—16日，全国水产种业提升暨养殖尾水治理模式现场观摩推进会（区农业农村局供图）

④ 2020年7月19日，游客在黑麋峰高山水果采摘节上体验田园采摘乐趣（区融媒体中心供图）

⑤ 2020年6月，东城生态椒种植基地内农户采摘生态椒（虢卓 摄）

⑥ 2020年12月17日，湖南无人农场（望城）项目建设座谈会（区农机局供图）

集体经济

望城实施发展壮大新型村级集体经济三年行动计划，出台“1+4”（“1”指《关于促进村级集体经济发展的若干措施》，“4”指《农村集体经济组织管理办法》《农村集体经济组织收支管理暂行办法》《扶持村级集体经济发展补助资金和项目管理暂行办法》《关于推进村级集体经济2020年高质量发展奖励办法》）政策体系，持续推广“六型”（盘活资产型、特色实体型、旅游服务型、入股分红型、资源升值型、联合共建型）模式，设立引导资金1500万元，分层激励。全区村级集体经济总收入8472万元。

4

1

5

2

① 2020年4月，格塘镇茶厂（刘湘东 摄）

② 2020年5月，望城区供销社获评“百强县级社”（区供销社供图）

③ 2020年6月3日，“金融普惠同行 · 信用共守共育”信用村创建活动启动仪式（大泽湖街道供图）

④ 2020年4月，乔口甄皮洲油菜花带火了乡村生态旅游（刘湘东 摄）

⑤ 2020年5月20日，湖南农业大学与长沙市望城区产学研战略合作签约仪式举行(唐晶晶 摄）

3

改革创新速度

The Pace of Revolution and Innovation

风正帆悬，奋楫笃行！2020年，望城区实施创新驱动发展战略，着力推进以科技创新为核心的全面创新，加快建成高水平创新型城区；主动融入国家发展战略，加快建成长沙融入“一带一路”新枢纽，统筹推进重要领域和关键环节改革，持续优化营商环境，打造内陆地区创新开放新窗口。

① 2020年8月25日，“科技战疫 创新强国”长沙市望城区战略新兴产业科技成果推介暨2020年科技活动周启动仪式（区科技局供图）

② 2020年，晟通科技自主研发“铸轧替代热轧”工艺，破解全球性行业难题（区融媒体中心供图）

③ 2020年6月，雷锋政务超市一站式政务服务（区委办供图）

④ 2020年6月，中信戴卡创新立体化施工模式（区融媒体中心供图）

⑤ 2020年3月，望城国家农业科技园“设施蔬菜示范园”进行无土栽培蔬菜(区农科园供图)

智慧城市建设

望城率先打造全国首个鲲鹏体系新型智慧城区，智慧望城鲲鹏云平台、“我的长沙”App望城专版、智慧城市运营中心以及智慧医疗等应用场景投入运行，城市管理成效和市民生活质量得到整体提升，被评为“2020年中国领军智慧城区”。

① 2020年，望城区社会治理服务中心运用智慧城市管理系统，全方位收集信息（陈飞 摄）

② 2020年1月14日，月亮岛街道天鹅塘社区智慧社区健身中心揭牌（余洋 摄）

③ 2020年3月25日，望城区与中交二航局公司举行“云签约”仪式（区商务局供图）

④ 2020年12月，长沙市望城区智慧城市运营中心（吴建奇 摄）

⑤ 2020年5月12日，望城政务服务中心建成24小时自助服务大厅（杨硕 摄）

社会治理创新水平

望城区社会治理服务中心作为全省首个智慧型社会治理机构，实现了社会治理服务模式从单向管理转入双向互动，从线下转入线上线下融合，从单纯的政府监管向更加注重社会协调治理服务转身；科技治超、交通安全示范村创建经验获全省推介；创新打造“雷锋义警”，星城派出所被评为省级“枫桥式公安派出所”；刑事发案数和万人发案率保持全市最低；综治民调全市排名第一位，再被评为全省平安区县。

①2020年，望城区社会治理服务中心（陈飞 摄）

②2020年，湖南联智科技股份有限公司在望城建设“北斗+公共安全综合监测预警平台”（区工信局供图）

③2020年9月16日，长沙市网络安全示范单位创建启动式暨“网络安全进社区”活动举行（区融媒体中心供图）

④2020年4月30日，望城区法院在白沙洲街道同心园社区授牌成立“诉源治理工作点”，打造“分区分类层进式”诉源治理改革新模式（白沙洲街道供图）

⑤2020年，西塘社区“居民议事吧”（高塘岭街道供图）

极省营商环境

望城举办全市驻企联络员帮扶及惠企政策落地现场会，“惠企政策畅享工程”获全市推介。首创“四零”采购模式，开展对接活动44次，310家企业达成采购合作金额超30亿元，入选人民网“六保”创新案例。打造“七通八达”智慧政务新架构，推进工程建设项目审批改革，精简审批材料22.7%；在全省率先创新“多测合一”，业务办理提速90%。商事主体总量突破10万户，每万人新增开办市场主体数和企业数均居四区县市第一位。

①2020年10月9日，望城区设立“一件事一次办”综合窗口，受理“跨域通办、联办、复工复产政策兑现”事项（周叶 摄）

②2020年9月14日，望城区召开村（社区）“一门式”服务高频事项办理培训会议（龙清华 摄）

③2020年4月28日，望城“四零”采购发布会签约仪式（区发改局供图）

④2020年，长沙市望城区国信测绘有限公司“多测合一”服务大厅（周灿 摄）

⑤2020年6月3日，区总工会举办抖音直播带货培训班（区总工会供图）

城市品质

望城完成全区国土空间总体规划大纲，编制5个乡镇国土空间总体规划和76个“多规合一”村庄规划，加快推进斑马湖片区和雷锋大道等主干道两厢城市设计，品质望城设计管理导则、城市建设品质管控办法全面推行。长常北高速、星月路一期、月亮岛路普瑞隧道建成通车，常益长高铁、湘江大道北延线二期、桥汨线、铜官港二期等加快建设。实施金星北路、雷高路提质改造工程，城市主次干道品质稳步提升。完成31个老旧小区提质改造、341个棚户区改造，城市有机更新扎实推进。

①2020年10月，市级美丽河流——马桥河（区河长办供图）

②2020年3月10日，长沙铜官港二期项目建设现场（曾拥璇 摄）

③2020年，潇湘路北延线道路拓改工程（水利投供图）

④2020年9月24日，湖南绿博会海绵城市建设论坛对望城先进经验进行推介（区住建局供图）

⑤2020年11月，沩水北岸堤防加固工程（水利投供图）

⑥2020年11月27日，星月路一期建成通车（毛伟冬 摄）

数说望城2020

地区生产总值**857.04**亿元(含雷锋街道)
第一产业增加值**56.65**亿元
第二产业增加值**326.45**亿元
第三产业增加值**473.94**亿元

全年空气质量优良天数**343**天，优良率为**93.7%**。
饮用水源地达到或好于Ⅲ类水体比例为**100%**。
全年规模以上工业企业综合能源消费量**187.22**万吨标准煤。全社会用电量**32.41**亿千瓦时，其中工业用电量**14.33**亿千瓦时、居民生活用电量**9.74**亿千瓦时

农林牧渔业总产值**99.1**亿元
农业产值**63.68**亿元
林业产值**1.49**亿元
牧业产值**20**亿元
渔业产值**7.53**亿元
农林牧渔服务业产值**6.4**亿元
全区粮食播种面积**4.53**万公顷

区域面积**969**平方千米
年末全区户籍人口为**61.43**万人
(不含雷锋街道、白马街道)
城镇新增就业**8063**人，农村劳动力转移就业**2886**人

年末全区拥有各类医院、卫生院、社区卫生服务中心**39**个，床位**4050**张，卫生技术人员**4357**人，其中执业(助理)医师**2157**人。婴儿死亡率**2.08‰**

全区一般公共预算收入**115.23**亿元
地方一般公共预算收入**63.91**亿元
全区一般公共预算支出**110.7**亿元
金融机构各项存款余额**803.19**亿元
各项贷款余额**702.34**亿元

社会消费品零售总额**397.94**亿元
外贸进出口总额**14.81**亿美元
实际利用外资**3.78**亿美元
实际到位省外境内资金**115.05**亿元

完成国家级、省级、市级以及区级各类重大体育赛事共计**36**场，送戏下乡**119**场，送电影下乡**1492**场，送图书下乡**1399**册。建成市级示范性村(社区)文化服务中心**15**个，全面完成“一圈两场三道”建设任务**84**处，全民健身工程覆盖率达**100%**

全区共有各类景区、景点**91**处
国家AAAA级旅游景区**5**家
全年接待游客**2086.1**万人次
实现旅游综合收入**108.3**亿元

普通中学**34**所，中等职业中学1所，小学**79**所。普通中学专任教师**3214**人，中等职业中学专任教师**160**人，小学专任教师**2370**人。普通中学在校学生人数**29675**人，中等职业中学在校学生**2624**人，小学在校学生数**57135**人。当年学龄儿童入学率**100.0%**，初中升学率为**99.6%**

荣耀望城2020

望城区
2020年中国工业百强区

望城区
中国高质量发展百强城区

望城区
中国综合实力和投资潜力百强区

望城区
全国绿色发展示范案例，获评第二批全国全域旅游示范区

望城区
2020年中国领军智慧城区

望城区
长沙市“百日竞赛”优胜集体

望城经开区
全省园区高质量发展奖

望城区
农村人居环境整治先进县市区和实施乡村振兴战略先进县市区

望城经开区
工信部、财政部
“大中小企业融通型双创特色载体”

望城经开区
全省省级及以上园区综合评价第一名

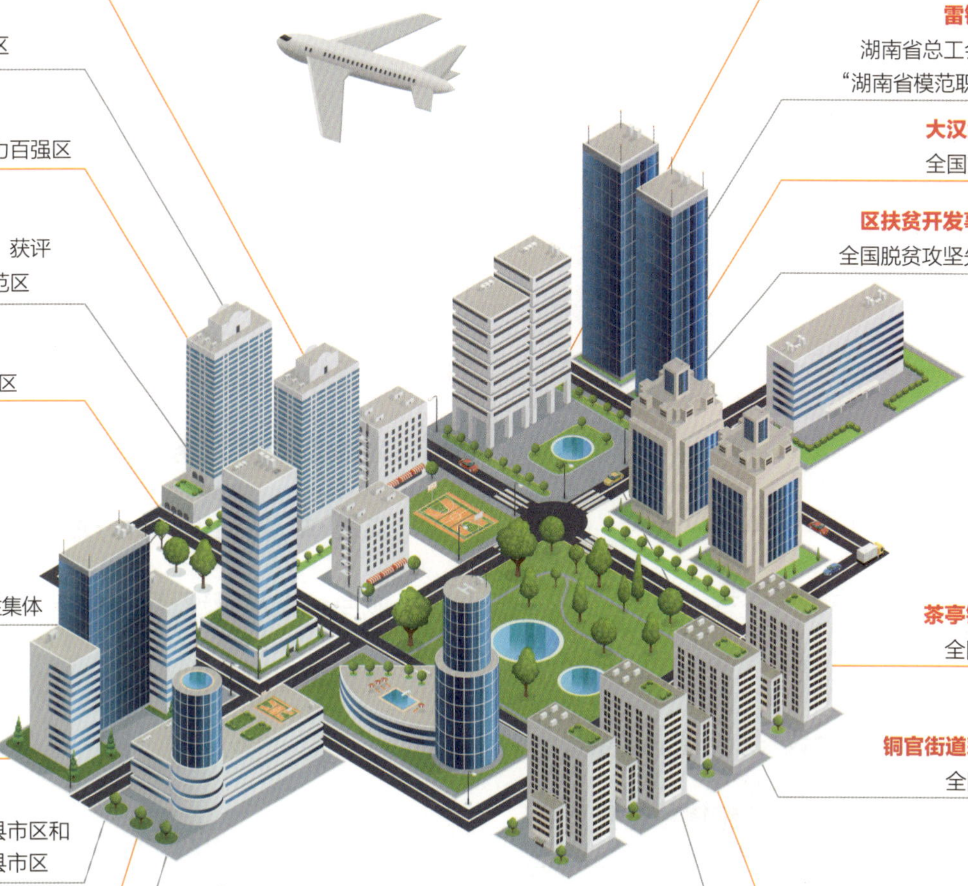

雷锋纪念馆
获评全国文明单位

雷锋纪念馆
湖南省总工会命名为“湖南省模范职工之家”

大汉金桥集团
全国文明单位

区扶贫开发事务中心
全国脱贫攻坚先进集体

茶亭镇静慎村
全国文明村

铜官街道彩陶源村
全国文明村

乔口镇
2020年农业产业强镇

长沙铜官窑国家考古遗址公园
省级旅游度假区

总　目

目 录

特 载

专 文

大事记

望城概览

中国共产党长沙市望城区委员会

长沙市望城区人民代表大会

长沙市望城区人民政府

中国人民政治协商会议长沙市望城区委员会

中国共产党长沙市望城区纪律检查委员会 长沙市望城区监察委员会

民主党派

群众团体

军　事

人民武装

武装警察

退役军人事务管理

经济管理与监督

发展和改革

财　政

国有资产管理

税　务

统　计

统计调查

市场监督管理

审　计

街　镇

主题索引

彩版目录

Main Contents

Wangcheng CPPCC Committee

The Commission for Discipline Inspection and Supervisory Committee of Wangcheng

Dcmocratic Parties

Social Organization

Rule by Law

Military

Economic Management and Supervision

Agricuture and Rural Economy

Industry

Regional Development and Park Economy

Commerc

Finance • Insurance Services

Traffic • Post • Telecommunication • Electric power • Gas

Town and Country Construction • Environmental Protection

Hygiene and Health

Education

Science and Technology

Culture • Tourism • Physical Culture

Social Livelihood

District and Towns

People

Appendix

Subject Indexes

Catalog of the pictures

特 载

望城这五年

“十三五”发展成就概览

（2016–2020）

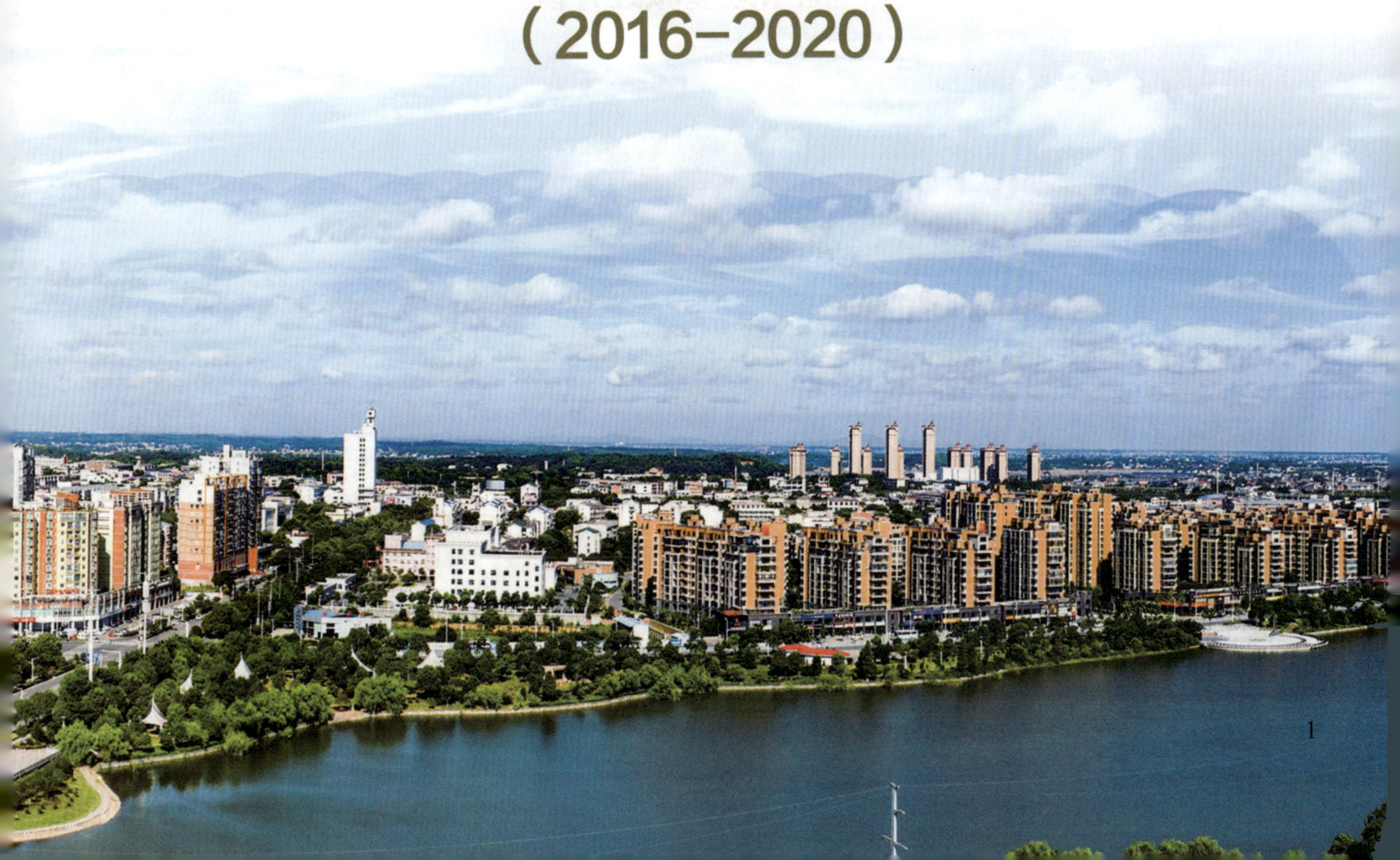

01／发展格局

一江两岸 协调发展

以湘江为轴，依托过江通道建设，加强湘江两岸联系，加快沿江建设、跨江发展，推动河东河西协调发展。

国家级望城经开区

铜官片区

一园三区 协同并进

加快推进国家级望城经开区、滨水新城片区、高铁西城片区、铜官片区四大重点片区开发建设，使之成为现代产业主载体、城市建设主战场、创新开放主引擎、城乡统筹主阵地。

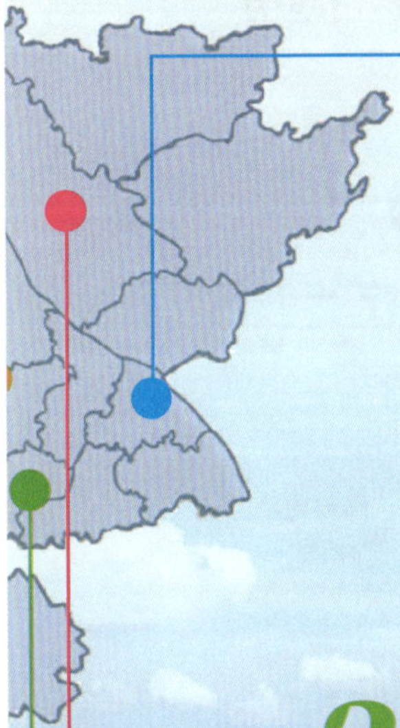

2

滨水新城片区

高铁西城片区

3

02/风险 考验

抗洪抢险

2017年全区上下攻坚克难、众志成城，全力**抗击超历史特大洪水**。

疫情防控

1 早发现 → 2 早报告 → 3 早隔离 → 4 早治疗

坚决打赢疫情防控的人民战争、总体战、阻击战

在全省率先制定**疫情防控“四早”举措**，工作经验获《人民日报》推介。

干部职工坚守防控一线，筑起了一道阻击新冠病毒的坚固防线。

2020年2月7日，10台免费大巴到各市州接员工回“家”，**比亚迪长沙电子第一批节后返岗员工**陆续抵达望城。

“爱心妈妈”刘建华主动报名照顾3岁落单幼童桐桐。

三大攻坚战

精准扶贫

8个省定贫困村脱贫出列，5475户16239名贫困人口实现脱贫，脱贫攻坚圆满收官。

污染防治

2020年全区空气优良天数343天，优良率93.7%；国、省、市控断面及饮用水源地水质均值达标率保持100%。

重大风险防范

水投集团率先在全省实现区级平台市场化转型，城投集团、经开集团获AA+主体信用评级，风险防控能力稳步提升。

03 / 改革

创新

望城速度

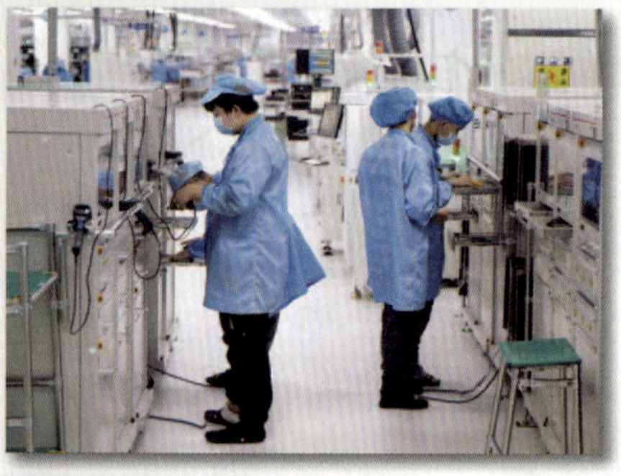

比亚迪电子项目从签约到第一台华为智能手机下线仅用**70天**。

香炉洲大桥设计的前期手续涉及33项、20个部门，仅用**10个月**就全面完成征拆和审批，并实现动工。

在全省率先出台并兑现**复工复产"望十条""六稳""六保""二十五条"**等一揽子政策，释放惠民惠企红利，涉企补助、奖励、政策性减免达**13.9亿元**。

鲲鹏体系新型智慧城市

坚持“一云、一网、一屏，可视、数据、智慧，管用、爱用、受用”18字方针，突出用户思维和问题导向，以小切口入手解决具体问题，加快推进鲲鹏体系新型智慧城市建设。

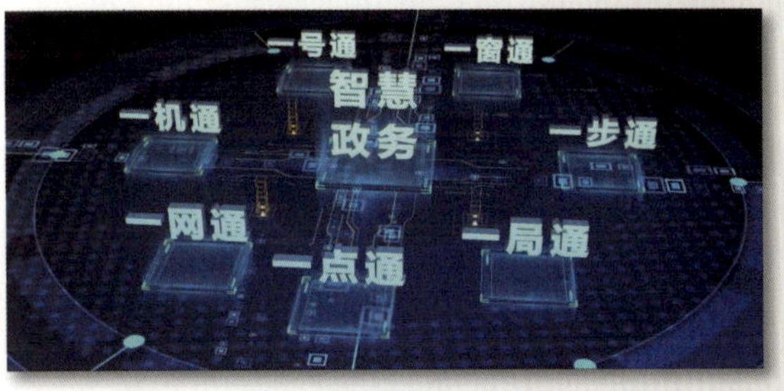

智慧政务

“七通八达”享誉三湘。

城管体制改革

城管体制改革实现局队合一、重心下移，164项行政处罚权下放至街镇，基层执法体制改革全面完成。

国有企业改革

国企改革三年行动扎实推进。

园区改革

园区体制改革实现两园深度融合。

04 / 主要指标

地区生产总值由520亿元提高至857.04亿元，年均增长8.8%，增速全省第一位。

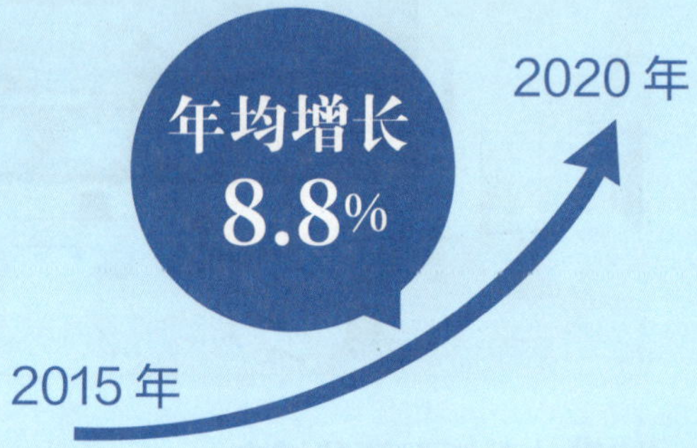

一般公共预算收入

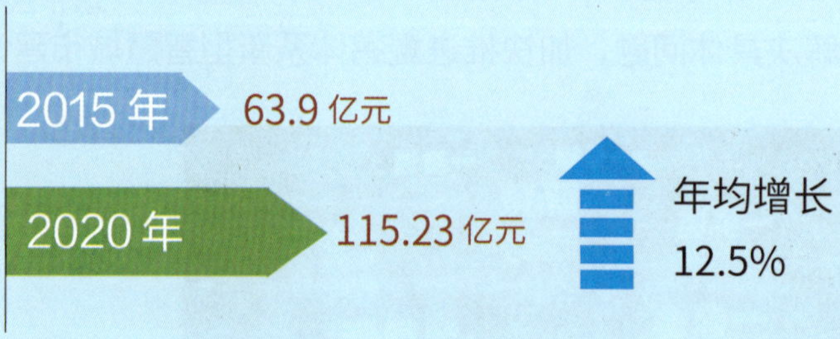

全口径税收

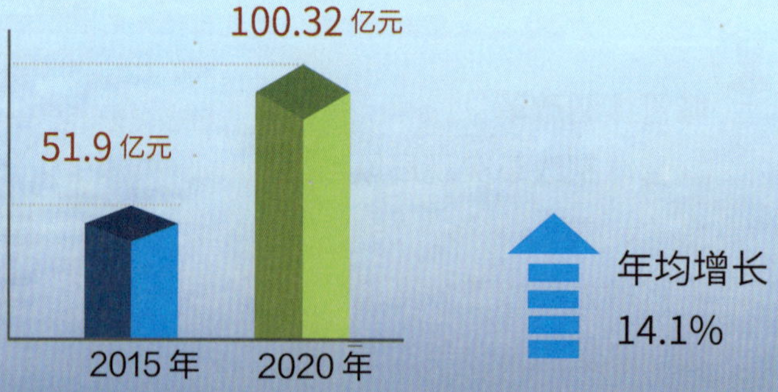

产业结构比由 7.6：72.2：20.2 优化为 6.6：38.1：55.3，“一二三”的产业结构日趋优化。

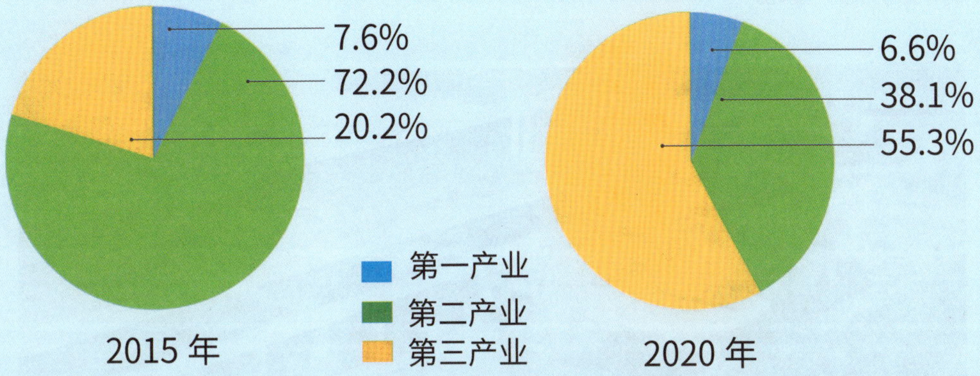

规模以上工业增加值 年均增速 10.8%

固定资产投资 年均增速 12.9%

社会消费品零售总额 年均增速 15.6%

居民人均可支配收入

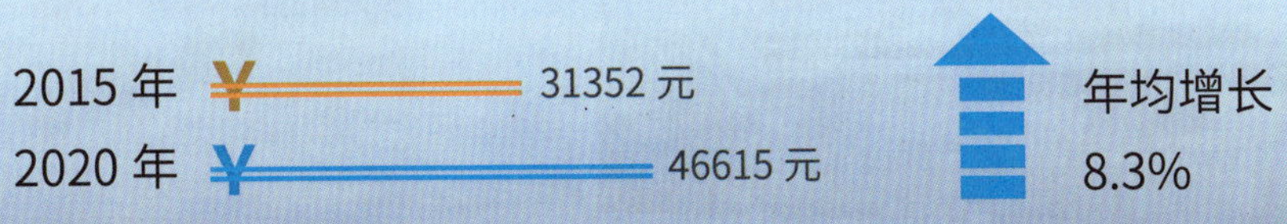

05 / 先进制造业

围绕
六大重点产业链，
着力强龙头、补短板、
延链条、塑品牌，加快构
建以龙头企业为牵引、以
产业集群为支撑的现代
化制造业体系。

智能终端产业链

绿色食品产业链

生物医药产业链

先进储能材料产业链

新一代半导体产业链

新型合金产业链

06 / 现代服务业

国家 A 级旅游景区数量

2015 年 6 个

2020 年 12 个

年均增长 **14.9%**

旅游综合收入

2015 年 49.3 亿元

2020 年 108.3 亿元

年均增长 **17.1%**

金融机构数量

2015 年 36 家

2020 年 55 家

年均增长 **8.9%**

总部经济企业数量

2015 年 8 个

2020 年 46 个

年均增长 **41.9%**

商品房销售面积

2015 年 268 万平方米

2020 年 409.15 万平方米

年均增长 **8.8%**

07 / 品质城市

建成区面积

62.64 平方千米 → **70 平方千米**

城镇化率

58.2% → **67%**

率先落实“四精五有”要求，召开高规格城市工作会议，金星大道提质改造等项目即将完工，生态、智慧、活力的宜居城区加快建设。

改造后雷锋路社区

累计改造老旧小区 133 个。

潇湘北路、湘江大道等一大批城市主干道建成通车。

长株潭城际轻轨投入运营，京港澳复线、长常北高速复线、高铁西站等建成投运。

长沙地铁四号线载客试运营，望城正式步入“地铁时代”。

“点亮望城”行动，城市主干道亮灯率98%以上。

08 / 乡村振兴

新型农业经营主体

新型农业经营主体数量

2015 年	2532 家	年均增长 11.3%
2020 年	4328 家	

农村村级集体经济收入

2015 年	4145.7 万元	年均增长 15.4%
2020 年	8472.2 万元	

带地入建

“带地入建”农村集中居住模式入选全国典型案例。

美丽屋场

2020 年 3 月，虢大湾屋场启动市级“示范屋场”创建，通过 3 个月的时间旧貌换新颜。

打造茶亭花海等美丽屋场 45 个，白箬铺八曲河美丽屋场接受全市观摩。

农村自来水主管网通村率

2015 年 45%

2020 年 100%

无害厕所

完成无害化厕所改（新）建约 1.2 万座，提前完成市级铺排任务。

1.2 万座

农村垃圾分类减量覆盖率

2015 年 32%

2020 年 100%

09 / 民生

福祉

湖南师范大学与望城签约，共建湖南师范大学附属望城人民医院。

教育实现中招并轨，新增学位 **35310 个**。

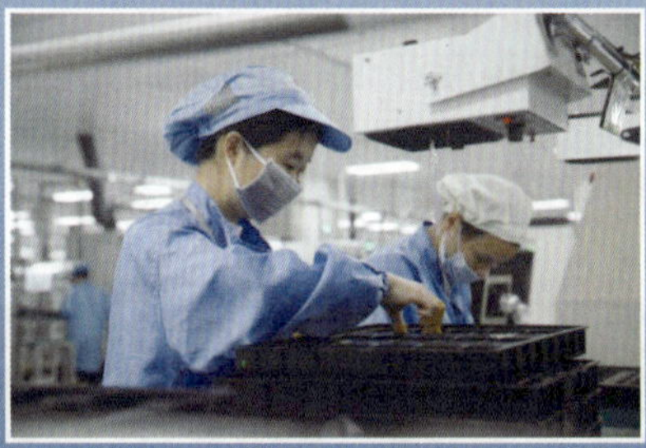

新增城镇就业人数 **3.9 万人**。

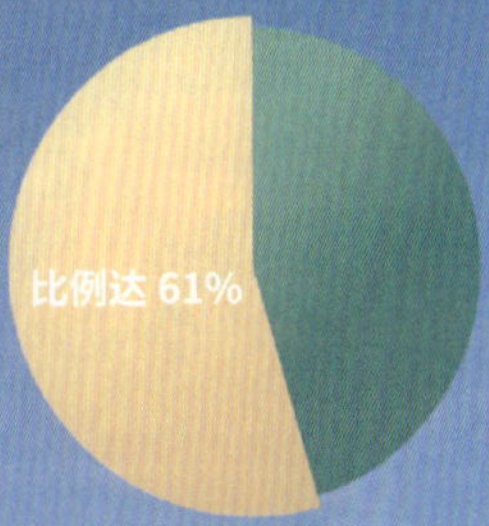

基本实现城乡基本养老保险全覆盖，城乡居民医保政策范围内住院报销比例达 **61%**。

公交线路街镇覆盖率从 2015 年 85 % 增长至 2020 年 **100** %。

刑事发案数和万人发案率由2201起、万分之32.9，下降至**1979起、万分之22.6**，连续保持省平安区县称号。

27起 → 14起

一般安全生产事故数由2015年27起降至2020年**14**起。

160起 → 73起

火灾事故数由2015年160起降至2020年**73**起。

道路总里程增至 3758千米

污水管网总量增至 1180千米

堤防岸线增至 151.3千米

10 / 奋进

“十四五”

“十四五”期间，望城将加快构建一江两岸协调发展、一园三区协同并进、四大功能合理分区、三大战略高位对接的发展新格局，着力打造**智能制造新高地、创新开放新窗口、智慧城市新标杆、乡村振兴新样板、美丽幸福新家园**。

征途漫漫 惟有奋斗

我们通过奋斗，披荆斩棘，
走过了万水千山。
我们还要继续奋斗，
勇往直前，
创造更加灿烂的辉煌！

专　文

责任编辑 ◎ 刘俊杰

2020年长沙市望城区新冠肺炎疫情防控工作纪实

2020年1月，新冠肺炎疫情突袭而至。按照国家、省、市统一部署，望城区全面启动新冠肺炎疫情防控，强化组织保障、创新工作方法、调整防控策略、落实防控措施，全区累计发现新冠肺炎确诊病例10例、无症状感染者1例、疑似病例23例（全部排除），累计管理密切接触者480人。所有病例均已治愈出院，无死亡病例。全区疫情防控工作取得阶段性成果，复工、复产、复学取得重要进展，经济社会运行秩序全面恢复。

强化领导，从“管”字上主动

1月20日，习近平总书记就新冠肺炎疫情防控作出重要批示后，区委第一时间召开常委会会议传达学习，就疫情防控进行专题研究部署，成立由区长任组长的区新型冠状病毒感染的肺炎疫情防控工作领导小组，建立区新型冠状病毒感染的肺炎疫情联防联控工作小组，加强部门联动，落实防控措施，疫情突袭而至武汉，在武汉封城之前，全区各项防疫准备工作全部就绪，并启动武汉到区人员摸排等工作。1月23日，湖南省启动重大突发公共卫生事件一级应急响应后，区委、区政府第一时间将区新型冠状病毒感染的肺炎疫情防控工作领导小组升格为区新型冠状病毒肺炎防控指挥部，由区委书记任政委，区长任指挥长。下设综合组、疫情防控组、医疗救治组、市场管理和供应保障组、宣传组、物资保障组、交通运输组、社会稳定组、数据分析组和工作督查组等10个工作组，抽调工作人员集中办公，明确分工，压实责任，夯实联防联控工作机制。同时，全面取消区委疫情防控领导小组成员单位春节休假，颁布禁止令，全区停止一切人群聚集活动，关停所有对外经营场所，全面进入战时状态。1月26日，召开区委常委会会议，专题研究新冠肺炎疫情防控工作，对全区疫情防控工作作出全面安排和部署。3月4日，召开区委全面深化改革委员会第二次会议，将公共卫生管理体系建设改革工作列为一号工程，由区委书记领衔；在第四次全面深化改革委员会上，又审议通过《长沙市望城区公共卫生管理体系建设改革的若干措施》，进一步明确：新冠肺炎疫情防控工作要按照“思想不松、机制不变、队伍不散”要求，坚持“外防输入、内防反弹”原则，做好应急物资储备、秋冬季疫情防控、境外到长沙包机接待等工作，确保疫情防控常态化管理稳步推进。召开疫情防控指挥部各类会议62次，其中召开常委会会议20次；区委书记、区委应对新型冠状病毒感染肺炎疫情工作领导小组第一组长主持召开领导小组会议9次；制定“四早”执行细则18条，下发各类文件50余份。同时，统筹推进疫情防控和经济社会发展，全面落实“六稳”“六保”任务，深入开展百日竞赛活动，率先出台乡村旅游“望五条”、复工复产“望十条”、“六稳”“六保”25条等政策措施，推动经济企稳回升、稳中向好，在全市竞赛活动中，望城区被评为“长沙高新区+长望浏宁组”优胜集体。疫情防控和经济社会发展统筹推进的“望城经验”获《人民日报》报道推荐。

落实措施，在“防”字上着力

落实“人”防。区数据中心创新疫情防控方法，以城市大脑为依托、数字治理为核心，开发返（到）望人员登记管理平台，对到（返）长沙或望城人员进行登记管理，促进基层社区通过信息化等技术实时掌握外来人员动态及健康状况等相关信息，联合阿里钉钉软件开发企业员工健康监测管理（打卡）平台，为实现疫情“早发现”提供技术支撑。同时，建立疫情防控本地数据库，利用大数据分析技术，依据核查疫情数据，开展重点人群摸排；区公安分局对不配合人群实行精准定位，区直部门全力配合，对中高风险地区到望人员和境外返望人员进行地毯式摸排，各街镇对下发数据进行全面摸排及核查反馈，各村（社区）实施网格化摸排，积极发动辖区内群众，采取微信接龙、群众举报及出租屋自查等方式开展重点人群摸排，及时发现高危人群，降低疫情发生风险。切实做到日清日结。全区累计处理境内、外涉疫人员数据35134条，其中境内数据33056条、境外数据2078条。对摸排的重点人群实行重点人群分类管理。对发热病人及时进行筛查，由各街镇组织、区卫健局制定筛查流程并组织实施，及时排除可疑对象；对重点地区到望城人员、密切接触者及次密接等人群严格实行居家或集中隔离医学观察；对居家隔离人员，严格按照“一对一”“四包一”“五到位”要求，即指定专人负责，社区民警包片、镇干部包村、村干部包组、医务人员包人的模式，做到健康教育到位、体温测量到位、症状询问到位、就诊告知到位、生活保障到位。全区累计接受医学观察人员9756人，其中居家隔离8328人、定点场所隔离1428人。1月30日起，全区启动对重点人群核酸检测筛查，按要求对密切接触者、发热病人、重点地区到望人员等重点人群，按行业分类，由各主管部门负责组织实施全面进行核酸检测。落实“应检尽检”措施，广泛宣传“愿检尽检”。对复工复产复学及外出等有核酸检测需求人群，区防指统筹区内医疗机构及第三方检测力量，全面满足社会检测需求。全区累计开展核酸检测77980人，其中应检尽检68114人、愿检尽检9866人。为保障“人”防工作顺利进行，区委、区政府多措并举关爱疫情防控一线医务人员。3月，区财政共下拨742.68万元疫情防控补助经费，按照一线医务人员300元/人·日、其他医务人员200元/人·日的标准，发放至全区23家医疗卫生单位1845人；自2月底开始，对定点隔离场所、机场值守及周末参与疫情处置的医务人员按100元/人·日的标准发放疫情防控补助，截至9月底，共发放19.03万元，补助138人。加大党内激励和关怀力度，防疫期间火线发展5名一线医务人员入党，卫健系统内提拔6名干部，使用区管党费和捐款资金慰问34万余元，对疫情防控坚守一线医务人员及其家属就医开通绿色通道，免于排队，优先安排床位；帮助医院双职工家庭调整班次，尽可能使其能兼顾家庭。组织区总工会、妇联、教育、文体等部门采取上门慰问、帮助照顾子女、区内景点免票等多种方式关心关爱医务人员。确保“物”防。为确保疫情防控工作顺利进行，区委、区政府加大资金保障力度，累计拨付资3278.4万元。其中，区财政疫情防控应急专项资金1000万元，临时性防疫补助757.8万元，转交红十字会捐款384.9万元，转交雷锋慈善会捐款44.7万元，中央、省、市基本公共卫生疫情防控经费298.5万元，疫情防控中央补助经费309.5万元，中央公共卫生体系建设和重大疫情防控经费483万元。区新型冠状病毒肺炎防控指挥部设立物资保障组，区委常委、常务副区长任指挥长，分管副区长任副指挥长，卫健、工信、市场、商务、公安等部门主要领导为成员。实行集中办公，统一调度，负责全区疫情防控物资统一采购与调拨，实行特殊时期特事特办。同时，区防指制定《长沙市望城区新冠肺炎防控物资采购付款流程》《关于疫情防控物资有关采购事项的通知》，区疾控中心制定《新冠肺炎防控物资出入库流程》。3月底，全省疫情防控响应等级下调后，全区突发疫情处置、集中隔离及大型活动保障等活动的防控物资由区疾控中心负责制定采购计划，报区防指副指挥长批准后，按常态正规程序采购，物资出库由区防指办公室主任审批把关，确保采购规范、领用合规。3月下旬，区疾控中心出入库物资接受全省疫情防控物资审计，得到检查组高度肯定，物资出入库数量无误，台账详细清楚，领用程序规范，手续齐全。

科学处置，在“控”字上严格

新冠肺炎疫情突袭而至，传染性很强，危险性很大，必须按照流行性传染病的疫情防控模式科学应对。为此，全区所有发热门诊，规范预检分诊，加强发热病人和不明原因肺炎监测、报告。区疾控中心加强网络报告疫情监测预警、分析审核；开展流行病学调查。由疾控、数据中心和公安等部门专业技术人员组建流行病学调查队伍，在传统流行病学调查的基础上，依托大数据等新兴技术，高效溯源、追踪密切接触者；实施跨区域防控。加强跨区域合作，对发生在区内而涉及区外的疫情信息，及时通报相关区县，对区外通报至望城的信息，第一时间核实、调查、处置。按照“小区严进严出、涉事楼栋严出禁入、涉事户禁出禁入”原则，制定疫点标准化管控流程，严格落实“四个一”措施，即一个疫点、一个管控方案、一名联点区级领导、一个工作专班，强化重点人员管控，保障重点监测对象生活物资，并对疫点进行全面消毒；强化隔离场所管理。先后将湘御明月湖、维也纳和瑞景等3家酒店作为重点人群集中隔离点，派驻医务人员、公安干警24小时驻守，建立健全规章制度，严格落实消毒等防疫措施；加强“卡点”和“二站一码头”(火车站、客运站、轮船码头)管理。从1月26日开始，全区设立9个公路卡口和1个水上卡口，在望城汽车站、高铁长沙西站设立两处疫情监测站，累计查控车辆38946台，查控人员87788人，测量车内人员体温数87788人，劝返车辆523台，劝返人员896人，发现异常1人，送医就诊1人。累计监测两站乘客体温数7339人，未发现有症状人员。3月18日，区防指紧急组建驻黄花机场工作组，调度4台转运车辆、组织13名工作人员，将入境人员统一转运至定点酒店，按相关要求进行管理，实现从国门到家门无缝对接，全闭环管理，把住境外输入源头关。7月、11月，根据市防指统一安排，先后接待美国纽约和巴基斯坦2趟国际航班，入境旅客401人，发现无症状感染者4例。每趟航班接待前均制定周密的接待方案，组织工作人员培训，确保接待工作安全。全区累计管理入境人员1024人。为应对秋冬季节可能发生的疫情，区防指早部署、早行动，下发《长沙市望城区应对秋冬季新冠肺炎疫情防控方案》《长沙市望城区应对可能发生的新冠肺炎疫情应急预案》，组建5支由疾控、公安、数据分析等方面人员组成的流行病学调查队伍，区疾控中心组建专业消杀队伍，各街镇、社区均按要求组建专门队伍，建立人员名册。强化培训演练，先后组织专业技术人员开展流行病学调查、消毒、采样检测等业务培训，培训500余人次；8月21日，区防指组织卫健、公安、数据中心及高塘岭街道等单位，开展新冠肺炎疫情防控实战演练；9月2日，望城区再次组织相关部门参加市级疫情防控演练，有效提升应急处置能力。加强日常监测。区市场、商务、卫健等部门加强对市场、冷库、商超和医疗机构等场所和人员采样。区市场局加强大型冷库、农贸市场及宾馆酒店核酸检测力度，设置12家检测哨点（其中大型冷库1家、农贸市场9家、大型宾馆酒店2家），从10月初开始，每半月一次，共完成核酸检测840批次（环境、人员和食品样各280批次），检测结果全部为阴性；区商务局加强商超核酸检测力度，设置2个检测哨点（世纪华联和步步高砂之船店），从7月开始，每周一次，共完成核酸检测270批次（环境、人员和食品样各90批次），检测结果全部为阴性；区卫健局加强医疗机构和定点隔离场所核酸检测力度，设置区人民医院为哨点医院，从8月底开始，每周一次，共完成核酸检测365批次（环境样209批、人员样156批），检测结果全部为阴性，定点场所工作人员均按要求进行检测。由于采取科学的预防措施，科学处置得当，全区未发现工作人员感染事件，迅速、及时切断传染源，也未造成传染现象。

生命至上，在“救”字上用心

面对疫情，区委、区政府把生命至上作为首要原则。疫情一开始，区医保局预付90万元医保基金至定点医院，对所有患者实行免费治疗。按照“四集中”要求，明确区人民医院为定点救治医院，所有疑似患者由区人民医院集中收治，对诊断明确患者第一时间送长沙市公共卫生中心集中救治，确保所有患者都能得到优势医疗资源，及时康复出院。提升救治能力，创新联合诊断机制。实行新发传染病由公卫医师和临床医师联合诊断模式，提高诊断准确率；提升核酸检测能力。区疾控中心、区人民医院先后具备核酸检测能力，日检测能力8000人份（按1:10混检）。不断提升服务能力，打造望城版“小汤山”，将格塘卫生院作为备用定点救治医院，3天时间完成改造，具备收治条件，及时为区人民医院采购1台负压救护车，更换4台普通救护车。2月14日起，开始为防疫一线、重点人群及复工复产人员等提供中药预防药剂，发放15.6万份，充分发挥中医预防效果。为有效解决隔离人员及疫情防控人员心理问题，区卫健局成立心理危机干预工作组，开通心理援助热线，积极组织医务人员参加上级举办的心理干预培训班。全区进行心理援助200余人次，有力保障经济社会稳定。全面推进复工复产复学。区委、区政府审时度势，率先出台乡村旅游“望五条”、复工复产“望十条”“六稳”“六保”25条等政策措施，区防指制定《长沙市望城区关于企业复产项目开工疫情防控有关工作实施方案》，明确疫情防控期间企业开复工具体工作要求，下发《长沙市望城区工业企业疫情防控指南》等8个防控指南，录制《企业开复工疫情防控要求》培训视频并下发至各企业；实施联点指导制，从区直部门及各医疗机构抽调骨干力量，对全区939家主要企业、工地等配备驻企联络员和防疫指导员，对各企业疫情防控工作进行联点指导。主动上门，助企业破解“招工难”。从2月15日开始，组建12支招聘小分队自行开车分赴娄底、邵阳等9个地州市开展劳务协作，用政府的信用担保和严格的防疫措施，消除求职者心理壁垒和畏惧心理。仅2月全区就累计为区内企业输送新聘员工27276名，并率先开通“返岗爱心大巴”107趟，“点对点”跟车接回2457名企业员工返岗，破解企业“招工难”问题。离鄂通道打开后，专车奔赴湖北省38个县（市、区）接返280名企业员工，协助企业“轻装上阵”。多渠道解决复工企业防护物资保障，在把重点企业防护物资列入优先保障范围的同时，积极组织企业拓宽防护用品保障渠道，通过扩大进口、捐赠、调剂等各种方式，千方百计保障复工企业正常生产生活需要。推动参保企业“免减缓返补”全覆盖，企业养老保险费减免超过3.03亿元，惠及企业3971家；工伤保险减免2192万元，惠及2832家企业；失业保险“稳岗返还”1214万元，惠及企业947家；发放社会保险补贴、岗位补贴1489万元。

2020年，由于区委、区政府强化组织保障、创新工作方法，防控策略科学、防控措施有力，全区疫情防控工作取得全面胜利，望城经济社会发展实现“弯道超车”。

（本栏撰稿：陈宇峰）

2020 年望城区“六稳”“六保”工作情况纪实

2018 年 7 月，中美贸易摩擦加剧，外部环境发生明显变化，经济运行稳中有变，稳中有忧。中央审时度势，未雨绸缪，旗帜鲜明提出“稳就业、稳金融、稳外贸、稳外资、稳投资、稳预期工作”的“六稳”要求。2020 年伊始，一场突如其来的疫情严重冲击我国经济，中国经济增长出现不稳、经济主体陷入危机、金融风险加大，金融市场动荡。内外经济失衡，经济平稳健康发展面对一系列新挑战和新风险。鉴此，4 月，中共中央政治局会议重申“六稳”，提出“六保”，即：“保就业、保民生、保市场、保粮食能源安全、保产业链供应链稳定、保基层运转”的新任务。为确保中央、省、市关于扎实做好“六稳”工作全面落实“六保”任务相关工作要求落到实处，望城区审时度势、提早谋划、精心组织、强力调度，扎实推进各项工作。

一、提早谋划建“新”制

为确保中央、省、市关于扎实做好“六稳”工作全面落实，望城突出“早、准、实”，主动下好先手棋，化危为机，推动企业复工复产，集中精力抓好“六稳”“六保”，守住经济基本盘的基本思路。区委、区政府高度重视。区委书记、区长亲自部署，常务副区长、经开区党工委书记 5 次组织政府办及相关牵头单位进行认真分析研究和论证。28 日，区委书记、区长组织专题研究，区政府常务会议进行审议。出台《关于扎实做好“六稳”工作全面落实“六保”任务的若干措施（送审稿）》。29 日，召开区委常委会会议，审议发布《关于扎实做好“六稳”工作全面落实“六保”任务的若干措施》（以下简称《措施》）。从 6 个方面铺排 25 条措施：把保就业作为首要任务。保重点、稳存量、扩增量、优服务、稳投资、促消费。落实稳企、稳岗的相关政策，通过“免”“减”“缓”“返”，稳住现有的市场主体就业岗位；加大政府和企事业单位招聘力度、开发公益性岗位、鼓励企业增加岗位支持就业；重点关注困难群体、残疾人、零就业家庭的就业问题，保证他们有班上、有事做、有收入；加大培训力度，帮助求职者提升劳动技能，匹配好用工主体和求职者信息，为双方搭建对接平台；把保市场主体作为稳住经济基本盘的关键举措。帮助企业解决企业招工、资金周转、产品销售等具体困难和现实问题，落实好惠企政策，实施“政策畅享”工程，通过“望易达”App 把政策分类推送到企业，让企业看到、读懂并享受各项政策，帮助企业申请上级政策，及时落实区级政策；简化市场准入手续，扩大市场主体规模；把制造业高质量发展作为主攻方向。以智能终端产业链为重点，开展建链、延链、补链，不断完善智能终端产业链，推进工业技改和智能化改造，加大数字经济软件业的发展，让工业插上信息化的翅膀，不断提升产能；把扩内需作为当前促进经济发展最有效的手段。加速重点片区开发投资，不断完善市政基础设施，推行容缺审批，加快产业项目落地。抢抓重要节点，联合企业、旅游景区开展旅游、消费等活动，提振消费信心，促进消费升级，从而拉动内需。把优化营商环境作为激发市场活力的重要抓手。持续推动“放管服”改革，坚持“四个办”“四个一”，把省时、省钱、省心作为望城营商环境的亮丽名片。充分激发市场活力。把做好统筹、防范各种风险作为经济运行的有力保障。

由于区委、区政府在落实中央“六保”上领导重视，谋划早，措施硬，望城经济在面对一系列新挑战和新风险的情况下得到平稳健康发展。

二、精准施策出“实”招

成立区委书记任组长，区长任第一副组长，区委常委、常务副区长任常务副组长，相关区领导任副组长，相关单位主要负责人为成员的领导小组。实行责任单位、牵头领导和领导小组三级调度机制。牵头责任单位每周调度一次，牵头领导每半月调度一次，领导小组每月调度一次，研究确定重大事项，及时协调解决有关问题，形成推进扎实做好“六稳”工作全面落实“六保”任务的常态化工作调度机制。建立“六稳”“六保”工作联络群，明确工作任务，强化责任落实。定期报送月报表。督促各牵头部门分别制定保居民就业、保基本民生、保市场主体、保粮食能源安全、保产业链供应链稳定、保基层运转工作方案；各责任单位分别针对各自工作任务，制定措施细则，做到责任到岗到人。6月1日，区征地服务中心召开党组（扩大）会议，传达学习区委区政府《关于扎实做好“六稳”工作全面落实“六保”任务的若干措施》的通知精神，坚决落实“过紧日子”的要求，在全区开展征拆安置“百日大会战”。6月2日，区市场监督管理局深入贯彻中央和省市“六稳”“六保”要求，提升服务水平，简化审批流程，优化营商环境，增扩市场主体数量、提升质量，拓宽“上升渠道”，做好“个转企”工作，提振市场主体发展信心，激发市场活力。6月4日，区人社局召开“优质服务再提升、营商环境再优化”“六稳”“六保”誓师大会，以大动员、大作战的形式，凝心聚力为企业发展营造更加优良的营商环境。切实履行惠企政策“上门送达”、政策解读“现场办公”、政策解读“落实兑现”等职责，帮助企业及时了解并享受最新的惠企政策，切实为企业纾困解难，千方百计稳定和扩大就业。6月9日，召开区“六稳”“六保”保市场主体发展工作第三次专项调度会议。制定《市场主体集群注册手册》《全流程合规指导要点汇编》《中小微企业首贷支持细则》等系列支持市场主体高质量发展的政策性文件。6月30日，经开区“六稳”“六保”新媒体与短视频运营培训班开班，助力企业发展与转型升级。7月16日，区第二届人民政府第34次常务会议召开，研究全区财政高质量完成减税降费、“保工资、保运转、保基本民生”和防范化解政府债务风险等工作目标任务；严控新增支出、压减一般性支出，降低融资和建设成本，加快平台公司转型；盘活“三资”，谋划收入，增强经济发展活力。7月27日，召开区委常委会（扩大）暨上半年经济形势分析会议。对全区“大干一百天 实现双过半”竞赛活动标兵单位和先进个人进行通报表彰。经开区、区发改局、区财政局、区住建局、区工信局、区商务局、区农业农村局获全区百日竞赛“标兵单位”称号。8月26日，望城与长沙城发集团围绕“四零”采购等相关内容进行供需对接。利用市政、房建、消费品等领域的产品特质与优势，通过望城BSC平台引导，编制《“四零”采购产品名录》，在全省率先打造“零障碍、零仓储、零物流、零损耗”的“四零”采购模式。全区266家企业参与“四零”采购，采购金额达30亿元。经济“引擎”经开区贯彻区委、区政府决策部署，紧扣“制造业高质量发展走在全市前列”和“加快打造千亿产业集群”的目标定位，以“大干一百天 实现双过半”竞赛活动为抓手，严格落实“六稳”“六保”要求，重点抓项目建设、产业升级、环境优化和改革创新等工作，奋力推动园区高质量发展。全区各级各部门强化市场主体帮扶、强化惠企政策兑现、强化服务意识，持续推动营商环境优化升级，深入践行“不叫不到、随叫随到、服务周到、说到做到”的理念，切实为企业排忧解难，不断夯实高质量发展根基，联合打出政策+服务“组合拳”，让企业吃下发展“定心丸”，扎实有效抓好“六稳”“六保”工作。

三、大胆创新见“高”效

在深入落实“六稳”“六保”过程中，望城大胆创新、精准施策，创造逆势飞扬的“望城速度”。在保就业上，年内提供岗位2000个，带动创业就业岗位1.8万个，开发公益性岗位400个，新增职业技能培训2万次。统筹铺排产业扶贫项目118个、产业扶贫资金1800万元；特困对象产业帮扶资金提高至每人每年1500元。在保产业链供应链稳定上，全区新引进项目75个，完成年度目标任务的131%；规模以上工业增加值比2019年增长6.3%。启动技术改造，提升竞争力，60家企业追加投入。1—9月，全区地区生产总值比2019年增长3.4%，财政收入增长8.95%，规模工业增加值增长6.3%，固定资产投资增长7.2%。在保市场上，实施“政策畅享”工程，实现惠企政策精准推送企业，确保本级政策从申报到兑现，20个工作日完成；在“一件事一次办”的基础上进一步推出“一窗通办”模式，提供组合套餐式办理服务，提高企业办事效率。创新推出“四零”采购模式，由政府牵头整合优质资源，搭建共享平台，开展精准的供需对接。仅晟通集团就通过“四零”采购达成意向合作逾7亿元。在保民生上，全区实现限额以上社会消费品零售额增长12.5%，文旅消费持续火爆，全域旅游年（联）卡售出10万张，接待游客1538.53万人次，收入71.91亿元。其中，砂之船奥特莱斯周年庆档期销售额达1.03亿元。京东、苏宁电商为主的互联网零售前三季也实现63.17亿元，比2019年增长27.8%。

在全面落实中央省市“六稳”“六保”任务的过程中，望城各级各部门坚持以保促稳、以赛促干，统筹推进疫情防控和经济社会发展，以战时状态和战时作风推动经济社会加快复苏。全年固定资产投资比2019年增长10.1%，实现一般公共预算收入115.23亿元，比2019年增加12.07亿元，增长11.7%。实现社会消费品零售总额397.94亿元，限额以上单位商品零售额197.84亿元，比2019年增长8.4%。完成进出口总额14.81亿美元，比2019年增长47.4%。实际利用外资3.78亿美元，增长14.3%。实际到位省外境内资金115.05亿元，增长14.2%。实现旅游综合收入108.30亿元，成功创建省级旅游度假区和国家全域旅游示范区。望城经济发展实现“弯道超车”。

（本栏撰稿：余吉琼）

2020 年长沙市望城区脱贫攻坚工作纪实

2020 年是脱贫攻坚收官年。望城区把脱贫攻坚作为最大政治任务落实，作为第一民生工程推进，全力应对疫情灾情影响，以决战决胜姿态打好脱贫攻坚收官之战。全区 8 个贫困村全部出列，5475 户 16239 名贫困人口全部脱贫，贫困发生率从 4.8% 降至 0，脱贫攻坚取得全面胜利。望城获评全国脱贫攻坚先进集体、湖南省脱贫攻坚先进县市区、湖南省“互联网 +”社会扶贫工作先进单位。

*围绕收“官”、质量，压实决战决胜责任。*为打好脱贫攻坚收官之战，区委书记、区长履行“一线总指挥”职责，带头开展“三走访三签字”活动，遍访 8 个贫困村，及时帮助解决具体问题。各专项扶贫单位严格落实主管责任，坚持一月一调度。区直后盾帮扶单位落实帮扶责任，坚持每半年专题研究帮扶工作，落实帮扶资金和帮扶项目，帮助解决联点村实际困难。各街镇、村社区切实履行主体责任，每月对脱贫攻坚专题研究、狠抓落实。4215 名结对帮扶干部坚持 4 月、5 月、6 月每月一次走访帮扶，其余时间每两个月一次走访帮扶，实现贫困户“微心愿”1800 余个。按照 3100 元 / 月的标准发放驻村干部综合补贴。在提拔重用、评先评优上对扶贫干部高看一眼、厚爱一筹，按照驻村工作队 20% 以上、驻村干部按照 25% 以上的比例核定考核优秀等次，且不占派出单位指标。从严管干部、管作风、管资金，对 26 个村社区 17 名驻村工作队长、13 名驻村队员及时进行调整优化，对 3 个单位主要负责人进行提醒约谈，对 7 名干部进行问责。实行扶贫资金一月一查，及时将情况纳入常态化督导评估，并组建专门力量对扶贫资金逐年进行全方位审计。

*注重精准、精细，推动问题清单“归零”。*制定脱贫攻坚工作质量常态化督导评估实施方案和细则，重点突出“两不愁三保障”、扶贫资金使用等 10 个方面工作，列出 100 个“三落实”问题清单，以“四不两直”方式深入全区 108 个村社区开展常态化督导评估，全年开展督查指导 60 余次，下发常态化督导评估排名通报 3 期，发出交办函 34 封，交办问题 452 个，全部完成整改。紧扣问题整改这条主线，扎实开展脱贫质量“回头看”，瞄准建档立卡贫困户、边缘易致贫户等重点对象进行拉网式排查，排查出的 370 个问题全部整改完毕。守住政策落实这条底线，确保政策全面落实到户、到人。2020 年危房改造完成 245 户，教育扶贫资助 12897 人次 1559 万元，健康扶贫“一站式”结算贫困人口住院达 13742 人次，住院费用综合报销比例达 89%。疫情期间发放城乡特殊困难对象慰问帮扶资金 320 万元，低保救助金 2000 万元，特困供养金 1004 万元，残疾人两项补贴 492 万元。实行定时、定岗、定责“三定”工作法，每月 25 日，由区扶贫办组织相关单位开展数据比对。各单位明确一名分管领导和专干，坚持“谁分管、谁负责，谁比对、谁负责”，认真做好建档立卡贫困人口基础信息的采集、录入、更新及疑似问题数据的核实、整改、修正，并建立问题整改台账，及时跟踪问效，累计排查整改问题 800 余个，进一步夯实工作基础。

*统筹贫困、“非贫”，应对疫情冲击影响。*组建稳岗就业专班，全方位、多方式、多渠道促进贫困劳动力就业，全面开展返乡回流人员帮扶行动，逐村、逐户、逐人开展就业服务，打通就业扶贫“最后一公里”。率先全国开通“返岗爱心大巴”专车，“门对门”跟车接回 2457 名员工返岗，目前已转移就业 4517 人。建成就业扶贫车间 38 家，吸纳贫困劳动力 400 余人。为解决部分贫困户就近就业需求，区财政安排 1 万元 / 人·年的补贴，打造 15 分钟就业服务圈，安排 254 个公益性岗位。有就业意愿未就业的贫困劳动力实现动态清零，兑现就业扶贫交通补贴 66.44 万元，发放就业扶贫岗位补贴 166.95 万元。坚持把产业扶贫作为脱贫攻坚的治本之策，扎实开展“能人带动发展一批、合作社组织发展一批、产业链延伸发展一批、兜底帮扶一批”产业扶贫“四个一批”工程。选聘 149 名产业发展指导员，常态化开展产业技术指导。按照“能人 + 合作社 + 贫困户”模式，实施 122 个项目，投入 2240 万元，有能力有意愿

的5220户贫困户得到一个以上产业扶贫项目扶持，193户边缘易致贫户全部享受产业帮扶。对贫困户中的一、二类兜底对象和分散供养五保户采取委托帮扶、股份合作等模式，按人均不低于1500元/年的标准进行扶持。全区8个贫困村、877户贫困户与合作社建立利益联结机制，如乔口镇盘龙岭村引进网红门店长沙文和友集团，打造小龙虾“生产+加工+销售”产业链，贫困户通过入股合作社每年可增收5000元/户。通过湖南省消费扶贫公共服务平台，采购扶贫产品5000万余元。举办“望城年货节”“农民丰收节”“党建引领，助力脱贫”等17场扶贫农产品展销会，发动各单位利用工会费用的30%用于购买贫困户农特产品。依托10家“望城味道”农产品直销店，与全区40余家产业扶贫合作社和有贫困人口的60个村社区签订扶贫产品代销协议，帮助销售贫困户农副产品近200万元。依托望城乡村旅游和电商平台网络销售，望城荷花虾等扶贫产品搭上直播快车成为畅销产品，结对帮扶干部也通过以购代捐、帮买帮卖等形式，主动为贫困户销售农副产品，激发内生动力。

*做好拓展、升级，夯实乡村振兴基础。*坚持责任清单化，压实街镇党政领导的主体责任、驻村工作队和村社区的监测责任、帮扶责任人的帮扶责任。加强防返贫监测，坚持监测常态化，按照“村组日常监测、街镇研判预警、部门联动监测、区级调度帮扶”四道程序，以村社区为单位，明确“重点监测对象10个不评”标准，对符合条件的及时纳入监测帮扶，巩固脱贫成果。出台《建档立卡贫困户及边缘户分类管理暂行办法》，将贫困户分别标识为稳定脱贫户、脱贫监测户、兜底保障户、边缘户、满意度不高户和涉贫信访户6个类别，分类进行管理，全区脱贫监测户仅占1.9%。坚持帮扶差异化，为每个街镇安排20万元灵活机动救助资金，对受疫情影响或因病因灾所致的特殊困难群体进行临时救助，实现管理精准化。发展“六型”集体经济，“薄弱村”全面清零，全部实现年收入20万元以上。推进农村“五治”，无害化厕所实现全覆盖；市级农村生活垃圾分类减量村覆盖率达100%，农村垃圾集中收运率达100%，农村生活垃圾分类减量率达70%；积极推广农村散户污水处理“三池一地”模式，基本消除农村人口聚集区黑臭水体，完成12座乡镇污水处理厂提标改造，农村建制镇污水处理率达90%以上；移风易俗实现常态化、制度化，涌现出静慎村“九贤治村”等典型经验，夯实乡村振兴基础。

*兼顾区内、区外，落实对口帮扶政策。*强化省会担当，把对口帮扶工作作为脱贫攻坚的重要任务抓牢抓实。区对口帮扶工作领导小组先后召开4次会议研究对口帮扶工作，择优选派4名优秀干部赴龙山县洗车河镇、农车镇挂职，认真制定对口帮扶工作方案，落实对口帮扶资金2000万余元，实施项目30余个。区委书记、区长带队赴龙山县洗车河镇、农车镇开展调研慰问，区直有关部门赴洗车河镇开展扶贫活动18次。望城经开区安排工作组常驻龙山县，多次召开专场招聘会，成功转移劳动力300余人。大力推进产业帮扶，在洗车河镇引导种植油茶114公顷、茶叶67公顷、菊芋54公顷，黄桃特色产业年产值达70万余元，中蜂养殖、黑香猪养殖、通草种植等项目辐射带动3个贫困村124户贫困户实现增收脱贫。在农车镇大力发展中药材、乡村旅游、农副产品深加工等特色产业，种植油茶367公顷，惠及群众4000余人，新建的花桥村茶叶示范基地和正河村134公顷油茶基地被列为龙山县示范基地。

2020年，望城脱贫攻坚取得全面胜利。获评全国脱贫攻坚先进集体、湖南省脱贫攻坚先进县市区、湖南省“互联网+”社会扶贫工作先进单位。脱贫攻坚全面收“官”。

（本栏撰稿：张　宇）

推动农业大县向省会新区转变
决战决胜全面建成小康社会

望城是雷锋的故乡，2011年撤县设区成为省会长沙新城区，地处湘中东北部湘江下游，东临长沙县，南接开福区、岳麓区，西至宁乡市、益阳市赫山区，北联湘阴县、汨罗市。截至2020年，全区实现地区生产总值857.04亿元，建成区面积70余平方千米，城镇化率为65.7%，常住总人口90万人。望城全境已纳入长株潭“两型社会”综合配套改革试验区、洞庭湖生态经济区、长株潭国家自主创新示范区、长株潭衡“中国制造2025”试点示范城市群，是国家级湖南湘江新区的重要组成部分。

中共十一届三中全会以来，望城把握大势、抢抓机遇、开拓创新，实现了经济社会健康快速发展，区域综合竞争实力、投资潜力进入全国市辖区百强，获评全国县域经济科学发展特色县（区）、国家可持续发展试验区、全省首批全面小康达标区，实现了由农业大县到省会新区的精彩蝶变。

一、全面建成小康社会的发展历程

建设小康社会是20世纪80年代以来，中国共产党领导中国实现国家富强、民族复兴、人民幸福的宏伟战略。基于对中国发展实际的分析和判断，1978年12月，党的十一届三中全会作出了把工作重点由阶级斗争为纲转移到以经济建设为中心上来的重大决策。望城县委认真贯彻全会精神，提出坚持以经济建设为中心，将工作重点转移到社会主义现代化建设上来，发出了“加速建设新望城，一年打个翻身仗”的动员令。全县积极推行以家庭联产承包制责任为标志的农村改革，取消人民公社制度，改革农村信用、供销、粮食管理体制，取消农副产品的统购、派购政策，放开产品市场，允许农民自由销售，大力发展集贸市场，实施以“一包四改”为主要内容的乡镇企业管理体制改革，多种经济成分并存、多条渠道流通、多种形式经营的流通体制逐步建立。

为进一步做强县域经济，加速向小康迈进，县委县政府于1991年制定“开放促发展”的对外开放政策，成立引进开发技术改造领导小组，设立第一个驻外招商机构——望城县人民政府驻珠海办事处，引进第一家台资企业——湖南旺旺食品有限公司。1993年，县人民政府增设驻北海办事处、驻北京联络处、驻深圳联络处等3个驻外办事机构，增设望城对外经济贸易合作局，出台《望城县鼓励外商投资优惠办法》《望城县引进国内外资金和介绍国内外经济技术合作项目奖励办法》等一系列招商引资政策文件，开放发展的步伐不断加快。为破解交通瓶颈对县域经济发展的制约，1992年，县委县政府启动修建一条贯穿南北全长16.2千米的公路干线——雷锋大道，同时在县城建立“城关镇城南外资企业区”，并将“一点（县城）一线（雷锋大道）”作为引进开发的重点，加速县城建设。

为将望城临城而居的区位优势转化为经济优势，1999年1月，县委六届三次全体会议首次提出实施“融城强县”战略，将坪塘、含浦融入岳麓山大学城，雷锋、星城、黄金、高塘岭融入长沙高科技产业开发区，丁字、桥驿、茶亭融入长沙经济技术开发区。次年7月，县委六届五次全会确立“工业兴县、园区兴工”的发展方针，明确了“专业立园、规模立园、特色立园”的思路，以及“突出地方特色，促进产业集群，培养龙头企业，吸引要素资源，促进跨越发展”的战略路径。

2002年中共十六大报告宣告，“人民生活总体上实现了由温饱到小康的历史性跨越”，并进一步提出“全面建设小康社会”的目标。是年，全县创建了十大园区。2004年以来，在国家中部崛起和两型社会综合配套改革试验区、湖南省富民强省和长株潭“3+5”城市群建设、长沙市“大长沙”“大河西”新一轮发展战略背景下，望城迎来了新一轮发展热潮。2006年，历时4年的融城主干道金星大道建成通车。2007年，全县财政总收入突破10亿元大关。长株潭“两型社会”综合配套改革试验区获批后，为落实长沙市关于“建设大河西，打造先导区”的决策部署，2008年7月，县委八届六次全会作出了突出“一城”（建设大县城），开发“两带”（湘江生态经济带和金城大道现代加工产业带），打造“三区”（高星经济区、河东经济区、大众垸经济区），加快推进新型工业化、新型城镇化和农业现代化，全力打造新城区的全新布局。2010年，望城县域经济综合实力先后进入全省三强、中部十强和全国百强。

2011年，望城撤县设区，步入城市经济发展阶段。为贯彻落实中共十八大关于全面建成小康社会、省委省政府“打造东方莱茵河”和市委市政府“沿江建设、跨江发展”战略部署，推进望城由县向区加速转变，2012年召开的区委一届十次全会提出了建设现代化公园式城区的战略目标，并于2013年出台《关于建设现代化公园式城区的实施意见》，通过实施区域提升、生态系统建设、公共服务配套等六大工程，全力推动望城由农村经济向城市经济、农村管理向城市管理、农村文明向城市文明的“三大转变”。2012年以来，以举办中国（望城）第四届休闲农业与乡村旅游节为契机，开展以“两路两片”（金星大道、雷锋大道、星城南片、高塘岭东片）为重点的城乡接合部环境综合整治，“两路两片”成为街景靓丽、环境优美的崭新城区。秉承“越是民族的就越是世界的，越是久远的就越是新鲜的，越是特色的就越是大众的，越是生态的就越是现代的”这一理念，提出了建设“一江两岸四镇，打造环湘江生态旅游圈”的构想，着力构建了乔口、靖港、新康、铜官湘江古镇群落，“湘江有个古镇群、望城是个大观园”的休闲旅游品牌享誉全国。

为推动望城加速转型发展，加快全面小康建设步伐，区委一届十六次全会提出在全省率先建成全面小康示范区的奋斗目标，并审议通过《关于率先全面建成小康社会的实施意见（2013—2017年）》。计划围绕完善城乡发展规划、建设两型产业体系、构建特色城镇发展体系、推动城乡基础设施一体化、优化城乡生态环境、促进社会事业均衡发展、加强和创新社会管理以及推进重点领域改革创新等8个方面重点发力，力争到2017年实现产业倍增、收入倍加、城乡品质倍升。2014年，望城获全省全面小康经济快进县第一名。2015年，望城经开区经国务院批准升级为国家级开发区，全区工业总产值突破千亿元大关。

在全面建成小康社会决胜阶段、开启实现基本现代化新征程、经济发展步入新常态的关键时期，为贯彻落实省第十一次党代会提出的“创新引领、开放崛起”战略和市第十三次党代会关于“创建国家中心城市实现基本现代化”的战略目标，2016年第二次党代会确立了以建设实力强、城乡美、民生爽的名望之城为发展目标，大力推进四大主体功能区（滨水城市核心区、城市功能拓展区、文化旅游发展区、生态涵养保护区）、四大产业集群（先进制造业产业群、湘江古镇群、滨江生态公园群、专业商贸市场群）和四大社会建设（民生事业、文明城区、民主法治、平安望城）的发展路径。坚持把先进制造业作为经济发展的第一选择，2017年制定11条工业新兴及优势产业链发展实施意见，区委二届十二次全会审议通过《关于坚定“第一选择”战略奋力走在制造业高质量发展前列的实施意见》，推动先进制造业集群化、高端化、智能化发展，形成了以铝、铜精深加工为主体的有色金属产业集群，以乳制品为代表的食品加工集群，以电子元器件为重点的电子信息产业集群，园区规模工业产值迈上千亿元台阶。2019年，望城经开区入选国家知识产权示范园区和国家级绿色园区。2014年以来，一系列重大交通基础设施相继落子布局，京港澳复线（望城段）全线通车，湘江长沙综合枢纽实现蓄水通航，黄桥大道、芙蓉北大道拓改、潇湘路、湘江大道北延线等重大工程建成通车，长株潭城际铁路西延线开通运营，长沙高铁西站选址望城，长沙地铁4号线一期投入运营，初步形成了对接长沙、策应全省、融入全国的开放型交通体系，望城区位发生颠覆性改变。开放型交通体系为加快城市片区开发、一江两岸联动发展奠定了坚实基础。2020年，高铁西站产业新城一期、滨水新城大泽湖生态智慧城启动建设，香炉洲大桥动工，海归小镇积极谋划建设。望城区工业经济实力和投资吸引力持续提升，连续3年被评为中国工业百强区，连续7年入选全国综合实力和投资潜力百强区。“十三五”期间，地区生产总值年均增长8.8%，一般公共预算收入、税收收入相继突破百亿元大关。

二、全面建成小康社会的主要成效

2012年以来，望城区围绕中共十八大报告提出的“确保到2020年实现全面建成小康社会宏伟目标”的战略任务，贯彻落实中央和省委、市委决策部署，抢抓撤县设区的重大机遇，践行新发展理念，加快推动新型工业化、新型城镇化和城乡一体化，着力推动经济转型创新发展，全面小康进程加速推进。

发展实力大幅跃升。从实现程度来看，全面建成小康社会稳步推进。2020年全区全面建成小康社会实现程度为97%，较2012年提高22.1个百分点，实现程度年均提升2.76个百分点。从总量来看，经济运行总体平稳。2020年，全区地区生产总值为857.04亿元，比2019年增长4.3%。2016—2020年，地区生产总值年均增长8.8%，在全省所有区县中排第2位。2020年，人均国内生产总值为99737元，较2012年增加54304元，是2012年的1.84倍。从城镇化推进成效来，到2020年末，常住人口城镇化率达65.7%，比2012年提高19.14个百分点。

产业升级加速推进。产业结构不断优化，三次产业结构比例由2012年的7.9:73.8:18.3调整为2020年的6.6:38.1:55.3。数字经济、平台经济蓬勃兴起，第三产业成为经济增长“新引擎”。2020年，服务业增加值占国内生产总值比重达55.3%，比2012年提高37.0个百分点。产业投资持续较快增长。2016—2020年，全区固定资产投资年均增长12.9%，产业投资占固定资产投资的比重为46.3%。高新技术产业发展势头良好。2020年，高新技术产业增加值占规模以上工业增加值的比重为63.6%，高新技术产业增加值占GDP的比重为19.1%，较2012年提升1.1个百分点。

人民生活水平显著提高。居民收入与消费实现较快增长。2020年，全体居民人均可支配收入46615元，比2019年增长6.0%。其中，城镇居民人均可支配收入53876元，名义水平是2012年的1.938倍；农村居民人均可支配收入37738元，名义水平是2012年的2.288倍。全体居民人均消费支出30677元，其中城镇居民人均消费支出35844元，农村居民人均消费支出24361元。社会保障全面加强，零就业家庭实现动态清零，2020年城镇登记失业率为3.04%，城乡居民养老保险参保率为100%，基本医疗保险参保率为95.4%，建档立卡贫困人口脱贫率100%。

生态环境不断优化。推动美丽望城建设，营造两型引领的城乡环境，努力实现城乡品质提升。节能降耗成效显著。2015年，单位GDP能耗达到全面小康标准。生态环境不断优化。2014年，城镇污水处理率、空气质量达标率、地表水质达标率、森林资源蓄积量增长率均达到全面小康标准。2015年城镇建成区绿化覆盖率35.1%，达到全面小康标准。2020年全年空气质量优良天数343天，优良以上空气质量达标率93.7%，超全面小康目标值10.7个百分点；城镇污水处理率99.4%，超全面小康目标值24.4个百分点；对农村生活垃圾进行处理的行政村比例、无害化处理率，国、省控水质监测断面达标率，县级饮用水源水质达标率均100%。

民主法制更加健全。坚持法治与民主双轮驱动，紧盯法治建设的关键环节实施精准监督，全面推进依法治区进程。大力推进法治望城、平安望城、和谐望城建设，公民法律素质显著增强，社会大局和谐稳定。2020年，反映社会安全的每万人口交通事故死亡人数、每万人口火灾事故死亡人数、每万人口工伤事故死亡人数均达到全面小康标准，全区公众安全感达到91.4%。

三、全面建成小康社会的实践探索

2012年中共十八大报告提出“确保到2020年实现全面建成小康社会宏伟目标”，实现经济持续健康发展，人民民主不断扩大，人权得到切实尊重和保障，文化软实力显著增强，人民生活水平全面提高，资源节约型、环境友好型社会建设取得重大进展。2017年中共十九大报告提出决胜全面建成小康社会，要求紧扣中国社会主要矛盾变化，统筹推进经济建设、政治建设、文化建设、社会建设、生态文明建设，攻坚克难，使全面建成小康社会得到人民认可、经得起历史检验。近年，望城区围绕全面建成小康社会的目标任务，始终坚持以转型升级为主线，以改革创新为动力，以改善民生为根本，以绿色发展为导向，加快新型工业化、新型城镇化和城乡一体化，全面繁荣社会事业，全力推动由县向城的转变，一个美丽幸福强盛的现代化新望城正在湘江尾闾崛起。

聚焦量质齐升，大力提升区域综合实力。致力做大做强产业，区域经济大幅跨越。提质提档工业经济。把项目建设作为工业经济发展的源动力和牛鼻子，开展“大项目突破年”“项目竞赛年”“项目建设提速提标年”等活动，紧盯项目引进、建设和投产，投资过100亿元的亿达智造小镇、五矿新能源，过50亿元的网讯通、长沙国际时尚之都、中德有色工业园、伟创力智能制造产业园、TDK新科电子等项目成功落户，新一代半导体产业链“科创中心”“应用智造中心”落户望城。把先进制造业作为经济发展的第一选择，出台新型工业扶持政策，每年投入不少于1亿元的扶持资金，制定11条工业新兴及优势产业链发展实施意见，推进“有色金属精深加工提升”、与智能终端、新一代半导体、绿色食品、新型合金、先进储能材料、生物医药等六大产业链培育计划，开展“企业服务提升年”“产业发展突破年”“产业项目年”和“营商环境优化年”等活动，高质量发展迈出坚实步伐，国家有色金属新材料精深加工高新技术产业化基地成功挂牌，智能终端从零起步迅速壮大，华为、比亚迪、德赛电池、新视电子等62个项目成功引进，晟通科技、金龙铜业、澳优乳业等骨干企业发展势头强劲，澳优乳业成为全市第一家百亿元级食品企业，华望科技“新三板”成功挂牌，泰嘉股份成功上市，黄金创业园获批国家级科技企业孵化器。加快发展第三产业。把现代服务业作为新的经济增长动力来培育，研究制定加快现代服务业高质量发展的若干政策，依托长沙高铁西站做活做旺专业商贸市场群，依托城市建设加快发展生产性服务业和生活性服务业，发展电子商务、总部经济等业态，湾田国际、高星物流等大型市场纷纷落户建设，奥特莱斯商业广场建成开业，澳优总部、新奥燃气总部、永通汽车总部、国美电商运营基地、湾田总部、苏宁云商等入驻，投资50亿元的平安创新金融产业园、投资35亿元的京东湖南亚洲一号、投资30亿元的宝湾电商物流园等重大项目相继落户，2015年社会消费品零售总额迈上百亿元台阶。着力推动湘江古镇群复兴，实施湘江古镇群建设三年行动计划，深入推进国家全域旅游示范区创建，乔口渔都、新康戏乡、铜官陶城、书堂小镇建成开街，投资100亿元的新华联铜官窑文化旅游度假区、投资26亿元的华夏书堂山国学小镇等项目建成运营，铜官窑博物馆建成开馆，慧润民宿等一批文旅项目广受青睐，望城被评为湖南省旅游发展“十佳县区”，入选首批国家全域旅游示范区，新华联铜官窑古镇获评国家AAAA级旅游景区，铜官小镇被评为首批湖南省十大特色文旅小镇。做优做特现代农业。坚持以节会助推休闲农业发展，成功举办三届休闲农业与乡村旅游主题节会，休闲农业成为望城具有全国影响力的特色品牌。2013年休闲农业企业数量达600余家，望城蔬菜产业示范园、千龙湖成为湖南高效农业和休闲农业的新亮点。大力发展生态农业和现代都市农业，积极推进农业规模化经营，基本建成高标准设施蔬菜示范园，望城小龙虾入选省“一县一特”主导特色产业发展指导目录，2013年种粮大户袁虎喜获中国青年五四奖章并受到习近平总书记亲切接见，2018年望城获评全省农村一、二、三产业融合发展示范区，2020年农科园被评为全省现代农业特色产业集聚区，乔口镇入选全国农业产业强镇建设名录。因地制宜发展新型村级集体经济，2020年全区30个集体经济薄弱村实现摘帽，在全市率先实现所有村级集体经济收入迈上20万元台阶。致力统筹融合发展，城乡品质显著提升。加快形成综合交通体系。实施交通先行战略，加快构建开放型交通体系。规划构建“五横十纵一环”城市主干路网，拉开城市框架，对接中心城区，湘江长沙航电枢纽建成投运，黄桥大道、芙蓉北大道、潇湘大道景观道、湘江大道北延线、潇湘北路、金星大道北延线、湘江大道北延线一期、望城大道全线等融城“动脉”相继通车，长望路西延线基本建成，地铁4号线一期投入运行，月亮岛路普瑞隧道建成通车，基本形成与长沙中心城区30分钟通勤圈。加速推进高铁、城铁、港口和高速公路建设，京港澳高速复线全线贯通，长株潭城铁全线开通运营，铜官港区一期投入运营、二期启动建设，渝长厦高铁长益常段规划建设顺利推进，长株潭城际铁路与石长铁路联络线开通，长常北高速建成通车，高铁长沙西站选址望城，常益长高铁长沙段加快建设，望城战略地位、区位优势持续提升。加快建设精美城镇。统筹推进宜居城区、特色小镇和美丽乡村建设，推动城乡面貌发生新蝶变。通过提档城区基础配套促推新兴片区建设提速和老旧片区提质，有序实施城市社区、老旧小区提质提档，加快推进海绵城市试点、新型智慧城市建设，规划建设滨江生态公园群，打造雷锋公园、谷山体育公园、半岛水利风景区、银星湾公园、月亮岛公园等重大城市节点景观和休闲公园，滨水新城、高铁西城等新兴片区加快发展，月亮岛、斑马湖等片区日新月异，城区“15分钟生活圈”基本实现全覆盖，城市承载力、集聚力持续提升。着力培育旅游、商贸、生态等特色小镇，乔口成功跻身全国特色小镇、国家卫生镇，靖港顺利入选全国运动休闲特色小镇，桥驿、铜官分别获评全省文明镇、经典文化镇。稳步推进“五美五韵”美丽乡村建设，农村自来水管网基本实现全覆盖，组组通硬化路全面实现，“村村通公交”加快推进，农村旱厕全面清零，“三池一地”农村生活污水处理模式全面推广，农村垃圾分类减量实现全覆盖，茶亭大龙村入选全国文明村镇，白箬铺镇光明村获评全国美丽宜居村庄，茶亭镇静慎村获评全国乡村治理示范村。致力深化改革创新，发展活力持续迸发。通过政府机构改革提升行政效能。以行政中心搬迁为契机，实施行政审批“三集中三到位”改革，打造多渠道的在线咨询、在线预约、在线办理的“一网通办”式24小时不打烊的雷锋政务服务模式。改革城市管理体制，按照“应放尽放”原则，扎实推进城市管理和综合执法的“事、人、财、物”等权力下放至街镇，强化执法事项属地管理，实现执法重心下沉，着力破解基层城管执法难题。通过实施“五个一”（一个平台、一条热线、一格多元、一棒指挥、一键考核）工程，积极整合各类资源，加强应急统筹调度，全力构建统筹全区、覆盖全域、功能完备、响应及时的应急联动新机制。通过经济领域改革破解发展难题。建立常态化驻外招商机制，主动开展敲门招商、定向招商，招商引资实现量质齐升。完善征拆安置配套政策和工作机制，征拆工作步入规范有序的良性轨道。调整重大项目调度和建设体制机制，项目建设效率和质量持续提升。2019 年，围绕构建“省时、省钱、省心”的极省营商环境推出系列改革组合拳。在全省率先实现工程建设项目集中审批，将 4 个部门 28 项工程建设项目审批事项集中授权区行政审批服务局审批；在全省率先开通工程建设项目全流程网上审批系统；在全省率先组建商事服务中心（BSC)，举办“极省营商在望城”发布会，搭建政商互动、企企对接优质服务平台；在全市率先成立国有控股人力资源公司，创新推进产业工人供应链建设；深化“放管服”改革，向园区新下放 260 项行政职权，99% 的政务服务事项实现“最多跑一次”，完成减税降费 12 亿元。市场主体在 2020 年完成历史性一跃，总量首次突破 10 万户大关，每万人新增开办市场主体数和企业数均居四区县第一位。通过城乡体制改革提升发展活力。调优区、镇财政体制，实行分类绩效考核，有效调动基层工作积极性。实施乡镇区划调整和合并村工作，有力促进了资源优化配置、服务能力提升。积极探索农村试点示范改革，推进“三权分置”、农民集中居住试点、涉农资金整合改革，现代农业综合配套改革取得重大突破，2017 年获批“全国农村改革试验区”，农民“带地入建”集中居住模式获全国推介。

聚焦优质均衡，切实改善人民生活。社会保障日趋完善。推进精准扶贫，全区 8 个贫困村全部摘帽，5475 户 16239 名建档立卡贫困人口全面脱贫，农民人均收入连续五年保持全省第一位，脱贫攻坚取得决定性胜利。开辟雷锋“580”紧急救助热线，推进扶贫济困常态化。健全城乡统筹的社会保险、社会救助和养老服务体系，积极推进居家养老服务改革试点，城乡居民大病保险全面实施，贫困人口基本医疗保险、大病保险和残疾儿童康复实现全覆盖，城乡居民养老保险实现全覆盖，企业、城乡居民养老保险待遇实现九连调，养老服务设施覆盖 90% 以上城市社区，农村特困供养低保对象和建档立卡贫困户重特大疾病救助纳入健康扶贫“一站式”结算系统，乔口镇日间照料中心作为养老服务示范样板工程在全省推广。实施创业富民工程，坚持以创业带动就业，出台小微企业创新创业支持政策，建立完善的就业培训、就业服务和创业指导体系，着力打造“30 分钟就业圈”，就业创业条件不断优化，城镇零就业家庭实现动态清零，城镇登记失业率控制在 3.5% 以内，2019 年获全省真抓实干就业工作成效明显区县。优化住房保障供给，建立廉租房、公租房、限价商品房为重点的住房保障体系，实行公租房、廉租房并轨运行，加快安置房源货币化改革，深入开展棚户区、老旧小区提质改造，房地产市场保持平稳健康发展，获评“2020 中国最宜置业百佳县市”第十位。公共事业加快发展。促进学前教育优质发展、基础教育均衡发展、职业教育加快发展，努力满足人民群众多元教育需求。发展公办和普惠性幼儿园，占比 85.8%。推动薄弱学校提质、合格学校建设和标准化学校改造，实施学校建设五年行动计划，义务教育基础条件持续改善，义务教育大班额全面清零，2013 年高分通过国家义务教育发展基本均衡区验收。深入推进教育领域综合改革，全面开展义务教育阶段校长教师交流轮岗改革和督学责任区建设，试点推进教师“区管校聘”改革，探索实施联合（托管）办学，引入长郡中学、周南中学、市一中、麓山国际实验学校、明德中学、市实验中学开展合作办学，义务教育优质均衡发展的基础进一步夯实，2015 年获省教育强区。推进中考中招改革，2020 年实现与主城区教育并轨。逐步推行高中阶段免费发展职业教育，入围首批国家级农村职业教育和成人教育示范县（区）。切实提升医疗服务能力，努力让人民群众在家门口享受到优质均等的医疗资源。推进乡镇卫生院、村卫生室提质改造、区级医院标准化建设与基层医疗卫生机构规范化建设三年行动，区疾控中心实验综合楼建成启用，创建国家级满意街镇卫生院 4 所，与省、市医院搭建医联体 12 个，市区两级妇幼保健院“医疗联合体”运行，区人民医院与湖南师大合作共建附属医院并启动整体迁建，区域内第一所三甲医院市四医院滨水新城院区即将投入运营，医疗卫生条件不断改善。推进医药卫生体制改革、公立医院改革和乡镇卫生院综合改革，实行医疗、医保、医药联动，实施基本药物制度和药品零差率销售，大病集中救治、先诊疗后付费等政策落地见效，职工医保和生育保险实现合并，城乡居民大病保险各段支付比例提高 5%，二级公立医院基本药物品种数不低于 50%，村卫生室实现基本药物零差率销售。实施文化惠民与全民健身工程，丰富群众精神文化生活。推进乡镇综合文化站、农家书屋、图书馆分馆、全民健身工程点、智慧社区健身中心建设和广播电视“户户通”，加快建设谷山体育公园、红色文化展览馆、欧阳询文化园、洗心禅寺“和”文化园等文体公园，免费开放雷锋纪念馆、群众文体中心等文体场所，公共文化体育服务体系不断健全。加大文化遗产传承保护力度，本土文化魅力不断彰显，铜官陶瓷获国家地理标志保护产品，剪纸、陶艺、皮影戏等非遗项目远赴芬兰、韩国巡展，黑石号文物亮相国家博物馆，长沙铜官窑加入“海丝”申遗。举办第四届环中国国际公路自行车赛、国际铁人三项赛、红土网球赛、“姚基金”全国希望小学篮球赛、全省“龙舟赛”国际铁人三项赛、长沙网球公开赛暨中国网球巡回赛等品牌体育赛事，“欢乐潇湘”“百村篮球争霸赛”“百村百（楼）盘百企”篮球争霸赛等群众性文体活动，以及书堂山全国书法名家作品邀请展等庆祝改革开放 40 周年暨望城恢复建制 40 周年活动、中华人民共和国成立70周年系列庆祝活动、书堂山当代文人书法周等主题文化活动，形成了“每日有书、每周有戏、每月有约、四季欢歌”文化惠民活动品牌，广受群众喜爱与好评并获中宣部推介，百村篮球争霸赛、运动达人推动全民健身“望城模式”获《人民日报》报道推介。

聚焦和谐稳定，深入推进民主法治。以平安创建保障和谐。建立立体化、网格化治安防控体系，依法严厉打击各类违法犯罪行为，确保人民安居乐业、社会安定有序。强势推进“铁拳行动”，深入实施“万人红袖章”巡防工程，全面扫清和预防阻碍经济社会发展的违法乱象。建设应急联动指挥中心，构建以大数据为基础的综合治理平台，不断提高社会治理信息化和精细化水平。2014年，“万人红袖章”工作得到时任国务委员、公安部部长郭声琨同志的高度肯定，2013—2015年，望城连续3年获评全省社会管理综合治理先进区和安全生产先进区，2011—2015年，综治公众满意度连续5年位居全市第一位，全区刑事案件发案率持续保持全市最低。以法治建设守护和谐。建设“法治政府”，加强法制机构建设，深入推进依法行政，出台合同管理办法，加强政府重大决策、规范性文件、商务合同合法性审查，完善土地出让、产权交易、政府采购、政府投资管理等制度体系，政府及其部门依法履职能力不断提高。开展人大评议部门、政协评议乡镇工作，各级各部门工作作风更加扎实、行政效能进一步提升，人大及其常委会依法履职得到有效保障，政协民主协商职能得到充分发挥。健全常态化群众工作机制，推进法治信访、责任信访、阳光信访，切实把各类矛盾纠纷化解在基层、化解在萌芽状态，为改革发展营造和谐稳定的社会环境。2015年，望城获全国法治创建先进单位。以文明创建促进和谐。坚持以雷锋精神兴区育人，通过开展学雷锋系列活动推动文明创建走深走实，让“雷锋家乡学雷锋，学了雷锋出雷锋”成为一种风尚。实施雷锋纪念馆提质改造，全新开放雷锋生平事迹陈列馆，成立区雷锋精神研究会、学雷锋工作室和雷锋纪念馆志愿服务总站，设立“雷锋奖”，出台《学雷锋鼓励保护暂行办法》，承办全国学雷锋研讨会，举办“向雷锋同志学习”题词55周年和纪念雷锋80周年诞辰系列纪念活动，开展道德模范、慈善之星、社会贤达等评选活动，激励并涌现出一系列“崇德向善、乐于奉献”的新时代雷锋。见义勇为先进典型卢松柏荣登“中国好人榜”，农民志愿者胡丙炎入围2014年“感动湖南”候选人，见义勇为女孩周美玲获评“全国道德模范”，望城公安消防大队被中宣部授予“时代楷模”称号，被国务院、中央军委授予“学雷锋模范消防大队”荣誉称号，并受到习近平总书记、李克强总理亲切接见。打造“我是雷锋580，您有困难我帮您”的志愿服务品牌和“580”紧急救助品牌，做大做强雷锋慈善基会，推动扶贫济困、常态化学雷锋与文明创建深度融合，营造“雷锋故里，守望相助”的良好氛围。雷锋号青少年关爱家园获评全省最佳志愿服务项目，雷锋城管志愿者协会被评为全省志愿服务百强团体。

聚焦绿色两型，不断优化资源环境。持续推进城乡绿化。牢固树立“造林就是造福、绿化就是文化、生态就是生命”的理念，突出森林资源保护和城乡绿化统筹，持续开展以“广种树、多栽花、不露黄”为主要内容的三年造绿大行动，精心建设谷山、乌山、黑麋峰、书堂山、九峰山五大森林公园，着力构筑省会长沙的绿色生态屏障，城市建成区绿化覆盖率40%，望城获评全国绿化模范单位和湖南首个省级生态区。持续推进城乡净化。牢固树立在生态环境容量上“过紧日子”的思想，严格落实四大主体功能区定位，严把项目审批、产业准入关口，积极开展绿色园区和零污染排放示范企业创建，2020年望城经开区获国家绿色园区，湘江涂料科技有限公司、中粮可口可乐华中饮料公司、澳优乳业、天卓塑胶、湖南湘江关西涂料（长沙）有限公司等多家企业入选工信部绿色制造名单。实施城乡品质倍升三年行动，健全“大城管”工作机制，建立数字化城管指挥中心，实施公共事业市场化改革，进一步提升城市管理效率和水平。坚持严管重罚，强化巡查考评，重点治理环境卫生、违章建筑、超限超载、渣土扬尘等“顽疾”，城市更加干净整洁、规范有序。实施乡村环境卫生整洁两个“三年行动”计划，加强污染治理，实施生态修复，生态环境持续优化。全力打好污染防治攻坚战，推进蓝天、碧水、净土保卫战，推进固废场清洁焚烧项目建设和乡镇污水厂提标改造，全面推广“三池一地”农村生活污水处理模式，全面实施农村垃圾分类减量。2018年望城入选全国首批农村垃圾分类减量和资源化利用示范区，2019年获全国生态文明建设示范区并入选全国绿色发展示范案例，2020年全年空气质量优良率93.7%，“一江七河两湖库”水质基本稳定在三类以上，城镇生活污水实现全收集、全处理、全达标。持续推进城乡美化。积极倡导绿色建设方式，推进交通干线两厢综合整治，开展主城区、中心镇提质改造、“两美”创建、“十美”创建和“五美五韵”乡村建设，城乡面貌更加清新雅致、赏心悦目，银孔围、谢家新屋、杨家湾和静慎村等成为美丽村落样板。实施“铁腕治违”，提高个人建房管理水平。有序推进农村住宅产业化试点，逐步引导农民集中居住和就近城镇化。

四、全面建成小康社会的经验启示

全面建成小康社会的积极探索和不懈奋斗，为望城带来了经济社会的全面发展，也为望城未来发展积累了宝贵经验。

始终把壮大先进制造业作为第一选择。工业化是现代化的核心，制造业是立区之本、强区之基。望城从大力发展县域经济开始，就把做大做强工业园区、发展工业经济放到区域经济发展的战略高度，特别是党的十八大以来，撤县设区的望城在加快实现由县向区转变的历史征程中，始终把先进制造业作为经济发展的“第一选择”，多次召开全会专题研究部署工业转型创新发展和制造业高质量发展，出台系列支持政策，举全区之力发展工业园区，探索推行涉及“一区两园”一体化发展、放权赋能、事权与支出责任优化、负责人任期责任制、用人和薪酬制度创新等系列改革，“一区两园”加速崛起，园区规模工业产值成功突破千亿元。始终坚持大抓项目抓大项目，相继开展“项目落地年”“项目百日攻坚大会战”“大项目突破年”“项目建设竞赛年”“项目建设提速提标年”等活动，引进落地了中联重科、晟通集团、长高集团、泰嘉股份、中信戴卡、证通电子、梦网科技、五矿新能源、中粮可口可乐、亿达中国、比亚迪电子、德赛电池、新视电子、长沙智能终端产业园等一大批巨擘制造业企业和项目，区域发展后劲日益增强。事实证明，正是得益于历届县委、县政府和区委、区政府对于壮大先进制造业的坚定决心和积极作为，加速推进新型工业化，才有力地推动了区域经济总量大幅提升，城市化进程持续加速，为实现全面建成小康社会打下了坚实的产业基础。

*始终把改善民生作为终极目标。*只有坚持民生优先，始终顺应人民群众对美好生活的向往，使推动发展的过程成为造福人民的过程，才能凝聚最广泛的智慧和力量。在推进全面建成小康社会的进程中，特别是中共十八大以来，区委、区政府高度重视民生保障，始终坚持发展依靠人民，发展为了人民，每年财政支出的70%以上用于民生。在兜底民生底线方面，面向生活困难群体，把脱贫攻坚作为头等大事和第一民生工程，着力构建以城乡低保为基础、救灾救助为辅助、雷锋580等社会互助为补充的多元社会救助体系，困难群众住房难、生活难、看病难的问题得到基本解决。在强化基本保障方面，围绕建立健全覆盖教育、医疗卫生、就业、文化体育、社会保障、农林水等各方面的保障体系，持续加大基础性投入。在提质民生实事方面，聚焦教育医疗发展短板，大力实施“引进名校办名校”战略和医疗基础提质工程，先后引进师大附中、长郡中学、湖南一师、周南中学、雅礼中学、长沙市一中等10个省市名校集团合作办学，引进建设区域内第一所三甲医院，区人民医院按照三级综合医院标准启动整体搬迁，使群众在家门口就能享受到优质教育、医疗资源的憧憬成为现实。在全方位发展民生事业的过程中，共建共治共享成为人民群众的基本共识，群众投身社会事业的积极性空前高涨，在美丽乡村、志愿服务、扶危济困等领域涌现出了一系列典型标杆。打造出“最美乡村”的农民志愿者胡丙炎，数十年照顾烈士战友父母的中国好人徐正祥，舍己救人的全国道德模范周美玲，等等，成为望城人民追求幸福生活、大踏步迈向全面建成小康社会的生动写照。

*始终把城乡统筹作为基础工程。*城乡统筹是补齐全面建成小康社会短板的有效途径。撤县设区以后，望城围绕打造“省会长沙最亮丽名片”和“湖南统筹城乡示范区”的目标，树立“全域望城”理念，依托自身优势，创新工作思路，坚持把全域作为一个大公园、大花园和大观园来规划、建设和管理，统筹城乡交通布局、产业发展和公共服务配套。坚持分类指导、一镇一特，按照“宜工则工、宜商则商、宜农则农、宜游则游”的原则，突出文化引领、资源带动、生态优先，打造了一批文化名镇、休闲名镇、生态小镇和经济强镇，形成了布局合理、特色突出、互动并进的乡镇发展格局，打响了以靖港古镇、乔口渔都、铜官陶城、新康戏乡、书堂小镇为代表的湘江古镇群品牌。基础设施的日益完善和特色小镇的建设，促进了文化旅游产业的发展壮大和农民收入的持续攀升。2020年望城接待游客超2000万人次，旅游综合收入破百亿元，并成功创建国家全域旅游示范区，同年农民人均可支配收入37738元，近三年年均增速8.3%，连续6年居湖南省第一位，城乡居民收入比由2012年的1.68下降至1.43。实践证明，只有始终坚持推城乡一体化发展，才能有效破解区域发展不平衡现象，逐步缩小城乡差距，促进城乡共同繁荣。

*始终把改革创新作为根本动力。*改革创新是区域发展的主要推动力。中共十八届三中全会以来，历届区委区政府将全面深化改革作为转型升级和实现高质量发展的关键一招，坚持用制度创新突破发展的难点堵点痛点，着力推进经济体制、农业农村、社会管理体制、行政体制等重点领域的系列改革，形成一批望城特色改革成果，为区域发展积蓄了强大势能。在经济体制改革方面，优化营商环境系列改革，促推了市场主体的爆发式增长；实施园区管理体制改革，推动两园融合，推进经开区相对集中行政许可权改革试点，为园区发展赋能减负。在农业农村领域，“带地入建”“三权分置”等改革，为节约农村集体建设用地，促推农业规模化经营、产业化发展进行了有益尝试。在社会管理体制方面，应急联动指挥体系全力构建统筹全区、覆盖全域、功能完备、响应及时的应急联动新机制，为高效回应群众诉求、促进矛盾纠纷化解和民生实事的及时办理提供了有力保障。在行政体制改革领域，积极推动城管体制、排水体制、行政审批系列改革，着力推动政府职能转变和行政效率提升。实践证明，只有坚持改革创新，充分释放改革的引领和撬动作用，才能有效破解全面建成小康社会进程的发展难题，不断激发经济社会发展活力、动力。

（本栏撰稿：刘　玲）

望城区纪念雷锋同志八十周年诞辰活动综述

2020年是雷锋同志80周年诞辰，作为雷锋家乡，为进一步诠释新时代雷锋精神，推动“雷锋家乡学雷锋”制度化、常态化和创新发展，望城区通过开展系列纪念活动，为建设美丽强盛幸福的现代化新望城提供强大精神力量。

*主体纪念活动各抒“锋”彩。*2020年12月18日是雷锋因公牺牲纪念日，上午，中宣部宣教局、光明日报社、中共望城区委共同举办的“‘核心价值观百场讲坛’第106场活动走进雷锋家乡——望城”在雷锋大剧院举行。解放军报社原副总编辑、《雷锋》杂志总编辑陶克以《以雷锋精神助力新时代公民道德建设》为题进行主旨宣讲，并与观众互动交流。中宣部宣教局副局长冷志明，光明日报社副总编辑陆先高，光明日报社湖南记者站站长龙军，光明网副总裁陈建栋，省委宣传部副部长、文明办主任肖凌之，市委常委、宣传部部长陈刚出席。核心价值观百场讲坛结束后，湖南首个学雷锋干部教育品牌——湖南雷锋学院举行揭牌仪式。省委组织部副部长肖百灵，省委党校常务副校长曹健华，省委党校副校长、韶山干部学院院长蔡文辉，市委常委、宣传部部长陈刚，市委常委、组织部部长张宏益等省市领导出席揭牌仪式。18日下午，在湖南雷锋纪念馆，纪念雷锋同志80周年诞辰座谈会召开。雷锋精神研究专家、雷锋亲属代表、雷锋同学代表、雷锋同事好友代表、雷锋生前所在部队代表，以及时代楷模、学雷锋先进个人、志愿者代表齐聚一堂，深切缅怀雷锋同志光辉而伟大的一生。《解放军报》原副总编辑、少将、《雷锋》杂志总编辑陶克，全国学雷锋先进个人、少将、全国金质学雷锋荣誉章获得者、全军优秀科技工作者龙凡，湖南省委党史研究院副院长、省政协委员王文珍等参加座谈会。三大主体活动有序进行，彰显望城学雷锋“锋”彩。《人民日报》、央视、新华社、《光明日报》等主流媒体多次大篇幅报道，在全国形成强烈反响。“核心价值观百场讲坛”主讲嘉宾陶克将军曾多次到望城，他对望城开展的学雷锋活动表示肯定和赞许，“望城的学雷锋活动形式丰富，有生命力、有感召力，在全国都产生广泛的影响，雷锋家乡学雷锋已经是一块全国品牌”。从2012年起，望城连续高规格举办“雷锋精神论坛”，邀请全国各地的专家、学者、雷锋生前战友和好友、学雷锋代表齐聚一堂，深度溯源雷锋精神。雷锋家乡已经成为全国研究雷锋精神、传播雷锋精神、践行雷锋精神的高地。

*群众性学雷锋活动各领“锋”骚。*在大型学雷锋活动的带动下，望城各行各业、各条战线均开展形式多样的学雷锋活动。3月，在长郡月亮岛学校举行“爱心捐赠零花钱•关爱困难小伙伴”义卖活动，全区各学校的600余名师生到此学雷锋、献爱心。望城区教育局启动“学雷锋一三五工程”，引导全区师生践行社会主义核心价值观，做雷锋精神传人。160名退役军人组成望城退役军人学雷锋志愿服务队，他们将按照该区新颁布退役军人学雷锋志愿服务活动实施方案，深入开展扶贫帮困、爱心助学、扶老助残、抢险救援、退役军人就业创业指导、关爱烈士家属、烈士墓地维护等各具特色的志愿服务活动。3月5日，红色经典电影《雷锋》数字修复媒资交接仪式在湖南雷锋纪念馆举行，电影《雷锋》数字修复版正式落户雷锋纪念馆。一列“金种子”主题列车缓缓从长沙地铁4号线罐子岭站发车，打造“金种子”地铁站，旨在以学雷锋为起点，在全社会凝聚起推动社会进步的磅礴正能量。同时，望城出台《长沙市望城区关于加强学雷锋志愿服务、建设“志愿者之城”的实施方案》，发布《长沙市望城区雷锋志愿者星级认证和激励嘉许办法》，打造的移动平台“志愿望城”，在线注册志愿者超过10.2万人。12月，是望城“雷锋同志80周年诞辰纪念月”，全区广泛开展群众性纪念活动。组织开展雷锋精神进机关、进学校、进村(社区)、进企业宣讲活动。在全区中小学校开展“续写雷锋日记 争做新时代小雷锋”主题活动，组织学生学习雷锋事迹、践行雷锋精神、续写雷锋日记。全区企事业单位举行“岗位学雷锋•发展在望城”演讲分享会，发扬“螺丝钉”的精神，争做新时代产业工人，传递新时代的雷锋精神。开展“接过雷锋的枪——大手牵小手 同做志愿者”主题活动，号召全区广大妇女同志传承雷锋精神，做巾帼大爱的传递者。成立望城区青年志愿者协会大会，进一步弘扬志愿

精神，继承和发扬雷锋精神，带动大批新一代年轻人确立自己人生的方向，推进雷锋家乡学雷锋志愿服务活动。全区文明实践所(站)，开展传唱雷锋歌曲、学雷锋志愿服务等各种活动，不断传承和弘扬雷锋精神。

学雷锋宣传各显“锋”姿。3月4日，“学习雷锋好榜样”中国文联文艺志愿服务团学雷锋纪念日主题宣传活动走进望城，北京、望城、抚顺、雷锋所在部队四地联动网络直播。活动被央视新闻报道，在人民网、新华网、央视频、哔哩哔哩网站等平台同步直播，几千万网友共同关注。线上线下观众互动活跃；中国文联文艺志愿服务团学雷锋纪念日主题宣传活动、“四季同行•一路有我”湖南文明实践志愿服务先进典型发布仪式、湖南省文明实践志愿服务先进典型发布仪式在望城举行，一大批文明实践志愿服务先进集体和个人在雷锋家乡捧回奖牌。“学习强国”、新华网、中新网、《湖南日报》、湖南卫视、红网等20余家媒体聚焦并全网直播，活动全网点击破千万人次。制作《“锋”行天下》雷锋歌曲快闪，并进行全网推送，浏览量高达11.2万次；制作“接过雷锋的枪”H5，转发量超5.6万次，引发社会群众广泛参与和讨论。策划“点亮雷锋足迹，万朵鲜花送雷锋”宣传活动，制作推出H5，转发量超20万次。搭建“点亮雷锋足迹”新浪新闻专题，分“讲好雷锋故事”“传播雷锋精神”“寻找望城雷锋”“微博热议”版块集中展示雷锋精神相关热点报道。在全网推出“雷锋80正青春”长图、《60余年前这七个灵魂叩问，如今你答得上来吗？》有奖问答、《小易打卡雷锋故乡望城》图集等多种形式的网络活动，掀起全网以“雷锋精神，当代表达”为主题的雷锋精神大讨论。协调中央、省、市主流媒体聚焦望城“纪念雷锋80周年诞辰活动”推送常规报道和深度评论文章200余篇，形成铺天盖地的宣传声势。

（本栏撰稿：刘银华）

大事记

责任编辑 ◎ 袁吉平

1月

2日 望城区2019年度创建全市无传销社区工作验收达标。

5日 望城经开区与益海嘉里集团举行签约仪式。益海嘉里湖南粮油食品生产加工基地项目集区域总部经济、智能制造、现代农业和现代物流为一体，总投资15亿元，主要从事压榨、油脂、面粉、水稻加工等生产业务的食品加工全产业链旗舰项目。

6日 区委宣传部组织文产企业及项目到澳门举办长沙铜官窑陶瓷艺术展，展出来自长沙铜官的9位陶艺师的60余件（套）作品，并推出象征澳门回归祖国二十周年的莲花壶。

10日 连接长株潭城际铁路与石长铁路的联络线（以下简称乌山联络线）开通。长株潭城际铁路与石长铁路实现互联互通，株洲、湘潭将首次开行前往张家界等湘西北城市的动车组列车，沿线各城市人流、资金流、信息流位移和沿线城市群发展加速。

15日 2020年望城经开区产业链重点项目集中签约仪式举行。此次共签约36个产业链重点项目，总投资92.41亿元。

18日 政协长沙市望城区第二届委员会第四次会议在雷锋大剧院召开。

19日 长沙市望城区第二届人民代表大会第五次会议在雷锋大剧院召开。

20日 长沙市望城区第二届人民代表大会第五次会议上，龙兴盛被选举为长沙市望城区人民法院院长。

25日 根据重大突发公共卫生事件一级应急响应的相关要求，望城就新型冠状病毒感染的肺炎疫情防控工作有关事项发布禁令。

2月

2日 望城区委常委会召开2020年第4次会议，传达学习中央和省委、市委关于新冠肺炎疫情防控工作会议精神，研究部署疫情防控工作。

4日 澳优乳业向望城区人民政府捐赠7000个KF94医用口罩以及1000万元物资，助力疫情防控工作。

5日 湖南省委常委、长沙市委书记胡衡华到望城督导新冠肺炎疫情防控工作落实情况。

7日 望城区恢复运营线路22条，公交车315台，其中经开区复工复产企业线路10条、车辆80台。

10日 园区总复工企业累计220家，总复工人数近2万人。

▲ 《人民日报》06版要闻以《全力奋战 英勇奋战 团结奋战》为题，对望城区妇联志愿服务队——雷锋故乡的“爱心妈妈”进行报道。

14日 望城区向923家市场主体选派348名驻企防疫联络员，及时收集梳理各类需求，全力保障复工复产。

15日 长沙市疾控中心“帮扶企业办实事，严防疫情保健康”党员志愿服务队伍走进望城经开区，对企业疫情防控工作进行技术指导。

16日 省纪委常委，市委常委、市纪委书记、市监委主任蔡亭英到望城区督查新冠肺炎疫情防控工作。走访月亮岛街道龙湖湘风原著小区。天恒超市和手机智能终端配套产业园二期项目，调研商品稳价保供及项目复工复产工作。

18日 区委书记刘拥兵主持召开全区项目建设调度会议，安排部署全区项目建设工作。

19日 望城区作为唯一的区县代表在全省应对新冠肺炎疫情做好就业工作电视电话会议上作经验交流发言。

20日 湖南省委副书记、省长许达哲到长益高速公路扩容工程望城段留佳山大桥施工点、常益长铁路跨黄桥大道特大桥等地调研省重点项目复工情况，强调要统筹做好疫情防控和经济社会发展。

▲ 省委常委、市委书记胡衡华到望城调研项目建设和春耕备耕工作，强调要统筹抓好疫情防控和经济社会发展，切实抓好农业生产恢复。

▲ 望城通过劳务协作，为企业招聘的首批320名务工人员经过体温测量和信息登记后抵达望城。

24日 刘拥兵主持召开2020年望城区招商引资工作领导小组第一次会议。

25日 区委常委会召开2020年第7次会议，传达学习中共中央政治局会议研究新冠肺炎疫情防控工作、部署统筹做好疫情防控和经济社会发展工作会议精神，以及省市相关会议和文件精神，听取全区疫情防控和复工复产情况汇报，研究部署下一阶段工作；听取全区党管武装工作情况汇报，研究2020年党管武装工作。

26日 长沙市蓝天办巡查调研组到长沙手机智能终端产业园、长沙亿达智造产业小镇和澳海文澜府，巡查调研复工工地蓝天保卫战工作。

▲ 区委副书记、区长范焱斌作为全省县（市、区）唯一代表，在全省自然资源工作电视电话会议上作第三次国土调查工作典型经验交流发言。

27日 长沙市望城区2020年投资项目建设计划发布，共铺排项目602个，其中实施项目493个、预备项目87个、储备项目22个，计划投资639.7亿元。

3月

2日 刘拥兵与伟创力集团亚洲区运营总裁陈光辉就伟创力望城工厂导入新产品启动运营进行座谈。

4日 望城经开区与建设银行长沙兴湘支行举行银企合作推进会，双方签订全面战略合作和助保贷意向合作协议，盈德气体、恒飞电缆、亿达智造小镇等14家企业与支行签署银企合作协议，授信融资金额60.9亿元。

5日 湖南省副省长何报翔到望城调研企业复工复产情况。

13日 中国工程院院士、湖南农业大学校长邹学校一行到望城指导春耕备耕工作。

14日 胡衡华到茶亭镇调研防汛备汛、农民增收等工作。强调要坚持疫情防控和经济社会发展“两手抓、两手硬”，未雨绸缪打好防汛备汛主动仗，想方设法做活乡村旅游文章。

24日 长沙市第二次全国污染源普查领导小组对望城区第二次全国污染源普查及档案整理工作进行现场验收。

25日 望城区人民政府与武汉的项目方——中交第二航务工程局有限公司完成“屏对屏”线上签约，总投资约12亿元中交长沙总部基地项目落户望城。

▲ 长沙市政协2020年首个“主席走访接待日”活动走进望城，市政协主席文树勋到望城调研委员企业复工复产工作，看望慰问政协委员，广泛征求意见建议。

27日 长沙市人大常委会主任谢卫东到望城调研人大助力推进疫情防控和经济社会发展工作情况。谢卫东先后到金龙国际铜业有限公司、晟通科技集团有限公司、光明村了解企业复工复产和新农村建设情况，望城区复工企业2451家，35家重点企业产能恢复2019年水平。

28日 湖南湘江新区管理委员会、望城区人民政府、长沙城市发展集团有限公司共同签署长沙高铁西站产业新城整体开发项目合作协议。

30日 澳优乳业·江南大学战略合作暨陈卫院士专家工作站签约仪式在江苏无锡举行。签约仪式上，澳优董事长颜卫彬与中国工程院院士、江南大学教授陈卫共同签署《澳优乳业（中国）有限公司—江南大学战略合作协议》《院士专家工作站共建合作协议》。

4月

7日 湖南省商务厅调研组到新视电子、比亚迪电子、晟通科技、金龙铜业等企业调研望城经开区企业发展等情况。

10日 胡衡华到望城调研重大基础设施项目建设情况实地察看长沙市第四医院滨水新城院区，长益复线至兴联路过江通道和杨家湾撇洪渠流域综合治理等项目。

13日 30余家中央、省、市主流媒体到望城区集中采访，重点报道洞庭湖生态环境综合治理“五结合”工程的“望城经验”。

17日 望城区“爱心妈妈”刘建华作为抗疫英雄之志愿者获评“中国网事•感动2020”一季度网络感动人物。

21日 长沙图书馆新成员望城区文源分馆对外开放。

22日 长沙医学院附属第一医院医疗队8名医护人员作为望城最后一批援鄂人员回家。

23日 胡衡华到望城区调研经济社会发展情况。

26日 立邦集团华中区域总部项目在望城经开区铜官工业园启动建设。立邦集团华中区域总部项目总占地17公顷，总投资10亿元，主要生产各类水性涂料、真石质感涂料、干粉砂浆产品。

▲ 由市文化旅游广电局、望城区委、区人民政府主办，区委宣传部、区文化旅游广电体育局、区融媒体中心承办的“五一去哪儿 乐在望城吖”望城文旅消费活动在新华联铜官窑古镇启动。

28日 望城举行采购发布会，重点推介以“零障碍、零仓储、零物流、零损耗”为核心的“四零”采购模式。湘江涂料、建发集团、澳优乳业、湾田国际等16家区内企业现场签订项目合作协议，总金额2.83亿元。

▲ 长沙市新型合金（含3D打印）产业链推进工作调度会议在望城经开区管委会召开。

29日 望城经济技术开发区亿达总部经济基地暨蓝河营养品总部及国际羊乳营养研究中心挂牌仪式在亿达智造小镇举行。

▲ 杉杉股份布局望城经开区铜官工业园的永杉锂业4.5万吨锂盐项目开工建设。项目投资20亿元，用地24公顷，分两期建设。

5月

1日 全区700余名党员发展对象组成志愿服务团，在靖港古镇、铜官古镇、黑麋峰国家森林公园等12个主要旅游景点开展“五一”假期志愿服务活动。

7日 英勇擒获持刀盗窃摩托罪犯的望城人龙伟、瞿先锋获“湖南省见义勇为先进个人”称号。

8日 长沙市教育局公布长沙市2020年初中学业水平考试与高中招生工作方案，望城区首次实现与市内五区中招并轨。

11日 湖南省发展改革委员会调研望城区，就新时代文明实践中心建设情况，先后到区新时代文明实践中心、雷锋路社区新时代文明实践站，实地察看活动场所、基础设施、文化阵地等软硬件建设情况，并召开座谈会研究部署下阶段工作。

12日 望城区城投集团与先导控股集团签订《长沙高铁西城投资合作协议》，高铁西城片区开发建设进入实质性阶段。双方在片区规划设计、建设管理、产业招商、资源运营、投融资服务等方面开展合作。

▲ 位于望城区丁字湾街道的枫树路一期道路竣工通车，长沙河东城北丁字湾片区再添一条东西向交通主干道。

14日 长沙市社会禁毒协会到望城区禁毒主题公园、高塘岭街道禁毒工作中心、乔口镇禁毒工作中心等地调研考察社会禁毒工作。

▲ 长沙市公安局望城公安分局组织展开“九九富达集团”涉嫌非法集资收网工作。专案组抓获犯罪嫌疑对象35名，在长沙、湘西、郴州等地查封土地5块10.7万平方米；查封酒店1栋、房产383套、水厂1家，在建养老公寓7栋，估值5.04亿元。

19日 湖南省2020年抗洪抢险应急演练筹备工作会商会议在望城召开。

20日 中国工程院院士、湖南农业大学校长邹学校率湖南农业大学专家教授团队到望城考察，与望城农科园及相关企业签订战略合作框架协议。

▲ 长沙望城软件和信息技术产业园、金桥总部经济基地在金桥国际挂牌成立。望城经开区同步发布软件和信息技术服务业扶持试行办法，全力支持软件和信息技术服务业在望城发展。

21日 长沙市人大常委会评议检查组深入望城区奥莱小镇、湘江涂料有限公司，调研“打赢蓝天保卫战”三年行动实施情况。

▲ 湖南省残联到望城调研残疾儿童康复救助、康复机构疫情防控及线下训练、康复机构建设以及师资队伍培养等工作。

22日 全市“大干一百天 实现双过半”竞赛活动驻企联络员帮扶及惠企政策落地现场推进会在望城召开。

▲ “接过雷锋钢枪 争当民兵榜样”望城区雷锋特色民兵分队授牌仪式在湖南雷锋纪念馆举行，5支以“雷锋”名字命名的特色民兵分队亮相。

29日 望城区发布《关于扎实推进“六稳”工作全面落实“六保”任务的若干措施》(简称“望25条”)，支持企业特别是小微企业和个体工商户纾困发展。

30日 望城区首届蓝莓文化节在茶亭镇智博蓝莓生态园开幕。文化节持续到6月底。

6月

1日 中共中央政治局常委、国务院副总理韩正到长沙调研，在中信戴卡股份有限公司考察汽车零部件生产情况。

2日 刘拥兵主持召开区土地发展与城乡规划委员会会议，审查香炉洲大桥设计方案。

9日 岳阳市委书记、市人大常委会主任王一鸥率党政代表团到望城考察智能终端产业发展情况。

10日 省委书记杜家毫先后到望城经开区和长沙高新区，实地考察长沙比亚迪电子有限公司和中国电子科技集团公司第四十八研究所。强调要深入贯彻落实全国两会精神，抢抓新机遇，发力新基建，为湖南未到发展打下坚实产业基础。

12日 湖南师范大学与望城区就合作共建湖南师范大学附属望城人民医院有关事项进行对接洽谈。

▲ 谢卫东率市人大常委会组成人员到望城视察“蓝天保卫战”工作，在望城经开区了解大气污染防治监管平台运行情况，察看湘江涂料公司燃气锅炉低氮改造项目。

15日 中宣部组织的“走向我们的小康生活”主题采访活动媒体采访团走进望城乔口镇盘龙岭村，50余名中央、省、市媒体记者围绕精准扶贫、产业发展等主题，深度采写当地产业扶贫带动精准脱贫的生动实践。

18日 望城举行“金融助力六稳六保”银政企对接签约活动，加强银政、银企合作，助力经济平稳和高质量发展。

19日 市政协主席文树勋带领市政协主席会议成员视察望城铜官片区文化旅游建设情况。

▲ 望城区消防救援大队率先在全国启用消防“智能电子封条监控系统”，对消防违法单位实施临时查封。

20日 湖南省在望城区举行抗洪抢险应急演练。国家综合性消防救援队伍、医疗救援社会救援力量以及电力通信等保障队伍约1800人参与演练，以实战化状态检验抗洪抢险应急能力。省委副书记、省长、省防指总指挥许达哲，管理应急部副部长郑国光，在省总指挥部指挥观摩。

23日 省商务厅党组书记、厅长徐湘平一行到望城调研，先后到长高高压开关集团、比亚迪电子、苏宁云仓、澳优乳业等企业，详细了解园区外贸外资、电商物流、新基建及高质量发展情况。

▲ 望城经济技术开发区2020年产业链重点项目集中招商大会举行，瑶华科技、松森精材、中邮物流等38个项目集中签约，总投资75.2亿元。

28日 长沙高铁西站产业新城一期项目开工动员大会在望城举行。高铁长沙西站是中国“八横八纵”之一渝长厦高铁的重要交通节点，是集高铁、地铁、城铁、有轨、磁浮、公交为一体的国家级综合交通枢纽。

▲ 东方网创新研究院到望城调研铜官片区文创产业相关工作，并召开座谈会，详细了解铜官文创产业发展等情况。

29日 湖南—长三角经贸合作洽谈周长沙分会场活动暨长沙市“大干一百天、实现双过半”百日竞赛重大项目集中签约仪式举行，市委副书记、市长、湖南湘江新区党工委书记郑建新出席。望城有3个项目参加签约。

▲ 望城区债务风险等级由上年“二类地区”下调至“风险提示地区”。

30日 望城区首次个税汇算清缴工作完成。

是月 望城城投集团获国内权威评级机构中诚信和东方金诚信用等级AA+评级的区属国有企业，是长沙市六区首个获此等级的单位。

7月

1日 6月累计完成省、市、区三级地方税收收入32.53亿元，比2019年增长5.16%，全区财税收入指标位列长望浏宁＋高新区竞赛组第一名。

5日 由省文旅厅、长沙市政府主办的第三届锦绣潇湘湖南文化旅游创新创意大赛之“遇见望城”大赛在望城区举行。大赛以文旅产业融合创新为方向，围绕望城的古镇文化、绿色生态、乡村民俗、特色美食、体育竞技、康养健体等文旅元素，面向社会征集新形象、新产品、新业态三大内容。

8日 农业银行湖南省分行负责人到望城长沙亿达智造小镇、中航飞机起落架有限公司等地考察，就深化银政合作，扎实推进“六稳”“六保”工作，助力地方经济社会高质量发展进行座谈交流。

9日 胡衡华到茶亭镇苏蓼垸，检查防洪大堤值守、涌砂冒水处险、防汛物资储备等工作。强调要增强忧患意识，强化底线思维，克服麻痹思想，全力以赴确保安全度汛。

15日 省政协委员到望城开展“垃圾分类与资源化利用”专题视察。省政协主席李微微、文树勋视察长沙市城市固废处理场，详细了解项目运行情况。

22日 胡衡华主持召开市委上半年经济形势分析暨“大干一百天 实现双过半”竞赛活动总结会议。会上，望城获竞赛活动“长沙高新区＋长望浏宁组”优胜集体称号。

25日 望城经开区作为全省园区唯一代表，在全省产业项目建设推进现场观摩会作会议发言。望城经开区以《瞄准华为智能终端 打造千亿产业集群》为主题，介绍园区经验。

▲ 第六届全国有色金属结构材料制备加工及应用技术交流会在望城举行，黄伯云院士、邱冠周院士、张平祥院士、宫声凯院士、120余位专家以及科技工作者、明星企业家参会。

26日 “走进望城小康生活•三湘名博看望城”网络主题宣传活动举行。中央、省、市媒体的记者和三湘名博等走进望城，参观晟通科技、卡米乐食品、长沙戴卡、联智科技等企业，到新华联铜官窑、铜官古街、乔口镇、高塘岭街道、茶亭镇了解现代化新望城先进制造业、乡村振兴、全域乡村旅游等各方面成就；围绕望城文化、经济、产业、营商环境、民生保障、城乡幸福指数等方面进行交流分享。

28日 湖南师范大学和望城区人民政府举行签约仪式，共建湖南师范大学附属望城人民医院。省人大常委会党组副书记、副主任王柯敏，湖南师范大学党委书记蒋洪新等出席签约仪式。

29日 市人大常委会副主任、市总工会主席芮英姿一行到望城看望慰问高温下坚守岗位的一线劳动者。

30日 区乡镇污水处理厂提标改造扩建项目竣工。该项目于2019年7月签约，包括12座乡镇污水处理厂提标改造和扩建、配套污水管网建设以及污水处理设施的后期运营管理，项目总投资1.43亿元。

▲ 长沙市望城区人民法院对湖南省扫黑办挂牌督办的“10•25”高某某等16人组织、领导、参加黑社会性质组织一案进行公开宣判。

▲ 德赛电池长沙基地暨望城经开区产业项目集中投产仪式在长沙智能终端产业园举行。市委领导，广东德赛集团有限公司董事长、总裁姜捷，华为公司终端采购认证部部长程律等出席仪式。

8月

1日 铜官草市开街运营。草市内拥有长沙特色小吃、“非遗”文创产品等商铺，实行“一店一品”运营模式，为周边村民、返乡青年、“非遗”匠人提供创业平台，对公众免费开放。

4日 市人大常委会主任谢卫东率队到望城开展《中华人民共和国食品安全法》及其实施条例执行情况执法检查。先后到金穗食品公司米粉生产加工车间、澳优乳业食品生产加工车间和湾田国际望江府工地食堂，详细了解食品加工、生产和运输等相关情况，实地检查食品安全措施落实情况。

5日 郑建新到望城调研防汛抗旱、河长制工作并开展巡河。实地察看丁字湾街道金云村牛角垅水库及沙河谭家巷水文站，要求望城强化科学调度，落实河长责任，细化污染防治措施，打赢打好防汛抗旱主动战，持续改善水环境质量，确保人民群众生命财产安全。

8日 省发改委到望城调研新时代文明实践中心建设情况，到高塘岭街道雷锋路社区，实地察看社区活动场所、基础设施、文化阵地等软硬件建设情况。

14日 农发行湖南省分行到望城调研夏粮收购情况，到靖港粮库实地查看质检设施、收储仓库，详细了解稻谷溯源、验质检测及夏粮收购进度、收购价格等情况。

20日 湖南省“四季同行•雷锋家乡学雷锋”助力决战决胜脱贫攻坚主题活动暨授旗仪式在湖南雷锋纪念馆举行。省委常委、省委宣传部部长、省文明委副主任张宏森出席活动。

31日 全国首条支持5G自动驾驶测试与应用的“智慧高速”——G5517湖南省长益高速公路扩容高速全线建成通车。该高速公路全长50.28千米，双向六车道，途经长沙市望城区、宁乡市及益阳市赫山区，全线共设8个互通、5个收费站、1个服务区。

▲ 由城投集团建设的明德美琪学校、金潇学校、长月思源学校建成开学。

9月

4日 工信部中小企业局局长梁志辉到望城经开区调研园区特色载体推动中小企业创业创新工作以及“专新特精小巨人”企业发展情况。调研组一行到泰嘉文化展厅以及生产车间，详细了解企业发展情况。

▲ 湖南省副省长朱忠明调研望城社会救助工作，到乌山街道团山湖村和高塘岭街道西塘街社区，看望慰问部分困难群众，了解社会救助政策落实情况。

5—6日 贵州省铜仁市党政代表团到长沙考察，代表团走进望城区新华联铜官窑古镇、靖港古镇等地，考察古镇旅游经济发展情况。铜仁市委书记陈昌旭，长沙市委副书记、市长、湖南湘江新区党工委书记郑建新出席相关活动。

7日 望城区退役军人事务局举行新址搬迁揭牌仪式。

10日 澳海集团向望城教育基金会捐款200万元，用于支持望城区教育事业发展。

15日 文化和旅游部党组成员、副部长李群一行到望城调研，实地察看长沙铜官窑遗址公园谭家坡遗迹馆、长沙铜官窑博物馆和新华联铜官窑古镇等地，了解历史文化保护与利用情况。省委常委、省委宣传部部长张宏森，省委宣传部副部长、省文化和旅游厅党组书记、厅长禹新荣等陪同调研。

16日 老长沙·新味道第二届“书堂山当代文人书法周”系列活动——“当代著名作家望城行”座谈会举行。著名作家白描、杨匡满等20名作家、学者参加座谈会。

▲ 望城区青年农业创业者联合会成立。联合会致力于引导全区青年农业创业者投身改革发展，助力望城决战决胜脱贫攻坚和乡村振兴。

17日 长株潭三市人大代表到长沙视察湘江保护与治理“一号重点工程”综合治理情况。视察组到位于望城境内的岳麓污水处理厂，详细了解相关情况。市人大常委会主任谢卫东、副主任罗衡宁，株洲市人大常委会副主任冯建湘，湘潭市人大常委会副主任肖树人参加视察。

21日 2020中国网球巡回赛（长沙望城站）暨澳优长沙网球公开赛开幕仪式在望城区月亮岛举行。郑建新宣布大赛开幕。省体育局党组书记、局长李舜等出席开幕式。

22日 胡衡华到望城检查安全生产，强调要深入贯彻落实习近平总书记关于安全生产的重要论述，绷紧安全生产之弦，压紧压实责任，加强重点行业重点领域安全隐患排查整治，确保人民群众生命财产安全和社会大局稳定。

28日 “鎏金铜蚕·黑石号——汉唐丝路文物特展”暨陈家坪遗址开放仪式在长沙铜官窑博物馆举行。

▲ 长沙铜官窑国家考古遗址公园陈家坪遗址保护展示工程建成开放。陈家坪遗址保护展示工程占地约1.67公顷，总投资2540万元，展示3条龙窑。其中Y35和Y77属于叠加窑，分属于唐代和明代，长66.5米；另外一条Y33为明清时期龙窑，残存21.15米。

29日 益海嘉里粮油食品智能制造基地项目开工仪式在望城举行。胡衡华宣布项目开工。郑建新出席开工仪式并讲话。丰益国际集团董事会主席、益海嘉里集团董事长郭孔丰出席。

10月

14日 中国民族贸易促进会与望城区人民政府签署全面战略合作协议。中国民族贸易促进会根据望城的资源特色，聚焦产业项目招商、“一乡一品”先导示范区打造、重点片区开发三大领域，提供高层级、深层次、全方位的支持和帮助。

17日 民政部党组书记、部长李纪恒调研望城乡镇（街道）社工站工作，到靖港镇社工站与基层一线社工、服务对象和基层社会组织代表交流。

23日 省生态环境厅党组书记、厅长邓立佳调研望城农村生活污水治理工作，实地察看高塘岭街道湘江村彭家湖屋场农村生活污水治理情况。

26日 望城区举行“纪念中国人民志愿者抗美援朝出国作战70周年纪念章发放启动仪式”，区退役军人事务局为10名抗美援朝老兵颁发中国人民志愿军抗美援朝出国作战70周年纪念章。

30日 全市“美丽屋场”创建工作现场观摩推进会在望城召开。会议实地观摩白箬铺镇八曲河美丽屋场示范片和“美丽屋场”创建情况。

▲ 全市“放管服”和“一件事一次办”改革经验交流会在望城举行，会议总结交流“放管服”改革经验，部署推进下阶段重点工作任务。

▲ 省第一生态环境保护督察组组长罗海艳一行到望城开展督察“回头看”。督察组先后到高塘岭街道湘江村彭家湖屋场、长沙城市固体废弃物处理场和长沙生活垃圾深度综合处理（清洁焚烧）项目，检查农村生活污水治理、环境整治、环保设施建设等情况。

11月

4日 2020第五届中国特殊食品大会暨第四届中国中部大健康产业高峰论坛在望城举行。

16日 望城举办“开放拥抱粤港澳·深情礼赞新生活——粤港澳大湾区媒体高层商界代表望城采风及宣传活动”，《广州日报》《香港商报》《澳门商报》等媒体、博主走进望城采风，嘉宾团先后走访虢大湾、望城万亩蔬菜示范片设施蔬菜示范园、靖港古镇、千龙湖、铜官窑、智能终端配套产业园、政务服务中心等地，感受望城的经济发展活力。

17日 省人民检察院党组书记、检察长叶晓颖到望城调研并考察常益长铁路六标项目。

▲ 省文旅厅公示长沙铜官窑文化旅游区为省级旅游度假区。

18日 文化和旅游部公示望城区为第二批国家全域旅游示范区。

20日 在全国精神文明建设表彰大会上，湖南雷锋纪念馆获“全国文明单位”。

22—24日 “缘起楷圣 文撼书堂”之“老长沙·新味道”——第二届书堂山当代文人书法周活动在望城举行。“人民艺术家”国家荣誉称号获得者王蒙等近百位全国著名作家、书画家、书法理论工作者参加。

24日 省委常委、省委统战部部长黄兰香到望城区调研归国留学人员创新创业工作和海归小镇申建工作。

26日 省侨联组织海外侨界青年湖南行活动暨省侨

联青年委员会2020年会参会人员40余人到铜官窑博物馆、铜官古镇、梦蝶庄艺术馆（夏国安博物馆）、泥人刘陶艺馆参观考察。

27日 长沙市望城区普瑞隧道建成通车。普瑞隧道西起新巷中路，下穿普瑞斯堡小区，东至吴家冲路，全长660米，为双向六车道连拱隧道，属市重点工程。该项目是望城区东西大动脉月亮岛路的关键性节点工程，通车后标志着月亮岛路全线贯通，至此月亮岛片区三纵（雷锋大道、金星北路、潇湘北路）、三横（普瑞路、月亮岛路、银星路）的大循环格局形成。

29日 望城区首个街道党校——丁字湾街道党校揭牌成立。

12月

3日 市人大常委会主任谢卫东带领市人大常委会主任会议成员，调研望城"十四五"规划纲要编制情况。

9日 在江西南昌公安协助下，望城公安分局将潜逃11年的公安部A级通缉令逃犯张某某抓捕归案。张某某系2009年"8·2"望城6死2伤恶性杀人案犯罪嫌疑人。

10日 中信戴卡南方智能制造基地戴湘600万只个性化车轮项目在望城经开区开工。项目依托长沙中部地区重要中心城市定位和长沙汽车产业链加速聚集的叠加优势，打造车轮、铸件两个百亿级汽车配件研发制造基地。

15日 区税务局被国家机关事务管理局、国家发展改革委、财政部评为2019—2020年节约型公共机构示范单位。

16日 第四届中国湖南长沙·望城鲌鱼节暨湖南特色渔业产业发展论坛在长沙市望城区千龙湖度假区开幕，来自全国各地的300余名专家学者、行业代表和美食大咖出席。

18日 副省长陈飞调研望城食品产业发展情况，到澳优乳业（中国）有限公司、湖南大旺食品有限公司、中粮可口可乐华中饮料公司等企业了解食品安全、市场销售等情况。

▲ 湖南雷锋学院正式揭牌，省委组织部副部长肖百灵为学院授牌"湖南省党性教育基地"。

▲ "纪念雷锋同志80周年诞辰"座谈会在望城举办，会议邀请雷锋精神研究专家、雷锋亲属、同学、同事好友、生前所在部队代表及时代楷模、全国道德模范、当代雷锋、学雷锋先进个人代表参加。

▲ 区委宣传部承办中宣部"核心价值观百场讲坛"第106场活动走进雷锋家乡望城。

25日 省妇联副主席卢妹香一行到高塘岭街道裕龙村开展农村宗教管理工作和基层妇联"春风化雨"试点工作调研，走访慰问困难群众。

27日 中国少年先锋队长沙市望城区第一次代表大会在雷锋大剧院召开。

望城概览

责任编辑 ◎ 肖艳

自然地理

【位置面积】 望城属长沙市辖区，是伟大的共产主义战士雷锋的故乡，位于北纬28°08′29″—28°33′37″、东经112°38′45″—113°02′27″，居湘中东北，东连长沙县，南接开福区、岳麓区，西南与宁乡市水陆相邻，西北与益阳市赫山区、北与岳阳市湘阴县隔水相望，东北沿京广铁路与岳阳市汨罗市一线相连。京广铁路、石长铁路、京珠高速、长益常高速纵横交错，城市主干道融通城区，域内长沙西站是连接长株潭城际铁路与高铁（渝长厦高铁、长九高铁、长西高铁）综合性交通枢纽。2020年，全区总面积969平方千米，其中陆地836平方千米，占86.3%；水域133平方千米，占13.7%。

【地形地貌】 望城地处湘中丘陵向洞庭湖平原过渡地带，地势由南向北倾斜。地形以岗地、丘陵、平原为主，兼有低山。东南部黑麋峰、九峰山、书堂山、麻潭山群山绵亘，俯瞰江流；西南部观音山、谷山、白鹤山、乌山层峦叠翠，秀甲四方。区域内岗地面积较大，岗顶多为平展伸延，地表缓和起伏；中部多为丘陵岗地，海拔在60—150米之间，土质红黄，林木苍翠；东北、西北部为滨湖冲积平原，土地平旷，湖泊密集，团头湖为境内最大的湖泊。境内最高峰是位于桥驿镇的黑麋峰，海拔590.5米，最低点位于乔口镇湛湖，海拔23.5米。

【水文气候】 湘江是流经境内最大的河流，其自长沙市岳麓区三汊矶从南入境，纵贯境内南北35千米，携一级支流8条、二级支流13条，至茶亭镇团鱼洲北下入洞庭。2020年，全区有33.33公顷以上堤垸22个，水库44座，总库容3610万立方米，其中中型水库1座、小（1）型水库7座、小（2）型水库36座。境域属于亚热带季风气候，温和湿润，四季分明，冬夏长，春秋短。1981—2010年，年平均气温17.4℃，最冷月平均气温4.9℃（1月），最热月平均气温29.2℃（7月），极端最高气温40.6℃（2003年8月2日），极端最低气温 –10.3℃（1991年12月29日），年平均雨日为150.1天，降水量1428.1毫米，其中4—9月降水量为917.4毫米，占全年总降水量的64.2%，年平均相对湿度79%。年平均无霜期为271天，年平均日照1545.3小时，年平均风速为2.35米/秒，最多风向为西北风，主要气象灾害有洪涝、高温、干旱、低温阴雨、冰雹、大风、寒潮、雷暴。2020年，年平均气温17.9℃，最高气温38.3℃，最低气温 –4℃，年降水量1611.1毫米。

【自然资源】 境内已探明的地下矿藏有金、铁、锰、磷、石灰石、花岗岩、玄武岩、青石、陶土、河砂砾石、矿泉水等30余种。广泛开发的有花岗岩、砖瓦用黏土和建筑用砂。花岗岩主要位于望城区丁字湾街道、茶亭镇和桥驿镇境内，地质储量1313.1万立方米，可采量1100万立方米，曾用于人民大会堂及武汉长江大桥建设。土壤成土母质母岩主要为板页岩、花岗岩，次为石灰岩、红色黏土类和河湖冲积物类，适宜多种农作物生长。生物资源丰富，有野生种子植物272种，森林植被主要为常绿阔叶混交林、针阔叶混交林、针叶林及毛竹林，主要树种为马尾松、杉木、湿地松、毛竹、樟树、栎属等；经济林主要有油茶、柑橘、梨、核桃、板栗、桃等；药用植物有杜仲、厚朴、黄柏等。2020年，森林覆盖率34.22%；境内有野生动物216种，其中国家一级保护动物3种、二级保护动物26种。国家一类保护树种有水杉，白鹤山麓发现的朱砂玉兰长沙地区首见，黑麋峰顶发现的山茱萸能在该低纬度处生长罕见。

建置·区划

【建置沿革】 望城境域自秦、汉设郡、县，经三国、晋、隋、唐及五代，历为长沙郡、长沙国、长沙县辖境；至宋哲宗元符元年（1098），划境内南半部入善化，经南宋、元、明、清各朝，境内一直属长沙、善化两县；1912年裁两县并入长沙府，直属湖南省管辖，次年改为长沙县，沿袭至中华人民共和国成立初期。1951年5月，经中央政务院批准析长沙县湘江东岸西北角一部分和西岸全部地区建置望城县，属长沙专区，县人民政府驻地初设望城坡，后迁高塘岭。1952年10月，县改属湘潭专区管辖。1956年6月，将团头湖以西的利民乡全部划归益阳县。1959年3月在全国区划调整中，望城县建制撤销，并入长沙县，属长沙市管辖。1977年12月，经国务院批准恢复望城县建制，除望岳公社划归长沙市郊区外，仍辖1958年时属地，辖7区34个公社、4个镇、2个县属场，县人民政府驻地高塘岭。1996年6月，霞凝乡划归长沙市开福区，天顶乡划归长沙市岳麓区。2008年6月，雨敞坪镇、莲花镇、坪塘镇、含浦镇划入长沙市岳麓区，雷锋镇由长沙市高新技术开发区托管。2011年5月20日，经国务院批准，撤销望城县，设立长沙市望城区，以原望城县辖区为行政区域，至2020年年末，建置无变化。

【行政区划】 2012年，经省民政厅、市人民政府批准，撤销高塘岭镇、星城镇、丁字镇、黄金镇，相应设立高塘岭街道、星城街道、丁字街道、黄金街道。8月28日，望城区再次进行街道区划调整，将高塘岭街道拆分为高塘岭、喻家坡2个街道；星城街道拆分为白沙洲、大泽湖、月亮岛3个街道；丁字街道拆分为丁字湾、书堂山2个街道；黄金街道拆分为金山桥、黄金园、廖家坪3个街道。2014年6月，廖家坪街道由长沙市高新技术开发区托管。2015年11月，望城开展乡镇区划调整，将靖港镇和格塘镇成建制合并设立靖港镇；将新康乡和高塘岭街道成建制合并设立高塘岭街道；将茶亭镇和东城镇成建制合并设立茶亭镇；将东城镇慎家桥社区五杉片划入铜官镇华城村，将茶亭镇郭亮村划入铜官镇，将铜官镇和书堂山街道成建制合并设立铜官街道；将乌山镇和喻家坡街道成建制合并设立乌山街道；将雷锋镇和廖家坪街道成建制合并成立雷锋街道。2015年5月，高塘岭、喻家坡、白沙洲、大泽湖、月亮岛、金山桥、黄金园和廖家坪（由高新区托管）8个街道纳入新区核心规划范围。2015年年末辖白箬铺、靖港、乔口、茶亭、桥驿5个乡镇，雷锋、黄金园、金山桥、白沙洲、大泽湖、月亮岛、乌山、高塘岭、铜官、丁字湾10个街道，有125个村民委员会、40个社区居民委员会。2016年3月，完成并村工作后，全区有128个村（社区）。2020年年末，辖11个街道（其中雷锋街道、白马街道交由高新区托管），5个镇，98个行政村、19个农村社区、36个城市社区。

人口·民族

【人口】 2020年年末，户籍人口61.43万人（不含雷锋街道、白马街道），比2019年年末增加1.31万人，增长2.2%。户籍人口中男性30.22万人，女性31.21万人。人口出生率12.3‰，人口死亡率8.1‰，人口自然增长率4.2‰。

【民族】 望城属少数民族散居区，境内人口以汉族为主，有土家族、苗族、侗族、蒙古族、回族、白族和瑶族等29个少数民族；2020年，实有人口中少数民族3.57万人。超过500人的有土家族和苗族，超过100人的有侗族和蒙古族，超过50人的有回族、白族和瑶族。域内有经开区、长沙医学院、望城一中、中南社区、旺旺路社区和兴城社区6个少数民族群众服务站和望城区民族联谊会，分布在少数民族群众聚集的社区、学校、企业等区域。域内长沙医学院是参与教育部等8部委批准开展的高校支援新疆第六次协作计划学校之一，学校有回族、维吾尔族、土家族等29个少数民族，在读少数民族学生共2000余人。望城一中于2002年设立西藏班，共招收19届西藏班学生，有16届毕业，2017级山南班高考成绩优异，受到山南市教育局表彰。2020年6月，望城一中获省“湖南省民族团结进步模范集体”称号。

历史文化

【历史遗存】 望城古为荆楚之地，历史文化厚重。拥有古城桥地段新石器时代屈家岭文化遗址，有距今5000年以上、总面积约2万平方米的团头湖遗址群，有商周高沙脊文化遗址，有“风篷岭一号”汉代长沙王陵墓群及长沙铜官窑遗址等文化遗存。特别是唐代铜官民窑首创的釉下彩瓷闻名于世。全区有不可移动文物160处，其中全国重点文物保护单位2处、省级文物保护单位9处、市级文物保护单位15处、县级文物保护单位35处；馆藏文物953件（套），其中一级文物3件（套）、二级文物5件、三级文物102件（套）。

【历史人物】 望城圣贤之风，山高水长。自唐代以来，人才辈出，各领风骚。欧阳询书法楷模天下，丁取忠《白芙堂算学丛书》集古今数学之大成，诗圣杜甫、抗元名相文天祥、扬州八怪之一的郑板桥等均在望城留下题咏佳作。辛亥革命至今，涌现出以郭亮、刘畴西、叶魁、易顺鼎、谭蒙、谭天觉为代表的革命先烈，以袁仲贤、李觉、佘景行、刘人瑞、沈立人、谭希林、陶承、李灿英、章蕴等为代表的志士仁人，以易钦、侯德云、邓佑生、赵异湘、佘君由等为代表的雷锋精神传人，以柳志强、黄仲子、杨冬秀、胡爱农、张怀安、何义芳等为代表的行业精英，以欧阳翥、李肖聃、陈希孺等为代表的学界翘楚，以王三乐、何德润、刘子振、张国钧等为代表的艺苑能人，以任雨农、谭德静、陈敦正、叶济安等为代表的海外贤达。

【文化旅游】 望城境内文化旅游资源丰富，有中国历史文化名镇靖港古镇、乔口渔都、新康戏乡、书堂山欧阳询文化园、铜官古镇、铜官窑博物馆、新华联铜官窑旅游度假区等文化景点，湖南省党史陈列馆、雷锋纪念馆、郭亮烈士陵园、陶承故居、湖南和平解放秘密电台旧址等红色景点。近几年，旅游文化深度挖掘。“望城乡村古镇游”为全国十大乡村旅游精品线，中国休闲农业与乡村旅游节每年一届，长驻望城。2020年，望城通过国家全域旅游示范区创建验收，获评第二批国家全域旅游示范区。长沙铜官窑文化旅游区获评长沙首个省级旅游度假区。

国民经济和社会发展状况

【综述】 2020年，望城区实现地区生产总值857.04亿元（含雷锋街道），比2019年增长4.3%。其中第一产业增加值56.65亿元，增长4.3%；第二产业增加值326.45亿元，增长6.3%；第三产业增加值473.94亿元，增长2.9%。第一、二、三次产业分别拉动生产总值增长0.2、2.6、1.5个百分点，三次产业对生产总值增长的贡献率分别为5.2%、59%、35.8%。三次产业结构调整为6.6:38.1:55.3，与2019年相比，第一产业比重上升0.7个百分点，第二产业比重上升1.8个百分点，第三产业比重下降2.5个百分点。工业对经济增长的贡献率为54.2%，拉动生产总值增长2.4个百分点，全部工业增加值占生产总值比重为24.5%，较2019年提升1.9个百分点。制造业增加值占生产总值比重为22.2%。全年新增“四上”企业204家。其中，规模以上工业33家，资质以上建筑业18家，房地产业16家，限额以上批零住餐业85家，规模以上服务业52家。年末共有在库“四上”企业1133家。其中，规模以上工业368家，资质以上建筑业104家，房地产业106家，限额以上批零住餐业302家，规模以上服务业253家。

【农业、农村】 2020年，望城区完成农林牧渔业总产值99.1亿元，比2019年增长4.5%。其中，农业产值63.68亿元，增长6%；林业产值1.49亿元，增长8.4%；牧业产值20亿元，下降6.9%；渔业产值7.53亿元，增长14.3%；农林牧渔服务业产值6.4亿元，增长7.5%。年末，全区总播种面积8.89万公顷。全年粮食播种面积4.53万公顷，其中水稻播种面积4.37万公顷。全年粮食产量31.12万吨，其中水稻总产量30.28万吨。全年蔬菜播种面积3.37万公顷，蔬菜产量119.28万吨，比2019年增长8.3%；茶叶产量0.08万吨，比2019年增长16.6%；水果产量4.61万吨，比2019年增长2.1%。全年出栏肉猪26.74万头。当年肉类总产量2.51万吨。其中：猪肉产量1.77万吨，家禽产量0.68万吨，牛肉产量0.04万吨，羊肉产量0.02万吨，牛羊肉产量与2019年基本持平。水产品产量3.5万吨，比2019年增长20.3%。贫困人口“两不愁三保障”和安全饮水问题全面解决，完成农村危房改造245户，实现农村危房动态清零，实施扶贫产业项目122个。

【工业和建筑业】 2020年，望城区规模以上工业增加值增长7%。园区占比超七成，望城经开区规模以上工业增加值总量占全区的比重74.1%，在规模以上工业中，按产品产量统计，移动通信手持机、锂离子电池、铝合金分别比2019年增长750.3%、101.4%和11.9%。按行业统计，非金属矿物制品业产值比2019年增长3.7%，占规上产值的比重为11.4%；有色金属冶炼和压延加工业产值下降8.7%，占比11.1%；计算机、通信和其他电子设备制造业产值增长544.4%，占比9.8%；化学原料和化学制品制造业产值增长3.4%，占比8.1%。按经济类型统计，股份制企业产值增长16%，占规上产值的比重为82.9%；外商及港、澳、台投资企业产值下降6.5%，占比16%；集体企业产值下降39.2%，占比0.2%；其他经济类型企业产值下降7%，占比0.9%。规模以上工业企业经营效益持续改善，全年实现营业收入770.72亿元，比2019年增长8.5%；营业成本630.48亿元，增长7.7%；利润总额50.17亿元，增长19.5%。

2020年，望城区资质以上建筑业企业完成建筑业总产值563.79亿元，比2019年增长6%；实现建筑业增加值116.97亿元，增长1.9%。全年房屋施工面积2184.36万平方米，下降1.5%；房屋竣工面积789.1万平方米，增长11%。

【固定资产投资】 2020年，望城区固定资产投资比2019年增长10.1%。其中工业投资下降3.3%，工业技改投资增长40.9%。全区计划总投资额超过5000万元的在建项目（不含房地产开发项目）265个，完成投资占固定投资总额的65.9%。在固定资产投资中，第一产业完成投资比2019年增长1347.5%；第二产业完成投资下降16.5%；第三产业完成投资增长15.8%。全年基础设施投资建设完成投资增长56.4%。全年完成房地产开发投资179.64亿元，比2019年增长11.6%。全区商品房销售面积409.15万平方米，增长0.1%。全区商品房销售额294.64亿元，增长5.1%，其中住宅销售额268.6亿元。

【国内贸易】 2020年，望城区实现社会消费品零售总额397.94亿元，比2019年下降0.2%。按行业统计，批发业24.28亿元，下降3.5%；零售业348.68亿元，增长0.8%；住宿业2.97亿元，增长1.2%；餐饮业22.01亿元，下降11.2%。限额以上单位商品零售额197.84亿元，比2019年增长8.4%。按类别统计，汽车类下降14.1%；家用电器和音像器材类增长31.9%；粮油、食品类下降41.4%；饮料类增长5.7%；服装、鞋帽、针纺织品类增长23.9%；化妆品类增长38.6%；体育、娱乐用品类增长144.4%；文化办公用品类增长63.5%；通信器材类增长80.3%。

【交通和邮电】 2020年，望城区境内国省干线公路153.52千米，其中省道105.32千米、国道48.2千米，全区路网密度277.99千米/百平方千米。全年完成邮政业务总量1.04亿元，比2019年增长1.0%。全年完成电信业务总量7.38亿元，年末移动电话用户90.34万户。

【对外经贸和旅游】 2020年，望城区完成进出口总额14.81亿美元，比2019年增长47.4%。实际利用外资3.78亿美元，增长14.3%。实际到位省外境内资金115.05亿元，增长14.2%。全区共有各类景区、景点91处。其中：主要景点12处，国家AAAA级旅游景区5家（雷锋纪念馆、黑麋峰国家森林公园、千龙湖旅游度假区、靖港古镇、新华联铜官窑古镇景区），国家AAA级旅游景区7家（欧阳询文化园、铜官窑国家遗址考古公园、新康戏乡、乔口柏乐园、蝴蝶谷、光明松鼠谷、贝拉小镇）。全年接待游客2086.1万人次，实现旅游综合收入108.3亿元，成功创建省级旅游度假区和国家全域旅游示范区。

【财税和金融】 2020年，望城区实现一般公共预算收入115.23亿元，比2019年增加12.07亿元，增长11.7%。其中：地方一般公共预算收入63.91亿元，比2019年增加5.82亿元，增长10%。实现全口径税收收入100.32亿元，税收收入占一般公共预算收入比重为87.1%。全区一般公共预算支出110.7亿元，比2019年增加0.38亿元，增长0.3%。全区政府性基金预算收入93亿元，比2019年增加5.37亿元，增长6.1%。其中：国土基金收入85.58亿元，比2019年增加6.22亿元，增长7.8%。年末金融机构各项存款余额803.19亿元，比2019年增长17%，其中居民储蓄存款余额366.06亿元，增长17.7%。各项贷款余额702.34亿元，增长21.8%，其中银行业金融机构贷款余额696.57亿元，增长22%。

【科技和教育】 2020年，望城区推广转化重大科技成果9项，专利授权量1716件，商标授权量1864件。实现高新技术产业产值611.59亿元，比2019年增长21.9%；实现高新技术产业增加值163.51亿元，增长26.5%；高新技术产业增加值占地区生产总值的比重为19.1%。年末全区共有普通中学34所，中等职业中学1所，小学79所，幼儿园194所。普通中学专任教师3214人，中等职业中学专任教师160人，小学专任教师2370人。普通中学在校学生人数29675人，中等职业中学在校学生2624人，小学在校学生数57135人，在园幼儿约3.4万人。2020年学龄儿童入学率100.0%，初中升学率99.6%。

【文化、卫生和体育】 2020年，望城区共完成国家级、省级、市级以及区级各类重大体育赛事共计36场，送戏下乡119场，送电影下乡1492场，送图书下乡1399册。建成市级示范性村（社区）文化服务中心15个，全面完成“一圈两场三道”建设任务84处，全民健身工程覆盖率达100%。年末全区拥有各类医院、卫生院、社区卫生服务中心39个，床位4050张，卫生技术人员4357人，其中执业（助理）医师2157人。婴儿死亡率由2010年的5.6‰下降到2020年的2.08‰。

【人民生活和社会保障】 2020年，望城区全体居民人均可支配收入46615元，比2019年增长6%。其中，城镇居民人均可支配收入53876元，增长5.2%；农村居民人均可支配收入37738元，比2019年增长7.5%。全体居民人均消费支出30677元，比2019年增长3.3%。其中，城镇居民人均消费支出35844元，增长1.9%；农村居民人均消费支出24361元，增长5.9%。年末汽车保有量为26.3万辆。全年城镇新增就业8063人，农村劳动力转移就业2886人，零就业家庭实现动态清零，城镇登记失业率3%。四项社会保险参保人数为61.88万人，归集社会保险费17.32亿元，发放保险金9.22亿元。城乡居民养老保险参保率为100%。基本医疗保险参保人数69.2万人，参保率95.4%。其中职工医疗保险参保人数17.47万人，城乡居民医疗保险参保人数51.73万人。发放残疾人“两项补贴”1535万元，教育扶贫资助12897人次，健康扶贫“一站式”结算住院费用综合报销比例达89%。完成农村危房改造245户，实现全区农村危房改造动态清零。

【环境、节能和安全生产】 2020年，望城区空气质量优良天数343天，优良率为93.7%，比2019年提升11.2%。饮用水源地达到或好于Ⅲ类水体比例100%。全年规模以上工业企业综合能源消费量187.22万吨标准煤。全社会用电量32.41亿千瓦时，其中工业用电量14.33亿千瓦时，居民生活用电量9.74亿千瓦时。2020年，全区共发生生产安全事故14起，比2019年下降17.6%；死亡10人，比2019年下降23%；亿元生产总值各类安全事故死亡人数0.012人；道路交通事故死亡人数66人；万车死亡人数2.51人。

（本栏撰稿：肖 艳）

中国共产党长沙市望城区委员会

责任编辑 ◎ 宁利宏

重要会议

【区委常委会会议】 2020年，中共长沙市望城区委员会召开区委常委会会议37次。

1月3日，区委常委会会议传达学习中央、省委、市委经济工作会议和中央、省、市关于做好2020年元旦春节期间有关工作的要求精神，听取中共长沙市望城区委二届十三次全体（扩大）会议暨经济工作会议筹备情况汇报；听取区人大、政府、政协及法院、检察院党组工作情况汇报，审定区人大、政府、政协及法院、检察院两会工作报告；审议2020年投资建设项目计划。

1月21日，区委常委会会议传达学习省、市人大、政协两会会议精神；研究春节期间值班值守工作安排及春节期间相关工作；研究中交长沙总部基地项目落户有关工作；审定2019年度项目建设工作“十佳标兵”和先进单位、先进个人表彰名单。

1月26日，区委常委会会议传达学习中央政治局常委会关于研究新冠肺炎疫情防控会议精神，研究部署全区新冠肺炎疫情防控工作。

2月2日，区委常委会会议传达学习中央、省委、市委关于新冠肺炎疫情防控会议精神，研究部署下阶段工作；研究中共长沙市望城区委领导班子成员分工、部分议事协调机构及区领导联系园区、片区、街镇、防汛抗旱责任区调整情况有关工作。

2月5日，区委常委会会议传达学习习近平总书记在中央政治局常委会会议上的重要讲话精神、省委、市委常委会会议精神及省委办公厅有关文件精神；传达学习衡华书记调研讲话精神，研究当前疫情防控工作；研究当前复工复产和经济工作；研究2020年“三资”盘活工作，审定《全区盘活存量土地、处置闲置土地工作方案》；传达学习中央、省、市纪委全会精神，研究区纪委二届五次全会相关工作。

2月14日，区委常委会会议研究有关案件及人事工作；传达学习中央政治局常委会分析新冠肺炎疫情形势研究加强防控工作会议精神、习近平总书记在北京市调研指导新冠肺炎疫情防控工作时的重要讲话精神及系列重要讲话指示精神；传达学习全省决战脱贫攻坚暨防控新冠肺炎阻击战动员大会精神、省委新冠肺炎疫情防控工作领导小组会议精神、全市新冠肺炎疫情防控工作再动员电视电话会议精神及相关文件精神；研究部署下一阶段疫情防控和复工复产工作。

2月25日，区委常委会会议传达学习中共中央政治局会议研究新冠肺炎疫情防控工作、部署统筹做好疫情防控和经济社会发展工作会议精神，习近平总书记就关心关爱参与疫情防控工作的医务人员作出的重要指示精神，省市相关会议和文件精神，听取全区疫情防控和复工复产情况汇报，审定《关于表彰前一阶段疫情防控和复工复产工作先进单位的通报》和《关于大力推选疫情防控和统筹推进经济社会发展工作先进典型的工作方案》，研究部署下一阶段工作；研究2020年武装工作。

3月2日，区委常委会会议传达学习省委《关于深入贯彻落实习近平总书记重要讲话精神在统筹推进新冠肺炎疫情防控和经济社会发展工作中更好发挥各级党组织和党员干部作用的意见》文件精神，全市经济运行调度座谈会议精神，研究统筹疫情防控和经济社会发展工作；审定2019年度学雷锋“先进集体”“先进个人”名单，《关于加强学雷锋志愿服务建设“志愿者之城”的实施方案》《长沙市望城区2020年新时代文明实践中心建设的工作要点》、审定2020年“3•5”学雷锋纪念日活动方案；审定2020年区委常委会工作要点；审定2020年区人大常委会工作要点；审定2020年区政协工作要点。

3月12日，区委常委会会议传达学习习近平总书记近期在北京考察新冠肺炎防控科研攻关工作时的重要讲话精神、在中共中央政治局常委会会议上的重要讲话精神和对全国春季农业生产工作作出的重要指示精神，习近平总书记到湖北省武汉市考察疫情防控工作时的重要讲话精神，中央应对新冠肺炎疫情工作领导小组会议精神和省委、市委常委会会议有关精神；传达学习建新市长调研督导望城区、望城经开区疫情防控和经济社会发展工作时的讲话精神；审定望城区“大干一百天 实现双过半”竞赛活动方案；研究2020年组织工作、基层党建工作和党费有关工作；研究2020年政法工作，审定2020年政法工作要点，研究2020年区信访工作；研究2020年宣传工作，审定2020年宣传工作要点；审定疫情防控和统筹推进经济社会发展工作先进典型表彰建议名单。

3月20日，区委常委会会议传达学习中央政治局常务委员会议分析国内外新冠肺炎疫情防控和经济形势，研究部署统筹抓好疫情防控和经济社会发展重点工作会议精神、省委十一届十次全体会议精神；研究脱贫攻坚和对口帮扶工作；研究安置有关工作；研究2020年党办工作。

3月24日，区委常委会会议通报市组干部考察情况。

4月2日，区委常委会会议传达学习3月27日中共中央政治局会议精神；传达学习中央、省、市关于“大棚房”、违建别墅、农村建房问题整治重要文件精神并安排部署相关工作；研究2020年全区农业农村工作；研究2020年全区统战工作。

4月17日，区委常委会会议传达学习4月8日中央政治局常委会会议精神，传达学习习近平总书记对安全生产作出的重要指示精神及在浙江考察时的重要讲话精神，传达学习4月7日市委常委会会议暨市委新冠肺炎疫情防控工作领导小组会议精神；传达学习市委一季度经济形势分析会议精神，研究部署下一阶段工作；传达学习长沙市蓝天保卫战一季度工作讲评暨湘江保护和治理工作推进会议精神，研究部署下一阶段工作；传达学习全市“社区提质提档三年行动”总结暨城市有机更新工作现场推进座谈会议精神，研究部署下一阶段工作；通报市组干部考察情况。

4月24日，区委常委会会议传达学习习近平总书记在陕西考察时的重要讲话精神、传达学习4月17日中央政治局常委会会议精神，4月17日湖南省委常委会会议精神，传达学习4月20日市州委书记座谈会议精神；传达学习省委常委、市委书记胡衡华望城经济社会发展情况调研重要讲话精神，并就抓好贯彻落实工作进行部署；审议《望城大调研活动实施方案》；研究有关人事问题。

4月29日，区委常委会会议研究区领导接访下访推动矛盾化解工作；研究公务员首次职级晋升工作。

5月9日，区委常委会会议传达学习4月29日、5月6日中央政治局常委会会议、中央深改委会议精神；传达学习全市“大干一百天 实现双过半”竞赛活动讲评会议精神，研究部署下一阶段工作；研究安全生产工作；研究交通问题顽瘴痼疾整治工作。

5月15日，区委常委会会议传达学习习近平总书记在中共中央党外人士座谈会上的重要讲话精神；审定2019年度绩效考核结果及表彰奖励名单；审定2020年度省、市对区考核工作目标体系责任分解，望城区绩效考核实施办法和指标体系设置；传达学习贯彻省纪委有关文件精神；研究有关人事问题。

5月29日，区委常委会会议传达学习5月14日中央政治局常委会会议精神，5月15日中央政治局会议精神，习近平总书记对毛南族实现整族脱贫作出重要指示精神，习近平总书记在参加十三届全国人大三次会议内蒙古代表团、湖北代表团审议时的重要讲话精神；审议“六稳”“六保”工作方案；研究全区个人建房管理办法有关工作；研究基层党建和干部教育工作。

6月1日，区委常委会会议研究有关人事问题。

6月11日，区委常委会会议传达学习全国两会精神，传达学习习近平总书记在中共中央政治局第二十次集体学习时的重要讲话精神以及中共中央政治局常委、国务院副总理韩正在湘调研时的讲话精神；审议《中共长沙市望城区委关于进一步加强党的政治建设 为加快建设美丽强盛幸福的现代化新望城提供坚强政治保证的通知（送审稿）》；审议《中共长沙市望城区委办公室关于持续解决形式主义问题的通知（送审稿）》；审议《关于在全区开展干部联点帮扶重点企业（项目）活动的实施方案》；研究机要密码和保密工作；审定《关于深化区纪委监委派驻机构改革的实施意见（草案）》《长沙市望城区监察委员会向园区（基地）派出监察机构的实施方案（草案）》《长沙市望城区监察委员会向街镇派出监察办公室的实施方案（草案）》；传达市纪委对望城区委《纪律检查建议书》，审议整改工作措施；听取组织编制人事部门“大梳理 大内审 大提标”行动暨突出问题专项治理工作情况汇报并研究相关工作。

6月30日，区委常委会会议研究2020年工、青、妇、科协工作；审定《湖南师范大学 长沙市望城区人民政府共建湖南师范大学附属望城人民医院合作协议》；研究全省脱贫攻坚工作优秀干部建议人员名单；研究有关人事问题。

7月13日，区委常委会会议传达学习6月29日中央政治局常委会会议精神及习近平总书记在中共中央政治局第二十一次集体学习时的重要讲话精神；传达学习《中共中央办公厅关于印发〈党委（党组）意识形态责任制实施办法〉的通知》（中办发〔2020〕22号）文件精神；传达学习《蒙混不能“过关”迷途切莫“忘返”》（湘纪通〔2020〕4号）文件精神；研究“洞庭清波”专项行动湘江长沙综合枢纽区域捕捞问题整改工作；研究全区财政及“保工资、保运转、保基本民生”（“三保”）工作；研究新时代县域警务工作。

7月27日，区委常委会（扩大）区委上半年经济形势分析会议传达学习全省产业项目建设推进现场观摩会会议精神、市委上半年经济形势分析暨“大干一百天 实现双过半”竞赛活动总结会议精神，并作全区上半年经济运行情况报告；全区“大干一百天 实现双过半”竞赛活动标兵单位和先进个人的通报；半年度经济形势分析。

7月30日，区委常委会会议传达学习中央全面深化改革委员会第十四次会议、7月17日中共中央政治局常务委员会会议、习近平对防汛救灾工作作出重要指示、习近平在吉林考察时的重要讲话精神，传达学习《关于进一步严明政治纪律政治规矩严禁造谣传谣的通知》；听取区委二届十四次全体（扩大）会议筹备情况，审定《区委二届十四次全体（扩大）会议工作报告》，审议《中共长沙市望城区委关于打造鲲鹏体系新型智慧城市标杆的决定》。

8月21日，区委常委会会议传达学习7月30日中共中央政治局会议、习近平总书记在中共中央政治局第二十二次集体学习时的重要讲话精神、习近平总书记对“十四五”规划编制工作及对制止餐饮浪费行为作出的重要指示精神；研究2020年党史、地方志和档案工作；审议《湖南省长沙市望城区自然保护地整合优化预案》，审定第六轮生态保护红线评估调整成果；审定“狮子型”干部和“黄牛型”干部评选表彰活动实施方案；审定区2020年下半年干教工作计划，研究区委党校（雷锋学院）相关工作；审议城市社区“两委”成员纳入员额制和社区专职工作人员员额整体配置；审定区政协委员增补建议人员；研究有关人事问题。

9月3日，区委常委会会议传达学习8月31日中共中央政治局会议精神，中央全面深化改革委员会第十五次会议精神，传达学习习近平总书记在安徽考察时的重要指示精神、在经济社会领域专家座谈会上的重要讲话精神，传达学习省委书记杜家毫在市州委书记市州长座谈会上的讲话精神；传达学习贯彻中共长沙市委十三届十次全体会议精神；传达学习长沙市精神文明建设表彰暨深化文明创建工作推进会会议精神，研究新时代文明实践和学雷锋志愿服务工作；传达学习习近平总书记在中国人民警察队伍授旗仪式上训词精神，研究“坚持政治建警全面从严治警”教育整顿工作；研究有关人事问题。

9月17日，区委常委会会议传达学习中央财经委员会第八次会议精神、习近平总书记在纪念中国人民抗日战争暨世界反法西斯战争胜利75周年座谈会上的讲话精神、在全国抗击新冠肺炎疫情表彰大会上的讲话精神、习近平总书记向全国广大教师和教育工作者致以节日的祝贺和诚挚的慰问指示精神、习近平总书记在科学家座谈会上的重要讲话精神；研究大泽湖生态智慧城综合开发建设项目有关工作；研究2020年党史、地方志和档案工作；审议增补区人大常委会委员和区人大代表。

9月23日，区委常委会会议通报市组干部考察情况。

9月25日，区委常委会会议成员围绕学习贯彻习近平总书记在湖南考察调研时的系列重要讲话指示精神作交流发言；传达学习习近平总书记关于国防和军队建设的系列重要讲话指示精神；听取2020年度武装工作情况汇报；议战，研究分析当前国际国内形势；研究老干部工作、关工委工作。

10月16日，区委常委会会议传达学习贯彻习近平总书记在中央政治局第二十三次集体学习、教育文化卫生体育领域专家代表座谈会、第三次中央新疆工作座谈会、中央党校（国家行政学院）中青年干部培训班开班式上的重要讲话精神、对供销合作社工作、“十四五”规划编制工作网上意见征求活动作出的重要指示精神，省委十一届十一次全会精神和有关文件精神；传达学习有关会议精神；研究安全生产工作；研究望城区纪念雷锋同志80周年诞辰活动方案和学雷锋工作。

10月30日，区委常委会会议传达学习10月16日中共中央政治局会议精神、10月22日中共中央政治局常务委员会会议精神、习近平总书记在中共中央政治局第二十四次集体学习时的重要讲话精神、在纪念中国人民志愿军抗美援朝出国作战70周年大会上的重要讲话精神、在深圳经济特区建立40周年庆祝大会上的重要讲话精神、在广东调研时的重要讲话指示精神、对脱贫攻坚工作作出的重要指示精神；传达学习市委有关文件精神，部署安排《贯彻落实习近平总书记视察湖南重要讲话指示精神责任分工清单》有关工作；研究城市管理、城市建设工作；传达学习省委《关于贯彻〈中国共产党政法工作条例〉扎实做好新时代政法工作的意见》的文件精神；研究区委党内规范性文件清理工作；审定《长沙市望城区全面加强党政领导班子建设三年攻坚行动计划（2021—2023）》《望城区深入贯彻新时代党的组织路线工作会议方案》；审议《2020年度“乡村振兴·人才之星”评选表彰实施方案》；研究有关人事问题；研究有关案件。

11月23日，区委常委会会议学习党中央和省委有关部署要求，重点学习习近平总书记关于全面从严治党和巡视工作的重要论述，学习党章和《中国共产党廉洁自律准则》《关于新形势下党内政治生活的若干准则》《中共中央关于加强党的政治建设的意见》《中国共产党纪律处分条例》《中国共产党问责条例》《党委（党组）落实全面从严治党主体责任规定》《中国共产党巡视工作条例》《被巡视党组配合省委巡视工作规定》等党内法规及全省相关实施意见，学习中央、省委巡视工作领导小组关于深化政治巡视的要求，统一思想，提高认识，研究部署配合巡视工作的具体安排。

11月27日，区委常委会会议传达学习中共十九届五中全会精神，习近平总书记在全面推动长江经济带发展座谈会等相关会议上的重要讲话精神；传达学习杜家毫、许达哲、毛伟明在湖南省领导干部会议上的讲话精神；传达学习杨晓渡、杨晓超在全国纪检监察干部监督工作培训班上的讲话精神；传达学习2020年全市统战部部长座谈会议精神并研究统战工作；研究财政预算调整工作；研究区管国有企业战略定位及法人治理有关工作。

12月11日，区委常委会会议传达学习12月3日中共中央政治局常务委员会议精神、11月30日中共中央政治局会议精神、习近平总书记在中共中央政治局第二十五次集体学习时的重要讲话精神；研究安全生产工作；研究村（社区）“两委”换届工作；研究国家安全工作。

12月23日，区委常委会会议审定区委向省委第八巡视组工作汇报材料；审定“狮子型”“黄牛型”干部名单；审议全区村（社区）党组织书记调整方案；研究区应急管理局和团区委党组（党委）设置调整工作；研究海归小镇创建工作有关事项。

12月28日，区委常委会会议传达学习中央、省委经济工作会议及市传达学习中央和省委经济工作会议精神；传达学习12月11日中共中央政治局会议精神、党外人士座谈会议精神、习近平总书记在中共中央政治局第二十六次集体学习时的重要讲话精神；传达学习省委第八巡视组巡视望城区党委工作汇报会会议精神，研究巡视整改工作；审议《中共长沙市望城区委关于制定国民经济和社会发展第十四个五年规划和二〇三五年远景目标的建议（送审稿）》《长沙市望城区国民经济和社会发展第十四个五年规划和二〇三五年远景目标纲要（送审稿）》及2021年主要经济社会指标预期目标；听取区委二届十五次全体（扩大）会议筹备情况，审定大会工作报告，审议区委委员、候补委员出缺及递补相关事项；审议乌山街道龙王岭村和茶亭镇望群村党组织书记调整方案。

12月31日，区委常委会会议通报市组干部考察情况；审议乌山街道仁和社区党总支书记调整方案；听取中共长沙市望城区委二届十五次全体（扩大）会议分组讨论情况汇报；听取中共长沙市望城区委二届十五次全体（扩大）会议分组讨论情况汇报。

（欧阳祥生）

【区委二届十三次全体（扩大）会议暨经济工作会议】 2020年1月10日，中共长沙市望城区委二届十三次全体（扩大）会议暨经济工作会议在雷锋大剧院召开。会议以习近平新时代中国特色社会主义思想为指导，深入学习贯彻中共十九大，十九届二中、三中、四中全会和中央、省委、市委经济工作会议精神，回顾总结2019年工作，安排部署2020年工作。区委书记刘拥兵在会上发表讲话。区委副书记、区长范焱斌就贯彻落实本次会议精神和做好当前工作进行安排部署。

（瞿峻龙）

【区委二届十四次全体（扩大）会议】 2020年8月17日，中共长沙市望城区委二届十四次全体（扩大）会议在雷锋大剧院召开。会议以习近平新时代中国特色社会主义思想为指导，深入学习贯彻省委十一届十次全会、市委上半年经济形势分析暨“大干一百天 实现双过半”竞赛活动总结会议精神，回顾上半年工作，部署下半年工作，动员全区上下再接再厉、克难奋进，全力打好全面小康、脱贫攻坚和“十三五”收官之战，奋力夺取疫情防控和经济社会发展“双胜利”。全会审议通过《中共长沙市望城区委关于打造鲲鹏体系新型智慧城市标杆的决定》。

（瞿峻龙）

【区委二届十五次全体（扩大）会议】 2020年12月31日，中共长沙市望城区委二届十五次全体（扩大）会议召开。会议以习近平新时代中国特色社会主义思想特别是习近平总书记考察湖南重要讲话精神为指导，深入学习贯彻中共十九届五中全会、省委十一届十二次全会精神，全面总结“十三五”特别是2020年工作，科学谋划“十四五”和2021年工作，动员全区上下拼搏赶超、接续奋斗，践行“三高四新”战略，奋力开启建设美丽强盛幸福现代化新望城的新征程。区委书记刘拥兵代表区委常委会向全会作题为《践行“三高四新”战略建设现代化新望城》的工作报告。区委副书记、区长范焱斌作《中共长沙市望城区委关于制定国民经济和社会发展第十四个五年规划和二〇三五远景目标的建议（讨论稿）》起草情况说明。

（瞿峻龙）

工作纪要

【概况】 2020年，中共长沙市望城区委办公室（以下简称区委办）是区委的综合协调部门和办事机构，为正科级行政单位。机构改革后区委办保留区直机关工委、区委政研室、区委改革办、区委财经办、区委外事办机构设置，加挂区直机关工委、区档案局牌子。对外使用区政府外事办（区政府港澳事务办）、区委保密办（区国家保密局）、区委机要局（区国家密码管理局）、区委台湾工作办（区政府台湾事务办）。区委办内设督查室（对外称区委督查室）、秘书科、文电和档案管理科、法规室（对外称区委法规室）、信息科、行政科、机要保密科、台湾工作科等8个科室。

（钟　珍）

【政研工作】 2020年，区委办组织开展望城大调研活动，制定大调研活动方案和实施细则，组织召开领导小组会议4次，编发大调研活动周报19期、月报6期，以呈阅件形式编发简报7期，其中5篇获区委主要领导批示，形成调研报告135篇，评出一等奖报告5篇、二等奖报告10篇、三等奖报告15篇、优秀报告20篇。做好有关文稿的起草、审核工作，全年共起草各类文稿300余个，其中：新华社《湖南高管信息》等署名文章10余篇，区委全会讲话、望城工作汇报等大型报告30余个，涉及疫情防控的报告130余个。《望城区做实“四早”措施抢抓“战疫”主动》等经验材料积极推介望城区“硬核”举措，获得省、市肯定。准确还原区委主要领导录音整理稿140余篇，编印《全区经济社会发展情况资料汇编》3期、区委党刊《新望城》3期，刊发文章近100篇。组织召开区委财经委会议4次，以区委财经委、区委财经办名义制发文件5个。

（彭碧云）

【改革工作】 2020年，区委改革办牵头协调全区全面完成41项改革任务。

聚焦经济改革。园区体制改革，将铜官园区整体并入望城经开区，实现两园“人、财、事、物”深度融合；国企改革，整合平台公司，明确功能定位和法人治理结构，健全现代企业制度，实现由“管资产”

向“管资本”转变；营商环境集成改革，实施“政策畅享”工程，推行“四零”采购模式，率先在全省打造5G政务服务大厅，政务服务实现“七通八达”。

聚焦管理改革。智慧城市建设改革，推动智慧化应用场景落地；城管体制改革，出台《望城区城市管理体制改革实施方案》，推行局队合一，推动“四权”下放街镇，实现执法重心下移。

聚焦探索改革。“带地入建”引导农民集中居住改革，入选《中国改革年鉴——地方全面深化改革典型案例》和《湖南基层改革探索100例》；科技治超改革，在全省推进科技治超现场会上重点推介，14个市州负责人现场学习参观。

聚焦民生改革。公共卫生领域改革，出台《望城区公共卫生管理体系建设的若干措施》；教育系统改革，实现与长沙市中考招生并轨；农村人居环境建设改革，“五治”综合整治成效显著，“美丽屋场”创建效果突出，八曲河示范片代表全市接受观摩。

（文　涛）

【文电和档案工作】 2020年，区委办规范公文办理。全年以区委、区委办公室和区委区政府、区委办公室、区政府办公室联合名义制发文件135个，确保中央、省委、市委及区委决策的及时下达和贯彻实施。规范办理上级明电、部门请示、报告等呈签件222份和上级传阅文件257份，未出现任何差错。改进作风，着力精简文件。贯彻落实中共中央办公厅《关于持续解决困扰基层的形式主义问题为决胜全面建成小康社会提供坚强作风保证的通知》及省市相关部署，严格执行不予发文情形清单，发文数量较2019年同期持平。到街镇及区直部门开展文电办理工作检查指导，形成《望城文件办理情况分析及规范精简措施》调研报告，积极推动成果转化，为基层松绑减负。抓好档案工作，落实“8号令”“10号令”，组织区直机关、街镇、档案中介公司共计84家单位106人参加新修订档案法公益大讲堂。指导推进精准扶贫、农村土地权证档案工作和国有企业退休人员社会化管理档案接管及新冠肺炎疫情防控工作文件材料收集归档工作。推进档案信息化建设，完成726万页纸质档案扫描和数字档案管理平台功能性验收。

（谢晓燕）

【法规工作】 2020年，区委办严格备案审查程序。严格执行不予发文情形清单，对“照搬照抄上级文件”“综合性文件超过4000字”等情形一律不予发文。严格按照党内规范性文件制发“五审”程序进行审核，保障党内规范性文件的权威性。按程序向市委报送备案，制发“望发”文件10份、“望办发”文件23份、“望办”文件8份，其中党内规范性文件16份全部上报，无一迟报、漏报、瞒报现象，获2020年全市党内法规工作优秀单位。统筹推进区委党内规范性文件立改废释工作，经梳理摸底、征求部门意见、区委办初审、集中复审，至9月全面完成党内规范性文件的清理工作，印发《中共长沙市望城区委关于废止、宣布失效和修改区委党内规范性文件的决定》并报市委法规室备案。围绕《望城区文件办理情况分析及规范精简措施》调研课题，到发文较多的部门开展文电法规工作调研，对文件起草质量及程序进行业务指导，着力解决文件中存在的形式主义、官僚主义问题。共收到区纪委、区纪委区委各工作部门党内规范性文件12份、各街镇党内规范性文件9份。对存在形式及内容瑕疵的党内规范性文件严格予以纠正或修改，无问题的予以函复。

（叶晨馨）

【信息工作】 2020年，区委办编印《望城要情》58期、《望城参考》7期，获得区领导批示33条，解决一批民生问题。做好紧急突发事件信息报送。及时、准确、全面报送紧急突发敏感事件，在多起突发事件信息上报过程中，及时、准确、全面地为领导提供参谋服务。紧紧围绕区委中心工作和决策部署，聚焦重点、亮点，把握时间节点，上报望城“好声音”。疫情期间，望城区防疫类经验信息获省委办公厅《疫情防控专报》采用正面经验信息5条，市委办公厅《疫情防控专报》采用10余条。全年累计160条工作经验、基层反映类信息被省委办公厅《湖南信息》《要情汇报》、市委办公厅《长沙信息》《长沙要情》采用，获2020年度全市党委信息工作优秀单位。做好领导批示的反馈信息、预约信息、节假日信息工作。春节、清明、“五一”、中秋、国庆等节假日安排专人值班，坚持每天报送信息，确保重大紧急信息无一迟报、漏报、瞒报。

（吴　茜）

【外事工作】 2020年，区委办突出重点，推进对外交流合作。完善涉外联动机制，发挥外事工作委员会成员单位积极作用。着力提升服务外商外企水平，重点加强对区内外资企业的统筹管理，协助企业解决发展难题。规范管理，夯实涉外工作基础。坚持从严从实从紧加强因公出国管理，全面落实年度清单管理制度，对未纳入清单或未履行“一事一报”程序的不予办理，确保因公出国任务的规范性、严肃性。健全涉外防疫机制，成立区防疫指挥部外事工作专班，牢固坚守国外疫情输入防线，严格落实《长沙市防范境外新冠肺炎疫情输入工作方案》，掌握3月1日后到区外籍返望人士，纳入闭环管控机制，确保国外到区人员全部规范纳入防控体系。依法依规及时稳妥处理涉外事（案）件。协调处理疫情期间长沙市养天和大药房联诚店（外籍人士控股）涉嫌虚假宣传案件，接待美国纽约临时商业航班到望旅客防控工作。主动做好外籍人士服务保障工作，加强在区外籍人员电子健康码使用和推广，为国外人士参与复工复产和学习生活提供便利。组织捐赠防疫物资，向国外、地区、企业捐赠口罩8万余个和消毒液等。

（李　伟）

表 1

2020 年中共长沙市望城区委文件一览表

文号	标题	发文日期
望发〔2020〕1 号	《关于抓好乡村振兴重点工作 确保高质量全面建成小康社会的意见》	4 月 7 日
望发〔2020〕2 号	《关于进一步加强党的政治建设为加快建设美丽强盛幸福的现代化新望城提供坚强政治保证的意见》	6 月 30 日
望发〔2020〕3 号	《关于印发〈中共长沙市望城区委常委会 2020 年工作要点〉的通知》	3 月 4 日
望发〔2020〕4 号	《关于转发〈政协长沙市望城区委员会 2020 年工作要点〉的通知》	3 月 9 日
望发〔2020〕5 号	《关于转发〈长沙市望城区人大常委会 2020 年工作要点〉的通知》	4 月 7 日
望发〔2020〕6 号	《关于打造鲲鹏体系新型智慧城市标杆的决定》	8 月 17 日
望发〔2020〕8 号	《关于认真落实“四精五有”要求进一步提升城市管理水平的实施意见》	11 月 10 日
望发〔2020〕9 号	《关于认真落实“四精五有”要求加快建设精品城市的实施意见》	11 月 10 日
望发〔2020〕10 号	《关于表彰“狮子型”干部和“黄牛型”干部的决定》	12 月 31 日

【对台工作】 2020 年，区委贯彻落实中央“惠台 31 条”政策和湖南省“惠台 59 条”及长沙市 60 条，改善和优化投资环境，在经贸、宣传、两岸交流和为台企台胞台属服务等方面主动作为，切实帮扶台企继续发展。加强经济信息引导，各涉台职能部门建立台商数据库，利用调研座谈、走访慰问等形式多渠道了解台商台企情况。出台产业扶持政策，主动提供贴心服务，在市场开拓、融资、劳务用工等方面给予帮助，解决就医就学等社会保障需求。及时协调处理台企发展建设中的困难和问题，切实维护企业合法权益。出台“望十条”并率先在全省兑现，支持帮助台企做好疫情防控和复工复产，帮助旺旺集团争取长沙市 26 条惠企政策补贴等各项奖补资金3000万余元，协助安佑、罗莎、台杰、捷顺、统盈、大成等其他台企获得各项惠企补贴 151 万余元。

（王　念）

组　织

【概况】 2020 年，区委组织部内设办公室、研究室、组织一科、组织二科、干部一科、干部二科、公务员科等 7 个科室，保留区委非公有制经济组织和社会组织工作委员会、区委基层党建工作领导小组办公室、区绩效考核工作办公室，加挂区委非公有制经济组织和社会组织工作委员会、区委老干部局、区公务员局牌子；下辖区委党员教育中心（区委党员干部现代远程教育工作管理办公室）、区委干部档案信息管理中心 2 个参公事业单位和高层次人才服务中心 1 个事业单位；全区有基层党组织 1541 个，其中党委 48 个、党总支 204 个、党支部 1289 个，另有区委派出党工委 16 个，区一级党组 53 个。有党员 33711 人，其中女党员 9327 人，占党员总数 27.67%；在岗职工党员 24079 名，占党员总数 71.43%。有公务员（含参公人员）1935 人（不含法检），其中女性 480 人，少数民族 50 人，中共党员 1723 人，本科以上学历 1513 人，35 岁以下 388 人。区管科级干部 1318 名。实职干部 852 名，平均年龄 43.03 岁；正科职 257 名，平均年龄 44.89 岁；副科职 595 名，平均年龄 42.21 岁；其他非领导职务（含享受待遇、改非）391 名。其中，女干部 211 人，占比 16.01%；党外干部 74 人，占比 5.61%；“80 后”年轻科级干部 325 人，占比 24.66%。

【基层党建】 2020 年，全区村（社区）“两委”换届选举工作完成，望城率先在全市实现村（社区）书记、主任“一肩挑”。在完成乔口镇先行试点的基础上，稳步推进村（社区）党组织换届选举，至 12 月全部完成，区委书记在全省乡村换届工作座谈会上作典型发言。推进基层党建“书记工程”，实施“五个一批”建强村（社区）干部队伍，选拔 20 名优秀大学毕业生到村（社区）任职，营造书记抓、抓书记的浓厚氛围。理顺各领域党组织设置，实施支部“五化”提质工程，“三星”党支部合格率 100%，“四星”达标 704 个，9 个基层党组织获评市级示范化党支部。在全市率先成立物业管理行业党委和出台小区党建指导意见，指导 32 个“两新”组织成立党组织，成立 7 个行业党建“红色联盟”，在征地拆迁、防汛抢险、主题教育等重大工作中及时成立临时党支部，标准化推进 47 个“雷锋驿站”建设，推动村（社区）不达标阵地新建或改扩建 6 处。搭建区、镇街、社区、小区（组）四级联席会议平台，推进区域化党建共建共治共享，围绕群众需求、辖区资源和服务项目“三张清单”，落地党群共建项目 160 个，服务群众 1.6 万人次。推行“网格吹哨，部门报到”机制，将党建网与治理网有机融合，发布78项社会治理事项“吹哨清单”。打造红色物业，协商共治解决小区治理难题170余个。深入推动基层公共服务（一门式）全覆盖，落实办结和帮代办服务45项，推行“全岗通”。探索党建引领下的道德评议小组、屋场会、党建引领“1+8”等有效治理模式。狠抓“头雁”队伍建设，率先在全市实行村（社区）党组织书记提级备案管理，跟踪做好区级备案的47名村（社区）书记后备力量培养，“三步走”推进社区专职工作者员额制管理。党员分类管理试点获中组部调研组肯定，严把党员发展关，杜绝“近亲繁殖”“入党移民”，推动主题党日活动标准化规范化和党员志愿服务常态化，开办不合格党员“初心回归班”，反响较好。制定出台全面加强基层组织建设《三年攻坚行动计划》20条“干货”，建立待遇和运转经费正常增长机制，村（社区）干部平均年收入、离任补助全省第一，村、社区运转经费分别提标70万元、100万元，设立党建专项资金300万元用于鼓励创新创造。

【“两新”党建】 2020年，区委非公有制经济组织和社会组织工作委员会牵头召开4次“两新”工委成员（扩大）会议、5次行业党建联盟联席会议，研究谋划推动两新党建重点工作。采取月提示、季督导、年述职方式，层层压实党建工作责任。理顺完善“区委‘两新’工委—区级行业（综合）党组织—直属党组织—党员”管理链条，社会组织和新登记注册的民营企业党建工作进章程比例达100%。深入实施“抗疫情、促发展、当先锋”、“两新”党组织助力疫情防控、复工复产、防汛救灾、脱贫攻坚专项行动，全区“两新”组织累计捐献物资4600万余元，参与志愿服务340余场次，为群众办好事实事1200余件，涌现出丁字建筑集团、月亮岛建材市场等一批先进基层党组织。聚焦营商环境优化，发布共享资源清单97项，推出“党建引领助老志愿服务”“重点旅游景区党建活动室提质”等11项重点项目，开展各类活动20余次，为“两新”组织解决难题50余个。深入开展“两争一创”，“五化”创建率达100%，打造区级示范党支部3个，市级先进基层党组织1个，湾田商贸物流园获评市级基层党性教育示范基地。在全市率先成立物业管理行业党委，调整党组织隶属关系5个，新成立“两新”党组织14个。强化经费保障，全年拨付“两新”党建工作专项经费89万元、楼宇商圈阵地运转保障经费25万元。组织实施“淬火工程”，打造党校+线上+实践“三名课堂”，分级分类对全区1385名“两新”党员和542名入党积极分子进行全员轮训，全年发展党员68名。针对全区“两新”组织“两个覆盖”难、党组织作用发挥难的问题，创新推出“实施‘红色联盟’工程，促行业党建整线突破”基层党建书记工程项目，依托工委成员单位成立7个行业党建“红色联盟”，形成街镇统领、行业引领协同推动“两新”党建工作格局。推出在“两新”组织中坚持党建带群建“硬五条”，采取“四联”工作法，扎实推进“两新”组织党群一体化工作，新建群团组织76个，开展党群活动80余次。

【领导班子和干部队伍建设】 2020年，区委组织部严格“凡提四必”，2名档案存疑动议对象未提交有关会议讨论，5名拟晋升职级人选暂缓晋升。在“大组工”系统开展“大梳理大内审大提标”行动，在全区开展组织编制人事领域突出问题专项治理，整改一批不规范问题。坚持“好干部”标准，鲜明实干担当用人导向，围绕服务区委重大部署，强化干部支撑，调整干部4批次163人。在全市率先平稳完成人数最多、类型最复杂的首批421人次职级晋升，解决公务员登记历史遗留问题91个。大力选树表彰“狮子型”“黄牛型”干部，精准调优考核“指挥棒”，用好各类激励措施。坚持每批次选任干部均落实消超任务、任用年轻干部，有针对性储备一批年轻干部、女干部、非党干部，不断优化班子和队伍梯次结构。2020年提拔重用13名“85后”干部、7名“90后”干部，提拔重用女干部12名、非党干部7名。坚持既严管也厚爱，结合干部任期性、回避性、培养性需求推动干部交流，选派7名干部驻沪深挂职招商。聚焦“思想淬炼、政治历练、专业训练、实践锻炼”四维，开办年轻干部特训营，为年轻干部成长进步搭建新平台，为识别选用优秀

2020年9月30日，“组工学堂”第26期在雷锋学院开课（区委组织部供图）

年轻干部开辟新路径，为开展更高质量的教育培训探索新模式。2020年共举办主体班18个、备案班164个，培训党员干部3.4万余人。

【人才队伍建设】 2020年，区委成立高层次人才服务中心，设立高层次人才专用编制池，开发和完善人才资源库，首次开展创新创业人才培训，人才的政治引领、政治吸纳能力得到强化。继续加大政策宣传力度，推进人才新政“望十条”落地落实。推出乡村振兴、制造业、教育、医卫、机关、技能人才“六大工程”，引进9名市级高层次人才，引进1名名校校长、10名名优教师，评定市级高层次人才53名。针对疫情防控出台支持企业复工复产相关人才引进特殊政策措施，广发“产业攻坚博士团”英雄帖。打通组织振兴和人才振兴通道，制定“乡村振兴·人才之星”评选方案，选拔20名优秀大学毕业生到村（社区）任职并给予人才生活补贴，指导乡镇吸引、培育各类人才，助力乡村振兴。

【绩效考核】 2020年，区绩效考核办牵头科学制定全区93个单位年度考核体系，与38个市考牵头责任单位对接，逐月梳理各项指标运行情况，累计向各分管区领导进行工作提示40余次，向各区直部门、街镇发放预警通知120余份。“双过半”大竞赛后，开展全区绩效考核“攻坚季”活动，建立“一天一通报”机制，累计发布信息180余条；实行“一月一分析”措施，挂图作战；探索“一周一调度，双周一会商”模式，牵头组织10余次区领导分线考核指标工作推进会、社会公认评估工作调度会。

【驻企联络员助力企业复工复产】 2020年2月，区委组织部落实区委指示，牵头向923家市场主体选派348名驻企防疫联络员，全力保障全区疫情防控节节取胜、复工复产顺利推进。根据《望城区选派疫情防控工作联络员协助做好企业复工复产相关工作的实施方案》，明责不误工，严纪不越线。为进一步严明工作纪律，制定选派疫情防控工作联络员工作职责指南，建立日报告制度，统一制作“驻企防疫联络员”工作证，并严格要求联络员必须做到“七个不得”：不得敷衍应付、作风漂浮；不得要求企业提供防护物资、车辆等；不得吃拿卡要、接受企业宴请馈赠；不得在企业报销任何费用；不得搞官僚主义、对企业颐指气使；不得关闭通信工具，做到24小时手机开机；不得违反防控要求，要示范落实防疫措施。派出5个驻企联络员联络服务组，以“四不两直”方式到一线了解驻企联络员发挥作用情况，把联络员协助企业开展疫情防控工作表现作为考察、评价、使用干部的重要依据。

（本栏撰稿：周德玉）

区直机关党建

【概况】 2020年，区直机关工委直接管理区直机关党组织69个，管理党员4512人，管理的党组织中机关党委16个，机关党总支13个，机关党支部40个。

【机关思想政治教育】 2020年，区直机关工委严格落实新形势下党内政治生活的若干准则要求，指导各级党组织落实“三会一课”、书记讲党课、班子民主生活会、支部组织生活会、主题党日活动、党员积分制管理等规定，强化党内重要活动佩戴党员徽章、重温入党誓词、党员过政治生日等政治仪式，增强党内政治生活的政治性、时代性、原则性、战斗性。注重党务工作者能力素质提升。组织区直机关党组织书记培训班，邀请专家教授就党支部工作条例（试行）、机关基层组织工作条例、中国共产党的奋斗历程等进行解读，增强党组织书记对做好新时期机关党建工作的责任感和使命感，提高对党规制度真学、真懂、真用的自觉性。推广使用“学习强国”平台。督促广大学员真学、实用“学习强国”学习平台，增加学员的活跃度，全面提升学习积极性，鼓励各单位积极向“学习强国”、望城党建+、云上望城等平台投稿，提供优质学习资源，传播好望城形象和望城声音。

【机关党建工作责任落实】 2020年，区直机关工委履行抓机关党建工作的主体责任，年初制定下发《区直机关2020年党建工作要点》，全面部署机关党建工作，同时认真督导区直机关党组织制定并实施年度工作计划，确保机关党组织工作有条不紊地进行。下发中共中央印发的《中国共产党党和国家机关基层组织工作条例》（以下简称《条例》），要求区直机关广大党员干部全面学习，强化措施，准确把握《条例》内容，抓好《条例》贯彻落实。落实基层党建重点工作。规范党员管理。认真落实《发展党员工作细则》，严把党员入口关，制定和落实年度党员发展计划，完成发展党员审批工作，发展新党员52名。组织区直机关入党积极分子培训班，发展入党积极分子84名；抓好党费收缴工作。督促指导各级党组织利用“和包支付”App进行党费收缴和管理，所收党费全部上缴到区委组织部账户；做好全国党员管理信息系统的维护和管理、组织关系转接等工作；按照区委组织部要求，组织开展区直机关“长沙智慧党建”系统操作业务培训，党建日常基础工作日益规范。从严推进“书记工程”。落实区委书记刘拥兵要求区直机关各单位党组织务必于年底前全面完成党支部规范化建设的指示精神，要求各区直机关党组织严格对照《党支部“五化”建设细则》，开展“五化”建设自查，扎实开展支部“五化”建设，确保区直机关党建工作全面提档。11月，联合区委组织部采取实地查看、个别访谈等方式，严格对标对表深入各单位进行督促指导。抓好典型带动。为全面落实党内激励关怀机制，增强广大党员的荣誉感和责任感，7月开展区直机关“七一”表彰，在区直各单位机关党组织中评选表彰出11个先进党组织、19名优秀党务工作者和65名优秀共产党员，有效推动机关党建工作落地生根、比学赶超；根据区委组织部部署，向组织部推荐一批机关党组织申报区基层党建示范点并进行考评验收，14家机关党组织获评“基层党建示范点”称号。

【机关组织建设】 2020年，区直机关工委规范党组织机构配置，制定下发《关于调整部分区直单位机关基层党组织设置的通知》，进一步理顺党组织及党员隶属关系，确保机关党组织有序有力有效运行。督促机关党组织按期换届。建立机关党组织换届台账，下发《关于做好区直单位基层党组织按期换届工作的提示函》，敦促机关党组织按程序进行换届，特别是对未按期开展换届选举工作的党组织进行提醒催办。

【机关精神文明建设】 2020年，区直机关工委疫情期间督促指导区直机关党组织成立临时党支部和党员志愿者先锋队，组织区直机关党员自愿捐款支持新冠肺炎疫情防控工作，利用专项党费先后3次对疫情防控工作中涌现的先进人物及因患冠状肺炎致生活困难的、2020年奋战在防汛救灾第一线的区直机关党员、群众共680人进行慰问，充分发挥区直机关党组织战斗堡垒作用和共产党员先锋模范作用，及时送达组织温暖与关怀。组织关爱帮扶。春节和“七一”前夕，各机关党组织与工委一道，走访慰问老党员和生活困难党员240人次，传递组织温暖，凝聚党心民心。组织雷锋80周年诞辰纪念活动。以雷锋80周年诞辰纪念月为契机，以“岗位学雷锋，发展在望城”为主题，在区直机关各单位广泛开展“五个一”活动，推动学雷锋活动在机关蔚然成风。开展文体活动。联合区文旅广体局开展区直机关干部职工子女羽毛球公益培训，配合宣传部开展征集培育和践行社会主义核心价值观精神文明建设原创作品的活动等；区直机关关工委组织开展区直机关干部职工子女才艺展示赛、隔代教育讲座等，丰富广大干部职工的文体生活，促进机关精神文明建设。

【区直机关党务干部到浏阳市考察学习党建工作活动开展】 2020年9月23日，区直机关工委联合区委组织部，组织区直机关党务干部40余人到浏阳市考察学习党建工作。考察学习主要采用实地考察、交流座谈等方式，先后参观学习浏阳市档案馆、行政审批服务局、税务局等单位的机关党建工作，召开座谈会，参观胡耀邦故居，实地接受生动的革命传统教育。通过考察学习，感受浏阳在党建工作方面的新探索以及新成效，浏阳党建在注重人文关怀以及组织管理模式创新等方面提供非常宝贵的经验，为推进望城机关党建“书记工程”提供思路和经验。

（本栏撰稿：彭译萱）

宣　传

【概况】 2020年，区委宣传部为区委主管宣传工作的正科级工作机关，加挂区新闻出版局（区版权局）、区精神文明建设指导委员会办公室牌子。区委宣传部内设办公室、理论教育和意识形态督查督促办公室、文化艺术发展办公室、文化产业发展办公室、文明创建和学雷锋活动指导办公室（未成年人思想道德建设科，对外使用学雷锋活动领导小组办公室名称）等5个科室，管理机构有区新闻中心。

【党管意识形态工作】 2020年，区委宣传部制定下发《意识形态工作五十问》，将意识形态工作责任进行分解细化。迎接十一届湖南省委第十轮巡视工作，全面梳理近五年全区意识形态工作相关情况。全年召开意识形态工作联席会议及形势分析研判会2次，理论教育及意识形态工作推进会1次、意识形态专题培训26次，开展驻区高校意识形态及民族宗教工作调研1次。组织召开新华联铜官窑古镇湖湘名人馆陈列布展意识形态审核会，对相关意识形态问题进行现场审核把关。参与二届区委第十二轮、第十三轮巡察工作，牵头组织开展面向全区62个单位党委（党组）意识形态工作的督查，进一步加强意识形态工作网格化管理。

【理论武装】 2020年，区委宣传部围绕学习习近平新时代中国特色社会主义思想和中共十九届五中全会精神等主题，结合现场参观调研、交流研讨、微党课学习、邀请专家学者授课等形式，全年开展区委理论学习中心组学习13次。面向区委理论学习中心组成员、全区党委（党工委、党组）班子成员等赠送《习近平谈治国理政》第三卷等理论书籍约8000册。强化“学习强国”真学实用，分类施策督促全区学员真学实学，望城学习情况位居全市九区县市前列。启动2020年全区“学习强国”学习型单位、学习达人评选活动，制作专题宣传片《学习的力量》宣传推介优秀学习经验。面向全区征集优秀宣讲骨干，新征召宣讲员45名、宣讲课题137个，结合新时代文明实践进基层专场活动，全年安排街镇14场，村社区63场次理论巡讲、宣讲。承办2020年全市“学习新思想 长沙微宣讲”《就认这个理》第四场专题微宣讲活动，举行全区2020年“新思想进基层”理论微宣讲竞赛活动，共开展宣讲116场，受众超10万人次，区委宣传部获2020年长沙市“就认这个理——学习新思想 打造三高地 长沙微宣讲”优秀组织奖。组织撰写《绿了青山 红了日子——望城区静慎村以“九贤治村”推进全面小康的生动实践》一文，入选中宣部全面建成小康社会“百城千县万村”大调研活动省级调研库。

【新闻宣传】 2020年，新闻宣传紧紧围绕区委、区政府中心工作、重大决策和战略部署，坚持正面宣传为主，团结稳定鼓劲，营造“决胜”浓厚氛围，铺陈“决战”火热场面。在疫情防控期间，扎实做好宣传舆论引导工作，为全区打赢疫情防控阻击战提供有力的舆论支撑。围绕望城区“双统筹”、百日大竞赛、做好“六稳”工作、落实“六保”任务、一园三区等主题，纪念雷锋同志80周年诞辰、脱贫攻坚、城市工作会议等中心工作，在中央、省、市主流媒体刊发正面新闻稿件1.8万余条，25次登上央视荧屏，27次登上《人民日报》版面，在《人民日报》、新华社、《光明日报》、《经济日报》、中央电视台、中新社等重点央媒及湖南卫视、湖南经视、《湖南日报》、《长沙晚报》头版、要闻版等重要版面推出重点报道1817篇。

【学雷锋志愿服务活动】 2020年，区委宣传部牵头组织纪念雷锋同志80周年诞辰系列活动，承办中宣部“核心价值观百场讲坛”，湖南省“四季同行·雷锋家乡学雷锋”助力决战决胜脱贫攻坚主题活动暨授旗仪式在望城区召开，学雷锋及志愿服务工作得到省、市肯定。开展“志愿者之城”建设，开发“志愿望城”手机平台；登记志愿者30.5万人，注册志愿者超10万名；注册志愿服务组织571个，全年在线志愿服务时长58万余小时。徐正祥被评为中国好人，张文清等20人被评为湖南好人，刘建华被评为省最美疫情防控志愿者，望城区社区总站被评为省疫情防控先进志愿服务组织。制度层面嘉许“雷锋志愿者”，出台《长沙市望城区雷锋志愿者星级认证和激励嘉许办法》，从制度层面对五星雷锋志愿者在交通、医疗、养老、教育等8个方面进行嘉许。

【文明创建】 2020年，区委宣传部牵头完成第六届全国文明城市测评工作任务，指导全区各单位开展文明创建工作。茶亭镇静慎村、铜官街道彩陶源村被评为“全国文明村”；雷锋纪念馆、大汉集团有限公司被评为“全国文明单位”；推进城区重难点问题常态化机制建设，制定落实《问题清单》，推动文明城市建设常态长效。规范新时代文明实践所（站）建设，标准化建设市级试点所7个、市级试点站11个、市级试点基地3个、市级试点项目2个。

【文化活动】 2020年，区委宣传部落实习近平总书记考察调研湖南讲话精神，深入开展红色文化大调研活动，撰写《望城区红色文化资源保护与利用调研报告》编入《湖南宣传》第9期、《长沙通信》第12期，下发《望城区红色文化遗址遗迹保护修缮及陈列布展评审工作制度》，启动袁仲贤故居、周之翰故居和茶亭镇、桥驿镇、铜官街道三处省委旧址修缮及陈列布展工作，努力打造一批红色文化高地。扶持出版《印证望城》《望城文化名录》等文学作品，创作《雷锋》故事丛书、连环画《长沙秘密电台·1949》等，打造一批红色文化精品。举办第二届“书堂山当代文人书法周”暨“人民艺术家”王蒙专题文化讲座活动，力邀王蒙、叶梅、贾平凹等当代文人为望城创作书法作品120幅、美术作品43幅，并在望城展出，作家们在望城采风创作的数十篇文学作品纷纷在《人民日报·海外版》《文艺报》《散文自家》等重要报纸杂志发表，奏响最强音。满足群众精神需求，组织“春联百姓 福到万家”“光影铸魂”电影党课、首届书法临帖作品展、硬笔书法大赛等活动，其中“你观影 我买单”电影惠民活动赠送观影券3500余张，开展特色观影20余场，在丰富群众生活的同时，有效促进电影行业快速复苏。全年新增1人加入中国作家协会，1人加入中国摄影家协会，2人加入中国戏剧家协会，2人加入中国书法家协会。

【文化产业】 2020年，区委宣传部牵头启动铜官片区建设，引进的五号山谷项目、唐窑古城陶溪居项目等项目建设有序推进；推动长沙地区唯一申报获批省级“产镇融合示范镇”的靖港镇产镇融合项目快速发展。疫情期间，积极协调，确保文产企业、印刷企业顺利提前复工复产，特别是为复苏文旅市场，推出赋能四重大礼包，联卡赋能政策拉动假日综合消费效果明显，全区共接待游客2086.1万人次，实现旅游收入108.3亿元。

【新闻出版】 2020年，区新闻出版局开展“剑网2020”专项行动，不断净化新闻出版市场环境；组织开展软件正版化培训，加强软件正版化和知识产权保护意识；引导实体书店结合书香长沙、全民阅读等开展活动。提升农家书屋管理水平，组织参加市级示范性农家书屋的评选。高塘岭街道新康社区、丁字湾街道双桥村农家书屋获评长沙市第六批示范性农家书屋。

（蒋瑞芳）

【《望城区雷锋志愿者星级认证和激励嘉许办法》发布】 2020年9月，《长沙市望城区雷锋志愿者星级认证和激励嘉许办法》在望城区新时代文明实践中心发布，从制度层面对五星雷锋志愿者在交通、医疗、养老、教育等八个方面进行嘉许。出台《实施方案》，致力建设全国最具影响力的“志愿者之城”，新开发“志愿望城”手机平台。截至2020年12月，有志愿者30.5万人，其中注册志愿者超10万名（2020年新增2万余人）、571个注册志愿服务组织，在线志愿服务时长达52万余小时。

（刘玉明）

【“我们的队伍向太阳——‘学习强国’知识竞赛”活动举行】 2020年9月29日，区委宣传部举行望城区宣传思想文化系统2020年“我们的队伍向太阳——‘学习强国’知识竞赛”活动，进一步用好用活用实“学习强国”学习平台，在全区掀起“再学习再出发”的奋进热潮。

区委宣传部、区委网信办、雷锋纪念馆等宣传思想文化系统单位的6支队伍积极参与学习挑战，通过齐心协力、急流勇进等必答、抢答环节，展现各单位学习成果、学习风貌，最后区委宣传部代表队获得第一名。

（刘　赛）

【第二届书堂山当代文人书法周活动举办】 2020年11月22—24日，望城举办“缘起楷圣 文撼书堂”之“老长沙•新味道”——第二届书堂山当代文人书法周活动，邀请“人民艺术家”国家荣誉称号获得者、文化部原部长王蒙，中国作家协会原党组副书记王巨才，中央外办原副主任、驻瑞典原大使、诗人吕凤鼎等著名作家、书画家、书法理论工作者及嘉宾莅临出席。活动共展出当代作家的书法作品120幅、美术作品43幅，同时举办“回眸书堂山：第二届书堂山当代文人书法周书法美术作品展”及开幕式、“人民艺术家”王蒙文化讲座、合作烧制“第二届书堂山当代文人书法周”收藏壶、“情系书堂山”文人书画家创作交流笔会等系列活动，共探书法雅韵，同谱文人佳话，以当代文人的笔墨情怀表达对中华优秀传统文化的弘扬，共同见证和记录望城的高质量发展，向全世界传递“楷圣故里”的独特魅力。

（刘鹏宇）

2020年11月22日，“缘起楷圣 文撼书堂之老长沙・新味道”第二届书堂山当代文人书法周书法美术展在雷锋大剧院展出（区委宣传部供图）

统　战

【概况】 2020年，全区现有4个民族宗教团体（区民族联谊会、区基督教“三自”爱委会、区佛教协会、区道教协会）和1个区民间信仰管理协会；38处宗教活动场所，分别为佛教9处、道教1处、基督教28处；21处民间信仰活动场所；宗教教职人员55名；少数民族群众服务站7个（长沙医学院、望城一中、经开区、旺旺路社区、中南社区、兴城社区、桃花井社区）。

【民营经济发展服务】 2020年，区委统战部以“商协会组织建设提升年”为主题，推进望城区商协会建设改革三年（2019—2021年）行动计划。组织全区民营企业家学习全国两会、习近平总书记在企业家座谈会及考察湖南时的系列重要讲话精神。组织区商协会党员开展红色教育，举办“商发展大计、协企业繁荣”趣味运动会、以“后疫情时代青年人的思考和行动”为主题的第三届青年经济论坛、猎梦计划“青商说”主题分享等活动，增强民营企业家的凝聚力和向心力。积极推动复工复产，开展“民企大走访、同心促发展”暖企活动。依托望城BSC实施“政策畅享工程”。开展“民营经济中统战工作的作用研究”课题调研，研究成果获全省统战理论政策研究创新成果二等奖、全市工商联一等奖。

【党外工作】 2020年，区委统战部落实《长沙市望城区进一步加强党外干部培养选拔的意见》要求，加强党外干部的日常培养和刚性配备。完成民主党派基层组织换届，班子的优化配备和成员的梯次培养得到加强。做好党外代表人士的思想政治引领，联合湖南大学举办党外代表人士综合素质提升班，组织党外人士到胡耀邦故居、秋收起义纪念馆接受爱国主义教育，开展习近平新时代中国特色社会主义思想和新时代统一战线工作理论知识培训。

【新的社会阶层人士联合会工作】 2020年，区委统战部强化“望新社”内部制度建设，完善组织架构、理事会议、会员管理、财务管理等制度。根据“望城社”会员增补和退出程序，及时更新会员代表。组织“望新社”以“行动学习法”开展“乡村振‘新’”“红色‘新’旅”等7期活动。出台《长沙市望城区创建新的社会阶层人士统战工作实践创新基地的指导意见》，扎实推进铜官“1+N”实践创新基地建设，指导全区有序实践创新重点项目建设。

（周静文）

【民族宗教】 2020年，区委统战部扎实开展民族工作。服务少数民族，开展联谊活动。11月，区民族联谊会举办“民族团结一家亲”文艺活动，促进各民族广泛交往、全面交流、深度交融。加强少数民族群众服务站建设，桃花井社区被评为全市“民族团结进步创建示范单位”，中南社区被评为全省“民族团结进步创建示范社区”。8月与新疆驻湘工作组走访新疆籍人员经营门店，解决7名孩子入学问题，解决问题5个，调解纠纷1起。增进民族团结，支持民族教育。长沙医学院继续对口新疆培养医护人才，望城一中西藏班和山南班毕业学生58名，考取本科院校学生49名。稳步推进宗教工作。3月，积极组织各团体助力疫情防控，捐款捐物共计62.7万元；6月，召开“四美”创建工作总结分析暨2020年度创建推进会议，表彰先进个人和优秀场所，在全区宗教领域开展“安全生产宣传月”活动，多次组织开展全区宗教（民间信仰）活动场所安全检查，整治非法宗教活动5起；7月，全区民族宗教界助力防汛工作，捐助物资合计5400元；10月1日，全区各宗教（民间信仰）活动场所举办隆重的升国旗仪式，同时积极配合市局“五进五好”验收工作，洗心禅寺获湖南省级宗教界“五进五好”活动“示范宗教活动场所”，靖港观音寺、基督教中心堂、徐家桥聚会点获长沙市宗教界“五进五好”活动“五星级宗教活动场所”；11月，在全区统战干部培训班中开设宗教政策法规知识培训课程。引导宗教与社会主义社会相适应，开展宗教界代表人士“谈心谈话”，指导洗心禅寺举办“洗心讲坛”传统文化活动，引导宗教界开展公益慈善活动，2020年，洗心基金会资助全省1904名贫困学生461.02万元。

【洗心基金会2020年度助学捐赠仪式举行】 2020年10月11日，洗心基金会举行“万名大学生助学计划”捐赠仪式，1904名寒门学子获得洗心基金会助学金461.02万元。洗心基金会理事长、洗心禅寺方丈悟圣被评为“湖南省2019年最美扶贫人物”。洗心基金会自2012年启动“万名学子助学计划”后，至2020年已连续开展9年，共资助湖南14个市州的贫困学子10224名，发放善款3643.54万元。

2020年11月16日，长沙市望城区“民族团结一家亲”文艺趣味运动会在中南社区举行（区委统战部供图）

【“民族团结一家亲”文艺趣味运动会举办】 2020年11月16日，望城区“民族团结一家亲”文艺趣味运动会在高塘岭街道中南社区举行。近200名各民族同胞齐聚一堂，文艺歌舞秀才艺，竞赛项目展风采，呈现出各民族同胞积极向上、同心共聚的精神风貌。

（李　灿）

机构编制

【概况】 2020年，望城区有党政群机构62个，其中区直48个、街道9个、镇5个；有各类事业机构406个，其中：纳入财政预算380个，经费自理26个。全区行政编制1699名，事业编制8219名，工勤编制150名。

【城市管理体制改革】 2020年6月，区委编办牵头制定《长沙市望城区城市管理体制改革方案》，明晰城市管理部门职责。在原有职能职责基础上，强化城管委办公室指挥、调度、考核的工作职能，增加“市政、园林、环卫方面的行政审批”等职能，不再保留“公共自行车设施的运行和管理”职能。优化城市管理机构设置，调整所属事业单位设置，组建区垃圾分类指导中心、区城管指挥事务中心，不再保留区广告事务中心；整合执法队伍，优化调整直属中队5个，派驻街镇中队14个。强化执法事项属地化管理，强力推进事权、人事管理权、考核主导权、经费审批权等“四权”下放街镇，共下放街镇城市管理方面行政处罚权164项，行政许可权1项，将执法大队编制116名、辅助执法人员员额288名分配到14个派驻街镇的城市管理和综合执法中队。

【综合行政执法改革】 2020年，区编委办根据省、市部署，将综合行政执法体制改革向纵深推进。整合执法职责，全面梳理交通运输、农业、市场监管、文化市场领域执法职责，将分散在部门内设机构及其所属事业单位的行政处罚、行政检查、行政强制等执法职能进行整合，以主管局的名义统一行使。组建执法机构，落实“一个领域一支执法队伍”的要求，撤销原区市场监督执法大队、区路政执法局、区交通行政处罚中心、区农林执法大队、区文化市场综合执法局、区旅游质量监督所，整合组建四个领域的综合执法机构，在各主管部门加挂“综合行政执法大队”牌子，实行“局队合一”体制。针对不同领域的执法特点，按照执法区域或专业划分设置执法中队。划转人员编制，严把人员划转标准和范围，稳妥推进人员编制调整，共划转编制327名、转隶人员216人。

【机构改革成果巩固深化】 2020年，区委编办在完成机构改革的基础上，不断巩固改革成果。结合“大组工”系统“大梳理 大内审 大提标”和突出问题专项治理两项行动，深入部门和街镇开展调研和落实“三定”规定情况督查，搜集和查找问题34个，及时督促单位整改问题8个，协同部门会商解决问题3个，提交区委深改委会议和区委编委会议研究审议事项23个，均落实到位。坚持把服务经济社会发展大局作为机构编制工作的出发点和落脚点，将农业综合试验区整体并入农科园，将区森林公安局划归公安分局直接领导管理，规范雷锋学院设置，新设区文物保护发展中心等6家事业单位，明确正科级事业单位剥离行政职能后的运行机制，调整电力相关职能和项目调度、考核考评等职能的部门归属，厘清建设工程消防设计审查、验收、备案等行政审批和行业监管职责，理顺农村个人建房工作的各部门责任分工等。

【街镇机构设置优化】 2020年，区委编办在各街道公共安全办、各乡镇社会治安和应急管理办加挂安全生产监督管理站牌子。推动动物防疫站下放，将街镇动物防疫站职责整合至街镇农业农村综合服务中心，将街镇动物防疫站全额拨款事业编制51名和在职在编人员37人划转至街镇所属事业单位。

【机构编制资源统筹配置】 2020年，区委编办对机构编制资源进行动态管理，多措并举优化机构编制资源配置。严控总量，制定《长沙市望城区党政机关消化超编人员五年计划和2020年度用编计划》，确保全区各类编制总量不突破限额；集中开展全区党政群机关和事业单位人员编制审核和全区教育系统中小学学生和教职工情况实地核查，摸清机构编制底数。盘活存量，妥善做好区级融资平台整合转型人员分流安置和编制调整工作，净收回事业编制30名；立足社会发展需要，强化统筹调配，共核定或调整各类编制104名；出台《长沙市望城区人才引进专项编制管理办法（试行）》，探索建立周转编制。培优增量，积极争取市级下达军转干部行政编制12名，公办幼儿园、中小学教职工编制793名，释放以往因教师编制超编而挤占的事业编制；核增正科职、副科职各1名。

【事业单位登记管理服务】 2020年，区委编办积极推进“不见面”办理服务，严格落实“限时办结制度”和简易注销登记办法，完成全区343家事业单位法人2019年度报告公示工作。做好日常登记管理，全年共完成事业单位设立登记30家、变更登记92家、注销登记40家。

（本栏撰稿：曾　斌）

网络安全和信息化管理

【概况】 2020年，区委网络安全和信息化委员会办公室内设综合科1个科室，设立互联网信息服务中心1个二级机构。

【网络宣传】 2020年，区委网信办围绕夺取疫情防控和高质量发展双胜利、“六稳”“六保”举措等中心工作，在各级主流网媒和重点自媒体平台刊发报道近6000篇，在人民网、新华网等重要网站首页首屏推送新闻报道272篇，《雷锋家乡学雷锋 沧海横流显砥柱》《城乡协调 增添发展新动能》等报道获人民网总网首页特别推荐。设置宣传议题，聚焦望城区疫情防控经验做法及典型事迹，推送报道800余篇，其中“智能相对论”聚焦复工复产的评论文章全网阅读量1000余万次；新华社微信公众号关注“爱心妈妈”的报道阅读量500余万次。打造宣传品牌，策划“三湘名博看望城”主题活动，发布报道1800余条，阅读量100余万次，微博话题流量2000余万次，活动经验呈省委主要领导阅示；围绕纪念雷锋80周年诞辰，策划微博双话题，阅读量1.2亿人次，2次登全国微博热搜榜；组织协调34家中央、省、市主流网络媒体及知名博主参与“乐在望城”2020铜官穿越跑宣传活动，《人民日报》官方微博转载三湘名博“大V”@楚沩云辉博文，并主持的“4名脊髓损伤者坐轮椅跑完马拉松”话题，登微博热搜榜，阅读量达4719.6万人次，新浪微博话题#2020铜官穿越跑#阅读量超502万人次；开展“一起dou游望城”活动，抖音话题播放量破1200万次。全面创新宣传形式，协调人民网等推出黑麋峰桃花盛开景象的视频直播，平台观看人数超80万人次；制作《H5|点亮雷锋足迹，万朵鲜花献雷锋》，以手绘＋音频＋视频＋问答＋地图形式带领网民追寻雷锋足迹，转发量30余万次，上线《图集|小易打卡雷锋故乡望城》，推出《长图|一图呈现雷锋在故乡的故事》《直播|纪念雷锋同志80周年诞辰之核心价值观百场讲坛》《直播|小易带你逛雷锋纪念馆》，通过手绘、长图、直播等形式创意呈现雷锋前18年在望城的成长历程，引发红网、长沙发布等30余家媒体和网络“大V”联动。

【网络意识形态管理】 2020年，区委网信办联合宣传部开展网络意识形态工作督查，推动各级党委（党组）网络意识形态工作落细落实。紧紧围绕中心工作设置专题，加强网络舆情联合会商应对工作，强化舆情风险排查，组织相关部门开展重点舆情会商，积极开展舆情风险评估，坚持舆情应对与事件处置同部署、同推进，确保各类舆情“处早处小”。

【网络生态综合治理】 2020年，区委网信办开展自媒体排查，对望城属地范围内的自媒体进行清查，截至2020年年底，登记备案望城属地范围内的微信公众号132家（其中政务类25家、医院类16家、学校类31家、非政务类60家），官方微博和各类App等20余家。强化新媒体阵地管理，引进新媒体属地管理系统，实现对属地新媒体平台的监管全覆盖；以走访、座谈等形式，对属地10余家重点网络平台、自媒体行业进行调研，组织签订《长沙市望城区新媒体行业自律公约》，开展属地新媒体从业人士的调研培训，强化自媒体管理；采用动漫形式制作《网络信息内容生态治理规定》宣传短视频，推行网络净化“十大举措”（制作一部宣传短片、开展一次走访调研、开展一次专项行动、搭建一个交流平台、召开一次座谈会议、引进一套管理系统、出台一套激励机制、建立一支阅评队伍、开展一次集中培训、签订一份自律公约），相关经验被《网信湖南》推介。加大网络执法力度，开发望城区网络违法不良信息微信举报小程序平台，报送违法不良信息8300余条；开展“清朗”“净网”专项行动，出台《关于进一步密切配合，健全网络空间，涉黑涉恶专项治理工作长效机制的实施方案》文件，对长郡月亮岛学校、“悦购100”等50余个平台进行网络执法巡查。

【网络安全和信息化工作】 2020年，区委网信办通过网络安全态势感知系统为全区网络安全保驾护航。对全区重点单位开展日常监测、应急演练和实地调研，发现网络安全漏洞170个，并及时指导各单位进行整改。在全省率先提出创建网络安全示范单位的创新举措，出台《长沙市望城区网络安全示范单位创建工作实施方案》，提出网络安全示范单位“五好”创建标准。围绕2020年国家网络安全宣传周，制作网络安全公益微视频《护航》，获省委网信办网络安全微视频征集活动二等奖；上线望城区网络安全知识竞答小程序、拍摄原创短视频、播放LED广告及广播电台等形式，覆盖人数超20万次，曝光量50万次。信息化建设应用工作持续发力，组织举办直播带货PK赛，助力农民、工匠抢抓“云端经济”领域新机遇，截至2020年12月，信息化助农惠及人数2000人，帮助农民增收10万元；按照中央、省、市相关工作要求，对办内软件进行全面的自查和整改，全部实现计算机软硬件正版化，积极指导全区党政机关在信息化建设工作中采用正版化软硬件。

2020年7月25日，区委网信办开展“走进望城小康生活·三湘名博看望城”网络主题宣传活动，邀请媒体团实地考察采访望城经开区企业（区委网信办供图）

【“走进望城小康生活·三湘名博看望城”活动】 2020年7月25日，区委网信办联合区委宣传部、湖南三湘名博传媒，开展“走进望城小康生活·三湘名博看望城”网络主题宣传活动，邀请中央、省、市媒体以及三湘名博网络“大V”成员、自媒体“大V”等20余人组成的媒体团，通过实地考察、分组分片采访等形式，先后参观望城经开区晟通科技、卡米乐食品、长沙戴卡、联智科技等企业，以及新华联铜官窑、铜官古街、乔口镇、高塘岭街道、茶亭镇等地，多角度、全方位、立体化呈现湖南长沙望城在党和国家的支持与引领下，贯彻落实“六稳”“六保”要求，紧扣全面建成小康社会目标任务，在先进制造业、乡村振兴、全域乡村旅游等各方面发展成效显著。截至7月28日，网络相关信息报道累计1823条，其中微博1629条，网站新闻194篇。全国媒体刊发原创稿件50余篇，点击量据不完全统计100余万次。三湘名博沙龙发起设置的新浪微博话题“#走进望城小康生活”，流量1760万次，参与讨论量1250余条，话题登新浪微博同城热搜榜第二位。

【网络安全宣传周活动】 2020年9月16—22日，区委网信办举办“网络安全为人民，网络安全靠人民”2020年国家网络安全宣传周望城站活动，结合青少年日、金融日等主题日，协同教育、公安、金融办等部门，通过开展示范创建、上线竞答小程序、送课进村（社）、发放宣传折页、拍摄视频短片等形式多样的网络安全主题日活动，打通网络安全宣传的“最后一公里”。率先在全省提出创建网络安全示范单位的创新举措，并作为长沙市试点示范区。出台《长沙市望城区网络安全示范单位创建工作实施方案》，提出网络安全示范单位“五好”创建标准，推动网络安全示范创建工作形成常态化。上线望城区网络安全知识竞答小程序、拍摄原创短视频、播放LED广告及广播电台等形式，覆盖人数20万次，曝光量50万次。开展“护苗”活动，推进青少年群体网络安全“精准教育”，开设课程30余期，惠及800名中小学生，吸引1000余名家长共同参与。活动期间，区委网信办策划制作的网络安全公益微视频《护航》，获省委网信办网络安全微视频征集活动二等奖。

【“点亮雷锋足迹，万朵鲜花献雷锋”网络主题活动】 2020年12月初至20日，区委网信办开展“点亮雷锋足迹，万朵鲜花献雷锋”网络宣传活动，依托各级网媒优势，强势推介“雷锋精神从湖南望城起源”标识，擦亮“雷锋家乡学雷锋”闪亮名片，立体展示雷锋精神滋养下望城的实干担当和精神风貌，引发各界瞩目。据统计，各级重点网媒刊发稿件、视频、H5、直播等报道150余篇，点击量3000万+，获《网信湖南》推介，并被省委、市委网信办《网络阅评简报》作为特色亮点材料呈报省委、市委领导阅示。“望城之声”官博主持发起新浪微博双话题#纪念雷锋80周年诞辰##雷锋故乡望城#，流量1.2亿人次，2次登新浪全国微博热搜榜，形成关注雷锋家乡、弘扬雷锋精神浓厚氛围。《H5｜点亮雷锋足迹，万朵鲜花献雷锋》，以手绘+音频+视频+问答+地图形式带领网民追寻雷锋足迹，通过答题回顾雷锋生平，收集鲜花敬献雷锋，持续刷屏朋友圈，转发量近30万次。上线《图集｜小易打卡雷锋故乡望城》，打卡雷锋纪念馆等学雷锋“主阵地”，生动展现雷锋家乡新时代奋进风貌。推出《直播｜纪念雷锋同志80周年诞辰之核心价值观百场讲坛》《直播｜小易带你逛雷锋纪念馆》，配合海报呈现、互动奖品发放，掀起关注热潮，总流量300万人次。

（本栏撰稿：荆亚萍）

党校工作

【概况】 2020年，区委党校内设办公室、教务部、教研室、后勤部4个部室，有教职工32人，其中在职在编21人、政府雇员2人、合同制安置士官1人，临聘人员8人。

【干部教育培训】 2020年办班72个，培训天数176天，培训人数6914人，培训人次17135人。培训班次中，区内主体班10个，区内部门班34个，区外培训班21个，委托会务服务班次7个。其中包括厅级干部党性修养班、县处级领导干部班、张家界市经济高质量发展班、长沙市乡镇（街道）基层党建办主任班，以及北京的中国轨道集团班、上海的企业家培训班、江西的进贤县党校班等重点班次，党校成为展示望城、宣传望城的重要窗口。同时，全年结合党员春训、党员发展送课下基层202堂次。

【教学科研】 2020年，区委党校开发新课程，《甘愿为党献头颅——郭亮的斗争精神及启示》获长沙市党员教育本土名课决赛第一名、获湖南省委组织部“党课开讲啦”活动二等奖；师资库建设方面，邀请党校系统和高校的知名专家教授30余人进入师资库，新增党章党规党纪党史、习近平新时代中国特色社会主义思想、素质能力提升等各类名课228堂；拓展山河智能、湖南鲲鹏、马栏山文创园、国家超算中心、大科城、后湖文化创业园等教学点；理论研究方面，16篇论文获省市级奖励，10篇文章在国家级期刊发表，9篇文章在省、市级报刊发表，完成省市级课题结项4个、立项5个，理论文章《新时代深化学雷锋活动的思想武器和行动指南》在《湖南日报》发表，区委党校被评为全市党校系统科研工作先进单位。

【雷锋学院建设】 2020年，校委会带领全体教职工加班加点、统筹调度、优化方案、科学管理，最大限度地避免重复建设等问题，仅用时一年零一个月，实现党校改扩建（雷锋学院）项目全面建成。校院占地8公顷，新老校区建筑面积2.9万平方米（其中新校区2.7万平方米），包含18间教室、1间情景模拟教室，3个报告厅（分别可容纳324人、221人、130人），1个室内体育馆（篮球场、羽毛球场、健身房），202间宿舍（单间141间、双间61间），可容纳263人住宿、500人同时用餐、1000人学习培训。

【湖南雷锋学院揭牌仪式举行】 2020年12月18日，湖南雷锋学院举行揭牌仪式。仪式上，省市区领导共同为湖南雷锋学院揭牌。湖南省委组织部副部长肖百灵为湖南雷锋学院授牌“湖南省党性教育基地”。2019年7月，望城将弘扬雷锋精神与党员干部培训教育充分融合，依托区委党校改扩建启动湖南雷锋学院建设，相继完成校园基础设施、“雷锋精神+”党性教育课程体系、师资库建设、现场教学点提质提升等软硬件建设。2020年9月，占地面积8公顷、可容纳1000人学习培训的湖南雷锋学院实现试运行，开学3个月培训量突破1.5万人次。

【“核心价值观百场讲坛”第106场活动在湖南雷锋学院开讲】 2020年12月18日，由中宣部宣教局、光明日报社共同主办的“核心价值观百场讲坛”第106场活动在湖南雷锋学院开讲。活动邀请解放军报社原副总编辑、《雷锋》杂志总编辑陶克作题为《以雷锋精神助力新时代公民道德建设》的演讲。演讲解读了雷锋精神内涵的演变：雷锋从一个人名、一些事迹，逐步转变为众多志愿者、一批雷锋学院，最终蔚然成风，成为一种精神、一种文化背后所展示的向上向善的社会风貌。

（本栏撰稿：李　婧）

2020 年 12 月，区委党史研究室实地勘察走访何章杰烈士墓（张姣美　摄）

党史及党史联络工作

【概况】　2020 年，区档案馆加挂区委党史研究室牌子，区委党史联络组为区委协调议事机构，办公室设在区档案馆。党史和党史联络工作围绕“研史、鉴政、育才”宗旨，践行“铸魂、励志、传承、创新”发展理念，牵头出台传承红色基因五年规划，启动全区红色文化资源普查。

【《长沙市望城区“传承红色基因 建设幸福望城”五年规划(2021—2025)》】　2020 年 9 月 17 日，区委常委会会议审议通过《长沙市望城区“传承红色基因 建设幸福望城”五年规划（2021—2025）》，并印发全区。全区按照“开发红色资源、传承红色基因、打造红色品牌”的目标，深入实施红色资源普查、红色阵地建设、红色文化宣教、红色作品创作、红色旅游开发、红色村镇示范、红色节会纪念七大工程，将红色基因融入城市血脉，助推全区经济社会发展，真正达到“存史、资政、育人、富民”的效果。

【红色文化资源普查】　2020 年 9 月底，区委党史研究室启动红色文化资源普查工作，发动各街镇深入开展前期摸排，报送辖区内革命遗址遗迹、红色人物和红色故事等红色文化资源。11 月，牵头联合区文广局、区退役军人事务局组成工作队，到全区 16 个街镇（含雷锋街道、白马街道）开展实地勘察走访，初步摸清全区 80 余处红色文化资源（1921—1949 年）的情况。

【《长沙市望城区党史研究员管理暂行办法》出台】　经区委常委会审议通过，9 月望城区下发《长沙市望城区党史研究员管理暂行办法》，将党史工作纳入各单位年度绩效考核体系和意识形态工作责任制，把党史部门纳入党建工作领导小组责任单位。明确由区委副书记喻志军牵头，区委宣传部部长姚建刚、区委办主任戴水文配合，研究确定各街镇党史工作分管领导、联络人员和专家评审程序。

（本栏撰稿：杨英占）

档案工作

【概况】　2020 年，区档案馆根据区委巡察办的整改意见，修改完善档案管理制度，不断完善档案馆安全设施设备，加强对档案馆日常管理的全程监控，深入开展隐患排查整治，确保档案安全。加强对档案查阅厅的日常管理，实行岗位轮班制度，不断改进服务，截至 12 月 31 日，档案馆接待查档人数 2311 人，查阅 3941 卷，复印 18861 张。

【档案库房消防改造】　2020 年，区档案馆根据国家对档案部门消防工作的要求，邀请区住保中心、纪委、人社等部门共同配合，于 4 月下旬启动档案馆库房整体消防改造，将档案库房的消防系统改造为高压细水雾灭火系统，9 月竣工验收。档案馆被列为 2020 年消防重点单位。

【档案信息化一期建设】　2020 年，区档案馆按照目标规划，高标准建成包含电动智能化密集架、温湿度自动控制系统、消防系统、门

2020 年 11 月，区档案馆进行纸质档案的数字化信息扫描（彭荣　摄）

禁控制管理在内的600立方米的档案智能库房，数字化加工中心完成37196卷目录著录，723万页纸质档案的数字化扫描，于11月5日完成验收。

（本栏撰稿：杨英占）

老干部管理服务

【概况】 2020年，区老干部服务中心为区委直属正科级公益事业单位，归口区委组织部管理。中心内设办公室、服务部。

【老干部政治待遇落实】 2020年，区老干部服务中心按规定落实离退休干部理论学习、阅读文件、走访慰问、参加重要会议等制度，积极做好两会期间老同志的参会组织、后勤保障工作，督促指导各单位落实离退休干部政治待遇制度。为离退休干部订阅《老年人》杂志和《长沙晚报》3000余份，完成《中国火炬》的征订，发放《党建文汇》《求是》等杂志，为老干部提供多种多样的学习资料。8月初，将《区委二届十四次全体（扩大）会议工作报告》（征求意见稿）送到老干部手中，征求老同志意见建议。10月，组织离退休干部考察重点工程建设，让离退休干部切实感受望城日新月异的发展变化和美好的发展前景，并召开座谈会，凝聚老干部力量，助推望城高质量发展。

【老干部生活待遇落实】 2020年，区老干部服务中心落实湘老干组〔2019〕1号、湘组〔2019〕14号和湘组〔2019〕54号文件精神，对离休干部护理费、离休干部遗孀生活补助等进行调标，明确将离退休干部生病住院、逝世慰问，其配偶、父母、配偶父母、子女逝世慰问金调标到1000元。全年对老同志进行生日祝寿、生病探望、逝世吊唁55人次，帮扶困难离退休干部及遗孀、配偶192人次，发放慰问金23.2万元，在传统节日期间慰问老同志515人次，发放慰问金51.5万元，为离休干部实报实销医药费80人次43万元，确保老干部按时就医用药，为老同志送去组织的关爱。

【老年教育】 2020年，区老干部服务中心推进老年教育基层教学点建设，月亮岛街道桃花井社区、金山桥街道金山桥社区、高塘岭街道中南社区、黄金园街道黄金社区四个老年教育基层教学点完成阵地建设和招生开学工作，并通过市局验收。区老干部大学在疫情有所缓和的情况下，坚持暂缓不暂停、停学不停课、送学到云端、送课到基层，积极开展防控防疫和复课前的准备工作。选送9名授课教师参加市老干部大学的“说、授、评”教学培训，进一步提升教师专业理论水平和教学实践能力，夯实教师队伍。及时组织村、社区老同志收看老年教育网络课堂，学习养生保健、健身和防诈骗等系列生活实用知识，让更多老同志都能老有所学，老有所乐。举办望城区“律动金秋 精彩乐龄”2020年老干部趣味运动会，组织开展“我的初心日记”征稿活动，开展第四届“阳光老人”“钻石婚姻家庭”评选表彰，组织钓鱼协会、书法协会等涉老组织开展形式多样的精彩活动，丰富广大老年朋友的精神文化生活。

【老干部队伍正能量发挥】 2020年，区老干部服务中心组织全区160名“五老”（老干部、老战士、老专家、老教师、老模范）围绕中共十九大及十九届四中、五中全会精神开展系列学习宣讲活动，宣讲700余场次，受教育青少年4.8万人次。成立望城区“五老红”志愿服务支队，积极发挥“五老”独特优势，在全区组织“五老红”志愿者广泛开展志愿服务活动，月亮岛街道黄狮岭社区志愿服务队、靖港镇红枫志愿服务大队、金山桥街道金山桥社区“五老红”志愿服务队3个志愿服务组织被评为长沙市最佳“五老红”志愿服务组织，王松福、余明民、谭荒芳、何红专、冯正其、严桂祥、杨正武、徐正清、谭铁辉、夏碧泉10位老同志被评为长沙市最美“五老红”志愿服务者。深化“‘五老四教’添新彩，言传身教润长沙”主题实践活动，持续擦亮“五老四教”（五老：老干部、老模范、老教师、老战士、老专家，四教：开展形势政策、党的历史、思想道德、公民意识等四项教育）工作品牌。引导老同志发挥政治优势、经验优势、威望优势助力经济社会发展，涌现出主动请缨上抗疫一线的谢海梁、免费为防疫人员提供餐饮服务的甘电辉、最美网红爷爷爱心护学、雷锋式老党员肖立山等一批感人事迹和先进典型。

【离退休干部工作委员会工作】 2020年，区位离退休干部工委在全区推进离退休党员分类管理试点工作，指导全区56个离退休干部党支部以建设“五好”（五好：支部班子好、党员管理好、组织生活好、制度落实好、作用发挥好）支部为目标，健全和完善工作运行、政治学习、服务和联系群众等各项制度，区法院、公安分局、资规分局离退休党支部、月亮岛街道中华岭村夕阳红党支部获评市级“五化”（五化：支部设置标准化、组织生活正常化、管理服务精细化、工作制度体系化、阵地建设规范化）支部示范点。打造靖港镇、公安分局、高塘岭街道湘陵社区3个“美在金秋”老党员之家，引导广大离退休干部加强政治学习，开展组织生活，投身理论宣讲、百姓城管、纠纷调解、关心下一代等志愿服务。举办“美在金秋”离退休党支部书记培训班，以专题授课、学习参观、座谈交流以及主题党课等多种形式，着力打造一支高素质基层离退休干部党组织带头人队伍，进一步提升基层离退休干部党建工作水平。举办银发先锋大课堂暨老干部形势报告会，邀请全国老有所为先进个人、国防科大彭忠秋教授为离退休支部书记和离退休干部代表共计90余人讲授《抗疫形势下的中国特色社会主义制度的优越性》主题党课。

（本栏撰稿：叶　宁）

关心下一代工作

【概况】　2020年，全区有关心下一代工作机构286个，其中：乡镇、街道14个，村（社区）128个，教育系统22个，直属单位77个，民营企业45个；35岁以下青少年16.5万人，其中：在校青少年5.3万人；参与关心下一代工作“五老”人员1.2万人。2020年，区委常委会会议审议通过，区财政预算增加25万元作为关心下一代工作经费，由区关工委采取以奖代补的形式统筹安排发放。

【“同心抗疫 守望春天”系列主题活动】　2020年，区关工委发动全区广大“五老”和青少年参与市关工委“万众一心 共克时艰”主题作品征集活动。通过观看抗疫视频写心得体会，给前线医护、社区工作人员、警察、志愿者等一线抗疫人员写信。截至3月底，全区青少年创作以防疫抗疫为主题的文艺作品共计300余篇，涵盖诗歌、书法、绘画、散文、朗诵、剪纸、手抄报、书信、短视频等多个类别。开展“同心抗疫 守望春天”春季爱心助学活动，4月下旬，区关工委老同志到5所区属高中，将8万元助学款送到40名受资助学生的手上。

【党史、国史教育】　2020年，区关工委利用望城红色革命基地、雷锋纪念馆、郭亮纪念园等第二课堂教育阵地，组织广大青少年进行参观学习，利用丰富的革命内涵和深厚的历史文化感染青少年、启迪青少年。据不完全统计，在党史、国史教育活动中，全区各级关工委共开发利用数十个教育基地，共组织100余名“五老”讲师到学校和社区宣讲党史、国史，5.4万余名中小学生直接或间接接受教育。

【爱心助学】　2020年，区关工委开展助学帮扶活动。8月，区关工委争取区委、区政府下拨和多方筹措助学金50万余元，向区内190名考取本科一批、本科二批的困难学生和中小学生发放助学金。区关工委连续26年坚持开展的“关爱明天·爱心助学”工程，资助总额1000万余元，累计帮助6000余名寒门学子完成学习深造梦想。

【“隔代家庭教育”系统工程】　2020年，区关工委制定“隔代家庭教育”五年规划，让各相关单位根据区关工委五年规划结合实际情况制定隔代家庭教育工作计划，做到有章可依，照章实施。在关工委系统及教育系统寻访家庭教育及心理学方面的“名师”，组建“隔代教育”专家库，把关工委隔代家庭教育的理念、旗帜竖起来。讲师团成员多次集中研讨、磨课，结合自身专长开发一系列隔代教育精品课程。6月19日、10月26日，全区举办2期“隔代家庭教育”知识讲座，课后反响很好。注重办好试点、开展各类活动。以桥驿镇、湘陵社区、明德中心小学分别作为乡镇、社区、学校“试验田”，以点带面，引领示范。依托“青少年成长show”栏目，推介科学隔代家庭教育做法，开展隔代家庭教育征文活动及经验交流，帮助隔代家长发挥优势、转变观念，增长知识、改进方法。望城区把加强隔代家庭教育的探索与做法，归纳总结为“51433”工程，其经验文章在《中国火炬》2020年第七期刊登推广。

（本栏撰稿：周衍曾）

长沙市望城区人民代表大会

责任编辑 ◎ 宁利宏

综 述

【概况】 2020年，长沙市望城区人民代表大会下设7个专门委员会：监察和司法委员会、财政经济委员会、社会建设委员会、教育科学文化卫生委员会、环境与资源保护委员会、农业与农村委员会、民族华侨外事委员会。长沙市望城区人民代表大会常务委员会（以下简称区人大常委会）下设2个工作机构：办公室（加挂“信访办公室”牌子）、选举任免联络工作委员会，其中办公室下设事业单位人大代表服务中心。

【依法监督职能履行】 2020年，区人大常委会认真行使宪法和法律赋予的职责，突出监督重点，创新监督形式，增强监督实效。以打赢三大攻坚战为目标，加强重点领域监督。视察“一江七河两湖库”水生态环境保护状况，助力打赢污染防治攻坚战。听取平台公司整合转型和政府性债务、国有资产管理等报告，建议政府进一步规范资金管理。开展精准扶贫工作调研，建议压实工作责任、加大扶智力度、落实兜底保障。以替老百姓管好“钱袋子”为重点，加强财政预算监督。首次听取经开区财政预算和债务情况，不断拓宽预算监督领域。持续开展“同级审”发现问题整改情况满意度测评。完善预算联网监督系统管理制度机制，促进预算监督公开透明。审议通过《关于街道财政预算审查监督办法》和《关于乡镇人大预算审查监督工作的指导意见》，推动基层财政预算监管进一步规范。以公平正义为核心，加强法律工作监督。听取区人民法院刑事审判工作报告，审议通过《关于支持区人民法院诉源治理工作的决议》；听取区人民检察院法律监督工作报告，增强法律工作监督实效。开展人民调解法、台湾同胞投资保护法、归侨侨眷权益保护法等执法检查。深入开展国家宪法日活动，约120万人次参与“全民宪法暨民法典知识竞答”。修订完善区人大常委会会议事规则，优化常委会的履职程序和工作方式。建立常态化工作调度机制，确保各项工作按要求落实。完善和落实公民旁听办法，共30余人次列席常委会会议，更好保障公民的知情权、参与权和监督权。全年完成规范性文件备案审查6件，提出意见建议10余条。加强省人大立法工作基层联系点建设，协助参与上级立法20余部，提出立法意见建议200余条。

【民生福祉改善】 2020年，区人大常委会全力助推民生福祉持续改善，视察政府民生实事工程，推动政府及其相关部门把实事办实办好。审议通过《关于进一步提升人居环境品质的决定》，助力打造干净、整洁、雅致的靓丽城区和美丽乡村；审议通过《品质望城设计管理导则（修订版）》，推动加快建设生态、智慧、活力的美丽幸福新家园。精心组织城市管理专题询问，广泛征求意见建议，将群众反映强烈的22个问题及时向相关部门反馈交办，做到立行立改。持续跟踪水安全专题询问问题整改落实情况，农村自来水主管网基本实现村村通；推动实施湘江东岸堤防综合整治，加快构筑湘江防洪保安闭合圈。听取学前教育工作汇报，对义务教育优质均衡发展专题询问审议意见整改落实情况进行满意度测评，助推中招并轨、教育同城顺利实现。开展《中华人民共和国传染病防治法》《突发公共卫生事件应急条例》《中华人民共和国动物防疫法》等法律法规落实情况调研，以法治方式和法治力量守护人民生命安全和身体健康。

【代表主体作用发挥】 2020年，区人大常委会充分尊重代表主体地位，创新工作方法、加强建议督办、提高履职能力，进一步提升代表工作水平。创新工作方法，激发代表履职热情。新成立代表服务中心，更加高效地服务代表工作。开展“三讲三做当表率”活动，各级人大代表在疫情防控、复工复产、百日竞赛等工作中冲锋在前，勇挑重担。指导乡镇开展民生实事项目人大代表票决制工作，有效推进“为民做主”向“让民做主”转变。开展“评选优秀代表、先进代表小组和优秀代表建议”活动，代表履职热情进一步增强。强化建议督办，切实增强办理实效。区二届人大五次会议收集到82件建议意见已全部按时答复，代表建议所提出的问题解决率有新的提高。拓宽履职渠道，提高代表综合素质。围绕“贴民心、解难题”主题开展“双联”活动，听民声、察民情、聚民智。全年共邀请代表列席常委会会议及参与调研、视察、听庭评议、执法检查等工作300余人次，让代表更广泛、更深入参与常委会工作。组织区人大代表在雷锋学院开展培训学习，提升代表履职能力。持续开展代表向选民述职，进一步密切人大代表与选民群众的联系，增强代表履职责任感。

【城市管理专题询问】 2020年9月30日，长沙市望城区第二届人民代表大会常务委员会召开第三十五次会议，就全区城市管理工作进行专题询问。会上，区人大常委会组成人员和列席会议的区人大代表围绕城市管理体制、空间规划、交通拥堵和停车难、重建安置小区提质改造、污水处理和地下管网建设、垃圾分类、绿化管养、市政环卫基础设施建设等12个方面的问题进行询问，区人民政府、区住房与城乡建设局、区交通运输局、市生态环境局望城分局、市自然资源和规划局望城分局、区城市管理和综合执法局、区住房保障服务中心、区市容环境卫生维护中心、区园林绿化维护中心、区市政设施维护中心、公安分局交警大队等单位相关负责人坦诚作答。为开展好本次专题询问，区人大常委会精心筹备，半年时间内先后组织3轮次高密集调研，对调研中收集的400余条意见建议进行归纳整理，将其中的22个突出问题及时向政府相关部门反馈、交办。区长范焱斌在专题询问会议上作回应讲话。区长范焱斌表示，区人民政府及相关部门将进一步树立“大城管”概念，按照“四精五有”的要求，注重用“智慧”管理城市，同时依靠人民群众的力量，合力推动生态、智慧、活力的宜居望城建设。区人大常委会主任喻金平要求，各相关单位要以专题询问为契机，统一思想，提高城市管理认识；明确职责，理顺城市管理体制；加大投入，完善城市配套设施；重点突破，加强城市环境整治；加强引导，形成城市管理合力。区人大常委会将坚持不懈抓好专题询问的跟踪问效，推进全区市容市貌改善，让城市更文明、市民更幸福。

2020年9月30日，望城区二届人大常委会第三十五次会议就全区城市管理工作进行专题询问（王素玲 摄）

【湖南省人大立法工作基层联系点现场观摩暨工作经验交流会】 2020年12月23—25日，湖南省第十三届人大常委会立法工作基层联系点工作经验交流会在望城区举行。与会人员先后考察长沙铜官窑遗址和靖港古镇历史文化名城建设保护情况， 现场观摩望城区月亮岛街道桃花井社区、金色阳光家园社区法治文化广场、区人民法院等基层立法联系点，详细了解站点阵地建设、制度设计、工作流程、群众参与等情况。在交流会上，全省首批9个基层立法联系点负责人在会上做交流发言，区人大常委会及基层立法联络站、基层立法信息员代表介绍望城经验做法。自2019年3月省十三届人大常委会立法工作基层联系点授牌后，望城区积极探索，创新构建“1+4+9”的整体工作架构。望城充分发挥立法工作基层联系点普法宣传员、民意情报员、立法调研员、政策法规参谋员等“四员”作用，力争让法律法规草案“到群众中去”，意见建议“从群众中来”，使立法更接地气、更有质量。

重要会议

【区第二届人大常委会第31次会议】 2020年1月13日，长沙市望城区第二届人民代表大会常务委员会举行第31次会议。会议听取和审议区人大常委会联工委主任毛正标所作的代表资格审查报告。

【区第二届人大常委会第32次会议】 2020年3月27日，长沙市望城区第二届人民代表大会常务委员会举行第32次会议。会议听取和审议市人大代表辞职有关议案，表决通过蒋宗平辞去长沙市第十五届人大代表职务的决定；听取并审议通过有关人事议案，组织新任命的国家工作人员向宪法宣誓。会议对2019年部门服务政府性投资项目工作进行讲评，审议通过2020年部门服务政府性投资项目建设工作调研讲评方案；审议通过《长沙市望城区人大常委会2020年工作要点》《长沙市望城区人大常委会议事规则》以及区人大常委会2020年“双联”工作方案和“三讲三做当表率”活动方案。

【区第二届人大常委会第33次会议】 2020年5月28日，长沙市望城区第二届人民代表大会常务委员会举行第33次会议。会议听取和审议人事任免有关议案，表决通过有关人事任免事项，进行新任命国家工作人员向宪法宣誓仪式。会议听取和审议区人民法院院长龙兴盛作的《区人民法院关于诉源治理工作的议案》，表决通过《长沙市望城区人民代表大会常务委员会关于支持区人民法院诉源治理工作的决议》。会议听取和审议生态环境分局局长彭亮所作的全区2019年度环境状况和环境保护目标完成情况的报告，分别听取和审议区水利局局长朱起志、区住建局局长张妹辉所作的环保专项报告。会议还审议并表决通过《长沙市望城区人民代表大会常务委员会关于进一步提升城乡人居环境品质的决定》。

【区第二届人大常委会第34次会议】 2020年7月30日，长沙市望城区第二届人民代表大会常务委员会举行第34次会议。会议听取和审议人事任免有关议案，表决通过有关人事任免事项，并举行新任命国家工作人员向宪法宣誓仪式。会议听取和审议区财政局局长吴南军所作的《关于2019年财政决算（草案）和2020年1—6月预算执行情况的报告》、区审计局局长任长庚所作的《关于长沙市望城区2019年度区本级预算执行及其他财政收支情况的审计工作报告》和区人大财经委主任委员提名人选舒勇所作的《关于全区2019年财政决算（草案）的审查报告》。会议表决通过《长沙市望城区人民代表大会常务委员会关于批准长沙市望城区2019年财政决算的决议》。

【区第二届人大常委会第35次会议】 2020年9月30日，长沙市望城区第二届人民代表大会常务委员会举行第35次会议。30日上午，会议听取和审议区人民政府副区长杨钦涵所作的《关于全区城市管理工作的情况汇报》，书面听取区人大社会建设委主任委员向章平所作的《关于全区城市管理工作的调研报告》和涉及城市管理相关10个部门单位的城市管理工作情况报告，并开展城市管理专题询问。30日下午，会议听取和审议区二届人大常委会委员辞职、市十五届人大代表辞职、区二届人大代表辞职和补选的有关议案，表决通过《长沙市望城区人大常委会关于接受王彬辞去长沙市望城区第二届人大常委会委员职务的决定》《长沙市望城区人大常委会关于接受程水泉、肖泽锦辞去长沙市第十五届人大代表职务的决定》《长沙市望城区人大常委会关于接受周志国等七人辞去区第二届人大代表职务的决定》。会议听取和审议区人大代表补选的有关议案，表决通过《长沙市望城区人大常委会关于补选九名区二届人大代表的决定》。会议听取和审议人事任免有关议案，表决通过《长沙市望城区人民法院关于提请任免徐燕青等人职务的议案》，进行新任命国家工作人员向宪法宣誓仪式。会议还听取和审议区国有资产事务中心主任邓皓所作的《2019年度企业国有资产管理情况专项报告》以及区人大财经委主任委员提名人选舒勇所作的《全区企业国有资产管理情况调研报告》。

【区第二届人大常委会第36次会议】 2020年11月30日，长沙市望城区第二届人民代表大会常务委员会举行第36次会议。会议听取和审议区人大常委会联工委主任毛正标所作的《关于长沙市望城区第二届人民代表大会代表个别代表的代表资格审查报告》。会议听取和审议《长沙市望城区人民政府关于提请审议〈品质望城设计管理导则（修订版）〉的议案》，表决通过《长沙市望城区人大常委会关于同意〈品质望城设计管理导则（修订版）〉的决议》；听取和审议区财政局局长吴南军所作的《关于2020年财政预算调整方案（草案）的报告》，表决通过《长沙市望城区人大常委会关于批准2020年财政预算调整方案的决议》；听取和审议区财政局关于2019年度区本级财政预算执行和其他财政收支情况的审计工作报告中指出问题整改情况报告并进行满意度测评；听取和审议全区义务教育优质均衡发展工作报告审议意见落实情况报告并进行满意度测评。会议表决通过《长沙市望城区人民代表大会常务委员会关于乡镇人大预算审查监督工作的指导意见》《长沙市望城区人民代表大会常务委员会关于街道财政预算审查监督办法》和《长沙市望城区人民代表大会常务委员会关于召开长沙市望城区第二届人民代表大会第六次会议的决定》。

（本栏撰稿：季冬怡）

长沙市望城区人民政府

责任编辑◎宁利宏　袁吉平

重要会议

【区第二届人民政府第30次常务会议】　2020年2月7日，区第二届人民政府第30次常务会议召开，会议研究以下事项：传达学习上级防疫有关精神，研究疫情防控工作；研究企业、项目复工复产及支持企业发展有关事项；审议《长沙市望城区人民政府重大行政决策目录事项管理办法（送审稿）》；研究市、区《政府工作报告》及民生实事任务分解交办有关工作。会议分别听取区卫生健康局、区工信局、区政府办等单位作相关工作情况汇报，并对有关工作进行认真研究。

【区第二届人民政府第31次常务会议】　2020年3月11日，区第二届人民政府第31次常务会议召开。会议研究以下内容：传达学习郑建新在望城调研座谈会上讲话精神，并部署有关工作；审议《关于开展全区"大干一百天 实现双过半"竞赛活动的工作方案（送审稿）》；研究长沙市望城区重大片区（高铁西城片区、滨水新城片区、铜官片区等）开发建设有关工作；传达学习上级防疫有关精神，研究疫情防控工作，部署后段重点工作；研究全区安全生产工作；审议《关于调整畜禽养殖禁养区的通知（送审稿）》；研究2019年度议案建议提案办理工作表彰及2020年度建议提案办理任务交办有关工作；研究大众垸防洪整治工程项目确权有关事项。会议分别听取区政府办、区卫生健康局、区应急管理局、区农业农村局、区自然资源和规划分局等单位作相关工作情况汇报，并对有关问题进行认真研究。

【区第二届人民政府第32次常务会议】　2020年3月18日，区第二届人民政府第32次常务会议召开。会议研究以下事项：研究"三大攻坚战"有关工作；研究拆迁群众住房安置有关工作；审议《长沙市望城区区管国有公司风险双控管理办法（送审稿）》；审议《望城区政府投资信息化建设项目管理办法（试行）（送审稿）》；研究润和山水郡项目周边0.19公顷、马桥河路与普瑞大道交叉口东南角0.62公顷、澳海谷山府项目周边0.26公顷零星用地协议出让及雅礼丁江学校土地划拨有关工作；研究融创城项目用地有关工作。会议分别听取区财政局、农业农村局、生态环境分局、征地服务中心、住建局、国资中心、数据资源中心和自然资源和规划分局等单位作相关工作情况汇报，并对有关问题进行认真研究。

【区第二届人民政府第33次常务会议】　2020年5月28日，区第二届人民政府第33次常务会议召开。会议研究以下事项：研究公安有关工作（扫黑除恶专项斗争、反恐、反电信网络诈骗、消防安全、禁毒）；研究精准脱贫攻坚有关工作；审议《长沙市望城区储备土地管护实施办法（送审稿）》；研究铜官港项目一期新增用地及二期用地划拨供地有关事项；研究城市固体废弃物处理场灰渣填埋场项目供地有关事项；研究狮子山、松鼠谷、望城食品加工生产线、万佛岭4宗未供先建项目用地出让有关事项；研究违建别墅清查整治和违法用地整改有关工作；研究提升统计数据质量有关工作；研究安全生产有关工作；研究"六稳""六保"有关工作。会议分别听取区公安分局、区农业农村局、区自然资源和规划分局、区统计局、区应急管理局、区发改局等单位作相关工作情况汇报，并对有关问题进行认真研究。

【区第二届人民政府第34次常务会议】　2020年7月16日，区第二届人民政府第34次常务会议召开。会议研究以下事项：传达学习中央关于农村乱占耕地建房问题重要批示和有关会议文件精神；研究全区财政及"三保"（保工资、保运转、保基本民生）工作；研究全区债务工作；研究湖南湘江涂料集团总部项目有关工作；研究"洞庭清波"专项行动湘江长沙综合枢纽区域捕捞问题整改工作；研究新时代县域警务工作。会议分别听取区自然资源和规划分局、区财政局、区商务局、区城管执法局、区公安分局等单位作相关工作情况汇报，并对有关问题进行认真研究。

【区第二届人民政府第35次常务会议】　2020年9月17日，区第二届人民政府第35次常务会议召开。会议研究以下事项：传达学习上级有关优化营商环境的文件精神并作相关工作部署；研究大泽湖生态智慧城综合开发建设项目有关工作；研究进一步提升城乡人居环境品质任务分解工作；研究全区农村乱占耕地建房问题整治暨历年卫片违法用地整改工作；研究湖南信息职业技术学院请求办理行政划拨供地手续相关工作；研究桂芳供水加压泵站拟用地相关工作；研究审议设计院改制工作。会议分别听取区发改局、区城投集团、住保中心、区自然资源和规划分局等单位相关工作情况汇报，并对有关问题进行认真研究。

【区第二届人民政府第36次常务会议】 2020年10月27日，区第二届人民政府第36次常务会议召开。会议研究以下事项：传达学习贯彻习近平总书记到湖南考察调研时的重要讲话指示精神；审议全区城市建设工作报告和《坚定长沙主城区定位 落实“四精五有”发展理念 努力开创城市建设高质量发展新局面》《长沙市望城区城市建设大提标两年行动计划》《望城区城市建设品质管控办法》《品质望城设计管理导则(2020年修订)(送审稿)》；审议全区城市管理工作报告和《聚焦民生民意着力提质提效 全面提升城市精致管理新高度》《长沙市望城区城市管理大提质两年行动计划(2021—2022年)(送审稿)》；研究全区水利建设及秋冬修项目计划有关工作；研究污染防治攻坚战有关工作；审定《长沙市望城区退役士兵安置办法(送审稿)》；研究武城国学院项目用地协议出让有关工作；研究岳麓污水处理厂三期扩容工程划拨供地事宜；研究湖南和顺石油总部项目有关工作；研究康佳集团华中区域总部项目有关工作；研究公坤石材有限公司有关工作。会议分别听取区住建局、区自然资源和规划分局、区城管执法局、水利局、区生态环境分局、区退役军人事务局、滨水新城管委会等单位所作的工作情况汇报，并对有关问题进行认真研究。

【区第二届人民政府第37次常务会议】 2020年11月25日，区第二届人民政府第37次常务会议召开。会议研究以下事项：研究贯彻落实《长沙市重大决策事项风险评估办法(试行)》相关工作；传达学习区委城市工作会议精神，审定《区委城市工作会议系列文件责任分解表(送审稿)》；审议《关于成立和调整区政府议事协调机构的通知(送审稿)》；研究贯彻落实《全市深入推进毒品预防教育宣传专项行动实施方案》有关工作；研究加强街镇、村(社区)应急管理能力建设有关工作；研究区内企业应用场景打造有关工作；审议《2020年财政预算调整方案(草案)》；研究区管国有企业战略定位及法人治理有关事项；会议分别听取区政府办、区应急管理局、区工信局、区财政局、区国资中心等单位所作的工作情况汇报，并对相关工作进行了认真研究。

工作纪要

【督查工作】 2020年，区政府围绕中央、省、市、区的重大决策和重要部署，严格落实中央和省、市关于基层减负的精神，制定督查检查考核年度计划，突出重点，抓落实，有效地促进各项决策的落实及中心工作的开展。区政府督查室全年以疫情防控、重点项目建设、征地拆迁、营商环境优化、精准扶贫、污染防治、截污治污工程建设、“百日竞赛”、“六稳”“六保”等工作为重点，开展专项督查，牵头编发《望城督查》7期、《望城督查(专报)》23期，与区委督查室共同编发《望城督查》16期，推动各项任务均衡完成，全面落实市、区两级《政府工作报告》中的各项目标任务。“百日竞赛”活动中望城区获竞赛活动“长沙高新区＋长望浏宁组”优胜集体称号。同时区政府督查室对市政府专题会议上涉及望城议定事项、区政府专题会议议定事项、区长批示件的落实情况进行跟踪督查，按照任务和时间节点要求，督促责任街镇和部门切实抓好工作落实，已完成的及时“销号”，对还在办理的采取“周汇总、月督促、季通报”制度，为区领导掌握情况、调度工作提供一手信息。

全年承办和组织指导督办省、市人大代表建议和政协提案29件，区人大代表建议77件，区政协提案66件(含并案4件)，面商率、答复率、办结率、办理态度满意率均保持100%，解决率稳中有升。区政府把人大建议和政协提案办理工作纳入全区年度绩效考核和督查工作年度计划，由区政府督查室对年度办理工作成绩突出的承办单位、工作人员由区政府予以表彰奖励。接到市政府、区人大、区政协交办任务后，专题组织召开区政府常务会议专题进行研究部署，明确责任单位、严格工作要求。建立交办改办制度、“三见面”制度、跟踪督办制度、考核奖惩制度，印发《建议提案办理工作手册》，切实加强日常管理和督促检查，及时协调解决办理过程中的难题，邀请区人大、政协领导及相关委室负责人进行业务指导，统筹协调分管副区长集中督办，主动开展并抓实办理工作回头看，确保办理实效。2020年望城区人大建议政协提案办理工作获得市政府办公厅秘书三处高度评价。

区政府督查室牵头、区重点实事办配合，通过征求意见、调研走访，结合望城区2020年项目铺排计划(预留500万元资金作为民生实事项目资金)，整理出一批群众关心的需要解决的20项民生实事项目。借由区人大、政协两会，由人民代表和政协委员进行投票选择，最终确定本区级别重点民生实事项目15个。通过建立一月一汇总、一季一督查的工作机制，及时掌握项目实施情况，对重点难点项目进行跟踪督办，并邀请区人大代表对项目进行观摩指导，让实事办实、经得起检验。2020年，望城区圆满完成省、市、区三级重点民生实事项目，获得人民群众的一致好评。

(本栏撰稿：刘柯渝)

表 2

2020 年长沙市望城区人民政府文件一览表

文号	标题	发文日期
望政发〔2020〕1 号	《关于同意设立金联社区的批复》	1 月 13 日
望政发〔2020〕2 号	《关于公布第五批非物质文化遗产代表性名录和非物质文化遗产项目代表性传承人的通知》	1 月 13 日
望政发〔2020〕3 号	《2019 年度望城区行政执法案卷评查情况的通报》	1 月 21 日
望政发〔2020〕4 号	《关于下达长沙市望城区 2020 年投资建设项目计划的通知》	1 月 22 日
望政发〔2020〕5 号	《关于印发〈长沙市人民政府 2020 年政府工作报告涉及望城区目标任务责任分解表〉〈2020 年区政府工作报告目标任务责任分解表〉〈长沙市望城区 2020 年民生实事项目表〉》	2 月 17 日
望政发〔2020〕6 号	《关于认真办理区二届人大五次会议建议和区政协二届四次会议提案的通知》	3 月 17 日
望政发〔2020〕7 号	《关于长沙市望城区 2020 年度安全生产行政执法工作计划的批复》	3 月 23 日
望政发〔2020〕10 号	《关于成立长沙市望城区铜官片区建设工作领导小组的通知》	3 月 27 日
望政发〔2020〕11 号	《关于成立长沙市望城区重大片区建设工作领导小组的通知》	4 月 1 日
望政发〔2020〕12 号	《关于公布双桂路（双桂加油站）项目国有土地上房屋征收范围的公告》	4 月 8 日
望政发〔2020〕13 号	《关于对望政发〔2019〕45 号文件相关政务服务事项下放方式进行调整的通知》	4 月 14 日
望政发〔2020〕14 号	《关于认真做好第七次全国人口普查工作的通知》	4 月 27 日
望政发〔2020〕15 号	《第二届专利奖评选结果的表彰决定》	4 月 29 日
望政发〔2020〕16 号	《关于批准对长沙市望城区智慧再生资源回收站作出责令停业、关闭行政处罚的决定》	5 月 14 日
望政发〔2020〕17 号	《双桂路（双桂加油站）项目征求意见公告》	6 月 3 日
望政发〔2020〕18 号	《水洲路项目征收范围公告》	6 月 5 日
望政发〔2020〕19 号	《新巷中路（天闻新华印务、金沙变电站）项目征收范围公告》	6 月 5 日
望政发〔2020〕20 号	《关于公布银星路（黄桥大道—雷锋大道段）工程项目房屋征收决定公告》	6 月 23 日
望政发〔2020〕21 号	《〈长沙市望城区人民政府关于铜官街道洪家洲范围内居民搬迁公告〉的补充公告》	6 月 24 日
望政发〔2020〕22 号	《香炉洲大桥（京阳仓储等 3 家公司）项目征收范围公告》	7 月 10 日
望政发〔2020〕23 号	《香炉洲大桥（望城船舶厂）项目征收范围公告》	7 月 10 日
望政发〔2020〕24 号	《关于公布金城路项目国有土地上房 屋征收征求意见公告》	7 月 15 日
望政发〔2020〕25 号	《关于公布实施望城区城镇基准地价更新和集体建设用地基准地价评估成果的通知》	7 月 23 日
望政发〔2020〕26 号	《关于公布水洲路项目（峰达消防）国有土地上房屋征收征求意见公告》	7 月 24 日
望政发〔2020〕27 号	《关于公布新巷中路项目（天闻新华印务、金沙变电站）国有土地上房屋征收征求意见公告》	7 月 24 日
望政发〔2020〕28 号	《关于公布香炉洲大桥项目（京阳物流等三家公司）国有土地上房屋征收征求意见公告》	7 月 24 日
望政发〔2020〕29 号	《关于公布香炉洲大桥项目（望城船舶厂）国有土地上房屋征收征求意见公告》	7 月 24 日
望政发〔2020〕30 号	《关于望城区重点水域常年禁渔的通告》	8 月 4 日
望政发〔2020〕31 号	《关于撤销铜靖人渡的通知》	8 月 5 日
望政发〔2020〕32 号	《关于批准对秦永旺经营的长沙市望城区白箬铺镇磐石建筑材料加工经营部作出责令停业、关闭行政处罚的决定》	8 月 18 日
望政发〔2020〕33 号	《关于批准对彭六山经营的长沙市望城区白箬铺镇麓山泥木维修队作出责令停业、关闭行政处罚的决定》	8 月 18 日
望政发〔2020〕34 号	《关于公布香炉洲大桥项目（望城船舶厂）国有土地上房屋征收决定公告》	8 月 25 日

续表 2

文号	标题	发文日期
望政发〔2020〕35 号	《关于公布新巷中路（天闻新华印务、金沙变电站）国有土地上房屋征收决定公告》	8 月 25 日
望政发〔2020〕36 号	《关于公布香炉洲大桥项目（京阳物流等三家）国有土地上房屋征收决定公告》	8 月 25 日
望政发〔2020〕37 号	《关于公布金城路项目国有土地上房屋征收决定公告》	8 月 25 日
望政发〔2020〕38 号	《关于公布水洲路项目（峰达消防）征收决定公告》	8 月 25 日
望政发〔2020〕39 号	《关于对望城区长沙市远鑫渣土运输有限公司“4•20”道路交通事故调查报告的批复》	9 月 10 日
望政发〔2020〕40 号	《关于公布 2020 年规范性文件清理结果的通知》	10 月 12 日
望政发〔2020〕41 号	《关于对望城经开区长沙比亚迪电子有限公司“6•2”高处坠落事故调查报告的批复》	10 月 12 日
望政发〔2020〕42 号	《关于公布观音岩路二期（银星路—培文路）项目国有土地上房屋征收范围的公告》	10 月 20 日
望政发〔2020〕43 号	《关于关闭杨桥采石有限责任公司的决定》	10 月 23 日
望政发〔2020〕44 号	《关于同意设立响堂湾社区和调整同心园社区范围的批复》	10 月 23 日
望政发〔2020〕45 号	《关于同意设立白马巷社区、东湖路社区和调整西塘街社区范围的批复》	10 月 23 日
望政发〔2020〕46 号	《郭亮南路二期旺旺路—金星路段（王庆年）项目征收范围公告》	11 月 11 日
望政发〔2020〕47 号	《华灿路（普瑞大道—七峰路）项目征收范围公告》	11 月 11 日
望政发〔2020〕48 号	《关于 2020 年度贫困户脱贫的公告》	11 月 13 日
望政发〔2020〕49 号	《观音岩路二期（银星路—培文路）国有土地上房屋征收征求意见公告》	12 月 18 日
望政发〔2020〕50 号	《华灿路（普瑞大道—七峰路）国有土地上房屋征收征求意见公告》	12 月 18 日

人力资源管理

【概况】 2020 年，区人力资源和社会保障局（以下简称区人社局）内设办公室、基金财务科、基金监督科、就业促进科、社会保险科、工资福利科、事业单位人事管理科、劳动关系法制科 8 个科室。下辖人力资源开发和就业服务中心、社会保险服务中心、失业保险服务中心、工伤保险服务中心、劳动监察大队、信息中心 6 个二级机构。

【稳岗就业】 2020 年，区人社局组建 21 支招聘小分队分别到省内 50 余个劳务输出大县开展劳务协作，为区内企业输送员工 27276 人；率先在全国开通“返岗爱心大巴”专车 107 趟，特别是到湖北省 38 个县市接返 280 余名务工人员的做法，受到中央电视台、《人民日报》等主流媒体点赞表扬；坚持线上 + 线下的双向联动，依托“望城就业通”“望城发布”等线上平台为 840 余家次企业发布岗位信息 4.3 万余个，通过 12 场线下公共就业服务专项活动，提供就业岗位 1.3 万余个；率先推出涉农创业主体免费直播带货训练活动，全年开办技能培训班 283 期，培训 13035 人次。城镇新增就业 8063 人（103.37%），失业人员再就业 5179 人（172.63%），农村劳动力转移就业 2886 人（103.07%），就业困难人员再就业 2995 人（193.2%），政府补贴性职业技能培训补贴 13401 人次（268%），农村转移就业劳动者补贴性培训补贴 3326 人（166%），

2020 年 3 月 27 日，区人社局开通“返岗爱心大巴”专车，奔赴湖北省接返岗务工人员（区人社局供图）

就业见习人数 136 人（123.6%），城镇登记失业率控制在 3% 以内。

【就业扶贫】 2020 年，区人社局以政府购买服务的方式，选出 30 名具有专业性的村级就业服务指导员为贫困劳动力提供“311 就业援助服务”；针对因个人或家庭原因无法外出务工的贫困劳动力，开发保洁、保绿等公益性援助岗位 254 个；坚持把就业扶贫基地、就业扶贫车间等载体建设作为促进贫困劳动力就近就地就业的有力补充，共吸纳 301 人就业；4 月 8 日，区人力资源和社会保障局在湖南省推进就业扶贫工作电视电话会议上作唯一典型交流发言。

【创新创业扶持】 2020 年，区政府出台《长沙市望城区创新创业带动就业扶持资金管理办法》《长沙市望城区创新创业带动就业专项扶持实施细则》等文件。对创业处于起步阶段，符合国家产业发展方向，具有发展潜力的各类初创企业、普通高校在校及毕业生（近五年内毕业）、留学归国人员（领取毕业证五年内）、被征地农民、登记失业人员、残疾人、农村精准扶贫对象、复退军人及随军家属、刑释和解除强戒人员等就业重点群体创办的各类初创企业和“高层次人才”创办的各类初创企业进行大力扶持。31 家望城初创企业获得上级创业扶持资金 142.58 万元，8 家创业带动就业基地获得补助资金 140 万元，保证创新创业热潮持续高涨。

【人事人才】 2020 年，区人社局夯实人才队伍的基础建设。发挥职称评审的“指挥棒”作用，全年开展专业技术人员职称评审专题培训 4 场次，初审高级职称 242 人次，中级职称 518 人次，认定初级职称 700 余人次；为 789 名高校毕业生、留学归国人员、企业博士后等群体发放租房、生活等补贴 401 万元，对新聘用博士、硕士研究生的企业发放引才补贴 101 万元。规范组织编制的专项治理。以“大梳理 大内审 大提标”行动为统领，摸排组织编制人事领域七类突出问题，并开展专项治理，清理在编不在岗 3 人、长期借调事业人员 19 人，18 人完善借调手续，提高组织编制人事工作的规范化、制度化水平。公开招聘事业单位工作人员 325 人、备案制教师 108 人、政府雇员 25 人；申报认定市高层次 B 级人才 1 人、C 级人才 9 人、D 级人才 12 人；申报省级科技创新人才 3 人。

【劳动者权益维护】 2020 年，区人社局保障劳动者合法权益。坚持开展多种形式的《保障农民工工资支付条例》宣传活动，促进全社会形成关心关爱农民工的浓厚氛围；牵头成立工程项目工资支付督导组，联合公安、城管等相关部门，对区内 20 家在建工程建设项目的工资支付情况实施日常性的监管和排查，确保落实依法签订书面劳动合同、按时足额支付工资等制度。2020 年代表湖南省迎接国务院督查农民工工作，获得好评。增强劳动协调能力。坚持“预防为主、基层为主、调解为主”的原则，受理各类劳动争议案件 895 起，涉及职工权益标的 6458 万元，其中裁决 279 起，庭前调解 286 起，调解后自愿撤诉 209 起，法定时间结案率 100%，2020 年全区没有因欠薪而引发重大群体性事件和恶性案件。已建工会组织的企业工资集体协商制度建制率 108%；受理各类信访案件 2558 件，按期结案率 100%；受理、办结农民工欠薪等案件 244 件，妥善处理突发事件 65 件，为农民工 7031 人追回拖欠工资 16067.69 万元。

（本栏撰稿：唐定乾）

政府投资项目管理

【概况】 2020 年 3 月，根据区委全面深化改革委员会会议纪要明确，区重点建设项目事务中心（以下简称区重建中心）承担的项目调度、考核考评等职能划入区发改局，主要负责政府投资项目的代建工作。区重建中心内设办公室（计财部）、前期部（用地保障部）、社会事务部、工程技术部、工程建设部 5 个部室，根据区政府投资项目建设计划，2020 年区重建中心负责建设管理的政府投资实施项目 42 个（续建项目 10 个、新建项目 18 个、预备项目 13 个、储备项目 1 个），其中市重大项目 15 个。

【项目建设】 2020 年，区重建中心项目建设主要指标超额完成。续建项目复工率 2 月底达到 100%，三季度实现新建项目开工率 100%，市重大项目开工率 100%。固定资产年度计划总投资 14.79 亿元，实际完成投资 17.8 亿元，占总投资的 120.4%；其中市重大完成投资 13.7 亿元，投资完成率 145%。报规报建大幅提速。通过积极对接，优化程序，基本制止违法施工。工程规划许可证的办理时间压缩 2 个月，施工许可证的办理时间压缩 1 个月。实现在项目开标一个半月内完成所有报建工作。项目建设进展顺利。长沙市一中金山桥学校、区疾病控制中心综合实验楼等 13 个项目竣工交付。金星大道（滨水四医院院区）地下通道单建式人防工程、区养老中心、香桥小学、区一中改扩建、高裕九年一贯制学校等 22 个项目正全力推进，其中银杉九年一贯制学校、七峰路、华灿路、金塘路 4 个预备转实施项目和中南路 1 个计划外项目实现提前开工建设。普瑞大道（三环线—金星路）提质改造、长沙应急救援基地（二期）等 11 个项目正快速推进前期工作。2020 年 11 月，湖南师大附中星城实验中学二小项目获湖南省建设工程芙蓉奖。

【工程管理】 2020 年，区重建中心强化在建工程管理。“百日冲刺、决胜攻坚”活动启动。10 月，成立前期攻坚指挥部和南北两个片区指挥部，同时在片区指挥部成立临时党支部，确保项目建设和组织建设同步进行。通过设立流动红旗制度，每月从进度、质量、安全、形象等方面对各片区及项目进行考评，在项目建设上形成比、学、赶、超的浓厚氛围。书记工程引领项目党建纵深发展。充分发挥党建引领的“红色引擎”作用，推动党建工作向项目建设一线延伸，按照中心党组决策部署、片区指挥部临时党支部调度推动、党员工作站服务落实的“三级联动、四度管理”模式，层层压实党建责任，以“党建温度”提升“建设热度”，推进精品城市建设。大调研活动卓有成效。围绕“提高前期工作水平提升项目建设品质”课题开展调研，形成《工程建设前期工作指导手册》《调研报告》，《调研报告》获区委主要领导肯定，全面运用大调研成果，引导设计单位、预算单位将《指导手册》的经验用于实际工作，进一步提升设计质量，避免预算漏项漏量。同时对建设过程中新增问题进行搜集整理，总结经验，并完善修订到《工程建设前期工作指导手册》，确保常更常新，常用常新。创新投资管理，开源节流双管齐下。多方筹措，争取专项债资金、棚改配套基础设施中央预算内资金等上级资金 1.2 亿元；创新管理，通过跨项目平衡土方供需和将两个项目合并进行施工招标，节约财政资金 3500 万余元；优化设计方案，推动新型工艺应用，节约造价 2600 万余元。

（本栏撰稿：刘　颖）

征拆安置

【概况】　2020 年，区征地服务中心为区政府直属公益类正科级事业单位，区征地中心、区征收办实施“一体化”工作机制，工作人员实行集中办公，统一管理、统一调度、统一考核。区征地拆迁安置工作领导小组办公室设区征地服务中心，负责统一调度、统筹协调，推动落实全区集体土地征地补偿安置工作和国有土地上房屋征收补偿工作。中心内设办公室、征拆部、安置部、法务室、财务室 5 个部室，核定全额拨款事业编制 17 名。

【征拆工作】　2020 年，区征地服务中心铺排征拆项目 154 个（含转接、追加），面积 916.7 公顷；完成签约 1326 户、拆房 1201 栋、动迁 5000 余人。完成澳优智慧工厂扩征、中交总部、益海嘉里、香炉洲大桥等 101 个项目征拆，腾地 791.76 公顷。同步推进国有土地上房屋补偿安置工作，完成常益长铁路、高铁西城养路工班、香炉洲大桥（望城船舶厂）等 12 个项目征收补偿工作，拆房 20016.53 平方米腾地 12.7 万平方米。3 月，开展征拆安置“百日大会战”，拆出 100 天腾地 400 公顷的“望城速度”。10 月，市委政研室以《以高质量征拆助推高质量发展——征地拆迁安置工作的望城探索与实践》为题在《长沙调研》上专刊推介望城征拆安置工作经验。11 月底，长沙政法频道以“监督护航，阳光征拆跑出加速度”为题，在《廉洁长沙》栏目播出区征地服务中心专题采访片。

【安置工作】　2020 年，区征地服务中心组织缴付拆迁安置社保资金 18.13 亿元，新增纳入 12539 名社保对象，实现社保人员纳入率、资金解缴率 100%；为 14061 名因征地拆迁失地少地农民发放生活补助 6747.08 万元。4 月，为解决被征地人住房问题，区征地服务中心牵头修订《长沙市望城区货币安置区团购商品房实施方案（试行）》和《2019 年限价商品房指标回购调整方案》等文件，取得“拆安同步”、腾地迅稳高效和限价房指标存量去化清零的良好效果。

【征收与补偿工作业务培训班】 2020 年 10 月 23 日，区征地服务中心在区委党校小报告厅组织片区征拆指挥部、相关部门、各街镇征拆安置分管领导及业务骨干进行国有土地上房屋征收与补偿业务培训会，邀请专家授课，重点就新形势下望城区国有土地上房屋征收和集体土地征收“一体化运行”工作机制，国有土地上房屋征收的程序、标准、注意事项等问题进行指导。此次培训为提升全区从事征收与补偿工作人员的业务能力水平、满足日益增多的国有土地上房屋征收工作需要奠定基础。

（本栏撰稿：刘志坤）

行政审批服务

【概况】　2020 年，区行政审批服务局为区政府正科级工作部门，内设办公室、审批监督服务科、政策法规科、投资项目审批科 4 个科室，下设政务服务中心 1 个二级机构。

2020 年 10 月 23 日，长沙市望城区 2020 年度国有土地上房屋征收与补偿业务培训班开班（区征地服务中心供图）

有在职干部职工 53 人，其中局机关干部职工 26 人、投资项目审批科（含综合窗）27 人。

【智慧政务新架构】 2020 年，区行政审批服务局打造“七通八达”智慧政务新架构。一点通：开发指尖服务程序，群众只需点击即可完成办事。一网通：开发、运用“互联网 + 政务服务”一体化平台。建成 5G 政务大厅，资料上传下载提速百倍；推出 5G 手机短信，群众无须下载 App，即可在线咨询办理业务。一局通：创新集中审批模式，将发改、资规、住建、城管 4 部门 28 项审批事项授权区行政审批服务局，实现各单位“集中派驻、全权授权、见章盖章”。一机通：打造“永不关门”的 24 小时自助服务大厅，多个“一件事一次办”联办事项和多达 267 项高频民生事项可在大厅自助办理。一步通：做实“一门式”全覆盖，实现办事不出村社。一号通：智能排队叫号，即到即办，省时省心。一窗通：科学设置综合窗，特色设置综合窗，实现一件事无须多头跑。以智慧政务“七通”之举，全面提升企业群众办事便利度，真正实现服务事项达村达户、服务速度达时达秒、服务水平达标达规、服务质量达心达意的“八达”之效。2020 年 10 月 30 日，全市“放管服”和“一件事一次办”改革经验交流会在望城召开，望城区作全面典型经验交流，获省优化办典型推介。

2020 年 2 月 26 日，区行政审批服务局开设审批课堂，对湖南浅水湾湘雅温泉花园有限公司等 5 家“三制”项目企业进行项目建设帮扶指导（罗晗 摄）

【“一件事一次办”改革】 2020 年，区行政审批服务局积极推动“一件事一次办”改革。建立新机制，将“一件事一次办”改革作为全区 41 个改革项目中重大改革课题，区领导逐月调度，审批局牵头联动相关部门强力推动；拓展新事项；科学设置综合窗；用好“互联网 + 政务服务”一体化平台；做实“帮代办”；大力支持复工复产；持续深推“三即”，新开办市场主体半天之内实现“开户即开业”，全年新增市场主体 4 万余户，实行净地交地，项目“交地即开工”成为常态，2020 年有中粮北纬 28° 等一批项目实现“交房即交证”，新供地项目将“交房即交证”纳入土地挂牌条件。注入“科技赋能”新动能。落实跨域通办、智能导办、线上线下同质办；打造 24 小时自助服务区，科技赋能“一件事一次办”；特色打造政务智能水平，不动产权证、门店招牌实现不见面审批，老年公交爱心卡办理由原来的 20 个工作日变成最快 35 秒的现场“秒办”。全年“一件事一次办”改革受到国家、省、市各级媒体争相报道 30 余次。

【工程建设项目审批改革】 2020 年，区行政审批服务局推出“3456”工程建设项目审批改革新样本。全面推动工程建设项目审批改革，创新“六新六变”工作方式，推出“三制”（问题清单制、帮扶责任制、会商调度制）服务，发布缩小施工图审查范围、工改系统全流程全覆盖、审批事项合并办理、优化施工许可办理、告知承诺容缺受理五项新政，实现工程建设审批“四个阶段四件事”一件事一次办，共减少环节 7 个、精简事项 23 项、精简材料 291 项，实现材料提交“零重复”，优化率分别达 10%、15.8%、22.7%。在 7 月 8 日全市工改会议上作经验交流发言（区县市唯一发言单位）；11 月 3 日，省发改委党组成员、省优化办主任陈永实作出“请向全省宣传推介”批示；全年全区报建面积 940 万平方米，比 2019 年增长 112%。

【基层公共服务全覆盖】 2020 年，区行政审批服务局积极推动基层公共服务（一门式）全覆盖，扩展形成望城区 45 项公共服务（一门式）事项目录清单及办事指南。通过集中培训、现场指导、体验式办理督查、纳入绩效考核多措并举，确保落细落地。省委组织部在 2020 年 12 月 4 日印发的《湘组信息》（第 38 期）中推介望城区基层公共服务（一门式）全覆盖工作。

（本栏撰稿：周小利）

信 访

【概况】 2020 年，区信访局为区政府管理的正科级工作部门，内设办公室、接访科、办案科 3 个科室，下辖群众工作服务中心 1 个二级机构。全年全区网上信访数量增多，非访、集访、来信减少。全国两会、中共十九届五中全会等特护期均实现“五不发生”和“三零”工作目标。

【信访责任落实】 2020年，区信访局把工作重点从事后处理转移到事前排查化解上，坚持经常排查与集中排查、普遍排查与重点排查相结合。集中组织排查4次，重点排查9次，排查出各类矛盾纠纷130余起。创建市10个“三无”（无越级访、无集体访、无重复访）街镇，全年115个村（社区）实现“三无”目标。提高信访事项办理时效和办结率。坚持执行党政领导干部阅批群众来信、定期接待群众来访等制度。全年，区领导阅批32件次，区领导接访140余次，接待来访群众182人次，解决事关群众切身利益问题和诉求20余件，群众满意度明显提高。推行带案下访、按时回访等制度，对信访案件下访23次，回访14次。严格按照“四分原则”调处初信初访。全年调处127批600人次，转送交办率和按期办结率均100%。

【信访积案化解】 2020年，区信访局在“领导接访下访，推动矛盾化解攻坚年”活动中，全年化解省、市、区交办的信访积案42件，相关区直单位和街镇自行化解信访突出问题56件。全年中央、省、市交办督办案件29件。其中中央交办督办件19个，已办理完成；省交办的督办件10件全部办结。省委第八巡视组移交群众身边信访问题700件，已按程序办结653件。

（本栏撰稿：肖　刚）

社会治理

【概况】 2020年，区社会治理服务中心为区政府直属公益类正科级全额拨款事业单位，负责全区社会治理网格化体系建设、运行、管理工作；负责全区市场、农业、交通、文化、生态环境、城市管理等执法领域以及应急、综治维稳等方面各类社会治理信息的收集、跟踪、反馈、调度等工作；负责全区社会治理问题及热线的受理、分派、反馈工作；负责组织区、街镇、村（社区）三级信息过滤、调度、处置平台的建设、维护、管理和应用工作，建立健全与应急、城管及其他执法机构的信息共享机制。中心内设综合办公室、网格管理部、热线平台部、信息采集部。

【社会治理网格化建设】 2020年，区社会治理服务中心推进社会治理“一张网”建设。统一职能归口。成立街镇社会治理服务中心，将“12345”政务热线、雷锋“580”救助热线、省市区长信箱、社会治理平台、林火预警平台等相关事项归口至党政办。实现“多网合一”。有效整合党建、城管、环保、综治等部门在街镇设置的行业网格，建立社会治理“一张网”。全区139个村（社区）共划分为589个三级网格。推动服务下沉。将25个区直单位共581人作为网格处置员下沉至二级网格村（社区）；各村（社区）三级网格按照“1+1+N”模式配备网格长、网格指导员、兼职网格员，在村（社区）推行“全岗通”。建立“责任清单”。对照区直单位及街镇具体职能职责，制定《社会治理问题事件处置责任清单》，罗列224项事件责任清单。开发“一呼通”平台。通过整合“12345”市民热线、雷锋“580”、区长信箱等服务平台，将各类社会治理信息由一个平台汇聚、上报、交办、统计、通报、考核一键完成。

【社会治理体制改革】 2020年，区社会治理服务中心在月亮岛街道试点社会治理体制改革工作。结合月亮岛现状以及各区直单位职能职责，牵头制定《社会治理专项组工作实施方案（送审稿）》，铺排10项重点工作任务。抓好社会治理顶层设计。通过征求相关单位和街镇、村（社区）意见，在社会治理体制改革的顶层设计方面草拟《关于深化社会治理体制改革的指导意见》，从7大体系23项具体创新改革举措着力，深化全区社会治理体制改革。

【市民服务热线】 2020年，“12345”市民服务热线（含市长信箱）签收上级批转工单38287件，办结36007件（含2019年度延期工单，集中

2020年10月，区社会治理中心调研社区网格化工作（谢泽任　摄）

诉求工单按1件统计），办结率100%，回访33181件，年度单月满意度均在97%以上，未出现不满意工单发回重办情况，未出现市对区绩效考核扣分情况；区长信箱收信1386件，办结1364件；雷锋“580”热线派发5208件，办结4998件；林火预警平台派发176件，办结175件；社会治理服务平台共巡查上报立案30042条，结案29425条。

【“智慧社区”建设】 2020年，区社会治理服务中心结合亿达小镇智慧社区一期试点项目的具体推进，牵头编制“智慧社区”的望城技术导则，同步推进全区新建楼盘项目的各类智慧场景应用，打造全国智慧社区标杆。智慧社区一期政府侧计划建设人口管理、车辆管理、房屋管理三个应用场景。物业侧计划建设云访客、云监控、云门禁三个应用场景；居民侧、企业侧正在积极集成市场上第三方应用。

（本栏撰稿：刘小芳）

应急管理

【概况】 2020年，望城区发生生产安全事故14起，比2019年下降17.6%；死亡10人，比2019年下降23%（因2020年下半年国家安全生产事故统计制度发生结构性调整，全省都按要求补报数据，主要体现在道路交通事故方面），未发生较大及以上事故。全区安全生产形势总体平稳可控，安全生产控制指标连续多年控制在省、市下达指标范围内，被评为2020年度全市安全生产和消防工作考核优秀单位。

【安全生产】 2020年，长沙市望城区应急管理局（以下简称区应急管理局）持续推进安全生产专项整治三年行动，成立以区长为组长的工作领导小组，抽调交通、住建、消防、交警等部门人员力量组建工作专班，协调区财政对三年行动工作的经费保障，确保“1+3+10+N”重点任务落实。2020年，共检查生产经营单位551家、1048次，下达责令限期整改文书595份，整改复查636次，责令5家生产经营单位停产停业整顿，当场处罚174起，立案处罚44起，罚款金额56万余元。其中5起执法案例评为2020年度全市安全生产行政执法质量考评优秀案卷。加强标准化班组建设，制定安全生产标准化班组建设三年实施方案，依据市标准化班组建设基本要求，分行业制定建设或验收标准，三年配套资金300万元，首批确定180家企业开展标准化班组建设。2020年12月，全区12个企业班组获“2020年长沙市安全生产标准化班组”通报表彰。重点推进危险化学品行业安全监管，专门聘请两名化工专家作为区应急管理局常驻化工专家，借助专业水平解决全区危化行业存在的疑难杂症。重点抓好“两基地一园区一市场”重点危险化学品项目安全监管，协调推进新建危险化学品企业落地，确保危化领域整体安全稳定。

【防灾减灾】 2020年9月，区应急管理局对“北斗+生产安全综合监测预警平台”进行扩面，增设铜官誓港社区、黑麋峰游客中转区、桥驿镇龙塘村、铜官窑戏台坪地质灾害监测点及旺金采石场矿区监测点，并对该预警平台升级完善。在节假日和换季等关键节点持续开展森林防灭火巡查，开展野外火源专项治理行动，加强野外火源管控，有效降低森林火灾发生风险。开展培训强技能，举办全区综合减灾救灾专题培训班，实现各乡镇街道、村社区灾害信息员全覆盖，举办森林防灭火演练和技能培训，并开展森林火灾扑救实战演练。全力做好因灾生活困难群众的救助工作，科学制定救助标准，规范资金发放程序，突出建档立卡户、倒房重建户、粮食绝收户、残疾户等特困群众，分类进行重点救助，全年发放救灾资金364.1万元，获救助群众1241户。积极创建综合减灾示范区，2020年共创建1个省级示范社区、5个区级示范社区。

【应急能力建设】 2020年，区应急管理局开展森林防火、消防、应急疏散、抗洪抢险、水上救援等各类演练100余次。6月20日，参与承办“人民至上、生命至上”——湖南省2020年抗洪抢险应急演练，望城区政府获批2020年防汛救灾先进集体。6月，长沙应急救援基地（湖南危险化学品应急救援基地）在望城经开区铜官片区开工建设，项目建成后，将以长沙市内危险化学品事故救援为主，辐射长株潭等周边城市，兼顾湖南省内安全生产和自然灾害事故应急救援。10月14日，区应急管理局与区财政局联合下发《长沙市望城区加强街镇、村（社区）应急管理能力建设工作实施方案》，并明确对验收合格的街镇以“以奖代补”的形式给予20万元奖励（园区参照街镇方案执行）。同时，完成2名专业无人机操作员的培训上岗工作，采购无人机、消防救险车、应急电源车、皮划艇、摩托艇、扫雪车、移动照明车、对讲机等40余样应急装备、设备。区应急管理局严格落实24小时值班和领导带班制度，制定望城区突发事件信息报告规定。在智慧望城建设中融入智慧应急建设板块。开展应急资源普查工作，将全区应急资源录入指挥调度系统，形成应急指挥调度一张图。

【湖南省2020年抗洪抢险应急演练】 2020年6月20日，在望城区举办“人民至上、生命至上”——湖南省2020年抗洪抢险应急演练。国家综合性消防救援队伍、专业救援队伍、医疗救援、社会救援力量以及电力通信等保障队伍约1800人参加演练。直升机、运兵车、冲锋舟、橡皮艇、水陆两栖艇、无人机、特种救援装备、工程机械、潜水设备以及医疗救护设备、电力通信保障设备等在演练中亮相。演练重点针对抢救“落水灾民”、转移“洪水”围困村民，快速抢通“水毁道路”，处置堤坝漫溢、管涌、崩岸、滑坡甚至决口等常见大堤险情，实用性强。演练科目设置上突出防汛抢险实战重点，提升防汛应急处置能力，注重防汛各类预警监测、抢险救援所需的新技术、新装备、新工艺使用与展示。最大限度地模拟实战状态，检验和加强各类专业抢险队伍的应急反应和科学处置能力。此次演练受到应急管理部和省委、省政府，市委、市政府的肯定，望城区政府获评2020年全省防汛救灾先进集体。

（本栏撰稿：潘红波）

2020年6月20日，湖南省防汛抗洪应急演练（水旱灾害防御中心供图）

数据资源管理

【概况】 2020年，长沙市望城区数据资源中心（以下简称区数据资源中心）统筹推进全新型智慧城市建设及区信息化建设，负责区政府门户网站运行管理、中心机房和政务网络运行维护、数据资源的共享利用、新型智慧城市运营调度中心运营维护等工作。

【新型智慧城市建设】 2020年6月，望城全面启动新型智慧城市建设。望城是全国第一个完全采用华为鲲鹏架构的区县级新型智慧城市。2020年年底，智慧望城鲲鹏云平台、智慧城市运营中心、“我的长沙”App望城专版等基础平台已经运行，智慧交运、智慧医疗、智慧机关、智慧园区等应用场景已经上线，最多报一次、一呼通平台等应用场景进入试运行，智慧政务、智慧水利、智慧社区、无证城市等项目加快实施。望城区获2020年中国领军智慧城区奖。

【中心机房和政务网络运行】 2020年，区数据资源中心机房总机柜数77个，托管18家单位的物理服务器122台、虚拟服务器58台，机柜利用率达到90%以上，全区除公安、国土有机房外，其余单位服务器都由中心机房统一管理和运维；全区网络出口总带宽3G、政务网络1018条，实现区直单位、街镇、村（社区）、学校政务网络全覆盖；常态化开展网络监管、等级保护测评等工作，确保数据安全。

【区政府门户网站管理维护】 2020年，政府门户网站由区数据资源中心进行技术管理和运维，各部门和街镇实行“三审”制，负责本单位内容发布等工作。数据资源中心完成网站改版、集约化建设工作，实现与省市平台功能的互联互通，做好网站意识形态管理、部门信息更新督促、错别字监测、错链修改等日常管理工作。

【大数据分析】 2020年，区数据资源中心作为新冠肺炎疫情数据分析牵头单位，2020年累计处理湖北籍涉疫人员数据4.5万条、境外涉疫人员数据3870余条，基本做到日清日结；开发返（来）望人员登记管理平台等系统，为疫情防控提供技术支撑。

【新型智慧城市运营管理中心（IOC）】 2020年，新型智慧城市运营管理中心作为数据交互、运行调度的中枢总控，包括六大平台，即一个基础技术平台（鲲鹏云平台），四大应用平台（智慧民生平台、智慧产业平台、智慧治理平台、智慧政务平台），一个综合分析平台。IOC运营场地建筑面积780平方米。运营中心采取“1+3+N”的运行模式。“1”即在区数据资源中心加挂区智慧城市运营中心牌子，牵头负责运营中心的日常管理、运行维护、技术保障、数据打通、视频会议等工作；“3”即区数据资源中心、应急管理局、社会治理中心实行常态入驻，履行日常管理、应急协同、指挥调度、事件交办等职能；“N”即水利、交通等部门根据工作需要实行阶段性入驻，履行阶段性工作协同调度、重大事件应急指挥等职能，通过IOC中控和大屏，能够展现城市实时监测、事件管理、应急调度、决策支持等功能，提供城市统一视图，为政府对城市管理、科学决策提供支持，初步实现“一屏揽全域、一屏观望城”。

（本栏撰稿：戴　喆）

消　防

【概况】 2020年，全区发生火灾258起（含未成灾火灾），比2019年下降45%，无因火灾死亡，伤1人，比2019年减少2人，直接财产损失约833万元，比2019年上升69%；全年接警出动683起，出动消防车辆1046辆次，出动消防救援人员6710人次，抢救疏散群众2025名，抢救财产价值4529.3万元。完成处置“7·15”湾田国际五金仓储火灾扑救等急难险重任务，完成戴公庙祭祀活动、2020年网球中巡赛等消防安全保卫任务。2020年，区消防救援大队党委被湖南省消防救援总队党委评为“全面先进基层单位”；在长沙市消防救援支队年度工作考评中被评为“全面建设先进大队”，望城中队、书堂山中队被评为“全面建设先进基层消防站”，政工、战训、后勤等全年工作均获长沙支队年度先进。大队实现市级文明标兵单位提档升级，大队指战员受到总队、支队及区委、区政府等各级表彰奖励30人次，1人被评为全省消防救援队伍优秀共产党员；6人被评为全市消防救援队伍优秀共产党员，1人荣立三等功；1人被评为“2020年全国‘119’先进个人”；1人获望城区2020年“望城好人·身边雷锋”荣誉。

【消防能力建设】 2020年，区消防救援大队开展“四学”、正规化达标创建等专项活动。通过成立监察班、知识竞赛、闭卷考试、队前抽查以及队列训练等方式巩固学习成效，确保实现“零违纪”。定期召开安全形势分析会，制定《作战训练安全手册》及《队伍管理规定》专项学习计划，开展车辆装备大排查、“七无一创”安全防事故工作等专项行动，确保实现“零事故”。锤炼实战练硬功，全年深入辖区开展熟悉演练144次，完善灭火救援预案118份，针对仓储物流、石油化工等大跨度大空间单位开展大型联合演练7次。参与支队“两大比武、三大对抗”比武活动、队列会操、实战化比武竞赛等活动，望城站获全市消防救援队伍队列会操第一名。在“两三”比武中，大队两项科目第三名，在11月实战化比武竞赛中，大队获一个操法单项第一名，团队第四名。多种形式增实力。征求有关部门意见13条，探索建立望城社会应急救援力量参与消防救援指挥调度工作机制。举办乡镇专职队和社区微型消防站技能比武，铜官街道誓港社区微型消防站获全市微型消防站灭火器油锅接力灭火操作技能比武获第一名。

【消防执法活动】 2020年，区消防救援大队以消防安全专项整治三年行动为主线，开展10类专项行动。推动区政府将“智慧消防及铜官站、桂芳站建设”写入《2020年政府工作报告》，提请区委、区政府召开消防工作专题会议20余次。区委、区政府主要领导带队开展消防安全检查50余次；提请区消安委召开每季度联席工作会，督促318家符合施划要求的消防重点单位和119个居民住宅小区完成消防车通道标识标线立牌；在全国率先启用“智能电子封条监控系统”，并在湖南省消防救援总队“科技强消”创新项目评比中获创新成果“一等奖”，联合公安、住保部门印发《关于推广应用消防车通道“电子告知单”的通知》，督促整改消防违法行为90余处和消防车通道个人处罚13起；联合住保部门摸排高层建筑1066栋，推动消防设施建设纳入全区31个老旧小区改造，启动消防车通道治理“一区一策”。以执法规范化建设为抓手，开展防火监督员业务培训13次，规范开展火灾调查56起，办理政务服务事项42件，清查历年执法案卷2万余份，发现并整改问题遗留案卷200余份。隐患整治持续发力。提请省消安委督办湾田·中南（国际）商贸物流园区域性火灾隐患1处；提请区政府挂牌督办重大火灾隐患单位13家，完成销案12家，下发交办函60余份，组织召开重大火灾隐患单位集中警示约谈会7次，联合媒体开展隐患曝光30余条。2020年度，累计检查单位1687家，发现并督促整改火灾隐患1403处，查封59家，“三停”8家，罚款79.3万元。

【消防知识宣传】 2020年，区消防救援大队运用上门入户、移动提示、录制“村村响”广播、预约讲座等方式，开展宣传培训260余场，培训市民群众20万人。新冠肺炎疫情防控期间，以“3•15”消费者权益日为契机，联合区融媒体中心制作节目《消防产品宣传直通车》和消防知识有奖竞答，10万名群众踊跃参与，最远辐射至西藏地区。“11•9”消防宣传活动月期间，区委书记莅临大队参加“生命安全大关注”消防体验活动。望城区消防

2020年7月22日，望城区消防救援大队使用电子封条对长沙望城石油化工有限公司和长沙市望城区博思特教育文化咨询有限公司实施临时查封（何忠正 摄）

宣传月启动仪式暨“元气满满的家庭”趣味竞赛活动在央视《新闻联播》播报。

【消防保障体系建设】 2020年，区消防救援大队消防经费稳步增长。年度消防财政预算1113万元，比2019年增长13.8%。区政府将消防救援队伍纳入全区绩效考核、综治考评、文明城市奖等考评体系。队站建设大步推进。落实“十三五”消防专项规划要求，月亮岛中心消防站全面建成并投入使用，大队部完成搬迁入驻，铜官特勤消防站全面建成，桂芳消防站完成主体建设，书堂山营区改造和文化建设持续推进，望城营区局部改造完成，全区消防站点“一区五站”战略格局初步形成，朝着建设全国“一流队站”目标迈出坚实步伐。

【学雷锋品牌建设】 2020年，区消防救援大队组织成立2020年学雷锋活动专项领导小组，开展“让雷锋精神在战疫中闪光”主题活动，成立雷锋班党员突击队，毅然请战到鄂支援；联合小善公益、首彩爱心基金等爱心团体筹集物资，紧急驰援武汉等地医疗机构；常态化开展学雷锋“五个一”教育活动，组织指战员撰写《致奋斗在抗击新型冠状病毒肺炎一线的火神山消防救援站、雷神山消防救援站指战员的一封信》、拍摄“蓝朋友学雷锋网络寄语”视频等活动，为全年志愿服务活动定下主基调，发扬“火焰蓝”的社会责任与担当。开展纪念毛泽东等老一辈无产阶级革命家“向雷锋同志学习”题词57周年系列主题活动：以“3•15”消费者权益日为契机，联合区市场局策划筹备消防产品相关宣传活动；率先联合小善公益、首彩爱心基金、区红十字会等爱心团体星夜驰援武汉等地医疗机构，捐出物资40万余件；为新康敬老院和星城敬老院捐助100箱成人纸尿裤及相关防疫物资。中央媒体团、省作协报告文学名家等到队采风报道改革转隶后指战员学雷锋亮点事迹，5000余名社会各界人士走进大队参观交流。

【“119”消防宣传月活动启动】 2020年11月7日，区消防救援大队“关注消防、生命至上”“119”消防宣传月活动启动仪式在望城区长郡斑马湖中学举办。活动内容为“元气满满的家庭”，来自全区各小学的70组家庭开展一场火场模拟逃生的消防大闯关游戏，先完成逃生的12组家庭分别获一、二、三等奖。活动现场，工作人员发放消防安全常识宣传手册。望城区人民政府、区委宣传部等多部门相关领导出席仪式。中央电视台综合频道《新闻联播》栏目、湖南经视频道《经视焦点》栏目、湖南都市频道《都市一时间》、《长沙晚报》、望城区电视台等多家媒体进行报道。

【消防电子执法全国推广】 2020年，望城区消防救援大队联合长沙七真网络科技有限公司共同研发制作的“电子封条”“电子告知单”分别于6月19日、12月30日首次启用。该项目获全省消防救援队伍“科技强消”一等奖，在全国推广。使用“电子封条”“电子告知单”执法，有效解决消防车通道被违法占用、堵塞屡禁不止和传统纸质封条的缺陷及查封场所时存在的实际问题。“电子封条”全称为消防“智能电子封条监控系统”，该设备外观多样，有门把式、闸门式等式样，上面印有“电子封条”“严禁入内”“依法查封”“触动报警”等字样，只需将其放置在查封场地的四周，即可实行24小时不间断地监控和取证，待机时间最长可达2年。“电子告知单”全名为“消防车通道电子告知单”，设备印有“消防车道禁止占用”等字样，整体呈“脸盆”状，可牢固地吸附在车辆驾驶位的车门上且不会造成损坏。设备启动后，会实时监控违停车辆的运行轨迹。违停车主通过扫描设备上的二维码，按照提示前往大队接受相应处理后，方可取下“电子告知单”。

（本栏撰稿：办公室）

中国人民政治协商会议长沙市望城区委员会

责任编辑◎宁利宏

综述

【概况】 2020年，中国人民政治协商会议长沙市望城区委员会（以下简称区政协）工作机构设办公室、委员学习联络委员会、提案委员会、经济科技和外事委员会、农业农村和人口资源环境委员会、文化教育卫生体育和文史委员会、社会法制和民族宗教委员会,2020年,区政协组织全会协商1次、常委会专题协商6次、主席会议重点协商12次、专委会对口协商6次、提案工作协商22次，常态化列席区委常委会会议、区政府常务会议，深入协商集中议政，努力使政协成为坚持和加强党对各项工作领导的重要阵地、用党的创新理论团结教育引导各族各界代表人士的重要平台、在共同思想政治基础上化解矛盾和凝聚共识的重要渠道。

【协商议政】 2020年，区政协二届四次会议聚焦“将‘放管服’改革进行到底”“高效推进新型智慧城市建设”“推进社区多元共治”“让边角插花地为城市靓丽插花”“盘活闲置存量”等9个课题发声，并全部转化为重点提案推动落实，力建发展诤言，力促成果转化；区政协常委会聚焦“盘活闲置存量，推动要素效能高质量”“‘十四五’规划编制”2个重点议题组织专题协商，邀请区政府和相关部门领导参加，共聚发展智慧；区政协主席会议聚焦“街镇特色工作”“中小微企业发展”“乡村振兴美丽屋场建设”等热点议题调研发声，广汇发展良策。策划制播11期电视议政栏目《幸福望城大家谈》，被“学习强国”采用。推送5篇社情民意信息被全国政协采用，另有5篇、7篇社情民意信息分别被省、市政协采用，并编发区级《社情民意反映》21期，收集“微建议”96条；利用参与服务中心、委员工作室等履职渠道，引导政协委员和政协工作者在协调关系、化解矛盾、理顺情绪、促进和谐方面争相奉献，集中宣传解读党的路线方针政策和各级决策部署，不断强化共同目标的思想认同、行动自觉。加强与各党派团体和各界人士沟通联系，搭建各类协商议政、视察调研、联络联谊、学习讨论平台，吸纳逾千人次参与政协履职；密切与上级政协组织纵向联系和与兄弟政协组织横向联系，接待各类调研考察30余批次，积极推介和展现望城最美模样。

【建言资政】 2020年，区政协认真贯彻区委“望城大调研”部署要求，围绕“公共卫生防疫体系建设”“中小微企业发展”“黑臭水体治理”“文化旅游高质量发展”“破解公立幼儿园入园难”5个课题，深入调研、认真分析、集体讨论、精准建言，形成调研报告呈送区委、区政府供决策参考；以区政协二届五次会议为平台，围绕“先进制造业高地打造”“科技型中小企业引进和培育”“水电气综合改革”“村级集体经济发展”“社区治理能力和服务水平提升”5个课题组织调研，力争全会发声质效并重。

【民主监督】 2020年，区政协紧盯助力现代化新望城建设提质，开展民主监督。连续四年围绕区直部门服务社会投资项目情况开展民主评议，重点走访调研70余家中小微企业，收集106条问题建议，以主席会议视察、调研座谈、调研报告等形式开展民主监督，落实监督监在关键处。

【委员主体作用发挥】 2020年，区政协强化自身建设，在强基固本激发活力中展现“政协风采”。围绕习近平总书记“懂政协、会协商、善议政，守纪律、讲规矩、重品行”要求，坚持务实创新推进履职能力建设，努力打造适应现代化新望城建设要求的政协队伍。以共同事业推进激发履职热情。立足新时代新使命，引导广大政协委员和政协工作者，以改革创新精神谱写新时代望城政协工作新篇章，推动理论研究、制度建设、平台搭建、履职实践等迈出新步伐，以共同事业凝聚人。以开拓创新提升履职能力。加强履职方式创新，以协商为中心，统筹运用协商议政、视察调研、学习联谊、提案工作、社情民意、微建议等各种履职手段，探索履职一体化设计、成果一体化运用；加强履职平台创新，充分运用“政协云+”全媒体矩阵，不断拓展民主评议、智慧委员工作室等工作空间，刘云峰委员工作室被省政协授予“湖南省示范性委员工作室”。以严管厚爱强化责任担当。完善委员履职量化考核管理，并有效运用到评先评优与委员调整中，实现激励与约束并重；提升委员履职能力，以集中培训、日常线上业务学习、参加履职实践提升等方式，不断提高委员政治把握能力、调查研究能力、联系群众能力、合作共事能力；坚持党要管党，全面从严治党，落实“一岗双责”，压实党风廉政建设主体责任，强化意识形态工作责任制，增强文体活动密度，活跃政协文化，全区广大政协委员和政协机关干部队伍务实勤勉、服务奉献的意识不断增强，彰显出新时代人民政协新气象。

2020年3月，《望城文化印谱》展示区（肖艳 摄）

【提案工作】 2020年，区政协以重点提案推动发展提速。加大省、市、区三级重点提案提办力度，以政协方法为发展热点问题献出实招。《推进社区多元共治，提升城市幸福指数》被推为市政协大会发言并转化为重点提案，长沙市委副书记、市长郑建新亲自领办并带动20余个市直部门参与落实；《支持长沙铜官窑打造湖湘文化核心景区》被推为市政协重点提案，获时任市委书记胡衡华批示；共提交省级提案2件、市级提案6件，为望城发展争取了有力外部支持。围绕委员提案办理这一关键环节，着力构建“区委、区政府主要领导高度重视、区政府分管领导亲自领办、区政协主席会议成员重点督办、区委办区政府办区政协办联合督办、各级各部门全力承办”的提案工作办理格局，区政协二届四次会议后的77件立案提案面商率、答复率均达100%，推动落实一大批发展大事、民生实事。

【文史工作】 2020年，区政协策划制播20期文史电视专栏《望城故事》，全部被“学习强国”平台采用，向外界展现望城厚重历史人文；组织“雅诵经典 笑迎重阳”国学经典进社区书堂山专场活动，以中华优秀传统文化感召人、滋养人、凝聚人；编印文史书籍《望城文史拾遗》，深度挖掘湮没于文献古籍中的望城文史资源；收集整理长沙铜官窑海外传播相关资料，为铜官窑作为海上丝绸之路重要支点提供文史史证；编辑整理《望城历代诗赋词联曲选集》（第三卷），留存望城诗词领域珍贵遗存；编印《望城民俗集（语言文艺）》，为望城留下时代记忆；《望城文化印谱》获评省政协《文史博览》“走过60年·我们的文史资料”特等奖入围奖，文史工作“存史资政团结育人”功能得到充分发挥。

重要会议

【政协长沙市望城区第二届委员会第21至第23次常委会会议】 2020年4月24日，区政协常委会专题视察全区精准扶贫工作暨21次常委会会议在茶亭镇人民政府机关三楼会议室召开。先后到山亭阁中华蜂养殖产业扶贫官塘坡基地调研产业扶贫项目、茶亭镇卫生院调研健康扶贫“一站式”结算，听取区农业农村局关于全区精准扶贫有关工作情况的汇报，对全区精准扶贫情况进行详细的了解与分析，提出宝贵意见和建议，会议还审议铜官区政协委员、常委调整等事项。

2020年5月28日，区政协常委会“盘活闲置存量 推动要素效能高质量”专题协商会议暨22次常委会会议在雷锋大剧院二楼主席团二会议室召开。区政协副主席蔡锋作“盘活闲置存量 推动要素效能高质量”专题协商主题发言，邓皓、傅集雅、胡再明、欧洋、李瑞汉5名委员代表进行协商发言，工信局、财政局、资规分局、国资中心等部门负责人进行表态发言。

2020年9月9日，区政协二届23次常委会会议召开。会议协商《望城区“十四五”规划基本思路》，审议通过《政协长沙市望城区委员会提案工作规则（审议稿）》，决定区政协人事任免事项，还审议通过区政协委员、常委调整等事项。

（本栏撰稿：冯 恋）

中国共产党长沙市望城区纪律检查委员会 长沙市望城区监察委员会

责任编辑 ◎ 宁利宏

综 述

【概况】 2020年，中共长沙市望城区纪律检查委员会（以下简称区纪委）和长沙市望城区监察委员会（以下简称区监委）合署办公，实行一套工作机构、两个机关名称，履行党的纪律检查和国家监察两项职责。区纪委监委机关设办公室、组织部、宣传部、党风政风监督室、信访室、案件监督管理室、第一至第六纪检监察室、案件审理室、纪检监察干部监督室等14个内设机构。其中党风政风监督室加挂问责工作办公室，第一纪检监察室加挂望城区委反腐败协调小组国际追逃追赃工作办公室，案件审理室加挂申诉复查办公室。成立纪检监察信息中心1个二级机构。区委成立巡察工作领导小组、巡察办，区委巡察工作领导小组设在区纪委。

2020年，全区各级纪检监察机关忠诚履职尽责，服务中心大局，推动全区政治生态持续向好，推动纪检监察工作高质量发展。望城区连续三年获市对区（县）党风廉政建设责任制考核一等奖，在全省扶贫领域腐败和作风问题专项治理工作考核中连续3年获评一类单位。

【监督执纪】 2020年，全区处置问题线索1249件、立案184件、结案143件、处分138人，查处乡科级干部17人，高质量完成指定管辖案件5件。运用“四种形态”处理1225人次，第一、二、三、四种形态分别占比88.3%、7.7%、1.6%、2.4%，实现监督执纪由“惩治极少数”向“管住大多数”拓展。创新同级监督，提请区委召开“四大家”班子成员教育提醒会议，推动同级监督从“有形”向“有效”转变，《长沙晚报》以“‘扯袖子’+‘牵鼻子’+‘双反馈’”为题头版专题报道；推动落实主体责任提醒函制度，区领导对分管领域谈话518人次；紧盯“关键少数”，更新录入领导干部廉政档案信息135条；严把廉政意见回复关，累计回复干部任用、评优评先等3191人次，对100人出具否决意见；开展“一月一主题”督查，全年发现问题138个，发出提醒函33份，问责23人，处分11人；完善监督体系，区监委向14个街镇派出监察办公室，打通国家监察“最后一公里”；142个村（社区）纪检小组568名小组成员在换届中同步到位，“一组三员”监督体系的构建，确保小微权力运行贴身监督全覆盖；监督质效提升，通过监督提升行业治理效能，推动卫健系统优化医疗服务，成功应对新冠肺炎疫情重大考验。督促住房保障服务中心出台新的物业维修资金管理办法，护好用好物业维修资金。以案促治，要求相关单位汲取湖南拓宇混凝土质量事件系列案教训，出台“一评三看”制度，不断加强全区建筑质量管理。

【反腐工作】 2020年，区纪委监委“三不”（不敢腐、不能腐、不想腐）机制同向发力。坚持有腐必惩，突出对“一把手”和关键岗位党员干部腐败案件的查处，严厉惩处区市容环境卫生维护中心原主任肖某某严重违法等腐败典型，坚决查处涉湖南拓宇混凝土质量事件系列案等一批关键岗位党员干部。统筹运用党性教育、政策感召、纪法威慑，乔口派出所原教导员袁某某主动交代问题，区住房保障中心原党组成员、副主任肖某某主动投案，不敢腐的震慑持续强化。坚持查处一案、警示一片、治理一域，推动以案促改，全区发出纪检监察建议书13份，督促出台10余项相关制度，标本兼治综合效应更加凸显。提升处分决定宣布警示效果，推动处分决定“一张纸”变为廉政教育“一堂课”。

【“四风”问题整治】 2020年，区纪委监委整治形式主义、官僚主义，查处问题22起83人，处分45人。巩固治理“文山会海”，全区各类发文、会议、考核实现“三个比2019年下降”。跟进监督“一件事一次办”，督促下放审批权限、开展流程再造，政务服务效能全面提升；整治享乐主义、奢靡之风，严肃查处红包礼金、餐饮浪费、违规吃请、大操大办等问题，全区查处违反中央八项规定精神问题42起101人、处分65人，清退违规发放津补贴712万元，清理协会组织12

个。对近三年受处分的205名党员干部开展暖心回访，为15名干部澄清正名，弘扬担当作为新风气。

2020年5月11日，长沙市望城区第四届“5·10”党员领导干部廉洁从政警示教育活动在雷锋大剧院举行（区融媒体中心供图）

【专项整治】 2020年，区纪委监委围绕“三高四新”战略和43项重点工作，结合职责开展专项整治行动。开展“洞庭清波”专项行动，督促问题整改8个，深入推动禁捕退捕，涉渔“三无”船舶基本清零，拦河坝等重点水域非法捕捞现象基本制止，“守护好一江碧水”重要指示精神有力落实；开展违建别墅、农村乱占耕地建房问题专项治理，清理违建别墅105处，违法用地得到有效遏制；服务保障“大战大考”，完成10起新冠肺炎确诊病例流行病学调查；开通疫情信访举报专用热线，“五个当日”机制处置涉疫信访举报62件，满意率100%。严肃查处疫情期间7人违纪问题；开展“六稳”“六保”及“望城25条”专项监督，拍摄暗访片《风正扬帆踏征程》，推动解决影响营商环境、复工复产等问题37个，严肃问责5名党员干部，为经济恢复增长提供有力保障；护航脱贫攻坚决战决胜，开展“一季一专题”集中治理，深化对产业扶贫、农村饮水安全等9项专题整治，督促整改问题54个，湖南日报专题报道；开展基本民生保障专项治理，查处群众身边腐败和作风问题50起111人，退还群众资金36万元；督促推进扫黑除恶专项斗争，查处典型问题29起，立案23件23人，处分21人；健全提级办信、片区联动办信、定期通报讲评、跟踪督办等机制，规范应用检举举报平台处置子平台和平台基层版，全年受理信访举报量、越级访比2019年下降21.5%、22.5%；严把教育、警示、预防、监督、举报“五大关口”，4个区级换届风气监督组坚定护航，确保村级换届风清气正。

【巡察工作】 2020年，区纪委监委完成13轮对226个单位的巡察，走访9711人，发现问题3170个，移送线索273条，党纪政务处分126人，其中2020年移交两轮巡察线索共40件，党政纪处分16人，提前实现一届任期内巡察全覆盖；深化政治巡察，重点检视被巡察党组织“两个维护”落实和民生实事工程建设情况。全区查处违反政治纪律案件5起，确保党中央和省、市、区委重大决策部署落地生根；创新巡察方式方法，首次实施两批次三个单位的“巡审联动”；实行“区委授权、街镇组织、异地交叉、提级整改”的村级巡察新模式，传导全面从严治党的责任和压力；首次对10个单位开展巡察“回头看”专项检查，发出巡察交办函10份，推进巡察整改落地见效；配合省委巡视，立行立改问题25个。

【廉政宣传】 2020年，区纪委监委开展第四届“5•10”党员领导干部廉洁从政警示教育系列活动；组织第十四届廉政文艺下乡巡演；精心打造党性教育基地·廉政教育展馆、虢大湾廉政屋场和盘龙岭廉政文化示范点，浓厚全区廉洁文化氛围，教育引导党员、干部筑牢防线、严守底线、不碰红线。

【自身建设】 2020年，区纪委监委强化全员培训，举办综合能力提升主题班，“云课堂”培训350人次，组织全员测试3次，实战练兵140人次。分三批次召开调出纪检监察干部代表恳谈会，梳理落实建议意见25条。班子成员聚焦重点、难点牵头调研，形成调研报告11篇。设立纪检监察信息中心，有力推动纪检监察工作信息化建设。出台业务文书办理流程等内控制度，规范权力运行。建立健全纪检监察干部廉政档案库。邀请特约监察员代表，开展内部监督检查3次，严防“灯下黑”。

（本栏撰稿：陈　萌）

区委巡察

【概况】 2020年，中共长沙市望城区委巡察工作领导小组（以下简称区委巡察工作领导小组）下设中共长沙市望城区委巡察工作领导小组办公室（以下简称区委巡察办）和4个区委巡察组。区委巡察办是区委巡察工作领导小组的日常办事机构。主要承担传达贯彻中央、省委、市委、区委和区委巡察工作领导小组的决策和部署；巡察工作有关政策研究、制度建设等工作；统筹、协调、指导区委巡察组开展工作；对区委、区委巡察工作领导小组决定的事项及巡察移交事项进行督办；向区委巡察工作领导小组、市委巡察工作领导小组办公室报告巡察工作情况等职能。区委巡察组在巡察工作领导小组的领导下承担巡察任务，向巡察工作领导小组负责并报告工作。2020年完成区委第十二、十三轮巡察，提前实现区委一届任期内巡察全覆盖。第十二轮巡察中，派出9个巡察组对15个区直单位和4个街镇的24个村（社区）党组织开展常规巡察，走访谈话792人，收集问题553个，移送线索14条；第十三轮巡察中，派出13个巡察组对14个区直单位和48个村（社区）党组织开展巡察，共走访谈话1836人，收集问题440个，移送线索6条。

2020年7月，巡察8组在茶亭镇走访村民进行村级巡察（区委巡察办供图）

【政治巡察】 2020年，区委深化政治巡察，重点检视被巡察党组织“两个维护”落实和民生实事工程建设情况。对标上级巡视巡察规范，将巡察内容由“六围绕一加强”转变为坚持“三个聚焦”，在坚持落实上级要求不走样的同时，在工作中更加注重把握望城实际。在监督对象上更加聚焦区直二级机构、重点岗位和村居主职；在监督内容上更加聚焦政策落实、工程建设和民生保障资金；在监督方式上更加聚焦让专业的人干专业的事，充分发挥纪检、组织、宣传、审计等专职机关的专业优势。注重实践“两个维护”在基层落实的具体化，不搞上下一般粗，反对形式主义，在巡察中坚持把握政治要求、紧盯政治问题、注重政治效果，注重以小见大，如把以前采取的巡察集中测试改为提问融入个别谈话，从党员干部对党的知识和规矩的认知认同折射对党的情感，使识别更加精准。

【巡察整改“回头看”】 2020年，区委在全市率先开展巡察整改“回头看”，巩固巡察成果。5月，由区纪委副书记任组长、区委组织部副部长和巡察办副主任任副组长组成工作组，随机抽取本届区委已巡察的10个单位进行巡察整改情况“回头看”。通过“一对”（对巡察整改报告）、“一查”（查巡察整改资料）、“一看”（看巡察之后的工作推进情况），每个单位用3—5天的时间，采取“召开一次汇报会”“开展一次问卷调查”“谈话一批重点人员”“查阅一批凭证和资料”“查看一个重点项目”“撰写一篇报告”等“六个一”措施，召开汇报会10次，谈话98人，发放调查问卷632张，发现巡察反馈的198个问题，整改完成188个，整改完成率95%，下发巡察交办函10张。

【村级巡察新模式】 2020年，区委巡察办首次实施两批次三个单位的“巡审联动”，实行“区委授权、街镇组织、异地交叉、提级整改”的村级巡察新模式，有效有力传导全面从严治党的责任和压力。推进村级党组织巡察全覆盖，为打破熟人社会的干扰，使巡察更有质量、效果更明显，从十二轮巡察开始，进一步改进和完善村级巡察的组织方式，实行大交叉、双压实，授权茶亭、丁字湾、金山桥、铜官4个街镇党（工）委副书记为组长，对24个村（社区）开展交叉巡察；将村级巡察的巡察组织主体责任和配合巡察责任进一步压实到街镇党工委，通过对党委书记的“一对一”交办，为巡村的各组组长提供坚强保障。

（本栏撰稿：阙　硕）

民主党派

责任编辑 ◎ 宁利宏

中国国民党革命委员会

【概况】 2020年，中国国民党革命委员会望城支部（以下简称民革望城支部）有党员24人，其中：市政协委员1人，区人大代表2人，区政协委员1人。

【参政议政】 2020年，民革望城支部开展望城区村级集体经济发展实证研究课题工作，针对望城区农村集体经济提出相关对策与建议，并转化为区政协大会发言，该课题获评区委调研报告二等奖。承接民革市委重点课题，执笔《关于加快产业扶贫与乡村振兴有机衔接的建议》调研报告。报送社情民意9条，受到区内相关部门的高度重视。

【社会服务】 2020年，民革望城支部对接民革市委，为望城送来医用口罩，解燃眉之急。组织志愿者到田间地头采摘蔬菜，捐赠给园区企业和街道办事处，为隔离区域人员及时送上新鲜蔬菜。关爱抗战老兵，送去慰问金和新年物资，组织区人民医院志愿者为老人进行全面的健康体检。

【组织建设】 2020年，民革望城实行支委班子联系党员制度，每位支委班子对口联系5名党员，适时开展党员走访活动；组织开展“思政讲堂”和“走进程潜公馆”参观考察活动，组织党员集中学习，邀请市政协社情民意处处长车昭益就如何撰写社情民意进行授课。支部获民革市委会综合考评一等奖。

（本栏撰稿：丁亚玲）

中国民主同盟

【概况】 2020年，中国民主同盟望城区综合支部（以下简称民盟望城支部）有盟员22名，其中：市人大代表1人，区人大代表1人，区政协委员3人。2020年7月，中国民主同盟信息学院支部成立，现有盟员14人。

【参政议政】 2020年，民盟望城支部提升盟员履职能力，履行参政议政职能。组织盟员深入学习中共十九届四中、五中全会精神，深刻领会习近平新时代中国特色社会主义重要理论，认真传达学习中共中央习近平总书记在湖南考察时重要讲话精神；及时传达学习全国两会精神和省、市、区有关重要会议精神，及时掌握省、市、区情。积极参与区人大常委会、区政协常委会组织的“望城区学前教育发展现状”“望城区重点制造业创新能力”“农村集体经济组织发展”等专题视察。参加民盟市委组织的“关于长沙市智慧教育发展情况”课题调研，并提交调研报告；承担区委统战部“望城区企业发展全流程合规指导”课题调研，完成调研报告；牵头区政协“望城区中小企业发展现状和对策建议”课题调研，形成调研成果。高质量提交提案、议案、社情民意，区政协二届四次全会提交“关于加强全区楼盘消防安全的建议”等多件提案，并发挥很好的办理实效；“关于在新一轮国土空间规划编制过程中预留农业发展空间的建议”“进一步加大教育信息化建设投入，促进教育高质量均衡发展的建议”等社情民意，被区政府及有关部门采纳。

【社会服务】 2020年，民盟望城支部重点关注疫情防控，做实社会服务工作。响应民盟市委号召，在望城区委统战部指导下，支部参与“同心同向，抗疫同行——支持复工复产大后方”公益活动，募集新鲜蔬菜20余吨，送到946户一线医护人员家庭和16家企业和42个项目工地，用实际行动支持疫情防控和复工复产；支部全年募集爱心助学款12.96万元，累计帮扶152名贫困学子，支部班子固定帮扶困难学子1名。

【组织建设】 2020年，民盟望城支部加强组织建设，完成基层换届选举。多次与民盟市委和区委统战部汇报沟通，进一步优化组织架构，先期单独成立民盟湖南信息职院支部并将宁乡市盟员调出管理，再成立民盟望城区总支并完成综合支部换届。

（本栏撰稿：丁亚玲）

中国民主建国会

【概况】 2020年，中国民主建国会望城支部（以下简称民建望城支部）有会员23人。其中：市人大代表1人，区人大代表1人，区政协委员6人。

【参政议政】 2020年，民建望城支部完成《望城区科技型中小企业发展支持体系的研究》课题调研。

课题调研创新采用“民主党派＋政府职能部门＋企业负责人＋专家导师”的复合型调研模式，企业负责人在专家导师的指导下参与课题调研，使研究结论更具实际性和操作性。

【社会服务】 2020年，民建望城支部开展“一起加油”——大果油茶扶贫，完成杨家坪村7户贫困户42.67公顷大果油茶的帮扶种植，累计赠送大果油茶苗2800株、优质复合肥1000千克，现场技术指导3次，会员爱心投入3.2万元。与区法院扶贫组在铜官街道石渚村共建大果油茶种植示范0.8公顷，包括2年生大果油茶800株，油茶专用有机底肥9000千克，大果油茶专业技术培训和现场指导3次，大果油茶后期管护以及持续技术咨询服务3年。开展“圆梦飞行 翱翔蓝天”活动，帮助30位残疾人轮友卸下轮椅飞上蓝天，获得残疾人朋友的认可，得到多家媒体报道。

【组织建设】 2020年，民建望城支部组织开展支部集体学习，按时完成支委班子换届，在支部内设立活动、宣传、参政议政等小组，分工协作，激发主观能动性。制定《民建望城区支部会员积分制度》。梁茜、周云获得民建全省优秀会员称号，支部获全省先进基层组织及脱贫攻坚先进集体称号，谢治国获得民建市委会抗击新冠肺炎疫情先进个人称号，卢世魁、周灯文获得民建市委会脱贫攻坚先进个人称号，支部获评市级先进基层组织。支部会员周云的企业长沙青天寨生态农业有限公司成为长沙首批完成民建之家阵地建设的支部之一，成为长沙民建对外的一个展示窗口。

（本栏撰稿：丁亚玲）

中国民主促进会

【概况】 2020年，中国民主促进会望城支部（以下简称民进望城支部）有会员25名。其中：市政协委员1人，区政协委员5人。

【参政议政】 2020年，民进望城支部围绕中心搞调研，课题《以基层协商民主推进基层治理的探索与实践》获评区委调研报告二等奖。关注民生抓信息。继续发挥支部“选题制”工作模式优势，支部2020年收集社情民意30条，其中24条转化上报民进会市委，被民进中央、省政协采纳3篇，被市政协采纳和批示1篇。围绕实效做监督，杨婷、耿璐获评民进全市履职能力建设先进个人。

【社会服务】 2020年，民进望城支部继续做好“温暖同行”品牌，持续7年开展“情系玉树、温暖同行”寒衣、夏衣捐赠活动，向青海玉树州称多县珍秦镇中心寄校捐赠爱心衣物6000件，书籍600余册。做好“结对帮扶学子”品牌，支部会员联系结对帮扶20名贫困学子。打造“阅读梦飞翔”品牌，支部在望城区一师斑马湖小学、星城实验小学、师大附中星城实验学校第一小学、桥驿明德中心小学等基地引进“阅读·梦飞翔”项目，受益中小学生6000余人。

【组织建设】 2020年，民进望城支部持续强化支部建设。全年召开3次专题学习，参加区委统战部组织的集体学习与调研活动3次，组织7名会员参加会市委、区委统战部组织的培训。以“不忘初心、凝聚共识”为引领，完成支部换届任务。严格落实支部会员履职考评管理办法和实施细则，构建支部工作管理台账，将会员日常参会学习、社情民意撰写和履职等工作细化量化，每年度进行支部会员单项奖励和优秀会员评比。支部获全市综合考评二等奖、全市履职能力建设先进集体。

（本栏撰稿：丁亚玲）

中国农工民主党

【概况】 2020年，中国农工民主党望城支部（以下简称农工党望城支部）有党员21名。其中：市人大代表1人，区政协委员1人。

【参政议政】 2020年，农工民主党望城支部立足本职工作，不断强化参政议政能力。完成《生态控制线——守住乌山“生命线”给长沙人民留下永远的绿色空间》调研报告。支部主委在长沙市十五届人大二次会议领衔提交297号建议——《关于加快启动长沙固废场周边村民环保搬迁的建议》，并联名提交266建议——《关于铜官港区设立二类口岸的建议》、264建议——《关于加快汉长沙王陵公园规划建设的建议》等多项提案。

【社会服务】 2020年，农工民主党望城支部履行社会责任，开展扶贫帮困社会服务。医卫系统党员陈志鑫获得中国农工民主党湖南省委授予的“新冠肺炎疫情防控工作先进个人”荣誉称号。每年1.2万元资助3位优秀的贫困大学生，其中一直受资助的贺添喜从华中师范大学毕业成为一名光荣的人民教师；杨倩从中南民族大学考取中国医药工业研究总院研究生。

【组织建设】 2020年，农工民主党望城支部强化思想建设，筑牢共同思想政治基础。参加农工党市委庆祝中国农工民主党成立90周年知识竞赛和健康健身运动会，取得知识竞赛第一名的优异成绩。选送党员余若鹏、王志来、周垚、曾智参加区委统战部组织的党外干部培训班。支部严格按照农工党市委的要求，完成换届。建立和完善各项规章制度，形成保持支部活力的长效机制。支部获评庆祝中国农工民主党成立90周年表彰评先活动“先进基层组织”，多名党员获评“优秀党员”。

（本栏撰稿：丁亚玲）

中国致公党

【概况】 2020年，中国致公党望城综合支部（以下简称致公党望城支部）有党员24人。其中：市政协委员3人，区人大代表2人、区政协委员5人。

【参政议政】 2020年，致公党望城支部积极参政议政，打造有为支部。支部党员共计撰写建议、提案4篇。其中市政协委员向章平撰写的《关于推进全市集体经济发展的提案》、市政协委员李金美撰写的《关于尽快启动建设地铁1号线望城段的提案》、区政协委员刘云峰撰写的《关于扶持民营医院的提案》、区人大代表沈佳撰写的《关于进一步细化商业楼盘物业管理的建议》等，均已立案办理。支部对如何撰写社情民意进行专题讲座辅导，上报社情民意7篇。会同区人社局承接区委重点调研课题，《望城区产业技术工人供需现状与政策分析》获评区委调研报告二等奖。

【社会服务】 2020年，致公党望城支部奉献服务社会，打造担当支部。助力疫情防控，共度时艰，支部捐资捐物合计超过320万元，其中党员王露的企业欧比佳乳业向疫情严重的湖北省捐赠物资300万余元，支部党员沈佳个人捐赠口罩4000个、现金2.9万元，党员胡再明组织企业为援鄂医护人员家属免费派送日用蔬菜。助力决战决胜脱贫攻坚，支部结对贫困村新康长联村，持续两年开展“圆梦微心愿”助贫活动，全年组织资金1.2万元，帮助10户贫困户完成“微心愿”，对8名贫困学生进行资助。

【组织建设】 2020年，致公党望城支部加强组织建设，协调、利用人大、政协、统战各种平台，引导党员顺势作为，提高党派工作水平。政协委员刘云峰工作室获省级示范工作室荣誉；王露、沈佳担任区人大代表期间，表现突出，当选为区人大专门委员会兼职委员；政协委员李金美、胡再明、刘云峰等，均为区政协集体提案的撰稿人或发言人；党员段雨汐主动对接统战部、侨联等相关单位，利用海梦岛双创基地平台，探索开展“五侨联动”工作，实现党员工作平台与侨联、区商事服务中心的有效对接。将每个月最后一周的周五定为“党员走访日”，定期开展党员走访活动，全年组织支部党员走访7家党员企业，帮助党员解决力所能及的困难，协调对接党员企业法律顾问、建设用地、纳入政府采购目录等多项问题。支部获评省级优秀支部。

（本栏撰稿：丁亚玲）

九三学社

【概况】 2020年，九三学社望城区一支社有社员17人，其中市人大代表1人，区政协委员1人；二支社有社员16人，其中区政协委员3人。

【参政议政】 2020年，九三学社望城支社围绕中心服务大局，参政议政卓有成效。社员参与撰写《关于高品质推进滨水新城大泽湖片区产业发展的思考》调研文章，以实际行动全面落实区委城市工作会议精神。《望城经开区工业用地效益研究》获评望城调研报告三等奖。二支社开展“和衷共济，做团结奋进的一家人”主题讨论活动；参加望城区“中运量专项规划”评审；社员赵月明参加湖南省粮食和物资储备局对口联系工作，围绕粮食安全工作深入探讨，并撰写《提高综合生产能力，确保粮食安全的建设》供社省委领导参考。社员刘晓云参与望城区红色文化资源保护与利用大调研，建设雷锋大数据网上平台。支社上报信息6条，提交“关于望城区建筑垃圾资源化利用的建议”“将地理标志性产品‘乌山贡米’做大做强的建议”“别因报名费把准博士生拒之门外”“中小企业发展问题及对策和建议”“关于2月底3月初疫情防控和复产复工的若干建议”等。

【社会服务】 2020年，九三学社一支社发挥优势突出特色，社会服务注重实效。积极响应区委统战部号召，发动社员踊跃捐款奉献爱心，以实际行动支援抗疫斗争，一天内就筹集捐款5900元。多名社员到企业、基层一线投身社区防疫以及协助企业复工复产工作，赢得企业和人民群众赞誉。二支社积极组织抗击新冠肺炎爱心捐款及“精准扶贫践行动，爱心助学暖金秋”主题活动，同社市委到黄金园街道黄金园村开展脱贫攻坚民主监督调研并慰问3户贫困户。

【组织建设】 2020年，九三学社一支社强化措施周密部署，组织建设健康有序。完成换届工作并做好新领导班子培训，参加市委统战部、市九三学社组织开展的各类领导班子培训班。建立起九三学社后备人才库，重点跟踪在党政机关工作的社员和教育、法律、农业等领域中的技术业务骨干，制定单位与党派共同培养计划。一支社完善学习机制，组织开展4次集中理论学习。组织新加入社员参加市委统战部组织的2020年各民主党派新成员培训班，推荐5名社员参加“党外代表人士综合素质提升培训班”“九三青训营”（第二期）“统战干部培训班”等各类培训，社员综合素质得到进一步提升。参加市委组织的“畅游美丽乡村 体验传统文化”等活动，增加社员和其他支社之间横向交流，增强组织的凝聚力。二支社持续开展“不忘合作初心，继续携手前进”主题教育活动，组织青年社员参加社市委“九三学社创建75周年庆祝大会暨九三青训营”（第二期）培训班和区委统战部“党外人士综合素质提升班”。开展“牵手雷锋故里，重走雷锋之路”主题教育活动；参加社市委庆祝九三学社创建75周年活动讲好中国故事之“九三精神”故事宣讲视频制作；开展“重温革命历史，学习红色文化”等主题活动。

（本栏撰稿：丁亚玲）

群众团体

责任编辑◎宁利宏

区总工会

【概况】　2020年，区总工会机关内设办公室，有机关干部职工5人；下辖工人文化宫，有职工7人；全区辖13个系统工会，45个直属工会，15个镇（街道）、园区工会联合会；全区有基层工会1419个，会员11万余人。

【基层工会组织建设】　2020年，区总工会坚持党建带工建，加大“两新”组织、楼宇商圈工会的组建力度，积极推动小微企业职工、农民工、“八大群体”入会。全区新建工会组织116家，新增工会会员3967人，完成市总工会下达的全年组建任务。推荐雷锋纪念馆工会申报湖南省模范职工之家；推荐长郡斑马湖中学工会、新华联铜官窑工会、湖南元拓建材有限公司工会、湖南鑫永生科技发展有限公司工会等4家单位申报长沙市模范职工之家。湖南泰嘉新材料科技有限公司在2019年创建长沙市“EAP”（员工关爱计划）达标单位基础上，2020年继续申报全市示范单位。区总工会把基层工会干部培训作为重点为基层工会干部提供菜单式、个性化培训，组织全区工会主席、工会干部200人次参加上级工会开展的岗位轮训。12月22—23日，组织举办望城区2020年工会干部培训班。进一步加强社会化工会工作者、工资集体协商指导员、职工志愿者队伍建设，12月底，召开全区社会化职业工会工作者考核述职讲评会。

【职工技能提升】　2020年，区总工会开展劳动竞赛和技能比武。围绕全区产业发展和重点项目建设的战略部署，结合企事业单位用工需求，大力开展“十行状元、百优工匠”“岗位练兵”“技能比武”等多种形式的劳动技能竞赛活动。举办望城区焊工、维修电工技能竞赛暨长沙市2020年“十行状元、百优工匠”望城区选拔赛，全区20余家重点企业的45名选手参加比赛，选派获得本次比赛前5名的选手参加长沙市的决赛，丁字建设集团的叶一枝、望城区移动公司的李帅分别获全市钢筋工、信息网络布设“百优工匠”称号。联合区卫健系统工会、区教育系统工会举办卫健系统劳动竞赛、“星城杯”教学竞赛；指导湖南泰嘉新材料科技有限公司工会举办第六届岗位技能竞赛，为全区先进制造业高质量发展培育技能型人才。贯彻落实区委、区政府关于做好“六稳”、全面落实“六保”工作的要求，在加大援企稳岗中发挥工会组织的作用，实施“薪火”培训工程。全区举办“抖音直播带货”电子商务、低压电工、茶艺师和礼仪培训班6期，培训相关企业营销人员、铜官手艺人、区内种植养殖大户、困难职工（农民工）共计600余人，进一步提升全区广大职工的职业技能和综合素质。

【职工维权帮扶】　2020年，区总工会推动企业普遍建立职代会，实现国有、集体及其控股企业、事业单位厂务公开和职代会建制率达100%，已建工会的50人以上企业建制率达到90%。深入推进企业工资集体协商，全区新签订协议企业数719家，50人以上规模企业全覆盖，完成市总下达的任务。开展全区工资集体协商质效评估大竞赛活动，推荐湖南湾田实业有限公司工会、中阀科技（长沙）阀门有限公司工会2家基层工会申报长沙市工资集体协商典型企业。加强工会劳动关系监测点建设，广泛开展法治宣传和法律公益服务活动，举办全区“尊法守法·携手筑梦”公益法律服务活动，现场发放法律宣传资料5000余份，接受法律咨询500人次，促进全区劳动关系朝着和谐稳定的方向健康发展。持续推进“双联”和城市困难职工“脱困解困·相约20”工作，借助“社会力量”壮大工会帮扶力度，积极与社会公益基金、爱心机构和个人对接，联合湖南春城公益基金会、湖南朝阳公益基金会等两家公益机构，为全区建档立卡户提供近20万元的帮扶资金，以及数量不等的公益岗位，对政府和工会的帮扶政策进行有益补充，确保全区17户城市困难职工建档立卡户年底之前全部脱贫。11月，根据望城区全国级困难职工谭志军为原型改编的情景剧《一封特殊的来信》代表长沙市在“决胜小康·奋斗有我”2020年全省职工主题阅读活动分享会上演出。工会“四送四助”活动全年筹集资金45万元，救助困难职工400余人次。组织全区在职职工17647人积极参加全市职工医疗（住院）互助计划，组织女职工7301人参加女性特殊疾病防癌保险，发放医疗补助金13.92万元。下拨专项慰问补助资金248万元，为全区110余家基层工会，共8300余名工会会员发放疫情特别消费慰问券；动员全区工会组织提前发放工会节日福利慰问电子消费券。

【职工文化活动】 2020年，区总工会开展“送书进机关、进社区、进企业”活动，重点打造一批具有特色的“职工书屋”，全年新建“职工书屋”5家，其中白沙洲街道同心园社区工会申报长沙市职工书屋示范点。继续加强母婴关爱室建设和管理，推广爱心托管工作，在新华联铜官窑打造母婴关爱室2个，推荐贝拉小镇申报长沙市儿童友好型企业。支持区文旅广体局对郭亮烈士纪念园进行改扩建，进一步擦亮红色品牌。丰富职工业余文化生活。3月，组织全区各类先模人物40余人开展“劳动最美、乡村最美”乡村旅游主题活动。相继举办“红红火火过大年•志愿者服务进社区”文艺演出活动、全区职工“筑梦新望城、礼赞劳动美”摄影大赛、“航空工业•起落架杯”职工乒乓球比赛和全区第六届机关事业单位职工羽毛球邀请赛；12月10日，在雷锋纪念馆举办纪念雷锋同志80周年诞辰，全区工会系统“学习雷锋精神，做新时代产业工人”故事分享会活动。

2020年12月10日，区总工会举行“岗位学雷锋·发展在望城”演讲分享会

（区总工会供图）

【劳动模范选育】 2020年，区总工会“五一”期间，结合复工复产、恢复社会秩序的主题，开展全区“工人阶级宣传月”活动。与融媒体中心合作，开设“弘扬工匠精神•唱响劳动者之歌”劳模抖音直播带货活动，着重宣传铜官陶瓷行业工匠们的精益技术。做好全国、湖南省劳动模范、先进工作者的推荐评选工作，石为获湖南省先进工作者称号；陈述任获湖南省劳动模范称号。开展全区劳动模范生活调查，组织部分市级以上劳模参加全市劳模疗休养活动。开展劳模工匠师徒“结对子”活动，创建“劳模和工匠人才创新工作室”1家。成立望城区“两英一模”志愿者服务队，充分发挥全区各级劳模和广大志愿者的职业技能，开展形式多样的志愿服务活动4次，推动实现志愿服务制度化、常态化。

【抖音直播带货电子商务培训班】 2020年6月2日，长沙市望城区总工会举办的抖音直播带货电子商务培训班在区职业中专学校开班。省、市总工会相关领导出席开班仪式。望城区总工会加大援企稳岗中发挥工会组织的作用，深化“一户一产业工人”培养工程、创新“薪火”培训工程、举办一系列职工技能培训班。培训前，区总工会走访新华联铜官窑古镇、铜官陶瓷行业和蔬菜、荷花虾、水果等种植养殖企业，了解广大职工的培训需求，加强教学的针对性，同时精心挑选培训机构和师资，以保障培训班教学效果。本次培训主要围绕抖音直播带货为中心，邀请湖南网红公社的新媒体运营达人进行授课。课堂上，运营达人采取“案例+理论+实操”的模式，围绕抖音电商店铺开启、直播引流、直播带货攻略等多个方面进行详细讲解。专业老师手把手教辖区内种植养殖大户、铜官手艺人、就业困难者等重点群体拓宽农产品销售渠道，提升销售技能。

【“岗位学雷锋·发展在望城”演讲分享会】 2020年12月10日，望城区工会系统在雷锋纪念馆举行“岗位学雷锋•发展在望城”演讲分享会活动。湖南雷锋纪念馆、望城区消防救援队大队雷锋班、望城区志愿者协会等9家单位的宣讲员分享各自岗位传承雷锋精神的故事。望城区消防救援大队雷锋班班长张定轩以《“万能战士”的雷锋日记》为主题进行演讲；澳优乳业（中国）有限公司谢桓以《践行雷锋精神，澳优人一直在路上》为题，讲述作为植根在雷锋家乡的企业对雷锋精神的独特理解，用爱心和善行践行着企业的社会责任。全区各级工会组织和工会干部积极践行雷锋精神，打造“薪火”培训志愿服务项目和城市困难职工“脱困解困相约20”品牌，创新“雷锋家乡学雷锋”活动的形式，团结动员广大职工立足本职岗位，发扬“螺丝钉”精神，做新时代产业工人。

（本栏撰稿：万　可）

共青团长沙市望城区委员会

【概况】 2020年，共青团长沙市望城区委员会（以下简称团区委）加挂区希望工程办公室、区未成年人保护及预防青少年违法犯罪领导小组办公室、区志愿者行动领导小组办公室、区少年先锋队工作委员会办公室、区青年职工工作委员会办公室、区青年联合会秘书处、区注册志愿者协会秘书处等牌子。截至2020年12月，全区14~35岁的青年14.31万人，其中共青团员10535人，占青年总数的7.36%。基层团委34个，团总支8个，团支部562个。

【“雷锋号”品牌建设】 2020年，团区委持续建设“雷锋号”品牌项目。在原有的15个“雷锋号”青少年关爱家园站点基础上，新增望府路社区等7个站点，共招募、引进6家专业社会组织参与站点建设；项目已覆盖14个街镇，22个村（社区），累计引进优秀志愿者1300人次，提供志愿服务8000小时，服务青少年28000余名，群力村、天鹅塘社区等站点被《人民日报》、新湖南等媒体宣传报道。优化“雷锋号”青年学院，依托“青年之家”云平台，针对不同领域青年群体的学习要求，开发“雷锋号”青年学院综合素质提升课程，累计开展培训活动4次，服务青年600余人次。召开长沙市望城区青年志愿者协会成立大会，完善志愿服务队伍管理，依托“志愿汇”App服务平台，建立下属志愿组织105家，完善“‘雷锋号’青年志愿服务队+分队”组织架构，有1855人完成实名注册，累计开展志愿服务时长3407小时。

2020年12月3日，长沙市望城区青年志愿者协会成立大会暨纪念雷锋同志八十周年诞辰主题活动在区委党校举行（余盈 摄）

【青年创业就业】 2020年，团区委推进青年创业就业工作，引导青年主动投身乡村振兴。推进农村青年人才“领头雁”回乡计划，推树农村创业青年张兰芳获评十一届“全国农村青年致富带头人”，“俊仔多肉”谭俊被《人民日报》专题报道；联合望城龙虎生态、广源种植等知名农业企业，湖南农大、中南林科大等省内知名高校，湖南农商行望城支行、芙蓉北路支行等银行机构，共44家单位发起成立望城区青年农业创业者联合会。团组织发挥联系青年优势，征集人才需求、对接高校团委、开展线上招聘等措施，实现企业用工和人才求职供需精准对接，帮助200余名高校毕业生足不出户解决就业难题。开展大学生返乡创业座谈会，20余名创业代表和返乡青年代表共同分享创业就业经历。

【关爱帮扶青少年系列活动】 2020年，团区委承办长沙市2020年“爱心捐赠零花钱 关爱困难小伙伴”主题活动启动仪式，全区共募集爱心款40万余元；联合社会组织、爱心企业到农村小学开展关爱留守儿童活动，共捐赠100余套文具和语音机器人；开展“芙蓉学子”“湘窖学子”“茅台学子”“长沙市农商行‘爱心成就梦想’秋季助学”等系列助学活动，累计助学资金34.6万元，累计帮助68名贫困学子圆梦大学。

【纪念五四运动系列活动】 2020年，团区委开展纪念五四运动系列活动。举办“望城青年说·清廉的力量”演讲比赛，累计81位优秀青年参与比赛，超过1万人通过现场直播观看比赛。在广大青年干部群体中牢固树立“用党的最新理论成果武装头脑”的思想，进一步加强青年干部理想信念教育和廉洁从政教育，引导青年干部讲党性、重品行、做表率，展现雷锋家乡青年干部的青春风采。开展“团团一起陪你过五四”活动，走访慰问医院、快递、建筑工地、外卖等基层一线青年工作者100余人，向“五一”小长假期间仍坚守在一线岗位的青年致敬，共庆“五四”青年节，共同传承五四精神。

（本栏撰稿：孙　澜）

区妇女联合会

【概况】 2020年，长沙市望城区妇女联合会（以下简称区妇联）下辖14个街镇妇联，80个机关妇委会（妇代小组），142个村（社区）妇联，有女企业家（企业家贤内助）协会、中国旗袍协会望城分会、长沙市望城区慧源家庭综合服务指导中心、刘妈妈工作室4个团体会员。

【妇联组织建设】 2020年，区妇联坚持党建带妇建，全面加强妇女组织建设。10月29日，召开长沙市望城区第二次妇女代表大会，选举产生新一届妇联执行委员会，专、兼、挂领导班子结构更加优化。创建月亮岛街道桃花井社区等3个市级“示范妇女儿童之家”、高塘岭街道湘陵社区等8个区级“示范妇女儿童之家”“一站点一特色”妇女儿童工作品牌不断涌现。联合区委“两新”工委出台《关于在非公有制企业和社会组织中坚持党建带群建的五条措施》，新建“两新”妇女组织57家。认真开展“望城大调研”，撰写《关于做实婴幼儿早教服务，助推基层社会治理的探索与实践》调研报告，落实相关成果运用。

【妇女创新创业】 2020年，区妇联开展“勇担使命作表率，建功岗位树标杆”活动，举办妇女干部培训班1期，创评区级“巾帼文明岗”10家，区人民法院办公室等2个单位及天鹅塘社区党总支书记雷瑶分别获评市级巾帼文明岗、市级巾帼建功先进集体（标兵）。望城区心脑血管病专科医院等4个单位分别获评长沙市三八红旗集体、市级家庭工作先进集体；刘建华等5人分别获评长沙市三八红旗手、家庭教育工作先进个人。指导百果园等3家单位创评市级“巾帼双创示范基地”“巾帼现代农业科技示范基地”。撰写《望城区女性合法权益维护及参与决策管理情况分析》投稿《望城参考》，为区委决策部署提供重要依据。区妇联推荐黄药子铺酒庄等企业参加省妇联庆“七一”巾帼助力脱贫直播带货活动。疫情期间，举办育婴师、花艺、新媒体短视频等专题培训和“巾帼抗疫微课堂”21期，为妇女创业就业和素质提升搭建平台。开展“春暖望城 爱在我家”畅游打卡、“出手吧 姐姐”农产品直播带货、“爱心助农 巾帼在行动”等活动30余场，全力助力复工复产和全域旅游示范区创建。开展线上线下各类志愿服务和“巾帼筑梦”素质提升课程100余场次。积极挖掘推介先进典型，表彰2019年度区级“五好”及提名人选66人；李觉军等15户家庭获评长沙市“最美家庭”“五好家庭”。

【妇女儿童权益维护】 2020年，区妇联优化“行专结合”望城婚调模式，全年调解申请离婚夫妻1046对，调和476对，调和率达45.5%，为808对新人进行婚前辅导；通过培训学习、分组实习和轮岗服务，30名志愿者通过考察正式成为婚调志愿者，在望城区2020年婚调工作督导会议上，15名年度优秀婚调志愿者受到表彰。开展“建设法治长沙 巾帼在行动”法治巡讲和“花漾年华”青春期安全教育活动，举办反家暴、安全教育、禁毒、民法典等普法讲座38场。开通疫情期间“心理服务热线”，提供心理疏导、减压、危机干预等服务20余次。在全市率先出台《长沙市望城区反家暴联席会议制度》。配合市妇联、区检察院、区公安分局，协助相关街镇开展涉案妇女权益保障服务7次，助推“平安望城”建设。开展“关爱‘她’健康，守护幸福家”系列活动、“乳此美丽 一路通行”公益项目等16场，8993名农村适龄妇女和城镇低保对象接受“两癌”免费筛查民生实施项目。全年为576名贫困妇女儿童、疫情防控一线女干职工、困难群众等发放慰问救助金81.6万元。

【留守(困境)儿童常态关爱】 2020年，区妇联开展“呵护童心 携手同行”等专场帮扶活动3场，招募108名爱心妈妈与望城区、龙山县困境儿童“一对一”帮扶；“爱心妈妈”刘建华疫情期间照顾“落单”儿童的感人事迹，得到《人民日报》等中央和省、市、区媒体的高度关注，“爱心妈妈”巾帼志愿者服务品牌效应逐步显现。继续统筹推进0~3岁婴幼儿早期综合发展项目，争取到联合国儿童早期发展社区家庭支持项目（ECD）在10个社区实施，培育本地志愿者参与志愿服务380人次；开展线上和线下家教指导、特色课程、亲子早教等公益活动340余场次，服务3600余组家庭。依托新时代文明实践家风家训支队，举办“接过雷锋的枪——大手牵小手 同做志愿者”纪念雷锋80周年诞辰系列活动。

【联合国儿童早期发展社区家庭支持项目落地望城】 2020年，区妇联争取联合国儿童早期发展社区家庭支持项目（简称：ECD项目）落地望城区，首批在高塘岭街道、月亮岛街道、金山桥街道、丁字湾街道等街镇辖区内的10个社区推进试点工作，以购买服务方式委托专业社会组织运营，着力打造“一社区一方案、一站点一特色”，项目实施后，累计开展社区公益早教125次，父母课堂15次，开展主题亲子活动40场次、入户指导60人次，服务家长及儿童3660人次，为广大家庭提供科学、精细、专业的家庭教育服务指导。

【区妇女第二次代表大会】 2020年10月29日，长沙市望城区妇女第二次代表大会召开，长沙市妇联党组书记、主席文方，望城区委书记刘拥兵等出席大会。全区各领域的213名妇女代表和应邀参会的特邀嘉宾共商妇女事业发展大计，共谋妇女事业美好蓝图。望城区妇联党组书记、主席刘群英作题为《勇

2020年11月，联合国儿童早期发展社区家庭支持项目（简称：ECD项目）在望城进行试点（区妇联供图）

担时代新使命，砥砺奋进新征程，在加快建设美丽强盛幸福的现代化新望城中贡献巾帼力量》的报告。长沙市妇联党组书记、主席文方，望城区委书记刘拥兵在会上作重要讲话。望城区妇女第二次代表大会按照《中华全国妇女联合会章程》《妇女联合会选举工作条例》的规定，民主选举产生长沙市望城区妇联第二届执行委员会，并由执委会选举产生新一届主席、副主席和常务委员。刘群英当选为区妇联主席，何莉、肖敏当选为副主席，刘幽羽当选为挂职副主席，邓洁、谢迎辉、张曼利当选为兼职副主席。

（本栏撰稿：晏　婧）

区归侨侨眷联合会

【概况】 2020年，区归侨侨眷联合会（以下简称区侨联）为区委领导下的由归侨、侨眷组成的人民团体，设正科职主席1名。

【侨胞侨属权益维护】 2020年，区侨联以社区为重点，广泛开展各种形式的侨法宣传活动。在雷锋路社区、名都社区、中南社区等侨资源相对集中的基层社区设立侨法宣传角，重点宣传涉侨法律法规文件以及侨务工作指南，实现宣传普及侨法工作经常化。以侨法颁布30周年为契机，在名都社区举办“品端午•话侨情•普侨法”主题活动。通过宪法宣传日、侨胞之家宣传、涉侨讲座进党校、聘请侨联法律顾问等多种方式，加大涉侨法律法规宣传，帮助解决侨界人士的困难和问题。利用自身资源优势，多方协调，帮助归侨、侨眷解决各类生产生活问题。广泛走访侨界对象，协调解决危房改建、道路拓改、企业降费减税等问题。

【联络联谊】 2020年，区侨联积极与部门沟通交流，与工商联、侨委会、欧美同学会、望新社等涉侨社团开展联谊，深化交流交往。指导梦蝶庄艺术馆和泥人刘陶艺馆申报湖南省华侨文化交流基地获得批准，接待省侨青委年会活动参会人员一行40余人参观考察。以重阳节为契机，开展“情暖重阳、共叙侨谊”侨界人士联谊踏秋活动，观看皮影戏，举办茶话会，让侨界老同志感受到侨大家庭的温暖。坚持扶贫帮困，逢元旦、春节开展“送温暖、献爱心”活动，走访慰问困难归侨、侨眷。在印尼老归侨李远良80大寿之际，为老归侨送上生日祝福。

【社会责任履行】 2020年，区侨联发挥优势，协助引侨引智引资。依托区商事服务中心（简称BSC）做好涉侨企业营商环境优化工作。建立完善侨企台账，实行常态化的对接服务机制，其中近10家重点侨企由区四大家领导亲自联系服务。支持新侨创新创业，助推国家级科技企业孵化器——黄金创业园升级建设企业加速器，打造一站式服务平台。协助经开区为侨企蓝河营养品有限公司建成新总部；开展银企对接专场活动，帮助侨企对接融资；一季度开展侨企全覆盖大走访，收集复工复产情况，帮助协调解决困难。区侨联引导全区各级侨界人大代表和政协委员认真履职，积极参加各级人大和政协组织的会议和活动。组织侨界人士围绕粤港澳大湾区建设、中美贸易摩擦、华侨回国定居等重点热点问题讨论和提出建议，共撰写议案、提案和社情民意10余条，发挥参政议政作用。区侨界人士积极行动，捐赠口罩、防护服、消毒液、奶粉以及蔬菜、鱼等价值1460万余元的防疫物资，捐赠现金55.05万元。

【海外侨界青年湖南行活动暨省侨联青年委员会2020年会参会人员参观考察望城】 2020年11月26日，由省侨联副主席李祖元带队，海外侨界青年湖南行活动暨省侨联青年委员会2020年会参会人员一行40余人到望城铜官窑博物馆、铜官古镇、梦蝶庄艺术馆（夏国安博物馆）、泥人刘陶艺馆等地参观考察。在铜官窑博物馆，侨青委成员们详细了解铜官窑瓷器制作工艺与对外贸易等历史，感受陶瓷上的诗文、绘画魅力。在铜官古街，李祖元一行到省华侨文化交流基地——泥人刘陶艺馆和夏国安博物馆，欣赏现代的铜官匠人们的陶瓷作品、博物馆珍藏品，细品老街文化的韵味。李祖元一行表示，望

2020年11月26日，海外侨界青年湖南行暨省侨联青年委员会2020年会活动参与人员参观考察望城（区融媒体中心供图）

城文化底蕴深厚，独具特色。希望侨界人士能够深化与望城的沟通交流，多方面拓展合作渠道，希望望城继续做好宣传文章，让更多的海外侨胞、华裔青年了解湖湘文化、了解望城、了解铜官陶瓷文化，推动中华优秀传统文化的海外传承。

【“品端午·话侨情·普侨法”主题活动举办】 2020年6月23日，区侨联在月亮岛街道名都社区举办“品端午·话侨情·普侨法”主题活动，省侨联党组成员、副主席孙民生出席活动并讲话。知名律师为归侨侨眷及社区居民主讲侨法知识讲座，并设立侨法咨询台，免费向归侨侨眷、侨企提供法律咨询与服务。侨眷参演的情景表演、小品、柔力球表演、形体舞等节目感人至深。观看完节目后，侨胞侨眷们一起参与趣味包粽子活动，唠家常、体验手工制作带来的乐趣。活动拉近侨胞侨眷与社区干部、居民之间的距离，增强他们的认同感和归属感。

（本栏撰稿：夏悦瑶）

2020年10月16日，望城区工商联在全省工商联组织工作会议上作典型发言

（区工商联供图）

区工商业联合会

【概况】 2020年，区工商业联合会（以下简称区工商联）有执委154人，辖14个街镇商会、7个行业商（协）会、1个园区商会、1个异地商会，有会员855名。

【组织建设】 2020年，区工商联强化思想政治引领，深化商协会建设改革“三年行动计划”。启动实施“商协会组织建设提升年”行动计划，夯实后疫情时代商协会服务会员企业和经济社会发展的组织堡垒。召开区工商联（总商会）二届五次、六次执委会、会长会、党组（扩大）理论学习中心组学习会等，传达学习全国两会、习近平总书记在企业家座谈会及考察湖南时的系列重要讲话精神，坚定全区民营企业家发展信心。组织区商协会组织联合党总支下属协会党组织党员前往岳麓山、胡耀邦故居、秋收起义纪念馆和十八洞村等地开展红色教育，激发商协会和企业家爱国爱党情怀和干事创业激情。举办“商发展大计，协企业繁荣”趣味运动会，活跃工商联系统文体生活，增强凝聚力和向心力。吸纳区广告协会为团体会员，发展壮大商协会组织基础。获评湖南省“五好”县级工商联荣誉，月亮岛街道商会获评全国、湖南省“四好”商会。

【营商环境优化】 2020年，区工商联助推企业复工复产，深化精准服务企业“六个一”机制。贯彻执行好中央、省、市、区关于疫情防控和经济社会发展的决策部署，引导商协会和企业坚持疫情防控和复工复产“两手抓”。区委统战部、区工商联结合区委联谊交友制度，在全区开展“民企大走访、同心促发展”暖企活动，广泛深入100余家民营企业和商协会，并常态化联系民营企业和商协会7家；集中走访8家直属行业商协会，通过走访调研，传达精神、解读政策、了解情况、听取意见、解决难题。服务省、市工商联到望城开展“万企大走访、同心促发展”调研活动，为商协会和民营企业反映诉求牵线搭桥。获评全市工商联系统优化营商环境工作先进单位、全区优化营商环境工作先进单位，牵头课题《民营经济中统战工作的作用研究》获评全省统战理论政策研究创新成果二等奖、全市工商联系统课题调研成果一等奖、望城大调研活动优秀调研报告二等奖。组织商协会和会员企业近700人次参与市工商联为期半个月共11期“疫情防控——民营企业风险应对”线上课堂学习；启动法律顾问咨询服务行动，聘请湖南金州律师事务所为法律顾问，开展“法律顾问进商会”活动，为商协会和会员企业提供专业法律服务；开办“非公有制企业风险防控联合课堂”第五次专场活动，组织20余位非公有制企业人力资源负责人旁听区法院劳资纠纷案件庭审，以案说法。协助举办“四零”采购集中签约仪式；10月中旬，作为唯一的区级工商联代表，在全省工商联组织工作会议上就“四零”采购模式做典型发言。举办“后疫情时代青年人的思考和行动”第三届青年经济论坛和“青商说”借智行动，激励青年企业家深刻理解商道、把握商机、推动商业、开放创新、合作共生。开展“部门问答直线通”，邀请人社局相关负责人为黄金创业园商会及相关商会会员企业进行中高级职称评定政策解读。

【社会服务】 2020年，区工商联积极投身抗疫行动，深化民营企业慈善公益贡献。年初疫情防控中，区工商联、商协会和民营企业迅速反应，主动作为，充分发挥自身优势，贡献爱心和力量，捐赠资金和物品总价值超1亿元，彰显望城企业家的家国情怀和大爱精神，为全区打赢疫情防控阻击战贡献商协会力量。青年企业家商会等4家直属商协会获“长沙市抗击新冠肺炎疫情行动先进商会组织”称号，丁建集团、湘江涂料等12家会员企业获“长沙市抗击新冠肺炎疫情行动先进民营企业”称号。基层商协会发扬“富而思源、富而思责、富而崇德”的企业家精神，自觉增强社会责任，积极投身社会公益，全年开展爱心助学、走访慰问、学雷锋等活动40余次，爱心捐款35万元。

【“传承红色文化，助力脱贫攻坚”活动】 2020年11月5日至7日，区工商联组织部分商协会代表人士到龙山县开展“传承红色文化，助力脱贫攻坚”活动。望城区工商联一行20余人先后前往龙山县洗车河镇和农车镇两所九年制寄宿学校，为2所学校各捐赠3万元用于热水器购买，同时向40名贫困学生捐赠助学金4万元，棉被、衣服、书包等爱心物资40套价值4万余元。发挥工商联优势，助力精准扶贫，增进望城与龙山两地友谊。

（本栏撰稿：瞿 瑛）

区残疾人联合会

【概况】 2020年，全区共有残疾人2.4万人，其中持有第二代残疾人证的13692人、肢体残疾6389人、视力残疾2308人、听力残疾952人，言语残疾212人、智力残疾1560人、精神残疾1916人、多重残疾355人。

【残疾人康复】 2020年，长沙市望城区残疾人联合会（以下简称区残联）完成省民生实事项目中的残疾儿童康复训练150人工作任务。3—12月，为160名残疾儿童安排6家定点机构进行康复训练，疫情期间共为298名0~14岁残疾儿童提供线上康复训练服务。为386名0~14岁残疾儿童安排32家定点康复机构进行训练；完成2019年定点儿童康复机构年度评审工作，并指导辖区内2家儿童康复机构申报全省星级定点儿康机构评定；完成残疾人精准康复系统信息采集录入，康复服务率和辅具适配率均达100%；为389名残疾人适配辅具413件；对59名2018—2019年“义肢助行”项目受益对象逐一电话回访，并为其中13名提供上门维护调试指导服务，为26名肢体残疾人完成27例假肢取模工作；组织眼疾筛查，共完成白内障手术86例、胬肉手术10例、眼底手术8例、青光眼手术5例；为44名有护理需求的残疾人提供康复护理服务。

【残疾人教育和就业】 2020年，区残联完成市民生实事项目中的扶残助学260人工作任务；与教育部门对接，开展新办证残疾儿童入学情况调查，保障残疾少年儿童受教育权利；对望城区参加高考的残疾学生、残疾人子女邮寄“隔离病毒、不隔离爱”的爱心防疫包和慰问信共56份，协助教育部门为残疾学生参加普通高校考试及录取提供便利；协助税务部门开展残疾人就业保障金征收；组织开展残疾人就业援助月专项活动，推荐86名残疾人就业；全面调查、摸排创业残疾人在疫情期间受影响情况，指导符合条件的74名残疾人创业者进行项目申报，为残疾人就业增收提供帮助；完成湖南省2020年应届高校残疾人毕业生就业情况调查；完成17名残疾人创业扶持的资料收集、审核、实地查验；完成121人培训任务，其中20人插花培训，线上101人职业技能培训；制定残疾人服务标准，加强服务过程监测和评价，以政府购买服务的形式为120名残疾人提供居家服务，为89名残疾人提供寄宿制和日间照料托养服务。

【残疾人帮扶】 2020年春节期间，走访慰问贫困残疾人1020户，发放慰问金近90万元；疫情期间走访慰问40户贫困残疾人，送去生活物资，帮其解决实际困难。联合区卫健局、区人民医院对全区850名建档立卡、特困供养人口（五保户）、低保户以及卧床不起、行动不便四类人员中有办证需求的疑似残疾人进行上门评残服务，共办证561人。办证数据均及时提供给相关部门，新增持证残疾人将及时享受相关惠残助残政策；主动与省残联、制卡公司、市公交公司进行沟通协调，探索在第三代残疾人证中融入扩展功能；完成区民生实事项目中的贫困残疾人家庭无障碍改造385户工作任务。同步完成丁字湾街道石韵社区、铜官街道万星村社区无障碍社区改造；配合做好农村贫困残疾人家庭危房改造工作，帮助农村贫困残疾人家庭参与增收项目；全区有“一户多残”家庭1226户，发放补贴331万元；为67名残疾人发放机动轮椅车燃油补贴17420元；全年免费为残疾人发放公交爱心卡近200张，截至2020年12月，共发放公交爱心卡近6000张。

【基层基础工作】 2020年，区残联配合民政、人社、医保、住建等相关部门，精准落实残疾人惠顾政策；对全区9220个建档立卡、低保、重残对象，190个未脱贫残疾人等进行全面核查，将涉及扶残助学、控辍保学、兜底保障等方面情况建立台账，及时反馈给各相关部门加以整改。举办全区残疾人基本服务状况和需求信息数据动态更新工作培训班，组织残联系统工作人员走进全区1.4万余名持证残疾人家庭，进行面对面调查和信息采集，问状况、听需求、查问题，为更好地为残疾人提供精准服务和政府完善惠残政策提供依据；举办首届望城区残疾人专职委员动态更新知识竞赛，参加长沙市第二届动态更新知识竞赛并获三等奖；加大残疾人自强不息创业典型宣传力度，组织开展以“助残脱贫，决胜小康”为主题的第三十次全国助残日活动，开展“送政策、送技术、送服务、送温暖”系列志愿服务；利用网站、宣传栏、标语、QQ、微信、美篇、抖音短视频及组织开展知识讲座活动等多种形式宣传残疾预防核心知识；积极推荐长沙市扶残助残“善行四十佳”个人和集体，其中陈海奇、李新文、苏琴、王辉、高塘岭社区获此殊荣；选送文化类作品5个参加2020年全省参加残疾人文化周活动，获优胜奖1名；推荐培养省级、市级残疾人运动员各1名；配备专业律师，将残疾人法律救助工作与信访维权工作有机结合，配合有关部门调解、解决残疾人信访、涉法问题百余起，全年未发生一起残疾人非访和集访事件，保持群体稳定。

【湖南省残联调研望城儿童康复工作】 2020年5月21日，湖南省残联党组成员、副理事长陈毅华一行到望城区调研。调研围绕残疾儿童康复救助、康复机构疫情防控及线下训练、康复机构建设以及师资队伍培养等方面开展。陈毅华一行参观望城启航校区，详细了解残疾儿童康复训练情况、疫情防控工作情况，并就中心发展历程、机构建设及师资队伍培养情况进行座谈。陈毅华对中心疫情期间“停课不停训”开展残疾儿童线上康复模式给予充分肯定，并指出下阶段要进一步加强对康复机构管理，助推机构不断壮大，不断促进康复机构师资队伍建设，稳步提升机构的师资业务水平。陈毅华强调，要深入发展残疾人康复事业，加强残疾康复服务，引导和推动全省残疾儿童康复教育，残疾儿童融合教育工作健康发展，扶持康复机构建设，促进机构健康发展，切实提高全省康复机构的整体服务质量，更好地服务这个特殊群体。

（本栏撰稿：周　帆）

2020年5月21日，湖南省残联党组成员、副理事长陈毅华（左五）到望城启航特殊儿童康复中心调研（区残联供图）

区红十字会

【概况】 2020年，区红十字会辖14个街镇红十字会，有1支区级红十字会志愿服务队，区红十字会对志愿服务队开展的活动进行业务指导。2020年，区红十字会在疫情防控期间，累计接收捐赠物资63批次，价值2000万余元，已全部交由区疫情防控指挥部统一调度；累计接收社会捐款4098573.76元，其中定向捐赠237950元，已转至定向接收单位，3849323.76元已转区疫情防控指挥部财务组；剩余待安排拨付资金11300元，按捐赠人意愿用于新冠肺炎疫情防控后续相关支出。

【公益项目建设】 2020年，区红十字会联合望城恒康医院开展“雷锋故里 播撒光明——区红十字白内障患者复明公益项目”，30余名白内障患者免费接受复明治疗；联合深圳市水立洁科技有限公司在全区开展健康饮水公益慈善惠民活动，给全区205户未脱贫的精准扶贫户、敬老院及其他公益养老机构安装净水器；联合北京康水源环保科技有限公司为全区1400余名环卫工人、14个街镇的部分困难对象送去洗衣液。

【“三献”工作】 2020年，区红十字会开展无偿献血、造血干细胞和人体器官捐献宣传，推动人体器官捐献在线志愿登记，全年共有666名志愿者进行人体器官捐献志愿登记；在市红十字会的指导下，开展“云上缅怀·生命回响”的线上缅怀活动，向捐献者们献花、写祝福语等多种方式表达深切的缅怀，同时，对2名器官捐献家属进行慰问。

【志愿服务】 2020年，区红十字会组织红十字会志愿者探访星城、桥驿、乔口、靖港、乌山等敬老院老人，开展“关爱老人·传递温暖”主题活动；组织学生志愿者到烈士家中对其家属进行慰问；疫情期间，许多红十字志愿者自发捐款捐物，支持疫情防控工作，申请到所在的社区、村开展防疫消毒工作；组织志愿者到龙山县洗车河镇开展爱心助学活动，助力精准扶贫，为75名贫困学生送去助学金和品牌童装。

【应急救护宣传和培训】 2020年5月12日，区红十字会联合区消防应急救援大队、乌山街道在中野科技开展消防安全应急疏散演练活动，展示心肺复苏和包扎的技能；5 月底，组织各村、社区红十字会专干参加红十字救护员培训，认真系统地学习红十字运动与救护基本知识、心肺复苏、创伤救护等应急救护的核心知识与技能；6 月 16 日，由湖南省紧急救援协会、长沙市红十字会主办，区红十字会承办的 2020 年安全生产月主题活动暨“急救知识进高校”启动仪式在湖南电子科技职业学院举行；创新救护技能培训方式，救护师资走上街头开展“地摊培训”，让群众能够就近学习救护技能；7 月 31 日，在富基世纪公园开展“健康生命嘉年华”活动，为社区居民送去急救知识；10 月，开展红十字会关爱农民工活动，让救护培训走进工地，给进城务工人员普及应急救护知识。深入社区、农村、学校、机关、企业开展应急救护知识培训。全年共计开展红十字救护员和 CPR+AED（CPR：心肺复苏术，AED：自动体外除颤器）培训 8 场，培训人员 322 人，普及培训 1.8 万人。

（本栏撰稿：邓燕洁）

区社会科学界联合会

【概况】 2020 年，区社会科学界联合会有主席 1 人、副主席 8 人、秘书长 1 人、委员 34 人，协会组织 14 个。

【理论宣传】 2020 年，区社会科学界联合会组织带动望城区社科工作者、社科类社会组织、社会科学普及基地学习中共十九届五中全会精神、习近平总书记考察湖南重要讲话精神和《习近平谈治国理政》第三卷，深入把握重要思想观点、重要工作部署，切实将政策精神有机融入日常工作和社科普及活动之中，鼓励社科理论工作者不断学习新知识、开拓新视野、增强新本领，提高“眼力、笔力、脚力、脑力”。开展“学习型单位”“学习达人”季度评选表彰、“新思想进基层”理论微宣讲竞赛等活动，宣讲课题 137 个，理论巡讲 116 场，2 名选手在市“就认这个理——学习新思想 打造三高地 长沙微宣讲”活动中分获总决赛二等奖、三等奖。

2020 年 6 月 18 日，长沙市望城区举行“新思想进基层”理论微宣讲竞赛暨第一季度“学习型单位”“学习达人”颁奖活动（范远志 摄）

【决策咨询】 2020 年，区社会科学界联合会承接并完成社科课题项目 4 个，广泛开展哲学社科知识普及，望城区投稿的《绿了青山 红了日子——望城区静慎村以“九贤治村”推进全面小康的生动实践》入选中宣部全面建成小康社会“百城千县万村”大调研活动省级调研库；《和风细雨 浸润人心——关于创新社区思想政治工作的调查与思考》获评全省思想政治工作重点课题。

【社科普及基地管理】 2020 年年初，区社会科学界联合会召开社科联工作会议，审定第一届委员会补充人选，并就区社科联 2019 年工作情况作相关说明，对 2020 年工作要点进行讨论、细化。按照《望城区社科普及基地评估表》的要求，对已有 4 家区级社科普及基地和 2 家 2020 年新认定的区级社科普及基地开展实地测评工作，及时掌握社科普及队伍的工作情况。

（本栏撰稿：刘　赛）

法　治

责任编辑 ◎ 赵运良

政法委与综治

【概况】 2020年，长沙市望城区委政法委（以下简称区委政法委）维护国家政治安全、确保社会大局稳定、促进社会公平正义、保障人民安居乐业，各项工作走在省市前列。刑事发案率、万人发案率全市最低，综治民意调查、平安建设考评全市第一，获评平安建设全省先进区县、全市红旗区县，连续7年保持平安区县称号。

【扫黑除恶专项斗争】 2020年，区委政法委扫黑除恶专项斗争实现"六清"（线索清仓、逃犯清零、案件清结、伞网清除、黑财清底、行业清源）：线索清仓，全区共掌握线索1585条，核实涉黑涉恶线索30条；接收各级扫黑办移送交办线索247条，其中中央、省、市督办线索已全部办结清零。逃犯清零，规劝投案犯罪嫌疑人19人，追捕漏犯18人，追诉漏犯33人，追诉遗漏犯罪事实16笔。1月将3名涉黑涉恶逃犯全部抓捕归案。案件清结，全区取得扫黑除恶专项斗争战果17个(2020年6个)，移送检察院审核起诉的15个涉黑涉恶案件全部办结。伞网清除，专项斗争受理问题线索37件，办结36件，办结率98%。查处涉黑涉恶腐败和"保护伞"问题29起，立案审查调查23件、27人，给予党纪政务处分20人，组织处理7人，移送司法机关4人，追查问责86人。黑财清底，全区共扣押资金1510万余元、冻结资金3650万余元，扣押车辆17台，查封房产65套，查封地产5.2万平方米（地产初步估值1.7亿余元），依法判处财产型金额1349万余元。行业清源，聚焦社会治安、金融放贷、工程建设、资源环保等十大重点行业领域存在的突出问题，发出法院建议函4份，检察建议书24份，公安提示函11份。推动出台最严个人建房管理办法，整治农村乱占耕地建房、违建别墅等问题。推进招投标电子化，加强评标监管和标后稽查，营造良好的建筑工程市场秩序。

【平安建设】 2020年，区委政法委组建平安建设领导小组，健全"一村一辅警""星城快警""雷锋义警"等工作机制。开展"互联网+群防群治"工作，组建"红袖章"义务有奖巡防队伍，开展"月月亮剑"行动，消除治安、消防等安全隐患。推进现代科技与社会治理深度融合，打造数据驱动、人机协同、跨界融合的智能化治理新模式。健全网格治理体系，将实有的人、地、事、物、单位等治安要素纳入全区589个网格管理，明确"一格五员"，细化网格化社会治理责任清单，基本实现覆盖全区的高效、动态、实时的数字化无缝管理。推进综治信息平台运转，基本完成基础数据录入工作，与公安、城管、水务、社会治理服务中心实现数据共享，关联到网格，实现综合治理无缝对接。推进"平安乡村"建设。全面启动平安乡村视频监控建设工作，建成监控摄像头9705个。在全省创新推出"地网一号"两车物联网防控系统，登记办理4万余台电动车、摩托车，盗窃案件明显下降。建立健全城乡诉源治理多元调解机制体系，强化街镇、村社区、派出所、法庭等前端基础调解工作，完善"交通""医患""物业""婚姻"四大矛盾纠纷专业调解中心。推动"枫桥经验"在望城的持续发展，采取"政治、自治、法治、智治、德治"五治相结合的治理方式，就地解决问题、化解矛盾、平息纠纷，实现"矛盾不上交"。将保险融入社会治理，通过保险补偿机制降低社会治安风险。

【营商环境优化】 2020年，区委政法委实行委班子成员专人联系片区指挥部工作机制，牵头组织和参与实施各片区"三拆"行动和维护性施工30余起；整治征拆领域违法犯罪行为，办理利用假结婚假离婚诈骗征拆款和社保资金两个专案4起案件；组织政法领导干部开展对口联系重点企业活动，为企业提供优质法律服务，保护企业家人身和财产安全，为新华联、晟通、大汉金桥集团等企业挽回经济损失数亿元。

【司法公信力建设】 2020年，区委政法委加强对案件的督办协调。督促司法机关办理高某某、王某某等涉黑涉恶案件和拓宇问题混凝土系列案件，审慎办理新华联铜官窑公司非国家工作人员受贿案件、大汉金桥项目购房户群诉维权等涉企案件；按季度及时开展司法救助工作，对29个对象发放救助资金70万元，缓解群众生活困难，体现法律的公平正义和温情；清理整顿未收押未收监病犯。核查出待收押收监病犯13人，其中核实3人死亡，2人经鉴定符合保外就医条件暂缓监外执行，其余8人全部收监，提前实现任务清零。

【政法队伍建设】 2020年，区委政法委开展以区法院“民法典”专题培训、公安“实战大练兵”等为典型的培训15次，11月对全区政法队伍进行政治轮训；“清朗警营”专项整治督察等各类专项督察开展50余次，查纠各类问题30余个；全警1344人进行毒品筛查，对违纪违法问题保持“零容忍”。“平安望城”微信公众号改版为“望城政法”，每周保持4次以上更新，扩大宣传覆盖面，致力于打造对外集中展示望城政法系统良好形象的窗口和平台。2020年，望城政法系统在省级以上媒体发布稿件66条，在市级媒体上发布稿件74条。

（本栏撰稿：任 敏）

公 安

【概况】 2020年，长沙市公安局望城公安分局（以下简称区公安分局）内设指挥中心、政治工作办公室、警务保障室、警卫科4个科室，下设警务督察大队、法制大队、刑事侦查大队、治安管理大队、交通警察大队、国内安全保卫大队、禁毒大队、经济犯罪侦查大队、网络安全保卫大队、人口与出入境管理大队、单位内部安全保卫大队、巡逻警察大队、食品药品环境犯罪侦查大队13个业务大队，看守所、拘留所2个监管场所，代管单位1个武警中队，高塘岭派出所、月亮岛派出所、星城派出所、黄金派出所、白箬铺派出所、乌山派出所、桥驿派出所、丁字派出所、同兴派出所、铜官派出所、茶亭派出所、水上派出所、格塘派出所、靖港派出所、乔口派出所、新康派出所16个派出所。2020年区公安分局破获各类刑事案件788起，刑拘631人，16起八类恶性案件（含5起命案）均全部侦破，侦破命案积案2起；打掉黑社会性质组织2个，恶势力集团6个，恶势力团伙9个，抓获涉黑涉恶团伙成员164人，查扣涉黑恶资产约3亿元；破获电诈案件161起，抓获电诈嫌疑人113人，打掉电诈团伙15个，端掉本地诈骗窝点25个；全区发案2091起，发案总量和万人发案数持续保持全市最低，综治民调全市排名第一，连续9年被评为省级平安区县，2020年在市局绩效评估中评为优秀。

【治安防控】 2020年，区公安分局推动建立“区委书记挂帅、政法委书记牵头、分管副区长主抓”的工作机制，从区级层面制定出台实体运行八项机制。以平安建设考评为抓手，将属地责任落实到街道，把风险点源细化到社区，从10个类别、40个维度对全区139个社区（村）的政治安全和社会稳定风险梳理排查。统筹推进县域警务、专项警务，坚持显性用警，常态开展集中清查、设卡盘查和拦截稽查，切实提高见警率、管事率。城区建设星城快警平台3个，做到屯警街面、快速反应。不断强化城乡视频安防、智能门锁、智能车门岗等科技化建设，打造智能安防体系。全力推广“互联网＋群防群治”，启动雷锋义警，发动人民群众广泛参与，群众安全感明显提升，基层社会治理和防控体系不断完善；强化危爆业、寄递业等重点行业管理，严格执行大型群众活动审批审核。确保较大以上交通、消防、危爆安全事故“零发生”，交通事故死亡人数、火灾事故数逐年下降；创新禁毒“五统一”（机构统一、权责统一、上下统一、考核统一、保障统一）工作机制，全年破获毒品刑事案件50起，抓获涉毒违法犯罪人员313人，强制隔离戒毒148人，社区戒毒33人，在辖区14个街镇19个污水点定期进行取水监测，毒品滥用问题得到有效遏制；建立区级层面的涉众型犯罪打防协同机制，办理“九九富达”等非法吸收公众存款案件5起，案件办理后全部由区人民政府牵头组织资产处置和维稳工作，改变公安机关“打击、整治、维稳、善后”包打天下的局面。

【警务保障】 2020年，区公安分局加强县域前端感知体系建设，辖区累计安装天网探头6216个、平安乡村视频探头10540个、人像识别摄像机148个、电子卡口159个，实现主城区和农村地区主干道视频探头的全覆盖；推进法医、痕迹、

2020年10月9日，市委政法委到望城分局考察调研，观摩警用装备展（任敏 摄）

影像、电子物证和视频检验“五项专业手段”建设，电子物证室和视频侦查实验室达到全省三级标准；落实警力下沉，安排40余名机关辅警下派出所，新建改造派出所16个，继续推进白沙洲派出所和金山桥派出所建设；更新警用车辆20台，购置执法记录仪80台，配备新单警装备209套，一线执勤执法警力执法记录仪和新单警装备配备率达到100%；推进实有人口动态管控体系建设，建立和完善“三实”及车辆信息采集应用长效工作机制；开展实地指导、系统倒查，确保信息采集无盲区、无差错、无遗漏，2020年共计新增采集录入实有人口信息220949条、实有房屋信息101893条、实有单位2266条。将境外人员纳入实有人口管理，采录境外人员信息202条。

【警务改革】 2020年，区公安分局将“枫桥经验”与市域社会治理相结合，在4个城区派出所探索110警情末端分流机制改革，分流纠纷、求助类警情80%以上，平均缩短处警距离2千米；创新“1+3+N”工作模式（组织1支专业队伍、打造3个宣传阵地、拓展N种宣传形式），重点打造白箬铺镇黄泥铺村农村交通安全管理示范村，实现交通宣传“有形覆盖”向“有效覆盖”转型，全力防范化解交通领域突出风险；推进“交所合一”机制改革，加强派出所交通中队建设，赋予派出所交通安全宣传、防范等管理权限，夯实交通安全管理基层基础；打造以“小区警务”为特色的社区警务新模式。以社区民警为主导，依托居民自治服务站，在小区组建义务巡逻、矛盾调解、文明宣讲、志愿服务四支队伍，实现多元共治守望相助。试点期间，辖区治安相对复杂的富基世纪公园小区连续51天没有发生电信诈骗、盗窃类刑事案件，多个小区实现“零发案”，在推进“小区警务”建设中提供样本和案例。

【执法规范】 2020年，区公安分局推进集“案件管理、执法办案、执法监督、执法保障”四位一体的案件管理中心建设。建设涉案财物管理区、体检分中心、速裁法庭、执法办案管理区和案卷管理区，实现“一站式办案、保姆式服务、流程化作业、全领域监管”；做实刑事案件“三统一”工作机制，严把入口、审核、出口三道关，推行重点抽查、定期巡查、全面核查“三级跟踪监督”工作模式，落实受立案管理，防范受立案环节的执法问题；建立重大疑难案件集体议案制度，全力保障案件质量；推进行政案件快办工作，行政案件快办率达到35.9%，无一起复议、诉讼案件；查摆执法突出问题，对案件进行全面梳理排查，通过预警、查纠、整治、办案单位自查和法制部门巡查，发现整改各类执法问题362个。

【新冠肺炎疫情防控】 2020年新冠肺炎疫情期间，区公安分局查找分析70余万条通信、住宿等轨迹信息，为涉疫人员摸排提供数据支撑，实现“精准找人”；对接配合街镇、卫计部门，落实“四包一”措施，对辖区105名人员进行逐一上门摸排，确保人人见面。组织辖区旅馆业业主召开会议，对摸排中发现发热症状人员立即上报，落实相关隔离管控措施，加强出租房屋、流动人口摸排管控，摸排出租屋299间，流动人口301人；联合交通局、街道、卫计部门，累计出动警力3000余人次，连续20余天落实岳临高速、绕城高速等9个卡点24小时驻点检测，查控车辆6665台，查控人数15788人；承担对人民医院、湘峰明月园、格塘卫生院等收治、隔离点1个月的值守安保工作任务；加强防控物资保障和机关疫情防控工作，配备防护口罩1.2万个、防护眼镜67副、防护服67套、确保内部疫情防控工作万无一失。

【假售口罩电信网络诈骗案】 2020年2月10日，区公安分局专案民警赶到茶陵县腰潞镇，将通过微信假售口罩实施电信网络诈骗的茶陵籍陈某某夫妇抓获归案，涉案金额10万余元。破案10余起，挽回经济损失5万余元。

【“九九富达”非法集资案】 2020年5月14日，区公安分局对“九九富达集团”涉嫌非法集资案实施收网，在市局统一指挥下，经侦支队及望城、开福、雨花、天心、岳麓、长沙县等分县局200余名警力在长沙、湘西、益阳、常德等地多处统一行动，抓获犯罪嫌疑对象35名，对前期抓获的35名犯罪嫌疑人提请逮捕23人，取保7人，刑拘3人，待处理2人。专案组在长沙、湘西、郴州等地查封土地5块107498平方米；查封酒店1栋、房产383套，水厂1家、在建养老公寓7栋，估值5.04亿元。

【潜逃11年逃犯张某某落网】 2020年12月9日，张某某在江西南昌落网。12月11日，张某某被押解回长沙。2009年“8·2”望城6死2伤恶性杀人案案发后，望城公安从未停止对嫌疑人张某某的布控和追捕。2020年，分局在上级公安机关的统筹协调指挥下，综合运用现代科技手段和传统工作方法开展追逃抓捕工作。12月9日，在江西南昌公安协助下，将潜逃11年的公安部A级通缉令逃犯张某某抓捕归案。

（本栏撰稿：梁景宇）

·交　警·

【概况】 2020年，长沙市望城区公安局交通警察大队（以下简称区交警大队）查处现场违法59382起，交通事故死亡人数比2019年下降1.6%；侦破各类逃逸案件121起，其中侦破死亡事故4起，伤人事故3起，财产损失114起。新冠肺炎疫情防控期间，大队全体民辅警坚守12个卡点168个小时，保障防疫民生物资运输，确保疫情期间辖区交通平安稳定。

【政治建警】 2020年，区交警大队落实区公安分局政治督察要求，压实全面从严管党治警主体责任，对大队辅警、临聘人员采取“一对一”捆绑式管理；对全体警务人员驾驶证、个人汽车审验情况开展全面排查；制定《交警大队车辆管理台账》，全面加强公务用车管理；开展整治执法顽瘴痼疾，严格落实“三个规定”（《领导干部干预司法活动、插手具体案件处理的记录、通报和责任追究规定》《司法机关内部人员过问案件的记录和责任追究规定》《关于进一步规范司法人员与当事人、律师、特殊关系人、中介组织接触交往行为的若干规定》）、“1+3”系列文件和“四个一律”规定要求，开展执法突出问题自查自纠工作；早做防范警示，把严肃队伍作风成为常态，编发各类督查通报54期；坚持典型引路，组织36名警务工作人员参观“共和国不会忘记——长沙公安机关因公牺牲、伤残民警纪实摄影”巡展，激励广大民辅警学习英模、崇尚英模、争当英模，坚定全警理想信念、筑牢忠诚警魂、增强法纪意识。

【交通问题顽瘴痼疾集中整治】 2020年，区交警大队紧盯“人、车、路、企、政”五个重点，开展道路交通顽瘴痼疾整治，摸排整治7大类684个道路交通顽瘴痼疾。在全市交通问题顽瘴痼疾集中整治行动考评中排名第二，四县（区、市）排名第一。以车辆超限、改装、非法营运等违法行为整治重点，开展整治行动47次，查处车辆1287台，圆满完成省级交办涉嫌非法营运车辆11台的销号任务；整治马路市场安全隐患，市级认定的36处全部整改到位，新建农贸市场2个、社区门店建设任务3个，有效减少马路市场滋生；摸排掌握370台变型拖拉机，注销310台，存量减少83.7%；落实“两客一危”（从事旅游的包车、三类以上班线客车和运输危险化学品、烟花爆竹、民用爆炸物品的道路专用车辆）企业主体责任，开展联合检查4次、下达“整改通知书”31次、“违法未处理通知书”45份，对“两客一危”企业安全授课25次，送达交通安全倡议书58份，督促“两客一危”企业车辆100%清零；整治校车道路违法行为，比2019年减少61.2%，开展“周末夜查”“逢五逢十”“夜间勤务”及整顿“三车、三乱”、严管“两客一面”的五大整治行动，共查处各类现场违法63004起，有力打击酒驾、假牌套牌、危化品运输违法等行为；开展突出公路风险隐患排查治理，市办交办的20处高风险路段、16处督办事故多发路段以及4条未落实“三同时”道路全部完成整改销号；围绕交通问题顽瘴痼疾集中整治行动，全年在中央、省、市20余家主流媒体推出相关新闻报道，发稿刊播报道800余篇。在《望城新闻》、红网时刻、“云上望城”App等全媒体平台设置《集中整治交通问题顽瘴痼疾》专栏，发布相关新闻报道共800余篇，广播电视公益宣传滚动播放1100余次/日。全区悬挂横幅2700余条，发放宣传册14万余份，进村、社区、企业、学校累计2600余次，开展交通安全宣传授课300余场次。

【“交所合一”改革】 2020年，长沙市公安局望城分局打破警种壁垒，整合警力资源，推行交通民警和派出所民警一起联勤执法的“交所合一”全新警务机制，着力构建集“维护治安、管理交通、保障安全、服务群众”于一体的全新警务模式。重点推进交通重点人口管理机制，将“四类重点车辆”“七类重点人员”列入派出所重点人口管理，建立管理台账，加强安全教育，动态跟踪管理；推动派出所参与农村交通安全教育“屋场会”工作机制，持续提升农村地区交通参与者文明素养；推动派出所警力参与交通违法行为的治理，拓展交通安全管理的宽度。

【“两站两员”建设】 2020年，区交警大队发挥区道安委议事协调、综合指导和落地推动等职能，推进“两站两员”（重要路段、关口设立交通安全劝导站，乡镇专职交通安全员，行政村聘用交通安全协管员）建设。争取财政经费，解决“两站两员”人员配备和经费问题。2020年，望城区人民政府明确交通安全劝导员经费按每年300万元标准纳入区财政预算；分批组织全区14个街镇的“两员”开展交通安全管理业务培训，提升“两员”交管业务知识水平；以“农交安”App为工作抓手，每月统计工作数据，将街镇道路交通安全管理工作纳入交通问题顽瘴痼疾工作考核，压实街镇属地责任，强化街镇工作责任落实。2020年“两员”劝导交通违法42万余次，开展入户宣传2600余次，“农交安”App“三率”（登录率、活跃率、劝导率）每月在全市排名前列。

【便民服务】 2020年，区交警大队简化办事流程，改进服务方式，推行“阳光透明服务”“一窗式服务”“延时服务”等十项便民利民服务新举措，组织窗口民辅警开展车管、处罚业务网上全流程办理培训，推动大队窗口全面升级改造，为群众打通便民服务“最后一公里”，试点工作期间，大队窗口服务满意率100%；实行“值日警官制度”，值日警官负责维护办公秩序，接受群众咨询导办，每天下班前对当天前来办理的群众实行电话回访，回访不少于10人，对回访群众提出的意见和建议进行认真调查，及时回复；完善首问负责制、限时办结制和责任追究制等规章机制，坚决杜绝“冷、硬、横、推、拖、拉”和“吃、拿、卡、要”等现象发生；发挥群众监督作用，收集人大建议和政协提案，征求政商企业、窗口服务对象的意见建议24条，分类施策，逐一整改，全部落实到位。2020年以来共受理群众咨询建议3317条，满意率100%。

【交通安全宣传教育】 2020年，区交警大队结合交通安全宣传教育“五进”，持续开展“美丽乡村行”“交通安全宣传屋场会”主题宣传，针对不同受众及群体，深耕“重细节平安行”知识普及，以事故预防为核心、以问题导向为引领、以制度标准为指导，切实增强交通安全宣传教育“五进”（进企业、进学校、进社区、进农村、进机关）工作实效。全年开展“五进”安全宣传教育286场次，发放宣传图册4万份，制作横幅、海报1万余份；根据“五进”不同受众群体统一制作课件，结合文明创建等活动，通过开展实景模拟体验、制作宣传警示视频资料及新媒体产品等方式，创作不同类型交通安全宣传作品，为“五进”工作提供优质宣传产品；与长沙发布合作普法短剧望城交警故事，全网播放量3500万次，望城交警微博在中央政法委新媒体榜单全国交管系统排行榜中跻身前十，《驰援武汉车辆遇故障 望城交警伸援手》《吼出一条生命通道》等报道被《人民日报》、中央电视台等主流媒体聚焦报道，《创新“1+3+N”模式 防范农村道路交通事故》简报在《人民公安报》刊载推广；打造白箬铺镇黄泥铺村为全省交通安全宣传示范村，创新交通安全宣传教育屋场会模式。

【湖南省第九个“全国交通安全日”主题活动举行】 2020年12月2日，以“知危险会避险、安全文明出行——关注农村交通安全，畅行平安美丽乡村”为主题的湖南省第九个“全国交通安全日”主题活动在长沙市望城区白箬铺镇黄泥铺村举行。活动由湖南省交通问题顽瘴痼疾集中整治行动领导小组办公室、湖南省道路交通安全委员会办公室、省直工委、省委网信办、省文明办、省教育厅、省公安厅、省司法厅、省交通运输厅、省应急管理厅、共青团湖南省委联合主办，白箬铺镇、望城公安分局等部门单位共同承办。活动现场观摩黄泥铺村开展农村交通安全宣传创建工作成果，发出农村文明出行倡议，授予黄泥铺村“湖南省交通安全宣传示范村”牌，捐赠交通安全宣传物品，为长沙市“文明交通公益联盟乡村志愿服务队”授队旗，发布湖南省农村地区十大突出交通安全风险。

【白若铺镇黄泥铺村获省级“农村交通安全宣传示范村”称号】 2020年，区交警大队以位于319国道旁的白箬铺镇黄泥铺村为示范，结合本土的乡情和交通安全意识薄弱点，创新“1+3+N”工作模式（组建一支专业队伍、打造三个宣传阵地、拓展N种宣传形式），打造黄泥铺村公共服务中心、党群服务中心、交通安全宣传基地三大阵地，开展党员入户宣传、交通安全劝导、“村村响”大喇叭、抖音小视频等多种形式的交通安全知识宣传工作。全年入户宣传800余户，宣传覆盖面达全村90%，累计开展各类交通安全宣传1000余次，排查道路交通安全隐患20余处，安全提醒辖区即将到期年审、检验的驾驶员和车辆120余次，实现黄泥铺村道路安全隐患基本清零、事故及违法总量显著下降、戴帽率明显上升、全村重大以上交通事故及酒驾行为“零发生”目标，成为2020年全省唯一农村交通安全示范点。2020年10月27日，长沙市公安局交警支队在黄泥铺村召开农村交通安全宣传示范村创建工作现场交流活动，黄泥铺村创建工作经验获全市推介。2020年12月3日，湖南第九个“全国交通安全日”主体活动安排在黄泥铺村举行，活动现场黄泥铺村被授予省级“农村交通安全宣传示范村”荣誉。

（本栏撰稿：张　如）

检　察

【概况】 2020年，长沙市望城区人民检察院（以下简称区人民检察院）办理各类案件3170件，受理提请逮捕案件307件495人，案件数和人数比2019年分别增长5.9%、5.5%，受理审查起诉案件473件826人，案件数和人数比2019年分别增长26.8%、24.2%，办理民事行政案件295件，比2019年增长247%，办理公益诉讼案件235件，比2019年增长262%，案件办理数创历史新高。被评为长沙市先进基层院、全国检察宣传先进单位、全省检察机关扫黑除恶先进集体。检察业务考评、检察综合考评位列全市第一位，扫黑除恶专项斗争、认罪认罚、精准量刑、服务营商等工作被中央政法委、最高人民检察院推介，33人获国家、省、市级表彰荣誉。

【审查逮捕和审查起诉】 2020年，区人民检察院维护公民人身财产权

2020年10月27日，长沙市公安局交警支队在望城区白箬铺镇黄泥铺村开展农村交通安全宣传活动（区交警大队供图）

益，严惩强奸、抢劫等严重暴力犯罪，起诉51人；起诉抢夺、盗窃等多发性侵财犯罪160人。对张某禹身负6条人命潜逃11年等特大恶性案件，及时提前介入、引导侦查取证，从快批准逮捕，回应群众关切。坚决打好人民禁毒战争。厉行禁毒方针，起诉走私、贩卖、运输毒品等犯罪58人。陈某贩卖毒品后拒不认罪，检察机关自行侦查取证后，追加起诉犯罪事实11笔，法院判处陈某有期徒刑15年。加大新型犯罪惩治力度。依法批捕“套路贷”“校园贷”和电信网络诈骗等犯罪58人，起诉91人，积极参与“断卡”行动，严惩为犯罪分子介绍、出售银行卡和电话卡的行为，网络空间不容犯罪藏身。

【司法保障】 2020年，区人民检察院维护经济金融安全，起诉集资诈骗、非法吸收公众存款等犯罪35人。依法妥善办理“华创远大”“九九富达”等重大案件，追诉8名集资公司幕后控制人员，追缴涉案财产2000万余元，全力做好数万名受害人的思想稳控工作，严防金融风险演化为社会风险。服务决战脱贫攻坚，支持200余名到长沙务工人员等弱势群体起诉维权，帮助追回血汗钱。开展以入村普法、调解纠纷、夯实党建等为支撑的“法润乡风”专项活动，被《检察日报》点赞报道。助力推进污染防治，立足检察公益诉讼，推动全区开展医疗废物和废水专项整治行动，29家被监督单位全部整改到位。督促非法捕捞人员向湘江投放鱼苗5万尾，让昔日“捕鱼人”成为“护渔人”，共同守护望城一江碧水。打造持续安全的营商环境。坚决惩治侵害企业家人身、财产权益的犯罪，严厉打击破坏市场经济秩序、危害民营企业发展的犯罪，依法批捕23人、起诉74人，让企业和企业家安心经营、放心创业，打造可靠预期的营商环境。贯彻“少捕慎诉”理念，依法对35名涉嫌轻微犯罪的民营企业家作出不批捕或不起诉决定。铜官园区某重点企业的供应商涉嫌商业贿赂，检察机关依法审慎对13家公司的29名员工作出不起诉决定，保障企业产业链稳定、供应链畅通。打造法治服务的营商环境，全力开展好送法进企业工作，结合办案，深入剖析涉民营企业案件发案规律，发出检察建议，帮助13家民营企业完善管理制度，强化企业合规建设。化解涉法涉诉矛盾，2020年，紧盯“告状难”“申诉难”问题，引导来访人员依法表达诉求，解决纠纷、维护权益。院领导接待信访群众76人次，将不服从法院判决的周某列入重点办理的信访积案，检察长包案领办，摆事实、举证据、释法理，当事人当场表示息诉罢访。化解矛盾纠纷，能在检察环节化解的矛盾和问题，绝不搞“击鼓传花”。主动促成53起案件当事人达成和解，节约司法资源，促进和谐稳定。弘扬法治精神，全面落实“谁执法谁普法”责任制，深入推进“以案释法、定向说法、全民普法”工作机制，将不起诉公开宣告开到工厂、企业、社区和村委会，用群众身边事教育身边人。

【法律监督】 2020年，区人民检察院强化刑事立案活动监督，监督侦查机关立案53件，撤案7件，总数比2019年上升76%。村民张某某因制止他人非法占用集体用地被殴打，反击致侵害人轻伤，侦查机关立案后，检察机关依法认定属于正当防卫，不负刑事责任，昭示“法不能向不法让步”。强化刑事侦查活动监督，对遗漏的犯罪嫌疑人，追捕37人、追诉57人，比2019年分别上升95%、90%，其中已有37人被判处有期徒刑以上刑罚。在一起证据不足的强奸案中，检察官自行勘验现场，发现隐藏的摄像头，补充证据后依法起诉，被告人被判处3年有期徒刑。强化刑事执行活动监督，对监管行为提出纠正违法意见10次，提出减刑不当意见4次，对社区矫正人员提出从严监管建议10次，监督收押收监13人，着力解决“纸面服刑”等顽瘴痼疾，工作经验被全省政法专项工作会议推介。做实民事行政检察，办理民事检察案件220件，比2019年上升238.5%；办理行政检察案件75件，比2019年上升275%。严厉打击虚假诉讼，在审查10起民间借贷纠纷中，发现系“套路贷”团伙为获取非法利益而打的“假官司”，层报市检察院进行监督后，法院撤销原判决，9人被追究刑事责任。支持人民群众起诉维权，对某房地产公司不依约办理初始登记等问题，依法支持181名商品房购买人行使起诉权，支持起诉意见全部被法院采纳。注重实质性化解行政争议，针对严重损害公民合法权益、民营企业合法权益的行政申诉案件，坚持多方沟通、促成和解，化解行政争议6件，努力实现案结事了人和政和。

【认罪认罚精准量刑工作】 2020年，区人民检察院对715人适用认罪认罚从宽制度，占已审结刑事案件的91.7%；提出量刑建议的采纳率90.4%，其中确定刑量刑建议采纳率99.4%，位列全省第一位。联合有关部门制定《推进落实认罪认罚从宽制度工作方案》《关于适用认罪认罚案件庭审规范指引》等配套文件，被省人民检察院作为可复制经验转发推介，湘西、衡阳、邵阳等地政法委和司法机关专程到该院考察学习。

【扫黑除恶专项斗争】 2020年，区人民检察院继续彻查涉黑案件，受理审查逮捕5件6人，受理审查起诉7件37人。纠正漏捕5人，追诉漏犯9人，55名被告人一审获有罪判决。推动案件清结、大案攻坚。三年专项斗争共依法批准逮捕黑恶犯罪121人、提起公诉128人，起诉黑社会性质组织3个、恶势力集团或团伙19个，“黑老大”高某某、王某某等一批重大涉黑恶团伙被依法惩处。推动依法办案、办成铁案。侦查机关以涉黑涉恶移送审查起诉，检察机关依法不认定4人；未以涉黑涉恶移送的，依法认定7人。依法纠正漏捕19人，纠正漏诉49人，纠正侦查违法行为10件次，确保专项斗争在法治轨道上行稳致远。推动破网打伞、打财断血。把审查“保护伞”线索作为检察办案必经环节，发现并移送“保护伞”线索4条，3人被纪律处分或移送起诉。监督扣押、冻结资金4600万余元，查封房产69套，提出的财产刑量刑建议均被法院采纳，经验做法被最高人民检察院向全国推介。推动办理一案、治理一片。对重点行业、重点领域暴露出的问题和漏洞制发检察建议30份，数量位居全省检察机关第一位，“打早打小”检察建议获评全省十佳，被《人民日报》、新华社同步报道。

【侵害未成年人犯罪打击】 2020年，区人民检察院对侵害未成年人犯罪“零容忍”。批捕性侵、虐待、伤害未成年人犯罪14人、起诉22人；对拉拢、诱迫未成年人参与犯罪的，依法从严惩处。对未成年人犯罪“宽严相济”。绝不纵容主观恶性深、犯罪手段残忍的涉罪未成年人，依法批捕6人，起诉25人；感化挽救犯罪情节轻微且有悔罪表现的未成年人，依法不批捕14人，附条件不起诉12人。构建未成年人综合保护体系。会同教育部门制定性侵犯罪人员从业禁止、强制报告制度；联合公安机关建立“一站式”询问场所，把未成年人保护做得更实、更细。针对校园欺凌、犯罪预防等热点，开展“检察官讲法律知识”专题课，教育孩子既不做“冲动魔童”，也不做“沉默羔羊”。

【公益诉讼】 2020年，区人民检察院立案办理公益诉讼案件235件，比2019年上升262%。发出诉前检察建议116件，行政部门回复率和整改率100%；对受损公益未修复的，提起刑事附带民事公益诉讼3件，被《人民日报》推介。

【检察建议】 2020年，区人民检察院开展潇湘红色资源专项保护行动，用法律手段捍卫英烈尊严，对30处烈士墓、革命旧址进行调查，就发现的管理、修缮不到位等问题，联合解放军长沙军事检察院发出检察建议8件，均获纠正。抓日常细节守护生命安全。对限高杆阻碍消防通行、加油站扫码危及安全等行为，发出全省首份消除安全隐患检察建议，有关部门迅速整改到位，并在全区开展专项排查，严防安全事故发生。

【检察办案公开听证】 2020年，区人民检察院聚焦与当事人权益密切相关的案件，举行公开审查听证，让公平正义看得见。2020年，举行公开听证13场，依法对50人作出不起诉决定，接受人大代表、政协委员、人民监督员、群团组织监督数为全市第一位。在拟不起诉案件公开听证中，秉持“谁破坏谁修复谁治理”的恢复性司法理念，作出不起诉决定前，要求危险驾驶人员参加道路文明劝导、治安联防巡逻；要求故意伤害人员向被害人赔礼道歉、赔偿损失，修复受损的社会关系。做法被民进中央、省人民检察院点赞推介。

【司法责任制改革】 2020年，区人民检察院完成内设机构重塑性改革，将87.7%的人力资源充实到办案一线。专设民事行政、公益诉讼检察部门，民事、行政检察监督及公益诉讼办案数均较2019年度增长2倍以上，实现机构瘦身、人员整合、工作增效。推进四大检察平衡发展。建立检察官业绩考评机制，改变“端菜”观念，督促检察官发挥主导作用，把法治产品做到极致。在2020年全省检察机关129项核心业务数据考核中，望城优质数据达70项，在全市总优质数据中占比超过64%，其中促成和解、追赃挽损、引导取证等数据均居全省第一位。

【检察队伍建设】 2020年，区人民检察院加强思想政治建设。深刻学习领悟习近平法治思想，深入贯彻落实《中国共产党政法工作条例》，向区委请示报告重要工作和重大事项14次，确保党对检察工作的绝对领导。发挥党建引领作用，成立机关党委，制定《打造雷锋式检察院工作方案》，建设让党放心、让人民群众满意的模范机关。坚持全面从严治检，落实“三个规定”，切实做到过问必填、打探必录，防止办人情案、金钱案。持之以恒反“四风”，开展警示教育和纪律作风督查36次，努力建设一支忠诚、干净、担当的检察队伍。主动接受人大监督。坚决执行人大及其常委会作出的决议，推进“司法公正长沙行”活动。把向人大报告工作作为检验工作成效的大考，在接受监督中增强履职能力。邀请数十名人大代表、政协委员、人民监督员参与观摩庭审、座谈调研、案件公开听证等活动，诚恳听取意见建议，并在日常工作中逐一整改落实。自觉接受社会监督。努力提升服务水平，升级建设“12309”检察服务中心，同步完善实体、热线、网络三大平台，提供一站式服务。真诚尊重律师，保障律师依法行使权利，接待律师查阅案卷255人次，听取律师意见499次，把律师意见当成防范冤假错案的有效方式。深入加强媒体互动，接受舆论监督，倒逼检察办案质量更优、效率更高、效果更好。积极推进司法公开，运用多媒体发布办案信息199条、法律文书490份，刑事案件依法公开率100%，公正与否让人民评价。

【全省首份督促消除安全隐患的公益诉讼检察建议发出】 2020年8月24日，经省、市级检察院审批同意，长沙市望城区人民检察院针对辖区内存在的相关加油站在加油机旁设置手机扫码行为，向区内相关职能部门发出全省首份督促消除安全隐患的公益诉讼检察建议。因加油机旁扫码支付存在安全隐患，区人民检察院组成专门行动组，对辖区内的加油站进行全面排查，发现中国石化销售股份有限公司湖南长沙望城某加油站等四家加油站不同程度地存在在加油机旁使用手机扫码等违法情形，区人民检察院建议其依法履行监管职责，对违规使用POS机扫描顾客手机二维码收取油费的行为依法处理；加强日常监管，规范本行政区域内加油站的安全生产工作。

【被评为全省检察机关十大优秀社会治理类检察建议】 在2021年1月19日湖南省人民检察院召开的十大优秀案件和十大优秀检察建议新闻发布会上，《长沙市望城区人民检察院就建立完善涉黑涉恶犯罪及时发现、打早打小执法机制向市公安局望城分局制发检察建议》被评为十大优秀社会治理类检察建议，是扫黑除恶类优秀案件和优秀检察建议中唯一入选的基层检察院的检察建议。《法治日报》、《检察日报》、湖南卫视、《湖南日报》、《长沙晚报》、中国网、红网等20余家新闻媒体以及部分省人大代表、省政协委员、法学专家、省检察院人民监督员代表受邀参加会议。区人民检察院在办理省检察院和省公安厅联合挂牌督办的"10•25"高某某涉黑专案时，通过检察建议指出黑恶组织发展壮大的深层原因，推动公安机关建立完善涉黑涉恶犯罪及时发现、打早打小执法机制。案件的办理得到中央政法委、湖南省政法委的充分肯定，《人民日报》、新华社、《检察日报》等中央媒体进行专题推介。

（本栏撰稿：曹 辉）

法 院

【概况】 2020年，长沙市望城区人民法院（以下简称区人民法院）设立案庭（含立案速裁团队）、刑事审判庭、民事审判庭、综合审判庭、执行局、政治部（机关党委）、综合办公室（含司法警察大队、研究室）、审判管理办公室8个内设机构，下辖雷锋人民法庭、高塘岭人民法庭、靖港人民法庭、丁字人民法庭4个基层派出人民法庭，经开区、交通2个巡回法庭。2020年，审理各类案件13981件（不含诉前调解1766件），审（执）结13527件，结收比101.6%，结案率96.75%。

【刑事审判】 2020年，区人民法院审理刑事案件367件，审结354件。保持对刑事犯罪高压态势，严惩故意杀人、故意伤害、抢劫、强奸等严重暴力犯罪，审结案件42件54人。严厉打击危害社会主义市场经济秩序犯罪，如拓宇公司生产销售伪劣产品被判处罚金60万元，对其法定代表人、直接责任人代某华判处有期徒刑八年，并处罚金55万元，维护建筑领域公共安全。严惩侵犯公民财产类型犯罪，审结盗窃、诈骗等群众反映强烈的案件122件152人，如被告人张某上多地流窜作案，实施盗窃行为285起，被判处有期徒刑十年六个月。严惩毒品犯罪，审结走私、贩卖、运输毒品等案件36件48人，如被告人陈某武曾系望城境内重要毒品供应链之一，累次贩卖毒品，被判处有期徒刑十五年。严惩侵害未成年人权益犯罪，审结案件6件6人，如黎某某猥亵儿童被判处有期徒刑七年七个月。审结利用邪教组织破坏法律实施罪3件4人，维护社会管理秩序和公民合法权利。受理涉黑涉恶案件11件51人，全部审结完毕，做到案件清结。贯彻依法严惩原则，判处有期徒刑五年以上被告人29人，重刑率62%，无一人适用缓刑。"3•25"专案被告人王某波等11人、"10•25"专案高某刚等15人以暴力、威胁或其他手段称霸一方，为非作恶，严重破坏社会经济秩序，构成组织、领导黑社会性质组织罪，均被顶格判处有期徒刑二十五年，剥夺政治权利五年，并处没收个人全部财产。恶势力犯罪集团首要分子郭某某采取"套路贷"手法犯诈骗、敲诈勒索、虚假诉讼等五宗罪，数罪并罚，被判处有期徒刑二十年。打"伞"破"网"，公职人员周某某包庇、纵容黑社会性质组织，非法收受当事人及其请托人财物，被依法判处有期徒刑十年。开展"黑财清底"行动，坚决推进"打财断血"，断绝黑恶势力经济基础，依法判处涉黑涉恶案件被告人财产刑1182.8万元，罚金率100%，涉黑涉恶案件财产处罚全部立案执行。健全黑恶案件线索移送、排查等常态化机制，努力实现常治长效。打击损害生态环境犯罪，审理非法捕捞水产品案件7件7人，如任某某在湘江水域非法捕捞，附带判罚被告人向湘江水域投放1.6万尾鱼苗，以司法力量守护绿水青山。

【民事审判】 2020年，区人民法院受理民商事案件7550件，审结7219件。审结商品房买卖合同案件1522件，规范开发商逾期交房、逾期办证、逾期供电等违约行为，引导建立诚实守信、健康有序的房地产市场秩序。审结物业服务、教育培训、旅游合同等案件583件，法官深入楼盘社区调解矛盾40余次，保障人民群众安居乐业。审结民间借贷案件855件，严格审查涉套路贷、高利贷、职业放贷等行为，依法调整借贷利率，保护地方金融秩序和社会稳定。审结侵害集体经济组织成员权益、农村土地流转、承包经营等案件766件，法官下沉村社区普法宣传、现场调解，维护农村社会稳定。审结建设工程、装饰装修、建房施工合同等案件451件，加强对农民工权益的保护。审结劳动争议、人事争议案件315件，开展"法官+企业"联点挂钩活动，维护和谐稳定劳动关系。审结医疗损害、交通事故、产品责任等侵权类案件1159件，依法维护弱势群体合法权益。

【司法执行】 2020年，区人民法院受理执行案件6044件（其中行政非诉执行案件20件），执结5934件，执行到位金额9.19亿元。强化信用建设，用足惩戒措施，1521名单位、个人纳入失信被执行人名单，3114名单位、个人限制高消费，司法拘留28人次，罚款22.5万元，将2件涉嫌拒不执行人民法院判决、裁定罪移送侦查，官微官网发布、区域张贴曝光失信名单16批170人。克服疫情影响，切实强化移动执行平台、闪信送达平台、网络拍卖系统、事项委托系统及应急指挥系统功能应用。通过网络司法拍卖518件，成交额11.33亿元。执结涉民生案件335件，执行到位金额3518.9万元，其中执结涉农民工工资案件55件，追回执行款1626.72万元。关注弱势群体诉讼权益的实现，对“执行不能”案件中生活困难的32名申请执行人发放司法救助款37.92万元。积极构建社区网格化管理联动机制，从源头综合治理执行难。

【营商法治环境优化】 2020年，区人民法院受理各类涉企民商事案件3884件，审结3694件。妥善处理涉疫情纠纷，因时制宜提出分流、休假等合理统筹建议，帮助某纺织厂走出因疫情影响订单流失、近两千员工安置无路的困扰。依托网络科技手段，疫情期间借助“云上法庭”开展线上庭审362件，妥善化解某新材料上市公司4起合同纠纷的经验做法入选长沙中考试题。一网办案，执结涉民营企业案件1671件，执行到位金额2.56亿元。善意文明执行，用活执行保全举措，保证澳优乳业安心入驻，最大限度降低对企业生产经营的不利影响。大力推进“执转破”，债权人申请破产及审查移送案件27件，推动“僵尸企业”有序出清，被评为办理破产案件标杆区县法院。积极防范化解金融风险，严厉打击金融领域犯罪，审结涉金融案件7件18人。如廖某以口口相传方式向社会公开宣传，承诺一定期限内还本付息，向社会不特定对象吸收资金，扰乱金融秩序，被判处有期徒刑四年。执结金融借款案件454件，为建设银行、长沙银行等挽回经济损失4.2亿元。

【司法配套改革】 2020年，区人民法院适用认罪认罚从宽制度，量刑建议采纳率99%。启动非法证据排除程序，对刑讯逼供和以威胁、引诱、欺骗等非法方法收集的证据予以排除，防范冤假错案。严格执行“三项规程”，组织庭前会议20起。深度运用道交一体化平台建设，统一受案范围、证据认定与赔偿标准，妥善处理交通事故赔偿案件242件，到位资金987万元，经验在全省推广。探索院庭长监管“四类案件”操作规程，确保重大、疑难、复杂案件监管规范化、专业化。进一步健全院庭长办案机制，院庭长全年带头办理案件4628件。完善员额法官空缺替补机制，增补优秀年轻法官。发挥人民法庭职能作用。雷锋、丁字、高塘岭、靖港四个人民法庭立足基层化解纠纷，审结民商事案件2070件。审结婚姻、抚养、赡养、继承等家事案件559件，发出人身保护令4份，促进家庭和谐稳定。服务乡村产业发展，审结房屋租赁、水产养殖、农业种植等合同纠纷865件，助力乡村振兴，如廖某某租赁土地进行荷花虾养殖创业，因租金支付困难陷入困境，法官深入实地、把脉症结、辨法明理，促使双方握手言和。延伸审判职能，推进巡回审判进社区、进村组，做到审理一案、教育一片的效果。

【诉讼服务体系建设】 2020年，区人民法院联动多元解纷，建立律师、人民调解员、人民陪审员、退休老干部调解室及行政争议、建筑业协会联合工作站，依托人民法院调解平台形成合力。律师调解员在线指派、在线调解、在线司法确认，成为全省首家全流程在线调解工作室。深化“分调裁审”，推进案件繁简分流、快慢分道，适用简易程序案件6523件，简易程序适用率93.99%，平均办理天数35.7天，其中立案速裁团队办理案件2080件，实现简案快审。提升立案服务，网上立案2420件、跨域立案41件，网上缴、退费10805人次，法律文书集约送达50783份，使用云柜进行案卷流转4060次，让数据多跑路、群众少跑腿。建立委托鉴定平台，受理各类对外委托鉴定案件180件。

【审判公开制度改革】 2020年，区人民法院开展法院开放日活动，中小微企业、社区居民、学校师生走进法院。强化人民监督，160名人民陪审员参审案件482件。强化司法公开，全国上网裁判文书、信息14676份，网络直播庭审4453场次，公开案件流程信息6729条，湖南都市、长沙政法等多家电视媒体现场直击重大执行行动12次，切实保障人民群众知情权、参与权和监督权。

2020年12月4日，区人民法院在国家宪法日暨公众开放日邀请学生旁听刑事案件庭审（区人民法院供图）

【法官队伍建设】 2020年，区人民法院强化政治引领。把政治建设摆在首位，坚持党对法院工作的绝对领导，在全院开展“两个坚持”专题教育，切实增强干警对中国特色社会主义法治道路的自信与自觉，落实好《中国共产党政法条例》等党内法规。在区委、政法委统一组织下，中层以上干部到雷锋学院开展政治轮训。开展习近平法治思想专题学习讨论，重温雷锋日记、“半条被子”、郭亮烈士等先烈事迹。落实意识形态工作责任制，率先在全省法院试点开展政治素质评定和建档管理工作，制定《干警政治素质评定办法》和《干警政治素质档案》，分级定性评价干警政治素质。提升履职能力。深化内设机构改革，选拔勇于担当、善于作为、实绩突出的年轻干部到重要岗位，充实基层人民法庭队伍配套，做到优质资源下沉一线。开展“民法典”专题学习，听取最高人民法院大法官专题辅导讲座，选派员额法官、法官助理到湖南大学法学院进行业务轮训。组织优秀庭审、优秀裁判文书、优秀案例评选，案例“民法中自助行为的合法性认定”入选最高法院主编《民法典新规则案例适用》。主持重大课题《长沙市重大风险防范与化解的法治保障研究》，提高调查研究水平。开展“青年说”辩论赛、警务基础与庭审警务保障培训，提升干警思辨与应急处突能力。创新执行举措，以突破执行难为原型创作微电影《女法官日记》获全国法院第七届百优微电影奖。加强廉政建设。开展“三个规定”专项整治活动，建立报告登记制度，全面摸清内外部人员干预过问案件的记录、报告、通报和干警因违纪违法受处理情况。全面摸排干警亲属具有律师身份或从事律师职业情况，核实亲属的从业轨迹，严格落实审判执行人员任职回避制度。加强廉政风险防控，重大节假日等时间节点进行廉政提醒，建立健全法官廉政风险点提示制度，增强干警廉政风险防控意识。通过观看警示教育片，做到以案释德、以案释纪、以案释法。做好中央扫黑除恶督导、省高院审务督查反馈意见整改工作。坚持从严治院，发布督察通报9期，通报批评30人次。

2020年8月16日，望城区人民法院党组书记、院长龙兴盛到西藏自治区贡嘎县义务开展《中华人民共和国民法典》专题讲座（方鸿华 摄）

【司法监督】 2020年，区人民法院主动接受人大及其常委会监督。认真贯彻落实人大及其常委会的决议决定、审议意见，向区人大常委会主任会议专题报告刑事审判、诉源治理等工作。建立人大基层立法联络点，办理人大立法建议4件。健全代表定向联络、集中走访、旁听庭审、见证执行等制度，邀请人大代表视察法院、旁听庭审等80人次。走访省、市、区人大代表、政协委员328人次，听取关于审判执行、社会治理、队伍建设等方面的意见与建议。办复人大代表交办议案1件。广泛接受社会各界监督。自觉接受政协民主监督，办复政协委员提案2件。邀请政协委员旁听涉黑涉恶重大案件、见证执行。依法接受检察法律监督，积极配合检察机关履行诉讼监督职责。

【“分区分类层进式”诉源治理开展】 2020年，区人民法院纵向分区分域推进诉源治理，区人大常委会在全省率先审议通过《长沙市望城区人民代表大会常务委员会关于支持区人民法院诉源治理工作的决议》。法官包村包社区，52名员额法官与村（社区）治调人员建立常态化联系，推动“无讼”村（社区）创建。横向分类分批管理，综合运用案件纠纷热力图大数据实时分析、动态研判全区重点矛盾纠纷，对四类系列纠纷分批重点攻破。引导村民依法自治，分类出台统一裁判标准和调解指导意见，提升调解质效。立体分级分层递进诉源治理，充分运用“互联网+”技术优势，全面推广“人民法院调解平台”在线调解、在线司法确认。完善诉前调解、诉中调判、诉后服判三层递进，村社区自治调解、街镇人民调解、区级一站式多元调解机制，推动调解力量分层递进、纠纷分层递减。全年诉讼案件较2019年同期减少1858件，诉前调解成功1766件。

【服务企业发展】 2020年，区人民法院将诉源治理纳入优化法治营商环境大格局，聚力涉企诉源治理、前端纠纷排查化解，对症下药加速批量案件调处。开展线上调解，1月至7月，区法院通过人民法院调解平台诉前调解1107件，调解成功574件，调解成功率51.85%。善意执行保企业正常经营。区人民法院依法优先采取网络查控、网络送达、网络询价、网络司法拍卖、网络收发案款等在线执行措施，办结涉民营企业案件989件，执行到位金额1.46亿元。对待涉企财产保全问题，坚持“依法保全、灵活处置、平衡兼顾”的工作理念，选择对当事人权益损害最小、利益最大的方式处理。通过“活查封”或置换保全标的物等“放水养鱼”“腾笼换鸟”方式，化解企业债务危机、增强造血功能、维持正常运转，最大限度保证企业的正常生产经营。精准普法让企业更好防范法律风险。区人民法院积极落实普法责任，充分延伸审判职能，通过“普法微课堂”“法官进园区”“法官+企业”联点挂钩三项机制，制作《优化营商环境普法宣传“十二问答”》普法宣传手册等，为企业对“症”提供司法服务。

2020年11月4日，区人民法院为望城区建筑业协会企业代表开展普法讲座
（区人民法院供图）

【“实习法官助理”活动启动】 11月30日，区人民法院与白沙洲街道办事处深入推进诉源治理“网点站”建设之“实习法官助理”活动启动仪式在望城区人民法院举行。白沙洲办事处推介刘凯、刘卓、吴阳3名干部到法院担任实习法官助理。区法院党组成员、副院长江革主持，区法院党组书记、院长龙兴盛，副院长吴暄，白沙洲街道办事处党工委书记资涵及相关庭室负责人参加。

（本栏撰稿：方鸿华）

司法行政

【概况】 2020年，长沙市望城区司法局（以下简称区司法局）机关内设综合科、基层科、社区矫正工作科、普法与依法治理科、公共法律服务管理科、文件合同审查科、依法行政指导监督科、行政复议与应诉科、区委依法治区办秘书科9个科室，下设二级机构湘江公证处。

【依法治区】 2020年，区司法局出台《关于全面推进依法治区若干问题的实施方案》，履行党政主要负责人法治建设第一责任，开展法治建设专项督查。健全依法决策机制。落实《重大行政决策程序暂行条例》，参与制定《长沙市望城区人民政府重大行政决策事项目录管理办法》，组织修订《行政决策合法性审查制度》等8项制度。为高铁西城等项目引进和大泽湖生态智慧城开发建设项目提供法律保障，在重大涉法事务处置过程中，依法审查相关材料，有效规避法律风险。提升依法行政水平。全面推行行政执法“三项制度”，建立区级行政执法“三项制度”协调机制、执法数据月报制度，组织执法单位集中培训，开展行政执法案卷评查，规范行政执法行为。全年办理行政案件160件，行政诉讼102件，其中新收一审行政诉讼案件54件、行政复议35件、行政复议答复23件。严格落实文件合同审查制度，审查各类资料220件次，制发规范性文件6件，完成部门规范性文件“三统一”工作3件；审查合同108件，出具法律意见84份376条，涉及金额300亿余元，推动法治社会进程。压实“谁执法谁普法”责任制，国家工作人员学法用法考试合格率100%。持续开展“民主法治示范村（社区）”创建活动，大塘村获评省级民主法治示范村，回龙村等14个村（社区）申报区级民主法治示范村（社区）。全省民主法治示范村（社区）创建工作现场推进会在望城召开，光明村作典型发言。八曲河村法治乡村建设经验被《湖南日报》推荐。

【平安建设】 2020年，区司法局完善“四级三调”机制，规范街（镇）、村（社区）人民调解委员会，实现有阵地、有人员、有经费。各级调解组织调处矛盾纠纷1万余起，调处率100%，成功率96%，实现“四无”（无民事纠纷调解不当引起的民转刑案件、无非正常死亡、无群体性械斗、无群体性上访）目标。出台加强专职人民调解员管理办法，进一步规范行业性专业性调解组织建设。全年交调（含各中队）成功调处纠纷330起，协议金额2092万元；医调成功调处22起，协议金额106万元；婚调接待夫妻1110对。开展人民调解优秀案卷评选表彰活动，评选优秀案卷20本。严格落实《中华人民共和国社区矫正法》，成立社区矫正委员会，进行社区矫正管理局和社区矫正执法队挂牌，组织宣传月活动近20场。全区共接收矫正对象266人、解矫218人、在册300人，信息化监管率100%，实现“四个不发生”（不发生危害国家安全和社会稳定的重大政治事件、不发生严重暴力恐怖和个人极端事件、不发生重大群体性事件、不发生重大公共安全事件）。

【法律服务】 2020年，区司法局完善区、街（镇）、村（社区）三级公共法律服务平台，升级改造10个公共法律服务工作站点，完成光明卡通法治文化园二期建设。全年平台办理法律援助案件1053件，其中刑事820件、民事233件，办理公证20411件。坚持“一村（社区）一法律顾问”制度，为村（社区）、学校配备法律顾问。修订法律顾问考评办法，通报表彰与警示谈话并举，突出考核奖惩机制。深入开展“法律六进”活动，组织“国家安全教育日”“农村法治宣传月”等主题普法活动500余场，赠送法律书籍近10万册；深入开展“12•4”宪法宣传周“送法进校园”“全民宪法暨民法典知识竞答”等系列活动。联合经开区、工信局出台《关于开展法律服务产业链活动的实施办法》，组织“企业法律顾问团”开展法律服务活动。建立健全商事纠纷人民调解网络，调处商事纠纷352起，协议金额2211万元。

【“民主法治示范村（社区）”创建】 2020年，区司法局开展“民主法治示范村（社区）”创建工作，推动“三治融合”（自治、法治、德治），全省民主法治示范村（社区）创建工作现场推进会在望城召开。区委常委、政法委书记苏春光介绍全区经济社会发展和民主法治示范村（社区）创建工作情况，光明村作为全市唯一代表村（社区）作典型发言，与会人员现场观摩光明法治文化园、光明村民主法治建设情况；大塘村获评省级民主法治示范村，省司法厅书面表扬望城的民主法治示范村（社区）创建工作，国家级民主法治示范村八曲河村创建工作经验在《湖南日报》刊登。

2020年12月4日，望城区2020年“12·4”宪法宣传周启动仪式在向阳中学举行（区司法局供图）

【法治化营商环境工作经验在全省推介】 2020年，区司法局依托区委依法治区办，围绕打造“极省”营商环境中心工作，做好法治体系“加法”、简政放权“减法”、权益保障“乘法”、排忧解难“除法”，打造法治化营商环境。相关工作经验以《做好“加减乘除”打造法治化营商环境》为题在《湖南司法简报》（第27期）、《全面依法治省工作简报》（第10期）刊发，在全省司法行政系统内推介。

【公共法律服务工作经验在《湖南司法简报》推介】 2020年，区司法局升级改造区、街（镇）、村（社区）公共法律服务三级平台，扎实服务企业发展、民生事业、社会治理、党政机关，加快推进公共法律服务体系建设，相关工作经验以《依托三级平台做实四项服务》为题在《湖南司法简报》刊发，在全省司法行政系统内推介。

（本栏撰稿：刘　甜）

军　事

责任编辑 ◎ 赵运良

人民武装

【概况】 2020年，长沙市望城区人民武装部（以下简称区人武部）开展党委中心组理论学习，学习贯彻中共十九届五中全会、全军思想政治教育工作会议等相关精神，同步参加省军区“学习大讲堂”理论夜校学习，围绕习近平主席关于备战打仗、疫情防控重要论述指示等内容开展讨论研究，党委班子建设质量水平进一步提高。干部人人制订个人学习计划，坚持读原著悟原理，全面学、系统学、带着问题学、深入实践学，着力打牢理论根基。着重抓好基干民兵的思想政治教育，在湖南党史陈列馆、雷锋纪念馆等单位遴选民兵政治教育宣讲员，打造精品特色课程，为民兵队伍政治教育提供高标准授课保障。组织开展首届“民兵活动日”活动，不断提升民兵身份认同感。广泛开展宣传报道工作，先后在省级以上媒体等刊发新闻稿件和要讯96篇，在军地宣传推广望城国防动员做法。

【备战能力提升】 2020年，区人民武装部扎实抓好人员择优编组、岗位对口编建、人装结合编配、制度常态落实等工作，各项指标比例稳步提升，系统数据准确合规。按照训练大纲标准和训练任务要求开展基干民兵训练。完成全省防汛抗洪演练科目演示，通过军委训练管理部训练监察和省军区民兵调整改革交叉检查。开展“接过雷锋钢枪、争当民兵榜样”为主题的雷锋特色民兵分队授牌仪式，激发广大民兵的荣誉感，赋予民兵队伍新内涵。开展基层武装部星级达标建设。通过参观见学、试点引领、硬件建设、软件会审、联合督查等环节的抓建，涌现出以乔口镇为代表的一批基层建设先进单位。抓好专武干部考评管理，结合绩效考评组织专武干部进行年终考核考评。党委每月进行安全形势分析，重大活动组织安全风险评估，定期开展安全隐患排查，扎实开展“百日安全”活动和清理清查工作，始终将安全预防工作纳入各项工作之中。

【国防动员】 2020年，区人民武装部组织专武干部全面调查辖区行业、产业、企业、社团、专业队伍、人员、装备器材等潜力情况，切实摸清整组潜力。针对往年高新技术产业编兵人数不多、相关企业参与积极性不高的实际，积极与符合要求的企业一一对接，上门为企业宣讲政策，确保高质力量编组任务落到实处。协调区委、区政府为编兵单位落实基干民兵工作经费。持续抓好基层建设。按照省委、省政府、省军区《基层人民武装部全面建设考评细则》《基层人民武装部全面建设星级达标考评办法》，对全区基层武装部建设进行全面摸底考评，根据考评情况制定全区基层星级达标实施计划。组织部分专武干部到长沙县果园镇、长沙县武装部参观学习。按计划召开全区党管武装工作会议、议军会、国动会和国教会，出台法规文件，健全工作机制，有效推动武装例会由单纯解决经费问题向强化职责意识、帮助解决难题、出台政策法规并重转变。坚持廉洁征兵监督、联合会审体检结果和集体定兵制度，规范兵员征集每一个环节，完成征集任务，实现“零退兵”目标，“五率”考评位列警备区第二位。

【后勤保障】 2020年，区人民武装部推进营院正规化建设。按照正规化建设标准要求，打造战备训练配套、管理秩序规范、工作生活便捷的一流营院，确保如期完成建设任务。坚持党委集体理财制度，强化全员财经纪律观念、标准意识，严格落实物资采购、工程建设等规范化管理制度，确保财经管理秩序正规。每季度召开党委专题会议，通报经费使用情况，分析研究财经形势，制定后勤管理措施，确保所有经费开支合理合法合规。制定疫情防控方案预案，严格落实体温监测、营区消毒、出入扫码登记等疫情防控措施，确保疫情防控不留死角。

【双拥共建】 2020年，区人民武装部发挥雷锋家乡独特优势，组织新质民兵在雷锋纪念馆广场举行“接过雷锋钢枪，争当民兵榜样”活动，成立以“雷锋”名字命名的特色民兵分队。开展拥军优属活动。把学雷锋与开展“双带双促”（退役军人带头建设家乡、促进经济发展，带头维护稳定、促进社会和谐）活动结合，扶持退役军人“大众创业、万众创新”。协调区政府建立军地会商、抚恤扶助、涉军维权、退役安置、军属优待五个“绿色通道”，进行“最美退役老兵”评选活动，协调解决军人子女优待入学，组织开展立功送喜报活动，让军人切实感受到尊崇。持续抓好扶贫帮困，对黄金园街道桂芳村6户贫困户进行“一对一”帮扶。持续开展“雷锋家乡学雷锋”走访慰问活动，对全区困难现役、退役军人家庭和高塘岭街道新康敬老院走访慰问，采取多种方式为敬老院老人和困难现役、退役军人家庭解决日常困难。

【雷锋特色分队授牌仪式举行】 2020年5月22日，区人民武装部组织新质民兵在雷锋纪念馆广场举行“接过雷锋钢枪，争当民兵榜样”活动。成立以“雷锋”名字命名的5支特色民兵分队，5名不同时期的学雷锋典型代表把手中的钢枪传递给新入队的民兵。现场还举行民兵集体宣誓、反恐维稳、应急灭火演练、无人机分队等科目演示。

（本栏撰稿：王 卓）

武装警察

【概况】 2020年，武警长沙支队望城中队认真贯彻落实习近平主席重要讲话精神，牢固树立“能打仗、打胜仗”的理念，不断提高部队正规化建设水平。党支部“一班人”团结带领中队官兵，积极作为，牢固树立“窗口”意识，注重发挥文化育人强素质、军事训练蓄能力、中心工作固根基、后装保障增时效的功能效应。着力打造“军营文化的厚度、精细化管理的亮点、风气建设的底蕴、安全稳定的基础”，进一步顺应新时代的气息，不断推动部队全面建设，创新发展，整体发展态势良好，建设基础日趋稳固。

【思想政治建设】 2020年，武警长沙支队望城中队坚持把习近平新时代中国特色社会主义思想和强军思想作为中队建设指南，打牢官兵思想政治基础。中队发挥驻地雷锋故乡的红色资源优势，营造学雷锋氛围。在新兵下队、补勤人员调入时，举行入队仪式，组织全体官兵向雷锋雕像宣誓，打牢官兵争当忠诚卫士思想基础；结合阶段性工作特点开展每月“六课”，在“7•5”敏感期、补选退前扎实开展形势战备教育和正确对待走留教育；根据“传承红色基因、担当强军重任”主题教育计划安排，抓好微课串讲、讨论辨析、配合活动等重点环节，制定官兵个人读书计划，开展“月读一书”活动；开展“深知兵、真爱兵”活动，干部骨干在生活中自觉做到“六不”（不歧视嘲笑、不搞远近亲疏、不打骂体罚、不虚言哄骗、不冷眼相待、不收受财物），在工作中自觉做到“六前”（学习工作走在前、思想工作做在前，为兵解难谋在前，脏活累活干在前、军事比武练在前、危险时刻冲在前）。在补选退期间，中队加强和官兵家长联系，了解官兵思想波动和倾向，落实支队《关于做好补选退期间执勤和安全管理工作的指示》相关要求，做好“一人一事”思想工作，开展“学老兵、赞老兵”和“为老兵送温暖、献爱心”等活动；结合总队军史场馆体系建设标准，协调区退役军人事务局完成荣誉墙建设；加强“一队一品”队伍建设，将二胡作为“一队一品”特色亮点，利用晚饭后一小时及党团活动时间进行练习。7月，录制优秀作品参加支队“八一”文艺晚会。

【练兵备战训练】 2020年，武警长沙支队望城中队组织干部骨干学习研究新《军事训练大纲》，结合官兵实际科学制定训练计划，采取科目教员和训练尖子协同教，培养官兵“苦练＋巧练”的意识，不断提高训练水平；注重训练监督和考评，每日进行体能打卡，每月进行军事会操，对成绩突出和进步明显的官兵进行表彰。11月，完成总队年终军事考核，获优秀；针对不同训练科目，区分受训者不同水平层次进行分训，成立“精武小分队”，进行小时段、针对性专项强化训练；坚持每月考核表彰，培养官兵“训练有为、训练有位、训好有功”思想观念，把训练成绩作为立功受奖、入党考学硬指标。2020年，龙某某参加总队导调员比武获个人第三名，孙某某在支队应急班比武中获狙击组第一名。

【从严治军】 2020年，武警长沙支队望城中队落实八个方面安全基本工作规范要求，开展《中国人民武装警察部队人员行为手册》自学活动，养成“人按职责干、事按制度办”行为习惯；开展条令年活动，加强对条令和安全法规学习，落实一日生活秩序，严整军容风纪，强化官兵条令意识，确保部队秩序正规和安全稳定；对执勤安全隐患进行排查，突出“人车枪弹酒、水火电毒密、黄网赌钱信”治理；落实人员请休假外出离队前提要求、乘车后视频汇报、在外期间跟踪管控、归队后开展收心教育制度。针对探亲休假、外出集训、因病住院等人员进行跟踪管理，建立在外人员跟踪管理责任档案，在外人员每日电话向值班室报告，短信向主官报告；开展网络安全教育整治、安全管理领域专项整治活动，重点突出行车安全、酒驾醉驾、涉网问题和预防自杀四个方面。不定时进行手机清查，消除泄密隐患，确保不发生失泄密问题。组织官兵认真学习《内务条令》《纪律条令》和《手机和互联网使用管理办法》等相关法规，规范手机使用程序，人人写出剖析承诺书、签订手机使用申请表和责任书，对个人手机登记造册，做到一人一机一卡。落实查铺查哨制度，杜绝私自使用手机现象发生。

【雷锋精神铸魂】 2020年，武警长沙支队望城中队以中队建队40周年、雷锋入伍60周年为契机，与武警长沙支队及地方单位开展“当雷锋故乡兵，做习近平主席的好战士”纪念雷锋入伍60周年系列活动，组织官兵到雷锋第二故乡团山湖开展“重走雷锋路”活动，到雷锋纪念馆参观，引导官兵传承红色基因、担当强军重任；结合武警长沙支队“赓续优良传统，争做雷锋传人”活动，中队组织开展“知雷锋生平、知雷锋事迹、知雷锋精神、知学雷锋的题词、会讲雷锋故事、会唱学雷锋歌曲”等活动；号召官兵立足岗位学雷锋，设立“精武、执勤、学习、奉献、节约、作风”六项雷锋之星评比，每季度开展雷锋之星评比，引导官兵将学雷锋的实际行动融入日常工作；在疫情防控期间，中队“学雷锋”志愿小分队为驻地附近群众家中送去口罩、酒精、84消毒液等物资。在“3•5”全国学雷锋日，中队利用微信视频给乌山中心小学学生上一堂关于雷锋的网课，给常年资助的孤寡老人周嗲嗲讲解疫情防控小常识。中队官兵学雷锋事迹在湖南武警公众号、《湖南日报》、《长沙晚报》、新湖南、红网刊登。

（本栏撰稿：罗天一）

退役军人事务管理

【概况】 2020年，长沙市望城区退役军人事务局（以下简称区退役军人事务局）设办公室、优抚科、安置科、3个科室和军休所、光荣院、区退役军人服务中心3个二级机构。主要负责全区退役军人思想教育、优待抚恤、军转安置、权益维护，就业创业、困难援助等工作。

【双拥优抚】 2020年，区退役军人事务局发放重点优抚对象定期抚恤金、生活补助费、医疗费用报销、义务兵家庭优待金及军休干部工资、补贴等各类优待抚恤费用。做好优抚对象医保参保、城乡居民合作医疗救助和重点优抚医疗报销等工作，支付医保参保资金，发放门诊费用，解决重点优抚对象医疗报销及补助费用。对部分重点优抚对象开展“关爱功臣、送医送药”下乡活动，配合市退役军人事务局赠送价值16万余元药品。对重点优抚对象进行短期疗养。按政策办理残疾军人新增、新评、提级工作，做好带病回乡、年满60周岁退役军人的新增申报审批工作。做好区内零散烈士墓和烈士纪念设施的保护工作。落实军休干部两项待遇，完成军休所文化氛围建设，做好光荣院院内老人的日常护理与安全保障工作。牵头组织长沙市全国双拥模范城“七连冠”创建迎检工作，完成雷锋路社区、金山桥社区、柏叶小学、武警望城中队以雷锋精神为主题的双拥示范点建设，将文源中路打造成双拥一条街。在区、街镇、村社公共服务中心张贴军人、消防救援人员依法优先的标识和双拥宣传标语、海报2000张，设置双拥公交专线（W116、W218）、雷锋大道望城汽车站至金山桥社区路段公交站牌，砂之船、黄金创业园、紫馨御湖湾大型电子显示屏、斑马湖立柱广告等进行双拥宣传，提升全民知晓率和参与度，通过双拥模范城考核验收。

【就业安置】 2020年，区退役军人事务局完成军转干部、随调家属、由政府安排工作退役士兵的安置工作。及时为2020年度自主就业退役士兵办理报到登记、落户、退役金激活等相关手续，做好档案接收登记工作。审核办理以政府安排工作方式退出现役的部分退役士兵，率先在全市完成部分退役士兵社保补缴工作。举办退役军人及军属专场招聘2场，组织参加市局举办的招聘会2场；争取各项优惠政策，为退役军人创新创业创造便利条件，安排“双带双促”资金120万元扶持退役军人创业。

【服务体系保障】 2020年，区退役军人事务局完善全区三级退役军人服务保障体系建设，严格落实“五有”（有编制、有机构、有人员、有经费、有保障）标准。通过定向招考、转业安置等方式吸纳优秀退役军人进入服务体系，举办业务培训班，建立专业化的工作队伍，提升服务队伍能力素质；通过示范创建推动服务站建设。2020年，建成1个区级退役军人服务中心，14个街镇退役军人服务站，142个村社退役军人服务站，有10个街镇建成省级示范服务站，14个村（社）建设区级示范服务站，为退役军人提供政策咨询、困难援助、就业创业、权益维护等服务。

【信访工作】 2020年，区退役军人事务局制定“信访攻坚年”活动方案，将开门接访与主动下访相结合，耐心细致做好退役军人信访接待工作。建立多部门联动机制，定期会商，共同研究制定化解方案，明确办理主体和解决时限，精准协调推进疑难复杂问题的化解。重点信访问题实行包案化解“一包到底”，做到“四个亲自”（亲自接待重要来访和集体上访，亲自阅批

2020年6月10日，区退役军人事务局召开退役军人服务保障体系建设推进会

（区退役军人事务局供图）

重要来信，亲自指导或参与查办重要、疑难的信访案件，亲自参与研究信访工作或重要信访案件）和“五个清”（底数清，动向清，责任清，措施清，结果清），靶向制定精准化解措施，做到诉求合理的解决到位、诉求无理的思想教育到位、生活困难的帮扶救助到位。全年来信、来访办结率100%，不激发矛盾，不上缴问题，将信访问题和突发事件处理、化解在基层，确保社会和谐稳定。

【“雷锋式”标杆型退役军人服务站建设】 2020年4月，区退役军人服务中心制定下发《关于加强示范型退役军人服务站创建实施方案》，打造“雷锋式”标杆型退役军人服务站8个，全区各级服务部门因地制宜、整合资源，改善保障条件，用心用情关爱退役军人，通过走访摸排，建立精准的退役军人台账；对到省到部上访和近两年涉军诉求问题突出对象，建立“一对一”包联制度；对于贫困退役军人建立常态化联系制度，指导帮助申报低保、特困、医疗救助等待遇，解决生产生活难题，在区级服务中心设立“老班长”值班室和法律援助室，由老兵轮流值班、1名专业律师常态坐班，帮助退役军人解决债务、社保等维权类事项。11月17—20日，望城区退役军人服务中心代表湖南省退役军人服务保障系统到西藏自治区以《聚焦四化 扎实推进退役军人服务保障体系建设》为题进行经验交流。

【退役军人党建教育】 2020年，区退役军人事务局探索退役军人党建教育，在高塘岭街道湘陵社区试点，成立退役军人党支部，进行党员分类管理，组织退役军人党员参与社区管理、志愿服务、抗击疫情等公益活动，激发其干事创业热情。邀请国防科技大学教授为退役军人授课，提高退役军人政治意识与国防意识，分两期举办退役士兵“返乡第一面”和适应性教育培训班，提升退役军人适应社会能力。组建退役军人志愿服务队伍，在疫情防控期间，退役军人志愿者坚守抗疫岗位，参与捐赠共20万余元；在7月防汛期间，退役军人请战归队，加入抗洪抢险一线，形成干群一心防洪抗灾强大合力；开展“模范退役军人”“最美退役军人”学习宣传活动，弘扬退役军人正能量。“望城退役老兵抗洪抢险突击队”被省委宣传部重点推介，在湖南卫视、长沙新闻频道、《长沙晚报》《湖南日报》等主流媒体重点报道。

【退役军人培训就业“一站式”服务】 2020年10月12—15日，望城区分两批对2020年度退役军人进行适应性培训。邀请退役军人事务局干部、大学教授、企业家代表、优秀退役军人代表授课，为退伍老兵提供就业创业政策解读、职业规划、优秀简历撰写和面试技巧讲解等知识培训。培训期间，邀请到山河智能、益丰大药房、德邦物流等大型上市公司及国企现场招聘，现场达成部分就业意向，《湖南日报》、国防教育频道等媒体进行宣传报道和推介。

（本栏撰稿：崔淙豪）

经济管理与监督

责任编辑 ◎ 赵运良

发展和改革

【概况】 2020年，长沙市望城区发展和改革局（粮食和物资储备局）（以下简称区发改局）内设办公室、项目管理科、价格管理科、经济发展研究科、产业发展科、能源管理科6个职能科室，下设能源事务中心、价格监测认证中心、优化营商环境协调事务中心、投资事务中心4个二级机构。

【宏观经济管理】 2020年，区发改局多次组织部门召开全区经济形势分析研判会议，听取经济运行情况，分析研判发展运行特点、困难并提出下步工作思路或建议，撰写多篇高质量经济形势分析报告，为区领导决策提供参考；牵头开展全区“十四五”规划编制工作，积极对接国家、省、市发改委及湘江新区，开展6个重大前期课题研究，铺排36项专项规划编制工作。起草《望城区“十四五”规划基本思路》和“十四五”规划纲要。加强对街镇及相关区直部门的走访调研和服务业的分析研判，半年度服务业增加值增速四区县（市）排名第一位，百日竞赛中服务业取得同组第二位，三季度服务业增加值增速2.5%，四区县（市）排名第一位；组织湾田国际等3家企业申报总部企业；推荐湖南湘船重工有限公司申报湖南省先进制造业重点企业及项目库；组织相关企业申报2020年度长沙市特色（重点）楼宇，大汉金桥国际未来城被市发改委评为长沙市2020年度特色楼宇。

【营商环境建设】 2020年，区发改局推进疫情防控和经济社会发展工作，把2020年确定为“极省营商深化年”，以“双对标”和“指标长”制度为主抓手，全面贯彻落实“一条例两规定”及2020年行动方案，深入推进行政效能提速、实体经济降成本、政策落地、企业家权益保护四大专项行动，组织营商培训及评价。5月22日全市政策落地现场推进会在望城召开；望城被授予“2020年中国领军智慧城区”称号；经开区在全省134家省级及以上产业园区中综合评价排名第一；“四零”采购获评长沙市营商环境优秀典型案例，被评为落实“六保”任务全国创新案例，望城经验被全省推介。加大对服务业企业支持力度。疫情期间安排19名干部作为规上服务业企业联络员，主动上门服务，走访园区外规上服务业企业91家，查看防疫工作情况，宣传复工惠企政策，确保复工企业的安全及工作积极性。审批下发87家规上服务业的复工补贴97万元。为企业申报各类政府贴息或优惠利率贷款11批次68家，申报贷款需求12.5亿元。对2019年入库的47家规上服务业企业下发入库奖励282万元，鼓励服务业企业做大做强。切实降费为企业减负。完成望城区行政事业性收费和涉企行政事业性收费目录清单的清理工作，对全区行政事业性收费及经营服务性收费实行动态管理，实现无目录外收费。严格落实省市文件要求，阶段性降低企业用电、用气成本支持企业复工复产，共降低电费3000万余元。协调推进“六稳”“六保”工作。抢抓时机牵头制定《关于全面落实“六保”任务、扎实推进“六稳”工作的若干措施》，率先在全市出台全面、系统的“六稳”“六保”工作机制；大力督促各相关责任单位全面推进“六稳”“六保”措施，工作中敢于“啃硬骨头”，牵头解决相关“堵点”“难点”问题50余个，工作成效被《新湖南》《长沙晚报》等10余家省、市媒体推介。

【投资项目管理】 2020年，区发改局科学铺排投资计划。摸排、梳理全区政府投资、社会投资项目，科学制定投资计划，全年铺排501个项目，实施项目计划总投资490.3亿元。切实优化审批流程。研究制定小额政府投资优化审批流程的配套政策，全面规范小额政府投资建设项目相关审查事项。批复小额项目169个，累计金额4.31亿元，比2019年增长12.2%；完成政府投资项目审批事项175项，其中批复立项43个、简单立项82个、可行性研究50个，比2019年增长6%；核定企业投资项目网上备案218个，比2019年增长11%。高效服务项目建设。推行“月调度”“季讲评”的工作模式，着重对省“五个100”项目、省重点建设项目、市重大项目推进情况进行专题调度。半年度市重大新建项目认定开工率98%，预备转实施项目13个，新增计划外投资项目42个。重点推进银星路长益复线连接线、区人民医院、湘江大道北延线二期、京东亚洲一号等项目。全年铺排产业项目242个，完成产业投资320.3亿元，产业投资占总投资比重达55%，22个产业项目实现当年引进、当年开工，6个产业项目实现当年引进、当年投产，构建产业项目快开工、快建设、快投产的良性循环。积极推进上级预算内投资补助资金争取。对20个中央预算内专项及11个地方政府专项债发行政策进行梳理，编制《中央预算内资金政策指南》，组织对全区22家平台公司、区直部门开展专题培训，引导相关单位积极向上申报争取项目补助资金，多途径解决项目建设资金困难，2020年到位中央预算内资金1.8亿元。统筹做好地方政府专项债项目资金争取。主动对接国家及省、市发改部门及时获取政策信息，以“跳脱”的思维包装高难度的地方政府专项债项目，积极争取项目纳入上级计划笼子，7个项目获批，2020年发行地方政府专项债资金23.44亿元，发行总量排名全市九区县市第二。继续做好2021年地方政府专项债项目包装策划及申报争取。结合区委、区政府明确“三区一园”建设重点任务，克服口径领域的限制，10个项目通过省级发改、财政部门初审纳入2021年储备项目库，项目总投资估算314.31亿元，专项债需求138.2亿元。

2020年疫情期间，区发改局深入商超开展价格监测（余吉琼 摄）

【价格监测与管理】 2020年，区发改局严控商品房价格监制。完成41个商品房项目销售价格监制汇总、协调、上报工作。完成15个项目前期物业收费标准的核定审批、备案工作；联合财政、教育、文广局制定望城区春秋两季中小学收费文件，做好开学督查工作。落实望城区临时价格补贴政策，及时发放低收入群体临时价格补贴895万元；开展价格监测和认定。价格监测工作人员农历正月初二到规模超市、农贸市场、药店等一线，采集并上报重要民生商品价格监测数据4万余条，撰写并上报分析材料293篇，4篇被国家发改委官网采纳发布，3篇被红网望城时刻采纳发布，为及时平抑物价当好参谋助手。一季度省级考核中，在全省18个直报网点县中排名第一位。完成涉案物价格认定164宗，涉案金额495.84万元。办理涉黑案件1件、回复1件，为积极协助法院扫黑除恶专项斗争工作提供技术支持。2020年，区价格认证中心被湖南省价格认证中心评为省级优秀认证机构，何晓倩被评为全省优秀认证先进个人。

【“两型社会”建设】 2020年，区发改局组织开展燃煤污染源头整治专项行动，在8个禁燃区街道涉及61村、社区和64个安置小区，开展巡查整治行动50余次，检查餐饮门店等高风险店面1000余家，取缔非法散煤制售点9家，劝退已注册制售点38家，收缴煤炉50余个、散煤2000余千克，禁燃区燃煤污染已全面“清零”。餐厨油烟改造全面完成。针对老旧社区无烟道居民楼栋家庭餐厨油烟污染直排及油烟扰民问题，在前期深入调查摸底的基础上，结合棚改工作推进情况，制定2020年全区老旧社区餐厨油烟改造实施方案，完成2000户老旧社区餐厨油烟改造，降低对大气的污染，改善社区环境。节能降耗常抓不懈。严格落实节能审查制度，加强源头管控；强化工业、建筑等重点领域和重点用能单位节能监管；积极推广新能源，新增光伏发电8.9兆瓦。按照“九进社区”主要思路，常态化开展两型宣教活动。组织“两型乐居志愿者服务队”围绕两型宣传开展形式多样的志愿服务活动，开展两型知识宣传活动12场，推动节能环保理念深植于社区居民之中。贯彻落实望城区2020年“洞庭清波”专项行动工作方案的要求，对标省三年行动计划，出台《长沙市望城区2020年洞庭湖生态环境整治工作要点》，统筹落实各项指标要求，全面完成望城洞庭湖生态环境专项整治十大重点任务，工作成效全市领先。

【“四零”采购模式创新】 2020年，区发改局通过望城BSC（Business Service Center）平台引导，开展企业组团入企业，编制本地优质产品名录，出台相关政策支持，率先在全省打造“零障碍、零仓储、零物流、零损耗”的“四零”采购模式，实现供应链支撑，支持本地产品销售。先后有310家企业加入“四零”采购，合作金额30亿元。12月21日“四零”采购获评人民网全国创新案例。

【驻企帮扶及惠企政策落地工作全市推介】 2020年5月22日，全市政策落地现场推进会在望城召开，市委常委、组织部部长张宏益高度肯定望城驻企联络员制度在防疫惠企工作中的重要作用，各单位表现出机制好、服务好、措施好。望城区帮企惠企先进经验做法在《长沙市"大干一百天 实现双过半"竞赛活动简报》中予以刊发推介。

【"六稳""六保"望25条】 2020年，望城出台《关于扎实做好"六稳"工作全面落实"六保"任务的若干措施》，涉及保居民就业、保基本民生、保市场主体、保粮食能源安全、保产业链供应链稳定、保基层运转六大板块共25条措施。

（本栏撰稿：佘吉琼）

财　政

【概况】 2020年，长沙市望城区财政局（以下简称区财政局）机关内设办公室（人事教育科）、综合规划科（法制办）、预算科、国库科、行政文教科、经济建设科、农业科、社会保障科、企业科、会计科（财政监督检查室）、预算绩效管理科、总工室、金融与债务科、税政科（财源建设管理办公室）14个科室；下设区财政事务中心、区国库集中支付核算中心、区乡镇财政事务中心、财政统发工资中心、区财政信息中心、区财政结算中心、区财政预决算（投资）评审中心7个二级机构。

【"三大攻坚战"保障】 2020年，区财政局全面支持精准脱贫攻坚收官战。加大扶贫投入力度，投入4921万元，强化扶贫举措落实，确保全区贫困人口全部脱贫，支持做好对口帮扶工作，推动脱贫攻坚取得最终胜利。防范化解债务风险。健全债务常态化监测机制，及时发现和处置潜在风险，实现债务风险级次下调，完成水投集团市场转型，城投集团、经开集团信用等级升级为AA+，进一步提升平台公司融资偿债和抗风险能力。全力支持污染防治攻坚战。支持依法、科学、精准治污，打好蓝天、碧水、净土保卫战。投入4.6亿元，重点支持截污管网建设、黑臭水体治理、生态修复治理、城乡环境整治及垃圾分类减量等项目，推动实现污染防治攻坚战阶段性目标。

【营商环境优化】 2020年，区财政局推动收入量质齐升。协同税务、资规、住建、国资等相关部门和街镇园区，围绕"税源培植、综合治税、提升质量"三大主攻方向，克服年初疫情不利影响，在全市财税指标"百日大竞赛中"获长望浏宁+高新区组第一，获评全省非税收入征收管理工作先进单位，全年完成财政总收入115亿元，比2019年增长11.7%，完成全年财政收入目标。助推产业转型升级。整合重大产业链发展专项，落实制造业高质量发展扶持政策，统筹安排资金15亿元，聚焦智能终端等重点产业链延链条、强龙头、抓创新，助力引进、培育制造业标志性项目，加快推动新一代信息技术与制造业深度融合。落实减税降费政策。按照"应减尽减、应降尽降、应享尽享"的原则，切实让减税降费红利惠及企业，全年为市场主体新增减税降费6.73亿元。支持重点项目建设。全力支持湘江涂料、中交等总部建设，服务永旺、益海嘉里等项目招商引进，积蓄经济发展后劲，着力提升产业建设面貌。

【民生保障】 2020年，区财政局全力支持企业纾困和基层运转。落实"六稳""六保"政策，率先在全市出台《长沙市望城区关于企业贷款实行无费担保、贷款贴息的实施细则》，兑现工业企业贴息资金1685万元，提供无费担保贷款9亿元；加大街镇、村（社区）转移支付力度，新增安排基层运转保障资金近3000万元。全力支持社会保障和医疗体系建设。制定新冠肺炎疫情防疫经费保障预案，足额拨付疫情防控资金9674万元；启动区级养老中心建设和人民医院整体搬迁，提高城乡居民养老金及医疗保险标准，落实社会政策兜底保障功能。支持城乡教育均衡发展。扎实推进城区、农村学校校舍安全隐患排查及维修维护，重点支持望城一中和职业中专建设，新建3所楼盘中小学校，新增7所公办幼儿园，新增学位8780个，有效缓解入学入园供需矛盾。支持科技文化体育旅游事业发展。支持区级科技计划

2020年3月16日，区财政局一季度组织财税收入调度会（谷继安　摄）

加快立项，配合推广望城全域旅游年（联）卡，积极支持举办各类文化惠民演出及赛事活动，进一步满足人民群众的公共文化体育生活需求。支持城市品质提升。投入5.8亿元，推进老旧小区提质改造、智慧城市等项目，全力支持金星路提质改造和城市品质提质建设。助推乡村振兴战略。统筹整合涉农资金4.65亿元，集中支持“美丽屋场”建设、巩固水利基础设施、做大“一县一特”农业产业，提升农村产业活力，乡村整体面貌焕然一新。

【财政资金管理规范】 2020年，区财政局推进预算绩效管理改革。预算绩效管理覆盖全部预算单位、覆盖预算绩效管理全过程。强化评价结果应用，完善评价结果与预算安排、政策调整和改进管理挂钩机制，进一步明确“花钱必问效，无效要问责，低效多压减，有效多安排”的预算编制原则。统筹推进“三资”盘活。通过清收清欠、加快结算和对账清理等方式，盘活财政沉淀资金7.25亿元，确保公共财政资金高效安全使用。加快国库集中支付进度。国库集中支付电子化系统全面上线，实现预算单位、财政、银行之间无纸化运作，资金拨付基本实现当日审核当日到达。提升政府采购和财政投资评审质效。充分利用政府采购“云服务”平台，对采购活动进行网上监管，全年采购金额节约2982万元，着力打造政府采购全区域公平竞争环境，获评全市营商环境“标杆区县”；优化评审管理系统，加快推进重大项目评审，提高精细化管理水平，全年评审金额核减2.68亿元。

【财政政策助力企业复工复产】 2020年，区财政局率先在全市出台《长沙市望城区关于企业贷款实行无费担保、贷款贴息的实施细则》等政策。通过卫士通、企业联络微信群和QQ群、政府门户网站财政工作动态及通知公告、宣传栏等形式进行大力宣传，让符合政策的企业应享尽享。全年工业企业流动资金贷款贴息兑现2559.41万元；无费担保在保余额10.1亿元，为107家中小企业提供无费担保贷款10.1亿元，户数是上年同期（45家）的2.4倍，金额是上年同期（3.5亿元）的2.9倍。全年无费担保新增112户，新增无费担保贷款总额10.3亿元。通过财政各项政策的及时落实，企业复工复产来势强劲，为2020年度望城的财政工作奠定坚实基础。

【基层运转资金保障】 2020年，区财政局强化预算收支管理。涉及全区所有的税收收入、非税收入，包括基金收入等，区财政局下最大的力度，确保应收尽收。严格控制支出，重点减少预算外新增的支出，严格控制预算内的支出。加大街镇、村（社区）转移支付力度。调整和优化街镇财政体制，加大街镇人员保障标准，提高中心城区、文化旅游管护区、产业发展区等街镇运转保障水平，优化街镇财税分成体制，本轮体制比上轮体制增加保障经费约2300万元。提高村（社区）基本运转经费保障标准。村（农村社区）较2019年提高10万元/年，城市社区较2019年提高20万元/年。加强教育医疗等公共服务单位保障。督促各区直部门加快公共专项资金分配拨付进度，对街镇社区、学校、幼儿园、医疗、养老机构年初预算安排的基本运转指标实行提前下达，及时保障公共服务单位基层运转。对教育、卫健系统开展专题调研，充分了解基层单位运转情况，进一步强化基层运转资金的保障。及时保障新开办学校和幼儿园的开办费等相关运转经费，配合教育部门做好学区校撤并整合的经费调整和保障工作。强化“过紧日子”要求。优化财政资金年初预算安排，在年初预算财政资金分配时，即压减一般性支出20%，其中“三公”经费压减30%，挤出财力确保基层运转。同时加强财政资金支付管理，优先足额保障基层运转资金。

【“省级星级财政所”创建】 2020年，街镇财政所紧扣创建考评指标，对照乡镇财政财务、财政资金监督、惠民惠农补贴“一卡通”发放、村账乡代理、基础建设五个方面的60个考评点逐项落实，区财政局乡镇财政事务中心现场指导。2020年，月亮岛、高塘岭、乔口3个财政所被湖南省财政厅考评授牌为“省级星级财政所”，成为湖南省示范型财政所。丁字湾、黄金园、白箬铺3个财政所申报创建“省级星级财政所”。

（本栏撰稿：谷继安）

国有资产管理

【概况】 2020年，长沙市望城区国有资产事务中心（以下简称区国资中心）内设办公室、行政事业资产部、国有企业服务部3个部室。

【国有资产创收增效】 2020年，区国资中心聚焦闲置土地盘活、国有资产处置等重点，深入落实“区领导联点+部门专项实施”的工作推进机制，实行周通报、月调度、季盘点，盘活政府资产23亿元，进度在全市九区县（市）排名第二位。盘活已摘牌闲置土地12宗82.1公顷，停产企业3家11.4公顷，商业楼宇和专业市场闲置面积14.5万平方米。采取拍卖处置一批、公开租赁一批、征拆创收一批、盘活变现一批等方式，加大国有土地房屋等资产征收协调力度，完成国有资产（源）有偿使用收入2.15亿元，为全年预期目标1.1亿元的195%。强化国企运营能力提升，聚焦国企利润收缴，实现国有资本经营预算收入6604万元，为全年任务2600万元的254%。

【国资国企改革】 2020年，区国资中心坚持市场运营、错位发展，优化区管国有企业发展定位和治理结构，将城投集团打造成集投资、开发、建设、经营于一体的城市建设运营综合服务商，将水投集团打造成区域一流的城乡融合发展商和城乡产业运营服务商，将经开集团打造成集投资、运营、管理于一体的产业园区综合运营商。完善区管国有企业党委会、董事会、监事会、经理层议事规则，优化部室和人员配置，建立定岗定员、以岗定责、以岗定薪的管理机制。城投集团、水投集团领导班子统一转变为区管国企干部，其他体制内人员按照身份对等原则完成转录。开展城投集团、水投集团、经开集团等区属重点国有企业资产清查，全面摸清国企资债家底。依法依规依程序推动国有经营性资产注入，进一步做实国有资本，提升融资能力，城投集团、经开集团主体信用评级提升至AA+，水投集团率先退出融资平台管理名录。

【国有资产监管】 2020年，区国资中心出台《长沙市望城区区管国有公司风险双控管理办法》《长沙市望城区区管国有企业经营业绩考核实施细则（试行）》等制度，强化投融资、担保、财务、薪酬等关键环节管控，加快构建“1+N”的国企监管体系。落实向人大报告国资管理工作要求，向区人大常委会报告2019年度企业国有资产管理情况。制定《长沙市望城区国有资产出租出借管理暂行办法》，建立国有资产出租出借项目库，严控评估交易、审批备案等关键环节，严把资产入口关、使用关、处置关。实施农业农村局、铜官片区等专项资产清查，加强行业协会使用行政办公用房规范管理，提升监管针对性和精准性。按照国资监管由“管资产”向“管资本”转变的要求，对区担保公司、外贸公司、国信公司、拓望公司等国企财务收支等情况开展专项审计，规范企业经营行为，提升国有资本运营效益。

【“三资”盘活】 2020年，望城区持续优化资产配置，强化资金清理，激活资源利用，助推经济社会持续向好发展。坚持“一地一策”，推动红星美凯龙项目一期等12宗闲置土地82.1公顷开工建设。采取企业并购重组、二次招商“腾笼换鸟”等方式盘活坤源塑化等3家停产企业土地11.4公顷。促成澳优乳业采取股权收购方式盘活园区停产企业用地8.2公顷，建设澳优智慧工厂（三期），打造亚洲最大益生菌生产基地。坚持追根溯源、清查底数、分类处置的原则，清理盘活沉淀资金近16亿元，统筹用于产业发展、疫情防控、脱贫攻坚、医疗卫生、基础教育等重点领域。推进油气经营、污水处理、垃圾焚烧等可用资源市场化运营，让资源利用更有效益。推动国有资本与社会资本强强联合，引进慧润民宿、五号山谷等一大批优质农旅融合项目，深度开发旅游资源，打造旅游精品线路，推动全域旅游升级转型。《长沙晚报》《长沙要情》对望城的“三资”盘活情况进行报道推介。

【“多测合一”改革】 2020年，望城区在全省率先完成规划、国土、房产测绘“多测合一”“事企分离”深度改革，打造规划竣工测量、宗地测绘、放线定位、不动产测绘等“一站式”服务，高效服务项目建设。实施“多测合一”后，长沙市望城区国信测绘有限公司（以下简称国信测绘公司）对工程建设领域项目测绘业务实行集中办理、统一测绘，取消新项目的预实测、房屋占地面积测绘等环节，业务办理更为精简高效，由改革前的118天缩短至13天。推行项目容缺受理机制，最大限度方便企业、群众办事，畅通测绘服务“最后一公里”。落实“1小时响应”服务机制，推动重点测绘项目分片包干、分项到人，做到处理工作不推脱、解决问题不延误。通过改革，2020年国信测绘公司完成业务3294宗，其中完成房屋测绘1868万平方米、土地测绘2721万平方米。《长沙晚报》以《望城率先推行“多测合一”，业务办理提速90%》为题进行专题报道。

（本栏撰稿：洪　威）

税　务

【概况】 2020年，国家税务总局长沙市望城区税务局（以下简称区税务局）内设办公室、法制股、税政股、社会保险费和非税收入股、收入核算股、纳税服务股、征收管理股、税源管理股、风险管理股、财务管理股、人事教育股、党建工作股、纪检组13个机构，第一税务所（办税服务厅）、第二税务所、经开税务所、高塘岭税务分局、丁字税务分局、雷锋税务分局6个派出机构，信息中心1个事业单位。

【组织收入增长】 2020年，区税务局动态掌握税源变化情况，逐月、逐季研判税收收入走势，深入重点行业、重点企业开展实地调研。注重借势借力，与财政建立定期沟通机制，每月汇总税源信息，分析政策变化，科学部署任务。主动向地方党委政府提供收入、政策效应分析等材料，切实发挥以税资政作用。加强与财政、工信、住建、资规等部门的联系、合作，推进第三方涉税信息的交换采集共享，对重点建安项目强化纵向追溯，动态跟踪管理在建项目。面对疫情防控和减税降费带来的双重压力，全局上下攻坚克难，担当作为，实现税收收入的稳步增长。全年入库政府计划口径收入102.64亿元，比2019年增收10.88亿元，增长11.86%，收入规模首次跨越100亿元台阶。

【减税降费政策落实】 2020年，区税务局立足第29个全国税收宣传月，多渠道、多形式加大税费政策宣传力度，通过税收宣传进港口、税收宣传进校园、制作皮影戏短视频、“个体工商户网上申报宣传周”、推送政策礼包“二维码”、开设税收宣传专栏等方式，持续扩大覆盖面和知晓率。创建网上纳税人学堂，及时更新宣传视频和资料，实现纳税人24小时自主在线学习。实行网格化管理，按“一户一策”的原则，通过微信、QQ、电话、走访等方式，将税费政策送上门。及时办理企业延期申报38户次、延期缴税7178万元，有效缓解企业资金周转压力。2020年，全区累计新增减税降费6.73亿元，为企业发展增添强劲动力。

【税费服务升级】 2020年，区税务局推行“非接触式”办税，大力推广延时办、预约办、错峰办、容缺办、邮寄办服务。落实“好差评”制度，接受纳税人、缴费人全方位的监督。简化办税流程，推进“互联网+不动产登记”，联合不动产部门开设综合受理窗口，并联办理房产涉税业务，避免纳税人多头跑。压缩办税时间，联合市场局成立“企业开办与注销综合窗”，实现开办与注销的“一条龙”服务。优化办税模式，打造“导税区+自助办税区+综合窗口”三位一体的服务链条，大厅叫号量比2019年减少50%，网上办税率达到85%。强化技术支撑，实现在厅式自助办税终端互联网接入模式，新增两台多功能一体化自助终端提供24小时办税服务“不打烊”，让纳税人办税更便利。开展涉税需求调查，发放调查问卷，积极开展实地走访，更全面了解纳税人涉税服务需求。深化银税合作，联合建行等银行为A、B、M级纳税人推出“税易贷”等专属服务，有力降低小微企业融资成本。严格落实纳税信用评价办法和纳税人信用修复机制，维护纳税人的合法权益。在全省纳税人满意度调查中位列全市第一。

【征管质效提高】 2020年，区税务局切实抓好土地增值税预缴和清算，进行土地增值税清算审核项目100个，清算税金6.06亿元。完成2019年度企业所得税汇算清缴，落实研发费加计扣除政策234户、金额10.2亿元。分类分批、定期通报完成个人所得税汇算清缴，申报11.3万人。强化风险管理，根据风险等级，采取提示提醒、税务核查、纳税评估等分类应对方式，全年入库税款、滞纳金2亿元，比2019年增长29.53%。数据质量不断优化，清理数据15批次5000余条。对汇多薪等灵活用工平台企业进行沟通了解，做好灵活用工互联网平台企业落户运营的税收服务和管理。大力推广电子税务局，完成市局注册率，强化运维管理。推进电子税务文书送达，积极推广税务UKey，降低企业成本。推进城乡居民基本医疗保险集中征缴，建立村社区—乡镇街道—税务分局—区局社保非税科四级问题反馈处理机制，切实解决缴费人疑难。规范机关事业单位社保费征管，稳步推进企业社保费和机关事业单位职业年金征管职责划转，工作质效排在全市前列，征收社会保险费7.71亿元、非税收入3.13亿元。

【税务队伍建设】 2020年，区税务局加强谈心交流，平稳完成职务与职级并行，188人职级套转、43人次职级晋升。组建全局师资团队，加强对内培训，通过自学、网络学、在线测、劳动竞赛等形式，提升干部业务水平。组织开展练兵比武，加大干部培养力度，1人在省局业务大比武获第2名，1人被省局确定为总局业务大比武的后备人选，1人在省局纳税人学堂授课比武获第1名，1人被省局、团省委认定为税务青年英才。鼓励干部职工开展岗位自学成才工作，48人次通过各类资格证书考试，营造全局爱学习、钻业务、齐提升的良好学习风尚。依托工青妇团等群团组织力量，组织12个兴趣小组，开展各类文体活动，干部活力倍加绽放。制止餐饮浪费，强化节能减排、变废为宝，获评全国“2019—2020年节约型公共机构示范单位”。

【“不见面”办税服务】 2020年新冠肺炎疫情期间，区税务局采用“网上办”“延期办”“邮寄送”“线上答”等有效途径，大力推广“非接触式”办税，做到办税“不见面”，服务“不打折”，为企业“添动力”。疫情期间，区税务局工作人员通过电话、微信、QQ等方式及时告知纳税人发票邮寄的消息，让纳税人既放心又省力。依托税收大数据，区税务局第一时间制作纳税人急需的相关办税视频、图解、手册广泛宣传，保障纳税人相关事项应知尽知，应享尽享。对企业在疫情期间的申报交税过程中的“盲点、难点、痛点、堵点”，区税务局按照特事特办、急事急办的原则，通过远程在线指导、优化办税流程、资料容缺补交等方式切实为企业复工复产减负提速。积极开展“一对一”服务，通过线上辅导，确保疫情防控税收优惠政策企业应享尽享。

【“银税互动”支持绿色食品产业链企业发展】 2020年，区税务局和银行联合推动“银税互动”产品，以“信”换“贷”解决企业资金周转难题。绿色食品产业链是望城区8条工业主导优势产业链之一，区税务局在落实疫情期间相关税收优惠政策的同时，多渠道宣传推广“银税互动”，支持绿色食品产业链企业发展。立晔食品是望城区一家绿色食品制造企业。受疫情影响，立晔食品面临着资金周转的困境。税管员送上“云税贷”政策，税务局和中国建设银行联合推出的“云税贷”金融服务，按照纳税信用等级就能折算成一定的抵押，企业在网上申请，在银行快速拿到贷款。凭借企业之前良好纳税记录和A级纳税信用级别，立晔食品顺利从银行拿到贷款。区税务部门和银行联合推动“银税互动”产品的落地实施，以“信”换“贷”解决企业资金周转难题。

【获评2019—2020年节约型公共机构示范单位】 2020年，区税务局把厉行节约、反对浪费工作贯穿于各项工作中，与业务开展、作风建设、创先争优等结合，确保有序推进。在开展节约型公共机构示范单位创建工作中，推动示范创建。大力推进节约型机关建设，创建示范单位，加强节能改造、优化升级，坚决杜绝“长明灯”“长流水”现象，有效提升资源能源利用率，以创建强意识、示范固成果。助力精准扶贫。创新帮扶模式，将提倡节约与精准扶贫工作有机结合，把可回收的报刊、纸箱等废旧物品统一回收、集中保管，助力贫困户增收，既能为节能减排添力，又为精准扶贫助力。推进科技创新。开展多项创新改造，中央空调废气排放减少，热能转化率提升，机关办公室、走廊户外球场等运用低碳环保的感应灯具和太阳能灯具。切实利用网络技术，推进非接触式办税、无纸化办公，节省能源能耗，打造节约型社会。2020年年底，区税务局被评为国家级节约型公共机构示范单位。

（本栏撰稿：肖　丽）

统　计

【概况】　2020年，长沙市望城区统计局（以下简称区统计局）内设综合科、业务科、法规科，下设普查中心、经济调查队2个事业单位，有在职干部职工26人。

【统计数据质量提高】　2020年，区统计局落实省委、省政府关于健全落实防范和惩治统计造假、弄虚作假责任制的“四个要求”，促进统计数据质量的提升。在实地走访中摸清企业架构、运营情况，撰写《关于澳优集团产值相关情况的汇报》，多次向国家、省、市统计部门作专项汇报，获得上级支持认可，解除一大数据质量隐患，保护重点企业。开展统计工作“五查五看”专项行动。印发《长沙市望城区统计工作“五查五看”专项行动工作实施方案》，对提升统计数据质量工作进行再安排再布置。对照“五查五看”工作要求抓好工作落实和资料整理。确保依法统计，依法治统。切实抓好数据核查工作。印发《长沙市望城区统计数据质量控制办法》，要求各专业人员每个报表期抽取一定数量的报表单位，以现场抽查、电话核实等方式开展数据核查，认真填报《统计数据质量管理指导、核查情况表》。2020年各专业人员填报核查表200余张，实现统计数据质量管理覆盖到全行业、全流程，切实提高数据质量。

【统计服务优化】　2020年，区统计局助力“大竞赛”夺佳绩。在全市“大干一百天 实现双过半”大竞赛中，以统计分析为载体，加强预警监测；以“入规”和“入库”为着力点，确保统计数据全面准确；以统计业务为龙头，精细指导强化落实；以沟通汇报为核心，积极宣传望城的建设成绩，助力望城获长沙高新区＋长望浏宁组“优胜集体”荣誉。认真抓好大调研。对9个兄弟区县（含高新区）、14个镇街、7个部门和38家不同行业的企业开展走访调研，形成《“四上”企业入规重难点问题调研报告》。深入分析望城区“四上”企业入规的重点和难点问题，从加大企业引进培育、激发市场活力、提升部门合力、扩大法治宣传等方面提出具体建议，为全区扩大经济总量、全面做好入规工作提供决策参考。

【统计基础夯实】　2020年，区统计局出台统计基层基础建设文件。落实《中共长沙市委办公厅、长沙市人民政府办公厅关于进一步加强乡镇街道统计工作的通知》精神，草拟《进一步加强全区统计基层基础工作的实施意见》，成为全区统计基层基础建设工作指南。开展镇街统计站与市局处室联点工作。充分借助市统计局处室联点基层统计站工作契机，提升基层统计站规范化建设水平，乔口镇、月亮岛街道分别与市局综合研究室、执法监督处结对联点，搭建工作平台，加强业务交流。稳步推进统计从业人员管理系统建设。积极落实《湖南省统计局关于开展示范性乡镇（街道）统计站建设评价工作的通知》文件精神，统计从业人员管理系统建设全面完成，统计从业人员备案工作实现信息化。加强队伍建设。促学习提素质。在局党组会议和全体干部职工会议上，传达学习区委、区政府大型会议、统计相关工作会议精神，增强贯彻落实会议精神的自觉性，推动全区统计工作迈上新台阶。以“学习强国”平台学习为抓手，推进学习成果巩固；以“业务大比武”等活动为载体，营造“全员学业务、全面强素质”的良好氛围。优结构强队伍。晋升三级主任科员1人，内部提拔副局长、普查中心主任各1人，优化班子结构，增强工作动力，鼓舞干部士气。同时，通过全区统一考试，招录事业编制人员、政府雇员各1人，充实干部队伍力量。

【第七次全国人口普查】　2020年，区统计局按照第七次全国人口普查

2020年10月22日，人口普查办在桥驿镇进行人口普查工作宣传动员

（区统计局供图）

方案要求，组织全区14个街镇和139个村（社区）全部组建普查机构，选聘普查“两员”1868人，其中普查指导员555人，普查员1313人，并全部培训到位。做好普查试点工作，把握“城乡结合”关键区情，选取桥驿镇、月亮岛街道分别进行“农村”“城镇”普查试点，为正式普查积累经验。做好平台信息工作，把握“流入人口”关键特点，协调区直相关单位，搭建工作平台，破解普查难题，确保外来就业（企业）、外来务工（工地）、外来就学（高校）、外来经商（商户）等流入人口全部普查到位。所有“两员”录入统计从业人员信息系统，实现一人一证一码。做好宣传工作，与镇街联动宣传，区级通过电视、户外广告、微信公众号、公益短信等形式开展宣传，镇街通过电子显示屏、横幅、标语、宣传车等形式开展多轮次宣传，营造良好社会氛围。建立联点制度，建立人普办业务人员联系镇街制度，建立进度通报、工作调度机制，有力推动人口普查工作，本次普查完成139个普查区划分、125037个建筑物标绘和2886个普查小区划分。

【“望统微讯”公众号设立】 2020年7月20日，区统计局开通“望统微讯”公众号，8月3日发稿。公众号主要功能定位于“统计数据发布、统计工作宣传、热点政策解读、惠民便民信息”。公众号依托第七次全国人口普查这一即时重点工作，开辟“人普进行时”“七人普”“雷锋家乡普查人”“人普问答实录”和“望统课堂”“望统说法”等特色专栏，结合日常的工作动态一并推送。截至12月31日，公众号有粉丝2235名，推送文章65篇，总浏览量55577人次。其中《普查长表 | 10%的幸运儿，该如何做？》浏览量3138人次；《雷锋家乡普查员 | 诗意普查员龚明锋》被长沙统计微信公众号转发。

【湖南统计法治宣传月活动启动仪式举行】 2020年12月8日，由湖南省统计局、国家统计局湖南调查总队、长沙市统计局、国家统计局长沙调查队、望城区人民政府联合举办，区统计局和国家统计局望城调查队承办的以“全面弘扬宪法精神，深入推进依法治统”为主题的2020年湖南统计法治宣传月活动启动仪式在望城区砂之船奥莱举行。活动内容包括领导集体签名、统计法治知识有奖问答、相声、魔术、女高音独唱、领导讲话等环节，活动现场设置统计法规宣传咨询点。省、市、区相关领导出席，全市统计系统200余人参加。

（本栏撰稿：彭　广）

统计调查

【概况】 2020年，国家统计局望城调查队（以下简称望城调查队）内设办公室、综合执法科、调查业务科、专项监测科4个科室，有在职在编干部9人。

【常规统计调查】 2020年，望城调查队稳步推进居民收支、畜禽监测、农产量对地调查、月度劳动力调查、农民工监测等10项常规民生调查。严格执行国家统计调查制度，切实加强各调查专业基础工作，加大业务规范化标准执行力度；严把数据审核关，明确源头数据采集人的责任，规范业务人员的统计调查行为；利用下乡调查、基础工作检查等机会，常态化深入各调查点进行业务指导，多措并举助推调查数据质量进一步提升。

【调查分析研究】 2020年，望城调查队充分发挥统计调查的监测预警职能，做好对居民收支、农业生产、劳动就业等民生指标的跟踪监测分析和解读。运用国家调查的网络优势和数据资源，围绕党政领导决策需要，积极深入基层开展调研。全年完成各类专业评估报告30余篇、专题调研分析5篇，其中湖南调查总队内网采用2篇；完成工作信息21篇，其中湖南调查总队内网采用12篇。坚持忠于国家与服务地方并重，在完成国家调查任务的同时，积极服务地方经济社会发展。加强与区直相关部门的沟通协作，及时反馈上级部门核定的统计调查数据。积极参与和支持文明创建、驻地平安建设工作，为创建更

2020年12月8日，区统计局在2020年湖南统计法治宣传月活动上，向民众赠送统计法规资料（区融媒体中心供图）

高水准全国文明城市和“平安望城”建设贡献统计调查力量。

【依法治统】 2020年，望城调查队深入学习贯彻《关于深化统计管理体制改革提高统计数据真实性的意见》《统计违纪违法责任人处分处理建议办法》《防范和惩治统计造假、弄虚作假督察工作规定》精神，坚定不移推进依法统计依法治统，统计法治建设成效初显。把学法与干部日常教育培训有效融合，组织干部职工参加上级部门组织的专业培训10余次，举办辅助调查员业务培训班6期，选派1名业务骨干到湖南调查总队跟班学习；全队干部顺利通过2020年度在线学法考试；组织参与全国统计法律法规知识竞赛，获湖南国家调查队系统优秀组织奖，4名干部获评答题优秀个人；完成“七五”普法验收总结工作；做好领导干部违规干预统计工作记录台账填报工作；积极参加长沙调查队组织的统计执法联合检查，丰富统计执法经验；深入开展统计普法宣传，举办主要畜禽监测调查和农作物对地遥感调查工作业务暨统计法治培训班，进一步提高基层调查人员的依法统计意识；9月20日与区统计局联合开展第十一届“中国统计开放日”宣传活动，12月8日共同承办2020年湖南统计法治宣传月启动仪式；12月集中开“12•4”宪法宣誓、“送法下乡”“普法入户”、统计法治征文等法治宣传活动，营造学法用法的良好氛围。

【居民收支调查样本轮换工作】 2020年，望城调查队按照省、市调查队统一部署，精心组织，严格执行居民收支调查样本轮换方案，开展第二轮转组大样本核实补充、调查户落实、入户摸底、开户调查、电子账户激活、记账户培训、试记账等各环节工作。全区新一轮居民收支调查网点从12月1日起启用，全区120户记账户全部采用电子记账，电子记账普及率100%。

（本栏撰稿：谢　意）

市场监督管理

【概况】 截至2020年12月31日，全区共有存续状态商事主体102986户，其中企业22388户、个体工商户79579户、农民专业合作社1019户。其中，食品及食品添加剂生产企业107家，食品生产加工小作坊35家，农贸市场14家，食品流通单位8196家，餐饮服务单位8279家；药品生产企业11家，药品药店（含单体、连锁）477家，医疗器械生产企业30家，二类、三类医疗器械（含批发、零售）559家，医疗机构533家。

【市场监管】 2020年，长沙市望城区市场监督管理局（区知识产权局、区市场监督管理综合行政执法大队）（以下简称区市场监督管理局）立案628起，罚没金额445万元。开展打击传销行动22次，查处传销案件5起，查封涉传窝点45个，遣返涉传人员106名，助力长沙摘掉“传销重点整治城市”帽子。2020年度食品安全评价性抽检合格率98.7%，食用农产品监测合格率99.32%，集中指导全区大米企业“镉快速检测”培训，企业自检镉能力覆盖100%。对辖区内49家油站开展计量检定监管工作；开展定量包装抽检5家。强化知识产权应用保护。全区有效发明专利拥有量753件，开展中小微企业知识产权托管90家，推进知识产权质押融资6笔7801万余元。

【服务企业】 2020年，区市场监督管理局紧盯降门槛、优服务、减价费、促公正，持续优化营商环境。大力提倡“非必须、不窗口”的办理方式，继续落实容缺审批、告知承诺、网上办等措施，提升行政审批效能，实现个体工商户即到即办，企业开办时间压缩至3小时以内；设置“企业开办与注销综合窗”，提供企业开办、注销套餐式服务。全区市场主体突破10万户，每万人新增开办市场主体数和企业数均居四县市第一。引导5家企业获望城区政府起草制定标准奖，3家企业获采用国际先进技术奖；配合省市局对9家企业开展质量诊断和体检；引导5家企业申报市长质量奖。在新冠肺炎疫情防控期间查市场价格、保物资供应、守市场秩序、打假冒伪劣，扛起农贸市场、进口冷链食品等防控任务，工作成绩得到市委办《长沙要情》全市推介。驻点帮扶辖区内消护用品企业恢复生产，为全区解决近200万只口罩和充足酒精、消毒水供应；号召380余家药店、200余家大小超市、12家农贸市场春节期间照常营业。查办疫情相关案件31件，连续向社会公布2批10例违法典型案件。积极帮助复工复产单位联系对接集体用餐配送单位，确保疫情防护与推动高质量发展“两不误”。

（本栏撰稿：周旻曦）

审　计

【概况】 2020年，长沙市望城区审计局（以下简称区审计局）全年完成审计项目179个（其中政府投资项目结算审计、国土置换收储评估审核、国有土地房屋征收项目评估审核148个），查出违规金额769万元、管理不规范金额8.82亿元，为财政增收节支6686万元，归还原渠道金额34万元，向区本级纪检监察和有关主管部门移送案件线索7起。组织召开区委审计委员会3次。

【重大政策落实情况审计】 2020年，区审计局重点关注“六稳”“六保”政策落实。开展应对新冠肺炎疫情防控资金和捐赠款物专项审计，密切关注防控资金拨付、捐赠款物分配、税费减免政策、贷款贴息政策等精准到位情况，提出妥善处理捐赠承诺未到位事项等整改建议，责成10.33万元结存捐款及时上缴区雷锋慈善会，及时分配下拨0.76万件采购物资，促进疫情防控资金及捐赠物资安全高效使用。对湾田国际、同瀚装备式住宅产业化项目2个招商项目履约兑现情况开展审计调查，督促区商务局、望城经开区规范商务合同履约、产业扶持资金使用、用地手续等程序，进一步优化营商环境。

【预算执行审计】 2020年，区审计局贯彻落实关于推进科技强审建设的工作要求，积极推进大数据审计建设，努力向信息化要资源，向大数据要效率要质量。运用大数据技术，采取“集中分析+分散核查”审计模式，做好业务和技术的深度融合，提高审计工作效率，首次实现区本级一级预算单位预算执行情况审计全覆盖。对其中的区政府办、区委宣传部、区城管执法局等8家单位进行现场审计，对数据分析疑点突出的单位实施现场核查，向区纪委监委和有关主管部门移送案件线索4起，盘活财政资金7917.46万元，当好公共财政资金的“安全卫士”。

【民生项目审计】 2020年，区审计局开展“一卡通”惠农补贴资金和扶贫专项审计调查，重点关注“两不愁三保障”政策落实、扶贫资金使用绩效、乡村振兴战略推进等情况，揭示问题25个，责成追回虚报冒领补贴资金86.72万元，上缴“一卡通”专项资金10.6万元，助力精准扶贫。对“污染防治攻坚战专项”政策落实情况进行跟踪审计，促进滞留、挤占的专项资金76.5万元拨付到位，提升人民群众的环境安全感。对就业补助资金进行专项审计，揭示公益性岗位安置人员审批程序不合规、公益性岗位补贴未按规定申报审核等问题，促进就业政策落地生根。指导督促区教育局组织实施对24个区教育系统部分学校及二级机构核算单位财务收支审计，揭示问题26个，查出问题金额2440.3万元，切实维护人民群众利益。

【经济责任审计】 2020年，区审计局按照“党政同责、同责同审”要求，对9家单位12名领导干部开展经济责任审计，融合式开展自然资源资产离任（任中）审计，发现问题138个，查出违规问题金额272万元，向主管部门移送案件线索1起。根据区委的工作部署，指导和监督各街镇完成110个涉农村（社区）农村集体经济组织集体资产管理情况的内审工作、完成138个村（社区）村支“两委”主要负责人的经济责任履行情况的内审工作，加强对村级领导干部的监督。

【投资项目审计】 2020年，区审计局对政府投资工程项目结算金额1000万元以上和超预算10%以上项目进行结算抽审，挽回损失1382.11万元。对澳海望州府、香桥小学等39个国土收储、国有土地房屋征收项目进行评估审核，为财政增收节支4522.42万元，促进盘活低效和闲置土地。对30个在建政府投资项目开展农民工工资支付情况专项审计，督促区水利投等单位加强对业主方、施工方管理，确保农民工工资按时足额发放。主动向区政府提交关于修订《政府投资建设项目管理办法》，促进政府投资审计进一步转型。

【巡审联动工作机制】 2020年，区审计局按照资源共享、力量共享、成果共享的原则，探索实施“巡审联动”工作机制，将巡察“政治体检”和审计“经济体检”有机结合，凝聚监督合力。实行巡察年度计划与经济责任审计、专项审计计划紧密衔接，推动主体责任和监督责任一贯到底。巡前，召开巡审会商会议，对同步进驻单位的相关情况进行分析研判。巡中，巡察组和审计组及时沟通反馈各自发现的主要问题和问题线索，实现监督效果最大化。巡后，建立问题清单，及时跟进整改，逐项对账销号，对长期未整改到位的，将有关情况及时反馈给区委巡察工作领导小组和区委审计委员会，强化责任追究，推动问题整改落地落实。

（本栏撰稿：黄敏超）

自然资源和规划管理

【概况】 2020年，长沙市自然资源和规划局望城分局（以下简称区自然资源和规划分局）内设办公室、财务管理科、人事政工科、行政审批科、规划管理科、资源保护科、用途管制科、权籍管理科、权益管理科、政策法规科、征地拆迁科、监督管理科、测绘地理信息科、造林绿化科14个职能科室，下设规划展示馆、执法监察大队、土地储备中心、土地开发公司、生态修复中心、矿产资源开发服务中心、征地拆迁所、不动产登记中心、市场服务中心、信息服务中心10个二级机构，设高塘岭、乌山、丁字湾、桥驿、铜官、茶亭、靖港、乔口、白沙洲、大泽湖、月亮岛、金山桥、黄金园、白箬铺、经开区15个自然资源所。

【要素保障】 2020年，区自然资源和规划分局编制《望城区国土空间总体规划》；在全市率先召开城市工作会议，修订出台《品质望城设计管理导则》《城市建设品质管控办法》；优化土地发展和城乡规划委员会设置并修订完善管理章程；开展乔口等5个镇国土空间总体规划和76个村庄规划编制工作，做好靖港等3个历史文化名镇保护规划；优化滨水新城、高铁西城等片区控规，完成雷锋大道两厢城市设计和月亮岛路等6条道路两厢绿化带设计，精心编制大泽湖片区城市设计；办理用地蓝线36个，规划条件47个，核发建设项目用地预审和选址意见书46本。以“用户思维”为指导并精准实施年度报批计划，获批建设用地350.1公顷；规范征地程序，严格补偿标准，完成益海嘉里、澳优智慧等78个项目800公顷拆迁腾地，以“月清三地”和“三资”工作为契机，采取强硬的手段、坚决的执行力盘活土地资源，全面清查147宗履约出让土地，盘活存量土地822.8公顷、闲置土地296.2公顷；首推小程序招商App，有计划、有步骤做好出让、收储、融资、招商、管护工作，全区供应土地801.2公顷，成交土地163公顷，入库国土基金收入85.58亿元。

【资源保护】 2020年，区自然资源和规划分局开展新土地管理法、农村乱占耕地建房、森林防火、湿地保护专项宣传7次；严格落实耕地占补平衡，补充建设用地项目59个，补充耕地107公顷；实施308.3公顷增减挂钩和“空心房”整治；加强矿政管理，全面完成杨桥采石场证照注销工作，公坤石材有偿收回工作取得阶段性成果，旺金石业绿色矿山启动建设，27处废弃露天矿山生态修复全面完成。精心编制黑麋峰、千龙湖、乌山3个自然保护地整合优化预案；严控采伐与新植造林结合，全区采伐蓄量7309立方米，完成造林绿化233.3公顷，抚育任务466.7公顷；整改历年违法用地844宗，新增违法用地345宗，拆除非法采（洗）砂点10处，形成44个搅拌场“一地一策”处置方案。整治违建别墅75栋，摸排占用耕地建房11970宗。

【基础工作】 2020年，区自然资源和规划分局高质量完成第三次国土调查工作，为全区自然资源保护提供基础数据；按上级要求完成农村宅基地和集体建设用地房地一体确权登记工作；全面完成设计院改制和“三测合一”市场化运作，试运行多测合一管理云平台，房产测绘数据与不动产登记、商品房网签实现数据共享；全面升级一站式管理服务平台，利用信息化手段开展业务协同审批、空间数据分析、自然资源全生命周期监管。

【民生实事】 2020年，区自然资源和规划分局完善“互联网+政务”一体化平台，编制“一件事一次办”指南；不动产登记“一窗受理、并行办理”，全年受理业务19.78万件，5个工作日办结率99%；以中粮鸿云项目试点，全面推行“交房即交证”改革，成立房地产办证信访化解办，清理“办证难”问题项目40个，化解2113户业主办证难问题；办理人大建议20件、政协提案12件。深入泰嘉新材、黑金刚、乌山贡茶进行企业帮扶，解决问题诉求5件；打造“15分钟生活圈”19个，实施项目39个；办理复议、诉讼案件108件，受理来信来访来电2366批次；举办贺大田油画展和昆虫标本展，全年接待参观人数4万余人；核实地灾隐患点71处，开展地灾点巡查82次，铜官老街集镇袁家湖、石诸湖社区地灾治理全面启动。

【土地确权登记】 2020年，区自然资源和规划分局对全区农村宅基地和集体建设用地约11万宗开展摸底调查，完成农村宅基地和集体建设用地房地一体权属调查98456宗，应登记发证71162宗（含原已发房屋所有权证、集体土地使用证、不动产登记证数）已全部完成登记。2020年12月2日《中国自然资源报》以《在农村房地一体确权登记工作中，湖南省长沙市望城区坚持“高效调查、精准审核、规范登簿”——高效率登记 高质量发证》为题予以报道。

【闲置土地盘活】 2020年，区自然资源和规划分局按照《长沙市望城区盘活存量土地、处置闲置土地工作方案》的要求，推进闲置存量土地盘活工作。全年盘活存量土地313宗822.8公顷，其中出让商住用地23宗84.4公顷，出让工业用地17宗82.8公顷，出让教育用地1宗9.4公顷，划拨交通道路、公园绿地等基础设施用地272宗646.3公顷；盘活企业闲置土地23宗296.2公顷；实现国土基金收入85.5亿元。

（本栏撰稿：李　宇）

农业·农村经济

责任编辑◎刘俊杰

农　业

【概况】　2020年，长沙市望城区农业农村局（以下简称区农业农村局）内设办公室、计划财务科、政策法规监督科（加挂行政审批科牌子）、种植业管理科、农村改革与经营管理科、畜牧兽医科、渔业管理科、农业资源保护与利用科、农产品质量安全监管科、农田建设管理科10个职能科室，保留区精准扶贫工作领导小组办公室、区委实施乡村振兴战略工作领导小组办公室。下设农机事务中心、农技服务中心、农产品安全检测中心、动物疫病预防控制中心、农田建设事务中心、土地整理中心、扶贫开发事务中心、乔口渔场、原种场、农业执法大队（2020年7月30日农业综合行政执法改革后为农业综合行政执法大队）、农科教工作中心、农机公司12个二级机构和11个街镇动物防疫站（2020年10月20日街镇动物防疫站改革后下放至各街镇）。有干部职工300人。望城区扶贫开发事务中心被国务院授予“全国脱贫攻坚先进集体”。望城区被省委农村工作领导小组授予“2020年农村人居环境整治先进县市区”和“2020年实施乡村振兴战略先进县市区”。

【脱贫攻坚】　2020年，望城区完成205户、475人脱贫退出，全区5475户16239人贫困人口全部脱贫；派出98个区直联点帮扶单位，108个驻村工作队、198名队员，安排4215名结对帮扶干部；派出2支工作队，投入资金2000万余元，帮助龙山县洗车河镇、农车镇全面脱贫摘帽。实施产业扶贫项目122个，投入2240万元，覆盖95%以上的贫困户和193户边缘易致贫户，采购扶贫产品5000万余元，户均年增收3000元；组建稳岗就业专班，转移就业4516人，建成就业扶贫车间38家，吸纳贫困劳动力400余人，安排254个公益性岗位，有就业意愿未就业的贫困劳动力实现动态清零。完成危房改造245户，发放金融扶贫小额信贷1871万元，教育扶贫资助12897人次1559万元，健康扶贫“一站式”结算贫困人口住院达13742人次，住院费用综合报销比例达89%。疫情期间发放城乡特殊困难对象慰问帮扶资金320万元，低保救助金2000万元，特困供养金1004万元，残疾人两项补贴492万元。

【乡村振兴】　2020年，区农业农村局把农村人居环境整治作为乡村振兴战略的具体实施，打好农村“五治”（治厕、治垃圾、治水、治房、治风）组合拳；开展以“五清一改”（清理农村黑臭水体、清理农业生产废弃物、清理有碍观瞻的建筑、清理乱搭乱建和乱堆乱放、清理废旧广告牌、改变影响农村人居环境的不良习惯）为主要内容的村庄清洁行动，对全区14个街镇城乡环境卫生情况进行考评，推动村庄清洁行动常态化、制度化、持续化；谋划“美丽屋场”建设，创建区级示范屋场10个、区级美丽屋场35个，其中创建14个五星级、7个四星级市级美丽屋场，五星级市级美丽屋场个数及比重在全市领先。

【一县一特】　2020年，区农业农村局完成2019—2020年高标准农田建设1400公顷，铺排并启动2020—2021年高标准农田建设1920公顷，完成受污染耕地修复治理667公顷，超额完成粮食生产任务。新建、改扩建和复养养殖场33家，新增栏舍面积5.49万平方米，新增养殖能力2.3万头，顺利完成生猪生产任务。发展“一县一特”产业。全区蔬菜种植企业126家，基地面积2134公顷，加工企业4家；“荷花虾”养殖面积5534公顷，产量1.1万吨，小龙虾养殖经营主体256个，34公顷以上经营主体36家。发展特色渔业产业。全区有部级健康养殖示范场20家，规模休闲渔业单位50家，放养水面5867公顷，鲌鱼精养面积667公顷，2020年水产品总产量3.5万吨，实现渔业综合产值8亿元。成功创建农业农村部渔业健康养殖示范区。发展农产品加工和休闲农业。全区共有农产品加工企业1348家，销售收入2579亿元规模以上企业64家，农产品加工业完成销售产值406.05亿元，营业收入427亿元，实现利润47亿元，从业人员达19388人，带动农户数44274户。拥有国家休闲农业与乡村旅游示范点3处，国家五星级农庄3家、四星级2家，省五星级农庄9家、四星级2家；登记休闲农业企业、农庄284家，年接待游客786万人次，直接从业人员11200人，休闲农业产业年营收15亿元，带动农户22580户。

【一村一策】　2020年，区农业农村局制定《长沙市望城区发展壮大新型村级集体经济三年行动计划

(2020—2022年)》，落实奖励措施，实施政策引导，设置“脱薄奖”“台阶奖”“增幅奖”激励村级集体经济发展。2020年区财政安排村集体经济发展激励引导资金1500万元，对2019年完成目标任务的村（社区）一次性兑现相关政策奖励535.51万元。制定一村一策，开辟发展壮大村级集体经济的有效路径和模式。采取盘活集体资源资产、发挥区位优势开发、新型经营主体促进增收、调整产业结构、扩大多种经营、发挥能人带动、加大财政金融支持力度、推进产权改革工作等多种有效措施全力推进发展壮大村级集体经济。全区村级集体经济总收入达到8472万元，率先在全市实现所有农村村（社区）集体经济收入达到20万元。

【行业监管】 2020年，区农业农村局加强水稻重大病虫监测预警，为专业化服务组织提供病虫信息和技术服务。2020年发布病虫情报10期，张贴病虫情报6期、发放3期120份，发放病虫防治通知单4期1.5万份；做好动物防疫检疫。开展春、秋季集中免疫，对禽流感、口蹄疫、小反刍兽疫3种动物疫病实行强制免疫，畜禽群体常年免疫密度90%，应免畜禽免疫密度100%，免疫抗体合格率70%以上；开展非洲猪瘟等重大动物疫病防治“夏季行动”，加强疫情排查网格化管理，落实生猪规模养殖场和散养户的分类管理。7月监测排查6415个养殖场（户），8月监测排查6452个养殖场（户）。在第三届农业行业（动物疫病防治员和动物检疫检验员）职业技能长沙市选拔赛中望城区取得良好成绩，杨宇在湖南省选拔赛中获湖南省第一名，获评“湖南省技术能手”，并代表湖南省参加全国决赛；完成农业综合行政执法改革。开展“农资打假保春耕”“夏季农资打假百日行动”“秋冬季农资打假行动”等专项治理行动。出动执法车62台次、执法人员276人次，对全区185家农资批发企业、个人和零售经营门市部进行“拉网式”清理整顿和行为规范，检查企业4个次、市场100余场次。执法抽检农药22批次、肥料15批次、种子29批次，抽检农资62批次，农资产品整体合格率达95%。立案7起，结案7起。加强农产品质量安全监测。完成部级例行监测6次、省级8次、市级12次；市级例行监测共抽检407批次，合格率99.51%；完成区级定性检测20429批次，合格率99.98%，定量监测200批次，合格率100%。2家企业9个产品新认证绿色食品，3家企业9个产品进行绿色食品续展，1家企业4个产品进行有机产品换证，7家企业15个产品进行绿色食品认证，7家企业进行绿色食品年检。加强农业环境管护。成立4个秸秆禁烧巡查小组，进行全天候、全覆盖的巡查工作，全年未发生省、市通报焚烧秸秆现象。做好外来入侵物种调查和防治，制定《望城区福寿螺综合防治工作实施方案》。

【全市“美丽屋场”创建工作现场观摩推进会召开】 2020年10月30日，全市“美丽屋场”创建工作现场观摩推进会在望城召开。与会人员实地观摩白箬铺镇八曲河美丽屋场示范片，详细了解望城以“美丽屋场”建设为突破口，加强基础设施和人居环境综合整治提质，改善农村人居环境，带动周边农业种植、休闲旅游、文旅体验等产业发展，安排专项资金，对年底验收合格的美丽屋场，进行分类叠加奖补。望城助力“乡村振兴”大战略的成功经验在全市推介。

【全国水产种业提升暨养殖尾水治理模式现场观摩推进会举行】 2020年12月15—16日，全国水产种业提升暨养殖尾水治理模式现场观摩推进会在望城区举行。观摩团实地参观乡里里手农业科技发展有限公司、千龙湖生态农业开发有限公司、乔口文和友小龙虾养殖基地；召开座谈会，全国水产技术推广总站副站长胡红浪作“我国水产种业概况以及2035愿景”专题发言，各省农业农村部门围绕水产种业提升以及养殖尾水治理等主题进行交流探讨。

【第四届中国长沙·望城鲌鱼节暨湖南特色渔业产业发展论坛举办】 2020年12月16日，第四届中国湖南长沙·望城鲌鱼节暨湖南特色渔业产业发展论坛在长沙市望城区千龙湖度假区开幕，全国各地的300余名专家学者、行业代表和美食大咖以“助力千亿元产业 发展特色渔业”为主题，探索产业持续健康发展良策，推进特色渔业发展，商讨湖南水产发展之道。望城区湖南千龙湖投资集团董事长陈杏华围绕“壮大鲌鱼养殖，助力乡村振兴”，从鲌鱼养殖、品牌打造、食品安全等方面做主题演讲。

（本栏撰稿：张　宇）

农机管理

【概况】 2020年，长沙市望城区农机事务中心（以下简称区农机事务中心）为参照公务员管理的副科级公益类事业单位。内设办公室、计划财务科、产业发展科、科教推广科、安全监理科。望城区农机事务中心被省农机事务中心授予“2020年全省农机安全工作先进单位”。高峰被省农业农村厅评为“2020年全省农机安全监理示范岗标兵”。

【农机购置补贴】 2020年，区农机事务中心落实农机购置补贴政策。推广农业机械571台（套），农业机械总动力7186.26千瓦。申领补贴申请表407份，受益户数207户，补贴各类农机具494台（套），补贴总金额883.76万元。其中：耕整地机械109台（套），补贴总额81.76万元；种植施肥机械151台（套），补贴总额281万元；田间管机械23台（套），补贴总额23.96万元；收获机械64台（套），补贴总额169.63万元；收获后处理机械23台（套），补贴总额116.81万元；农产品初加工机械11台（套），补贴总额9.24万元；设施农业设备3台（套），总补贴2.1万元；动力机械42台（套），补贴总额128.98万元；其他机械33台（套），补贴总额11.01万元；新产品大类35台（套），补贴总额59.08万元。成功申报湖南省第二批机抛秧作业补贴试点县，23家农业经营组织参与机抛秧作业补贴试点项目建设，购置高速抛秧机24台（套），机抛秧作业面积1274公顷。

【全程农业机械化】 2020年，区农机事务中心推进主要农作物全程机械化发展，在养殖、果蔬种植等领域开展机械化推广，促进农业机械化全面发展。全年创建现代农机合作社1个，推广含碎草收割机装置17台，推广荷花虾无人机9台（套），机抛秧秧盘66.42万个。湖南乡里里手农业科技发展有限公司的“池塘内循环养殖水质智能调控关键技术与装备”成功申报并入围湖南省优势特色产业项目，实现跑道鱼养殖系统的机械化与智能化，针对机插（抛）环节短板，开展新型机具演示培训与水稻全程机械化技术培训，集中精力攻克“技术关、育秧关”的难题，补齐主要农作物机械化栽种的短板。现场作业演示、技术讲解和开展座谈会等方式展示新型机具的作业优势，开展经验和做法交流，普及新型机具操作技术，打消农户疑虑，增进购机热情。举办新型机具现场会5场，约500人次参加，开展新型机具培训4次，培训人数约600人次。其中6月16日，长沙市第二期有序机抛秧技术培训班在望城区举办，望城区农机合作社负责人、农机技术骨干参加培训。培训班针对有序机抛秧技术、北斗监测系统等内容进行现场培训、解答与技术交流。

【农机安全生产】 2020年，区农机事务中心按照湖南省交通问题顽瘴痼疾专项整治要求，开展拖拉机安全顽瘴痼疾专项整治工作，对全

2020年6月16日，长沙市第二期（河西片区）有序机抛秧技术培训班在长沙市望城区举办（区农机局供图）

区登记的544台变型拖拉机进行摸排，逐台核查，形成问题清单，完成整改310台，注销504台，整改率达100%，注销率92.64%。达到报废年限的1734台盘式拖拉机，进行公告并张贴到各村，严禁上路行驶。开展拖拉机安全顽瘴痼疾专项整治执法92次，其中联合执法64次，查处拖拉机违法违规行为305件；开展农机安全宣传活动30次，发放宣传资料2950份，发送安全宣传短信5.5万条，开展安全培训2次，培训人员200余人，报送各类信息稿件59条。创建“平安农机”示范村1个，“平安农机”示范合作社7家。拖拉机违法违规现象明显减少，驾驶员安全意识进一步增强。

【湖南无人农场（望城）项目建设座谈会举行】 2020年12月17日中国工程院院士罗锡文到望城调研指导湖南省无人农场项目建设，省农机事务中心党委书记龚昕、省厅农机化管理处处长张才道陪同调研，拉开湖南无人农场项目建设的序幕。

（本栏撰稿：袁熙军）

养　殖

【稻虾综合养殖】 2020年，区农业农村局加大财政投入。其中种植业结构调整资金4200万元，“一县一特”产业发展资金5000万元，产业聚集区资金1000万元，扩大稻虾综合养殖，全区种养规模从2018年的1667公顷，发展到2019年的4667公顷，增加近3倍。加快品牌建设。以打造“望城荷花虾”品牌为抓手，坚持“政府引导，市场主导，企业主体，生态品质”的原则，按照培育特色产业、支持全产业链融合发展、打造区域性公共品牌的思路，编制完成《望城小龙虾产业发展总体规划》；建设小龙虾区域性市场，成立科技特派员技术服务团队，成立望城小龙虾协会，立项风向、金成水乡、潜彬、睿宇4个省特色示范园，打造“望城荷花虾”特色产品品牌和“望城小龙虾”区域公共品牌，提升全区小龙虾产业经济效益和社会效益。10月25日，望城荷花虾特装展馆在第21届中国

中部（湖南）农博会上展出。全区有潜彬生态农业、沩水荷畔生态农业、香盛生态农庄、金成水乡、睿宇农业等67公顷以上的龙虾养殖企业8家，13公顷以上的企业40家。

【非洲猪瘟防控】 2020年，区农业农村局恢复全区17个临时检查站，联合街镇、防疫、交警、交通和高速收费站全天候24小时值守，定期对非洲猪瘟临时检查站开展巡查；加强生猪排查，分片包干，责任到人，实施“五包”机制，实行网格化管理，开展排查和消毒灭源；开展流行病学调查。全年共开展流行病学调查1982户，对疫病的流行规律、特点进行分析，为非洲猪瘟防控提供技术指导；严格调运监管。加强生猪运输车辆日常监管，确保生猪运输车辆装前卸后的消毒工作到位。共备案生猪运输车辆73台，严防外省生猪违规调运和落地；开展泔水饲喂专项行动。对不听劝阻、使用泔水等餐厨废弃物饲喂生猪的养殖场户，收缴其使用餐厨垃圾的工具、设施进行无害化处理。共查处清理有泔水饲喂行为的养殖场30余户，全区大型餐饮酒店和餐饮门店全部纳入统一回收处置。

【生猪产品供应稳定】 2020年，区农业农村局印发《关于稳定生猪生产保障市场供应的通知》，落实党中央、国务院和省政府关于稳定生猪生产保障市场供应的决策部署，制定政策措施，明确各单位责任，保障全区猪肉市场供应和价格基本稳定；落实长沙市“放心肉”服务网点建设。加强猪肉市场监测预警和信息发布，打击价格欺诈、造谣惑众、囤积居奇和哄抬物价等违法行为，引导猪肉健康消费，维护市场秩序；发展家禽养殖替代猪肉。依据望城畜禽养殖发展产业定位，打造1个特色蛋禽养殖基地，将禽蛋禽肉补充猪肉蛋白消费需求；强化养殖技术服务。区级专业技术人员实行分片联点，街镇动物防疫站官方兽医和村级防疫员分区负责上户指导养殖技术，指导开展非洲猪瘟防疫消毒、粪污处理和设施建设等，印发《长沙市望城区生猪养殖复养补栏技术要点》1000份，下发至养殖场指导复养；加强保险政策落实。积极动员养殖户购买生猪保险，提高养殖抗风险能力。

2020年6月，“荷虾共生”模式下的夏日荷塘，养殖户正在给荷花虾喂食
（区融媒体中心供图）

【畜禽粪污资源化项目建设】 2020年，区农业农村局倡导适度规模养殖，推广利用种养平衡，规范建设防污设施，推广应用清洁养殖技术。加快粪污治理整县推进项目建设，对全区36家规模养殖场户和200余家中小散户、种植基地实施粪污治理配套设施设备改造，为部分基地配置粪肥专用输送车辆，完善“两池”（沼气池、化粪池），实现“两分离”（干湿分离、雨污分离），落实“一平衡”（种养平衡），新建沼气池约4400立方米、化粪池约2.2万立方米、种养及雨污分离管道约4.2万立方米，全面提升全区养殖业粪污治理水平，减少养殖业环境污染。

【动物疫病防控】 2020年，区农业农村局开展春秋季集中免疫工作。全年共调拨生猪口蹄疫疫苗45万毫升，牛羊口蹄疫疫苗4.1万毫升，小反刍兽疫2.45万毫升，禽流感疫苗111万毫升，鸡新城疫疫苗60万毫升，强制免疫病种畜禽免疫率、标识率都达到100%；开展动物疫病监测和流行病学调查。组织开展春秋防疫苗效价检测、血吸病“两查一治”工作和动物布鲁氏菌病普查防治工作，对全区畜禽规模养殖场进行流行病学调查，了解掌握全区动物疫情防控动态，分析疫病流行情况，做好相应的风险评估；加强动物疫病防控体系建设。在桥驿镇建立省级动物疫情测报站，按月开展固定监测点的调查、采样、检测工作，并形成相应的疫情分析报告，提升全区动物疫病防控水平；提升兽医实验室检测能力。选送技术骨干参加在青岛举办的非洲猪瘟防控技术高级研修班和省、市组织的非洲猪瘟及流调的相关培训，并多次组织实验室技术骨干前往市兽医实验室学习交流，提升实验室技术骨干的专业素养。3月，第一批获得省疫控中心授权非洲猪瘟初检资质，两次参加省兽医实验室系统能力比对，均达到要求。

【动物检疫管理】 2020年，区农业农村局实施“动物产地检疫推进年”活动。加强检疫申报点建设、规范检疫行为、强化监督检查，推动产地检疫工作开展。全区产地检疫生猪4.2万头、羊105只、牛69头、家禽5.5万羽，出证2200份，“瘦肉精”抽检2973例，抽检比例大于5%，“瘦肉精”阳性检出率为0。严格屠宰检疫。落实畜禽屠宰检疫“五个不得”（动物卫生监督机构不得向非法屠宰企业派驻官方兽医、驻场官方兽医不得私自脱离检疫岗位、官方兽医不得擅自指定人员实施检疫、官方兽医不得违反规程实施检疫）和同步检疫工作要求，科学设置同步检疫岗位，足额配置官方兽医，严把入场查验、待宰巡查、同步检疫、“瘦肉精”同步检测和无害化处理“五关”，确保上市动物产品质量安全。全年生猪定点屠宰检疫6.2万头，“瘦肉精”抽检3071例，抽检比例大于5%，“瘦肉精”阳性检出率为0；检疫省内动物产品7935.38吨，出证7.9万份。

【畜禽养殖场监管】 2020年，区农业农村局深入实施网格化管理和官方兽医联场制度，明确监管频次，加强督查力度。全年检查畜禽养殖场500余场次，开展手机App监督检查450次，其中饲养场所监督检查409次；开展病死畜禽无害化处理监管工作。规范病死动物及病害动物产品无害化处理申报、受理、收集、暂存、转运和处理各环节的工作。定期对区病害动物无害化处理收运中心开展监督检查工作，加强收运中心管理，确保动物源性生物安全。区病害动物无害化处理收集储存转运中心收集并无害化处理病死生猪3603头（含乱抛乱弃病死动物）、动物“三腺”27.48吨、禽类2280羽。

【投入品源头监管】 2020年，区农业农村局完善职能网络监管体系，落实兽药生产企业GMP监管、兽药经营企业GSP监管，严查严核原料、成品、生产销售等各环节，全区16家兽药经营企业都配备二维码追溯设备，实现兽药产品生产销售全国范围内实时跟踪监测。落实兽药、饲料企业现场监督检查标准化要求，规范企业生产管理的硬件和软件。加大饲料、兽药样品安全监测、免税抽样检测和检查等力度，全年开展日常监管检查饲料、兽药企业140次，按照农产品质量安全抽样计划，共抽检饲料35批次，兽药27批次，并对检测不合格的情况依法依规严格查处，维护行业经营秩序和保障质量安全。依法查处违法案件。加大对重点违法行为的查处力度，规范畜禽养殖业秩序，全年依法办理动物卫生违法案件12起，兽药案件4起。

【水产品质量安全监管】 2020年，区农业农村局监管巡查常抓不懈，全年共分发水产品专用生产记录本3000本，饲料、药品进出库记录本160册，全区养殖面积在3.33公顷以上的水产养殖单位和个人，“三项记录”落实到位。街镇水产员为主体的水产品质量安全监管体系全面履职，确保规模（3.33公顷以上）水产养殖单位和个人、水产苗种生产单位、休闲渔业单位监管巡查每月一次全覆盖，做到一月一巡查，全年共对235个单位巡查8次以上，发现问题及时整改。检测抽样认真合格，全年共完成部省健康养殖示范场抽样任务28例，合格率100%，配合市水级抽样任务120例，其中监督抽样40例，合格率100%，完成快速抽样检测3000例，监管抽样覆盖率、抽样对象代表性、关键单位抽样等全部达到监管要求。完成国家级健康养殖示范场申报，1家企业（湘水湾）通过省评定；7个水产苗种场监督检查全部合格；10家稻虾种养企业进行认证，申报复查的5个无公害水产品生产基地的产品复查，全部获得通过。

（本栏撰稿：唐春华）

水　利

【概况】 2020年，长沙市望城区水利局（以下简称区水利局）下设办公室（财务科、人事政工科）、规划建设科、水利工程运管科、水资源科（行政审批科）、水库移民科、水旱灾害防御科，加挂区防汛抗旱指挥部（办公室）、区河长制工作办公室牌子，下属二级机构11个。

【防洪保安】 2020年，区水利局坚持防疫备汛两手抓，疫情后快速组织水利建设开复工，抓进度、抢时间力保度汛安全。大众垸堤防综合整治、沩水南岸综合治理等重点项目相继完成，大众垸防洪闭合圈全线达到50年一遇标准，湘江东岸堤防综合治理全面启动，全区防洪保护圈渐趋闭合。奋战一个月打赢长江流域超标准洪水下的防汛持久战，完成省防汛抗洪应急演练，望城区人民政府被省防指评为2020年防汛救灾工作先进集体。

【安全饮水】 2020年，区水利局开展农村自来水管网和街镇水厂提质改造建设，农村自来水主管网实现村村通，新增农村通自来水人口17867人，超额完成省、市民生实事任务。对全区农村建档立卡贫困户安全饮水情况进行再复核，解决2439户5076名贫困人口接水入户问题，全区贫困人口饮水安全问题动态清零，农村自来水优惠政策全面落实到位，水利扶贫圆满收官。

【移民扶持】 2020年，区水利局集中资金力量为移民办实事，发放移民直补资金125.88万元直接扶助移民2101人；开展入户通公路、村容户貌改建等项目建设，白箬铺镇、靖港镇等片区重点移民村53户移民切实受益。投入792万元开展移民村农田水利、基础设施、产业开发等配套建设，其中重点移民村黑麋峰村率先试点村级基础设施入股企业，移民资金在村级集体经济发展中发挥出新效益。以新型职业农民培训助推移民融入新时代乡村振兴发展，组织培训移民149人，让移民实现在家门口创业、就业。

【节水治水】 2020年，区水利局牵头开展“县域节水型社会达标建设”。望城作为长沙市唯一入选区县，成为全省第三批节水型社会建设达标区（县）。全区河湖治理成效明显，区、镇、村各级河长累计巡河湖18163次，84处河湖管理性问题得到集中解决，全区“一江七河两库”水质稳步达标，国控、省控、市控考核断面水质均值达Ⅲ类及以上；高标准创建2条市级美丽河流、4个市级小微水体示范点，以点带面推动农村人居环境全面改善。

【行业管理】 2020年，区水利局构建涉水项目分类审批新模式，明确水利工程项目建设决策审批程序，加大履职履约情况监管力度，保障水利工程建设各项要素管理到位。探索水利工程运行管理新模式，组织对全区水利工程运行管理情况调研摸底，开展2次基层实操培训，水利工程运行管理更规范。全区5座小型水库获评长沙市“百座放心满意小型水库”，5个水管单位在长沙市水利工程管理考核中获奖。

【省级美丽河流创建】 2020年，区水利局以“保护自然资源，发掘人文内涵”为主题，因地制宜将“讲好雷锋故事”与水美乡村建设相结合，打造八曲河“水文化”长廊，形成融合自然水景、红色底蕴、现代乡村之美的“八曲河八景”。八曲河被评为省级美丽河流，示范创建经验被《人民日报》《湖南日报》等主流媒体推介。

（本栏撰稿：金文清）

水利投资

【概况】 2020年，长沙市望城区水利投资发展集团有限公司（以下简称区水利投）按照“分层运作、分业管理、分类经营”的理念，整合区文化旅游投资发展有限公司、区农业发展集团有限公司、区望湘砂石管理有限公司、区纬地置业有限公司、区望禹水质检测有限公司、区乌山自来水有限公司7个子公司，主要聚焦全区重大水利基础设施建设、临江沿河片区综合开发、涉水资源利用开发、文旅产业开发运营、区内新型产业投资。以打造区域标杆性的“城乡融合发展商”和“城乡产业运营服务商”为发展目标，肩负“美丽城乡、美好望城”企业使命，深度服务望城城乡融合发展的全领域、全过程。

【改革转型】 2020年，长沙市望城区水利投资发展集团有限公司正式更名成立。通过改革转型，公司股权结构调整、组织架构优化、人员编制核定、清产核资工作全部完成，建立健全现代化企业管理制度。完善法人治理结构，制定“三会一层”议事规则。按照“集团母公司—专业子公司—适当控（参）股公司”三级组织架构，合理设置母子公司管控权限。变革薪酬绩效体系，确立市场化人才选拔管理机制，提升公司整体运转效能。集团公司财务管理实现报表合并，融资化债取得突破成效，率先成为全省第一家严格按标准退出平台目录管理的区县级公司。

【项目建设】 2020年，区水利投铺排建设项目11个，投资金额12.16亿元，项目开工率100%，项目投资完成率100%，其中沩水北岸堤防加固工程全部完工，潇湘路北延线道路工程一标段实现通车，大众垸防洪闭合圈基本成型。湘江东岸及翻身垸堤防综合治理工程于9月动工，2021年汛期前完成水利部分工程建设任务，保障防汛度汛安全。

（本栏撰稿：刘瑞洁）

气　象

【概况】 2020年，长沙市望城区气象局（以下简称区气象局）内设办公室、气象台、法规科和公共气象服务中心，有干部职工7人，获评“市级文明单位”。

【气象服务】 2020年，区气象局严密监视汛期期间天气趋势，强化灾害性天气会商机制，及时发布天气预报预警信息，向相关部门和社会公众提供全面的汛期气象服务。2020年，全区出现强降水过程11次，启动气象应急响应7次，区政府启动防汛Ⅳ级应急响应3次；利用微信、QQ、短信平台、卫士通等新媒体传播预报预警信息，做好春运、低温雨雪、冰冻、寒潮、强对流天气、春耕春播气象服务；提前预报3月21—23日、26—27日两次暴雨过程和5月4—5日、14—15日，6月30日—7月1日等强降水过程；制定完善2020年汛期气象服务方案、服务流程和人员职责，为防汛提供24小时全天候汛期气象保障服务；完成全省抗洪抢险应急演练活动在望城区主办的气象服务的保障。向区委、区政府和有关部门提供《气象情况汇报》19期，制作《望城气象》88期、《重要天气消息专报》19期、《气象为农服务周报》88期、《森林防火专题》9期、《春耕春播服务专题》15期、《休闲农业与乡村旅游气象服务专报》85期。发布节假日、春运、高考、网球公开赛等专题气象服务28期。发布天气消息78期、灾害性天气预警76期、天气实况监测预警45期、雨情通报100期，共105万人次。

【防灾减灾】 2020年，区气象局新增道安云交通气象站5套，加密区域自动气象站1套；完成“气象灾害数据”“气象灾害风险数据”“气象防灾减灾重点单位数据”“防灾减灾救灾设施数据”“气象防灾减灾救灾人员数据”多项信息的收集。初步实现望城气象防灾减灾“一本账、一张图、一张网、一把尺、一队伍、一平台”建设，为基层气象灾害预警服务科学化、标准化、规范化奠定基础。

【气象宣传】 2020年，区气象局充分利用“3•23”世界气象日、“5•12”防灾减灾日，通过网络和现场形式向社区、学校、公众，特别是广大青少年进行气象科普宣传，增强应对气象灾害防范意识。在湖南气象、红网、望城党建、望城政府门户网站、望城新闻等党媒和政务媒体发表新闻科普文章34篇，《新型自动气象站雷电灾害的原因及雷电防护研究》一文被《中国战略新兴产业》录用。

【安全生产】 2020年，区气象局制定《望城区气象局领导安全生产工作责任清单》《望城区气象局2020年度防雷安全生产监管执法计划方案》《望城区气象局危险化学品隐患排查整治专项行动方案》《望城区气象局安全生产执法专项行动方案》等工作方案，严格履行领导干部安全生产“党政同责、一岗双责”规定，加强防雷安全执法检查，预防为主、宣教为先，防患于未然，扎紧地方经济社会发展安全篱笆；联合区应急局、教育局等部门开展安全生产大排查工作，加强对防雷安全监管责任落实情况、行政执法行为的规范情况等，开展易燃易爆场所防雷安全专项执法检查，全覆盖排查34家危化场所防雷安全隐患，建立34家生产经营单位一企一档台账；制定《望城区气象局气象突发事件及舆论应对方案及流程》，参加“湖南省2020年抗洪抢险应急演练”“火灾衍生的电镀废水泄漏突发环境事件应急演练”，与地方政府及其他部门建立部门联动及区域联防应急机制。

2020年10月10日，省市领导和气象专家到望城区沙道湾生态农业粮食生产基地调研寒露风受灾情况（朱姣 摄）

【省市领导和气象专家调研望城农业灾害情况】 2020年9月17日—10月7日，正值一季稻收获、晚稻抽穗扬花期，望城出现罕见的连续低温阴雨天气。受低温冷害影响，一季稻部分出现倒伏，晚稻错过最佳授粉期，受灾严重的空壳率达五成以上。针对此次灾害性天气，市气象局联合市农业农村局提前发布寒露风预警消息，通过公众号、短信、微信等多渠道提醒种植户要采取灌深水、喷施叶面肥增强水稻抗寒能力；在降水间歇期及转晴天气前，提醒农户及时抢收一季稻，将损失降到最低；其间联合农气专家开展寒露风灾情调查。10月10日上午，长沙市政府副秘书长戴建文到望城区沙道湾生态农业粮食生产基地实地调研寒露风受灾情况，市气象局党组书记、局长戴科良以及省气象局农气专家一行参与调研。戴建文要求气象部门，要针对寒露风等农业灾害天气，进一步提高中长期预测能力、科学指导农民合理安排播种期和品种搭配；同时加强气象科普宣传，提高农民防灾减灾意识，规避气象灾害对农业生产的影响。

（本栏撰稿：朱　姣）

工　业

责任编辑◎刘俊杰

综　述

【概况】 2020年，长沙市望城区工业和信息化局（以下简称区工信局）内设办公室、产业发展科、运行监测科（加挂望城区国有工业企业改制遗留问题处理办公室牌子）、信息化科、陶瓷产业科5个职能科室，下辖区城镇集体工业联社、企业服务中心2个二级机构。

【工业经济】 2020年望城区完成规模工业产值884.1亿元，比2019年增长11.2%；规模工业增加值增速为7%，在长望浏宁四区（县、市）中排名第一位；望城经开区增速为8.9%，在全市五个国家级园区中排名第一位；完成技改投资70.84亿元，比2019年增长40.9%，在四区（县、市）中排名第一位；完成5G站点建设1450个（市下达任务为1374个），年度任务完成率105.53%，年度任务完成率居九区（县、市）第一位。

【经济监测】 2020年，区工信局每月组织召开经济形势分析会，抓好运行监测，推动工业经济速效双增。加强工业数据分析研判，深入园区及镇街工业企业，实时掌握企业生产经营动态，科学指导联网直报，提高数据上报质量。1—12月全区规模工业产值完成884.1亿元，比2019年增长11.2%；1—12月规模工业增加值增速为7%，高于全国（2.8%）4.2个百分点、全省（4.8%）2.2个百分点、全市（5.1%）1.9个百分点，在长望浏宁四区（县、市）中排名第一位。

【智能制造】 2020年，区工信局打造长沙市智能制造试点企业，联合市智能制造研究院，对全区78家企业实地走访调查，协助企业编写、提交申报资料，58家企业通过审核，超过目标任务6家；围绕工业投资、技改投资目标任务，联合统计、发改、园区等单位，加强投资项目摸底、投资业务指导、投资指标调度，全区完成工业技改投资70.84亿元，比2019年增长40.9%，超额完成市对区技改增速考核满分目标任务（22%），在四区（县、市）中排名第一位。

【项目资金】 2020年，区工信局强化政策引导，加大国家和省、市、区各级产业政策的宣传落实，开展2019年度制造业高质量发展奖补、2018年度振兴望城工业实体经济奖补以及市26条相关奖补项目申报审核工作，为117家企业兑现2019年度制造业高质量发展奖补资金3348.31万元，为85家企业兑现2018年度振兴望城工业实体经济奖补资金1633.52万元，为企业成功申报省制造强省、省移动互联网产业发展专项资金、市新增规模企业、市技改贷款贴息等各类上级资金1.26亿元。

【企业帮扶】 2020年，区工信局制定《长沙市望城区关于支持重点企业复产联点帮扶有关工作实施方案》，组织干部联点帮扶全区332家规模以上工业企业，派驻街镇23位驻企联络员实行联点帮扶，支持企业复工复产和产能恢复。收集问

2020年3月，区工信局干部职工在企业进行复工复产防疫工作指导（区工信局供图）

题 392 个，解决问题 392 个，办结率达 100%。落实“六稳”“六保”工作，走访区内有产品应用场景打造能力的 10 家企业，了解企业产品信息、技术服务、应用范围，形成企业应用推广产品清单，推进区内企业产品应用场景打造，支持工业企业建设新产品、新技术应用场景，打造一批样板车间、应用车间。

【5G 建设】 2020 年，区工信局克服疫情影响，抢抓新基站建设机遇，快速推进 5G 基站建设。联合运营商、铁塔公司及相关职能部门，专题研究 5G 建设过程中疑难问题，走访建设现场，统筹协调，联合街镇，化解属地矛盾、解决阻工问题，全年新建基站 1450 个，完成率（年度任务 1374 个）105.53%，在长沙市九区（县、市）中排名第一位。

【新冠肺炎疫情防控】 2020 年，区工信局调拨口罩 400 万余只、防护服 6000 余套、防护镜 2548 副、酒精消毒液 1.39 万升，确保医疗物资供应，助力企业抗击疫情，复工复产，保障市场正常运行；帮助企业减轻负担，助力企业走出疫情困境。派驻街镇 23 位驻企联络员实行联点帮扶，牵头出台“望十条”，率先在全省举行支持企业复工复产第一批政策兑现活动，开展“四项补贴”申报，为全区 597 家企业发放两批次“四项补贴”1232.09 万元

【百日竞赛】 2020 年，区工信局组建四个指标攻坚组，细化竞赛指标，明确责任分工，实行日总结、周分析、月调度，深入企业，深挖潜力，投入百日竞赛活动和绩效考核攻坚季活动，紧盯目标任务，加强部门衔接，超前谋划，积极协调，争取支持，确保各项竞赛指标排名前列。在全市大竞赛活动中取得工业相关指标总得分小组第二、四区县市第一的成绩。

2020 年 10 月 18 日，铜官陶瓷企业参加第十七届景德镇国际陶瓷博览会
（区工信局供图）

工业产业选介

【产业链建设】 2020 年，区工信局发挥区域优势，以产业链的思维抓产业发展，抓对外招商，快速推进产业链建设，引领产业链向高端制造、绿色制造发展。全区 6 条产业链新引进项目 59 个，其中过 10 亿元项目 3 个，投资过亿元项目 16 个。1—12 月链上规模工业企业完成产值 406.5 亿元，比 2019 年增长 35.7%，其中智能终端产业链、新型合金产业链、绿色食品产业链分别完成产值 125.4 亿元、160.3 亿元和 80.5 亿元。

【陶瓷产业】 2020 年，区工信局宣传铜官陶瓷文化，扩大铜官陶瓷行业影响力，帮助企业疫后开拓市场。委托铜官陶瓷行业协会组织铜官陶瓷企业参加第九届中国（四川）国际茶业博览会和推介长沙铜官窑茶器具活动、第十二届湖南茶叶博览会、第十七届景德镇国际陶瓷博览会、中国（北京）国际精品陶瓷展览会暨第九届“大地奖”中国陶瓷创新与设计大赛活动等全国性展销会、博览会 4 次，获金奖 4 个、银奖 4 个；加强传承人队伍建设，壮大大师力量。2020 年 4 月，铜官有 5 人通过湖南工艺美术系列职称（陶瓷类）专场评审，获评湖南省高级工艺美术师的称号。全区拥有国家级陶艺大师和工艺美术大师 3 人，省级陶瓷艺术大师和省级工艺美术大师 6 人，湖南省陶瓷工艺大师 22 人，国家级陶瓷装饰工高级技师 5 人，国家级技师 3 人，国家级高级技工 8 人，国家级技工 2 人。

（本栏撰稿：文　慧）

区域开发与园区经济

责任编辑 ◎ 刘俊杰

望城经济技术开发区

【概况】 长沙市望城经济技术开发区（含望城高新区、望城工业集中区）（以下简称望城经开区）实现企业总收入978.2亿元，比2019年增长15.2%，规模工业总产值比2019年增长18.8%，固定资产投资比2019年增长13.1%，限额以上社会消费品零售总额比2019年增长25%，税收收入比2019年增长23.4%，外贸进出口总额比2019年增长38.9%。成功创建国家级大中小企业融通型创新创业载体，位列湖南省级及以上产业园区综合评价第一位，获湖南省园区产业高质量发展奖。2020年，望城经开区内设正科级机构有工会联合会、办公室、规划建设局、招商合作局、产业发展局和社会事务局，直属（归口）事业单位有投（融）资管理办公室和政务服务中心，直属企业有望城经开区建设开发公司、望城经开区振望建设开发公司，区直单位驻园机构或分设窗口有财政分局、同心派出所、国土中心所、市监所、巡回法庭及税务等。

【园区项目建设】 2020年，望城经开区全年引进产业项目81个，投资过亿元项目21个，三类500强项目3个，智能终端产业链项目36个，瑶华科技、贝迪电子等一批掌握核心技术、实现国产替代的“专精特新”项目落户，被评为全省商务工作先进园区；开展“项目大竞赛”。市重大项目投资完成全年任务的120%，永杉锂业入选全市制造业标志性项目，益海嘉里、立邦新材、长沙戴湘、恒茂高科等63个新建项目开工建设，京东亚洲一号、德赛电池、吴赣制药、智能终端配件产业园等68个项目竣工投运；做强融资主体，拓宽融资渠道，争取政府专项债资金15.7亿元。征拆腾地194公顷，盘活闲置低效用地48公顷，盘活沉淀资金5.12亿元。

【企业培育】 2020年，望城经开区实施市场主体培育三年行动计划，全年铺排智能化改造项目82个，技改投资大幅增长50.9%，创建市级智能制造示范企业38家，新增“四上”企业63家，比亚迪电子产值突破百亿元大关，智能终端产业实现产值126.6亿元；泰嘉科技、黑金刚入选工业和信息化部“单项冠军培育企业”“专精特新小巨人”名录，金龙铜业、衡开智能荣膺省市质量奖；实施企业技术研发中心“清零行动”，新增市级以上创新平台10家，联智科技、欧比佳获国家CNAS（中国合格评定国家认可委员会）实验室认证。开展中小微企业专利“清零”活动，全年申报有效发明专利比2019年增长20%；实施科技特派员、博士攻坚团等高端引才活动，引进长沙市高层次人才21名，3名高技术人才入选全省“100个科技创新人才”。创建国家级大中小企业融通型双创特色园区。

【营商环境优化】 2020年，望城经开区开展4次“企业大走访、问题大破解”行动，318个困扰企业发展“顽症”得到妥善解决；实施“一对一”精准服务，打通政策落地“最后一公里”，累计为企业兑现各级惠企奖补资金3.9亿元；推进“一件事一次办”，实行告知承诺、容缺受理审批模式，建成24小时自助服务体系，探索实施“拿地即开工”政务服务格局；落实“六稳”“六保”任务要求，帮助企业融资逾100亿元，争取贷款贴息逾3000万元。搭建“四零”采购平台，促成企业开辟本地市场，达成合作额25亿元以上；启动智慧园区三期建设，打造5G+工业互联网平台。建立“448”入园评价体系，加大低效用地、闲置用地处置力度，出台专项政策，清理腾退“厂中厂”，远航生物、坤源塑化、海星高科、海滨烟雾机等一批闲置低效用地实现“腾笼换鸟”，支持企业增资扩产，16个企业实现二次开发。

【系列复工复产措施实施】 2020年年初，望城经开区组织开展“春风行动”、包车接员工返岗、银企对接等系列活动，在全市率先启动复工复产，帮扶企业，兑现政策，驻企防疫联络员工作下沉，14个工作组奔赴全省各地，新聘员工过万人；出台“六个必须、七个到位”“望十条”，314家“四上”企业第一时间全部复工、全员返岗，复产率、返岗率、用电量等综合指标排名位居全市国家级园区首位；开展“百日竞赛”，规模工业总产值比2019年增长18.8%，固定资产投资比2019年增长13.1%，限额以上社会消费品零售总额比2019年增长24.9%，税收收入比2019年增长23.4%，外贸进出口总额比2019年增长38.9%，发展速度稳居全市前列，获湘江新区重大贡献奖一等奖。

【五八科创新经济智慧产业园项目落户】 2020年4月24日，五八科创新经济智慧产业园项目签约落户望城经开区。项目由湖南五八科创有限公司投资，投资额1.5亿元，主要打造互联网+现代服务总部基地、58人才实训基地、电商直播基地。项目全部投运后，每年营业收入6亿元，税收2000万元以上。

【望城经开区亿达总部经济基地暨蓝河营养品总部及国际羊乳营养研究中心挂牌】 2020年4月29日，望城经济技术开发区亿达总部经济基地暨蓝河营养品总部及国际羊乳营养研究中心挂牌仪式在亿达智造小镇举行。长沙亿达小镇项目是望城经开区打造智能终端产业园的重要组成部分，致力于为入驻企业提供集研发设计、创新转化、场景营造、社区服务等于一体的高品质产业空间，聚焦生产场景、生活场景和生态场景集中融合呈现，已发展成为千亿级“华为城”的重要承载平台和园区打造智能制造产业的名片。亿达总部经济基地挂牌后，将利用其独特的资源优势、品牌优势，聚焦“两主一特”产业定位，吸聚一批信息技术、商贸物流、金融服务、“四新”经济等生产性服务业，为制造业高质量发展强势赋能。蓝河乳业入驻园区，运用资本、技术的领先优势，整合绵羊奶上游资源，成为全球绵羊奶原料第一供应商，连续3年保持规模倍增式的发展态势，2019年上缴税收已突破亿元大关。蓝河总部经济基地挂牌及蓝河羊乳营养研究中心的成立，致力于羊乳基础营养、羊乳配方奶粉、创新羊乳原料等全产业链多维度的进阶研究，加快全球资源整合和产业布局，全力冲刺全国乳业第一方阵，努力打造具有国际影响力的乳品企业。

【长沙望城软件和信息技术产业园金桥总部经济基地挂牌】 2020年5月20日，长沙望城软件和信息技术产业园金桥总部经济基地在望城经开区金桥国际挂牌成立。仪式现场，区领导为长沙望城软件和信息技术产业园、金桥总部经济基地授牌，并发布软件和信息技术服务业扶持试行办法及总部经济政策等。基地坐落在高铁西城的核心片区——金桥国际商贸城，距离高铁西站5千米，区位优势明显，已有727家企业入驻，2019年纳税额超过2.1亿元。

2020年4月29日，国家级望城经济技术开发区蓝河总部经济基地挂牌

（经开区供图）

【德赛电池长沙基地暨望城经开区产业项目集中投产仪式举行】 2020年7月31日，德赛电池长沙基地暨望城经开区产业项目集中投产仪式在长沙智能终端产业园举行。德赛电池是中国500强企业德赛集团旗下上市公司，全球中小型锂电池领域龙头企业。其产品广泛应用于智能手机、平板、无人机等终端设备，客户涵盖华为、苹果、小米等顶级电子厂商。德赛电池长沙基地项目于2019年年初签约落户望城，项目一期过渡工厂同年4月底投产，锂电池出货量达2360万块，实现产值7.62亿元。2020年，二期入驻长沙智能终端产业园，已布局10条高速自动化生产线及SMT（表面组装技术）线。全面投运后可实现年产1亿块锂电池，产值40亿元以上。

【南京贝迪5G新材料生产基地项目落户】 2020年8月29日，南京贝迪5G新材料生产基地项目签约落户望城经开区。项目是智能终端产业链5G传导材料关键国产替代项目，其落户对加快园区产业转型升级壮大新兴战略产业集群具有重要意义。南京贝迪电子主要从事多功能高分子材料研发、生产和销售，是LGD、华为、小米、苹果、京东方、维创、瑞仪等公司的优质供应商。其超薄导光膜、量子点膜等核心产品技术含量高、应用领域广、产品附加值高，在行业内具备前瞻性、领先性和唯一性，突破中国在5G通信领域核心基础材料“卡脖子”难题。

【湖南省园区产业高质量发展经验交流现场会议举办】 2020年9月21日，湖南省园区产业高质量发展经验交流现场会议（长株潭地区）在望城经开区举行。长株潭地区70余名产业园区代表参加会议，会议对第九批国家新型工业化产业示范基地和第四批省级新型工业化产业示范基地进行授牌。会上，湖南省工业和信息化厅公布25个园区获“2019年度湖南省园区产业高质量发展奖”，其中，长沙市4家园区长沙高新区、浏阳经开区、宁乡高新区、望城经开区获奖。

【中信戴卡南方智能制造基地戴湘600万只个性化车轮项目开工】 2020年12月10日，中信戴卡南方智能制造基地戴湘600万只个性化车轮项目在望城经开区开工，项目总投资5.5亿元、新建厂房面积5.6

万平方米。中信戴卡南方智能制造基地由中信集团下属子公司中信戴卡股份有限公司管理运营，总投资50亿元、规划用地47公顷，建设年产2000万只铝车轮以及高端装备、模具制造的生产基地，于2017年入驻望城经开区，先后启动长沙戴卡、戴湘项目的建设，形成年产900万只铝车轮的产能，形成当年开工、当年投产的“戴卡速度”。

(本栏撰稿：办公室)

望城经济技术开发区铜官循环经济工业园

【概况】 2020年，望城经济技术开发区铜官循环经济工业园（以下简称望城经开区铜官工业园）管委会内设综合办公室、产业发展局、招商合作局、社会事务局、安全环保局、项目建设管理服务办公室6个机构，下属企业有长沙望源开发建设有限公司、长沙市望城区望联建设开发有限公司、长沙市望城区第二污水处理有限公司，有工作人员65人。2020年完成规模工业产值144.72亿元，比2019年增长8.66%。固定资产投资57.44亿元，比2019年增长8.7%，新增规模以上工业企业10家，规模以上服务和贸易企业4家，财税“四上企业”7家，完成财税收入4.08亿元。

【招商引资】 2020年，望城经开区铜官工业园围绕“一主一特”产业定位，引进优质项目16个，其中世界500强项目1个、投资过亿元项目5个、总部经济项目2个。组织2020湖南（国际）生物医药产业发展大会原辅料药分论坛等5场大型招商推介活动。完成外贸进出口1500万美元，实际利用外资超2200万美元。

【项目建设】 2020年，望城经开区铜官工业园铺排社会投资项目20个，立邦新材、永杉锂业、益海嘉里等重大项目实现开工。吴赣药业、华腾医药、赛隆药业、兴嘉生物、华纳二期、松源生物等8个重点项目实现投产。方盛博大一期、和顺石油、物流园一期等项目完成主体建设。飞鹿新材、曦威新材、安达油库、港区二期等项目全面施工。铺排政府投资项目39个。企业配套中心完成主楼封顶、黄龙路二期完成路基和管网铺设，连心路、白杨路（花果路－城湘大道）、华腾医药配电工程等32个项目完工，园区基础设施配套进一步完善。

【要素保障】 2020年，望城经开区铜官工业园推进融资工作，全年到位资金25.16亿元，较2019年增长98.7%，出让金山桥、丁字湾两宗融资用地，出让溢价分别高达63.68%、40.48%；望城第二污水处理厂实现自2012年建成首次出水稳定达到一级A排放标准，出水水质在线监测实现联网；落实铜官港核心港区的地位，《长沙港总体规划》修编将港口及物流园建设纳入湖南省“十四五”物流规划的重大项目。完成益海嘉里、金山桥、丁字湾融资用地等征地拆迁任务，新铺排项目72公顷、170余户拆迁腾地，批回用地红线94公顷，完成64公顷土地挂牌出让。

【产业升级】 2020年，望城经开区铜官工业园编制省级高新区科技创新(2020—2022)三年行动计划，加快省级医药原辅料特色产业园创建，建立高新技术企业名录。新增认定高新技术企业14家，后备高新技术企业梯队10余家，新申请专利57件，其中发明专利45件（含授权数），金驰能源获批组建长沙市先进锂电材料技术创新中心。吴赣药业、松源生物等8家企业成功申报智能化试点企业，金驰能源、华纳大药厂等6家企业成功获批智能制造专项。

【企业服务】 2020年，望城经开区铜官工业园成立疫情防控工作领导小组，干部“二对一”上门指导，创新“五查八看三问”工作方法，兑现“六稳”“六保”政策，助力企业疫情防控和复工复产。完善联点帮扶机制，实现问题收集、部门承办、企业反馈全流程监督，解决企业难题；加强项目申报指导与服务，帮助企业争取上级扶持资金近3000万元；推进供热体制改革，促进电厂蒸汽综合价格下调，有效降低企业生产成本。

【园区安全环保监管】 2020年，望城经开区铜官工业园引入“安全管家”“环保管家”专业力量，靠前服务。建立应急救援、重大危险源监控等管理制度，强化宣教培训力度。开展“安全生产月”、“一会三卡”、“有限空间”、消防安全生产培训、危险化学品泄漏爆炸事故应急演练、安全生产法宣传周活动等，提高应急处置和安全操作能力。多轮开展专项行动巡查，重点消除安全和环保隐患，为企业安全发展筑牢保障网。

【永杉锂业年产4.5万吨锂盐项目开工】 2020年4月29日，永杉锂业年产4.5万吨锂盐项目在望城经开区铜官工业园开工，标志着望城先进储能材料产业再添新成员。项目由杉杉股份有限公司投资，用地23公顷，投资额20亿元。项目分两期建设，全部达产后可实现年产值45亿元，税收2.4亿元。杉杉股份有限公司是中国企业500强杉杉旗下企业，聚焦锂离子电池材料、电池系统集成等新能源业务，是锂离子电池正极、负极及电解液领域全球最大的锂电材料综合供应商。

【益海嘉里湖南粮油食品智能制造基地项目落户】 2020年1月5日上午，益海嘉里湖南粮油食品智能制造基地项目签约落户望城经开区铜官工业园。益海嘉里集团是世界500强企业——丰益国际集团中国区域子公司，自20世纪90年代，先后在深圳等主要城市投资设立40余家工厂和多家贸易公司，塑造出“金龙鱼”“欧丽薇兰”等国内著名品牌。益海嘉里湖南粮油食品智能制造基地项目是集区域总部经济、智能制造、现代农业和现代物流为一体的食品加工全产业链旗舰项目，主要从事压榨、油脂、面粉、水稻加工等生产业务。

【立邦集团华中区域总部项目建设启动】 2020年4月26日，位于望城经开区铜官工业园的立邦集团华中区域总部项目启动建设。立邦集团华中区域总部项目计划用地17公顷，投资10亿元，全面建成后年产各类水性涂料、真石质感涂料、干粉砂浆产品190万吨，节能保温装饰一体化板300万平方米，年销售额达20亿元。立邦新型材料的入驻和开工，提升望城新材料产业的核心竞争力。

2020年4月26日，位于望城经开区铜官工业园的立邦新型材料华中区域生产基地建设项目奠基仪式举行（望城经开区铜官工业园供图）

【吴赣药业投产运行】 2020年12月12日，湖南吴赣药业有限公司正式投产。吴赣药业是全球磺胺类产品生产商，70%以上产品出口国外市场，市场占有率50%以上，其主打产品磺胺脒通过美国FDA（食品药品监督管理局）认证。项目总投资22亿元，占地面积20公顷，主要研发和生产磺胺类系列、生命科学系列、降糖类药物及中间体系列产品，计划3—5年内建成集科研、生产、经营于一体的世界一流的绿色环保节能型生物医药制造基地。项目全面投产后，年产值50亿元，税收4亿元。

（本栏撰稿：李俊川）

滨水新城

【概况】 2020年，滨水新城在建设生态、智慧、活力的宜居城区，构建一江两岸、河西联动、产城融合的城市发展格局发力，重点发展智能终端、生命健康、总部金融、信息服务、创意研发、电子商务、健康养生、娱乐休闲、会议论坛、商贸服务等产业。2020年完成固定资产投资16.7亿元，省外境内到位资金21.6亿元，完成社会零售品销售额40.2亿元，新增长沙森那美汽车销售服务有限公司、能立多生物科技有限公司2家商贸类“四上企业”。滨水新城核心区逐步成为长沙产城融合新型城镇示范区。

【片区建设】 2020年，滨水新城与长沙市城发集团对接，将月亮岛片区整体品质提升工程纳入合作片区项目，将合作片区外的普瑞大道提质改造工程（金星路—银杉路）、银杉路污水管网工程纳入合作片区建设项目，新增投资约2.38亿元；组织调度、推进新一代半导体产业链科创中心项目建设，欧实科技、智联航测等9家产业链企业入驻办公；促成中国网球巡回赛在月亮岛成功举办，推进长沙市青少年足球月亮岛训练基地项目落地建设；协调银月路等7个已竣工验收项目完成移交，助推银光路、银晟路等12个政府投资项目及越秀湘江星汇城、婚庆园等社会投资项目建设。

【招商引资】 2020年，滨水新城引入望城首家国际五星级万豪酒店

2020年，滨水新城王家湾路提质改造（滨水新城供图）

品牌进驻越秀湘江星汇城项目；引进永通保险经纪有限公司注册落户永通汽车城，能立多生物科技有限公司签约入驻澳优总部基地。促成康佳集团华中区域总部项目与望城签署合作协议，和顺石油股份有限公司全国总部项目与区人民政府正式签约，亚光科技、上海至纯等5个产业项目入驻滨水新城。签订新一代半导体产业链项目合作备忘录。2020年引进过亿元的现代服务业项目10个，协议引进投资约60亿元。实现上一年度引进项目注册率60%、开工率80%，当年新引进项目履约率100%目标。

【片区规划】 2020年，滨水新城牵头编制潇湘大道景观道慢行系统概念性方案、大泽湖片区产业策划、滨水新城控规优化提升、滨水新城“十四五”发展规划和谷山－汉王陵周边区域生态公园概念规划；制定《滨水新城片区2020年工作重点和建设项目计划》《滨水新城片区三年行动计划》；促成大泽湖生态智慧城项目采取“财政预算资金+专项债+配套市场化融资”开发模式；推进香炉洲大桥建设项目完成方案设计、可行性研究、初步设计批复、初步设计概算、航评、环评批复等前期工作；协助湘江东岸堤防综合治理工程项目土方填筑、清基清表、涵闸施工等各项工作。

（本栏撰稿：浣溪沙）

湖南望城国家农业科技园区

【概况】 2020年，湖南望城国家农业科技园区（以下简称农科园）管理委员会内设办公室、产业发展局、招商合作局、科技人才局和社会事务局。2020年3月底实行机构改革，与长沙现代农业综合配套改革试验区整体并入农科园，实行两块牌子、一套班子。转变职能，整合资源，优势互补，2020年，推进“一县一特”，蔬菜、荷花虾等特色产业高质量发展，以全产业链思维不断“强链”“补链”“延链”，园区经济社会得到全面发展。

【保产稳供战疫】 2020年疫情期间，农科园组织37家蔬菜种植企业抢种速生叶类菜234公顷，为疫情严重的湖北相关市、区、医院、工厂、社区无偿供应蔬菜4批次9.64万千克，《望城区静慎村“九贤治村”战疫情》工作经验文章在农业农村部《农村改革动态》2020年第19期发表，报送中央全面深化改革领导小组办公室等部门，在全国推介。

【农村改革实验】 2020年，农科园完成全国农村改革试验区“健全城乡发展一体化体制机制改革”任务，9月底通过农业农村部专家组验收；申报2020年农村改革试验区拓展试验任务——“湖南省长沙市望城区探索引导各类资本投向农村体制机制”项目，农业农村部办公厅已批准（农办政改〔2020〕12号）；“带地入建”引导农民集中居住改革典型案例，8月，入选《中国改革年鉴——地方全面深化改革典型案例卷一》和省委全面深化改革领导小组办公室“湖南基层改革探索100例”，10月，入选农业农村部《农业农村政策与改革系列发展报告》。

【蔬菜产业】 2020年，农科园新引进蔬菜种植企业4家。园区蔬菜种植企业达126家，蔬菜种植面积2134公顷，其中：13公顷以上规模种植企业32家，蔬菜加工企业4家。投资2000万余元，打造40公顷设施蔬菜示范园，完成一期建设，启动二期扩面100公顷；建设标准化薄膜大棚，新建智能玻璃温室大棚2个，按照蔬菜栽培标准化，生产种植工厂化，环境控制智能化要求，实现工厂化育苗与种植；完成2019年度蔬菜产业“一县一特”项目建设，奖补企业118家次，金额999.73万元；公开申报和现场考察，28家重点蔬菜企业承担市级2020年“一县一特”蔬菜产业发展项目，获市级专项资金4000万元。

【荷花虾产业】 2020年，农科园实行“科学引领、标准示范、加工物流、配套服务、品牌提升”五大工程，推动特色水产荷花虾产业提质增效。“望城区小龙虾现代农业特色产业集聚区（省级现代农业产业园）”项目建设获批资金1000万元；对80个产业项目、7个全程机械化项目、20个贷款贴息项目进行奖补，拨付奖补资金538.38万元。申报“2020年‘一县一特’望城荷花虾产业”市级项目，铺排15个标准化示范基地建设项目，3个苗种繁育示范项目和10个标准化虾坊项目。全区有荷花虾养殖经营主体256个，养殖面积5000公顷，33公顷以

2020年4月，望城荷花虾苗种繁育基地（乔口镇供图）

上经营主体36家。望城荷花虾（小龙虾）成功入选湖南省"一县一特"主导特色产业发展指导目录。12月4日，望城小龙虾地标成功通过国家地理标志申报省级认定。

【湖南农业大学与望城农科园签订战略合作框架协议】 2020年5月20日，中国工程院院士、湖南农业大学校长邹学校率湖南农业大学专家教授团队到望城考察，并与望城农科园签订战略合作框架协议；蔬菜、水产、蓝莓专家团队代表与中望优农、文和友、山丘蓝莓等农业企业签订合作框架协议。建立湖南农业大学望城特色产业专家服务团与研究生服务队，全面指导望城蔬菜、水产（荷花虾、鲌鱼）、水果、茶叶四大特色产业发展，深化湖南农业大学与望城的产学研战略合作，共同推动特色农业产业高质量发展。在规划指导、科技服务、平台共建、产业对接、成果转化、项目策划、人才培养、项目支持等方面保持信息交流与共享，建立全面合作关系，实现"校地合作、产学共赢"目标。

2020年5月20日，湖南农业大学专家教授团队到望城农科园考察（农科园供图）

【农科园与亚太中商控股有限公司签订太丰垸现代农业公园建设商务协议】 2020年11月，农科园与亚太中商控股有限公司签订商务协议，共同打造太丰垸现代农业公园项目。太丰垸现代农业公园项目位于铜官片区核心区，处于长沙铜官窑遗址公园、新华联国际旅游度假区与铜官古镇区连接地带，西临湘江，东临马太公路，占地面积约227公顷，是铜官片区"双核"之间的纽带和缓冲区域。项目依托良好的自然生态环境，开展高产及彩色水稻、油菜种植，建设以智慧农业、文化旅游为核心产业的现代农业产业集群以及"农业+"产业平台，推动引领绿色有机的生产、生活方式，策划主题农旅互动体验项目，打造集农业种植、生态休闲、亲子研学、主题娱乐等多功能于一体的国家级现代农业示范公园和国家级田园综合体项目。

【中国民族贸易促进会与望城区人民政府签署全面战略合作协议】 2020年10月14日，中国民族贸易促进会与望城区人民政府签署全面战略合作协议。望城农科园与中国"一乡一品"产业促进中心开启全面战略合作，致力望城区蔬菜和荷花虾产业打造成"一乡一品"示范产业，从产、供、销三个方面构建全产业链，打造荷花虾产业发展的创新平台，共同打造中国"一乡一品"望城示范区。当天，"中国一乡一品望城示范区"揭牌。

（本栏撰稿：办公室）

商贸服务

责任编辑 ◎ 袁吉平

综　述

【概况】　2020年，长沙市望城区商务局（以下简称区商务局）主管全区内外贸易和招商引资工作，内设办公室、市场建设科、外经外贸科、项目服务科、特种行业管理科5个科室；有招商引资服务中心、现代服务业发展中心、商业事务中心、物资事务中心4个下属二级机构；下辖长沙市望城区民爆器材有限责任公司。2020年全区引进项目112个，引进资金211.6亿元，其中投资过亿元项目40个，过10亿元项目10个，三类500强项目7个（益海嘉里、中交长沙总部基地、中粮祥云小镇、中邮华为HUB仓集成物流运营项目、扬子江医药平台、新奥泛能网平台中部基地、康佳华中总部基地项目）。

【主要商贸指标】　2020年全区社零总额完成397.9亿元，增速–0.2%，四区县（望城区、长沙县、浏阳市、宁乡市）排名第一位；商贸类新增单位入库85家；完成进出口总额14.81亿美元，比2019年增速47.4%，其中望城经开区12.31亿美元，区本级2.49亿美元；全区实际利用外资3.78亿美元，比2019年增长14.3%，其中望城经开区2.28亿美元，区本级1.5亿美元；到位省外境内资金115亿元，完成目标任务的101.1%，其中望城经开区完成37.6亿元，区本级完成77.4亿元。

【招商引资服务】　2020年，区商务局召开前置审查会议1次，招商引资领导小组会议3次，重点在谈项目区长办公会3次，提请会议审定项目27个，召开专题对接洽谈会80余场；建立招商信息云平台，对全区各招商引资平台单位开展调研，聘请专业信息公司，利用大数据、云计算等信息化手段实现招商项目信息、资源信息、政务服务的推介与共享，实现招商项目全流程管理；组织参加招商，疫情期间采取“屏对屏”视频实时连线方式，组织与身处武汉的世界500强中交二航局公司签约，后续组织湘江涂料总部、民贸全面战略合作、日辰科技等项目签约仪式。参加2020湖南—粤港澳大湾区投资贸易洽谈周、中国民营企业合作大会等招商活动，组织项目协调会10余次，服务项目约20余个；对2017—2019年招商引资项目履约情况进行跟进，提升项目商务协议监管服务；加速园区外未供地工业项目的清理处置，完成金诚电子及铜官古镇文化交流中心等项目清理退出。

【外经外贸】　2020年，区商务局新办外贸经营者备案企业87家，园区外破零企业14家，实现破零增量9000余万美元；组织引导企业参加第三届中国国际进口博览会、广交会、东盟博览会等展会，拓展对外合作空间；配合中非经贸展会活动、中非双边贸易研讨会、“中非经贸博览会”相关工作，宣传对非经贸措施；2020年5月，举办“重点进出口企业复工复产培训会”，50余家外贸企业80余人参

2020年11月5日，区商务局组织企业到上海参加第三届中国国际进口博览会
（区商务局供图）

会，促进区外向型经济健康发展；2019年外商投资企业年检工作，参与企业27家，参保率100%；走访调度已有入库的项目华润置地（湖南）和越秀长沙地产，其中越秀长沙地产项目新增资金9亿元。

【商贸流通】 2020年疫情期间，区商务局对六大快递物流公司321名检测对象、全区大中型商超128名检测对象进行核酸检测，定期对定点商超从业人员、作业环境和冷链食品进行核酸检测，维护市场稳定运行；建设改造农贸市场2个（乔口农贸市场、大泽湖生鲜市场），社区门店3个；对全区二手车经营企业低速货车情况进行检查摸底，督促汽车流通企业及时完成备案；联合区扶贫办制定《2020年长沙市望城区电商扶贫工作实施方案》，8月针对8个省定贫困村组织开展“电商赋能——农村青年电商培训月”活动，累计培训人数200余人。全年全区电商销售农产品零售额1.56亿元，区域电子商务交易额347.7亿元，在湖南省对区县（市）电商扶贫2020年度考核评定中获评优秀；组织申报2020年度快递业发展专项资金、2020年度长沙市电子商务产业发展专项资金126万元。组织柒哆药酒申报湖南老字号。

【服务产业】 2020年疫情期间，区商务局出台《望城区疫情防控期间市场管理运营主体租金补贴实施细则》（以下简称《细则》），鼓励各大市场管理主体对承租的中小企业减免租金，减轻中小企业承租负担。全区有11家大型市场管理主体对1478家承租企业（商户）减免租金1801万元，依据《细则》获取租金补贴523.57万元；3月组织开展“全民嗨购”系列活动，区内重点商业综合体、专业市场、文旅企业让利6.8亿元，惠及近400万人次。在“全民嗨购之购车季”活动中参与车企销量总额比2019年增长14.34%。2020年长沙市首届“夜星城”消费节最美夜购系列评选中，砂之船（长沙）奥莱、新华联梦想城福街、润和•彩虹Mall、正荣财富中心、新华联铜官窑古镇、天恒超市金星路店均获表彰；推荐149家企业及个体工商户共1400人申报新增就业补贴；对接联系“省双百”“市三百”工程项目7个，开展2020年度长沙市服务业专项资金项目申报工作，对夏国安铜官艺术馆建设项目进行初审和现场审查；盘活楼宇闲置面积，其中盘活紫鑫、湾田等楼宇闲置面积1.2万平方米，金桥、高星物流园专业市场闲置面积6.4万平方米。

【安全生产】 2020年，区商务局落实安全生产责任制，按照《望城区商务局领导干部安全生产工作责任清单》《望城区商务局2020年度领导带队检查安全生产工作计划》等工作部署，全年区领导带队检查15次、局领导带队检查63次；制定《望城区商务局2020年度安全生产监督检查工作计划》《2020年望城区商务局安全生产工作要点》《2020年望城区加油站臭氧污染管控工作实施方案》，全年重点行业计划监督检查18家次，加油站巡查163家次，企业安全隐患排查36家次，发现隐患125处，复查27家次，整改到位78处；开展安全生产三年专项整治行动，制定《望城区商务局危险化学品安全综合治理实施方案》《望城区大型城市综合体消防安全专项整治“回头看”实施方案》《2020年望城区商务系统夏季消防检查工作方案》《全区商贸流通领域安全生产专项整治三年行动实施方案》等文件；组织2020年商贸领域安全生产大培训，100余位商贸企业负责人参与培训活动；组织商贸企业开展应急演练，提高企业应对和处置突发事件的能力；落实蓝天保卫战工作，黄金加油站、黄月加油站、望雷加油站完成竣工验收。

【获奖荣誉】 2020年，在湖南省商务系统“两稳一促”考核中，区商务局获评全省商务系统稳外贸考核优秀单位奖。新冠肺炎疫情期间，区商务局按照区委、区政府关于疫情防控复工复产、“六稳六保”等工作部署，帮助各类外资外贸企业复工复产，全年全区进出口总额比2019年增长47%；协助湖南绿洲植物有限公司通过商务部防疫物资“白名单”，畅通望城区防疫物资的出口渠道；7月协助红星北盛通过海关的进口肉类查验场验收工作，扩大红星北盛业务方位，简化肉类进口流程，为全区41家外贸外资企业争取资金600万余元，激发企业生产积极性。

商务指标在百日竞赛中获第二名。2020年，望城区在长沙市“大干一百天 实现双过半”竞赛商务指标项目中获第二名，作为竞赛项目牵头单位，区商务局获区领导小组颁发“大干一百天 实现双过半”标兵单位奖。

获“一乡一品 ”最佳组织奖。2020年，区商务局组织2020“一乡一品”国际商品博览会参展工作，在长沙市展区搭建150平方米的特装展区，以“穿越历史的传承”为主题，组织“非遗”六品（邱氏腐乳、李氏湘粉、彭家老屋梅菜扣肉、郭娭毑小钵子甜酒、陶蔬恋坛子菜、黄药子窖藏酒）和雅宜陶瓷、凤来祥两家陶瓷企业参展，展示望城区特色产品和形象，获评最佳组织奖。

【中交长沙总部基地项目落户望城】 2020年3月25日，望城区政府与中交第二航务工程局有限公司通过视频连线，举行中交长沙总部基地项目“云签约”。项目是2020年落户望城的第2个世界500强项目，由中交二航局投资建设，总投资约12亿元，用地约5.87公顷，主要建设总部办公楼、配套商业及公寓等，签约后其全资子公司注册至望城区。项目于2020年启动建设，预计2023年建成投入运营。

（本栏撰稿：汪芳舟）

供销合作

【概况】 2020年，长沙市望城区供销合作社联合社（以下简称区供销社)内设行政办公室、安全信访部、劳动人事部、财务统计部、合作指导部。负责对下辖霞凝、铜官、靖港、高塘岭、白若、坪塘6个基层供销社和区供销社烟花爆竹公司、农产化公司、兴业公司、再生资源公司、惠农公司、名望资产公司6个直属公司的指导、管理、协调和服务。全年实现商品销售总额8.89亿元,为年计划7.8亿元的114%;报表利润为–0.8万元,控制在年计划–2万元以内;资产总额2.41亿元,超年计划(1.8亿元)0.61亿元;所有者权益368.8万元,超年计划(300万元)68.8万元。盘活"三资"(资金、资产、资源),收回高塘岭供销社东马商贸城、坪塘供销社临湘江河资产、白箬供销社嵇山商店和田坪商店,共变现资金4880万元;疫情期间,为所属经营门店减免租金120万余元。

【供销社综合改革】 2020年,区供销社按照2017—2020年全区深化供销社综合改革规划,组建镇街供销社14个、惠农服务中心14个、村级惠农服务社110个,实现镇街供销社、惠农服务中心、农合会100%全覆盖,村级供销社、惠农服务社覆盖全区80%的目标,"四大体系"(现代化流通体系、市场化经营体系、规模化服务体系、合作化组织体系)基本实现构建;与市供销总社、望城蔬菜协会、千龙湖集团合作,组建千农惠农产品流通公司,采用本地生鲜农产品进社区、进小区经营模式,全年建设实体店30个;由高塘供销社投资1600万元的乌山综合市场建设实现当年开工、当年竣工,9月完成招商,年增加收入131.8万元,激活当地市场;农业产业化公司组织货源,做好淡季储备和旺季供应服务,实现农资商品销售5850.2万元,无截留、挪用、骗取大化肥淡季储备补贴等侵农问题;扶持区内各类新型农业实体,为区内的蜂蜜、粮食、茶叶、水产等专业合作社给予资金、肥料等支持70万元;成立区级农村合作经济联合会。区联社综合经济实力跻身全国供销社系统百强县(区)级社行列。

【供销社系统维稳】 2020年,供销社系统接待各类信访27人次,处理"12345"投诉1起;整改安全隐患9处,投入资金40万元;开展慰问安抚,为全系统在职职工办理工会医疗互助;对老党员、老干部、特困职工、复退伤残军人进行慰问,为职工子女申请爱心助学款近三万元;控制企业非生产性支出,把资金用在保职工各项保险缴费和基本生活费上面,全系统大局稳定。

(本栏撰稿:陈伟仕)

粮油经营

【概况】 2020年,长沙市望城区粮食和物资储备事务中心(以下简称区粮食和物资储备中心)内设办公室、财务室、政工劳资室、协调服务部、储备储运部5个部室。中心下设国有独资企业区粮油购销有限公司和河东、大丰、城关、白若粮油购销有限公司4个国有参股企业以及望城金霞粮油购销有限公司1个合作企业。2020年,全区收购早稻2.59万吨,其中望城金霞粮油购销有限公司收购1.1万吨、中央储备粮长沙直属库收购6353吨、中央储备粮宁乡直属库望城分库收购8517吨;全区收购中晚稻2.89万吨,其中望城金霞粮油购销有限公司收购8600吨、中央储备粮长沙直属库收购9500吨、中央储备粮宁乡直属库望城分库收购1.08万吨;全区收购粮食合计5.48万吨。完成全省政策性粮食库存数量和质量大清查任务,获评"全省政策性粮食库存数量和质量大清查"先进单位。

【粮食收储】 2020年,区粮食和物资储备事务中心与财政联合印发《2020年望城区区级储备粮补贴专项资金管理办法》,完善区级储备粮财政资金使用方案,140万元预算资金拨付到位;完成5000吨区级储备粮轮换管理验收;开展库存粮食安全检查,粮情稳定、质量良好,无安全储粮事故;实施"优质粮食工程",将区粮食专项扶持资金108万元和粮食安全省长责任制激励奖励资金200万元用于扶持区域内种粮专业合作社、粮油加工企业和粮食应急保障网点;争取上级资金1196.45万元(含第一批商品粮大省奖励资金766.5万元),为企业争取重金属快速检测仪购置补助资金75.6万元,市级粮食专项资金80万元;发挥粮油协会平台作用,打造湘米品牌,推进"湘米出

2020年8月11日,中储粮长沙直属库早稻收购现场(区粮食和物资储备中心供图)

湘”“虎仔大米”等品牌销往广州及省内各地；严格执行国家粮食收购政策，探索建立粮食收购“四大制度”，即全面实施临田检测制度，执行“先溯源后收”制度，采取提前免费预检、预约收购、错峰收购等预约收购制度和实行全面优质服务制度，做到“先检后收”“先溯源后收”“分仓储存”；合理布局收购网点，备足收购资金，加强人员培训，鼓励引导多元粮食收购主体入市收购，做到应收尽收，保粮食安全，保种粮积极性，未出现“卖粮难”事件；全区建成24家粮油应急保障网点，实现区域内乡镇街道全覆盖，修订粮食应急保障网点管理办法，对全区粮食应急保障体系进行检查，对部分不符合要求的网点进行清退，新增3家粮食应急保障网点（长沙市望城区益和农业科技有限公司、长沙市望城区正华粮油种植专业合作社、长沙市望城区乡里粮油经营部）；核实全区库存粮食数量，对粮油加工企业、地方粮食应急供应网点、应急加工网点情况进行核查，加强粮食市场价格监控，坚持每周粮油价格上报工作，随时关注粮油市场动态，全面掌握重点企业粮油库存、价格等情况，确保粮油市场价格稳定、保障充足、调运高效。

【粮食监管】 2020年，区粮食和物资储备事务中心加强粮食市场监管，履行粮食行政管理职能，做好辖区内粮油经营者粮油经营活动的监督检查工作。对22家涉粮企业粮食收储和销售出库政策执行情况进行检查；开展政策性粮食出库监管和备案工作，对宁乡广东温氏禽畜有限公司、湖南汇升有限公司等6家企业陆续在湖南粮食中心批发市场竞拍的湖南省2017年政策性粮食、2018年和2019年地方临储粮、最低收购价稻谷共12106吨进行全面监管，要求辖区内中储粮公司和国有企业政策性粮食销售出库向粮食主管部门进行备案，确保政策性粮食出库监管到位；开展库存检查，检查望城金霞粮油购销有限公司仓廒22个，早籼稻3.95万吨。其中地方储备粮3.79万吨，地方政策性粮1629吨；强化粮食收购市场督导，开展突击检查，辖区内未发生粮食流通购销环节涉粮案件和违法违规行为；根据省、市下发调查样本数量安排，完成29户城镇居民粮油供需平衡调查工作；建立健全粮油食品安全领导机构，成立工作领导小组，全年完成中央、省、市、区粮油质量抽送检185批次，无食品安全责任事故；完成30家粮食经营企业诚信评价体系更新；开展粮食收购许可证审核和换证工作，新增4家企业办理粮食收购许可证，延续10家，注销2家，区域内有30家粮食收购企业取得粮食收购许可证；组织开展粮食和物资储备科技周活动、世界粮食日和全国粮食安全宣传周活动，开展品牌宣传，推动兴粮强粮，倡导爱粮节粮。

（本栏撰稿：张文君）

烟草专卖

【概况】 2020年，长沙市望城区烟草专卖局（以下简称区烟草专卖局）完成卷烟销量42449大箱，比2019年上升2.57%，完成全年任务102.25%，实现销售收入14.5亿元，比2019年增长7.47%；实现利润总额2.03亿元，比2019年增长9.37%；税收2.59亿元，比2019年增长6.80%；税利4.62亿元，比2019年增长7.92%。

【营销网络建设】 2020年，区烟草专卖局按照“聚焦主城区、辐射特色镇”模式，推进7家“湘汇636”建设工作。推广智能终端314台，合计投放576台；建成以诚信小组、信息系统、陈列展示为特色的5条示范街，选派80名优秀零售客户参加紫荆学院培训学习，获得1个王牌课程和2位内训师；打造“小组+X”运行模式，实现323个小组的自主管理和运行，引导客户打造“小组之家”114个；依托站所辐射，专销内配四员协同。

【烟草专卖市场治理】 2020年，区烟草专卖局查获各类案件248起，比2019年增长19%。查获卷烟1297.56万支，比2019年增长59%；案值889.72万元，比2019年增长23%。其中假私烟案件60起，查获假私烟438.28万支，比2019年增长130%，案值289.48万元；查获其他案件35起，打掉真烟仓库35个，查获5万元或20万支以上真烟大要案件45起，联合公安查获真烟涉刑案件1起，破获假烟网络案件2起（含联合市局、宁乡查办1起），刑拘6人，逮捕3人；打击跨区涉烟违法行为，打掉存储假烟的仓库4个；引导客户进行网上申请各类许可事项，新办准予许可证1144本，不予许可和撤回申请75本，歇业注销445本。

（本栏撰稿：杨　洋）

金融业·保险服务

责任编辑◎袁吉平

金融管理

【概况】 2020年，长沙市望城区金融工作办公室（以下简称区金融办）引导全区金融机构扩大信贷投放，为经济社会高质量发展提供金融支持。年末，区内金融机构各项存款余额803.19亿元，比2019年增长16.97%，其中居民储蓄存款余额366.06亿元，增长17.7%。年末各项贷款余额702.34亿元，比2019年增长21.8%，其中银行业金融机构贷款余额696.57亿元，增长21.98%。

【金融监管与服务】 2020年，区金融办牵头引进兴业银行、永通保险经纪公司落户望城，截至年末，纳入监管的机构有银行业金融机构18家，保险及保险中介机构31家。建立考核机制，组织开展风险摸排，提早化解金融风险隐患8起，完成陈案化解5起，区内金融生态环境显著优化。组织开展“金融助力·六稳六保”银政企对接签约活动，达成融资合作协议金额606亿元；组织贫困户抱团发展，建立部门银行协同联动机制，全年发放扶贫小额信贷1897万元，累计发放金额5765万元。

【企业（挂牌）上市工作】 2020年，区金融办组织区内近200家企业及相关职能部门负责人开展企业直接融资金融服务培训活动，邀请基金行业资深投资人、证券行业专业经理进行授课和现场答疑，搭建直接融资服务平台。申报12家企业进入全市2020年拟上市（挂牌）企业名单。申报9家企业进入省上市后备企业资源库。推进军信环保、联智科技2家企业进入上市申报。

（本栏撰稿：张 璨）

金融机构

【中国人民银行望城支行】 2020年年末，全区银行业金融机构各项存款余额803.19亿元，比2019年增长16.97%，较年初增长116.55亿元；各项贷款余额696.57亿元，比2019年增长21.98%，较年初增长125.54亿元；不良贷款比率0.29%。2020年，辖区内银行政府融资平台贷款余额174.56亿元，新增66.32亿元。房地产行业贷款余额280.76亿元，新增70.34亿元。工业园区贷款余额72.01亿元，新增14.16亿元。企业贷款余额238.64亿元，新增56.98亿元。涉农贷款余额178.20亿元，新增48.38亿元。

金融抗疫。2020年新冠肺炎疫情期间，中国人民银行望城支行（以下简称人民银行望城支行）推出一系列稳企业保就业的具体措施，为区域经济发展提供支撑和保障。对19家疫情防控重点保障企业投放贷款1.66亿元；新发放普惠小微首次贷款1046户，金额7.69亿元。推动落实普惠小微企业贷款延期支持工具和信用贷款支持计划，为78家企业和个人办理到期贷款展期或续贷，金额6.01亿元；新增普惠小微企业贷款12.28亿元，比2019年增长37.61%。组织望城区“金融助力 六稳六保”银政企对接签约活动，会议达成606亿元融资协议。

金融服务。2020年，人民银行望城支行办理残缺污损人民币兑换业务48笔，金额10.62万元，收缴假币16.58万元。全面考核评级辖内31家反洗钱报告机构，其中银行业金融机构17家，证券保险机构14家。将兴业银行望城支行纳入人民银行金融服务与管理体系。组织开展“3•15”金融消费者权益保护日、“普及金融知识 守住‘钱袋子’”“金融知识普及月”等金融知识宣传活动118场次。围绕望城区“一主两特”农业产业战略规划，推动农业银行望城支行创新推出“小龙虾贷”“蔬菜贷”。

国库管理。2020年，人民银行望城支行办理各级预算收入227.15亿元，预算支出282.91亿元，预算收入退库8.17亿元，其中，拨付防疫资金265笔、2284.56万元，复工复产补贴资金311笔、1278.7万元。推动财政支付电子化业务上线，出台相关制度办法3个，全区166家预算单位集中支付业务处理时间由1个工作日缩短至最快2分钟，办理集中支付电子化业务7.37万笔，金额107.69亿元。落实减免税政策要求，办理个人所得税改革退税业务2.75万笔，金额1903.1万元。开展“国债服务进乡村”试点行动，组织发行储蓄国债8期，金额1142.3万元。

支付结算。2020年，人民银行望城支行开展电信网络诈骗的账户源头治理工作，严厉打击买卖银行卡行为。对涉案个人银行账户较多的银行业金融机构实施暂停新开立个人结算账户业务1个月。开展助农取款服务点优化升级工作，共有助农取款点423个，办理助农业务6.61万笔、金额1.28亿元，满足农村支付需求。

金融扶贫。2020年，人民银行望城支行持续推进农村信用体系建设，推动长沙农村商业银行望城支行在大泽湖街道回龙村和桥驿镇试点“党建共创、金融普惠”整村授信工程。2020年，望城区农户建档立卡7219户，贷款余额55.5亿元，其中信用贷款户数6326户，贷款余额3.41亿元。加大对建档立卡贫困农户信贷支持，已对建档立卡贫困户建立信用档案户数8282户，完成信用评定户数1123户，贷款户数617户，贷款余额1971.1万元。

（李　明）

【中国银行望城支行】 2020年，中国银行望城支行下辖望城支行、旺旺支行2个经营性网点，有在职员工30人。2020年年末，各项存款余额25.14亿元，各项贷款余额57.21亿元，实现业务净收入1.38亿元。2020年5月，中国银行望城支行被中共长沙市委长沙市人民政府评为“文明单位”。

金融服务。2020年疫情期间，中国银行望城支行联系对接小微企业，了解企业经营及用款需求，进一步降低利息成本，支持企业复工复产。2020年为望城经开区各类企业发放贷款9.4亿元，支持实体企业健康发展；配合地方融资平台市场化转型，为望城经开区辖属公司批复贷款8.8亿元，投放隐性债务化解贷款5.6亿元；与区重点招商企业长沙比亚迪电子企业人事财务密切对接，优化员工借记卡发卡流程，提升用卡体验，累计为员工发卡1万余张。

（张　勋）

【中国工商银行股份有限公司望城支行】 2020年，中国工商银行股份有限公司望城支行（以下简称工行望城支行）各项工作健康发展。年末，各项贷款余额64.95亿元，各项存款余额31.16亿元，在当地缴纳税费1780万元。

金融服务。2020年，工行望城支行采取多种形式开展金融知识宣传普及活动。组织举办“守住钱袋子，护好幸福家”防范非法集资宣传、反假币知识普及宣传等活动。开展“小小银行家，理财大梦想”活动，为幼儿园的小朋友们讲解人民币识别、投资理财、防诈骗等基础知识，树立金融风险意识。帮助受疫情影响严重的企业和客户，助力企业复工复产，共克时艰。服务类指标再续佳绩，客户评价满意度高，表扬工单20余笔，全年无有责投诉。2020年，支行通过系统处理财政集中支付业务高效快捷且安全。疫情期间，配合望城区财政局开展代理国库集中支付业务，确保防疫资金及时拨付到账。

风险管理。2020年，工行望城支行秉承“合规至上，内控先行”管理原则，以实际行动践行工商银行“合规为本、全员有责、风险可控、稳健高效”的合规文化理念。定期组织案防分析会议，查找剖析整改业务制度执行方面的薄弱点。每次会议做到会前有安排，会中有上次问题整改反馈，本次风险点、检查不足的提示及整改要求，会后有整改检查落实，做到闭环管理案防工作，内控管理水平得到提升。

（江思琦）

【中国建设银行股份有限公司望城支行】 2020年，中国建设银行股份有限公司望城支行（以下简称建行望城支行）为网点型支行。2020年，建行望城支行以“望城片区”为中心，服务“一园三区”和乡村振兴，年末实现存款30亿元，贷款20亿元，利润8000万元。

金融服务。2020年，建行望城支行业务主攻方向为大中型企业和平台客户的营销。为全区城建投、水利投、文旅投、经开区、高铁西城等项目上服务。为优质客户望联公司发放贷款4亿余元，支行贷款结构显著改善，创收增加。支行还储备城建投、经开区综授、高铁西城、生态智慧城等项目，向“双五十”目标挺进。

风险管控。2020年，建行望城支行把好调查、准入、审核关，保证资产质量。完善风险防控机制，筑牢防范化解风险的防火墙。到位风险管控规定动作。促进员工操作标准化，合规、风险管控工作迈进先进行列。

（彭新凯）

【中国农业银行股份有限公司望城支行】 2020年，中国农业银行股份有限公司望城支行（以下简称农行望城支行）各项存款突破50亿元，年度净增10亿元，市场占比9%；各项贷款余额92亿元，市场占比16%，贷款规模及增量在辖区内均排名第一位。

金融服务。2020年，农行望城支行完成对区内14个乡镇、88个行政村业务的广覆盖，惠农e贷净增7400万元，乡村振兴带头人贷净增5031万元，开立村级集体经济账户24户。同时，与农业龙头企业正大集团合作开发了线上惠农e贷，实现惠农e贷在客户App上全流程线上办理，对企业下游近200户农户批量授信超1亿元。2020年，支行对经开区园区规上企业的渗透率突破60%，新增授信逾30亿元、园区平台公司覆盖率100%。实现与中航飞机起落架、长沙华电、证通电子等重点企业的营销突破。得到客户及园区的双重肯定，获望城经开区2020年度园区金融服务奖，在全市“百园万企”园区攻坚考核中排名第一位。2020年完成8个网点建设项目，新设月亮岛分理处、完成个贷中心升级改造、全新上线，打造首个铜官古窑文化特色网点、首个校区型差异化样板网点、首个红色主题文化网点，支行整体对外形象显著提升。

风险管理。2020年，农行望城支行开展内控案防一类行管理，加强《内控案防履职清单》贯彻落实。推动“反洗钱”工作实施，年内获得人民银行“反洗钱”分类评级A级单位称号。严控运营风险。抓操作风险管控，树牢合规意识，抓实抓细“断卡”行动整治。抓员工行为管理。持续开展对各类问题线索核查以及员工行为大排查，突出执纪问责，确保经营管理安全运行，支行全年未发生重大负面舆情，未发生案件和事故，获长沙分行“综合管理先进单位”荣誉称号。

银政合作。2020年，农行望城支行以政府平台公司债务化解为突破，为区内三大平台公司新增授信24.5亿元。与区人民政府签订《全面战略合作协议》、与区农业农村局签订《金融服务乡村振兴框架协议》，银政合作再添保障。在“六稳”“六保”，支持企业复工复产上，支行两周内审批授信6.2亿元，线上信用贷款单笔用时不超过24小时。其中，与防疫重点企业新希望南山合作签约，市委衡华书记现场见证，获《湖南日报》、凤凰网湖南、湖南经济新闻等省内主流媒体报道。

（办公室）

【中国农业发展银行望城支行】2020年，中国农业发展银行望城支行（以下简称农发行望城支行）支行各项贷款余额58.35亿元，其中：中长期项目贷款49.49亿元，流动资金贷款8.86亿元，小微企业贷款0.22亿元，粮油挂账贷款0.93亿元。累计发放贷款19.11亿元，累计收回贷款10.97亿元，比2019年净增8.14亿元，增幅16.21%。贷款客户数量15家，比2019年新增3家，增幅25%。农发重点建设基金项目1个，金额3000万元。存款余额8.65亿元，日均存款12.18亿元，较年初增加0.57亿元，增幅4.9%。FTP利润7689万元，比2019年净增1790万元，增幅30.3%，不良贷款继续保持零余额。

金融服务。2020年，农发行望城支行主动对接政府支持粮食收储、调销，累计投放粮棉油贷款7000万元，确保粮食收购资金做到“钱等粮”。投放3.2亿元疫情防控与复工复产贷款，充分利用优惠贷款利率，免收客户人民币结算等46项收费，降低中小企业融资成本。发放精准扶贫贷款3.5亿元，支持糖酒公司等企业打好脱贫攻坚收官战，并承担对口帮扶6户建档立卡贫困户的脱贫工作，确保全面脱贫。主动营销地方重点项目，2020年营销入库项目6个，金额47.8亿元，审批贷款4.9亿元，投放11.5亿元。探索“总部+农信担”模式支持小微企业，投放普惠小微贷款2200万元，余额较年初净增2081万元，超额完成全年任务。推进“存款优化工程”。创新“引导资金回流增存”模式，带动信贷客户上下游及关联企业资金回流。2020年，非贷客户存款19户，比年初增加11户；非贷客户日均存款7.14亿元。

（办公室）

【中国邮政储蓄银行望城支行】2020年，中国邮政储蓄银行望城支行（以下简称邮储银行望城支行）推进网点系统化转型发展，坚持“普惠金融”，服务“三农”、服务社区、服务中小企业，形成与银行同业差异化、特色化发展模式。2020年，支行向区内投放贷款约88亿元，各项贷款结余约40亿元，较年初净增4.7亿元，其中，发放涉农贷款4.5亿元，发放中小微企业及个体经营贷款约3.8亿元，发放消费贷款约5.9亿元，贷款呈逐年上升态势。

金融服务。2020年，邮储银行望城支行围绕“六稳”“六保”工作要求，用足用活各项金融政策，支持实体经济发展。运用线上线下相结合的综合服务手段和产品，加大“小微易贷”“工程信易贷”等线上产品的精准对接，利用线上放贷+绿色通道，精准支持企业复工复产，发放中小微企业及个体经营贷款约3.8亿元，响应区委、区政府的号召，对辖内的抗疫保障企业开辟绿色服务通道，提供金融让利支持，到期还款有困难企业和个人均实施延期还款，对区内防疫抗疫企业投放贷款5200万元。降低融资门槛，为涉农商户提供更加便捷高效的服务。2020年发放涉农经营贷款4.5亿元。

消费金融业务。2020年疫情期间，邮储银行望城支行对个人消费金融业务出台多项举措，保障疫情期间客户的消费贷款服务更安全更便利，对战斗在一线的医护人员、部队官兵、政府公务人员以及患者等客户，提供征信保护、利息减免、延期还款、贷款优惠等措施，助力全国人民打赢疫情这场战役。望城支行2020年度投放消费类贷款5.9亿元。立足地方经济发展，优化营商环境，服务重大项目及实体经济，继续缓解中小微企业及个体经营融资难、融资贵难题，助推望城实体经济的健康发展。

（袁著韬）

【长沙农村商业银行股份有限公司望城支行】2020年，长沙农村商业银行股份有限公司望城支行（以下简称农商行望城支行）秉承“支农支小、支民支微”的经营理念，坚持合规审慎经营、强化风险控制、加强案防，各项工作取得成效。2020年年末，农商行望城支行各项存款余额96.49亿元，各项贷款余额38.93亿元。

政银协作。2020年，农商行望城支行通过与地方政府、财、税、劳、保等部门多方联动，开展国库集中支付、社会保险费征缴、住房维修基金、社保基金存放、征拆资金营销等领域的金融服务工作。支行积极推进与望城区政府、乡镇、街道办等各级地方党政合作，在多项重点工作上取得政府的官方支持和政策指引。与望城区人民政府签订《战略合作协议》和《信用村战略合作协议》，双方在乡村振兴战略、普惠金融、信用工程建设等方面开展全方位合作，推进望城区经济社会和长沙农商银行普惠金融事业共同发展。与望城区农业农村局签订服务“三农”合作框架协议，实现80个村级经济合作社在支行全面开户，为支行“5050”项目“整村（圈）授信”工作奠定基础。

金融服务。2020年，支行向望城区税务部门缴纳税金5822万元。在贷款投向上，支行根据实际经营情况对客户类型、行业等适当引导，合理规划授信方案，定期开展全面风险排查、稽核检查、重点领域检查、“案防100天”专项检查等工作，基本实现全行业务的合规、稳健发展。2020年，支行累放农业贷款17亿元；为区内居民代发涉农及政策性补贴90项，总计74万人次；支持金融精准扶贫，全年发放扶贫小额信用贷款1776万元，支持区内建档立卡贫困户如期实现脱贫摘帽。加快建设“服务乡村振兴主办银行”，支持地方基础设施建设，支持全区发展生态宜居美丽乡村等累放各项贷款20亿元。

普惠金融。2020年，支行秉承“服务‘三农’、支小支微”的服务理念，开展走访入户、金融知识宣传活动，深入了解当地社区居民、村民的金融需求，第一时间提供金融服务，推进金融普惠落地基层。多形式融入地方党建，通过参加廉政文艺晚会、公益宣讲、建党周年庆等党建联盟活动加强互动，通过参与市场开放党组织共建方式加强互联，通过建立“金融三员”微信群、参加各村党小组会议等加强互通，通过走村访民、村社联点公示牌及金融便民店辐射宣传等加强互享，全年开展宣传活动百余场，发放各类产品、金融知识等宣传资料上万份。情系群众，成立“党员先锋队”“青年突击队”等服务队伍，志愿服务做好新冠肺炎疫情防控、抗洪救灾工作，积极开展防疫物资捐赠和募捐活动等。

（周　源）

【长沙银行望城支行】 2020年，长沙银行望城支行内设综合保卫部、人力财务部、风险合规部、公司业务部、运营管理部、零售业务部、惠农金融部7个职能部，营业部、金瑞支行、金山支行、钰龙支行、雷锋支行、丁字湾支行6家一级支行，6家社区支行以及94家农村金融服务站，网点覆盖望城全区，有在职在编人员137人。2020年年末，长沙银行望城支行基础存款余额110.82亿元，表内外贷款余额112.65亿元（含投行业务），不良贷款率0.3%。

金融服务。2020年，长沙银行望城支行加大对重点园区、重点片区、民营企业、小微企业的信贷资金支持力度，参与望城区各项银企对接会活动。针对中小微企业融资难的情况及时给予指导和建议，分享授信融资的实际案例，宣讲住房公积金的政策和优势，落实长沙银行望城支行扎根本土，服务区域实体经济的宗旨。

普惠金融。2020年，长沙银行望城支行在全区范围内设立农村金融服务站94家，将农村金融服务站的服务优势覆盖到各个村镇。依托站点，村民足不出户就能轻松办理银行业务，满足小额存取款、账户查询和代缴费等金融需求。同时以“金融知识进万家”“文化下乡”等特色活动为载体，对农金站所在村镇的村民进行普及性的金融知识宣传，丰富消费者的金融知识储备。作为社保缴费的主办行，在各村社投放机具200余台，累计代缴社保8万余笔。

金融抗疫。2020年新冠肺炎疫情防控期间，支行积极响应、提前部署，在做好疫情防控的同时助力企业复工复产。在5个工作日内对区域内可能受到疫情影响的1399家中小企业进行逐一线上沟通，缓解企业还款压力，办理延期还款18笔，金额4430万元。其中湖南东辉安建工程有限公司贷款延期用时仅一个小时完成审批，为湖南省首笔延期贷款旗。此外，支行员工自发向望城区红十字会捐赠善款2万余元，并向桥驿镇、人民医院、旺旺路社区、群力村等多家党建共联单位捐赠防疫物资共2万余元。

志愿服务。2020年，长沙银行望城支行响应文明单位创建工作，建立12家雷锋志愿服务站点，开展系列志愿服务活动，先后获“文明创建先进单位”“文明创建先进窗口单位”“优质服务先进单位”“长沙市文明单位”等荣誉称号。立足区域特色，弘扬雷锋精神，通过精准扶贫、爱心捐赠、电影下乡、学雷锋等系列公益活动践行社会责任，广泛开展爱心捐赠、电影下乡、精准扶贫、“金融知识进万家”等系列公益活动，先后获区级“爱心单位”、市级“青年文明号”“长沙市工人先锋号”等荣誉称号。

（周嘉沁）

【招商银行股份有限公司长沙雷锋支行】 截至2020年年底，招商银行股份有限公司长沙雷锋支行（以下称“招行雷锋支行”）存款日均余额10.04亿元，较年初增加1.66亿元，增长19.8%；贷款余额31.58亿元，较年初增加8.43亿元，增长36.4%。

金融服务。2020年，招行雷锋支行围绕望城区经济发展规划，制定“一区一策”方案。在区政府隐性债务风险防范化解方案中，实现对土储中心的债务展期，对长高高压、泰嘉新材料、戴卡科技等一批园区企业以及其上下游产业链投放超5亿元，疫情期间推出线上放款，让企业和个人足不出户享受线上金融，促进地方实体经济发展和企业转型升级；此外，协同招商银行总行机构客户部，联合望城区发改局、财政局以及各平台公司，开展专项债全流程服务，作为评审小组中唯一的银行代表，招商银行积极协调省财政厅债务科及预算科，确保望城区额度范围内的在审项目顺利落地。

内控管理。2020年，招行雷锋支行把内控工作作为一项重要的工作抓，细化内控管理制度。按照要求积极开展各类宣传活动，反洗钱活动以支行门外电子显示屏，滚动播放反洗钱宣传标语，支行厅堂内摆放宣传手册、折页，在支行厅堂内为等待办理业务的客户发放反洗钱宣传资料，在支行大门外面，进行摆台宣传，向周边居民及过往行人发放宣传资料，通过面对面的宣传方式为广大客户介绍反洗钱知识，现场为公众解答反洗钱知识的形式多样式开展，发放宣传手册200份。

（付　宇）

【光大银行望城支行】 截至2020年年底，中国光大银行股份有限公司长沙望城支行（以下简称光大银行望城支行）内设公司业务部、零售业务部、办公室、营业部，有在职在编员工20人。2020年年末，支行一般性存款26.24亿元，投放贷款24.82亿元。

金融服务。2020年，光大银行望城支行拥有企业客户700余家、对私客户近3万户。支行一般性存款26.24亿元，存款市场份额3.34%，连续3年居可比同业第一位。2020年投放贷款24.82亿元。其中，为区内平台公司投放贷款5.78亿元，为园区内企业投放贷款5.42亿元。联合光大证券、光大永明保险、光大金融租赁、光大国际中青旅，充分利用中国光大集团金融控股集团全牌照优势，为望城城投、望城经开区、望城水利投、铜官园区、望城区土地储备中心等平台类企业融资110亿元。

普惠金融。2020年，光大银行望城支行为区内企业及个人累计融资30亿元。搭建望城经开区风补基金平台，支持望城区中小微企业，风补项下批复14笔，投放14笔，金额共计5000万元。阳光理财系列、白金信用卡、房抵快贷等金融产品，在区域金融机构形成比较竞争优势，打造区内特色理财银行，得到客户的一致好评，并形成融合客户经理、大堂经理、柜台人员三股力量的“三位一体”服务模式。

（邹泽芳）

保险机构

【中国人寿保险股份有限公司望城支公司】 2020年，中国人寿保险股份有限公司望城支公司（以下简称人寿望城支公司）设总经理室、综合、营销发展，银行保险，团险业务、收展发展、客户服务7个部门，有员工33人，下辖8个营销服务网点，共12个专业营销团队，拥有41个银行代理销售网点。

保险业务。2020年，人寿望城支公司总保费收入1.88亿元，较2019年增长33%；首年期交保费达成3564万元，较2019年增长4.6%；保障型产品达成1318万元，较2019年增长12.8%；短期险保费达成1833万元，较2019年增长15%。业务结构持续优化，10年期及以上期交保费达成1769万元，在首年期交的占比为50%，比2019年提升近10%；保障型业务在10年期中的占比74.5%，比2019年提升12%。公司销售队伍规模持续扩张，2020年营销队伍规模达到1000人。2020年，客服中心和县域网点改造。全新打造VIP客户尊享服务体系，服务和开拓新老客户38万人。理赔人数1600人，支付赔款6576万元。

风险防范。2020年，人寿望城支公司加强对重点地区、重点领域的风险管控，坚持业务销售与风险管控一同谋划、一体推进，持续防范销售误导、非法集资、洗钱等重点风险。2020年，未发生系统案件和行政处罚案件，守住不发生系统性风险的底线。

（王　丹）

【中国人民财产保险股份有限公司望城支公司】 2020年中国人民财产保险股份有限公司望城支公司（以下简称人保财险望城支公司）实现保费收入11732万元，保费过亿元稳步发展，占据望城区域市场份额第一位。缴纳和代收税款1475万元，2020年获得望城区“企业税收增长奖”，被评为市级“文明单位”。

保险业务。2020年，人保财险望城支公司承担各类风险责任1200亿元，处理案件10238件。承办治安保险、农房统保保险、农房巨灾保险、精神病监护人责任保险、食品安全责任保险、环境污染责任险等民生类保险。6—8月，乡镇突降暴雨，部分村民电器损坏、房屋倒塌、人员受伤，工作人员第一时间赶到现场，协助当地政府、公安、消防、应急等部门做好现场抢救工作，同时启动理赔绿色通道。没有出现惜赔和克扣赔款现象，履行人民保险的社会职能；办好“三农”保险，在各乡镇建立5个三农营销服务部、9个“三农”服务站、118个“三农”服务点，建设打造“三农”基层服务体系，做好农险落地服务，解决好服务农民“最后一公里”的问题；与公安交通管理部门实行开展“警保联动”服务，开展路巡工作，参与农村交通安全管理。承保巨灾、能繁母猪和育肥猪保险，依法合规做好农险承保，用心开展理赔工作。

内控管理。2020年，人保财险望城支公司建立健全科学有效的承保、理赔、客户服务、信访、反洗钱、安全保卫等规章制度，未发生重大的反洗钱案件及风险，接受保险系统内部和外部机构的各项检查，依法合规，带领行业自律。推进理赔服务升级，提升理赔工作的“速度、态度、准确度和满意度”，为客户提供快速便捷的理赔人性化服务。大力推广移动查勘定损系统，实现小额案件现场查勘、现场定损、现场收集单证，极大地提高服务质量。继续推动“心服务”理赔志愿者活动，公司全体员工参与理赔、见事故停车、主动服务社会。2020年公司未发生一起信访事件和安全事故。

社会责任履行。2020年，人保财险望城支公司积极履行社会责任，疫情防控期间免费为望城区新型冠状病毒定点防控机构（望城区人民医院）医护人员及家属，免费提供500万元的抗疫人身安全专属保险保障。助力企业复工复产。开办企业复工复产保险，有效降低企业复工后面临的风险，为348家规模以上企业消除复工复产的后顾之忧。自9月19日全面实施车险改革，在提高车主车辆保险保障的前提下实现保费全面下降，商业车险保费降幅超过20%。联点乌山街道高冲村贫困户，严格按照区委、区政府要求，对贫困户“一户一策”，下户走访，进行政策思想宣传、物资和资金帮扶。

（李思思）

交通·邮政·通信·电力·燃气

责任编辑 ◎ 任俊国

交通运输

【概况】 2020年，望城区交通运输局（以下简称区交通运输局）内设综合科、财务审计科、交通建设科、安全企业法制科（交通稽查队）、运政科（行政审批科）和铁路建设管理办公室6个科室；下设公路养护中心（独立考核）、交通运输综合行政执法大队、交通运输管理所、交通建设事务中心和交通建设质量监督站5个事业单位，管理望城航运总公司和望城运输总公司2家集体企业。

【交通基础设施建设】 2020年，区交通运输局，坚持沿江建设、跨江发展、高位协调、提前谋划，科学编制"十四五"综合交通规划和长沙港总体规划修编工作。9月长益复线建成通车，12月桥汨线杨桥段全长7.9千米完成桥梁和路基施工；截至12月，常益长高铁完成路基工程，启动路面施工阶段，完成土石方设计量68%、完成桥梁设计量95%、涵洞设计量76%。铜官港二期水运物流园项目一标段所有主体工程全部封顶，屋面电梯机房主体结构全部完成，启动水工主体结构和办公用房等施工。全年新建、改建农村公路190千米（考核目标100千米），完成公路安保工程300千米（考核目标50千米）。

【交通运输服务】 2020年，全区公交线网进一步优化，新增7条公交线路，零距离接驳地铁；开通通村公交线路2条，解决盘龙岭村、蓝塘寺村、团头湖村等5个行政村群众出行"最后一公里"问题。"春运""五一"和"十一"假日期间，落实领导班子带班值班和一线执法人员轮班，投放营运车辆6.3万台次，安全输送旅客约400万人次，全年零重大事故。开展"文明驾驶员""雷锋车队"等评选活动，倡导交通运输行业优质服务，树立一批行业服务标兵，邀请全国"最美公交司机"众旺公交司机王伟国作先进事迹报告。

【交通行业治理】 2020年，全区通过科技治超、全域治超和源头治超，保护公路安全畅通。2套不停车超限检测系统建成，26家货运源头企业视频及地磅接入治超平台，检测运输车辆134.8万台次，非现场执法本地结案率98.6%，全省推进科技治超现场会在望城召开，望城科技治超模式向全省推介。率先在全市完成17处高速公路违法建筑物拆除工作，路产路权案件立案率和结案率均达到100%。查处超限车辆1257台，依法追究5家货运源头单位责任，超限率控制在0.3%以下，治超工作在全省县、市、区综合排名并列第一。

（熊宝忠）

【公路管养里程】 2020年，望城区管养国、省、市干线及农村公路总里程2505.52千米。其中干线公路：国道管养里程48.20千米；省道管养里程105.32千米；桥梁30座，长度2589.87延米；农村公路：调整后县道437.88千米、乡村道路441.31千米、村道1472.81千米，总里程2352千米，桥梁201座，长度3918.69延米。

【公路项目管理】 2020年，区公路养护中心完成X056、X058、X075安保工程及S101波形护栏升

2020年10月19日，金州大道路面中修工程（公路养护中心供图）

级。配合做好电力“630”攻坚的金洲大道、许广高速连接线电力埋管项目，做好设计、预算编制等前期工作，确保与金峰变电站同步运营；完成排子岭桥拆除重建工程、金洲大道中修工程；督促相关乡镇街道实施列入全市计划的8座危桥改造。

【公路日常养护】 2020年，区公路养护中心高质量做好路面养护，全年完成路面清灌缝251千米，路面换板5200平方米，路面挖补及罩面18560平方米，新增水沟涵管260米，处理市民热线“12345”交办事项141件，“雷锋580”应急平台案件47件。完善安全设施，增设波形护栏12940米、路面标线13100平方米、减速带1910米、安全标志标牌454块、爆闪灯130套、防撞桶16个，安装防眩板800块。对区内桥梁进行检测维护，X003白乌线石长铁路跨线桥桥面铣刨并重新摊铺沥青砼，沩水桥、柳林江大桥、沙河桥等6座桥梁完成桥栏刷漆8200平方米。各管养站雨天巡路及时排险，对X076线、X058双黑线、X062梅铜线水毁路段进行抢修；对X173霞顺线防汛通道进行路面紧急修补，确保道路安全通行。2020年年末路况指标自评中，干线公路优良率97.21%。与湖南大学、湖南科技大学专家成立调研组，撰写《关于望城区农村公路养护现状的调研与思考》调研报告，出台《长沙市望城区农村公路养护分级管理办法》，推进农村公路养护体制改革。

【“十三五”期间国省干线公路养护通过国检】 2020年10月26－27日，全区国省干线公路接受“十三五”期间养护检查，顺利通过“国检”，其中G240长沙望城段路况得到省公路事务中心高度评价。“十三五”期间，区公路养护中心加大G319、S102、S101、G240、S324等国省干线的资金投入、加强养护技术提升，G240、G319中修项目、G240沥青砼罩面项目、S102、S101小修项目共投入900万余元。

（李　簪）

【长株潭城际铁路乌山联络线开通】 2020年1月10日，长株潭城际铁路乌山联络线开通。乌山联络线正线长9.69千米，东起长株潭城际铁路长沙西站，西至石长铁路望城区乌山站。湖南两大城际铁路长株潭城际铁路与石长铁路实现互联互通。乌山联络线开通后，石长铁路上的城际动车快捷接入位于长沙市中心的长沙站，有效缓解既有京广线的运输压力，承担常德、益阳、长沙区间城际客流任务，大量开行长沙、株洲、湘潭至益阳、常德、张家界西、龙山等方向的动车组列车，带动大湘西黄金旅游融入长株潭3小时生活圈。

【新冠肺炎疫情防控】 2020年，区交通运输局保障疫情防控期间望城园区、主城区等公交顺畅，成立“应急爱心出租车队”，24小时免费接送医务和防疫人员；成立“湘江水上党员先锋队”，保障湖北籍船舶101艘371人次顺利通航，免费提供生活物资，先进事迹被湖南卫视、人民论坛等多家中央、省、市媒体报道。派出55人持续20天对口支援月亮岛街道社区一线防疫工作。

（熊宝忠）

邮　政

【概况】 2020年，中国邮政集团有限公司长沙市望城区分公司（以下简称区邮政公司）内设综合办公室、市场营销部、安全质量稽查室、金融业务部、集邮与文化传媒部、渠道平台部、包裹快递部，有员工171人、劳务用工113人、劳务承揽人员53人。2020年，区邮政分公司邮政营业网点30个，服务面积约1500平方千米，服务对象近100万人；下设投递站点7个，专线邮路4条，线路总长450千米，设置邮政信筒信箱42个，集邮品专营销售点2处。2020年，区邮政公司业务收入1.04亿元，完成年进度105.35%，总收入进度、增幅、超产绝对值、快递业务收入进度等7项主要业务指标位列全市邮政分公司首位。

【服务网络】 2020年，区邮政公司在全区110个行政村设立212个邮件接转点，解决全区乡镇、村邮件投送“最后一公里”问题。动态监控外勤作业，直接通邮建制村投递频次和投递深度保持稳定。提早投递邮件，增加邮车下行频次，解决散件及时出口问题，客户体验感进一步增强。

【快递业务】 2020年，全区邮政寄递服务出口业务量813.3万件，比2019年增长35%；邮政寄递服务业务收入3553.5万元，比2019年增长78.62%。其中，收寄快递业务量811万件，比2019年增长34%；收寄标快业务量2.3万件，比2019年增长11%。进口邮件635.51万件，日均进口量1.78万件，比2019年增长27%。推进快递＋电商快速发展，为御泥坊电商大客户走邮425.6万件，“双11”当日走邮16.5万件。进口部分实现当日邮件及时清场、快进快出，以零利润价格为全区部分中小电商客户及私企客户提供包裹寄递服务。

【金融业务】 2020年，区邮政公司新增金融总资产5.36亿元，其中余额净增3.34亿元，理财新增6651万元，基金销售1236万元，排全市第三位；期交保费新增2023万元，理财新增额全市排名第三位。利用线上线下同步发展的模式，不断优化、完善服务体系建设，各个金融网点逐步推进网点转型及自助化设备布放；顺应“互联网＋”时代发展特点，分层级电联、销号式走访、常态化活动、优化服务等举措，为百姓提供优质金融服务；与区交通局、区教育局、区商务局、区卫健局和各级政府、街道开展合作及业务往来，更好地服务于当地经济建设。

【个人集藏营销】 2020年，区邮政公司开展主题营销，持续拉动个人集藏消费需求，全年举办12场爆点营销活动，销售额150万余元。与湖南雷锋纪念馆共同打造雷锋主题邮局，启用长沙市第一枚彩色邮资宣传戳，发行铜官窑邮票特种邮票。做好报刊发行，支局及投递班圈地推广、营销员上门推荐，有效拓宽订阅市场，完成流转额1046.39万元，进度100.81%，排全市第三位，其中重点报刊193万元，进度排全市第二位。

【农村电商】 2020年，区邮政公司发挥网点覆盖城乡优势，发展农村电商桥，推进“工业品下乡、农产品进城”。“年货节”、品鉴会、内购会，销售电器150万元、酒水120万元。结合线上、线下渠道平台，为望城本地农产品搭桥，邮乐小店销售铜官窑蜂蜜70万元、铜官姚记坛子菜11万元、乡恰坊农品23万元、黑麋峰葡萄38万元。全区渠道平台完成收入504.83万元，其中增值业务收入233.73万元、分销收入271.1万元。

（本栏撰稿：易　军）

通　信

【中国电信长沙市望城区电信分公司】 2020年，中国电信长沙市望城区电信分公司（以下简称电信望城分公司）实现业务收入1.36亿元，完成年预算的103.80%，较2019年同期增长8.89%。望城分公司获2020年度中国电信股份有限公司长沙分公司先进单位。

业务拓展。2020年，电信望城分公司承接省市公司整体经营战略，全面提升客户价值。细分市场有针对性产品战略，农村市场以平安乡村为转手，以AA制营销为有效推进手段；城市市场以打造智慧家庭为推手，以全屋WiFi为卖点，实施服务与营销相结合，拉动业务新增；政企市场抢占信息服务制高点，通过融C、融云提供个性化、差异化服务。以平安乡村创建开拓农村市场，村民组长发展成为电信融合用户，聘请为直销员，以点带面促进整村推进。全年创建平安乡村达标村24个，示范村4个。

（卞啟阳）

【中国移动通信长沙市望城区分公司】 2020年，中国移动通信集团湖南有限公司长沙分公司望城区分公司（以下简称望城移动）主要负责中国移动在望城行政区域内网络规划、建设维护、业务经营、客户服务等工作。2020年，望城移动运营收入4.3亿元。

基站建设。2020年，望城移动开通5G站点732个，望城区5G站点累计开通数达1116个，宽带覆盖用户53799户，在全省业务综合竞赛中，望城移动排名第一；服务市场主体和项目建设，获区委、区政府“优化营商环境”先进单位表彰。

通信服务。2020年疫情时期，望城移动开展应急通信保障工作，保障望城区各级防疫视频调度系统稳定运行；在疫情定点隔离场所紧急开通宽带、无线、电视服务；克服疫情影响开展网络维护，为全区12万户家庭IPTV（交互式网络电视）“停课不停学”线上学习提供平稳网络运行环境；利用通信大数据技术，协同区委、区政府和园区助力企业招工用工；在“春回潇湘百业兴”活动中，下发和包消费券，带动商户交易额近亿元，引导刺激市场消费，支持帮扶企业共渡难关，促进全区经济社会稳步健康发展；参与打造望城5G智慧政务大厅项目，成为全省示范项目；开展5G基站建设，5G网络建设走在全市前列，月亮岛等片区被上级评为5G建设示范区；建设农村电普站点，提升农村区域通信覆盖和通信质量；推进智慧校园建设，在6所学校开展试点，提升望城学校数字化、信息化水平；支持区重点项目工程建设，长益复线、金星路提质改造、32个老旧小区改造等重点项目顺利实施。

（贺　佳）

【中国联合网络通信有限公司望城区分公司】 2020年，中国联合网络通信有限公司望城区分公司（以下简称联通望城分公司）有职工160人，分设大客户拓展、建维等8个业务中心。拥有4G、5G基站977个，其中4G基站688个、5G基站289个，全区15个街镇通信网络基本实现全覆盖。

基站建设。2020年，联通望城分公司作为全区第五代移动通信的主承建方之一，大力推动5G精品网络建设部署工作。望城城区5G覆盖率90%（含新城区）、经开区覆盖率90%、城郊覆盖率75%。其中主要重点覆盖场景：区行政中心周边核心区域、月亮岛核心区域、望城经开区、望城主要大中院校、望城主干道路。

通信服务。2020年，联通望城分公司有联通门店69家，综合绩效评比和各项业务指标完成率均名列长沙市前茅。信息化项目服务方面，望城联通依托集团“互联网”化混改及本地化高质高效服务能力优势，落实区委《关于加快建设新型智慧城市示范城市的决定》文件要求，助力区政府新型智慧城市建设工作。8月18日，与区人民政府签署《互联网+框架合作》协议，助力全区国民经济和社会发展“十四五”规划和2035年远景目标，全面赋能数字经济快速发展。在5G互联网+、政务云、大数据、物联网等领域发力，推进“数字新基建”。以市场需求为主导，盘活楼宇固网接入项目、夯实高校营销、深耕三类厂企、做强创新业务等。

（胡　超）

电　力

【概况】 2020年，国网湖南省电力有限公司长沙市望城区供电分公司（以下简称国网望城区供电公司）坚决贯彻落实上级决策部署，聚焦重点、攻坚克难，为望城经济社会复工复产做出有力支撑。全年电网最高负荷66.8万千瓦、比2019年增长7%，全年完成售电量30.91亿千瓦时、比2019年增长4.77%。城市、农村电压合格率分别为99.99%、99.89%，供电可靠率分别为99.97%、99.92%。

【电网建设】 2020年，国网望城区供电公司推动政企合作共建电网战略合作协议落地执行，完成“630攻坚”任务及供电能力提升三年行动计划，完成500千伏望城变、220千伏乐官冲变、220千伏对家湾变、110千伏横塘变和110千伏道冲变的建设并投运。配合完成主网输电线路架设12条，共立杆塔659基，架设线路长度209.7千米。农村户均容量由3.41千伏安/户提升至3.54千伏安/户。完成全区“十四五”电网规划编制，差异化开展2021年项目需求储备，完成项目储备481个。完成17条10千伏线路集中整治，配网故障率、配变停运率、配变平均停电时长比2019年下降49.25%、36.5%、44.59%。“十三五”期间，望城区新建改造10千伏及以上线路503.76千米，投产变电容量285.1万千伏安；农网改造行政村93个，提前一年完成新一轮农网改造。

【供电服务】 2020年，国网望城区供电公司将国网公司助推企业复工复产等42条举措落实与优化营商环境紧密结合，减免客户电费和办电成本5771.85万元；为799户提供全免、952户提供优惠，节约用电成本183.03万元。主动配合政府查处违规转供电加价问题，确保降价红利传导至终端用户。建立由区发改局、经开区产业局和公司合署办公的有序用电调度机制，有力应对迎峰度冬挑战。对767家重要及高危用户、定点医院、应急物资生产企业等客户开展用电检查，消除隐患22处，实现从“用电检查”向“用电服务”转变。完成9个贫困村问题台区整改，助力驻点帮扶村贫困户脱贫出列；完成白沙洲供电所、星城和大泽湖网格站新建及运作。完成两会、高考、国庆期间和区人民医院等8家防疫重点保障单位供电任务。通过度夏负荷创新高、防汛救灾、持续低温天气、电网建设任务繁重等多重考验，全区安全用电平稳有序，获省公司迎峰度夏保供电“零过载”专项奖。

（本栏撰稿：姚　尧）

燃　气

【概况】 2020年，区城管和执法局下设燃气热力事务中心，负责全区燃气热力行业的行政许可的前置审查和日常经营的监管。全区主要燃气供应商有华润燃气、昆仑燃气、新奥燃气3家公司，全年铺设次高压燃气管网83.08千米、中压燃气管网357.37千米、庭院燃气管网668.17千米，管网总长度1108.62千米。全年新开通天然气用户245893户，其中实际通气用户141285户，工业和商业用户1114户。2020年度全区用气10986.6万立方米。

【华润燃气】 2020年，长沙华润燃气有限公司有员工129人，有3万立方米/小时门站1座，2万立方米/小时撬装调压站4座，150立方米×2LNG储、加气站1座。2020年在望城区航空西路建成临时气化站1座，提升冬季供气应急能力。区域公司有居民用户28.26万户，工业和商业用户929户；2020年开通2.63万户，维修1.4万户，安检10.57万户。完成次高压管网建设5千米，中压管网建设12.86千米，低压和庭院管网建设77.02千米。

【新奥燃气】 2020年，长沙新奥燃气有限公司在望城区河东特许经营区域建设完成次高压管道32千米、中压干管34千米、低压庭院管网21千米，燃气调压器72台、埋地阀门（井）152个。新增天然气居民用户3500余户、公建户299家，日均供气量1.6万立方米，开展员工安全培训15次，组织第三方施工点建设单位、施工单位、街道社区工作人员、物业公司、工商业燃气用户、小区居民用户等燃气安全宣传10余次；开展安全生产检查8次，发现并整改隐患5处；完成区域内150台燃气调压器和350个埋地阀门维护保养（一年两次），专人每天对运行32千米次高压管道、34千米中压干管、21千米低压庭院管网及管道附属设施进行巡查，确保管网安全运行。

【昆仑燃气】 2020年，长沙市望城区昆仑燃气有限公司主要供用铜官园区工业用户及周边居民用户天然气。年末，公司在铜官片区有城市燃气管网55千米，发展居民用户1246户、非居民用户54户，销售天然气1030万立方米。

（本栏撰稿：董文彬）

城乡建设与管理·环境保护

责任编辑◎袁吉平

住房和城乡建设

【概况】 2020年，长沙市望城区住房和城乡建设局（人防办）（以下简称区住建局）内设办公室、财务审计科、政策法规科、政工人教科、村镇建设科（区农村危改办）、工程技术科（房鉴办）、市场开发科、应急维稳办、人防科、区海绵办、区限价办11个科室；下设建设工程质量安全监督站、建筑市场和建筑材料站、给排水事务中心、城市建设档案室、房屋产权交易中心、房产信息档案中心、建设工程造价工作事务中心、人防工程服务中心8个二级机构；2020年，区住建局做好疫情防控复工复产、三大攻坚战、“百日竞赛”“六稳”“六保”等重点工作，全区住建人防事业高质量发展，在全市组织开展的“百日竞赛”活动中，望城区勇夺建筑行业同组第一名。

【新冠肺炎疫情防控和复工复产】 2020年，区住建局落实“四早”措施，对房地产企业、在建工地、混凝土搅拌场站组织联防联控，指导企业开展疫情防控和复工复产。联合区建筑业协会为经开区企业、在建工地和房地产项目提供口罩92万个；组织发放“四项补贴”补助资金110万元；兑现惠企政策，发放促进建筑业发展专项扶持奖励资金450万元；牵头组织开展区属建筑企业外拓项目税收奖励工作，59家企业获奖励资金1055.83万元。指导区内建筑业企业、房地产企业成立精美建设“红色联盟”，与区内建材企业联动，建筑建材产品销售使用形成区内小循环。

【行业专项整治】 2020年，区住建局开展人防专项整治，查出问题项目38个，销号29个，追缴资金438.16万元。开展标后稽查，公示不良行为一批，移送行政处罚一批，配合刑事调查一批，打击围标、串标等违法违规行为。汲取拓宇事件教训，从3月开始组织开展“一评三看”活动，压实行业监管责任；聘请第三方组织开展安全生产评估，即知即改，压实企业主体责任；严管重罚，下达限期整改、停工整改、不良行为告知785份，认定9个项目的不良行为，37个违法违规线索移交区城管执法局处理；出台商品房预售标准、交房标准和联合验收办法等，把“源头治本、过程把控、专项行动”相结合，房地产楼盘信访投诉“去存量、遏增量、防变量”目标实现。

【“三大攻坚战”】 2020年，区住建局实施农村危房改造245户，组织开展“回头看”，实现农村存量危房动态清零。统筹推进污水治理项目建设，基本实现旱季污水不下河、不入渠目标。规范乡镇污水处理厂运行监管，完成37千米污水管网建设，为年度任务35千米的105.71%。全区所有工地场内开展扬尘治理，裸土按要求覆盖率100%，采取“定专人、定职责、定区域、定时间”的工作方式，加大巡查力度，坚持做到发现一处处理一处。工地喷淋系统在作业期间进行不间断喷淋降尘。

【住建业市场管理】 2020年，区住建局指导32家建筑企业参加全市建筑施工企业综合信用评价，其中21家企业获评“AAA”信用等级。建立区政府投资非标项目施工企业备选库，108家本地建筑企业入选。2020年度完成建筑业总产值558亿元，比2019年增长5%；商品房网签销售面积449.24万平方米（排名全市第二位），比2019年增长9%；新增建筑业“四上”企业19家，新增房地产业“四上”企业16家，土地市场信心恢复、开发建设有序推进、市场供销基本平衡、成交量价保持稳定。海绵城市建设27个示范项目全部投入使用，项目面积占全区建成区面积的20%以上，形成一批可借鉴、可复制、可推广的示范经验。浅层地热能开发利用试点推进有序，编制实施方案和专项规划。绿色节能新型建造方式促进建筑产业转型升级，2020年新开工绿色建筑面积650.5万平方米，竣工306.2万平方米；严格执行装配式建筑指标要求，新增装配式建筑48.6万平方米，竣工12.6万平方米。

【民生实事】 2020年，区住建局完成停车场建设项目16个，新建泊车位5441个、人行道和自行车道项目20个。解决胜利村兴隆片区37户安全饮水问题。推行“2600企业核减方案”“组织月亮岛团购商品房”等方式，去化购房指标22.57万平方米；加速推进房源入市，阳光城、东原启城等5个项目提供房源24.48万平方米、2308套；推进旭海家园、湾田望江府等12个在建限价商品房项目建设。市政基础设施建设方面，2020年完成投资33.39亿元，为年度计划的117%及时排查解决影响项目建设的问题和障碍，“城市看海”现象得以杜绝。

（本栏撰稿：杨　理）

住房保障

【概况】 2020年，长沙市望城区住房保障服务中心（以下简称区住保中心）内设办公室、工会、住房保障部、财务室、项目服务部5个科室，辖物业维修事务中心、白蚁所、城市房屋征收和补偿管理办公室3个二级机构，有在职在编干部38人、政府雇员2人。2020年，归集物业维修资金4.2亿元，完成31个老旧小区提质改造，组织实施“一圈两场三道”建设涉及子项39个，每人每月住房保障标准提高15元/平方米，新增实物配租417户。

2020年7月2日，望城区住房保障服务中心到月亮岛街道调研物业行业党建工作（陈岳 摄）

【住房保障】 2020年，区住保中心牵头做好公租房实物配租和租赁补贴保障对象资格审批工作，新增实物配租417户（未含退出户数），其中非定向配租（街镇公租房）101户、定向配租316户（教师公租房和企业公租房）。启动全国公租房管理信息系统录入工作，完成前期基础数据录入。租赁住房试点稳步推进，已完成金浩粮油，恒茂信息、威能电子等25个项目的申报和奖补，向企业发放奖补资金1亿元，完成租赁住房房源筹集4459套；完成3年筹集房源整体任务的74.3%，试点有效解决企业员工住房困难问题，助推企业发展住房补贴工作，查询并办理区内人员未享受福利分房证明550宗，启动行政事业单位职工住房工作，完成前期调查摸底，形成公正、科学的发放方案供区政府决策。住房保障执行新的公租房货币化保障标准，新发放交通、卫计、物流等公益性岗位住房困难职工租赁补贴，发放租赁补贴635户，发放金额213.22万元。

【项目服务】 2020年，区住保中心牵头召开3次人居环境工作区长办公会，推动城改、旧改、棚改、微改、危改工作。完成海利化工宿舍、财政局宿舍、质监站宿舍等31个老旧小区提质改造，项目总投资1亿元，涉及1302户居民，76栋房屋，提质面积12万平方米。组织完成全区边角插花摸底和现场踏勘，编制《城市边角地块插花地专项研究》，为33块插花地的有效利用和管理提出可行意见。完成高塘岭区域内4块插花地的公共绿地、休闲广场、停车场的改造建设。完成红旺和莲湖两个市场周边的环境整治微改造，有力配合区文明创建工作的开展；完成全区国有土地上危房的摸底工作，制定危旧房屋改造工作方案，完善改造前期相关手续。组织实施棚户区改造，提前两个月完成纳入省住建厅下达计划棚户区改造计划，改造面积8.98万平方米，腾地面积150.3万平方米，实现341户居民的货币安置棚改。将相关项目纳入中央、省、市计划，至年底已争取上级资金1.8亿元。“15分钟生活圈”覆盖范围扩大。牵头组织实施“一圈两场三道”建设，涉及子项39个；新改建停车场19处，建成停车泊位5576个；新改扩建农贸市场2个、生鲜门店3个；建设人行道40.75千米、自行车道4.06千米、健身步道7.4千米。城市有机更新内容扩充。开展全区老旧小区和重建地安置小区的摸底调查，制定改造办法、标准和技术导则，完善相关流程，科学铺排项目。完成优化人居环境两年行动计划的制定，以计划为纲领，从细节落地，合理拓展更新单元，促进人居环境提升。建立老旧小区和农安小区改造的多元筹措机制，做优小区增量资源，盘活小区存量资源，减轻区财政压力。

【物业监管】 2020年，区住保中心组织建设智慧物业及维修资金管理互联网+一体化平台，该系统在全区推广，业主在家便能完成缴费维修，参与小区管理，监督业委会和物业公司工作，减少矛盾纠纷，提升管理水平。实施小区文明创建，与文明办对接，将小区设施不全、停车位少等小区“先天不足”问题列入2020年全国文明城市重点难点问题整改清单；百合湖滨、江岸花城等小区问题得到解决，物业服务提升。配合住建、资规部门制定房屋验收移交等相关制度，落实小区管理责任，明确物业服务标准；配合消防部门进行安全隐患大排查，督促责任方落实整改；从源头减少业主的投诉和纠纷，促进业主满意度提高。强化党建引领小区治理。

完善党组织领导下的多方联动机制。2020年4月，在全市率先成立物业行业党委，已建立5个支部；组织业委会主任、物业公司经理、社区物业负责人等200余人在雷锋学院进行党建、业务及法律知识培训，到梅溪湖壹号小区、华盛新外滩小区等内五区先进小区实地参观学习经验做法。完善制度舒心服务业主，出台物业服务企业质量评价指引、物业服务企业等级评定标准体系，实行物业服务企业年度服务质量排名、等级评定；出台物业维修资金存放管理实施细则。完成物业管理用房的审核及业务101宗；完成物业企业诚信等级评定54宗，完成前期物业招投标物业备案15宗，完成物业矛盾纠纷调处2920宗，超额完成市对区考核的小区无证办学查处任务。归集物业维修资金4.2亿元，办理维修资金使用业务125宗、使用金额454万元，完成业主派息7135万元。

（本栏撰稿：杨兰俊英）

城市管理和综合执法

【概况】 2020年，长沙市望城区城市管理和综合执法局（以下简称区城管执法局）将城市管理的“事、人、财、物”权力下放街镇，执法大队70%的人员下放至各街镇；建立执法事项清单，下放乡镇（街道）城市管理行政处罚权164项；户外广告审批直接赋权乡镇（街道）审批；市政、园林占道、挖掘相关的4项行政审批事项授权区行政审批局。

【市容市貌专项整治】 2020年，区城管执法局开展市容市貌专项整治，明确十大专项整治的内容【包括：复绿补绿专项治理行动、公共站厕专项治理行动、停车难专项整治行动、广告招牌专项整治行动、道路“见本色”专项整治行动、装修垃圾处置专项整治行动、市政设施规范管理（移交）专项治理行动、牛皮癣专项整治行动、工地文明施工专项整治行动、施工围挡专项整治行动】、牵头单位和责任单位，不定期进行专项抽检。

【垃圾分类】 2020年，全区筹建街镇垃圾分拣总站11个、村社及楼盘（小区）分拣中心210处，厨余垃圾点158个，建成大件有害可回收物处理终端1处、装修垃圾资源化利用处理场2个、园林垃圾处理终端1处、厨余垃圾转运场1处。2020年回收大件、有害垃圾8805吨，厨余垃圾8274.63吨，园林绿化垃圾4400吨、装修垃圾76.96吨。

【“厕所革命”】 2020年，全区投入财政资金2700万元建农村无害化卫生厕所13024座，至年底，全区改（新）建农村无害化卫生厕所7.8万余座，在全省率先完成农村无害化厕所全覆盖，实现农村旱厕动态清零。2020年完成10个公共垃圾站和10个公共厕所的新建及改造建设项目。编制环卫设施专项规划（2020—2025），启动实施站厕建设两年行动，2020—2022年，新建公共生活垃圾站23座、公共厕所27座，提质改造公共垃圾站25座、公共厕所18座。

【城市基础设施建设】 2020年，区城管执法局牵头完成雷锋大道人行隔离护栏安装、社会路口硬化工程、望城区主次干道路灯增补工程、高塘岭片区老旧市政道路路灯提质改造工程等6项政府投资建设项目，完成红旺市场路灯维修提质改造项目。新建人行道U形护栏9000余套、硬化社会路口1.1万平方米、增补修复路灯杆350根。推进共享电动自行车上牌、备案工作，投放共享电动自行车6000余辆。

【燃气管理】 2020年7月，区城管执法局牵头完成老旧小区天然气改造2545户；完成精简用气流程、压缩获得用气时间、降低用气价格等相关市考指标。常态化开展燃气行业安全检查，2020年，出动检查人员650余人次，对9家燃气经营企业和179家液化气经营门店全覆盖检查，查处“黑车”“黑窝点”15起。

【依法行政工作】 2020年，区城管执法局牵头建立智慧城市管理执法办案系统，执法办案2585件，罚没款1116万余元；拆除违建31.66万平方米，完成项目“三拆”行动31次；受理行政审批、备案事项2749件，行政收费金额442

2020年7月，区城管执法局检查澄海液化气公司安全生产（区城管执法局供图）

万元。渣土扬尘整治。成立区建筑垃圾处置协会，优化调整渣土运输时间，完善建筑垃圾运输企业管理办法，建成418万立方米渣土消纳场。开展专用渣土运输车货厢超高交通顽疾整治工作，400余台运输车辆全部整改到位。交办渣土扬尘案件154例，立案27件，黄土裸露复绿约42万平方米。完成203个点位的规模以上餐饮服务单位的油烟在线监测设施安装，砂之船商业综合体被评为全市餐饮油烟示范街。水上执法工作。开展水上联合执法行动246次，出动执法人员16263人次、车辆3758台次、执法艇1308艘次，水上巡查3.83万千米。严格落实长江流域禁捕工作，清理违规网具4476张，立案26起，罚没2.94万元，集中销毁涉渔“三无”船舶238条。打击非法采砂吸砂行为，立案9起，罚金65万余元。组织好区内城市管理考核。厘清管理边界。出台《关于进一步明确经开区范围内城市管理和综合执法工作通知》，经开区范围的城市管理工作全部移交各属地街镇管理，相应的市政、园林、环卫全部移交行业管理。

【智慧城市建设】 2020年，区城管执法局牵头安装75个“城管机器人”探头，对城市管理重点区域高质量抓拍图像，完成信息采集；建成工地视频系统，升级渣土管理智慧平台，对各个工地出入口实时监控。实现“采集－处置”全闭环的智慧城管系统，全区城市管理更加便捷高效。2020年抓拍图5650张，信息采集964条，指挥调度案卷240宗，受理处置城市管理投诉案件2664宗。

（本栏撰稿：放永志）

市政维护

【概况】 2020年，长沙市望城区市政设施维护中心（以下简称区市政设施维护中心）内设办公室、政工室、财务室、设施维护部、管网维护部和工程建设部6个部室，主要承担城区范围内所有市政设施的建设、维护和管理；审核由取得市政工程设计、施工合格的单位承担的市政工程设施建设项目的设计、施工；市政基础设施的维修和保养以及城市公共排水、污水处理、市政污泥处理、再生水和中水利用设施的维护等工作。

【市政板块精细管理】 2020年，区市政设施维护中心针对城市道路、设施载体作用，区分区域位置的功能导向，实施差别化的精细管理。对雷锋大道、郭亮路、文源路、高塘岭大道等10余条群众反映强烈的路段进行重点整治；对普瑞东路、王家湾路、取忠路等17条道路堵塞情况进行普查；对体育路、月亮岛路、芙蓉北大道等10条道路管网开展清淤工作，疏通管道1.1千米、开挖重装管道550米；对于群众反映强烈的文源商贸城、中南路社区前、金地三千府等处影响生产生活的管道堵塞、黑臭水污染等情况，第一时间内勘核、处置，保障正常的生产生活秩序。

【市政设施提质】 2020年，区市政设施维护中心着力解决城市道路、设施年久老化、破损等问题，提质实施道路、管网改造工程。制定路面提质三年行动计划，逐步对城区道路进行提质改造，对黄桥大道、郭亮路、高塘岭大道等6条破损严重的路段设施进行集中维护改造；完成普瑞路（雷锋大道—三环线桥）路面修复及管网改造工程。中心强力推进雨污分流改造、路面提质提标项目维护改造工作。开展排口截污行动。对望府路排口及马桥河沿线堵塞严重的污水排口进行全截流、全截污，杜绝沿线污水流入马桥河，净化马桥河流域水质；开展雨污管道增排行动。实施了莲湖路、旺旺路、望府路、高裕路雨污水管道改造工程、芙蓉北路管道清淤及修复工程；下西塘街片区、西塘东路、新港污水处理厂纳污片区排水管道（湘江北路）改造工程。

【群众诉求呼应】 2020年，区市政设施维护中心应对群众诉求，解决影响群众的居住环境、出行安全等难题。迅速落实交办事项，积极应对区长信箱、人大政协交办、城市管理数字化信息平台、“12345”热线和城市文明指数测评等反馈机制，接收“12345”市民服务热线问题466条，接收区应急联动信息475条，接收顽瘴痼疾办交办问题

2020年5月，旺旺东路管排改造工程（区市政设施维护中心供图）

6条，已全部处理完毕，无延迟和二次交办事件。全面布防城区内涝，制定防涝排渍应急预案、低温雨雪冰冻灾害防范工作方案，使内涝、冰冻时期各部门能协调一致，及时有效采取措施，最大限度地减少损失；积极应对强对流天气造成的城区内26个易堵路段大面积积水问题，第一时间疏通好雨污管道确保走水通畅及出行安全；加大对道路、管网、窨井盖等隐患问题的排查及治理力度，对各项突发事件做到第一时间内发现、第一时间内处置。推进民生项目，完善应急处险工作方案，紧急抢修湘江北路、中南路、普瑞路等处路面塌陷突发事件。认真落实疫情防控措施和安全隐患治理，确保市重点项目旺旺路管网改造项目交付使用。

（本栏撰稿：黄烨斌）

2020年4月，望城区公园亮化工程（区园林中心供图）

园林绿化

【概况】 2020年，长沙市望城区园林绿化维护中心（以下简称区园林中心）内设办公室、巡查勘核部、技术管理部、工程建设部4个部室。2020年年末，中心固定资产286.28万元，洒水车2辆，绿化工程车1辆，督查车3辆。

【园林维护】 2020年，区园林绿化维护中心维护管养城区公共绿地维护面积588万平方米，包含2018年已公开招标的1—9标段共296.9万平方米、雷锋公园一期38万平方米及2020年公开招标的斑马湖公园57.15万平方米、雷锋公园二期12.3万平方米、环城绿带一期76.17万平方米以及2020年年底移交的环城绿带二期7.7万平方米、望城经开区范围内公共绿地90万平方米，城投已竣工且维护期满的13条市政道路绿化面积7.4万平方米，边坡面积2.1万平方米。完善并下发《望城区公共绿地维护社会化承包维护服务内容及标准》《望城区公共绿地维护考核细则》及《督查工作考核实施细则》，对各个承包单位严格实行三级督查模式（市、区城市管理数字化考核系统督查考核及局督查考核）。2020年，处罚问题665条，节省财政资金110.31万元。开展交通顽瘴痼疾问题整治工作，对银星路（雷锋大道至金星大道）、望府路、文源路、月亮岛路、黄金路等人流量大、学校周边行人通过绿化带横穿道路乱象多的路段，对其道路绿化带植物配置、绿化带长度、道路断面形式等现状情况进行全面调查，银星路护栏安装完成、文源路与高塘岭大道交叉口优化；推进全区垃圾分类，制定和完善《长沙市望城区2020年园林绿化垃圾分类减量工作实施方案》，并对全区楼盘小区及重建地及新增公共绿地方位内的园林绿化垃圾进行市场化运作，接收园林绿化垃圾总重量超1.1万余吨；对露黄地块及时补栽复绿及洒水降尘保苗，助力打赢“蓝天保卫战”；加强农药、化肥使用以及各类柴油机械、柴油货车作业监管，利用洒水车作业及公园喷灌系统，臭氧污染防控应急及时响应。

【园林项目建设】 2020年，区园林绿化维护中心立项政府投资计划项目2个，即：鲜花进城及公园维修改造。其中2020年鲜花进城项目投资总额380万元，规划2020年9月至2021年8月轮换种植6次，2020年完成2次；公园维修改造项目已完工，投资总额200万元。完成湘江北路中心工作沿线重要节点立体花坛设置项目、迎国庆城区及出入城口重要节点花化项目、银星路（雷锋大道－金星大道）中心绿化隔离护栏项目、高塘岭大道与文源东路交通优化工程、主城区基础设施维修等应急项目，投资584万元。启动金星大道（岳麓界至望湖路）综合提质改造项目，全线约5.5千米，道路红线46米，两侧绿化带宽度各27米，对金星大道（岳麓界至望湖路）的景观、主辅道、地下管线进行综合提质改造，按照“四精五有”要求，2020年完成总进度72%。

【群众诉求呼应】 2020年，区园林绿化维护中心完成区平台案卷45宗；文明创建等交办案卷及其他各类交办函案卷209宗；“12345”投诉348宗；中心督查案卷208宗；城管考核案卷19宗；中心对各公司安全检查问题86宗，办结率100%。

（本栏撰稿：史瑞芝）

市容环卫

【概况】 2020年，长沙市望城区市容环境卫生维护中心（以下简称区市容环卫维护中心）内设办公室、财务室、信息部、固废部、市容维护部、基建设备部等6个部室。2020年，中心主要承担城区1100万平方米的道路清扫保洁和洒水降尘；城区生活垃圾收集、运输；城区公共垃圾站、公厕和主次干道环卫设施的维护管理；交通护栏清洗等工作。

【新冠肺炎疫情防控】 2020年，区市容环卫维护中心成立防控小组，督促指导各环卫社会化承包公司做好疫情防控工作，安排专人每天对垃圾站、垃圾桶、公共卫生间及市场周边重点区域、路段开展消毒杀菌工作，设置废弃口罩等特殊有害垃圾专用收集桶，并安排专人专车对全区废弃口罩进行收集、清运及处置。做好疫情防控物资准备工作，采购医用口罩20余万个、手套6.8万双、消毒液3200千克、医用酒精2900千克、体温枪40个、喷雾器50个，干部职工自发捐款6000余元支持疫情防控工作。

【市容环境卫生管理】 2020年，区市容环卫维护中心建立“机关督查项目、项目督查班组、班组督查岗位”的三级督查考核机制，采取定期与随机、明察与暗访相结合的方式，全天候、全覆盖督查，对清扫保洁、站厕管理、垃圾清运等方面发现的问题限时整改。制定《文明创建问责办法》，全体干部职工按照责任分工上路督查。10月迎检期间，共投入作业车辆1350台次、作业人员1.71万人。助力蓝天保卫战，对城区主次干道全天候洒水降尘，每日派出2个督查组，对全区主次道路进行不间断地巡查，及时发现各类环卫问题并责令各处置单位限时整改到位。全年出动雾炮车、水车等作业机械16985台次，派发督查案卷9236起，完成中心接待58次。特别是湾田国际火灾救援中，中心迅速调配31台水车、87人次协助消防开展救援。

【市容环境卫生设施建设】 2020年，区市容环卫维护中心编制环卫设施专项规划（2020—2025），启动实施站厕建设两年行动，对全区垃圾收集点、生活垃圾收集站以及公共厕所等环卫设施现状进行全面摸底，排查站厕布局、维护管理等方面存在的突出问题，制定环卫专项设施问题整改方案。中心牵头指导，统筹城乡，在全区范围完成10个公共垃圾站和10个公共厕所的新建及改造建设项目，同时推进区生活垃圾转运站项目建设。

【市容环境卫生督查考评】 2020年，区市容环卫维护中心修订完善《2020年市容环境卫生考核细则及奖惩办法》，严格按照“八无八净三亮”作业标准，建立“日督查、周通报、月讲评”机制，强化督查考核结果运用，坚决奖惩兑现。全年派出督查组1472组4416人次，督查立案交办案件4935例，扣除社会化承包公司经费75万余元；处理“12345”市民投诉案件103件，受理区网络化案卷94起，结案率100%。

【志愿者服务】 2020年，区市容环卫维护中心组织参与“当好雷锋志愿者 服务建设文明城”志愿服务体验活动暨“共护文明城市　扮靓美丽家园”全城大清洗活动。在全区主要路口、主要公交站点、候车亭、公园、广场开展文明引导志愿服务活动，倡导礼让出行、文明交通，劝导监督“行人乱走、车辆乱停、摊担乱摆、垃圾乱扔、广告乱贴、墙面乱涂”等不文明行为；开展公共秩序文明引导志愿服务活动，为文明城区创建贡献环卫力量。

（本栏撰稿：刘明望）

城市经营

【概况】 2020年，长沙市望城区城市建设投资集团有限公司（以下简称城投集团）下设党群工作部（纪检监察室）、行政人力资源部、财务部、融资部、投资发展部、设计管理部、社会事务部、土地储备部、风控审计部、总工室10个部室，拥有9家全资子公司、参股公司7家。集团公司有员工208人，40%具备中级以上职称。集团党委下设5个党支部，成立临时党支部3个，有党员99人。2020年，公司完成固定资产投资46亿元，建成项目33个。

【城市开发建设】 2020年，城投集团铺排项目108个，33个项目建成达效，固定资产投资完成约46亿元，完成率100.7%。其中市重大项目35个，固投完成约26亿元，完成率114%。落实双过半竞赛活动要求，推进疫情防控与复工复产“双结合、双促进、双推动”，美琪学校与金潇、思源学校同步建成开学；望城首个自主建设的普瑞隧道连克难关、顺利通车，破解困扰片区发展10年的瓶颈难题；香炉洲大桥10天实现集体房屋征拆倒地、10个月实现招标挂网；湘江大道北延线二期8个月完成路基土石方116万立方米。项目管理过硬，成立安委会、质委会，开展安全生产月、重大危险源安全专项检查、危大工程专项检查等活动；推行项目建设管理标准化，统一围挡样式、洗车平台及配套设施建设管理标准，城投建设形象进一步规范；工程品质很精美，月亮岛路普瑞隧道创新采用智能照明系统，实现不同天气、不同交通情况自动、逐级、健康调控，节能50%以上；一路一园建设工程获2019—2020年度第一批芙蓉奖和省优质工程，斑马湖小学获2018—2019年度湖南省优质工程，明德美琪、长月思源及金潇小学一、二标段均获2020年度长沙市优质结构工程，金甲冲路南延线获湖南省建筑施工安全生产标准化年度项目考评优良工地。

【土地经营管理】 2020年，城投集团完成土地报批共31公顷，完成9个项目划拨供地审批单、决定书及红线图共19.33公顷，完成3宗国有工业用地收储摸底对接，完成27宗违法用地整改销号。招商出让成效明显。出让2宗经营性用地共10.93公顷，实现土地收入7.5亿元，引进金辉、九强、金科等实力总部企业；以股权交易模式盘活雷锋公园北侧2宗闲置地块，与意向合作方基本达成共识。地产开发发力。万兴小区限价商品房凸显“铜官人建铜官”理念，全力推进建设；才子城0.8公顷地块开发平价商品房，正组织竞拍；创新引入城市森林花园建筑模式，完成框架协议签订。滨江片区投资100亿元的大泽湖生态智慧城项目完成招标采购。高铁片区建设快速推进，片区控规已通过市土规会审批，高铁西站综合客运枢纽项目专项债10.1亿元申报入库正加速推进，产业新城一期PPP（Public-Private-Partnership）项目高铁西城市政综合配套工程站前北路及中央绿轴已启动建设。

【城市经营收益】 2020年，城投集团以经营创收为核心，围绕“资产盘活、资源经营”两条主线，提升经营管理水平。全年“三资”盘活1.83亿元，其中：农贸市场、管网包装租赁及加油站经营权收益回笼资金共0.93亿元。航电站、金星西路等6宗加油站经营权收益较2015年增长6倍；完成旭海家园资产收购自持；完成乔口商贸城并购转租；推动94宗行政事业单位资产过户。滨江片区浅层地热供能业务特许经营权获批，先期在区人民医院等进行专项试点，后续将在滨江片区全面推广；充电桩及户外广告业务完成专项规划编制，望城公交枢纽站等4座站场充电桩建设方案获批；委托经营的乡镇污水处理厂、自主经营的油气站同福站点建成投运，经营结构大幅优化。出台外派董监高管理办法、投资管理办法、投后管理制度，编制投资管理作业指引等规范文件，通过制度规范和文件指引，实行项目投前、投中、投后全方位管理，确保国有资产保值增值。

【“三大攻坚战”】 2020年，全区融资化债取得突破，集团主体信用成功提升，成为望城首家获AA+国企，集团综合竞争力、资本市场认可度、经营融资抗风险能力跃升新台阶。创新“银行＋券商”模式，全年新增融资到位资金40.24亿元，融资成本、周期均优于市场同期水平。有序承接到期债券，合理优化存量贷款结构，全年化解隐性债务2.93亿元，并将33.85亿元关注类债务转为经营性债务。在西湖寺村通过“驻村工作队＋帮扶干部＋党员”多帮一的帮扶模式，推进驻村扶贫和结对帮扶，全村68户贫困户183人全面脱贫。助力望群村完成省定贫困村脱贫摘帽任务。推行村级支部与集团党总支结对共建，通过认领微心愿、组织志愿服务、爱心认购、心灵疏导等方式扶贫帮困。按“五化”标准，投入60万元建设村级党建广场、党小组阵地建设；通过申请专项资金、争取后盾单位支持、全额投资援建，全年投入200万余元完成4.5千米道路建设，公路交通、水利基础设施落后状况得以改善；全力推进“一超过两不愁三保障＋饮水安全保障”工作，发展蛋鸡和蜜蜂养殖产业，68户贫困户和边缘户产业实现全覆盖，群众满意度100%。推进截污治污工程，完成中线干管迁改、金星路污水管道、市政混接点改造工程等10个雨污水管网项目建设，月亮岛、高塘岭、大泽湖等片区黑臭水体横流及城市内涝问题得以解决。落实蓝天保卫战要求，制定《城投集团2020年蓝天保卫战工作方案》《臭氧及轻微污染天气管控工作方案》，绩效考核、自查自纠，建立常态化检查整改机制和应急管理机制。

【《长沙高铁西城投资合作协议》签订】 2020年5月12日，城投集团与先导控股集团经正式签订《长沙高铁西城投资合作协议》，标志高铁西城片区开发建设进入实质性阶段。双方本着“精诚合作、互利共赢”的宗旨，在片区规划设计、建设管理、产业招商、资源运营、投融资服务等方面开展合作。长沙高铁西城作为湖南省乃至中部地区国家级交通枢纽，备受瞩目，是长沙步入双高铁枢纽时代，实现跨越赶超的新引擎、新门户、新平台，为望城及长沙经济社会发展注入强劲动力。

【普瑞隧道建成通车】 2020年11月27日，普瑞隧道顺利建成通车，标志着月亮岛路全线贯通，至此月亮岛片区三纵（雷锋大道、金星北路、潇湘北路）、三横（普瑞路、月亮岛路、银星路）的大循环格局

2020年11月27日，普瑞隧道建成通车（毛伟冬　摄）

形成。普瑞隧道西起新巷中路，下穿普瑞斯堡小区，东至吴家冲路，全长660米，为双向六车道连拱隧道，属市重点工程。该项目是望城区东西大动脉月亮岛路的关键性节点工程，比计划提前53天完成。

【明德美琪、金潇小学、长月思源三所学校建成开学】 2020年8月31日，由城投集团负责建设的明德美琪学校、金潇小学、长月思源学校三所学校建成开学。明德美琪学校位于月亮岛街道普瑞西路与谷山路交会处，总用地面积4.07万平方米，总建筑面积2.77万平方米，规划初中36个教学班，预计提供学位1800个，项目总投资约2.5亿元。金潇小学位于月亮岛街道，项目总用地面积4.33万平方米，总建筑面积3.71万平方米，规划小学54个班，计划容纳学生2400余人，项目总投资约2.24亿元。长月思源学校位于月亮岛街道，项目总用地面积4.06万平方米，建筑面积3.58万平方米，规划小学30个班、初中24个班。计划容纳学生2550人，总投资2.43亿元。

【城投集团获AA+主体信用评级】 2020年6月中旬，国内权威评级机构中诚信和东方金诚相继发布报告，双双公布望城城投集团主体信用等级由AA提升至AA+，评级展望为稳定。城投集团成为望城区首家获得AA+评级的区属国有企业，也是长沙市六区首个获“中诚信”公告AA+调级的区域。

（本栏撰稿：毛伟冬）

环境保护

【概况】 2020年，长沙市生态环境局望城分局（以下简称生态环境局望城分局）全面完成环保督察及“回头看”整改工作，立案查处环境案件60起、处罚金额343.17万元，完成124个行业排污许可证核发登记核，完成1544个普查对象的污染源全面普查工作，危废管理考核排名9个区县市第一位。2020年全区15个国、省、市控水质监测断面，水质均值都达到Ⅲ类及以上，水质达标率100%，县级和“千吨万人”级饮用水源地水质达标率100%。1—12月，国省控断面ΔCWQI为–3.98%；市控断面ΔCWQI为–16.25%，主要河湖水环境质量保持稳定向好。空气环境质量。2020年，空气质量优良天数342天，优良率93.4%，$PM_{2.5}$累计均值浓度31微克/立方米，PM_{10}累计均值浓度47微克/立方米，O_3累计均值浓度134微克/立方米，NO_2累积均值浓度20微克/立方米。优良天数较2019年增加41天，优良率增长10.9%，$PM_{2.5}$比2019年下降20.5%，PM_{10}比2019年下降23.0%，NO_2比2019年下降16.7%，空气质量改善明显。

【污染防治】 2020年，生态环境局望城分局完成大气污染防治项目36项，水污染防治项目21项，土壤污染防治项目15项，噪声污染防治项目5项；夏季攻势任务按期完成并销号。完成71台（269.8蒸吨）燃气锅炉（设施）低氮改造，38家重点单位安装安装“智能用电监测系统”芯片、形成147个监测点，三家重点涉气企业安装VOCs治理设施在线实时监测设备，完成16个挥发性有机物综合治理项目、9个“夏季攻势”重点行业VOCs综合治理项目。有序开展臭氧污染防治监督帮扶，帮扶问题63个，其中立行立改11个（已完成整改9个、整改中2个），跟踪督办52个（已完成整改47个、整改中5个）。对辖区内一江七河两湖库开展全面排查，对沩水河排口52个，沙河排口63个，团头湖排口25个，马桥河排口109个建档建册，问题排口溯源整改到位。全力推进河道建设管理，马桥河入河口水质持续稳定保持在地表水Ⅲ类以上，10月，马桥河“美丽河流”示范创建顺利通过市级验收。完成17个村农村生活污水治理任务，完成大龙村省级专项资金农村生活污水治理项目任务建设，完成《望城区农村生活污水治理专项规划（2020—2030年）》。海利化工地块完成详调报告。工程机械排气管控，望城区非道路移动机械已申报数量为1852台，已审核通过的机械数量为1719台，登记率92.8%。对全区低排区以内62个在建工地进行地毯式铺排执法，检查158台非道路移动机械，

2020年5月，高塘岭街道湘江村通过小微水体整治，打造小型人工湿地

（高塘岭街道供图）

对89台国Ⅱ及以下标准的非道路移动机械全部清退。在低排区内进行作业的国Ⅱ及以下排放标准的9台非道路移动机械7个工地进行立案处罚，罚款3.5万元。

【环保执法和审批】 2020年，生态环境局望城分局组织开展各类专项执法、联合执法，立案查处环境案件60起，处罚金额343.17万元，其中，查封扣押2起、移送拘留7起。通过“12345”“12369”及上级交办、电话投诉等方式共接群众信访投诉694起，办结率98.6%。市民反映的主要问题为工厂企业类的投诉，其中涉气368起、涉水95起、噪声187起。水环境质量。2020年，审批环境影响报告表项目54个，网上办理建设项目环境影响登记表备案585个。对34项涉及生态环境部门审批办理事项全面进行清理。共完成124个行业排污许可证核发登记，其中重点管理类27家，简化管理类104家，登记管理类913家。33个行业重点管理类2家，简化管理类13家，登记管理类141家；91个行业重点管理类25家，简化管理类91家，登记管理772家。

【危废管理】 2020年，生态环境局望城分局改进危险废物管理体制，推动并完善危险废物相关领域监管衔接机制，有效遏制危险废物非法转移倾倒处置高发态势。通过加强固废系统申报登记、开展危废专项整治及危险废物专项大调查大排查行动不断夯实全区危险废物基础数据；在执法大队一楼建立标准的危废暂存间供企业参观学习；2020年，排查危废产生、贮存、处置、转移企业835家。立案查处危险废物违法行为13起，罚款50.5万元。2020年，危废管理考核排名9个区县市第一位，连续两年获评A等级。

【污染源普查】 2020年，生态环境局望城分局完成1544个普查对象的全面普查工作，其中，工业源1168个、畜禽规模养殖场19个、生活源221个、集中式污染治理设施88个、移动源48个。2020年望城普查工作顺利通过省、市级验收，并获得国污普办、省、市污普办肯定，入选第二次全国污染源普查表现突出的集体名单。

【环保督察及“回头看”整改】 2020年，生态环境局望城分局牵头对中央环保督察、省级环保督察、中央环保督察“回头看”交办的问题完成整改，按期销号。省级环保督察“回头看”期间全区办理信访件30件，其中重点件7件（主办4件），一般件23件；主办案件26件，协办4件；督察组交办件3件，督察期间无督办件。涉及大气污染信访件18件，水环境污染信访件9件，噪声污染信访件13件，土壤污染信访件3件。督察期间按照立行立改要求办结信访件7件，持续整改信访件23件。

（本栏撰稿：杨燕彝）

卫生与健康

责任编辑 ◎ 赵运良

综　述

【概况】 2020年，望城区共有医疗卫生机构527家，其中区属医疗卫生机构7家，乡镇卫生院、社区卫生服务中心18家，享受财政补助的村卫生室135个；各级各类医疗机构共有卫生人员5144人，其中卫生技术人员4357人，在卫生技术人员中，执业（助理）医师1982人（全科医师181人），注册护士2032人，每千人拥有卫技人员数7.09人。全区医疗卫生单位共拥有床位4050张，每千人拥有床位数6.59床。

【计划生育】 2020年，长沙市望城区卫生健康局（以下简称区卫健局）注重人口长期均衡发展，加强计划生育基层基础管理，兑现各项奖扶政策，打造“花漾年华”青春健康教育特色品牌；开展全面二孩政策宣传，推行“三级联创四到基层”（开展县、乡、村三级联合创建计划生育优质服务村工作，实现责任到基层、投入到基层、指导到基层、考核到基层）考评。2020年全区出生6054人，符合政策生育率97.14%，性别比112；推进“特殊家庭”关爱行动，提升计划生育家庭自身发展能力，2020年奖励扶助23875人，发放扶助资金2202万元。

【医药卫生体制改革】 2020年，区卫健局推进公立医院改革，强化“三医联动”（医保体制改革、卫生体制改革与药品流通体制改革联动），加强“医联体”“医共体”建设，构建分级诊疗长效机制，全面形成30分钟区域内实现住院、15分钟内到达最近就医点的全覆盖医疗服务网络体系；推进现代医院管理，创新工作机制，优化绩效考核，区人民医院被市深化医改领导小组评为“医改工作优秀公立医院”；全面推进医疗服务能力建设，落实18项医疗质量管理核心制度，发挥14个区级临床医疗质量控制中心作用，推进优质护理服务内涵建设，组织开展医院感染控制、非法行医专项整治、医疗安全巡查、精麻药品、医疗机构校验等专项检查；推进药品耗材管理，严格实施药品零利润，完善基本药物制度，加强用量动态监测，完成集中带量采购任务，2020年药占比降至26.8%。取消医用耗材加成，制定高值耗材管理办法，公立医院每百元医疗收入中，消耗卫生材料控制在20元以内；推进“互联网+医疗”建设，启动智慧医疗健康信息平台建设，打造集信息惠民、惠医、惠政于一体的医疗健康综合服务平台，实现4家区级医院和18家基层医疗卫生机构互联互通、信息共享。加快运营“健康望城”微信公众号，实现“一号就医，终身建档，一站服务，全程监管”。“健康望城”微信公众号关注人数246647人，服务次数87811次；开展健康扶贫攻坚行动，建档立卡贫困人口家庭医生签约率100%。组织系统10余家单位，向对口单位洸车河镇中心卫生院捐赠办公用品、医疗设施设备30万元。

【卫生健康体系建设】 2020年，区卫健局推进区人民医院整体搬迁项目，启动金山桥街道社区卫生服务中心建设，完成乔口镇卫生院提质改造，建成启用疾控中心实验综合楼；依托湖南师范大学学科与科研优势，按照直属型附属医院要求，合作共建湖南师范大学附属望城人民医院；组织开展2020年人才招聘，首次采用技能操作考试，招聘28人；制定工勤技能岗位等级考核方案，推动考核规范化、科学化、制度化，提升工勤人员理论和技能；专题研究农村订单定向医学生编制问题，解决15名定向生后顾之忧；在区内16家基层医疗卫生单位培养全科医生181名，每万人口拥有全科医生2.6人，每个建制乡镇卫生院（社区卫生服务中心）配备2名全科医师，完成省市目标任务，处于全市前列。

【公共卫生服务】 2020年，区卫健局推进乡村一体化管理，采取“区管乡聘村用”方式，建立村卫生室医生良性准入退出机制，135个村卫生室全部纳入所辖卫生院一体化管理，养老保险参保率100%；开展适龄妇女“两癌”筛查（宫颈癌检查、乳腺癌检查）和孕产妇免费产前筛查，农村和城镇低保适龄妇女两癌筛查8933人次，完成率112%，孕产妇免费产前筛查5005人次，完成率126%；出台《长沙市望城区托育机构备案管理办法》，打造普惠托育服务示范机构2家；巩固血吸虫病防控成果，加大公共场所、生活饮用水、“两非”（非医学需要的胎儿性别鉴定、非医学需要的选择性别的人工终止妊娠）等领域监督执法力度，区卫监局被评为市区两级卫生行政处罚案卷评查优秀单位；2020年，建立居民电子档案60.14万份，老年人体检50699人，高血压患者管理34968人，糖尿病患者管理12282人，严重精神障碍患者管理2599人，结核病患者管理404人，儿童免疫规划、基础免疫和加强免疫接种率均在95%以上；开展团体预约无偿献血，全年团体预约献血3026人次，完成率160.3%，位居全市第一位，被评为2020年度湖南省无偿献血先进单位。

2020年7月28日，望城区人民政府与湖南师范大学共建湖南师范大学附属望城人民医院签约仪式举行（区卫健局供图）

【新冠肺炎疫情防控】 2020年新冠肺炎疫情期间，区卫健系统建立区属医疗卫生单位、镇街卫生院、村卫生室三级联防联控体系；制定疫情防控“四早”（早发现、早报告、早诊断、早隔离）举措，用29天时间实现新增确诊病例清零，在全市城区中确诊病例最少，工作经验获《人民日报》报道推介；制定“六个一”举措，为复工复产提供标准化处置流程；提升疫情监测预警和综合处置能力，完成大泽湖、桥驿、茶亭3个标准化发热门诊建设，启动人民医院发热门诊规范化改造，3天时间完成格塘隔离病区专业化改造；对于疫源区返乡人员率先提出“四包一”（民警、医护人员、街道职工、社区干部四人一组保障一名接触者）帮扶责任和“一对一”管控措施，全区接受医学观察人员9756人，有效阻断传播途径；针对疫点制定“四个一”措施，进行全面消毒，避免聚集性疫情发生；加强“三站一场”（火车站含高铁站、地铁站、汽车客运站和飞机场）监测管理，在望城汽车站、高铁长沙西站设立2处疫情监测站，监测两站乘客体温数7339人，未发现有症状人员；设置集中隔离点3处，派驻医务人员24小时驻守，严格落实防疫措施，未发生工作人员感染事件；推进常态化疫情防控。加强医疗机构、隔离场所、人员队伍和应急物资储备，加大医疗机构、市场、商超等重点场所来往人群、从业人员及外环境、生鲜冷链食品的日常监测，做好秋冬季、春节期间疫情防控、境外到长沙包机接待等工作；区人民医院、区疾控中心建成新冠肺炎PCR检测实验室，采用10合1混采检测技术，日检测量可达8000人次。全区设置新冠疫苗接种点9个，采购新冠疫苗3万支，开展重点人群疫苗接种；出台《公共卫生管理体系建设改革若干措施》，工作经验获《湖南日报》宣传推介；区人民医院急诊科主任盛壮猷、区疾控中心卫生应急科科长李晓辉被评为全省抗击新冠肺炎疫情先进个人，区卫健局、区人民医院、区疾控中心被评为全区统筹疫情防控和复工复产工作先进单位。

【湖南师范大学附属望城人民医院签约仪式举行】 2020年7月28日，湖南师范大学和望城区人民政府共建湖南师范大学附属望城人民医院签约仪式在望城举行。望城区人民政府与湖南师范大学共建合作，开展医教协同，充分整合医疗、教育、科研、人才等资源，集中力量建设一批高质量、有特色的省市优势学科，实现3年内将区人民医院建成三级综合医院，5年到8年创建成三级甲等医院，全面提升望城整体健康服务水平。

（本栏撰稿：陈宇峰）

疾病预防控制

【概况】 2020年，长沙市望城区疾控中心（以下简称区疾控中心）设办公室、后勤科、财务科、应急办/传染病防控科/艾滋病防治科、免疫规划科、结核病防治科、慢病防控科、监测科、质控科、学校卫生科/职业卫生科、检验科11个科室。

【卫生应急】 2020年，区疾控中心建立三级防控网络，完善各类应急预案，成立疫情处置机动队5个、后勤保障组1个、检验组1个，保障24小时常态值班和预警事件的及时出动。2020年发生应急事件27起，接到疫情电话报告45起，出动机动队92队次，均得到有效处置。

【重点传染病防控】 2020年，区疾控中心加强人禽流感、霍乱、狂犬病、手足口病、艾滋病、结核病、疟疾等疾病预防控制，采取有效控制措施，防止传染病的暴发流行。2020年报告乙类法定传染病11种、1350例，总发病率186.02/10万，与2019年同期比较总发病率下降

29.45%；报告丙类传染病6种、5507例，总发病率758.85/10万，同期比总发病率下降63.58%；无甲类传染病报告，疫情趋势总体平稳。

【儿童免疫规划】 2020年，望城区接种免疫规划疫苗19.3万剂次，接种非免疫规划疫苗38.2万剂次。AEFI报告63例，均已痊愈，无严重异常反应和预防接种事故发生；按照《中华人民共和国疫苗管理法》有关要求，改变疫苗传统储运模式，委托国药控股湖南公司进行疫苗冷链储运工作，确保疫苗冷链安全。为接种点配备冰箱和后补式冷库，疫苗冷链能力建设得到提升。

【慢性非传染病管理】 2020年，区疾控中心加强慢病病人管理，高血压、糖尿病规范管理率分别为87.6%、86.46%；完成肿瘤、死亡病例、心脑血管事件报告任务；65岁以上老年人体检率66.95%；中医体质辨识完成率58.93%；严重精神障碍患者报告患病率4.05‰，管理率99.89%，规范管理率92.3%。

【卫生监测】 2020年，区疾控中心对望城区内147所学校的152个饮用水监测点开展学校饮用水监测；对7所学校和4所幼儿园共2823人开展近视眼筛查。对770家企业开展职业危害因素现状摸底调查；对10个街镇80家企业进行工作场所职业病危害因素监测；开展尘肺病患者随访与回顾性调查441人；检测生活饮用水水质323份，食品样品181批次，任务完成率100%。"双随机"（抽检数据随机，执法人员随机）抽样237份，处置食源性疾病事件16起。

【疾病防控能力建设】 2020年，区疾控中心引进3名全日制本科专业技术人才，组织人员参加省、市级业务培训70期140人次，举办自训18期228人次，组织基层卫生单位开展区级业务培训及指导23期1210人次；6月，按生物安全二级标准设计的实验综合楼通过验收并投入使用，2020年完成新冠病毒、公共场所、生活饮用水、"02"外环境、食品、医疗器械、突发事件、疟疾、禽流感、艾滋病等各类检样15192份。

【健康宣传】 2020年，区疾控中心组织区、镇（街）、村（社区）疾控网络单位开展重点卫生日宣传咨询活动274场次，健康教育知识专题讲座856场次，发放宣传资料36万余份，更新健康教育宣传栏1140版次。组织干部职工参加全国万步有约拓展赛；拍摄制作"三考"防疫宣传视频和艾滋病科普知识动画宣传片1部，每月在区融媒体中心健康驿站栏目中滚动播放艾滋病防治宣传内容。职工原创艾滋病宣传情景剧《心中的红丝带》在全市健康科普大赛中获三等奖；在流动人口集中楼盘社区新建健康小屋3座。

【新冠肺炎疫情防控】 2020年，区疾控中心成立新冠防控工作领导小组和专业技术小组，制定防控实施方案和应急预案，建立24小时全天候运行机制，实时动态开展辖区疫情防控工作；以流调、采样、检测、消毒等内容为重点，组织开展新冠肺炎疫情防控培训6期，参与区新冠肺炎应急模拟演练1次，提高全区新冠肺炎防控及应急处置能力；严格"四早"措施，有效切断传播途径，严防输入风险。2020年，对10例新冠确诊病例、5例无症状感染者、21例疑似病例、4起聚集性疫情处置规范，及时高效；对高中风险地区到望城人员及涉外等人员开展核酸检测采样9333人次，追踪管理密切接触者478人，开展流行病学调查2468次，出动流调人员1650余人次，开展病例/疑似病例病家及活动场所、集中医学观察点、采样点等场所环境消毒工作170次，消毒面积19.5万平方米；派出专业技术人员71人次对辖区内重大活动和考试进行防疫驻点。派出17名专业技术人员轮流驻守黄花机场，对入境人员进行流行病学调查；3月底全省疫情防控响应等级下调后，中心负责全区突发疫情处置、集中隔离及大型活动保障等新冠肺炎防控物资的采购和分发，库房实行日清点制，根据疫情防控和区域实际，及时进行补充更新。全年采购新冠防控物资276.87万余元，新添置应急车辆2辆。

【实验综合楼投入使用】 2020年6月，按生物安全二级标准设计的

2020年9月25日，区疾控中心开展新冠肺炎防控知识培训（廖安娜 摄）

实验综合楼通过验收并投入使用。实验综合楼建筑面积4000平方米。增添ICP-MS、全自动离子色谱、全自动核酸提取仪、荧光PCR仪等价值约300万余元的先进仪器设备。有检验人员13人（其中2020年新增3人）。能开展常年检测项目和新冠病毒核酸检测、诺如病毒、流感病毒等微生物检测，水质检测项目原33项增加至42项。

【世界艾滋病日宣传活动举办】 2020年12月，区疾控中心围绕“携手防疫抗艾、共担健康责任”主题开展第33个“世界艾滋病日”艾防知识“四进”活动。在凯尔花园、鑫湘雅韵、澳海·望洲府、金桥国际商贸城4、6区项目等4个工地，通过防艾宣讲、咨询服务等形式，向工地人员讲解艾滋病的危害、传播途径以及如何预防等知识；在书堂中学、湖南电子科技职业学院、湖南外国语职业学院等学校开展健康知识讲座，普及生殖健康、艾滋病预防等知识，呼吁学生们通过自己的行动参与艾滋病防治，做到知艾防艾；在比亚迪公司摆摊设点，向企业员工发放防艾、性病等宣传资料，讲解艾滋病基本知识及防治措施，让艾防知识深入企业员工群体；在雷锋路社区人口密集处通过设立艾防知识健康咨询点、摆放宣传展板、发放宣传资料等方式进行防艾宣传，有效提高社区群众对预防艾滋病知识的知晓率。

（本栏撰稿：廖安娜）

2020年12月，第33个“世界艾滋病日”宣传活动进工地（廖安娜 摄）

卫生计生综合监督执法

【概况】 2020年，区卫生计生综合监督执法局（以下简称区卫监局）有监管对象2553家，其中公共场所1402家、供水单位108家（不含市政供水的学校）、学校136所、托幼机构189所、医疗机构531家、职业卫生用人单位180家、餐饮具集中消毒服务单位7家。2020年受理许可申请364份，发放许可证337份。行政处罚简易程序立案并结案61起；一般程序立案63起，没收违法所得2.05万元，罚款48.75万元，吊销许可证3起，向区人民法院申请强制执行2起，向区市场局移送案件线索2起。受理并办结投诉举报41起。开展业务知识培训2次，案卷质量评查1次。行政处罚案卷获市级二等奖，1份案卷获评优秀案卷。

【食品安全监管】 2020年，区卫监局对7家餐饮具集中消毒服务单位开展监督抽检145批次；指导10家粮食制品单位开展食品安全跟踪评价；对8家集中式供水单位和100家二次供水单位开展专项检查；针对乔口自来水有限公司、靖港镇自来水厂水质检测不合格问题，予以立案查处。

【医疗行业执业监管】 2020年，区卫监局结合日常监管、各类专项行动、医疗机构年度校验等工作，对531家医疗机构开展全覆盖依法执业检查，重点整治执业资质、口腔诊疗、预防接种、放射诊疗、医疗废物、母婴保健、消毒产品等方面医疗乱象。核查协管巡查上报涉嫌非法行医线索10条；组织开展诊所类小型医疗机构违规快速检验专项执法检查；借力检察机关督办职能，督促一级以上医院改进医疗废物存储、转运管理。

【学校卫生监管】 2020年，区卫监局联合区疾控中心、街镇，对学校、幼儿园开展春秋两季传染病防控专项检查，全年检查学校125所。对23所学校教学环境开展随机抽检，约谈抽检结果不合格学校15所，报区教育局，提出整改建议；对32所学校开展学校卫生综合监督评价；“三考”（高考、学考、中考）期间，对各考点学校生活饮用水及周边公共场所卫生等进行全方位摸排。

【公共场所卫生监管】 2020年，区卫监局开展住宿场所、游泳场所、公共用具清洗消毒保洁、控烟执法等专项检查，检查公共场所经营单位427家，对存在问题单位下达意见书责令整改；联合长沙市望城区文旅广体局，做好省级卫生城市复查迎检工作。开展公共场所量化评级1368家。

【职业卫生监管】 2020年，区卫监局以职业性尘肺病为重点，在矿山、冶金、建材、化工等行业开展专项治理，督促各用人单位落实职业病危害项目申报与危害因素检测评价，加强职工个人防护，建立健康监护档案，压实企业职业病防治主体责任。2020年查各类企业73家，责令整改62家，立案查处2家（含1家警告）。

【新冠肺炎疫情防控】 2020年新冠肺炎疫情防控前期，区卫监局严把“六道关”（卫生监督动员部署关、医疗防控关、场所卫生关、学校复课关、饮用水安全关和企业防疫关），出动执法人员400余人次，监督检查各类单位835家次，出具卫生监督意见书792份；参与指导3家卫生院发热门诊标准化建设、黄花机场涉外人员管控等工作；联合区疾控中心，参与4所学校开学前的应急演练指导；牵头拟定工业企业、建筑工地等8个行业疫情防控指南。通过现场讲授、视频讲解的方式开展业务培训，建立问题跟踪反馈机制，助力企业有序复工保生产。凤凰网湖南频道以《望城卫监严把“五道关” 打好疫情防控阻击战》为题进行专题推送。

（本栏撰稿：何 金）

2020年10月13日，区卫监局开展尘毒防治专项检查（何金 摄）

妇幼保健和计划生育服务

【概况】 2020年，区长沙市望城妇幼保健计划生育服务中心（以下简称区妇幼保健计生服务中心）开设产科、妇科、儿科（新生儿科）、检验科、超声科、麻醉手术科、药械科、保健科、妇女保健科、孕产保健科、儿童保健科、计划生育科等20余个临床、保健科室，开放病床64张。2020年接诊门诊病人55188人次，住院1823人次，年分娩1073人，HPV接种6478人次，服务满意度95%以上。

【妇女儿童保健】 2020年，区妇幼保健计生服务中心重点落实高危人群管理、畅通急救绿色通道、完善孕产妇评审和新生儿死亡评审流程、降低剖宫产率、加强新生儿窒息复苏培训等措施，控制孕产妇死亡和5岁以下儿童死亡；新冠肺炎疫情期间，通过多途径对来自疫区孕产妇进行摸底排查，逐一落实隔离及妊娠情况，完成危重孕产妇和新生儿救治、诊疗工作。2020年孕产妇建档率100%，产后访视率98.5%，系统管理率97.2%，住院分娩率100%。

【民生工程项目】 2020年，区妇幼保健计生服务中心开展宫颈癌检查（10993人）和乳腺癌检查（10993人），确诊宫颈癌5人、乳腺癌7人，对阳性患者均作诊治和随访管理；产妇免费产前筛查5005名，孕妇外周血胎儿游离DNA免费筛查7393人；开展新生儿多种遗传代谢性疾病免费筛查等相关工作，免费新筛7871人，耳聋基因筛查7878人；0~6岁儿童眼及视力保健筛查46870人。

【重大公卫服务项目】 2020年，区妇幼保健计生服务中心按照《望城区预防艾滋病、梅毒、乙肝母婴阻断实施方案》的要求，落实孕期检测、阳性孕产妇及所生婴儿的管理、供需方补助。孕妇艾滋病、梅毒和乙肝孕期检测率99.4%（4899/4929），产妇孕早中期检测率99.8%（4347/4355），阳性孕妇孕期或产时均进行治疗，治疗率100%；规范叶酸发放流程，落实区乡村多种发放途径，全年产妇叶酸投服率97.12%；提高婚孕检率与婚孕检质量，全年婚检3756人，婚检率96.66%，孕前优生检测6178人；在新冠肺炎疫情防控期间，抽调专业技术人员到区应急隔离病区一线工作。选派20名医护人员参加核酸检测工作培训。投入资金改造发热诊室、隔离病区。核酸检测实验室建设完成。

【健康教育】 2020年，区妇幼保健计生服务中心规范化建设各医疗机构孕妇学校，将健康教育师资培训纳入妇幼专干岗位培训；在比亚迪、湖南工商大学等单位开展“携手抗疫抗艾，共担健康责任”健康教育系列活动；全年开展妇幼健康教育进社区、进学校活动190余次，发放宣传资料7.53万份。探索惠民政策宣传新模式。开设咨询门诊，建立各类政策宣传专栏，通过微信、QQ等网络新媒体开展健康教育。

【临床业务管理】 2020年，区妇幼保健计生服务中心根据二级妇幼保健院业务发展及院感防控要求，将行政、保健、后勤等相关职能科室搬迁至原宿舍楼，优先保障临床业务用房。申购具有国际领先技术水平的四维彩超、DR、盆底康复仪等仪器设备，提升服务能力；与市妇幼保健院、市第一医院签订紧密型医联体合作协议，拓展专科共同体，完善医院大部制架构；将拓宽服务领域及服务质量提升重点纳入绩效评估考核指标体系。妇科、产科分科开设，妇科以盆底康复中心和不孕不育诊治为主，新增各类临床、影像、检测等技术服务30余项；以公开竞聘方式，选拔优秀护士长9名、专业技术人员40余名。安排业务技术骨干到省、市妇幼进修20余人次，内训40余次，定期考试16次，合格率95%。受区卫健局委托，组织线上培训10余次，受益人群4000余人次；11月全区卫健系统劳动技能竞赛中，中心获团体三等奖。9月25日，中心通过二级妇幼保健院市级复评。

【世界早产儿日宣传活动举办】 2020年11月13日，区妇幼保健计生服务中心健教科联合医务科、孕产保健科在门诊大厅开展以“有爱，有未来——母乳喂养为早产报备赋爱•赋能”为主题的“世界早产儿日”系列宣传活动，100余名孕妇及家属参与。由中心专业人员向孕妇及家属讲解如何预防早产、孕期危险信号的识别、多胎妊娠、妊娠风险预警评估与分类、母婴健康素养55条、妊娠糖尿病防治、预防艾梅乙母婴传播及女性“两癌”免费检查等知识，采用与孕妈妈互动的形式详细讲解早产的定义、诱发早产的原因危害等内容，让每位准妈妈了解早产的异常表现，做好相应的预防措施。现场发放8种折页共600余份。

【青春期保健知识进校园】 2020年11月12日，区妇幼保健计生服务中心联合月亮岛街道基层社区卫生服务中心、星城实验小学在星城实验小学体育馆二楼开展青春期生理卫生及心理保健知识进校园宣传活动，750余人参与。专家分别对五、六年级的男女学生进行《男性青春期健康》《美丽青春期》健康科普讲座及现场咨询答疑；向学生们宣传青春期生理卫生常识，传授减轻心理负担的方法，树立健康向上的良好心态。儿童保健部部长龚佳亮和门诊部杨姣娥副教授运用理论与案例相结合的授课方式，讲解青春期生理卫生常识、心理保健知识，让青少年学生充分了解青春期生理卫生与心理保健的知识要点，学会自我保健和防范性侵害。

（本栏撰稿：张　开）

血吸虫病防治

【概况】 2020年，望城区血吸虫病疫区覆盖大泽湖、白沙洲、高塘岭、乌山、靖港、乔口、铜官、茶亭8个街镇20个行政村（社区），疫区总人口约7.8万人。全区现有钉螺面积358.95万平方米。望城区连续12年无本地居民牲畜感染血吸虫病，未发现阳性钉螺，连续14年无急性血吸虫病病例。

【查螺、灭螺、灭蚴】 2020年，长沙市望城区血吸虫病防治站（以下简称区血防站）调查钉螺面积3322.63万平方米。其中，系统抽样调查钉螺面为985.9万平方米，总查螺21808框，活螺99粒，未发现阳性螺，环境抽样调查钉螺面积2236.73万平方米，总查螺11307框，未发现钉螺。全年灭螺总面积463.31万平方米，其中药物喷洒面积293.33万平方米、环改灭螺面积30.59万平方米、区间同步灭螺面积9.99万平方米、药物灭蚴面积129.4万平方米，共用氯硝柳胺制作缓释球2600千克。

【疫区人群查病】 2020年9—10月，区血防站组织区人民医院、疫区街道社区卫生服务中心（乡镇卫生院）、村卫生室对湘江村、月圆村、万星村、腾飞村、大龙村、苏蓼村、柳林江村、谭洲社区、芦江社区9个疫区村陆上居民进行血吸虫病检查。5—11月，对各疫区的居民、航运水利及湘江望城段重点工程建设水上作业人员、下水人员进行登记和病情调查。在区人民医院、乔口镇卫生院和茶亭镇东城卫生院设立固定监测点，对流动人员进行血吸虫病筛查。2020年询检查病22065人次，询检阳性678人；血检查病5260人，血检阳性10人；粪检查病61人，均为阴性。

【急性血吸虫病感染防控】 2020年，区血防站急性血吸虫病感染防控工作做到思想认识、目标责任、预防措施“三到位”。完善应急装备，

2020年11月23日，望城区茶亭镇苏蓼村砣洲开展环改灭螺（周湘桥 摄）

应急配备灭螺机5台、氯硝柳胺灭螺药物5000千克、吡喹酮化疗药物6000片、防护膏2000支、防护套鞋30双。在苏蓼村、柳林江村、芦江社区等重点疫区地段设立哨卡，聘请血防巡查员进行劝阻和教育；加强对湘江水上作业人员防治工作，密切监控外来传染源的输入，对湘江望城段渔船民及水上作业人员进行监测，全年共摸底排查下水人员114人，化疗40人；严格执行急感防控值班制度、周报和零报告制度，定期对各疫区村、哨卡、疫区学校进行急感督导；按照全国监测方案内容和要求，完成监测点螺情、病情监测工作，开展螺情监测269.73万平方米，病情监测血检人数402人，粪检6人，未查到钉螺滋生，无血吸虫病新感染病例；10月，投资5万元，在乔口卫生院建立流动人群血吸虫病监测哨点医院。

2020年8月21日，省卫生健康委在望城区召开湖南省长株片区2020年汛期血吸虫病防控工作座谈会（杨豪 摄）

【血吸虫防治宣传】 2020年，区血防站采用流动宣传、入户宣传等多种形式，利用宣传车在各疫区乡镇人口集中的商业街、湘江大堤等公共场所播放血防知识录音，宣传血防条例、省“十三五”规划纲要血防政策等内容。在各疫区乡镇等人口密集地段、街道悬挂血防宣传横幅标语，张贴血防宣传画，出动宣传车10趟次，悬挂横幅2条，宣传展示板8块，制作宣传栏6块；入户宣传125户，接受宣传355人；在白沙洲街道黄田村卫生室、茶亭镇苏蓼村设立2个固定宣传咨询点，发放宣传折页4万份、防护膏1300支、发放血防条例50余本；在湘江段水上作业人员、垂钓人员集中处大堤上悬挂横幅及血防警示牌，发放血防知识宣传资料及防护用品；制作和发放疫区中、小学血防宣传教案8份，中、小学生血防知识测试卷1500份，各类血防宣传资料5000本，集中授课8课时，受教育学生5000余人；加固和维护有螺洲滩警示牌标志10块，新增4块。发放药物灭螺公告300份，建立血防巡查哨卡3个，在4个村卫生（血防）室定期出黑板报16期；向疫区居民、学生制作发放卫生抽纸9912盒、纸杯7万个，将血吸虫病防治知识辐射到疫区居民和学生的生活中。

【环改灭螺开展】 2020年11月，区血防站组织对茶亭镇苏蓼村砣洲、高塘岭街道新康外滩进行翻耕垦种环改灭螺，环改灭螺面积30.59万平方米，工程费用35.17万元。

【区间同步灭螺】 2020年4月29日，区血防站联合湘阴县血防办分别在望城区的砣洲、泥洲子、甑皮洲和湘阴县的白梅村外洲、樟树镇同时开展灭螺，联合灭螺面积9.99万平方米，控制交界地带钉螺滋生。

【陶学永到望城督导长株片区汛期急性血吸虫病防控工作】 2020年8月21日，省卫生健康委疾控处处长陶学永、副处长曾雷波，省血防所防治部主任周杰等一行到望城区，督导长株片区汛期急性血吸虫病防控工作。督导组到茶亭镇苏蓼村村卫生室、沱州和白沙洲街道黄田村卫生室、开州现场察看血防厕所、警示牌、血防哨卡等急性血吸虫病防控工作情况。现场督导结束后，在望城温德姆花园酒店召开汛期血防工作座谈会，会上长沙市、株洲市、岳麓区、望城区、宁乡市、云龙区、荷塘区管理区分别作汛期急性血吸虫病防控等工作情况汇报。

（本栏撰稿：谭　恋）

医院介绍

【长沙市望城区人民医院】 2020年，长沙市望城区人民医院（以下简称区人民医院）开设临床综合和医技业务科室27个、行政职能科室16个，编制床位598张。全年接待门、急诊291606人次，收治住院病人29713人次，手术9733台次，病床使用率88.9%，平均住院日6.7天。2020年，区人民医院被长沙市医改办评为“2019年度全市医改工作优秀公立医院”。

学科建设。2020年，区人民医院新添置64排CT、双排DR、负压救护车、核酸检测等设备，组建感染科病房，培养专科人才队伍。制定《医院重点学科管理办法》，申报重点学科。心血管内科被市卫健委确定为“十四五”期间临床重点专科建设项目，引进两位高级职称专家，计划以5年时间打造成市级重点专科。确定外一科、神经内科为院级重点学科。以心内科和介入手术室为代表的近20个学科开展冠状动脉血管内超声检查、冠状动脉旋磨、永久起搏器植入、下腔静脉滤器植入等30余项新技术。内一科、神经内科、外三科、ICU开展品管圈活动，外一科开展疼痛关爱病房，新成立科研论文小组，并与静疗小组、伤口小组、糖尿病小组协作，开展各项学术活动、论文撰写、创新比赛等。在病区实施无缝隙的责任制整体护理，夯实基础护理，注重人文关怀；规范健康宣教单，让健康宣教形式多样化。发展健康管理科。改造体检环境，优化功能布局，增加体检项目，成立外联工作小组及VIP体检区，对健康档案加强管理，对所有到院体检的人员跟踪回访。2020年接待体检25796人次，比2019年增加11196人次，增长77%。发挥中医药特色优势。中药资源普查工作按时按点完成。增设康复科门诊诊疗室，新建康复治疗中心，推广平衡针治疗探索符合中医学术特点的中医综合治疗、多专业联合治疗模式。外科全面进入微创时代，腹腔镜、微创设备齐全，可常规开展腹腔镜子宫全切术、宫颈癌根治术等微创技术；髋关节置换术、脊柱内固定术、肝叶切除术、胰头癌根治术等高精尖手术取得突破进展；消化内镜下诊疗技术达市内消化道内镜治疗前沿水平。

医疗队伍建设。2020年，区人民医院引进成熟型人才3人，招聘研究生及以上学历人员15人，专科及以上人员54人。在院内组织各级理论考核7场，院级培训17场，区级培训8场；选派业务骨干45人到上级医院进修，121人参加各级各类短期培训班；成立青年学术委员会，医院在各级各类学术团体担任主委、委员134人。

医联（共）体建设。2020年，区人民医院对上与湖南师范大学签约共建“湖南师范大学附属望城人民医院”，对下与5家紧密型医联体单位帮扶效果显著，开展新技术项目20余项，患者满意度95%以上。推进与乌山街道第二社区卫生服务中心合作共建综合病区。医院《深化医改 扎实推进医联体工作“往深里走”“往实里走”“往心里走”》文章入选长沙市卫健委深化医改医联体典型案例汇编。

医院文化建设。2020年，区人民医院出台《长沙市望城区人民医院文化建设五年规划（2021—2025）》，以“创雷锋式服务型医院”为目标，将医院文化建设有计划、有重点、分阶段层层推进。脱贫攻坚扎实推进。落实健康扶贫政策，开展健康扶贫义诊活动。全年“先诊疗、后付费”协议签订约3800人次，“一站式”结算3638人次，“一站式”转诊557人次；帮扶洗车河镇中心卫生院打造6S精益管理。加强宣传工作。坚持正确的政治方向，汇聚医院正能量，传播医院好声音。全年医院微信公众号发布专题211篇，一周资讯42期，比2019年增长33%；有2.7万人关注，比2019年增长1.5万人，点击量32万次，比2019年增长52%。2020年被新湖南、掌上长沙、今日头条、华声在线等媒体采用报道8篇。“志愿汇”注册志愿者769人，其中社会招募志愿者145人，志愿服务时长共15398.9小时，人均服务时长20.02小时，12支志愿服务队有序开展活动20余场。文明创建、6S精益管理常态化。三季度文明创建获区卫健系统文明创建、城市管理、雷锋百姓城管工作第一名；医院6S推进办在全国6S精益管理竞赛中获“优秀推进办主任”称号，医院党员志愿服务队被评为2020年长沙市“雷锋家乡学雷锋，疫情防控我先行”最美逆行志愿服务组织。

医疗护理质量管理。2020年，区人民医院落实二级医院绩效考核。强化规章制度、规范诊疗行为，全面做到合理检查、合理治疗、合理用药、合理收费，将28项考核指标层层分解到每一个科室和部门，院内绩效考核与二级医院绩效考核有机融合，全年抗菌药物使用率42%，抗菌药物使用强度31.38，药占比24.65%，基本药物使用率33.04%。成立三级医院创建办公室，组织相关人员到兄弟医院学习，制定《三级医院评审实施方案》，明确分工、细化职责，创建工作有序推进。结合2010版和2014版《病历书写规范》，制定《医院病历质量评分标准》，修订《护理工作手册》《护理常规》。牵头成立区心电质量控制中心，以11个区质控中心建设为抓手，坚持质量控制常态化，培训、考核系列化，以现场检查、归档病历抽查、专题检查、贫困对象病历专项检查、新入院病人横断面调查等多种方式，形成各类通报35次，抽查运行病历1256份，点评门诊处方15665张，点评临床路径病历2465份，查阅Ⅰ类切口病历1388份，出院患者41%以上按临床路径完成。2020年医疗纠纷减少七成。落实院感防控措施，新增蓝蜻蜓医院感染实施监测平台及双数传染病、慢病、疾病监测系统，实现“院内零感染”。

新冠肺炎疫情防控。2020年，区人民医院在新冠肺炎疫情伊始，迅速成立以院长、书记为组长，其他班子成员为副组长的新冠肺炎领导小组和新冠肺炎医疗救治专家组，明确分工职责，层层压实责任。收治的5例确诊病例均得到有效救治，无院内感染。严格规范预检分诊、发热门诊及住院患者陪护管理等工作。按标准建设改造预检分诊通道、发热门诊、PCR实验室，重点区域“三区两通道”，让患者有序就诊，合理分流。采取理论和操作相结合，对全院医护、行政后勤、保洁等人员分批次进行新冠肺炎防控及诊疗培训40余场次，提高应对处置和自身防范能力及新冠肺炎医疗救治规范化、专业化水平。对发热门诊患者、新住院患者及陪护人员、医院职工等重点人群核酸检测应检尽检。7月16日，医院PCR实验室正式投入使用，至12月31日，发热门诊检测核酸1796人次，住院患者及陪人核酸检测2.7万人次，检测率100%。

医院急救团队获湖南省第五届院前急救技能竞赛特等奖。2020年11月27—28日，由望城区人民医院盛壮猷、汤林利、刘宇组成的参赛队代表长沙地区在湖南省第五届院前急救技能竞赛中获特等奖。到自各地市（州）的14支代表队参加技能竞赛。竞赛围绕院前急救转运与防护、模拟患者转运、脱二级防护三个方面进行。比赛中，区人民医院参赛队伍沉着冷静，配合默契，操作技能娴熟，得到评委肯定。

支气管镜室开设。2020年5月，区人民医院呼吸内科开设支气管镜室。支气管镜室拥有奥林巴斯170电子支气管镜诊疗系统、一体化内镜清洗中心、心电监护仪等设备设施，配备呼吸内科主治医生和支气管镜室护士，科室人员曾在湘雅二医院、湘雅三医院进修学习；可开展常规支气管镜检查及肺泡灌洗术。支气管镜又称纤维支气管镜，操作时将细长的支气管镜经口或鼻置入患者的下呼吸道，即经声门进入气管和支气管以及更远段端，直接观察气管和支气管的病变，并根据病变进行相应的检查和治疗。

首次腔镜下乳晕入路甲状腺大部分切除术完成。2020年8月5日，乳甲外科完成首例腔镜下乳晕入路甲状腺大部分切除术。患者蔡某某，体检时发现甲状腺肿瘤，到医院乳甲外科就诊。经检查，患者右颈前气管处有一约4×3×2厘米大小肿块，性质待查，建议手术。因患者担心颈部留下手术疤痕影响美观，医院决定为其行全麻腔镜下乳晕入路右侧甲状腺大部分切除术。乳甲外科团队于患者双侧乳晕处取3个直径小于1厘米的切口，沿皮下钝性游离至颈部颈阔肌下，采用低压气体建立操作空间，为患者顺利切除肿瘤。术后仅在乳晕处留下3个细小切口，手术恢复快，美容效果好。术后4天，患者康复出院。

首例肩关节置换术完成。2020年12月15日，医院骨科团队完成首例肩关节置换术。患者因车祸致左肱骨近端多发粉碎性骨折，且左肩关节及左肱骨大结节有骨折、脱位。若使用传统的开放复位内固定术治疗，恢复缓慢、疼痛持续时间较长，面临着骨骼坏死造成残疾风险。骨科团队决定为其实施肩关节置换术。12月15日，骨科团队为患者清理碎骨块、修复关节囊、置入人工关节……历时约两个小时，完成医院首例肩关节置换术。术后一周，患者疼痛基本缓解，关节功能大部分恢复。肩关节置换指用人工的肩关节部件，替换疼痛的关节面或损伤严重的部分，可有效消除疼痛 恢复患者关节功能，是一种较新的术式，具有手术时间短、并发症少、有效恢复肩关节功能等优点。

（周　硕）

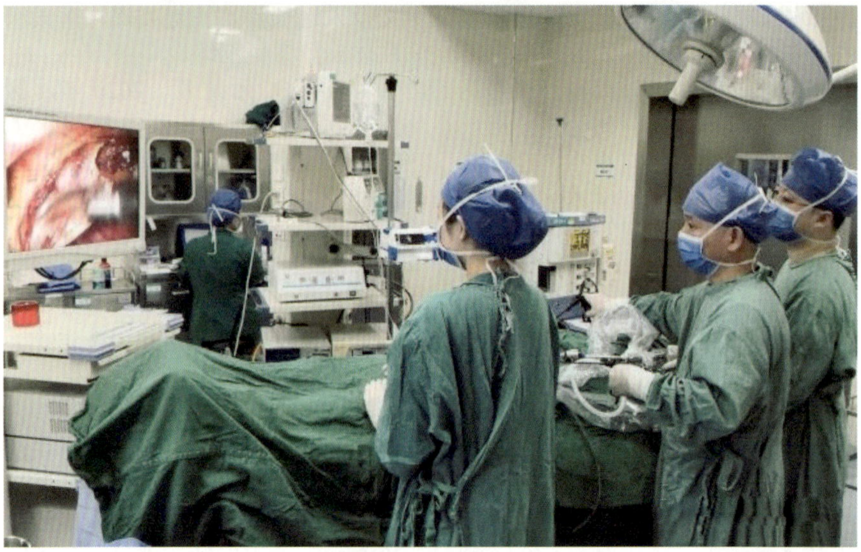

2020年8月5日，区人民医院进行首次腔镜下乳晕入路甲状腺大部分切除术

（区人民医院供图）

【长沙市望城区精神病医院】 2020年，长沙市望城区精神病医院（以下简称区精神病医院）开设院办、党建办、政工人事科、医务科、护理部、质控科、财务科、院感科、医保科、科教科、精神一科、精神二科、精神三科、内科、外科门诊、全科医疗科、中医理疗科、药剂科、检验科19个科室，核定床位数299张，开放床位280张。2020年门诊2647人次，住院病人453人次。

精神病患者治疗和管理。2020年，望城区有建档立卡精神病患者2707人，区精神病医院发放救助卡2425张，下乡发药194次，发放国家免费精神类救助药品10758人次，发放救助药品金额155万余元，为精神病患者免费体检2722人次，应急处置肇事肇祸重性精神病患者39人次；落实“先诊疗后付费”“一站式结算”“精神病贫困人口建档立卡”工作；组织精神病患者巡检活动，开展扶贫政策宣传，举办“粽叶飘香，共度端午”包粽子、“心灵呵护、爱在身边”集体生日会等病友活动，满足患者内心需求。

医疗能力建设。2020年，区精神病医院以二级医院创建为契机，规范医院管理，改善医疗环境，提升服务质量。启动门诊住院综合楼新建项目前期工作；投入20万元添置超声经颅多普勒血流分析仪等医疗设备；与省市级专科医院开展对口支援工作，邀请省市、区级专家教授培训5次，远程教学4次，区级委托培训1次，组织院内自训30余次，培训2000余人次；组织医护技人员每周理论考核，每月实操考核、每季度进行“三基”考核，通过率100%。派出20余人次到省、市、区级医院参加业务学习。2020年，医院新入职共34人（其中在编人员5名、聘用制专业技术人员23名、劳务派遣人员6名），转岗培训2人。开展区重点消防示范单位创建、平安医院建设，全年未出现医疗纠纷及其他安全事件。

全区精神病患者巡诊举行。2020年4月8—28日，区精神病医院组织医务人员开展全区严重精神障碍患者全面摸底、体检工作，为全区

16个街镇精神障碍患者进行免费健康体检及危险性评估；为行动不便、疑似病例、病情复发的患者提供上门服务；对重性精神障碍需住院的患者及时收治；在体检过程中发现检查异常的患者信息及时反馈，做好随访及建档工作。共评估1123人次，其中三级及以上有肇事肇祸行为的精神障碍患者12人。

（易雅迪）

2020年5月，区精神病医院住院楼（区精神病医院供图）

【长沙市望城区心脑血管病专科医院】 2020年，长沙市望城区心脑血管病专科医院（以下简称区心脑血管病专科医院）开设内科医疗部、护理部、门诊部、检验科、药剂科、B超影像科、康复科、医保科、后勤科9个科室。有职工61人（其中在编职工35人、临聘职工16人、退休职工10人）。有副主任医师4名，中级职称18人。2020年，医院接待门诊6280人次、住院2642人次。

特色专科打造。2020年，区心脑血管病专科医院与长沙市第四医院、湘雅附三医院、湖南航天医院建立专科联盟型城市医疗联合体，建立上级医院对口指导及双向转诊关系，促进心脑血管疾病的规范化分级诊疗。发挥医院独特体外反搏、颈动脉注射、穴位注射、小针刀等特色专科，为患者开展体外反搏1864人次，颈颈动脉注射、穴位注射1026人次。

服务能力建设。2020年，区心脑血管病专科医院采取人才外出培训、请专家讲座及自训相结合的方式，重点加强心血管内科、神经内科的能力建设，全年开展各类培训300余次。严格落实十八项医疗核心制度，严格执行“三查八对”工作制度，医生每天下病房不少于4次。实施无缝隙的责任制整体护理，实行护士长领导下的责任组长制，住院病人的入院宣教、衣食起居、注意事项、床单位护理、服药检查全方位到位。2020年，医院患者满意度95%以上，无医患纠纷及医疗事故的发生。

（周　锦）

教　育

责任编辑 ◎ 任俊国

教育管理

【概况】　2020年，望城区有中小学校115所，其中普通高级中学5所、中等职业学校1所、初级中学29所、小学79所、教学点1个，在校中小学生8.9万人；中小学教职工5994人，其中专任教师5744人。幼儿园194所，其中公办幼儿园52所、普惠性幼儿园106所，在园幼儿约3.4万人。2020年，被教育部基础教育质量监测中心评为国家义务教育质量监测实施“县级优秀组织单位”，获省教育厅“湖南省第五届中学生班级合唱比赛优秀组织奖”“长沙市文明单位”。

【教育质量建设】　2020年，望城区教学质量稳步提升。高考本科一批上线率较2019年提高6.4个百分点、本科二批及以上上线率提高7.9个百分点，高中二年级学业水平考试一次性合格率100%，初中毕业会考6A率创新高。区职业中专教师团队在2020年职业院校教师职业能力比赛中取得优异成绩。桃林小学、双湖小学、香桥小学、梅花岭小学、车桥小学、桐林中心小学、白箬中心小学、月龙小学、桥驿中学、简文学校、友仁中学、白箬中学、书堂中学、铜官中学等农村学校教学质量进步较大。常态开展体育大课间、篮球赛、足球赛、乒乓球赛、羽毛球赛、田径运动会等体育赛事和校园艺术节、班级合唱、戏曲进校园等艺术活动，建立初中体艺后备人才基地11个。学科研训员进校调研听课、参加校本研训活动1546人次。区级课题立项101项，4项省级规划课题进行开题论证，6项市级课题结题。第41届湖南省青少年科技创新大赛望城区5件作品入围，获一等奖3个。长郡月亮岛学校学生黄翔威、刘开获2020年“杂交水稻杯”机器人创客大赛教育机器人普及赛小学组冠军。开展中华经典诵写讲、“学习新思想 做好接班人”主题阅读、“争当抗疫小先锋”“争做好队员”系列主题活动，承办长沙市2020年“爱心捐赠零花钱·关爱困难小伙伴”主题活动启动仪式，涌现出“新时代长沙好少年”廖恒淞、白汨、贺怡萱等一批学雷锋先进典型和高塘岭实验小学、望城金海学校等一批学雷锋先进集体。获评市“优秀少先队大队”3个、“优秀少先队中队”5个，3所学校获评少先队工作先进学校，24名师生获评优秀个人；2个教研组获评全市“青年文明号”，2位教师获评全市“青年岗位能手”；组队参加长沙市少先队辅导员风采大赛获特等奖。《网络学校助力抗“疫”斗争》获评教育部“优秀案例”。

【教育基础设施建设】　2020年，长沙市望城区教育局（以下简称区教育局）统筹推进学校项目建设，完成10所学校扩班、22所城区中小学校厕所改造、7所标准化学校建设、校舍维修改造等项目建设。改扩建3个标准化考点，增加标准化考位3000余个。金潇小学、思源学校、明德美琪学校、南雅望城学校、雅礼丁江学校等5所新建学校于2020年秋季开学，新增中小学优质学位1.2万个；新增公办园17所，新增公办园班级数161个、学位4830个。认定普惠性幼儿园106所，其中一级园33所、二级园20所、三级园26所、四级园27所，学前教育三年毛入园率98%。实施城区学校对口帮扶工作，推行“一校带一园”模式，形成共商共建机制，实现优质资源广覆盖。《湖南教育》推介望城区以优质教育资源助推融城发展相关经验。

【教师队伍建设】　2020年，区教育局公开选调优秀校长1人、名优教师10人，引进部属师范院校、“双一流”大学优秀毕业生49人，公开招聘教师495人。评选区级卓越教师55人、市级卓越教师5人，遴选中小学研训员4名，选聘学前教育兼职研训员45名。开展幼儿园教师业务培训近2000人次，举办学前教育“生活养成教育”竞赛活动。开展“雷锋杯”中学研赛培暨教学能手竞赛活动，参与学科研训活动3122人次，聘请省市专家现场授课103人次，收集中小学课堂实录612堂。完成援疆支教任务，2位援疆教师获评“吐鲁番市优秀援疆教师”，21位教师到绥宁支教。落实教师培训计划，送培3041人次，区级培训7173人次。在各级各类教学竞赛中，教师获市级以上奖励80余人次。望城区中小学教师发展中心转型发展相关工作被编入教育部教师工作司《国培十年专题片》进行推介。举办“望城教育奖”颁奖典礼暨教师节庆祝活动、教职工主持人大赛、教职工集体舞比赛等大型活动，推进教师幸福工程。

【教育管理体制改革】　2020年，区教育局推进教育管理体制改革，将11个学区校合并为6个片区校，升格区属学校17所，精简管理机构和人员40%以上。深化考试招生制度改革，保障城区楼盘业主子女、外来务工人员子女入学需求，实现义务教育大班额全面清零。全区中小学、幼儿园实施挂牌督导，专职督学开展经常性督导1200余人次，完成国家义务教育质量监测工作，教育局获2020年国家义务教育质量监测实施“县级优秀组织单位”。开展校外培训专项检查3次，行政执法行动8次，对无证培训机构进行全面摸排，查处违规办学行为4起、无证办学行为4起。推进平安校园建设，全区中小学实现专职保安配备、封闭式管理、护学岗设置、一键式报警和视频监控联网率“5个100%”。落实学校食品安全长效管理机制，全年校园食品安全“零事故”。望城一中获评湖南省文明校园，星城实验小学、大湖中学获评长沙市文明标兵校园，中岭小学、茶亭西华中心小学获评长沙市文明校园，长郡月亮岛第二小学获评长沙市公共机构垃圾分类示范单位，长郡月亮岛学校获评长沙市教育系统垃圾分类示范单位。

2020年12月29日，望城区第二届“雷锋杯”研赛培主题活动暨教学能手竞赛总结大会在望城一中体艺馆举行（区教育局供图）

【爱心助学】　2020年，区教育局落实学生资助政策，全年资助学生1.9万人次，发放资助资金2300万余元；义务教育阶段免费入学13.8万余人次，发放资金8823万元。95名家庭经济困难大学生申请贷款86.77万元。开展随班就读、送教上门等工作，271名适龄残疾儿童少年同等享受义务教育。

【望城区合作办学学校述职会议召开】　2020年1月13日，望城区合作办学学校述职会议在区教育召开。区政府领导及合作办学学校负责人等相关人员参加会议。各合作办学学校负责人、长沙市明德教育集团、长沙市实验教育集团派驻望城区合作帮扶学校负责人分别进行述职。会议回顾、总结、交流近年望城区合作办学工作经验，对下阶段继续推进名校合作战略、强化考核帮扶、实现“像”名校到“是”名校的转变作出部署。苏敏芳强调合作办学学校要在提质增效上当好表率，营造比学赶超氛围，锻造过硬师德师风师能，打造合作和谐团队。

【望城一中试点推进教职工“区管校聘”改革】　2020年7月26日，望城一中召开教职工“区管校聘”管理改革试点工作动员会议，启动改革试点工作。望城一中261名教职工全部参与竞聘上岗，竞聘未成功的待聘教职工由教育局统筹调配，推进教师由“校管”向“区管”、由“学校人”向“系统人”转变。试点工作打破教师交流换岗管理体制障碍，探索出“教师能进能出、职称能上能下”可行性办法，形成成熟经验后在全区推广。

【第二届“雷锋杯”研赛培主题活动暨教学能手竞赛总结大会召开】2020年12月29日，望城区第二届“雷锋杯”研赛培主题活动暨教学能手竞赛总结大会在望城一中体艺馆举行。活动由区总工会、区教育局共同主办，组织课堂教学竞赛45场次，涵盖小学、初中、高中各学段39个学科，607位教师参赛。94位教师和14个优秀组织单位获奖。湖南省教科院副院长杨敏作题为《从育分走向育人：现状、内容、方式与路径》的讲座。

【“党员干部基层服务日”活动开展】2020年9月28日，区教育局开展“党员干部基层服务日”活动，局班子成员和各科室负责人带队走进学校、走近师生、走访家长，解决实际难题，提升教育质量。区教育局党组推进书记工程，研究制定基层服务日制度，明确每周星期三为机关党员干部基层服务日时间，让“强化宗旨意识，增强服务本领”成为党员干部的鲜明共识和工作导向，提升机关党员干部履职尽责工作意识和服务群众能力。

（本栏撰稿：李胜辉）

中小学教师发展

【概况】　2020年，长沙市望城区中小学教师发展中心（以下简称区教师发展中心）启动智慧教育示范区建设、信息化提升工程2.0工作，推进师训、教研与信息化融合，开展雷锋杯研赛培暨教育系统教学能手比赛等“研训一体”培训活动；开展“诊断式”调研、“点单式”调研及“一师一优课、一课一名师”网络评比等活动。2020年，区教师发展中心被评为“长沙市新高考背景下学科教学改革网络研修先进单位”，“2020年度湖南省中小学教师网络研修（工作坊研修）工作先进单位”。

【教育科研】 2020年，区教师发展中心将常规教学主题调研与学科核心素养培养相结合，举办小学语文第四届“爱阅读 善表达”学生素养展示活动。浓厚课题研究氛围，凸显学科建设目标，将培训与比赛相结合，组织覆盖3个学段、41个学科的第二届雷锋杯研赛培暨教育系统教学能手比赛活动，培训教师3122人次；在一中金山桥学校举行区优秀课题成果展示推广活动暨新立项课题集中开题论证报告会，培训课题教师360人次。2020年收集申报课题128项，立项101项，申报长沙市“十三五”规划课题10项；有4项省级规划课题完成开题论证，6项市级课题和1项省级课题成功结题；有2个课题获市一等奖、4个课题获市二等奖，4个课题获长沙市友谊科研奖。

【教育教学】 2020年，区教师发展中心围绕“一核四层四翼”开展教学调研活动（“一核”为高考的核心功能，即“立德树人、服务选才、引导教学”，回答“为什么考”的问题；“四层”为高考的考查内容，即“核心价值、学科素养、关键能力、必备知识”，回答“考什么”的问题；“四翼”为高考的考查要求，即“基础性、综合性、应用性、创新性”，回答“怎么考”的问题。）指导各学科名师和部分优秀教师，落实区教育局“停课不停学”工作要求，推出网络优质直播课168节次。推进“联片教研”“高效课堂建设”教研、开展“一师一优课”评比活动和“补短板 强弱项 抓重点”典型示范教学活动效果明显。教研员下校调研听课、参加基层学校校本研训活动1546人次，调研员访问高中、初中、小学共86所次，采用重点视导、常规调研、问诊式专题调研、片区研训、校本研训等方式，准确掌握调研备考情况和一线教师需求，引导一线教师跟紧最新高考指挥棒备考，望城2020年高考一本上线率比上一年提高6.4个百分点。全年指导一线教师参加省市级教学竞赛，1人获省一等奖、31人次获市一等奖、80人次获市二等奖。

【师资培训】 2020年，区教师发展中心指导全区中小学校开展校本培训。克服新冠肺炎疫情影响，完成市级3个项目297人次网络研修，组织全区教师参加“教师综合素质提升选修”项目培训。配合省市中小学教师发展中心开展各类培训，完成长沙市高中骨干教师高级研修班、市初中语文卓越教师高级研修班、同研共享·名师优课教师主题研修班和湖南省2020年教育部示范性项目高中心理健康教育、信息技术应用能力提升工程2.0培训、乡村优秀青年教师递进式研修、公办幼儿园园长办园能力提升培训等项目送训任务。完成国培和省级培训39人次、市级培训882人次、区级培训4821人次。国（省）、市、区、片、校五级培训形成体系，望城教师培训在中国教育电视台拍摄的“国培十周年”宣传片中四次出镜，卓越教师培训、新教师培训、资深教师培训等培训现场多次出镜。“国培计划”广东省湛江市和河源市培训班学员、海南省研训人员、湖南省绥宁县教育局教育科研室人员“跟岗实习”或参访。启动中小学教师信息应用能力提升工程2.0培训和测评评审工作，促进信息技术与应用能力深度整合，组织教师参加在线电子备课大赛，多个学科获省一等奖。

【电大与社区教育】 2020年，电大春秋两季招收新学员111人，完成市电大年初下达的100人招生任务；规范日常教学行为，为毕业学员做好毕业登记和毕业证发放等服务工作。社区教育深入推进，指导高塘岭街道社区学校成功创建省级“优秀社区学校”，茶亭镇西湖寺村、丁字湾街道兴城社区顺利通过长沙市“示范性社区学习中心”评估；推送并指导全区多个作品和团

2020年8月22日，国培办老师及中国教育电视台摄制组到望城拍摄新教师岗前培训（区教师发展中心供图）

队获省、市、区级奖励，多人获市、区级百姓学习之星或市、区级“优秀学习型家庭”，望城社区学院在2020年全民终身学习活动周开幕式上对各级各类获奖给予隆重表彰。

【教育技术与实验教学】 2020年，区教师发展中心在完成全区学校设施设备计划采集、编制和装备的基础上，完成长沙市一中金山桥学校第二期2345万元和望一外国语学校第二期855万元、雅礼丁江学校1620万元、南雅奥莱学校1113万元、美琪学校1461万元、九所幼儿园2736万元、2020年秋季扩班项目720万元、教育信息化项目1000万元等8个项目共11850万元项目实施建设任务（思源和金潇学校的项目计划为外包方式）。全年辅导实验教师参加省市说课活动14人获市奖、1人获省一等奖。联合教研部开展区域优质教育资源库建设和学科测评系统深度应用工作，全区教师晒课2831节、学校推送“一师一优课　一课一名师”优课360节、区教师发展中心向市推送优课50节。

（本栏撰稿：刘兰竹）

学校介绍

【长沙市望城区第一中学】 长沙市望城区望城一中（以下简称区一中）是全区唯一的省级示范性高中，“全国模范职工之家”“全国示范文学校园”，学校占地11.2公顷。2020年，区一中有在编在岗教职工261人，在校学生2514人，教学班54个；学校被评为“湖南省民族团结进步模范集体”“湖南省文明校园”“长沙市教育系统综合评估优秀食堂”。

教学质量提升。2020年，区一中开展每日激情早读评选、每周书写之星评比活动，提高学生早读效率和书写水平。以“校园四节”为载体，培养学生综合素质和个性发展。2020年高考一本上线率56.06%，二本以上上线率82.3%，

2020年7月26日，望城一中召开教职工“区管校聘”管理改革试点工作动员会

（望城一中供图）

获评长沙市教育局教育综合质量“低进高出”先进学校。注重培养学生良好文明行为习惯、学生自我管理能力；坚持学生成长导师制、班级轮流自主执勤制度；加强校德育工作力度，形成良好校风学风。

教师队伍建设。2020年，区一中引进名优骨干教师和名校毕业生，提高教师队伍活力；实行“区管校聘”改革，中高级职称评定，激发教师工作积极性。学校搭建平台，组织青年教师赛课、卓越教师示范课、教师读书分享会等活动，促进教师专业提升；邀请长郡中学王毅、澧县一中杨传谋到校专题培训；承办区多个科目“雷锋杯”教学竞赛。选派多名教师前往北京、重庆、衡水等地学习培训。

望城一中学校发展现场办公会召开。2020年7月16日，中共长沙市望城区委书记刘拥兵主持召开望城一中现场办公会，研究学校发展工作。会前刘拥兵一行到区一中改扩建项目（新建部分）现场，了解项目建设进展及存在的困难。刘拥兵强调，要认真贯彻落实习近平总书记关于教育工作重要讲话精神，坚持党对教育工作领导，坚持立德树人方向，坚持教育优先战略，坚持改革创新原则，办好望城一中，推动全区教育事业高质量发展。要求相关建设单位要统筹协调望城一中新校区建设和老校区提质改造工作，望城一中要提高教育信息化水平，强化教师队伍建设，持续深化教育领域综合改革，努力办好人民满意教育。

（本栏撰稿：阳　彪）

【长沙市望城区职业中等专业学校】 2020年，长沙市望城区职业中等专业学校（以下简称区职业中专）是区内唯一一所全日制公办职业中等专业学校，是国家级重点职业中专、第三批中等职业教育国家改革发展示范校。学校占地面积12.33万平方米，建筑面积8.8万平方米；有教师255人，在籍学生2623人。学校开设有机械加工技术、工业机器人、机电设备安装与维修、汽车运用与维修、汽车车身修复、汽车整车与配件销售、旅游服务与管理、数控技术应用、计算机应用（含VR班）、会计电算化、电子商务、幼儿保育共12个专业。2020年注册新生990人，中职学历教育毕业生773人。2020年，学校获评长沙市“职业院校教师职业能力大赛优秀组织奖”等荣誉。

教师队伍建设。2020年，区职业中专党总支组织开展“我们的队

伍向太阳”教师队伍建设年活动，活动有“初心工程、头雁工程、清风工程、素养工程、健体工程、尖兵工程、关怀工程”七大主体工程，激发教职工干事创业热情，提升教师团队战斗力。9位优秀教师代表在教职工大会“先锋时刻”分享其个人及团队先进事迹；在市中职文化课远程研修中，学校优秀率、合格率均居全市第二，在中小学综合素质能力提升培训中，学校优秀率、合格率居全区第一；学校获评望城区“教育系统学习型单位”“教师阅读活动优秀组织单位”“雷锋杯研赛培暨教育系统教学能手竞赛优秀组织奖”“先进基层工会”。

学校德育。2020年，区职业中专针对中职学生特点，举办“我们的青春正朝阳”系列主题活动，设技能节、社团节、成长节、励志节、体育节、文艺节六大节会，以多样的活动让学生找到自信，昂起头。学校“讲好红色故事 传承红色基因”活动、爱心义卖活动、经典诵读、“雷锋实践周”、消防安全应急疏散演练等活动以及班级活动开展得有声有色；抖音社、跆拳道社等26个社团吸引400余名学子加入，社团活动让学生的人生出彩。2020年在“文明风采”比赛中，学校获评成建制合唱班级省二等奖1个、省三等奖2个及市一等奖2个、市二等奖13个、市三等奖13个，并获优秀组织奖；在湖南省中职学校德育工作典型案例征集中获得省三等奖2个；在教育部组织的全国职业院校红色故事大赛中，1个作品获全国优秀奖；德育活动典型案例和学生书法作品获省三等奖，其中《劳动挑起责任大梁》被推送到教育部参评。学校1个班级获评省优秀班集体，1个班级获评市优秀班集体。2020年学校推出微信公众号文章225篇，被上级媒体报道达49次。“青匠在成长”教学成果汇报会网络直播8万人围观，《望职学子，请昂起你高贵的头》开学典礼致辞在“新湖南”媒体点击率超过15万次。教职工通过微信朋友圈、QQ群积极传播学校正能量，达到校内提振士气、区内聚集人气、业内飙升名气的效果。

学校基础建设。2020年，区职业中专办学条件显著改善，投资6000万余元的理实一体化教学楼投入使用，每间教室配备中央空调；校园网络升级改造完成，校园无线网全覆盖；全新监控、广播系统建成；田径场、篮球场、校园道路，乒羽馆完成提质改造投入使用。灵活聘用专业老师、更新实训及竞赛设备等。形成总体结构合理的内部管理体系，制定完善教职工绩效考核、“三重一大”、物资采购等系列管理制度。评优晋级向一线教师倾斜。学校从政务、总务、财务、教务、内务、防务六个方面着手，开展“治理百日行动”，实现管理提质提档。

教育教学。2020年，区职业中专教师参加教学竞赛、技能比武、主持课题、指导学生参赛、论文评奖等，共有229人次获区级以上奖励。在教师技能或教学竞赛中，获市级以上奖励34项，其中省级奖励7项、市级奖励27项。2020年职业院校教师职业能力比赛中，学校教师团队成绩居全市中职学校第一名；在市班主任基本功比赛中，3位老师获奖；4位老师指导学生参加第十五届中国中学生作文赛获国家级奖。有28篇教师论文或作品在省级以上刊物发表。机加专业教学团队成功入选2020年湖南省职业院校专业教学团队（该专业将省内近五年所有涉及专业创建的项目全部纳入囊中）。机加、数控和财会专业成功申报教育部批准的6个“1+X证书制度试点”证书。1人获评长沙市2020年教育系统先进个人“华天优秀教师奖”；在区卓越教师评选中，2人被评区优秀骨干教师，2人被评区教学能手，1人获评市“国家教育考试工作先进个人”。学生技能竞赛结硕果。在市赛中获历史最好成绩，获奖项40个，其中一等奖10个。在省赛中，学校五支代表队分获2个一等奖、2个二等奖、1个三等奖。在国赛中，旅游专业团队作为酒店服务赛项湖南省唯一代表队获得全国二等奖，为2010年至今学校学生技能竞赛取得的最好成绩。

就业培训。2020年，区职业中专对接产业优化专业布局，新开设电子商务专业、工业机器人专业、幼儿保育专业。推进产教融合，新增区内合作名企7家，高二就业班

2020年11月9日，望城区职业中专旅游专业学生团队在2020年全国职业院校技能大赛改革试点赛（中职组）酒店服务赛项中获全国二等奖（袁晓艳 摄）

学生全部进入企业顶岗实习，毕业生本地就业率95%以上。响应区政府“六稳六保”硬核举措，茶艺、育婴、电工、社区礼仪、“抖音直播带货+短视频制作”等社会培训班持续火爆，学校开展送课上门服务，培训下岗职工、农民工、扶贫户、困难职工、低保户等1000余人，举办区维修电工技能竞赛暨长沙市2020年“十行状元、百优工匠”竞赛望城区选拔赛。

平安校园建设。2020年，区职业中专破解职业学校学生难管现状，严阵以待、严防死守、严管重处。学校严格落实校园疫情防控工作要求，做好相应预案，专人及时准确上报数据。摸底建立台账、开通网络健康码等，全面掌握师生员工流动情况；准备充足防疫物资，各类社会考试（省市技能竞赛）期间对考生活动区域进行重点消毒；校门处安装测温设备，学生错峰返校、错峰就餐，加强防疫安全教育，保障师生平安健康。提高校园安全人防、物防和技防水平，监控无死角。召开安全工作专题会，排查安全隐患；开展消防安全培训和消防应急疏散演练；“护校队”实行24小时值班巡查管理；在学生上学、放学时段，值班行政、保卫科人员和保安有序组织学生进出学校，巡视校门周边异常情况。专职心理辅导老师和班主任成为学生心灵守护者，开展心理知识讲座、心理健康专题培训等，化解学生心理疙瘩和同学之间矛盾。

2020年5月，学生在汽车实习工场进行实操训练（区职业中专供图）

“我们的青春正朝阳”系列主题活动。2020年，区职业中专开展“我们的青春正朝阳”系列主题活动。活动贯穿全学年，分为励志节、体育节、文艺节、技能节、社团节、成长节六大节会，通过积极、健康、向上的课余活动达到加强学生德育教育、素质提升和技能培养的目的。秋季开学9月，学生们首先迎来“励志节”。开学典礼上，校长以“望职学子，请昂起你高贵的头”为主题的讲话，帮助学生树立正确人才观、就业观。10月，“体育节”开幕，田径、乒乓球、羽毛球等15个项目的比赛精彩纷呈，奥运冠军、湖南省体育局党组副书记、副局长、省足球协会主席熊倪到场为学生“加油”。4月的“社团节”最受学生欢迎，全校26个社团涵盖专业技能、文艺、体育、公益等各个方面，丰富校园生活的同时提升学生的综合素养和社会竞争力。刘骞老师带领的短视频社团负责学校官方抖音号运作，累计发布22条短视频作品，吸引粉丝1100余名。与此同时，“我们的青春正朝阳”系列活动下沉到每一个班级，班级内部也分组开展竞赛。通过竞赛活动，先进带后进，改变坏习惯，增进同学之间的感情。

（本栏撰稿：王英姿）

科学技术

责任编辑 ◎ 任俊国

科技管理

【概况】 2020年，望城区有高新技术企业199家，完成技术合同交易额17.01亿元，完成规模以上工业企业研发经费30.84亿元。全年规模以上工业企业R&D投入23.62亿元。

【科技项目培育】 2020年，长沙市望城区科学技术局（以下简称区科学技术局）为区内135家企业完成研发准备金备案。第一批77家企业获得省研发财政奖补资金3125.16万元，第二批19家企业申报省研发财政奖补资金174.29万元，为36家规上工业企业获得市研发财政奖补资金536.55万元。对认定的众创空间、高新技术企业、市科技创新小巨人企业、产业技术创新战略联盟以及市科技行政主管部门登记认定技术合同交易的企业进行奖补，奖补资金889.33万元。培育湘江涂料科技有限公司创建湖南省工程机械涂料工程技术研究中心，金驰能源、中航起落架创建市技术创新中心等3个市级以上研发平台，组建中德、五矿有色创建市级科技企业孵化器，创建谷山芯谷众创空间、华信无忧众创空间4个创新创业服务平台。举办望城区战略新兴产业科技成果推介暨2020年科技活动周活动搭建对外推介交流平台，20个创新机构分批次签约，40余名高端人才明确进驻研究院，按有关程序办理；1.5亿元资金按程序直投产业项目，首批21家基金公司组成产业基金联盟，资金规模达200余亿元，2个专项产业子基金和1个首期8亿元创投基金启动募资工作。指导区内企业参加“长沙银行杯”2020年湖南省创新创业大赛。望城区长沙衡开智能科技有限公司在高端装备制造领域获评“长沙银行杯”2020年湖南省创新创业大赛半决赛小中组赛第一名，获第九届中国创新创业大赛半决赛“优秀参赛企业”。

【科技人才选育】 2020年，区科学技术局牵头引进9名优秀博士组建“产业攻坚博士团”，开展产业攻坚涵盖绿色食品、新一代半导体、智能终端、新型合金、生物医药、先进储能等产业链，其中7名博士分别进入澳优乳业、中航起等重点龙头企业，支持企业解决关键技术问题，2名博士进入望城经开区，助力园区产业经济分析和产业链升级。遴选16名“工业科技特派员”，派驻中小企业解决具体技术问题。组建“一县一特”蔬菜、小龙虾农业科技特派员服务团，获2018—2019年度湖南省科技特派员工作先进单位。服务团组织专家现场指导167人次，指导望联农业、中望优农等企业获批省级星创天地；指导望城区蔬菜产业公共技术服务平台获批市级公共技术服务平台，培育任胜种植、卓柱农业等5家单位创建“12396”科技助农直通车市级信息服务示范站。指导支持湖南华腾医药有限公司牵头组建长沙创新药物工业技术研究院，聚集席振锋院士等一批高端人才，长沙新一代半导体研究院新签约创新服务机构36个。新引进3家优质科技咨询服务机构，培育引进张兰兰等6名科技成果转移转化人才。

【望城区战略新兴产业科技成果推介暨2020年科技活动周】 2020年8月23日至29日，望城区战略新兴产业科技成果推介暨2020年科技活动周活动在雷锋大剧院举办。活动由长沙市科学技术局、望城区人民政府、望城经济技术开发区主办，望城区科技局、望城区科学技术协会、望城经开区产业发展局承办，长沙新一代半导体研究院、湖南华腾医药有限公司协办，旨在通过政府搭台，推介望城区战略新兴产业一批科技成果，促进科技创新和科学普及协调发展，吸引更多创新资源汇聚望城。活动期间，湖南华腾医药有限公司作为望城区原料药产业链企业代表从华腾医药创新能力、创新成果、创新贡献三个方面的科研成果介绍。

【农业科技特派员服务团进农村活动】 2020年，区科学技术局组建科技特派员服务团进农村开展服务。3月12日，望城区小龙虾产业科技特派员服务团专家到区小龙虾协会相关企业，科学指导复工复产，与企业负责人进行交流，针对各基地小龙虾养殖模式及运营提出中肯建议。4月20日，望城区小龙虾产业科技特派员服务团专家到长沙风向农业有限公司、长沙市伟刚农业科技发展有限公司等企业养殖基地，指导如何在玻璃钢桶正确放养澳洲龙虾苗，对基地改造建设、走生态养殖路线、做好水质净化等工作提出科学合理建议。6月11日，区科技局组织召开小龙虾产业科技特派员服务团工作座谈会，小龙虾产业科技特派员服务团、相关企业代表等8人参加座谈会议，针对存在的问题和困难，探讨开展科技特派员工作模式和服务方法，为产业发展“把脉”。区科学技术局组建科技特派员服务团进农村开展服务，助力产业发展，扩大科技服务辐射面，为望城区小龙虾产业发展提供强有力智力支持。

（本栏撰稿：杨　柳）

科技普及

2020 年 11 月 17 日，长沙市望城区科学技术协会第二次代表大会在雷锋大剧院召开（区科协供图）

【概况】 2020 年，区科学技术协会（以下简称区科协）全年指导支持相关企业开展院士（专家）工作站、海智计划基地（工作站）建设，助推技术创新和科技成果转化，指导推荐澳优乳业（中国）有限公司成功获批长沙市院士工作站、湖南省海智计划工作基地、国家级博士后工作站。与区科技局等共同承办望城区战略新兴产业科技成果推介暨科技活动周启动式，举荐优秀青年科技人才为高质量发展建功立业，推荐的澳优乳业（中国）有限公司汪家琦、段潇潇分别获评长沙市 B 类领军人才、长沙市 D 类高级人才；长沙中联消防机械有限公司熊忆、海普诺凯营养品有限公司谢奎 2 位青年人才参评市第六届优秀青年科技人才。

【公民科学素质建设】 2020 年，区科协实施《全民科学素质行动计划纲要实施方案（2016－2020 年）》，推行科技志愿服务。举办“全国科普日”主题活动和“好奇之旅”品牌科普活动，推进全区公民科学素质提升。吸纳近 1000 名科技志愿者，开展专业技术培训、科普大篷车巡展、科学互动体验、科学知识普及等科技志愿服务活动 40 余场，服务群众万余人次，区科协科普科技服务支队获评“长沙市望城区 2020 年度学雷锋先进集体”。加强青少年科技教育，与区教育局联合举办区第九届青少年科技创新大赛、“奇思妙想”纸质结构模型普及以及创意编程竞赛，组织参加省市创新大赛、机器人竞赛等，获省市奖项 80 余项。针对新冠肺炎疫情防控，依托“望城发布”在“望城科普”专栏及时在线发布防疫知识，向基层社区（村）、企业、科普基地等发放《科学防疫，疫问医答》科普挂图、《健康保健手册》等，提高广大人民群众防控意识和防控能力。

【科普信息化建设】 2020 年，区科协指导支持高塘岭街道雷锋路社区、高塘岭社区和月亮岛街道天鹅塘社区建立科普中国社区 e 站；评定区级农村科普基地 10 个、农村科普带头人 5 人、科普社区 1 个；推荐评定市级先进农技协 1 个、农村科普基地 2 个、科普带头人 1 人、科普社区 1 个。加强科普信息化建设，助力乡村振兴。

【区科协第二次代表大会召开】 2020 年 11 月 17 日，根据《中国科学技术协会章程》和《长沙市望城区科协系统深化改革实施方案》，望城区科学技术协会第二次代表大会召开。大会通过《关于长沙市望城区科协第一届委员会工作报告的决议》，选举产生区科协第二届委员会，选举产生主席 1 人、专职副主席 2 人、兼职副主席 5 人。

（本栏撰稿：苏　杰）

文化·旅游·体育

责任编辑 ◎ 任俊国　袁吉平

文体建设

【概况】 2020年，望城区文化旅游广电体育局（以下简称区文旅广体局）内设办公室、文化科、旅游科、体育科、产业科、文物科6个科室；下设体育运动中心、湘江古镇群事务中心、文化馆、雷锋图书馆、花鼓戏剧团、公益电影服务中心6个二级机构，原旅游质量监督所因机构改革于2020年6月撤销，其职能职责转入旅游科；加挂望城区文化市场综合行政执法大队牌子，执法队伍人员编制相对独立。2020年，全区基本公共文化服务体系日趋完善，“每日有书 每周有戏 每月有约 四季欢歌”等群众文体活动形成品牌，全民健身节、百村篮球赛、2020年中国网球巡回赛等体育赛事精彩纷呈，全民阅读、全域旅游成效显现。

【公共文化服务体系建设】 2020年，区文旅广体局落实《湖南省现代公共文化服务体系建设三年行动计划》，完善全区基本公共文化服务体系。高标准建设文化馆分馆8个，图书馆分馆1个；完成黄金、桃花井社区等15个市级标准化村（社区）综合文化服务中心建设；启动郭亮园基础配套设施提质改造工程、洗笔泉石刻维修保护工程、农村广播“村村响”升级改造项目建设前期筹备工作；完成文化馆提质改造、区旅游集散中心提质改造（数字文旅监管平台）、数字文化馆平台、望城区老年人健身风雨棚建设工程。开展“带一本书·游一座城”系列活动；“每周有戏 好戏连连”戏曲惠民演出31场次；“每月有约 星动望城”1场次；“欢乐潇湘”群众广场舞大赛系列活动4场次，“文艺轻骑兵”走基层系列活动3场；选送音乐《逆行》、MV《血脉相连》、花鼓戏《小家大义》、歌曲《等我回来》《战役天使》、长沙弹词实景表演《望城景好暂莫游》等文艺作品参与省文旅厅“艺抗疫情、云游湖南”——打赢疫情防控阻击战主题文旅作品创作和征集活动；开展“夏之恋·端午行—越老越有味”非遗老手艺·百年老字号·长沙老街巷—老街新巷打卡游活动，完成展区布展、文旅直播排位赛录制以及短视频征集大赛宣传。

【2020年全民健身节“水投杯”第五届男子篮球百村争霸赛】 2020年8月27日—9月2日，2020年望城区全民健身节“水投杯”第五届男子篮球百村争霸赛举办。全区110个村，近百支队伍参加由各街镇组织开展预赛。靖港镇芦江社区实现五连冠。《湖南日报》以《望城区男篮百村赛总决赛开幕》为题，《长沙晚报》以《篮球场上父老乡亲一起“嗨”》为题对赛事进行重点报道。

【2020年中国网球巡回赛（长沙望城站）暨澳优长沙网球赛】 2020年9月19—27日，由国家体育总局网球训练中心、省体育局、长沙市人民政府共同主办，望城区人民政府承办的2020年中国网球巡回赛（长沙望城站）暨澳优长沙网球赛在月亮岛法网—罗兰·加洛斯红土网球场举行。此次赛事为全国最高等级网球赛事，吸引全国438名网球高手参与450余场次角逐。赛事受到全国网球爱好者和各大媒体广泛关注，中央电视台体育频道、

2020年8月27日—9月2日，长沙市望城区全民健身节“水投杯”第五届男子篮球百村争霸赛（区文旅广体局供图）

湖南卫视、《湖南日报》、湖南经视、湖南都市频道等17家全国、省、市级媒体对赛事持续进行聚焦报道，9000余名观众现场观看比赛，CCTV-5连续6场直播，在线观看观众达320万人次。赛事以网球为平台，有效推介望城，为望城体育事业跨领域、跨区域、跨产业融合发展，推动城市经济转型发挥作用。

【“乐在望城”2020铜官穿越跑】 2020年11月15日，“乐在望城2020铜官穿越跑”在铜官开跑。赛事起点位于新华联铜官窑古镇游客中心广场，穿过古镇福街，上彩陶路，然后沿着湘江北路一路向北，最后抵达终点铜官窑火陶城文化广场，全程8.5千米。长沙、株洲、湘潭、益阳、宁乡、湘阴40余个跑团，4000余名选手参与，报名者中年龄最大73岁，最小16岁，其中女选手达2000人。严伟以24分56秒的成绩夺得男子组冠军，殷晓雨以29分48秒的成绩夺得女子组冠军。

【五一去哪儿 乐在望城吖】 2020年4月26日，“五一去哪儿 乐在望城吖”文旅消费活动启动。活动由长沙市文化旅游广电局、望城区委、区人民政府主办，区委宣传部、区文化旅游广电体育局、区融媒体中心承办。活动期间，文旅广体局联合区旅游行业协会，推出199元“望城全域旅游年（联）卡”，持卡即可无限次畅游全区12家A级旅游景区，同时联合区内各大景区、酒店、民宿、商场、商户、文旅企业等向广大游客推出总价值超8000元的住宿、美食、游乐、购物四大“礼包”，持年（联）卡游客在指定商家享受抵用券、折扣、满减等各类优惠。联动全区吃、住、行、游、购、娱文旅产业全链条，为全省人民的“五一”小长假奉上丰富文旅大餐。

【烟火望城 爱有声音】 2020年6月24日，“烟火望城 爱有声音”望城区端午文旅活动在新华联铜官窑古镇启动。活动以“烟火望城 爱有声音”为主题，联动吃、住、行、游、购、娱文旅产业全链条，面向游客推出系列端午特色活动与优惠政策，让游客到望城特色景区（点）充分感受端午民俗、体验特色活动。

（本栏撰稿：解巾英）

2020年6月24日，“烟火望城 爱有声音”望城区端午文旅活动举行
（区文旅广体局供图）

文物管理

【概况】 2020年，区委编委批准长沙市望城区文物保护发展中心（以下简称区文保中心）为公益一类事业单位，与文物科共同承担文物保护管理职能，主要负责区内文物安全监督管理、行政审批、调查勘探、考古发掘、文物保护单位申报、文物认定、普查、社会宣教、文博公共服务体系管理等工作及郭亮纪念园、汉长沙国考古遗址公园安防站日常管理运行。年末，全区拥有不可移动文物160处、其中全国重点文物保护单位2处、省级文物保护单位9处、市级文物保护单位15处、县级文物保护单位35处；区文物库房有馆藏文物953件（套），其中一级文物3件（套）、二级文物5件、三级文物102件（套）。

【文物安全管理】 2020年，区文保中心开展安全巡查110余天次，其中国保单位巡查20次以上，省保巡查16次以上，市保、县保巡查10次以上，不可移动文物巡查检查全覆盖。开展专项整治行动5次，引入第三方公司开展全区建筑类文物安全排查，排查各类隐患107项并落实整改。4月联合区消防大队对全区20余处文物古建筑、文博场所开展消防安全检查，下达整改通知书2份，组织“回头看”督促整改落实。望城影剧院、铜官街道、桥驿镇等消防安全重点监管单位自主开展消防安全培训演练5次。汉长沙国考古遗址公园安防站获评2019年度全市不可移动文物安全管理先进集体。加强红色文化遗址遗迹保护修缮业务指导，推进郭亮纪念园提质改造、茶亭、桥驿、铜官3处省委旧址修缮、袁仲贤故居、周之翰故居修缮布展及周以栗故居周边环境整治、布展工程实施。李朝斌墓文物保护利用项目被省文物局评为湖南文物保护利用创新发展百佳案例推介项目。

【文物调查勘探评估审核】 2020年，区文保中心推进实施文物调查勘探，完成建设工程地下文物评估审核31项，涉及建设工程用地面积200公顷。推进区域文物考古许可前置，联合区财政、资规部门印发《望城区建设工程文物保护和考古区域实施方案》，制定实施细则并在全区推进实施，实现在土地供应前依法完成考古调查勘探、发掘工作目标，做到文物保护与经济建设两利双赢。考古发掘方面，湘江大道北延线工程所涉窑头冲窑址文物调勘和抢救性考古发掘工作全面完成，窑头冲窑址部分拆除获市级文物行政部门及区人民政府批复。开展香炉洲大桥六子巷宋代砖室墓、明清土坑墓抢救性考古发掘，出土青瓷罐、铜镜、铜钱等器物，保障重点工程实施。

【文物资源调查】 2020年，区文保中心配合党史部门实施红色资源普查工程，调查登录红色资源点47处，提出下步保护利用相关建议。全面完成白箬铺镇淑一村历史文化资源调查工作，形成淑一村历史文化资源调查报告，为下阶段保护利用展示及规划制定提供依据。

【文物保护宣传】 2020年，区文保中心开展文物保护宣传活动3次，相关街镇和社区（村）在活动现场悬挂主题横幅、设置宣传展板、发放《中华人民共和国文物保护法》及宣传资料，普及文物保护和安全知识。文化遗产日期间，联合铜官窑博物馆组织开展文化遗产进校园活动，以文化遗产知识展板、“陶瓷文化进校园”浓厚活动氛围，提升文保意识。充分利用报纸、电视、网络等媒体开展文物安全宣传，《人民日报》《光明日报》《长沙晚报》等平台相继对望城区“鎏金铜蚕—黑石号汉唐丝路特展”、秘密电台旧址、周以栗故居等不可移动文物进行相关报道和宣传10余次。

（本栏撰稿：魏　笑）

表3

长沙市望城区不可移动文物一览表

序号	街镇名称	名称	类别	年代	保护级别	保护面积（平方米）	地址
1	丁字湾街道	青石岭古井	古建筑	清	一般	2	望城区丁字湾街道双桥村青石岭组
2		丁字湾完全小学门楼	近现代重要史迹及代表性建筑	1969年	一般	20.5	望城区丁字湾街道丁字湾社区东方文化广场
3		丁字湾毛泽东雕像	近现代重要史迹及代表性建筑	1969年	县级	9	望城区丁字湾街道丁字湾社区东方文化广场
统计		丁字湾街道共有3处不可移动文物，其中近现代建筑2处、古建筑1处					
4	铜官街道	长沙铜官窑遗址	古遗址	唐—五代	国家级	300000	望城区铜官街道彩陶源村
5		故尉城遗址	古遗址	三国	一般	5000	望城区铜官街道彩陶源村觉华山组
6		短坡窑址	古遗址	宋	一般	10000	望城区铜官街道石渚湖村长坡组
7		镇南将军府古井	古建筑	隋	县级	100	望城区铜官街道书堂山村会子塘组
8		洗笔泉石刻	石窟寺及石刻	待定	市级	2	望城区铜官街道书堂山村会子塘组
9		大坟山墓群	古墓葬	汉—明	一般	2550	望城区铜官街道书堂山村双石组
10		义兴窑	古遗址	清	省级	406.4	望城区铜官街道铜官街社区熊家塘
11		外兴窑遗址	古遗址	明	市级	600	望城区铜官街道袁家湖社区蔡家凼
12		誓港窑址	古遗址	唐	一般	60	望城区铜官街道誓港社区胡银干家屋后
13		贡兴窑遗址	古遗址	明	一般	157.5	望城区铜官街道湖南省陶瓷总公司丰绿陶瓷厂
14		仁兴窑遗址	古遗址	清	县级	187.2	望城区铜官街道铜官街社区熊家塘雄风路旁
15		瓦窑塘窑址	古遗址	元	一般	300	望城区铜官街道太丰村瓦窑组
16		湾坡塘窑址	古遗址	清	一般	40	望城区铜官街道万星村湾坡塘组
17		吴楚桥遗址	古遗址	东周	一般	10	望城区铜官街道誓港社区南端进街处
18		六家冲古井	古建筑	清	县级	10	望城区铜官街道铜官街社区六家冲组
19		徐家坡山墓群	古墓葬	清	一般	3000	望城区铜官街道万星村西中组
20		云母山防空洞	近现代重要史迹及代表性建筑	1958年	县级	1352.5	望城区铜官街道铜官街社区六家冲

续表 3

序号	街镇名称	名称	类别	年代	保护级别	保护面积（平方米）	地址
21	铜官街道	张丕昭夫妇合葬墓	古墓葬	清道光二十八年（1848）	一般	150	望城区铜官街道郭亮村大兴片石塘坡山组
22		郭亮墓	近现代重要史迹及代表性建筑	1928 年	省级	26600	望城区铜官街道郭亮村文家坝组
23		郭亮故居	近现代重要史迹及代表性建筑	2011 年	县级	1125	望城区铜官街道郭亮村郭亮纪念园内
24		大兴山刘氏家族合葬墓	近现代重要史迹及代表性建筑	1915 年	一般	80	望城区铜官街道郭亮村大兴山组
25		窑头冲窑址	古遗址	宋	一般	600	望城区铜官街道郭亮村胡家坡组
26		何章杰墓	近现代重要史迹及代表性建筑	1930 年	县级		望城区铜官街道书堂山村新塘片枞树下组
27		沙湾寺井	古建筑	清	一般		望城区铜官街道誓港社区沙湾寺
28		杜家冲井	古建筑	清	一般		望城区铜官街道袁家湖社区杜家冲
统　计		**铜官街道共有 24 处不可移动文物，其中古建筑（古井）4 处、古遗址 12 处、古墓葬 3 处、石刻 1 处、近现代重要史迹及代表性建筑 4 处**					
29	高塘岭街道	望城县影剧院	近现代重要史迹及代表性建筑	1957 年	县级	1982	望城区高塘岭街道郭亮北路 130 号
30		高沙脊遗址	古遗址	商周	一般	10000	望城区高塘岭街道胜利村高沙脊组
31		望城供销合作社旧址	近现代重要史迹及代表性建筑	1956 年	一般		望城区高塘岭街道郭亮北路 180 号
统　计		**高塘岭街道共有 3 处不可移动文物，其中近现代建筑 2 处、古遗址 1 处**					
32	乌山街道	牌楼山墓群	古墓葬	东汉	一般	100000	望城区乌山街道八曲河村牛婆塘组
32		新塘墓群	古墓葬	宋	一般	8000	望城区乌山街道乌山村溢塘组
34		蜈蚣山墓群	古墓葬	战国—西汉	一般	8000	望城区乌山街道徐家桥社区前进组
35		谭家山墓群	古墓葬	东汉	一般	6000	望城区乌山街道徐家桥社区新建组
36		鸡翅塘墓群	古墓葬	东汉	一般	20000	望城区乌山街道金树村黑屋组
37		风头岭墓群	古墓葬	魏晋	一般	20000	望城区乌山街道黄花岭村风头岭组
38		白沙垅墓群	古墓葬	东周	一般	20000	望城区乌山街道黄花岭村新祠组
39		白屋墓群	古墓葬	东汉—南北朝	一般	50000	望城区乌山街道龙王岭村白屋组
40		丁砚生墓	古墓葬	清光绪三十年（1904）	一般	20	望城区乌山街道乌山村溢塘组
41		厂塘窑址	古遗址	唐	一般	2600	望城区乌山街道黄花岭村厂塘组
42		管家塘窑址	古遗址	唐	一般	2000	望城区乌山街道黄花岭村管家塘组
43		巩桥	古建筑	清乾隆十七年（1752）	市级	100	望城区乌山街道蓟家巷子村麻石桥组
44		高桥	古建筑	清乾隆十七年（1752）	一般	27.6	望城区乌山街道茶园村周家湾组
45		心桥	古建筑	清	县级	72	望城区乌山街道双兴村心桥组
46		新华村惜字塔	古建筑	清道光二十三年（1843）	市级	2.8	望城区乌山街道双兴村黄波塘组
47		百骨塔	古建筑	清	县级	5	望城区乌山街道乌山村八景组
统　计		**乌山街道共有 16 处不可移动文物，其中古墓葬 9 处、古建筑（古塔 2 处、古桥 3 处）5 处、古遗址 2 处**					
48	金山桥社区	谷山采石场遗址	古遗址	宋—1949 年	市级	5000	望城区金山桥街道金山桥社区铁石塘组
统　计		**金山桥街道共有 1 处不可移动文物，其中古遗址 1 处**					

续表 3

序号	街镇名称	名称	类别	年代	保护级别	保护面积（平方米）	地址
49	黄金园街道	易松亭墓	古墓葬	清宣统元年（1909）	县级	100	望城区黄金园街道英雄岭村刘家湾组
统计		黄金园街道共有 1 处不可移动文物，其中古墓葬 1 处					
50	白沙洲街道	杉木桥塔	古建筑	清光绪十三年（1887）	市级	17.96	望城区白沙洲街道马家河社区五组
51		杉木桥	古建筑	清雍正六年（1728）	县级	35	望城区白沙洲街道马家河社区五组
52		李朝斌墓	古墓葬	清光绪二十年（1894）	省级	60	望城区白沙洲街道马家河社区同心路
53		湾塘坡墓群	古墓葬	东汉	一般	6000	望城区白沙洲街道腾飞村九组
统计		白沙洲街道共有 4 处不可移动文物，其中古建筑 2 处、古墓葬 2 处					
54	大泽湖街道	铁炉冲墓群	古墓葬	东汉	一般	1000	望城区大泽湖街道回龙村十组
55		南西村墓群	古墓葬	东汉	一般	1000	望城区大泽湖街道南塘村南西片十三组
统计		大泽湖街道共有 2 处不可移动文物，其中古墓葬 2 处					
56	月亮岛街道	老戴公庙	近现代重要史迹及代表性建筑	1988 年	县级	2000	望城区月亮岛街道戴公庙村二十三组
57		郭家山墓地	古墓葬	西汉	国家级	2000	望城区月亮岛街道银星村南区四组
58		半边围子山墓地	古墓葬	西汉		2000	望城区月亮岛街道银星村中区一组
59		杉树拱墓地	古墓葬	西汉		2000	望城区月亮岛街道银星村中区二组
60		陶家山墓地	古墓葬	西汉		2000	望城区月亮岛街道银星村南区二组
61		马坡山墓地	古墓葬	西汉		2000	望城区月亮岛街道银星村南区五组
62		庙坡山墓地	古墓葬	西汉		2000	望城区月亮岛街道银星村南区五组
63		狮子拱墓群	古墓葬	西汉		4000	望城区月亮岛街道银星村中区二组
64		栗树嘴墓地	古墓葬	西汉		2000	望城区月亮岛街道银星村中区三组
65		蜈蚣蒂墓地	古墓葬	西汉		2000	望城区月亮岛街道戴公庙村十六组
66		桃花岭墓地	古墓葬	西汉		2000	望城区月亮岛街道银星村中区四组
统计		月亮岛街道共有 2 处不可移动文物，其中近现代建筑 1 处、古墓葬 1 处（包含汉王陵 13 处古墓葬）					
67	桥驿镇	黑麋峰寺	古建筑	清康熙七年（1668）	市级	624.18	望城区桥驿镇黑麋峰村黑麋峰顶
68		双灵桥	古建筑	清	一般	14	望城区桥驿镇黑麋峰村六组
69		玉带桥	古建筑	清	一般	6	望城区桥驿镇黑麋峰村四组
70		文星桥	古建筑	清	一般	21	望城区桥驿镇黑麋峰村文星桥组
71		斗笠山塔	古建筑	清	一般	10	望城区桥驿镇龙塘村斗笠山组
72		洞阳石刻	石窟寺及石刻	待定	市级	4	望城区桥驿镇黑麋峰村黑麋峰顶西侧
73		熊家庄石刻	石窟寺及石刻	待定	市级	4	望城区桥驿镇黑麋峰村许家坪组
74		洞阳僧人墓	古墓葬	明	县级	25	望城区桥驿镇黑麋峰村窝棚坑组
75		罗养真烈士墓	近现代重要史迹及代表性建筑	1928 年	市级	360	望城区桥驿镇黑麋峰村窝棚坑组
76		周炳文烈士墓	近现代重要史迹及代表性建筑	1931 年	市级	14	望城区桥驿镇马鞍村坝子湾组
77		湖南和平解放秘密电台工作站旧址	近现代重要史迹及代表性建筑	1949 年	省级	3000	望城区桥驿镇洪家村付家组

续表 3

序号	街镇名称	名称	类别	年代	保护级别	保护面积（平方米）	地址
78	桥驿镇	周以栗故居	近现代重要史迹及代表性建筑	清光绪二十三年（1897）	一般	1000	望城区桥驿镇丁家村楠竹组
79		陈树藩墓	近现代重要史迹及代表性建筑	1920 年	市级	60	望城区桥驿镇永丰村李家组。
统　计		桥驿镇共有 13 处不可移动文物，其中古建筑（古桥 3 处、古塔 1 处、古寺庙 1 处）5 处、古墓葬 1 处、近现代建筑 5 处、石刻 2 处					
80	茶亭镇	枫树岭遗址	古遗址	新石器时代	一般	600	望城区茶亭镇代公桥村代公桥组
81		大屋场遗址	古遗址	新石器时代	一般	1000	望城区茶亭镇谭家园村大屋场组
82		五龙彭家湾墓群	古墓葬	东汉	一般	40000	望城区茶亭镇代公桥村彭家湾组
83		九峰彭家湾墓群	古墓葬	东周	一般	6000	望城区茶亭镇九峰山村彭家湾组
84		周述庭夫妇合葬墓	古墓葬	清咸丰十年（1860）	一般	30	望城区茶亭镇九峰山村九峰组
85		林家坪墓群	古墓葬	东汉	一般	20000	望城区茶亭镇九峰山村新正宫组
86		谭章甫墓	古墓葬	清道光十七年（1837）	一般	16	望城区茶亭镇谭家园村安东山组
87		谭朝杰夫妇合葬墓	古墓葬	清光绪四年（1878）	一般	25	望城区茶亭镇谭家园村安东山组
88		茶园墓群	古墓葬	明	一般	7500	望城区茶亭镇谭家园村上大屋组
89		谭家园谭氏家族墓群	古墓葬	清—1949 年	一般	1000	望城区茶亭镇谭家园村朱家铺组
90		西湖寺文氏家族墓群	古墓葬	清	一般	400	望城区茶亭镇西湖寺村西华片四斗坡组
91		仁寿桥	古建筑	清	县级	24	望城区茶亭镇代公桥村高丰组
92		惜字塔	古建筑	清道光十八年（1838）	省级	56.25	望城区茶亭镇九峰山村洞庭组
93		茶亭寺古井	古建筑	清	一般	50	望城区茶亭镇谭家园村茶亭寺组
94		高陵村塔	古建筑	清光绪四年（1878）	市级	1.96	望城区茶亭镇望群村灯笼山组
95		童男桥	古建筑	清	一般	18	望城区茶亭镇望群村南石组
96		万古桥	古建筑	清	一般	100	望城区茶亭镇谭家园村石塘湾组
97		石渚河石刻	石窟寺及石刻	清—1949 年	一般	10	望城区茶亭镇代公桥村高丰组
98		文星塔	古建筑	清光绪五年（1879）	市级	25	望城区茶亭镇静慎村槐清塘组
99		中屋场古井	古建筑	清	一般	4	望城区茶亭镇杨家坪村中屋场组
100		赵公凼窑址	古遗址	晋	一般	4000	望城区茶亭镇东闸村东闸组
101		鱼尾洲窑址	古遗址	宋	一般	3000	望城区茶亭镇苏蓼垸村鱼尾洲组
102		白家岭墓群	古墓葬	宋至清	一般	2000	望城区茶亭镇静慎村新屋坡组
103		谭天觉墓	近现代重要史迹及代表性建筑	1942 年	县级		望城区茶亭镇九峰山村庙冲组
104		泮塘周氏家族墓地	古墓葬	清	一般		望城区茶亭镇狮子岭村泮塘组
105		六方塘谭氏宗祠井	古建筑	明	县级		望城区茶亭镇谭家园村六方塘组
统　计		茶亭镇共有 26 处不可移动文物，其中古建筑（古桥 3 处、古塔 3 处、古井 3 处）9 处、古遗址 4 处、古墓葬 11 处、石刻 1 处、近现代建筑 1 处					

续表 3

序号	街镇名称	名 称	类 别	年 代	保护级别	保护面积（平方米）	地 址
106	乔口镇	湖尾遗址	古遗址	东周	县级	32000	望城区乔口镇大垅围村七组
107		寨子塘遗址	古遗址	清	一般	600	望城区乔口镇蓝塘寺村二组
108		贺家屋场遗址	古遗址	清—1949 年	一般	30	望城区乔口镇蓝塘寺村四组
109		仙峰殿遗址	古遗址	明	一般	252	望城区乔口镇团头湖村九组
110		谢渡山遗址	古遗址	东周	一般	2400	望城区乔口镇田心坪村九组
111		新斧山遗址	古遗址	新石器时代	一般	600	望城区乔口镇团头湖村三组
112		黑山寺遗址	古遗址	新石器时代	一般	3000	望城区乔口镇团头湖村七组
113		龙三庙	古建筑	清光绪三十二年（1906）	县级	102.2	望城区乔口镇心坪村六组
114		陈献台墓	古墓葬	清光绪二十五年（1899）	一般	34.4	望城区乔口镇盘龙岭村二组
115		刘棣华夫妇合葬墓	古墓葬	清咸丰十年(1860)	一般	17.3	望城区乔口镇团头湖村农科组
116		龟背山龙氏墓	古墓葬	明崇祯十年(1637)	一般	20	望城区乔口镇蓝塘寺村九组
117		任家园古墓	古墓葬	东汉—南北朝	一般	30	望城区乔口镇蓝塘寺村六组
118		刘清汉夫妇合葬墓	古墓葬	清光绪二十二年（1896）	一般	89	望城区乔口镇蓝塘寺村十二组
119		百寿街 18、20 号民居	古建筑	清	一般		望城区乔口镇乔口社区百寿街 18、20 号
120		百寿街 12 号民居	古建筑	清	一般		望城区乔口镇乔口社区百寿街 12 号
121		龙岩寺	古建筑	清	一般		望城区乔口镇团头湖村 15 组
122		刘福泰行旧址	古建筑	清	县级		望城区乔口镇乔口社区中和街 14 号
123		万寿宫	古建筑	清	县级		望城区乔口镇乔口社区古正街 158 号
124		刘宜民故居	古建筑	清	县级		望城区乔口镇乔口社区古正街 180 号
125		安建堂	古建筑	清	一般		望城区乔口镇乔口社区百寿街 6、8 号
126		易家坝桥	古建筑	清	一般		望城区乔口镇蓝塘寺村三组
127		乔口防洪闸	近现代重要史迹及代表性建筑	1975 年	一般		望城区乔口镇乔口社区 1 组
统 计		**乔口镇共有 22 处不可移动文物，其中古墓葬 5 处、古建筑（古寺庙）9 处、古遗址 7 处、近现代建筑 1 处**					
128	靖港镇	庙嘴山遗址	古遗址	新石器时代	县级	5000	望城区靖港镇凌冲村长塘组
129		桔园遗址	古遗址	新石器时代	一般	1000	望城区靖港镇凌冲村东塘组
130		火头山遗址	古遗址	新石器时代	一般	660	望城区靖港镇凌冲村长塘组
131		螺坨晒衣遗址	古遗址	商周	县级	4000	望城区靖港镇凌冲村高塘组
132		仙人墩遗址	古遗址	新石器时代	一般	2292	望城区靖港镇凌冲村高塘组
133		石巴嘴遗址	古遗址	商周	一般	4000	望城区靖港镇凌冲村桃源组
134		临水戏台旧址	近现代重要史迹及代表性建筑	1921 年	市级	80	望城区靖港镇芦江社区保健街 99 号
135		靖港观音殿	古建筑	清雍正六年(1728)	县级	260	望城区靖港镇芦江社区保粮街

续表 3

序号	街镇名称	名称	类别	年代	保护级别	保护面积（平方米）	地址
136	靖港镇	宁乡会馆	古建筑	清咸丰十一年（1861）	市级	750	望城区靖港镇芦江社区保健街 90 号
137		宏泰坊	古建筑	清雍正十年（1732）	市级	790	望城区靖港镇庐江社区保健 112 号
138		青峰遗址	古遗址	商周	一般	1500	望城区靖港镇新峰村一组
139		鸦公山遗址	古遗址	新石器时代	县级	6542	望城区靖港镇新峰村五十二组
140		龙须嘴遗址	古遗址	新石器时代	一般	10000	望城区靖港镇新峰村五十二组
141		杨氏私宅	古建筑	清	一般		望城区靖港镇芦江社区保安街 108 号
142		湖南望江楼制鞋厂旧址	近现代重要史迹及代表性建筑	1986 年	县级		望城区靖港镇芦江社区保安街
143		新龙山墓群	古墓葬	战国	一般		望城区靖港镇高桥村月塘组
144		保安街当铺旧址	古建筑	清	县级		望城区靖港镇芦江社区保安街 79 号
145		保安街 100 号民居	古建筑	清	一般		望城区靖港镇芦江社区保安街 100 号
146		保健街 98 号民居	古建筑	清	县级		望城区靖港镇芦江社区保健街 98 号
统计		靖港镇共有 19 处不可移动文物，其中古建筑（房屋建筑类 6 处、古寺庙 1 处）7 处、古遗址 9 处、近现代建筑 2 处、古墓葬 1 处					
147	白箬铺镇	曾家山遗址	古遗址	新石器时代	县级	15000	望城区白箬铺镇龙莲村曾家山组
148		石坝桥	古建筑	清	县级	50	望城区白箬铺镇光明村瓦屋组
149		印塘桥	古建筑	清道光十四年（1834）	县级	60	望城区白箬铺镇光明村郭家湾组
150		新桥	古建筑	清	一般	40	望城区白箬铺镇光明村阙家湾组
151		周家桥	近现代重要史迹及代表性建筑	1958 年	一般	20	望城区白箬铺镇黄泥铺村虎形山组
152		曾福桥	古建筑	清	县级	70	望城区白箬铺镇胜和村何家洲组
153		茆江桥	古建筑	清	一般	80	望城区白箬铺镇胜和村力新组
154		良贱桥	古建筑	清光绪十二年（1886）	县级	150	望城区白箬铺镇桃林村殿宣湾组
155		舒家屋场古墓	古墓葬	东汉至南北朝	一般	10	望城区白箬铺镇古村村舒家屋场组
156		刘家湾墓群	古墓葬	东汉至南北朝	一般	20000	望城区白箬铺镇龙莲村刘家湾组
157		文正学夫妇合葬墓	古墓葬	清道光二十七年（1847）	一般	50	望城区白箬铺镇桃林村殿宣湾组
统计		白箬铺镇共有 11 处不可移动文物，其中古建筑（古桥）6 处、古遗址 1 处、古墓葬 3 处、近现代建筑 1 处					
158	雷锋街道	雷锋故居	近现代重要史迹及代表性建筑	1994 年	省级	68	望城区雷锋街道正兴路 42 号
159		雷锋塑像	近现代重要史迹及代表性建筑	1991 年	省级	10	望城区雷锋街道正兴路 42 号
160		雷锋革命烈士纪念馆旧馆	近现代重要史迹及代表性建筑	1968 年	县级	417	望城区雷锋街道正兴路 42 号
统计		雷锋纪念馆共有 3 处不可移动文物，均为近现代建筑					

表 4

2020 年望城区新增市级非物质文化遗产代表性传承人一览表

姓名	项目名称	所在地区或单位	备注
李　旭	陶蔬恋窖藏罈子菜	湖南陶蔬恋农业科技开发有限公司	2020 年第四批
赵海臣	郭福娭毑小钵子甜酒	长沙市望城区靖港镇郭福娭毑小钵子甜酒店	2020 年第四批
肖　力	靖港八大碗	长沙市望城区靖港镇芦花江传统小吃店	2020 年第四批
易国宁	怡华楼祖传杠子面	湖南怡华楼餐饮管理有限公司	2020 年第四批
雷运华	谷山砚雕刻技艺	长沙谷石传承雕刻艺术有限公司	2020 年第四批
万　勇	靖港纸扎	长沙市望城区万龙福手工艺制品有限公司	2020 年第四批
刘嘉豪	长沙窑铜官陶瓷烧制技艺	泥人刘陶艺工作室	2020 年第四批
沈颖利	长沙窑铜官陶瓷烧制技艺	韵唐文化发展有限公司	2020 年第四批
周世洪	长沙窑铜官陶瓷烧制技艺	和万月陶瓷工艺品有限公司	2020 年第四批

群众文化

【概况】　2020 年，长沙市望城区文化馆（以下简称区文化馆）内设办公室、培训部、文学艺术部、文艺活动部、非物质文化遗产保护中心 5 个部门，全年开展群众文化活动 16 场次。

【群众文化活动】　2020 年，区文化馆克服疫情影响，组织群众文化活动 16 次。较大型的比赛有“拥抱未来．共创美好”全民健身广场舞大赛，先后举办 4 场初赛和 1 场决赛，有 2000 余人参加比赛，4 万余名观众观看比赛。春节期间组织文艺轻骑兵走基层，送文艺下乡活动，先后在铜官街道、白沙洲街道、茶亭镇、靖港镇等地进行文艺演出、送春联等，为老百姓送上春节文化礼。7 月，选送 2 支队伍参加长沙市社区广场舞大赛，其中木棉花艺术团的《书简舞》获广场舞大赛金奖，月亮岛街道名都艺术团《最美的中国》获银奖。11 月，精选优秀节目参加长沙市第六届“百姓大舞台 有艺你就来”群众文艺团队大赛，其中：《致富路上养鸡忙》获金奖，《走进春天》《四渡赤水》《幸福中国一起走》《快乐田埂》获铜奖。区文化馆参加湖南省第五届文化（群艺）馆（站）业务技能竞赛，雷世勇书法作品隶属对联获书法类省三等奖和市金奖，李伟编撰的《文化为雪峰山旅游铸魂》获群众文艺理论类银奖，魏然钢琴独奏《爱之梦》获舞台艺术类银奖。

【非物质文化遗产保护与传承】　2020 年，区文化馆指导全区非物质文化遗产传承人积极申报，其中 9 名传承人获评市级“非遗”代表性传承人，录制专门纪录片为靖港制秤技艺开展抢救性保护。6 月 12 日为世界文化和自然遗产日，区文化馆在前进小学组织开展文化和自然遗产宣传展示及优秀民俗文化进校园活动，约 1000 人参加。现场发放《中华人民共和国非物质文化遗产法》和湖南省实施条例宣传单 300 余份；在校园开展“发现之旅 记忆望城”图片展；邀请望城区 5 名“非遗”项目代表性传承人参加活动，分区域与各年级学生互动，进行“非遗”项目展示和体验；播放非物质文化遗产宣传片等宣传内容。

（本栏撰稿：雷世勇）

地方志编纂

【概况】　2020 年，区档案馆加挂区地方志编纂室牌子，档案馆内设方志室，主要负责全区地情资料收集、区级综合年鉴编纂和全区地方志编纂业务指导工作。2020 年，方志室完成《望城年鉴（2020）》编纂出版发行以及《靖港镇志》《凌冲村志》《望城经开区图志》等志书的业务指导工作。

【《望城年鉴（2020）》完成出版发行】　2020 年 12 月，《望城年鉴（2020）》完成出版发行。2020 卷结合 2019 年全区机构改革的情况，在栏目设置和体例条目上进行调整和优化，根据 2019 年全区工作实际设置主题教育、脱贫攻坚、纪检监察、营商环境优化、乡村振兴 5 篇专文，将庆祝中华人民共和国成立 70 周年望城发展成就图片专辑作为特载。随书附赠卡片式 U 盘电子书，兼具存储、检索、复制功能，更好地匹配后期地方志信息化相关工作。

【《靖港镇志》《凌冲村志》分别入选长沙市首批名镇志、名村志文化工程】　2020 年 11 月 30 日，长沙市地方志编纂委员会公布长沙市首批名镇志、名村志文化工程入选名单，《靖港镇志》《凌冲村志》分别入选长沙市首批名镇志、名村志文化工程。方志室按照省市铺排，积极推进名镇志名村志文化工程，全程跟进两部志书，进行业务指导。定期对接《靖港镇志》主笔人员，掌握进度，做好服务。组织《凌冲村志》编纂人员9人到雨花区学习《红星村志》编纂经验，到村进行具体业务指导；组织靖港与凌冲的编纂人员参加长沙市名镇志名村志编纂规范培训暨推进会，并对框架篇目进行修改完善，最终得以入选。

（本栏撰稿：张姣美）

2020年5月8日，望城区档案馆携靖港镇凌冲村村志编修相关人员赴雨花区学习《红星村志》编纂经验（张姣美 摄）

图书阅读

【概况】 2020年，国家一级图书馆雷锋图书馆主要面向区内提供公共文化服务产品，负责全区公共图书馆总分馆建设，组织实施讲座、培训、展览等阅读活动，推广全民阅读，负责收集、整理、保存、传播文献并提供利用，负责地方文献、古籍征集保护，开展文献数字化处理、承担各级项目课题研究、相关资料编辑出版。全区总分馆接待读者30万余人次，文献借还册次15万余册次，实际持证读者8272人，参加活动万余人，新增藏书9626册。

【总分馆建设】 2020年，雷锋图书馆分别建成丁字湾街道双桥分馆和高塘岭街道文源分馆，形成区、街镇和社区（村）三级纵向贯通、横向互动阅读服务体系，便利市民群众阅读生活。望城图书分馆的建设、运行模式、精致精美的空间布局吸引了《人民日报》专题聚焦。

【全民阅读】 2020年，雷锋图书馆突出公益阅读阵地作用，引领全民阅读活动开展。充分利用各类公益阅读阵地开展阅读推广活动，通过每天向群众荐书、赠书、邀请读者评书，在全区营造爱读书、读好书的良好氛围。各分馆搭建读书交流平台，以探讨文学创作，交流读书感悟、分享人生思索为主要活动内容，开展"推广'学习强国'传承红色基因"、红色读书会、"听雷锋故事·传承雷锋精神"阅读分享会、"阅读之星"评选等活动。借文旅融合发展元年之机，开启"带一本书 游一座城"走读活动，引导青少年"扣好人生第一粒扣子"，在阅读的同时体验、在旅行的过程中学习、在社会实践中实现真正的"知行合一"。

（本栏撰稿：任　卓）

图书销售

【概况】 2020年，湖南省新华书店有限责任公司长沙市望城区分公司（以下简称新华书店望城分公司）主要负责区内图书销售服务，公司内设综合管理部、财务部、市场一部、市场二部和市场三部，市场二部下设岳麓实验中学校园书店、长郡月亮岛学校校园书店、望城一中校园书店（国学馆）、湖南师大附中星城实验中学"校园读书吧"；市场三部下设中心门店、区行政中心机关书店。2020年实现营业收入6571.82万元。

【图书销售与服务】 2020年新冠肺炎疫情期间，新华书店望城分公司线下闭店、线上接单，让学生、家长足不出户，安全无忧地学习。微商城24小时安排顺丰快递安全发货，确保课前到书、人手一册，保证学生停课不停学。响应"每日有书·书香望城"全民阅读学习活动，与区教育局联合于4月17日启动第三届"书香校园"师生阅读活动，得到全区中小学校积极响应，踊跃参与，营造"书香校园"阅读氛围。与乔口湛水村结对帮扶，公司发挥书店在学习教育方面长处，让贫困家庭子女享受到良好图书教育资源。

【红书签·爱满星城全民阅读公益活动】 2020年，新华书店望城分公司组织市民参加"红书签·爱满星城"全民阅读公益活动。分公司全体员工参与，进机关、进企业、进学校、进社区开展宣传推广，捐赠图书144.39万元，为全民阅读添砖加瓦。探索、打造新型高品质实体书店，发展"乐之"模式，让消费者体验多层次文化产品，将文化精神外化成文化素养得到望城区政府大力支持，在月亮岛片区打造高品质实体书店。

（本栏撰稿：王小凤）

戏曲演出

【概况】 2020年，望城区花鼓戏剧团（又名望城区雷锋艺术团，以下简称区剧团）主要承担区内群众文化艺术创作、惠民演出和对外交流工作。有工作人员32人，具有专业技术职称人员12人，其中副高职称2人、中级职称2人、初级职称8人。

【惠民演出】 2020年，区剧团开展“每周有戏 好戏连连”戏剧专场公益演出，共31场，让群众过足戏瘾，了解本地传统戏剧。加强与区纪委、文明办、市场局、安监局等单位联系，小舞台唱响主旋律，弘扬社会正能量、浓厚全区文化氛围。结合各部门中心工作创作排练《向快乐出发》《假报真情》《一封特殊的来信》《邪不压正》等主题节目8个，在全区各乡镇、街道进行巡演。全年开展文化惠民活动119场，观众人次近20万人次。

【文艺创作】 2020年，区剧团以“抗疫”为题材，创作歌曲《最可爱的人》歌颂一线医护人员、基层工作人员、志愿者；创作花鼓小戏《小家大义》，讲述平凡家庭抗疫的感人故事。聘请陈年秋老师驻团教学，复排大型古装花鼓戏《疯哑奇冤》《瓦车蓬》。《疯哑奇冤》获2020年度长沙市杜鹃花艺术节优秀剧目二等奖，区剧团获评优秀组织奖。创排新剧《相思恨》，备战湖南省艺术节。

（本栏撰稿：范　琳）

电影放映

【概况】 2020年5月26日，望城区电影发行放映公司更名为望城区公益电影服务中心（以下简称区公益电影服务中心）。2020年，主要负责全区公益电影放映工作，加强公益电影放映队伍建设和管理；开辟农村电影市场，确保农村公益电影放映工程持续健康发展；承担公益电影放映公共文化基本服务；有效提升公共服务质量，提高电影惠民实效；巩固爱国主义教育放映基地等工作。

【公益电影放映】 2020年，区公益电影服务中心开展农村电影放映工作，坚持送电影下乡，做到每村每月至少放映一场电影，送电影下乡1492场，观众40余万人次。开展“我们的中国梦——湖湘文化进万家”“爱国主义教育电影放映”“公益电影进学校、进社区、进工地、进敬老院”“为城镇低收入群众等特定人群提供免费观影”等一系列公益电影放映活动，广泛宣传政策法治、科普、健康、移风易俗、乡风文明等，营造良好文化氛围。雷锋电影院做好影院公益电影免费展映工作，放映300余场次，观众10万余人次。

（本栏撰稿：刘志远）

媒体融合与发展

【概况】 2020年，望城区融媒体中心（以下简称区融媒体中心）编播电视新闻352组、2845条；发布新闻稿件1.9万篇，是上年的2.7倍；报送中央、省、市媒体稿件数1027篇，是2019年的1.8倍；新媒体平台总点击量1.6亿人次，是2019年的5倍。《望城新闻》《春暖花开等你来》《“瓷娃娃”的创业梦》等27件作品获国家、省、市荣誉。

【媒体融合与发展】 2020年，望城推动区融媒体中心和新时代文明实践中心融合发展，“两个中心”深度融合，工作做法被省委宣传部专题刊发。以“云上望城”App为核心，实施“1+N”新型融媒传播矩阵构建计划，媒体用户数72.1万人。加快推进采编审发一体化改革，提升新闻报道的时度效，打造新闻报道“望城速度”。发力短视频制作，各平台发布原创短视频1048条，开展重大活动、会议直播35次，让短视频成为媒体融合主战场、直播成为做强融媒新变量。联合汨罗、湘阴、赫山等地融媒体中心筹备构建“南洞庭区县（市）融媒体联盟”，打造县级融媒体区域协作品牌，为区域高质量发展提供媒体支持。

【“1+N”新型融媒传播矩阵构建】 2020年，区融媒体中心以“云上望城”App为核心，整合各类媒体资源，构建“1+N”新型融媒传播矩阵，同步实施“1+N”新型融媒传播矩阵构建三年行动，2020年媒体总用户数72.1万人，是上年的2倍。策划开展纪念雷锋同志80周年诞辰、第二届书堂山当代文人书法周、第四届中国湖南长沙·望城鲌鱼节等活动20余场，开展本地重大会议、活动全程直播35场，制作《守“望”相助 一“城”春风》《智慧政务七通八达》等专题片、宣传片32部，打响望城融媒活动品牌，实现社会效益和经济效益双赢。

【即审即发采编体系】 2020年，区融媒体中心推进采编审发一体化改革，大幅提升新闻报道时度效，基本做到全区重要时政新闻，原则上活动结束后1小时发布。重大会议、活动报道，原则上活动结束30分钟发布，让快成为一种常态，让速度成为一种品牌，打造新闻报道的“望城速度”。

（本栏撰稿：李婷玉）

文化市场综合行政执法

【概况】 2020年，望城区文化市场综合行政执法大队（以下简称区文化执法大队）在区文化旅游广电体育局挂牌，实行“局队合一”体制，有干部职工20人。全队全年开展文化、文物、旅游、广播电视、印刷、体育、电影市场等领域以及“扫黄打非”等专项整治行动，出动执法人员2800余人次，收缴盗版书刊、书籍150余册（本），取缔非法出版物零售店档摊点2个，处理办结“12345”市民热线、网吧、娱乐场所投诉200余件，立案27起，结案率100%。

【机构改革】 2020年7月30日，中共长沙市望城区委机构编制委员会印发《关于明确长沙市望城区文化市场综合行政执法大队机构编制事项的通知》（望编委发〔2020〕19号），明确长沙市望城区文化市场综合行政执法大队在区文化旅游广电体育局挂牌，实行“局队合一”管理体制。执法队伍人员编制相对独立，以区文化旅游广电体育局名义统一执法，区文化市场综合行政执法大队按照专业划分，下设文化市场执法中队、新闻出版广电体育执法中队、旅游文物执法中队。

【文化市场执法】 2020年新冠肺炎疫情期间，区文化执法大队严格管理网吧、KTV等娱乐场所，未经批复娱乐场所不得营业。1月24日至3月22日，出动执法人员490余人次，检查文化经营单位1050余家次，对批准复工复产场所严格督促做好防疫措施、清洁防护等工作。以打击网吧违规接纳未成年人及不按要求进行实名登记为重点，加大日常监管和专项整治力度，确保网吧市场的全方位管理。“利剑暑假2020”网吧市场专项整治行动取得一定成效。7—8月，出动执法人员350余人次，检查网吧410余家次，立案查处违规经营网吧4家。牵头组织公安、市场监管、消防、街镇等部门开展无证文化娱乐场所专项整治工作，出动检查人员200余人次，车辆50余台次，对201家证照不齐文化娱乐场所下达《责令改正通知书》，加强娱乐场所“毒黄赌”问题专项整治行动线索摸排以及对文化娱乐场所有偿陪侍巡查力度，开展娱乐场所超时营业等整治行动。

【新闻出版广电执法】 2020年，区文化执法大队在春节、两会期间组织开展出版物市场集中整治工作，开展2020“净网”“清源”“秋风”“固边”“护苗”五大专项行动，以联合检查、错时检查、突击检查等方式，加强市场巡查和执法检查。开展“扫黄打非”进基层工作，多次联合社区、学校开展“扫黄打非·绿书签”进社区、进校园宣传巡展活动，桥驿镇桥头驿社区成功创建省级“扫黄打非”进基层示范点。加强对区融媒体中心监管力度，加强对乡镇广播电视站检查，重点对两会期间电视传输安全进行重点监控，联合相关部门随机对全区范围内宾馆、酒店等境外卫星电视传送安全进行排查，打击危害电视传播安全的行为。

（本栏撰稿：高伟平）

2020年9月15日，望城区文化市场综合行政执法大队联合桥驿镇桥头驿社区“扫黄打非”工作站在桥驿明德中心小学开展“扫黄打非”宣传进校园活动（区文化执法大队）

旅游管理

【概况】 2020年，望城区一手抓疫情防控、一手抓复工复产，积极开展系列工作，促进文旅产业快速复苏复兴。2020年全区接待游客2086.1万人次，实现旅游收入108.3亿元，创建为第二批国家全域旅游示范区。

【旅游景区创建】 2020年，望城区创建国家全域旅游示范区。7月，望城区进入第二批国家全域旅游示范区创建验收单位，8月18日参加文化和旅游部创建陈述电视电话会议，区长代表区委、区政府做创建汇报并现场答辩。11月18日，文化和旅游部公示望城区为第二批国家全域旅游示范区；创建省级旅游度假区。对接专家编制铜官窑省级旅游度假区与国家AAAAA级旅游景区创建策划；召开协调会议分解创建任务；编制申报资料制作提交创建申报书；组织开展面向社会公开征集长沙铜官窑文化旅游区形象宣传口号和标识活动，赛事共收到报名邮件2960封，应征作品3万余件，成功征集长沙铜官窑文化旅游区形象标识（LOGO）。11月17日，省文旅厅公示长沙铜官窑文化旅游区为省级旅游度假区，“铜官草市”体验式文旅街区开街，成为望城乡村旅游新地标；创建长沙铜官窑国家考古遗址公园、光明大观园为国家AAAA级旅游景区，对接验收专家，指导筹备创建申报材料工作，多次责任部门现场督导。12月31日，长沙铜官窑国家考古遗址公园、光明大观园拟确定为国家AAAA级旅游景区。

【文旅运营】 2020年，区文化旅游投资发展有限公司（区水投集团子公司）在全区旅游资源整合、农文旅融合、旅游开发运营、产业招商引资等方面取得系列新突破。公司高效率开展景区运营和资产归集，自主运营靖港古镇，逐步接管铜官窑国家考古遗址公园、黑麋峰国家森林公园；高品质打造主题民宿，投资运营荷里乔江田园综合体、靖港湘韵生活馆；高标准推进文旅招商引资，促成铜官五号山谷隐世民宿、太丰垸现代农业公园等关键项目合作落地；高质量提升景区配套基础设施建设，成功完成铜官窑国家考古遗址公园国家AAAA级景区、铜官窑片区省级旅游度假区的创建工作。

【文旅市场营销】 2020年，区文旅广体局落实“望五条”（《关于促进乡村旅游增加农民收入的五项措施》），启动乡村旅游复苏，推出9条乡村旅游线路，持续举办3期“春暖花开、只为您来”赏花踏春摄影大赛，征集摄影作品近5000件，评选出优秀作品与创意作品300件，提升周边市场游客对望城关注度；推出“望城全域旅游年卡”。全年12家A级景区免费无限次畅游，全年售卡10.5万张，持卡游望城游客30万人次，占民营收费景区15%，直接带动旅游收入2亿元，持卡出游成为望城节假日期间出游常态，助推旅游市场全面复苏；开通旅游直通巴士，解决游客“最后一公里”问题。

【文旅主题活动】 2020年，区文旅广体局组织策划文旅主题活动。“五一”策划“五一去哪儿 乐在望城吖”望城文旅消费活动。端午期间推出“烟火望城 爱有声音”端午文旅活动。暑期策划“清爽望城·童趣一夏”望城区首届亲子嘉年华活动。针对铜官片区铜官草市开街，联合新华联铜官窑古镇推出为期1个月的“铜官窑首届仲夏梦幻光影节”活动。中秋国庆长假期间联合景区推出庆传统中秋与祖国华诞的互动与优惠活动，在《长沙晚报》策划推出《名望之城邀您乐游慢享》专版报道。到上海、成都参加市文化和旅游局组织“山水洲城 快乐之都”2020“韵味长沙”文化旅游上海—成都推广活动，推介望城全域旅游形象。联合新华联铜官窑古镇举办首届国潮龙舟电音节与首部激光焰火水舞秀《梦幻铜官窑》，与“铜官草市”体验式文旅街区开街活动联动，升级旅游夜经济消费场景，塑造具有望城特色夜游品牌，铜官草市成为望城乡村旅游新地标。中秋、国庆假期，新华联铜官窑古镇举办首届“千灯节”活动，吸引10万人参与。千龙湖景区举办“2020首届千龙奇幻庄园季”活动、靖港镇开展农旅融合产品推介会暨乡村灯会等，形成文旅、农旅融合良好格局。

湘江古镇群管理

【概况】 2020年，湘江古镇群事务中心（副科级全额拨款公益类事业单位）主要负责统筹湘江古镇群行业发展整体规划，指导推进湘江古镇群产业培育、旅游业态发展、品牌建设及公共服务配套等工作，促进古镇群的可持续发展。保护湘江流域古镇群的文化生态，挖掘、保护和开发古镇丰富的历史文化资源，传承和弘扬特色文化。服务湘江古镇群项目建设工作；协调推进全域旅游示范区创建等工作。

【古镇景区建设】 2020年，望城区创建国家级全域旅游示范区；长沙铜官窑文化旅游区被评为省级旅游度假区。

【古镇文旅活动】 2020年，湘江古镇群事务中心联合其他单位举办铜官窑古镇首届仲夏梦幻光影节、首届国潮龙舟电音节与首部激光焰火水舞秀《梦幻铜官窑》、靖港农旅融合产品推介会暨乡村灯会等特色活动，提升古镇旅游知名度；开展公开征集长沙铜官窑文化旅游区形象宣传口号和标识活动，应征作品3万余件，成功征集长沙铜官窑文化旅游区形象标识（LOGO）。整合古镇旅游资源，联动全区A级景区，推出2020望城全域旅游年卡，全年售卡10.5万张。

（本栏撰稿：韩　洁）

雷锋纪念馆

【概况】 2020年，雷锋纪念馆接待国内外观众368226人次，免费为观众讲解16046批次，发放宣传资料9932册。2020年获评第六届“全国文明单位”。

【雷锋精神宣教】 2020年，雷锋纪念馆完成“跟着习近平总书记学雷锋”和“雷锋毕业誓言”幻影成像场景升级改造；围绕推进青少年研学游活动开展调研，打造主题团日、主题队日活动，策划推广红色旅游线路；与望城新华书店联合设立爱国主义教育基地微书店，上新97个品种约400册爱国主义教育主题出版物；打磨雷锋故事会，开发以《雷锋日记》为内容的主题党课，推出《重读雷锋日记》《习近平总书记谈雷锋精神》等微信栏目，编辑出版《榜样》丛书，印制宣传折页；承办长沙市“就认这个理”“新思想进基层”微理论微宣讲活动，组织雷锋精神宣讲团外出宣讲30余场次；金牌讲师谭荒芳学雷锋“云”报告会，吸引4.8万名网友观看。

【场馆建设与服务】 2020年，雷锋纪念馆完成长沙国防人防教育馆配套旅游厕所和消防通道改建，优化、更新馆区标示系统，提升馆区基础设施建设和整体游览环境；按照省级模范职工之家创建标准，完成职工之家室内设计及氛围营造，启动职工之家屋顶翻修工程，职工工作生活环境改善，2020年11月，被湖南省总工会命名为“湖南省模范职工之家”；建设新时代文明实践基地——正兴学雷锋志愿服务中心，新建、改建学雷锋志愿服务站点4个；依托老馆中门楼三间办公室，打造以金牌讲师谭荒芳为领衔人的谭荒芳工作室；改造原长沙道德讲堂总堂，建设志愿者培训、交流、学习、展示阵地，被长沙市精神文明建设指导委员会命名为“雷锋志愿者之家”；引进中石化长沙公司开设旅游商店，满足游客购物需求。

【学雷锋志愿服务】 2020年，雷锋纪念馆依托正兴学雷锋志愿服务中心推出“雷小锋种子工程”之“雷锋精神我传播 小小雷锋讲解员”暑期志愿服务活动，累计培训40余名小志愿讲解员，开展志愿讲解200余场次，服务游客6000余人。金牌志愿服务项目“雷小锋种子工程”获长沙市未成年人思想道德建设工作创新案例征集评选活动一等奖。正兴学雷锋志愿服务中心先后获评“长沙市最佳志愿服务组织”“长沙市望城区2019年度学雷锋先进集体”等荣誉称号。

2020年12月18日，“纪念雷锋同志80周年诞辰座谈会”在雷锋纪念馆举行
（雷锋纪念馆供图）

【学雷锋活动举办】 2020年，雷锋纪念馆承办、协办长沙市望城区《关于加强学雷锋志愿服务 建设“志愿者之城”的实施方案》发布、“战役雷锋，我把鲜花送给你”“清明祭英烈 鲜花送雷锋”“接过雷锋钢枪 争当民兵榜样”“四季同行·雷锋家乡学雷锋”助力决战决胜脱贫攻坚主题活动暨授旗仪式、“纪念雷锋同志80周年诞辰座谈会”等学雷锋主题活动，《人民日报》、《湖南日报》、《长沙晚报》、中国文明网等主流媒体聚焦雷锋纪念馆、雷锋精神和学雷锋活动宣传报道30余次。

【雷锋文创开发】 2020年7月25日，“雷小锋”主题文创产品亮相湖南省红色旅游文化节，“烽火日记——雷小锋文创作品”获2020湖南文化旅游商品大赛银奖，“雷锋红色主题文创与新时代雷锋精神文化传播”入选湖南省文物保护利用创新发展百佳案例；“雷小锋”主题邮局落户雷锋纪念馆；雷锋精神系列原创公益广告亮相长沙市志愿服务文化节，获市委宣传部、市精神文明建设指导委员会办公室官方推广，中国文明网首屏推介。

【湖南雷锋纪念馆疫情期间有序开放】 2020年疫情期间，雷锋纪念馆制定有序开放工作方案，率先开放室内场馆，新增游客中心安检、红外测温及人脸识别通道设备，开通网上预约系统，开辟个人、团队预约通道，开通VR网上展馆，推广自助语音讲解，满足游客疫情期间参观需求。

【纪念雷锋同志80周年诞辰座谈会举行】 2020年12月18日，“纪念雷锋同志80周年诞辰座谈会”在雷锋纪念馆举行。座谈会由中共长沙市望城区委主办，中共长沙市望城区委宣传部、湖南雷锋纪念馆、雷锋精神研究会承办，邀请雷锋精神研究专家、雷锋亲属、同学、同事好友、生前所在部队代表及时代楷模、全国道德模范、当代雷锋、学雷锋先进个人代表参加会议。

【湖南省“四季同行·雷锋家乡学雷锋”助力决战决胜脱贫攻坚主题活动暨授旗仪式举行】 2020年8月20日，湖南省“四季同行·雷锋家乡学雷锋”助力决战决胜脱贫攻坚主题活动暨授旗仪式在雷锋纪念馆举行。活动现场向“四季同行·雷锋家乡学雷锋”活动4家牵头单位省总工会、省教育厅、省农业农村厅、省发改委负责人授旗，为魏哲浩、任菲莉颁发湖南省学雷锋志愿服务形象大使聘书，对2019年学雷锋志愿服务先进典型和全省新冠肺炎疫情防控学雷锋志愿服务先进典型进行表彰。

（本栏撰稿：刘银华）

长沙铜官窑遗址管理

【概况】 2020年，长沙铜官窑遗址管理处举办“鎏金铜蚕·黑石号——汉唐丝路文物特展”和“一带一路”湘江流域古陶瓷学术交流研讨会，长沙铜官窑古镇评定为省级旅游度假区。

【遗址保护】 2020年，长沙铜官窑遗址管理处建立“领导带队、干部值班、保安巡逻”的工作制度，核心保护区24小时“地毯式”巡逻；常态化消防、安防检查，新建博物馆微型消防站；采取测量体温、出示健康码、佩戴口罩、公共区域日消杀等措施；安防预警监控系统全面升级，地下拾音预警报警系统由原来的模拟信号升级为高清数字信号，监测识别范围更广更精准，安全监控预警系统更加安全可靠。

【文物研究】 2020年，长沙铜官窑遗址管理处临时库房文物及标本约40万件搬迁至博物馆地下文物库房，启动历年考古发掘文物整理、研究及整体移交工作，长沙市考古研究所派驻专家对窑头冲遗址考古发掘约800件文物进行整理研究，为长沙铜官窑学术研究和申遗工作提供实物资料；在《中国文物报》《锦绣》《新丝路》《收藏》杂志上发表《趣谈长沙铜官窑博物馆老鼠偷油酱釉油灯》《浅议大遗址保护与利用的探索与实践》等多篇文章，阐释长沙窑的价值内涵；长沙窑研究会会长吴跃坚向长沙铜官窑博物馆裸捐2件黑石号出水的云气纹彩绘碗。

【学术研讨】 2020年，长沙铜官窑博物馆主办“一带一路”湘江流域古陶瓷学术交流研讨会，扬州博物馆馆长束家平、南越王宫博物馆副馆长李灶新、中国古陶瓷学会副会长李建毛三位专家分别作主题分享，湘江流域各文博单位代表共同讨论“一带一路”及古丝绸之路背景下湘江两岸古陶瓷发展史和湖湘陶瓷文化发展新方向；邀请省考古研究所副研究员张兴国举行专题讲座“石渚湖岸有胡家——关于长沙窑外销瓷的几个问题”，长沙铜官窑陶瓷烧制技艺传承人刘志广举行专题讲座“铜官窑工铜官故事”。

【文化交流】 2020年9月28日，长沙铜官窑遗址管理处联合陕西历史博物馆、湖南省博物馆等国内七家文博单位举办“鎏金铜蚕·黑石号——汉唐丝路文物”特展；承办“印证望城——望城历史文化名人篆刻艺术”展，展出名人名章与肖像印章161方；与岳阳市博物馆联合举办“烟浊洞庭——长沙窑瓷器丝路之旅”展；与湘潭市博物馆联合举办“来自大唐盛世的丝路宝藏——长沙窑出土及出水瓷器展”；参加“海上丝绸之路——文明交流互鉴”学术会议和第二届国家考古遗址公园文化艺术周暨第十届国家考古遗址公园联盟联席会、首届台山海丝史迹考古遗址公园文化艺术周活动，探讨铜官窑海丝申遗路径。

【宣教活动】 2020年，长沙铜官窑遗址管理处利用线上线下多种文化传播阵地，传播长沙铜官窑历史文化知识。与《人民日报》、《中国文物报》、《湖南日报》、中央电视台、湖南卫视、新湖南、掌上长沙等知名媒体合作，共计报道220余篇，其中，《人民日报》连续刊发《千年窑火可燎原》等3篇文章；策划《长沙铜官窑〈海上瓷路源铜官〉策划推广》节目，入选湖南省文物保护利用创新发展百佳案例推介项目；运营微信公众号，开展优秀推文评选活动，发布《长沙话说铭文》《揭秘丨讲解员的一天VLOG》《唐朝饮酒大探秘》等系列精品视频和文章45篇，访问和点击量均约600次；开展“小小讲解员”“探秘博物馆”等7个活动，承办铜官窑特色研学旅游活动，接待中小学生近万人，为广大观众了解文物、品味文化提供平台。2020年，遗址公园在长沙市社会科学普及基地考核中被评估为“优秀”。

【项目建设】 2020年，长沙铜官窑遗址管理处费时3个月完善谭家坡遗迹馆、长沙铜官窑博物馆、觉华塔和陈家坪遗址之间道路配套，将4个景点串联起来形成闭合环路，方便游客深度游览，带动周边地区的文化旅游产业发展；在做好疫情防控同时，完成陈家坪遗址展示工程建设和陈家坪遗址区临时性防洪工程施工。

【陈家坪遗址开放】 2020年9月28日，陈家坪遗址正式对外开放。陈家坪遗址是继谭家坡遗迹馆、长沙铜官窑博物馆之后又一核心文物遗址展示点，距离谭家坡遗址不远，占地约1.67公顷，投资2540万元，展示方式采用开放式，保持遗迹与自然环境的天然联系。遗址共展示3条龙窑，Y35和Y77属于叠加窑，分属于唐代和明代，长66.5米，Y33为明清时期龙窑，残存21.15米，其中唐代与明代叠加窑是具有代表性的发现，证明在不同年代都存在窑业活动，见证长沙铜官窑制瓷历史的传承与发展。遗址内窑神庙区还原为考古发掘现场，让观众感受遗址公园现场考古氛围、自然生态环境以及古代制瓷工艺的文化魅力。

【鎏金铜蚕·黑石号——汉唐丝路文物特展举行】 2020年9月28日，“鎏金铜蚕·黑石号——汉唐丝路文物特展”在长沙铜官窑博物馆开幕，展览由望城区委、区政府主办，望城区委宣传部、长沙铜官窑遗址管理处承办，陕西历史博物馆、湖南省博物馆、广州博物馆、扬州博物馆、洛阳博物馆、宁夏回族自治区固原博物馆、广西合浦县

2020年9月28日，“鎏金铜蚕·黑石号——汉唐丝路文物特展暨陈家坪遗址开放仪式”在长沙铜官窑博物馆举行（铜官窑遗址管理处供图）

博物馆7家博物馆联合承办，展出“鎏金铜蚕”“黑石号”沉船文物、“玻璃矛”“水晶绿柱石串饰”“玛瑙琉璃珊瑚珠饰”“佛造像”“拜占庭金币”等28件（套）精品文物。此次展览是陆上丝绸之路的见证者“鎏金铜蚕”与海上丝绸之路的见证者“黑石号”文物的首次联袂展出。

【“一带一路”湘江流域古陶瓷学术交流研讨会】 2020年12月25日，由湖南省文物局、长沙市文物局指导，长沙铜官窑遗址管理处主办的“一带一路”湘江流域古陶瓷学术交流研讨会在长沙铜官窑博物馆举行。研讨会上扬州博物馆馆长束家平作“附信到扬州 千里共婵娟——长沙窑与扬州的关系”主题分享，从陶瓷贸易史方面论述长沙窑与扬州千年前所缔结的“良缘”；南越王宫博物馆副馆长李灶新作“四方辐辏——论广州是唐代陶瓷的重要贸易港口”主题分享，从“黑石号”沉船的发现、唐代中国重要贸易港口、广州唐代陶瓷的考古发现以及唐代广州通海夷道沿线中国陶瓷的发现等方面，阐释广州是唐代陶瓷的重要贸易港口；原湖南省博物馆党委书记、常务副馆长、研究馆员、现湖南师范大学教授李建毛作“长沙窑及其外销”主旨演讲，解读长沙窑的装饰工艺，从长沙窑外销产品的风格讲述其作为唐代外销陶瓷引跑者的原因和不同时期外销路线的走向及其变化；永州市博物馆、郴州市博物馆、衡州窑、衡山窑等湘江流域博物馆、古遗址代表负责人，围绕湘江流域古陶瓷的发展脉络、辉煌历史和今天所面临的现实问题等进行研讨。

（本栏撰稿：殷　霜）

长沙黑麋峰国家森林公园管理

2020年5月，黑麋峰景区（黑麋峰管理处供图）

【概况】 2020年，长沙黑麋峰国家森林公园投入环境保护资金210万元，接待旅游者60万人次，旅游收入总额2529万元；完成植树造林20公顷。

【森林资源保护】 2020年，长沙黑麋峰国家森林公园管理处对景区内树木松材线虫病进行防治清理，清理砍伐、集中焚烧枯死树木500余株，按技术要求对树桩进行处理；配合完成林相改造项目，优化抚育原有林相改造项目；配合区森林防火指挥部开展专业消防培训2次，内部组织消防演练3次，组织管理处全体成员和保安队伍参加消防知识培训2次，争取综合救援车辆1台；疫情期间管控义务植树活动，提出植树团队进行内部人员筛选，出示单位团体健康证明，植树活动结束后立即回程等要求，截至4月底，义务植树团队在黑麋峰村虎形山组栽种油茶树苗2.67公顷。

【景区管理维护】 2020年，长沙黑麋峰国家森林公园管理处针对景区内农家乐开展疫情防控知识和复工复产政策宣传，免费发放免洗酒精、《入店人员登记表》等防疫物资，有序推进复工复产；组织全体经营户代表开展春季消防安全专题培训，指导常见火灾处理方式，对经营场所的消防通道和器材作出要求；监督管理景区内各标段环境卫生清洁工作，实施“人人都是监督员”制度，推行垃圾分类；严控个人建房审批程序和规模，执法打击景区违规建房和私搭乱建；对山顶户外经营摊贩上门劝导，拆除违章建筑，规范公园管理；对景区已建及在建娱乐项目（如丁丁漂流、滑翔伞基地、星空茶园、马术营地等场所）进行安全生产监督，杜绝安全事故发生；拆除和整改景区内风格不统一的标识标牌，包括农家乐经营户私自设立的招牌灯箱等；对接滨江保安公司，提升景区安全巡视巡逻、门票站售票与门禁、停车场管理、岗位值守等工作服务质量，树立窗口良好形象。

【景区项目建设】 2020年，长沙黑麋峰国家森林公园管理处完成路灯、自来水的日常维护，千福崖、湖西冲应急处险、3D绘画、上水库商铺建设项目建设工程，芙蓉溪及其支流截污治污项目基础建设和文星桥集镇及其周边截污治污项目主体建设；配合办理招商项目高山漂流、维也纳酒店建设报批和创国家AAAA级旅游景区历史项目遗留问题等相关手续；完成2020年政府性投资建设性项目以及做好黄金茶园引水灌溉、南门厕所改造项目设计及概算编制；规划景区与环保主题公园内外部对接交通；完成发债项目申报方案；参与桥驿镇村庄规划调整工作。

【景区宣传推介】 2020年，长沙黑麋峰国家森林公园管理处开展“探寻黑麋峰森林秘境”宣传进地铁公交工作，投放公交车站牌广告

14块、公交车车身广告140辆、地铁灯箱广告80块，地铁全列广告LED屏全天24小时循环播放互动节目，总流量2151万人次（两个月），日均流量36万人次；利用网络媒体加大宣传力度，2020年上半年，有宣传媒体30余家累计播报景区150余次，自媒体21家累计播报40余次；参与2020国际园林绿化产业博览会和2020国际文化旅游产业博览会；举办桃花节、水果采摘节和桥驿村书记农产品代言等活动。

【长沙黑麋峰国家森林公园义务植树助力脱贫】 2020年3月31日，长沙黑麋峰国家森林公园管理处在省定贫困村黑麋峰村虎形山组举办全民义务植树活动。参加本次植树活动的有中南调查设计院和长沙建设综合有限公司等10余家单位和企业，人数合计约300人，栽种油茶树400余棵。管理处将油茶列为义务植树树种，在黑麋峰虎形山推广种植，对种苗进行无偿供应，看管抚育及收益归村民，以义务种植油茶树助力精准扶贫。

【长沙黑麋峰国家森林公园参加产业博览会】 2020年6月12—14日、6月19—21日，长沙黑麋峰国家森林公园携手九家景区商家分别参加2020国际园林绿化产业博览会和2020国际文化旅游产业博览会。博览会上景区展示麋峰茶叶、笋子、桂花酒、冬桂蜜等多种黑麋峰特色农副产品，发放宣传资料（约3000份）、景区土特产和景区娱乐项目、精品民宿、特色农家乐的优惠券（滑翔伞优惠券400份、玻璃漂流免费券500份、山居半亩代金券400份、雅颜居优惠券500份，水果采摘券500份，罗汉坝麋峰的茶300份），提升“黑麋峰”品牌知名度，助力黑麋峰消费扶贫。

【“大美望城 魅力麋峰”高山水果采摘节活动】 2020年7月19日，“大美望城 美丽麋峰”高山水果采摘节开幕式在长沙黑麋峰国家森林公园举行。高山水果采摘节是长沙黑麋峰国家森林公园管理处联合长沙黑麋峰创鑫农业发展有限公司和黑麋峰村所推出的集旅游、生态休闲、采摘于一体的“旅游＋农创”活动。举办采摘节的基地内种植面积约46.7公顷，其中古巴桃8公顷、葡萄6.7公顷、板栗5.3公顷、脐橙7.3公顷，采摘期7个月，年果品产量15万千克，带动周边20余户农民共84人创收，户均增收约2万元，解决当地农民就近就业问题，提升农户和村集体经济收入。

（本栏撰稿：陈　依）

表5　　2020年望城区主要旅游点汇总表

序号	类别	单位名称	备注	序号	类别	单位名称	备注
1	A级景区	雷锋纪念馆	国家AAAA级旅游景区	24	星级乡村旅游区（点）	润贵生态农庄	三星
2		黑麋峰国家森林公园	国家AAAA级旅游景区	25		绿地生态农庄	三星
3		千龙湖生态旅游度假区	国家AAAA级旅游景区	26		云开生态庄园	五星
		靖港古镇	国家AAAA级旅游景区	27		逸轩山庄	四星
4		新华联铜官窑古镇	国家AAAA级旅游景区	28		云湖山庄	四星
5		欧阳询文化园	国家AAA级旅游景区	29		光明里农农乐	四星
6		铜官窑国家遗址考古公园	国家AAA级旅游景区	30		国林农庄	四星
7		新康戏乡	国家AAA级旅游景区	31		白鹭户外营地	四星
8		柏乐园	国家AAA级旅游景区	32		金峙明天度假山庄	四星
9		蝴蝶谷	国家AAA级旅游景区	33		光明开心农场	三星
10		光明松鼠谷	国家AAA级旅游景区	34		巧巧农庄	三星
11		贝拉小镇	国家AAA级旅游景区	35		香樟园农庄	三星
12	星级乡村旅游区（点）	黄药子铺生态农场	四星	36		山水相依	三星
13		鑫土生态农庄	四星	37		庆云生态农庄	三星
14		千龙湖生态旅游度假区	五星	38		斌辉科技农庄	五星
15		柯柯农庄	五星	39		明月山庄	五星
16		长辉生态农庄	五星	40		云月生态农庄	四星
17		都遨生态创意园	五星	41		乌龙山庄	四星
18		兴农科技农庄	四星	42		开心农场	四星
19		中瑞湘格生态农庄	四星	43		金树生态农庄	三星
20		东波生态渔庄	四星	44		黑哥农庄	三星
21		康园科技农庄	三星	45		正良生态农庄	三星
22		幸福农庄	三星	46		鑫火生态农庄	四星
23		湘港生态农庄	三星	47		普顺生态农庄	三星

续表 5　　2020 年望城区主要旅游点汇总表

序号	类别	单位名称	备注	序号	类别	单位名称	备注
48	星级乡村旅游区（点）	同心湖生态农庄	五星	70	星级乡村旅游区（点）	香铺湾农庄	四星
49		莫氏庄园	四星	71		茶子山农庄	三星
50		罗汉坝农家乐	三星	72		洗心禅农庄	三星
51		金兔现代农庄	三星	73		湘洲生态农庄	四星
52		华龙山庄	四星	74		三木村	三星
53		彩陶缘农家乐	三星	75		杨家湖农庄	三星
54		有鸡有鱼生态农庄	三星	76		青天寨农庄	五星
55		北部湾农庄	三星	77		丰收园生态农庄	五星
56		书香源农庄	三星	78		华瑞生态农庄	三星
57		德逸山庄	五星	79		仙林居生态农庄	三星
58		左氏山庄	四星	80		开天渔庄	五星
59		灯文生态农庄	四星	81		金豆豆农业观光园	五星
60		高家庄种养基地	三星	82		金云山庄	三星
61		湘台科技园	五星	83		晓阳山庄	三星
62		金成水乡	四星	84		蓝色水乡山庄	四星
63		宝丰生态农庄	四星	85	旅游村镇	乔口渔都	
64		竹绣蓝湾	四星	86		铜官陶城	
65		马锦湖生态农庄	四星	87		彩陶源村	
66		残得喜生态农庄	三星	88		光明村	
67		石山塘农家乐	三星	90	其他景点	洗心禅寺	
68		凯辉生态农庄	三星	91		郭亮纪念园	
69		百果园生态农庄	五星				

体育事业

【概况】　2020 年，区体育运动中心主要负责雷锋体育中心、谷山体育公园日常管理和运营监管；体育场馆开放、管理工作；指导开展全民健身活动，负责国民体质监测与管理；负责协调全区运动队伍的搭建和体育后备人才的培养。年末有干部职工 14 人。全区体彩销售额 3431.67 万元，受理市民投诉 3 起，办结率 100%。

【国家级检测】　2020 年，区体育运动中心承担望城区站的 2020 国家体育锻炼标准达标测验活动三项国家级检测任务。9 月 19 日，在望城区体育运动中心对 400 余名全区各年龄段测试对象进行测验。完成第五次全国国民体质监测长沙望城站工作。10 月 16—21 日，在高塘岭街道和乌山街道进行国民体质监测，各年龄段参与监测人数 600 余人。完成 2020 年全国体育场地统计调查工作。6 月 30 日至 7 月 20 日，通过体育场地统计调查，区体育场地总面积达 140.12 万平方米，人均体育场地面积 2.33 平方米。

【全民健身】　2020 年，区体育运动中心投资 200 万元建设全民健身步道 1 条，总长度 7.4 千米；建设街镇全民健身中心 1 个，建设面积 3000 平方米；建设社区智慧健身中心 4 个，全民健身点 84 处。超额完成年度全民健身场地设施建设任务。全区开展各项赛事活动近 100 个。其中区级以上赛事活动 38 个，其中四大特色亮点赛事活动［长沙市望城区“体旅大战疫·全家总动员”十项全能居家网上争霸赛、2020 年中国网球巡回赛（长沙望城站）暨澳优长沙网球公开赛、2020 年全民健身节“水投杯”第五届男子篮球百村争霸赛、“乐在望城”2020 铜官穿越跑］，中央电视台体育频道、湖南卫视、湖南经视等电视媒体对赛事多场次进行现场直播，《中国体育报》《湖南日报》刊登专题进行报道，各级网络媒体和公众号发送新闻 600 余条，社会反响较大。

【体育培训】　2020 年，区体育运动中心开办社会体育指导员培训班 3 期，培训三级社会体育指导员 100 人。彭稚鳌、唐旭辉、陈晓辉、董继长等获评 2019—2020 年度长沙市优秀社会体育指导员。7 月 20 日—8 月 28 日，开展暑期向中小学生免费培训及免费开放工作，开放免费游泳场所 2 处，惠及中小学生 19201 人次；开展免费培训 5 期，6 个项目，培训中小学生 1000 余人次。7 月 20 日—8 月 24 日，组织开展 3 期 120 人次羽毛球基础培训。

（本栏撰稿：袁建武）

社会生活

责任编辑◎赵运良

民政事务

【概况】 2020年，长沙市望城区民政局（以下简称区民政局）机关内设办公室、党建办、基层政权建设科、规划财务科、婚姻登记办公室、区划地名办、养老服务科、儿童福利科、社会工作科9个科室；下设社会救助中心、社会组织服务中心、殡葬服务站、福利彩票发行工作中心、按摩医院、生活无着人员救助站、雷锋慈善会秘书组7个二级机构。全区80岁以上享受高龄津贴老人14112人。

【基本民生保障】 2020年，区民政局开展兜底保障专项“回头看”，全面落实建档立卡贫困户重病重残“单人保”政策，深入推进未脱贫建档立卡户未纳低保对象专项核查、脱贫攻坚挂牌督战村低保全面核查等行动和兜底保障对象“两不愁”帮扶慰问、疫情期间城乡特殊困难群体专项慰问等活动，实现了符合条件对象“应保尽保”“应救尽救”。截至12月全区在册城乡低保对象6169户12754人、特困人员2703户2821人。为2525名兜底保障对象发放“两不愁”帮扶慰问资金176.84万元、为5115名城乡特殊困难群体发放专项慰问资金380万元。开展春节走访慰问，发放慰问金2297万元，惠及困难对象2.8万人次；提高救助水平，发放低保、特困救助金9671.91万元，低保人均救助水平达441.79元/月。落实城市特困“五帮扶”，发放资金608.8万元，帮扶4524户。以“四个最严”抓养老机构安全，以最严封闭管理、最严防控措施、最严督查检查、最严跟踪问效，做到零探视、零返院、零新进，对刚需对象返院实行隔离和备案制，实行特派联络员制度，一日一调度，对整改不力养老机构进行约谈，做到立行立改；关爱特殊群体。实行先行救助、主动救助，简化救助程序；摸排八类城乡特殊困难对象5115人，发放帮扶慰问金380万元，帮扶对象2276户；推动养老服务业复苏，拨付民办养老机构特殊运营补贴和慈善资金45.15万元，帮助养老机构渡过难关，提振信心；强化儿童关爱服务，把儿童之家打造成关爱保护儿童的前沿阵地，成为社会组织、志愿者等社会力量提供关爱服务的爱心场所，西塘村、戴公桥村、金山桥社区获评“省级示范儿童之家”；落实各项社会福利待遇，发放孤儿、事实无人抚养儿童基本生活费和残疾人两项补贴1665.02万元；推进福利彩票和慈善事业发展，募集慈善资金300.27万元，发放慈善资金1063万元，惠及困难群众近万人次；有序推进福彩复市复工，福彩销售9316万元，筹集福彩公益金600万余元；雷锋慈善会获评省级“慈善工作先进单位”、市级“2019年度‘诚信之星’——诚信行业”称号。

【村(社区)基层治理能力建设】 2020年，区民政局推动基层公共服

表6

2020年长沙市望城区80周岁以上享受高龄津贴人员统计表 单位：人

乡镇（街道）名称	80~89周岁	90~99周岁	100周岁以上	合计
丁字街道	521	59	2	582
金山桥街道	281	35	0	316
黄金园街道	318	42	1	361
桥驿镇	914	109	4	1027
大泽湖街道	299	38	1	338
月亮岛街道	421	60	0	481
茶亭镇	1062	125	0	1187
铜官镇	1341	136	1	1478
靖港镇	1681	170	3	1854
乔口镇	901	92	2	995
乌山街道	1370	166	5	1541
高塘岭街道	2244	206	3	2453
白箬铺镇	982	118	1	1101
白沙洲街道	351	46	1	398
合计	12686	1402	24	14112

务（一门式）全覆盖，规范村（社区）基层公共服务平台，全面推行“全岗通”工作制度，畅通服务群众“最后一公里”；城市社区全面实行社区专职工作人员员额管理；按照“成熟一个、发展一个”思路，有序设立新社区3个，社区治理架构进一步优化；凝聚社会组织党建合力，成立社会组织“红色联盟”，实行组织联建、资源联享、队伍联管、活动联办“四联”管理模式，吸纳联盟单位52家，收集资源36项、需求31项；创新推进社会工作，在民政“四大领域”推出乐龄督导、星火计划、童伴计划、社区治理三圈服务和社工580等项目，构建多元参与社会工作服务体系，乡镇（街道）社工站项目获全国推介。

2020年10月17日，民政部党组书记、部长李纪恒（居中）实地考察望城区靖港社工站（区民政局供图）

【养老服务供给】 2020年，区民政局实施社会福利中心、7个居家养老服务中心建设和3个镇敬老院提质，实施2个区域性敬老院建设；开展空巢老人巡访，上门服务3.2万次，月均服务对象368人，覆盖率100%。

【专项事务管理】 2020年，区民政局推行生态殡葬。完成靖港镇复胜村、凌冲村节地生态安葬试点和茶亭白鹤、铜官藏龙山等公墓剩余用地开发建设；开展流浪救助，巡逻搜救685人次，站内救助对象560人次；实施新婚辅导和婚姻调解服务，辅导新婚对象470对，婚姻调解373对；完成区本级地名录、地名词典、地名志成果转化。

【乡镇（街道）社工站项目获全国推介】 2020年，区民政局推进乡镇（街道）社工站项目建设，探索社工站转型发展，以“群众有感受、村社有变化、社会有认同”为目标，提炼具有望城特色的乡镇（街道）社工站“1234”（即坚持一个引领——“党建引领”，发挥两大作用——“打造资源中心平台和‘社工＋志愿者’15分钟服务圈”，抓好三条工作主线——“服务老小弱困、创新社会治理、加强人才培育”，打造四个雷锋式品牌——“搭建雷锋式服务网络、开通雷锋式帮扶热线、建设雷锋式社工队伍、创建雷锋式特色站点”）模式，强化社工站共生理念，构建多元化参与的社会工作服务体系，将专业服务的触角延伸到基层。望城社工站建设先后接受民政部部长李纪恒、副部长王爱文考察和9个省（自治区）民政厅领导调研参访，工作经验被民政部、省级媒体多次报道。区社工总站获评全省疫情防控学雷锋志愿服务“最佳志愿服务组织”。

（本栏撰稿：邓　虎）

社会保障

【社保基金征缴】 2020年，长沙市望城区人力资源和社会保障局（以下简称区人社局）通过政府统一购买第三方数字证书服务，为全区6800余家参保单位免费提供网上经办平台数字认证服务，打通企业养老保险全流程网上经办的“最后一公里”，区内所有企业养老参保单位无须线下递交资料，实现“一次都不用跑”即可办理社保业务，每年为区内企业节省费用150万元；完成社保降费任务。通过电话、微信、短信、上门走访等方式率先在全省实现参保企业“免减缓返补”全覆盖，减免资金近4.3亿元；做好贫困人群社保补贴工作，为7604名贫困人员代缴养老保险76万元；2020年，新增1059家参保单位，新增参保人数52297人。全区企业养老保险基金征缴收入16.46亿元，参保人数215794人；城乡居民养老保险参保人数272450人；机关基本养老保险参保人数9210人；被征地农民参保人数58152人。望城区城乡居民养老保险连续11年被评为省优秀单位。

【社保待遇落实】 2020年，区人社局调整区城乡居民养老保险基础养老金两次，由2019年198元提至218元，增长幅度为10.1%，全区近8万人受惠；2020年，全区企业养老保险待遇享受人数23514人，发放待遇5.69亿元；城乡居民养老保险待遇享受人数77373人，发放待遇1.92亿元；机关基本养老保险退休人数5383人，发放待遇3.3亿元。2020年，制作社会保障卡3003张。

【重点民生实事工作】 2020年，区人社局统筹协调20家单位落实全区省、市重点民生实事项目41项。2020年年末，完成省考项目16项、市考项目25项。其中，省考项目巩固和新增农村通自来水人口完成年度任务3倍以上，市考项目新改建农村公路完成量居全市第一位，率先在全市实现农村无害化厕所普及目标；牵头组织召开多次会议，部署加快推进民生实事工作，全面做好民生实事工程“回头看”和检查整改工作。对存在问题的项目，开展整改落实，做到发现一个、整改一个。针对民生实事项目，明确项目责任单位，要求各责任单位组织自查整改。

（本栏撰稿：唐定乾）

住房公积金管理

【概况】 2020年，望城区归集住房公积金7.51亿元；新增住房公积金开户单位223个；新增开户职工11880人；提取住房公积金2.24亿元，提取人数9365人，其中住房消费提取1.26亿元，占总提取额的56.25%；发放住房公积金个人贷款2355户，9.86亿元。

【工作基础夯实】 2020年，长沙住房公积金管理中心望城区管理部（以下简称区住房公积金管理中心）利用人社、银行等部门共享数据，动态掌握园区企业、房地产开发企业和全区临聘人员建制情况，针对未建制、未全员缴存的单位开展催建催缴，扩大制度覆盖面；拓展新媒体宣传渠道，通过微信等平台创新开展云宣讲直播活动，在线普及政策，提高单位依法缴存意识，提高社会公众对住房公积金制度的认知度、关注度、满意度和信任度；将行政执法与扩面工作有机结合，继续坚持执法约谈，2020年，管理部下发责令整改通知书4份；支持受疫情影响企业暂缓缴存或降低缴存比例，减轻复工复产经营成本。允许受疫情影响未按时缴存公积金的职工按正常条件申请贷款，对无法正常还贷的职工不做逾期处理、不计罚息，最大程度保障职工权益。2020年，为55家企业缓缴公积金，计7335人，企业节约开支约53万元，为8家企业2828人降低缴存比例，减轻企业成本52万元。

【风险防控】 2020年，区住房公积金管理中心规范提取，结合严格把关与人性化管理，严控审批程序，堵塞漏洞防止违规套取骗提现象发生。针对伪造凭证，真假混杂的大修房提取、离婚提取等情况，由专人重点审核把关；对属于低保家庭、特困职工以及因本人或直系亲属患重大疾病造成生活困难的职工，建立绿色通道，及时书面材料上报中心，争取支持解决；严格前台操作，杜绝违规贷款。执行“认房认贷”的差别化贷款政策和三级审批操作流程，树立信贷“三品”（人品、押品、产品）风险意识，确保贷款资料真实、抵押如实和服务优质。

【信访处理】 2020年，区住房公积金管理中心处理交办函、电话投诉、区督查室、“12329”热线、“12345”热线平台投诉共计54例，办结率100%，满意率100%。

（本栏撰稿：任 喜）

医疗保障

【概况】 2020年，望城区城镇职工基本医疗保险累计参保人数123571人，基金总收入合计73209万元（其中缴费收入47480万元、利息收入2356万元、其他收入7558万元、基金上解市级返回收入15814万元）；基金总支出126621万元（其中待遇支出38734万元，上解上级支出87888万元）；基金累计结余44555万元。全年城乡居民医保参保423768人，基金总收入合计45528万元（其中个人缴费收入11394万元、财政补助收入23027万元，利息收入133万元、其他收入1193万元、基金上解市级返回收入9781万元），基金总支出合计56310万元（其中住院待遇支出33629万元、上解上级支出22681万元）。开展医疗救助20298人次，救助金额2878.1万元。

【医疗保障水平建设】 2020年，长沙市望城区医疗保障局（以下简称区医保局）利用新媒体、手机短信、宣传折页、电视及“医保微服务”进社区（村）、进医院、进企业及进机关等渠道加大对医疗保险政策的宣传，提高人民群众参保的积极性和主动性，实现“应保尽保”。2020年全区基本医保参保率95.4%，贫困人口参保率100%；出台“五个零”政策措施，对新冠确诊患者采取费用全支付报销政策，让患者“零顾虑”；向医院预拨300万元专项资金保障救治，让医院“零垫付”；将规定药品和医疗服务项目临时纳入医保基金支付范围，做到“零死角”；限时做好医保报销与支付，做到“零风险”；打击欺诈行为，做到“零容忍”；为2980家参保单位减免应征收医保费5440万元，惠及全区72345名参保职工；6月，开展2020年度全区企事业单位退休人员免费健康体检工作，惠及全区20734名退休人员。

【基金安全维护】 2020年，区医保局对辖区各定点医药机构检查390余次，因哄抬防控物资价格及未严格落实发热退烧药登记管理制度查处3家定点药店；收缴33家定点医药机构自查自纠金额57.47万余元；智能审核系统拒付违约金额79.52万元；通报处理25家定点协议医药机构，累计查处拒付违规金额533.7万元；移送司法机关处理医保违法违规案件人员2起。

【医疗保障服务提升】 2020年，区医保局在区政务大厅设置综合服务窗口2个，各项医保业务一站式受理；梳理医疗保障政务服务事项清单，全程网上受理、审核、办结参保登记、异动申报、信息变更、异地就医安置及城乡居民参保缴费等业务；窗口精简异动纸质申报、年审面审环节、异地就医申请等10余个业务环节，较2019年减少90%的窗口业务，减少证明材料8项，实现变“群众跑腿”为“信息跑路”。

【“医保微服务——进社区(村)、进医院、进企业、进机关”系列政策宣传活动举办】 2020年10—11月，区医保局分别在铜官街道书堂山村、丁字湾街道石韵社区、大泽湖街道卫生服务中心、长沙比亚迪电子公司、澳优乳业有限公司、区行政中心开展6场现场宣传活动，参与人数5000余人。以政策宣讲、现场答疑、医保政策展板及宣传图册等方式向广大人民群众详细提供城乡居民医保参保报销政策、城镇职工医保参保报销政策、特殊门诊相关政策、异地就医相关政策、生育保险、新生儿参保手续等医保政策的解释解答。活动现场开设城乡居民医保现场缴费业务办理微服务窗口，特邀区人民医院相关专家提供现场义诊服务，营造浓厚的医保宣传氛围，取得良好的政策宣传效果。

【《长沙要情》推介望城医保资金监管工作】 2020年9月15日，中共长沙市委办公厅《长沙要情》(第196期)以《望城区把牢“三道关卡”强化医保资金监管》为题重点推介望城的医疗保障工作。望城多措并举加强医保协议医疗机构日常监管和专项监管，维护基金安全。把牢“三道关卡”强化医保资金监管。建章立制加强日常监管。采取“双随机、一公开”方式，对全区36家定点医疗机构进行每周不少于两次随机监管。将辖区划分8个片区，派驻片区监审员，开展日常监管700余次，处理违规定点医药机构50余家。智能审核实施精准监管。通过大数据、云计算技术完成30余次随机监管、5起案件线索调查和4次市级医保基金飞行检查。实行财务核算与业务审批相分离的基金支付新机制，按时开展与银行、业务中心、财政对账，通过智能+人工审核查实拒付违规费用78万元。部门协作施行联合监管。联合7个部门打出监管“组合拳”，审核查实定点机构违规问题6661条，拒付医保基金590万元。

（本栏撰稿：易　叶）

2020年12月29日，区医保局组织政策宣讲团走进企业开展“医保微服务”活动

（区医保局供图）

人民生活

【概况】 2020年，望城区全体居民人均可支配收入46615元，比2019年增长6%；全体居民人均生活消费支出30677元，比2019年增长3.3%。

【居民收入】 2020年，望城区城镇居民人均可支配收入53876元，比2019年增长5.2%。其中：城镇居民人均工资性收入31019元，占城镇居民人均可支配收入的57.6%；人均经营性收入13747元，占比25.5%；人均财产性收入5140元，占比9.5%；人均转移性收入3970元，占比7.4%。全区农村居民人均可支配收入37738元，比2019年增长7.5%。其中：农村居民人均工资性收入24658元，占农村居民人均可支配收入的65.3%；人均经营性收入10678元，占比28.3%；人均财产性收入727元，占比1.9%；人均转移性收入1675元，占比4.4%。

【居民消费】 2020年，望城区城镇居民人均生活消费支出35844元，比2019年增长1.9%。其中：食品烟酒消费支出9052元，占城镇居民人均生活消费支出的25.3%；衣着消费支出2299元，占比6.4%；居住消费支出6825元，占比19%；生活用品及服务消费支出2140元，占比6%；交通通信消费支出6421元，占比17.9%；教育文化娱乐消费支出6716元，占比18.7%；医疗保健消费支出1644元，占比4.6%；其他用品和服务消费支出744元，占比2.1%。全区农村居民人均生活消费支出24361元，比2019年增长5.9%。其中：食品烟酒消费支出6656元，占农村居民人均生活消费支出的27.3%；衣着消费支出1226元，占比5%；居住消费支出5104元，占比21%；生活用品及服务消费支出1432元，占比5.9%；交通通信消费支出3899元，占比16%；教育文化娱乐消费支出4225元，占比17.3%；医疗保健消费支出1521元，占比6.2%；其他用品和服务消费支出299元，占比1.2%。

（本栏撰稿：胡　亮）

街　镇

责任编辑 ◎ 任俊国

丁字湾街道

【概况】　2020 年，丁字湾街道区域总面积 39.89 平方千米，人口约 8 万人，下辖石韵社区、兴城社区、丁字湾社区、金云村、翻身垸村、双桥村 6 个村（社区）。各项主要经济指标在疫情压力下逆势上扬，街道财政总收入 1.17 亿元；财税收入 5.06 亿元，比 2019 年增长 17%；规模以上工业产值 17.17 亿元，比 2019 年增长 12%；固定资产投资比 2019 年增长 46%。社会消费品零售总额 7.7 亿元，比 2019 年增长 20%。各项工作取得实效，被评为 2020 年全区征拆安置、招商引资和优化营商环境先进单位。

【基层党建】　2020 年，丁字湾街道党工委实施党建先锋工程。抓班子带队伍，通过换届选举全面完成村（社区）书记、主任“一肩挑”工作，充实村（社区）后备力量 12 名。率先在全区成立首个街道党校，实施“青苗”成长计划，开办年轻干部训练营，重点培育街道及村（社区）35 岁以下年轻干部。推进党风廉政建设，开展“千年石乡扬清风，魅力丁字开莲花”主题活动。建立党建引领网格化治理与“三联三抓”机制，全街划分 41 个网格单元，组织 505 名网格员下沉一线抓治理，推进党员分类管理综合试点；深化区域化党建结对共建机制，召开街道区域化党建联席会议 4 次，落地党建共建项目 32 个。开展党建示范点、“三零”村（社区）、“书记工程”党建品牌创建。“一村一品”党建品牌建设，各村（社区）党总支、非公党建支部全面开展“书记工程”品牌活动。围绕党建引领基层社会治理、垃圾分类、非公党员分类管理等开展调研，形成调研报告 3 篇。街道“书记工程”、“美在丁字·魅力新城”党建引领基层社会治理主题活动、经济社会发展等成果被《湖南日报》等 15 家媒体报道 200 余次。

【项目建设】　2020 年，丁字湾街道基础设施不断完善。拉通枫树路、向东路等 5 条路网，推进汤家湖路、双桂路等 5 条道路建设，地铁 1 号线丁字段纳入长沙市第三轮轨道计划，服务香炉洲大桥、湘江东岸堤防建设，实施重建地小区雨污管网建设 11 千米。全年铺排征拆新项目 8 个、追加项目 5 个、上年接转项目 3 个，腾地 134 公顷。青石学校板块项目启动半小时签约 27 户，24 小时签约清零。率先完成 2019 年安置户老指标 137 户 36245 平方米回购。东原启城、旭海家园限价商品房建设加快，集中精力攻坚合祥高校、林科大扩征、外国语学院商住用地等历史遗留项目。坚持“五清”交地，成功出让 5 块用地。对 20 个社会性投资项目、18 个政府性投资项目和 23 个投产达效项目，实行“一个项目、一名领导、一套班子、一抓到底”工作机制，充分发挥商事协调委员会、丁字商会作用，优化营商环境，服务项目建设。2020 年，街道新增市场主体 1600 余户，新增“四上”企业 24 家，财税口径新增“四上”企业 14 家。

【社会治理】　2020 年，丁字湾街道实施“美在丁字·魅力新城”党建引领基层社会治理“书记工程”，通过共商、共创、共建、共享，以点带面优化基层社会治理。打造最美屋场、最美街区、最美河塘等基

2020 年 7 月 1 日，丁字湾街道青石学校板块征拆项目集中签约（宋子阳　摄）

层治理示范点，带动靓化村道11条，美化河塘26口，完善社区服务阵地12个，提质小区15个，建设屋场26处，创建最美村民小组17个。推进河长制工作，带动“民间河长”参与河湖保护；“治房”“治厕”方面拆违2.3万平方米，实施农村改厕300余座；全域推广垃圾分类，石韵社区创建长沙市垃圾分类减量示范社区；开展新时代文明实践活动，移风易俗，组建志愿者队伍24支，举行屋场会45场，开展万人大清扫活动36次，义务投工投劳1.2万人次。在疫情防控中组织发动664名党员、728名志愿者组织成立疫情防控志愿服务队，全面落实联防联控措施，10183户居民零感染。构建“大城管”工作体系，抓污染防治，实施蓝天、碧水、净土三大保卫战，开展“蓝天保卫战”等专项行动200余次，执法办案117件，处罚金额30万余元。加强矛盾纠纷排查，化解信访积案交办件3起。筑牢安全生产底线，协办全省2020年抗洪抢险应急演练，承办全区“安全生产月”活动，执法办案21起。排查食品安全隐患，开展专项整治行动8次，检查经营单位312家，办理案件20起，处罚金额10.7万元。

【民生福祉】 2020年，丁字湾街道提升服务效能，增强人民群众获得感、幸福感、安全感。做好乡村振兴和脱贫攻坚工作，引进潜彬生态等6家农业企业，流转土地467公顷，村（社区）均实现集体经济收入20万元年度目标；开展脱贫质量“回头看”，街道建档立卡贫困户140户375人全部实现高质量全面脱贫。提升便民服务水平和办事效率，推动基层公共服务（一门式）全覆盖。开办技能培训班20余场，举行大型招聘会3场，实现城镇新增就业500余人。完成丁字中学、丁字镇集镇完全小学提质改造，雅礼丁江学校顺利开学，师大附中青石学校加快建设。城乡居民医疗保险参保缴费16112人，养老保险征缴12648人，180户397人享受城乡低保173.83万元。

【困难与问题】 2020年，丁字湾街道基础设施较为落后，自来水、给排水等公共基础设施建设跟不上城市化发展速度，城市管理难度较大。

【丁字湾街道党校揭牌】 2020年11月29日，望城区首个街道党校——丁字湾街道党校揭牌成立。街道党工委书记、党校校长曹文为7个教学基地授牌。街道将“丁字宣讲团”成员纳入师资队伍，选聘经验丰富的领导干部、党组书记、先进模范、农村“土专家”“田秀才”以及杰出乡贤、企业家等作为专（兼）职教师，并依托省、市、区委党校师资建立师资库。市委党校党史党建教研部副教授全建业以《从小康奔向现代化的奋进宣言——学习中共十九届五中全会精神体会》为题为街道党员上了开校第一课。丁字湾街道党校切实担负起教育引导党员政治责任，在学习内容、方式和管理上积极创新，让党校建设规范化、出实效，成为理论武装的课堂、党性锻炼的熔炉、思想政治工作的阵地、凝聚党员服务群众的平台。

【“美在丁字·魅力新城”总结表彰大会举行】 2020年11月21日，丁字湾街道举行“美在丁字·魅力新城”党建引领基层社会治理总结表彰大会。活动对“最美村道、最美屋场、最美企业、最美街区”等29个优秀“十美”创建点进行表彰，10名最美丁字治理者获奖。村（社区）3名基层宣讲员从宜居之美、活力之美、生态之美三个篇章，讲述“十美”创建中的点滴变化以及感人故事。2020年，街道运用党建引领网格化治理机制，让党员干部下沉至网格，通过45场屋场会打通基层民主议事渠道。运用区域化党建平台，辖区单位积极到地方报到领任务，组建24支志愿服务队伍，开展万人大清扫等活动。党群同心“齐参与、齐治理”，打造最美屋场、最美街区、最美河塘等基层治理示范点。

（本栏撰稿：宋子阳）

铜官街道

【概况】 2020年，铜官街道区域总面积90.3平方千米，总人口5.3万余人。下辖花实村、华城村、万星村、彩陶源村、何桥村、郭亮村、书堂山村、中山村、石渚湖村等9个行政村，袁家湖、誓港、高岭、铜官街4个城市社区及潭洲社区1个农业社区。全年完成税收2.2亿元，比2019年增长14.31%；完成规模工业产值35.34亿元，新增规模以上企业3家，社会消费品零售额2.43亿元。

【基层党建】 2020年，铜官街道压实党建主体责任，夯实党建基层基础，强化党建引领，打造一批干事创业队伍。严格执行党内准则，落实组织生活制度，加强班子自身建设，压实党工委管党、治党责任。认真部署、积极推进村（社区）换届选举工作，开展座谈走访，挂图作战、建册评星，街道14个村、社区“两委”换届选举工作顺利完成，街道现有支村“两委”91人，村社班子整体得力。纵深提高基层治理能力，召开支部书记座谈会，落实村（社区）交叉巡察整改，配合省委巡视工作，办理巡视组转交群众来信来访27件。“铜”字系列铸造金字招牌。围绕“党建引领聚合力、铜心同德谋发展”书记工程主题，打造“铜”字系列金字招牌，举办系列活动8场，浓厚党建氛围。紧抓铜官片区发展大机遇，分区分类制定“三部五组”大比拼活动，责任到人到事到时间点，每周一调度，每月一比拼，形成干事创业的新动力。表彰先进党组织、先进党务工作者，中山村书记周罗云获得全区“黄牛型”干部表彰。

【项目建设】 2020年，铜官街道按照区委重点发展“三区一园”战略布局，提出“产业强镇、文旅小镇和城乡统筹示范区”发展定位，推进片区开发工作。2020年新铺排项目24个，涉及土地118公顷，签约拆房140户，交地87公顷。强化陶瓷文化产业导入，全面盘活铜官陶瓷公司现有闲置资产，实施分类招商，优化产业布局，推动产业升级。文旅小镇建设步伐加快。文旅招商持续突破，五号山谷民宿、太丰现代农业公园等优质项目先后落地。五号山谷项目建成运营，太丰垸现代农业公园项目顺利推进。旅游宣传营销火爆，策划举办中国好声音、国风焰火节、潮流电音节、仲夏夜梦幻节、环球小姐中国区大赛等活动100余场，旅游人气持续暴涨。特色产业发展壮大，成功引导一批农业产业结构调整示范基地，陶蔬恋农旅文创园获“国家文化消费试点合作单位”“湖南名优特产”称号，彩陶源龙虾养殖基地、书堂山乡里里手、中山蓝莓基地等一批特色产业发展势头良好。2020年，街道集体经济薄弱村全面“清零”，村集体经济组织年收入均超20万元，村集体通过土地流转、房屋租赁、提供农副产品售卖渠道、支持和引导居民开民宿、摆地摊、售卖农副产品等，从旅游产业链中增收获利，中山村、书堂山村、何桥村、郭亮村、潭洲社区5个村（农村社区）年集体经济收入超过50万元。

2020年8月1日，位于长沙市望城区新华联铜官窑古镇景区的铜官草市开街（区融媒体中心供图）

【社会治理】 2020年，铜官街道坚持政府主导、企业主体、群众参与、效益优先的原则，分类指导、分步推进村庄规划、基础建设、公共服务、人居环境整治以及产业发展等五大重点工程，推进乡村振兴。提质改造农村公路45千米，危桥2座，村通公路率、通公交率100%，农业生产服务不断增强。城乡统筹成效初显。中山村、彩陶源村、石渚湖村3个美丽屋场完成示范创建，马太路启动拓宽拓改，沿线6个美丽屋场打造集中示范片。持续开展“四边”市容环境整治，强力推进农村“五治”，狠抓落实城市管理和人居环境整治行动，城乡面貌明显改善，空气质量优良率保持稳定，铜官“一级水源保护区”水质达到饮用标准。街道建档立卡贫困户500户1422人全部脱贫，其中，30户脱贫户人均年收入超过万元，高质量完成脱贫攻坚任务。加强社会治安综合治理，定期开展“红袖章”暨月月“亮剑”整治行动，加强普法教育宣传40次。落实安全监管责任清单，检查企业152次，提出整改218条，行政处罚10家，全年安全生产“零事故”。开展防范打击和处置非法集资工作，提前化解集资隐患1起，疏导和解决信访问题126起，排查化解矛盾纠纷134次，化解积案30起。

【民生福祉】 2020年，铜官街道落实民生实事工程，推进云母山棚户区危旧老房改造，实施袁家湖、誓港等老镇区污水管网改造工程，开展古镇背街小巷提质，启动铜官敬老院提质改造工程等，推动民生工程扎实落地，老旧社区基础配套设施不断提升，一大批群众关心关注的小事、急事、难事得到解决；社会保障不断加强，全面落实全民参保计划，实现城乡居民医疗参保全覆盖，城乡居民养老全覆盖，无偿献血超额完成；新增城镇就业人数逐步提升，新增创业主体渐趋激活，职业培训规模持续扩大，零就业家庭动态清零；加大基础教育投入，改善办学条件，开展劝访复学“三帮一”，全年教育助学540人，助学资金167.4余万元，确保未成年人受教育权利。

【困难与问题】 2020年，铜官街道经济发展的质量还有待继续提高，铜官片区文旅开发的力度还需进一步加大；老城区和农村的基础设施还较为落后，人居环境还要进一步提升；优质服务的供给还不足，医疗教育发展还较为落后。

【铜官草市开街】 2020年8月1日，铜官草市在国家AAAA级旅游景区新华联铜官窑古镇景区开街。铜官石渚是长沙铜官窑边上的一个港湾，一千多年前已形成交易市场。铜官窑生产的陶瓷产品在石渚完成交易，通过海上丝绸之路运往世界各地。铜官草市项目从古镇内分划出专门区域约8000平方米，建有

106个商铺，对公众免费开放。作为铜官片区文旅创新与乡村振兴的标杆项目，铜官草市引入中国乡村旅游标杆地袁家村的优秀经验，融合铜官的“陶都”文化，营造接地气的市井生活场景；采取全天候开放式运营，实行“一店一品”、无同业态竞争、联营模式、无门票障碍；以当地特色小吃为主，主办常态化互动性强的新媒体演艺节目；邀请古法手作老匠人、文化创意创业新青年，结合周边剩余劳动力共同参与经营，解决文旅项目中的政企农问题，截至开街当日，草市新增注册公司和个体商户70余家，直接解决就业500余人，有效带动周边村庄土特产售卖、特色工艺品制作、房屋租赁等业态发展，成为长沙市民的周末假期休闲好去处，湖南乡村旅游新地标。

（本栏撰稿：李 锋）

高塘岭街道

【概况】 2020年，高塘岭街道区域总面积70平方千米，总人口15万人。下辖高塘岭、西塘街、雷锋路、高塘、白芙塘、莲湖、航运、斑马湖、望府路、白马巷、东湖路、新康社区12个社区和胜利、裕农、长联、新阳、六合围、月圆、湘江、新河、名盛9个建制村以及中南、湘陵2个央企移交管理社区。全年完成财税总收入10.5亿元，比2019年增长13.6%；引进“四上”企业11家，规模以上工业企业完成总产值20.2亿元；完成营业性收入10.6亿元，引进市外资金5.69亿元；城镇、农村居民可支配收入分别为46571元、28826元。街道财政所获评省级先进财政所。

【基层党建】 2020年，高塘岭街道推进“基层党建书记工程”，创新“1+4+N”党建品牌，探索“一核三网”“幸福1+1”等基层党建创新经验，解决望邮公寓“三不管”等一批群众反映强烈的民生问题。深化“党建+”模式，在高裕学校项目征拆、彭家湖美丽屋场建设等重点工作中，突出党建引领、党员示范，激发基层治理活力。抓班子带队伍，组织村（社区）干部素质提升班、青年干部座谈会、书记上党课等主题活动，激发党员干部干事创业的热情。做实做细村级换届选举前期工作，储备村（社区）“两委”后备力量40人，率先在全区全面实现村（社区）书记、主任一肩挑。23个村（社区）党（总）支部全部完成党组织换届选举。推进“五化”建设，街道117个党支部全部达到四星级，雷锋路社区等获评市级示范化“五化”党支部，西塘街社区等获评全区五星级党支部。街道党工委书记刘国富获评“黄牛型干部”，望府路社区党总支书记王甜佳获评“狮子型干部提名人选”。

【项目建设】 2020年，高塘岭街道服务项目建设，高裕九年一贯学校、艺术路等9个项目交地，沩水北岸防洪工程、大众垸水系连通工程等重点项目高效推进。康寿路、高教路、新奥燃气管道、望新门站建设等新铺项目半个月交地，创造项目交地高塘岭速度。旺旺广场西南角、斑马湖生态酒店、雷锋西路北侧地块等供而未用项目高效推进施工建设。解决历史遗留征拆问题，森林海二期项目49公顷实现交地。推进“电力630攻坚项目”，启动5个村（社区）54座塔基建设。推进“三拆行动”，先后组织东湖西路协拆、板块项目司法拆迁、鼎功500千伏项目维护性施工等行动。

【民生福祉】 2020年，高塘岭街道发展科教文卫等各项事业，创建省级卫生城市创建复检样本点，获评市“无偿献血先进单位”、市“生育关怀·幸福家庭”和创建工作先进集体、区“双带双促先进单位”，新康社区获评省级卫生社区。开展“双带双促”工作，创全市示范性退役军人服务示范站。指导湘江村、湘陵社区争创省级基层群众示范点，湘陵社区社工站工作，代表全省迎接民政部副部长王爱文等领导现场调研。做好基层武装部星级达标工作，获全区第一名。推进老财政局宿舍等29个老旧小区提质改造，拆除杂屋、车库近470个，完成老旧小区油烟机改造3000台。莲湖农贸市场实施全面提质改造，打造全市智慧农贸市场新标杆。推进基层公共服务“一门式”全覆盖，完成“三竖一横”挂牌工作。率先在全区制定便民事项审批权限下放清单，16项便民审批事项全部下放到位。推进全区社会治理网格化试点工作，科学划分网格113个，合理选配网格人员，基本完成街道网格化治理调度中心建设。协调处理物业矛盾纠纷150余起，红建大厦、

2020年，高塘岭街道书记工程民生实事改造（高塘岭街道供图）

红建华府等4个小区维修改造项目如期完工，对红建小区等6个楼盘实行应急管理，维护楼盘小区和谐稳定。完成红旺市场微改造、高塘社区插花地改造项目，城市宜居品质进一步提升。

【社会治理】 2020年，高塘岭街道作为全区文明创建主城区，开展“文明城市提质年”行动。集中开展夜市经营、市场综合整治等行动120余次，完成2569个问题整改，迎接文明创建“国考”。开展望城大调研活动，破解红旺市场长效管理难题，投入资金1000万余元，实施红旺市场综合提质项目。落实城管体制改革，60余名执法力量下沉一线，拆除违法建筑面积近1.5万平方米，重点管控森林海小区等违建，打击新增违建。常态化推进蓝天保卫战，织牢“街、村、组”三级网络，处置露天焚烧案件10起，完成餐饮油烟监控改造36家，督促排污企业落实管理责任93家。开展人居环境整治工作，完成743座无害化厕所改造。街道获评市垃圾分类示范街道，高塘社区、新阳村创建垃圾分类市级示范村，湘陵社区获评长沙市垃圾分类百日行动示范社区。疫情防控取得零疑似、零确诊阶段性成果，望府路社区党总支书记王甜佳获评省防疫先进个人。出动抢险突击队80余人次，处置险情3处，守住近百里大堤。化解信访积案3件，连续两年实现信访维稳“三零”目标。开展马路市场整治40余次，举办市级“安全生产月”系列活动，排查和整改隐患54处，打造区应急能力建设首批首个省级示范点，街道在省级安全发展示范街道创评中免检通过。

【乡村振兴】 2020年，高塘岭街道12个村（社区）完成集体经济收入提标任务。农业种植结构调整面积800公顷，完成重金属治理867公顷，重点支持广源种植合作社、龙虎生态等现代农业企业发展，打造湘江村彭家湖市级美丽屋场，新康社区新河口、月圆村南汉湖两个区级美丽屋场。新康戏乡顺利通过国家AAA级旅游景区验收。开展脱贫攻坚“回头看”问题排查整改，73个问题全部整改到位。落实驻村帮扶常态机制，推进12个农村（社区）防止返贫监测及帮扶工作。实施产业扶贫项目8个，投入资金204万元，实现户均增收3000元。街道建档立卡户376户1027人全部实现脱贫。

【困难与问题】 2020年，高塘岭街道基础设施还有待进一步完善，特别是背街小巷的提质改造、重建地配套设施和管理服务亟待跟进。辖区范围内征拆项目多，信访维稳压力较大。城市管理工作任务艰巨，尤其是实施数字化城管提出新的更高要求，城市管理方式方法亟待创新。受到土地利用规划的瓶颈制约，招商引进企业和个人建房用地规划需求矛盾十分突出。新常态下的村级财务管理水平有待规范和提高。

（本栏撰稿：黄雅恬）

乌山街道

【概况】 2020年，乌山街道区域总面积97平方千米，常住人口10万余人，其中户籍人口6万余人，下辖黄花岭、金树、双丰、八曲河、团山湖、蓟家巷、乌山、龙王岭、双兴、原佳、高冲11个建制村，徐家桥、旺旺路、喻家坡、仁和4个社区，有6个堤垸、6个小(2)型水库，防洪大堤29.8千米。全年完成财税收入1.83亿元，比2019年增长25.3%；完成规模以上工业总产值12亿元，新增“四上”企业10家；完成农业生产总值1.26亿元，村级集体经济收入达1100万余元；社会消费品零售总额1.03亿元，其他营利性服务收入0.57亿元。

【基层党建】 2020年，乌山街道把基层党建作为加强班子自身建设、提高党员干部整体素质的重点工作。街道党工委坚持理论学习中心组学习制度，1－12月开展理论中心组学习8次；高标准组织召开组织生活会；不定时召开党政联席会议，共同商讨重大事宜。持续深化街村“3堂必修＋N堂选修”分层级轮训，组织2300余名党员开展各类学习教育；以“书记工程”为抓手推进大调研大走访，深入大踏勘、预考察，形成“一村一策”，为15个村级“两委”换届选举打下坚实基础；推进支部“五化”建设，年底所有支部均达到四星以上、五星支部达到30%以上；以“争先锋、创先锋、保先锋”为抓手，加强党员分类管理。开展“四风”问题专项整治和重点工作领域的监督，下发督查通报10期，受理信访举报23件，完成监察对象信息摸排录入795名，立案9件、结案3件，谈话函询50人次；全力配合区委巡察审计工作，巡察反馈给街道的34项69条问题已整改到位。严把指导关、纪律关、政治关、细节关、考察关，完成支村（居）“两委”班子换届。新的“两委”班子结构优化，新调整36人，调整幅度超35%，平均年龄41岁，较上届平均年龄降低6岁，本科以上学历人数占比达1/4；党总支书记调整12人，平均年龄44岁，较上届平均年龄降低7岁，本科以上学历人数占比1/3。

【项目建设】 2020年，乌山街道推进中信戴卡、比亚迪电子长沙工厂、亿达创智小镇、京东湖南亚洲一号、5G智能终端产业园等项目落地投产，为经开区“智能制造”产业集群建设提供用地和建设环境要素保障。全年铺排项目20个，动迁142户，开展维护性施工5次，交地100公顷，开展大型维护性施工、协拆、拆违行动3次，解决困扰多年的“食品三期”、“货运一期”、楠竹塘路、赤岗路项目难点堵点问题，海绵厂项目和五期重建地项目“四清交地”启动建设，黑金刚扩征项目、区殡改中心项目和垃圾转运站项目快速推进。街道有35公顷以上水稻种植大户14户，水产养殖大户11户；规模以上现代农业企业11家，休闲、都市、观光农业企业6家，农业合作社、农场近100家，其中规模较大的农业企业有：乌山贡茶基地、农美育苗基地、耘升生态农业、荣安泰生态环境。统筹推进城乡一体化建设。打造团山湖村雷锋教育实践基地，以雷锋学院现场教学体验基地、美丽屋场群及“水美湘村”水域治理、八曲河水域治理、小微水体治理等项目为基础，将红色文化资源和美丽乡村建设有机结合，打造集党性教育、乡村文旅于一体特色项目。

2020年7月28日，雷锋生前好友冯健向乌山街道团山湖村捐赠一座雷锋雕像（乌山街道供）

【社会治理】　2020年，乌山街道着力化解“一园三路四安置”等一系列历史遗留问题，以2019年12月29日区长办公会议纪要为总纲，全面推动遗留问题处置。处置双丰村集中居民点外购地基，收回地基138缝，涉及购基户56户，拆除违章建筑4300余平方米，稳妥处置2005年以后历史遗留问题。街道辖区面积大、农安小区和无物业管理小区较多，城市基础相对薄弱，按照“四精五有”要求，推动农安小区提质改造，城市规范治理成效显著。加快美丽屋场建设，以点带面提升人居环境，带动乡村生态旅游及观光农产业发展。全年街道美丽屋场建设区级验收3个，市级验收3个。完成卫片图斑历史遗留问题整改94处，整改率达100%。完成第一轮房地一体确权登记审核6700余户，完成村庄规划试点编制，完成第三次国土调查基本。提升民生福祉。加强社会救助和社会保障审核效率和识别精准度，开展职业技能培训，做好退役军人服务工作，推进社会保障全覆盖、政务服务“一门式”全覆盖。稳定社会大局。开展矛盾纠纷排查化解和安全生产宣传整治工作，协调化解各类矛盾330余起。扫黑除恶警钟长鸣，加强朱红建、高建刚、拓宇案后续整治，加大赌、毒打击力度，严厉整治强揽工程、非法洗砂、个人建房违章建设等行为。

【民生福祉】　2020年，乌山街道持续推进民生项目建设，加快废弃露天矿山生态修复，污水管网、金沙路提质改造、府桥路等项目均顺利完成；加快新一轮村庄规划，完成金树村、龙王岭村等规划编制。持续巩固脱贫攻坚成果，铺排产业帮扶项目14个、投入资金371.3万元；协调处理“农民工工资纠纷”31起，累计发放助弱帮困等保障救济金1500万元；完成退伍军人信息采集及挂牌工作，积极保障社会服务专业化、规范化。持续推进平安建设活动，以构建“平安乌山、和谐乌山”为落脚点，化解各种社会矛盾纠纷，全年共调处矛盾纠纷案件332件，调解成功330件，成功率99%，有效避免集体上访和恶性事件的发生，无越级进京上访案件；加大“打非治违”力度，开展安全生产月、应急演练等各类活动80余次。

【困难与问题】　2020年，乌山街道域内城乡统筹、协同发展难度较大，城乡差异化明显，农业区域产业发展亟待提升；城市管理工作任务艰巨，新形势、新要求下的城市综合管理难度大，权责下放后的执法力量不足；项目征拆中涉法涉诉问题较多，“四拆”行动后续处置压力较大。

【湖南省不动产登记中心督导乌山街道房地一体确权登记工作】　2020年5月26日，湖南省不动产登记中心主任魏军才一行到乌山街道实地督导房地一体确权登记工作。督导组一行实地察看无人机倾斜航摄、3D激光扫描、权属调查及宣传动员工作，督导项目部运转，对测量成果内业处理、数据安全保密等问题进行探讨。督导组肯定乌山街道农村宅基地和集体建设用地房地一体确权登记工作，对短时间内完成政策制定、制度建设、组建专业队伍技术等给予高度评价。强调农村宅基地和集体建设用地房地一体确权登记工作是一项惠民利民工程，涉及老百姓切身利益，要求街道进一步明晰农民土地权利、妥善处置土地历史遗留问题、摸清土地利用情况。

【冯健向团山湖村捐赠雷锋雕像】　2020年7月28日，雷锋生前好友冯健向乌山街道团山湖村捐赠一座雷锋雕像。雷锋雕像在雷锋精神发源地团山湖村新时代文明实践“金种子”文化广场落成，为乡村振兴营造良好人文环境、提升全民素养增加有效载体。团山湖村是乡村振兴示范村，雷锋曾经工作的地方。团山湖村成立“学雷锋·党员先锋志愿服务队”，有2000余名队员，秉承“奉献、友爱、互助、进步”传承弘扬精神。

（本栏撰稿：黄　锐）

金山桥街道

【概况】 2020年，金山桥街道区域总面积24.07平方千米，常住人口近20万人。下辖金山桥社区、金坪社区、桐林坳社区3个农村社区和黄金社区、观音湖社区2个城市社区。全年完成财税收入8.89亿元，比2019年增长20%，完成规模以上工业产值3.7亿元，完成社会消费品零售总额0.82亿元，各项经济指标均超额完成任务。

【基层党建】 2020年，金山桥街道推进党员分类管理，对金山桥社区175名党员科学划分为四类，率先在全区推行功能型党小组。不同类型党员差异化管理、推动实现“小事不出栋、大事不出社区”的党建引领基层社会治理目标。抓好“书记工程”，2020年铺排完成109个群众关注度高、受益面广、迫切希望解决的“连心桥”民生微实事项目，统筹资金500万余元，解决群众“小微急难”事，群众幸福感、获得感不断提升。开办金山桥大讲堂，分类别、分层次对829名党员进行轮训，让新思想传递到每个党员。推行党建标准化建设。从组织建设、党员管理、民生项目等6个方面，探索分层分类的党建标准化体系，为社区党建工作定好“参考系”。通过宣传发动、推荐、初审、考察、选树表彰一批讲政治、讲大局、讲团结、讲担当、讲带头“五讲”干部和五讲团队不断激发党员干部干事热情。

【项目建设】 2020年，金山桥街道铺排项目28个，其中新铺项目16个、转接项目12个。长益复线联络线银星路24缝门面仅用1天半时间全面签约清零；银杉九年一贯制学校、12公顷储备用地（永旺梦乐城）两个项目21户35缝门面全部完成签约。全年完成15个项目腾地103公顷。面对经济下行巨大压力，街道主要领导带领街道干部深入项目一线，抓督查、抓协调、抓调度，及时化解矛盾，精细服务企业，润和、时代、大汉、龙湖等辖区重点企业实现迅速复工复产，克服疫情不利影响。

2020年9月，金山桥街道2020年度“五讲”干部和“五讲”团队选树表彰大会（金山桥街道供图）

【社会治理】 2020年，金山桥街道结合疫情防控工作，完善以党建网格为核心的社会治理管控体系，深入小区、村组开展“连心大走访”活动，走访群众2.7万户，排查重点对象1096个，主动为困难群众解决各类问题79个，处置群众各类投诉2430起，化解“两安用地”“精装修维权”“物业管理”“农民工工资”等各类舆情53起，化解重点维稳对象1名。对违法占地、违章搭建、违规倾倒等开展联合整治行动40余次，拆除盛腾雅苑等小区违章建筑109处，拆除违章搭建立柱广告牌65个，整治乱摆、乱贴、乱停等530余起，取缔无证照无污染防治设施企业12家。组织6.8公顷大河西汽配城、40.6公顷储备用地项目“三拆”行动3次，针对高铁西城片区开展整治行动60余次，查扣查处车辆47台，市容秩序整治行动53次，辖区内形成高效震慑。有序推进垃圾分类减量，在各重建地新增厨余垃圾点7处，发放宣传资料6000余份，新增投入垃圾分类资金30万元，垃圾分类减量完成730余千克，打造垃圾分类示范小区1个。围绕破解城市建设软硬件短板、提升城市形象等问题，精细管理、精准服务，让金山桥城市建设展示出精致精美独特魅力。

【民生福祉】 2020年，金山桥街道推进脱贫攻坚，开展“精准扶贫，与爱同行”各类活动50余次，辖区内78户246人稳定脱贫，人均纯收入达1万元以上。结合望城区委“大调研”活动，通过“一带两联”大走访、“12345”热线工单、群众信访诉求、项目征集箱等方式，收集项目需求清单，全年开展“微实事”项目征集走访6000余户，收集可实施项目109个。全力推动基层公共服务“一门式”全覆盖，在城市社区试行错时上班和全程帮代办服务，办理服务群众事项4216件，其中党小组帮代办2796件；全面发挥雷锋驿站党建引领和服务群众作用，引导群众参与社区治理，开展安全教育宣讲、医疗服务、读书分享、书法摄影培训等活动，服务居民2.6万人次，居民在辖区内感受到家的温暖和便利。

【困难与问题】 金山桥街道产业支撑不够，目前街道房地产行业发展较快，同时也拥有一些中小企业，但在产业结构调整方面还有提升空间，需要吸纳更多拥有核心竞争力和自主知识产权的企业；规划相对滞后，由于历史的原因，街道部分规划建设存在粗线条问题，需要在产城融合、特色创造、市政设施等方面进一步发力，以高标准、严要求为群众打造幸福家园。

【金山桥街道“五讲”干部和“五讲”团队选树活动】 2020年9月，为进一步激励金山桥街道广大干部职工积极谋事、主动干事、善于成事，在新时代体现新担当、展示新作为，营造比学赶超、奋发进取、争先创优的浓厚氛围，金山桥街道在全街开展“讲政治、讲大局、讲团结、讲担当、讲带头”干部、团队选树活动，历经宣传发动、推荐、初审等阶段，16名干部和5个团队入围。农历十二月二十四日晚，街道举行2020年度“五讲”干部和“五讲”团队选树表彰大会，入围干部、团队逐一上台发言，以自述、他述和VCR等形式讲述工作感悟，现场评选出10名“五讲”干部和3个“五讲”团队进行表彰奖励。

（本栏撰稿：蔡 瑶）

黄金园街道

【概况】 2020年，黄金园街道区域总面积约28平方千米，户籍人口1.65万人。下辖桂芳村、黄金园村和英雄岭村3个行政村和金联社区1个城市社区。街道全年完成税收5604万元，比2019年增长19%，引进“四上”企业4家，其中包括“鲲鹏”智慧体系指定技术服务商北明公司；规模工业产值6.46亿元，比2019年增长6.1%；社会消费品零售额1957.6万元；其他营利性服务业营业收入6111.8万元。

【基层党建】 2020年，黄金园街道党工委下设23个党的基层党组织，其中3个村党总支（下设11个村党支部）、1个社区党总支（下设2个党支部）、1个机关总支（下设2个机关支部）、2个非公党支部、1个社会组织党支部；党员630名，新发展党员6名。党工委把学习宣传贯彻落实意识形态工作责任制作为首要政治任务，把握意识形态工作领导权和主动权，制定《党组织联系工作制度》，落实党政领导联总支、党员中层干部联支部，骨干党员联党小组“三联三抓”工作机制，对党员进行广泛联系和走访；按照党支部“五化”建设标准完成2个机关支部、11个农村党支部标准化设置，认定黄金园村党总支、桂芳村桂芳佳园党支部、英雄岭村谢家新屋党支部、鸿天康逸敬老山庄党支部4个党支部认定为“四星”级党组织；落实“三会一课”、民主生活会、组织生活会、区域化党建等制度，实现组织生活规范化；开展集中学习42次，志愿服务活动28次，为群众解决一批实际问题，党组织战斗力和党员队伍活力显著增强。

【项目建设】 2020年，黄金园街道铺排湘江新区2020年第十九批次（文化中心）、第二十批次（沿河路）、铁路基础设施配套项目（站前北路）、石长铁路代征、常益长铁路代征、郭亮南路下穿、金岭南路下穿等7个项目，涉拆面积15公顷，涉及拆迁群众107户。落实“一个项目、一套班子、一跟到底”党政领导牵头责任制，阳光刚性拆迁。实现石长、常益长环保线提前搬迁，高铁西城十九、二十批次用地等项目共107户征拆签约与团购房指标回购“双清零”，长益复线如期通车，常益长高铁、明德中学、西城壹号等在建项目施工顺利。

【社会治理】 2020年，黄金园街道推进违建别墅清查整治、卫片违法用地整改等专项行动，违法用地整改完成率90%，完成房地一体确权登记组织联审1373宗。打造“宜居、宜业、宜游”山下村落，英雄岭村刘家冲美丽屋场获评为市级五星级美丽屋场；实施“蓝天保卫战”，开展在建工地环境综合整治行动；率先在全区完成2020年度农村无害化厕所新改建任务，人居环境持续优化。全面接管经开区建成区域城市管理工作，开展城市乱象集中整治行动，处理乱象300余次，依法拆除违章建筑32处，面积13260平方米；行政处罚办结109件。

加强矛盾纠纷风险预警应急处置能力，全年调处矛盾纠纷75起，其中重大疑难纠纷4起，防止群体性上访事件5件，制止群众性纠纷4起，没有因调处不当而引发转刑和群体上访案件；深化“红袖章”工程，开展“月月亮剑”行动4次，对重点领域、重点场所、重点人群进行集中清查，多次开展禁黄赌毒专项排查整治行动。完善网格治理模式，不断巩固和壮大基层群防群治队伍，有效发挥村综治中心、村警务室、平安志愿者作用，共建“平安黄金园”；抓好重点人员监管帮扶工作，落实属地责任，对辖区社区矫正、刑释解教、易肇事肇祸精神病人、涉毒等重点人员做到底数清、情况明，落实安置帮教责任制，社区戒毒、社区康复报到率、执行率100%，入户宣传率100%。

【民生福祉】 2020年，黄金园街道开展脱贫攻坚“回头看”问题排查整改，投入产业扶贫资金24万元，实现户均增收3000元以上；开展消费扶贫专场活动，助销农产品15万元，街道建档立卡113户368人全部实现脱贫。开展“知党恩 感党恩 听党话 跟党走”主题慰问活动，走访慰问低保户、五保户、退役军人等特殊群体510余人，发放慰问金43万余元；延续“重教育、抓教育、促教育”优良传统，为19名优秀学生颁发“黄金园教育奖”。推进信访矛盾摸排化解，综治民调群众满意度排名全区前列，连续实现“三零街道”目标；探索桂芳佳园限价商品房小区治理，构建“1+5+X”社会治理“一张网”模式，确保小事不出楼栋、大事不出小区。围绕“15分钟生活圈”建设，高标准打造金联社区公共服务中心、桂芳村村民服务中心、英雄岭村“三间红”雷锋驿站；深入推进“一门式”政务服务改革，办事效率和服务质量持续提升。

【困难与问题】 2020年，黄金园街道干部队伍管理理念和能力水平尚未完全转化，存在用管理农村区域思维管理城市的误区。基础设施有待完善，限价商品房小区的提质改造、重建地配套设施和管理服务亟待跟进；街域内征拆项目多，信访维稳压力较大；城市管理工作任务艰巨，金桥商圈业态布局有待完善，车位紧张，物业管理欠规范。

【“党建引领 助力脱贫”消费扶贫活动】 2020年7月31日，黄金园街道在青天寨同心文化广场组织开展“党建引领、助力脱贫”消费扶贫活动，助力精准脱贫。活动现场，黄金园街道干部职工、党员、社会贤达发挥思路宽、交际广、渠道多优势，为扶贫农产品进行宣传，开展熟人销售，向亲朋好友、朋友圈推广产品，号召社会爱心人士购买贫困户农产品，帮助贫困户扩销路、增销量、提效益，同时以购代捐，以买代帮，争做“消费者”。奕辉农业、青天寨农庄等为代表的本地企业，在消费扶贫“集市”上，亮出自家产品，将本次产品销售的净利润用于扶贫基金中，为后续扶贫济困活动提供有效的保障。活动扶贫农产品销售额15万元。

【桂芳佳园业主委员会成立】 2020年10月10—12日，桂芳佳园小区第一届业主大会在桂芳佳园召开，选举产生业主委员会。本次业主大会有投票权的业主801人，印制选票801张，发出选票606张，收回选票606张，未投选票195张，其中有效票606张。10月14日，业主委员会召开会议，推选文湘干为主任，会议审议通过《长沙市望城区桂芳佳园小区管理规约》《长沙市望城区桂芳佳园小区业主大会和业主委员会议事规则》、长沙市望城区桂芳佳园小区监事会成员名单、长沙市望城区桂芳佳园小区业主代表大会成员名单等事项；选举朱特良等为业主委员会委员。桂芳佳园小区进入有组织、有秩序、自我管理、自我服务的良好状态。

2020年7月31日，黄金园街道在青天寨同心文化广场组织开展“党建引领、助力脱贫”消费扶贫活动（黄金园街道供图）

【高铁西城首批项目集中签约】 2020年12月4日，黄金园街道高铁西城首批项目107户房屋集中签约同意征收。征拆涉及湘江新区2020年第十九批次（文化中心）、第二十批次（沿河路）、铁路基础设施配套项目（站前北路）、石长铁路代征、常益长铁路代征、郭亮南路下穿、金岭南路下穿共7个项目，涉及拆迁群众107户。项目征拆启动后，街道主要领导靠前指挥，党政领导包组联户，把临时党支部建在征地拆迁一线，建立党员签约征收支持项目建设光荣榜。10月15日启动外业调查，12月1日正式启动签约，签约第四天实现征拆签约与团购房资格回购“双清零”，取得黄金园街道高铁西城片区首批项目集中签约“开门红”。

（本栏撰稿：王　娟）

白沙洲街道

【概况】 2020年，白沙洲街道区域总面积辖25.44平方千米，常住人口约4万人。下辖马桥河、腾飞、黄田3个村和同心园、响堂湾2个社区，街道党工委下设30个党（总）支部，有党员702人。全年完成财税收入7031万元，比2019年增长29.24%，完成年度任务的117.58%；完成规模工业产值52049万元，完成社会消费品零售总额15077万元。

【基层党建】 2020年，白沙洲街道党工委采取“1+4+N”形式推进基层党的建设。确定1个街道书记工程、4个村（社）党组织书记工程、N个“两新”党组织书记工程。以移风易俗为切入点，组织开展“拒绝升学宴，文明毕业季”优秀高考学生集体升学活动。立足拆迁后新型农村党员特点，探索党员分类试点，合理划分类别，在服务党员中激发党员率先垂范内生动力。做好村社换届准备工作，形成《白沙洲街道村（社区）“两委”班子调研报告》；利用“学习强国”平台，精心编制学习计划，每天推送基层党建实务、党风廉政建设、垃圾分类、安全生产、城乡建设等方面知识。严把党员发展入口关，取消政治审查不合格发展对象资格1名，发展党员13名，储备入党积极分子24名。制定党风廉政建设落实主体责任和监督责任清单，开展“一月一主题”督查活动，完成执纪审查5件，其中自办案件1件，开除党籍1人，协助处理案件4件；深化运用“四种形态”，发现问题线索40条，运用第一种形态处置40人次；举办廉洁从政知识抢答赛，开展廉政故事分享会、送戏下乡活动。

【项目建设】 2020年，白沙洲街道启动征拆安置项目12个，完成交地83.49公顷153户。新铺项目4个，追加项目6个，转接扫尾项目2个，征地约89公顷。完成棚改三期、棚改四期、派出所项目、经开片区三木村等项目房屋拆迁工作。其中棚改四期项目从3月项目启动签约到全部清零用时3天，指标回购100%完成。郡义路、高新低碳、棚改四期夹心地块完成土地费用拨付，沿河路零星地块完成交地，湖东特色水产项目、同福加油站项目稳步推进。家政学院项目完成扫尾清零。限价商品房新指标回购总指标面积43697.5平方米，回购率100%。4月集中组织拆迁户老指标消化购房工作，共消化约279户总面积为35024平方米。

【社会治理】 2020年，白沙洲街道建立健全街道、村和社区、“580”组团（谐音“我帮您”）三级网格，自治固本、法治立规、德治润心“三治融合”，提升社会治理水平。“有事找网格”成为新常态。疫情期间，辖区摸排人员2863人，做到无一漏报、瞒报，未发现一例疑似和确诊病例，指导196家企业顺利复工复产、15968人返岗。开展垃圾分类“进家庭、进学校、进小区、进机关、进公共场所”宣传活动，印发宣传资料8000余份，组织开展垃圾分类社会实践活动10余次，大型垃圾分类宣传活动4次，组织网格开展垃圾分类培训会120余场次，购置垃圾清运车25台、脚踏式垃圾桶410套，配备保洁员、清运员80余人，垃圾分类督导员45人。落实蓝天保卫战，有序开展专项治理工作，覆盖防尘绿网3万平方米，播撒草籽1.5万平方米；建立饮用水源保护区、野外禁烧、燃煤禁烧周巡查制度。东马路口停车场扩建80个生态停车位。知贤路与雷锋大道交叉口东北角区域轻度水体污染治理工程竣工验收。开展大型拆除行动8次，拆除纯违章建筑24处、3280平方米；集中开展渣土扬尘、广告招牌、食品安全整治、校园周边和市场、餐厨垃圾收运等专项整治行动63次，办理各类行政处罚案件46件，罚款13万元。与区法院联合在同心园社区设立全省第一个诉源治理试点，取得良好工作成效，获最高法院及多家中央媒体推介。2020年，各网格累计接待群众1万多人次，举办邻里活动、技能培训、文化讲座等各类活动100余场次，让人民群众在网格中共享发展成果。同心园社区、腾飞村、黄田村创建“三零”村（社）。

【民生福祉】 2020年，白沙洲街道完成脱贫质量“回头看”问题整改8个，扶贫系统问题数据调整27条，贫困人口动态调整9人；落实扶贫政策，申报雨露计划7人、补助金额1.05万元，教育助学42人、补助金额8.43万元；产业扶贫、健康医疗扶贫、特惠保意外商业医疗保险实现全覆盖。完成计划生育五项奖扶对象核查上报，1080户计划生育家庭购买家意险，超额完成孕产妇免费产前筛查、无创产前基因检测、农村适龄妇女“两癌”及妇女病普查免费检查、无偿献血目标任务。创造就业机会，新增就业人员262人，失业人员再就业262人，就业困难人员再就业147人，完成职业培训230人，办理失业证191本，“311”服务1042人次，覆盖人数263人，推荐岗位数248人次，实现零就业家庭动态清零。城乡居民医疗保险参保缴费11842人，养老保险参保缴费1806人，城乡居民养老保险征缴基金完成303人。全面核查C、D级危房，踏勘确定农村危房改造对象1户，5月底完成竣工验收。按时兑付军烈属、残疾军人优待金，落实退役士兵安置、“八一”慰问。加强信访治理和积案化解，信访案件办复、回复率100%，没有发生一起有影响突发事件、重大恶性案件和重大安全事故。开展社会治安综合治理“红袖章”工程月月“亮剑”行动，创建“平安白沙洲”。

【移风易俗望城“新样本”——黄田经验】 2020年白沙洲街道党工委多措并举，打出移风易俗“组合拳”，取得良好成效。根据近三年数据显示，仅辖区黄田村一村移风易俗政策实施后，保守估计节省相关资源上千万元；相较于往年6万元—10万元人情往来费用，村干部

2020年9月4日，白沙洲街道举行移风易俗集体升学宴（白沙洲街道供图）

人均不到1000元的人情往来资金，带头引领新风尚；黄田村村民按照1/3的人情比例，相较于往年，节省2/3的人情往来费用，极大地减轻群众压力。红白事大操大办、相互攀比的风气逐渐偃旗息鼓，节俭办事、文明办事的新风深入民心，真正让群众从移风易俗中得到实惠。

【困难与问题】 2020年，白沙洲街道域内街村两级公共服务中心建设亟需提速，街道机关、腾飞村一直租赁办公，设施相对完善的黄田村公共服务中心面临拆迁，未确定新选址，不能满足群众日益增长的公共服务需求；农安小区管理压力大，街道部分农安小区基础设施老旧，下水管网淤塞，道路破损严重，历史违建棚屋杂乱无章，脏乱差问题严重，交通安全、消防安全、社会治理等隐患众多，群众对农安小区各种负面情绪与日俱增。

（本栏撰稿：周　泓）

大泽湖街道

【概况】 2020年，大泽湖街道区域总面积25.33平方千米，户籍人口2.63万人。下辖南塘村、回龙村、西塘村和东马社区，127个村（居）民组。街道党工委下设15个党（总）支部，有党员659人。全年完成财政税收1.52亿元；规模工业产值1.72亿元；固定资产投资1.62亿元；规模以上服务营业额1.3亿元；社会消费品零售总额8876万元；新增“四上”企业6家，经济指标均超额完成区级目标任务。

【基层党建】 2020年，大泽湖街道党工委落实全面从严治党责任，把纪律和规矩挺在前面，对重点线、重点岗位加强监督和管理，全面推进“小微权力”规范化建设，把权力关进制度笼子，坚决查处群众身边腐败，营造风清气正政治生态。推进东马社区党员分类管理试点工作。完成村级换届选举，实现（社区）书记主任“一肩挑”，培优村社区后备干部队伍。分批次对街道659名党员进行立体式、全覆盖能力培训教育，打造一批征拆尖兵、项目尖兵。持续深化“党建＋征拆”“党建＋治理”工作成效，探索推进多方联合支部，将支部锻造成活力迸发、战斗力强的基层堡垒，精心打造大泽湖党建品牌。围绕疫情防控和复工复产、“六稳六保”，街道共组建党员先锋队21个、志愿服务队13个，党员自愿支援抗疫工作，参与一线防疫党员志愿者357名，筹集爱心款及物资25万元。

【项目建设】 2020年，大泽湖街道铺排新征和续征项目共18个项目，总面积50公顷。加速推进项目建设，建立“一个项目、一名领导、一套班子、一套方案、一抓到底”服务机制，强化项目落地、建设、竣工全过程管理、全流程提速。拿下望城区2019年度第二、三、十七批次建设用地、中交总部、交警队扩征等项目，实现16个项目交地，腾地65公顷，签约306户，拆房316栋。大泽湖片区板块拆迁初具雏形，探索海归小镇建设，香炉洲湘江大桥、金星大道提质改造等重大项目加快建设，银杉九年一贯制学校等项目高效推进，助力全区经济社会发展。

【社会治理】 2020年，大泽湖街道做实做优“党建引领、网格定责、智慧赋能、志愿支持”网格化管理，将公安、城管、志愿者等各方力量统筹到网格中，充分发挥网格探头和触角作用。全力推进河长制工作，建设龙王港截污泵站，有效改善荷塘撇洪渠污水。荷塘月色小区获评市级示范，全区推广农村安置小区经验典型。取缔违法碎石场2座，完成原东马砖厂1.8公顷复绿。完成东塘黑臭水体治理工程、湖南工商大学污水处理工程、半边街下水处理工程、荷塘撇洪渠污水处理工程。对涉污企业开展重点管控，水生态环境持续改善。深入推进扫黑除恶专项斗争，持续推进“红袖章月月亮剑”行动，有效震慑和杜绝“两抢一盗”等犯罪现象，全年街道辖区内刑事案件发生率为零。街道、村（社区）层面及时处置舆情，无群体性和突发性事件，化解信访积案4件，获评信访工作“三无”街道。完成民兵整组、集训、征兵等工作，武装部阵地建设标准走在全区前列，继续保持“市级平安街道”“市级文明单位”“省级安全生产示范单位”。

【民生福祉】 2020年，大泽湖街道福祉建档立卡贫困户101户286人全部实现脱贫。全面完成农村集体经济组织改革工作，村级集体经济总收入240万元。大泽湖生鲜市场、生鲜门店等实事工程竣工验收。完成供销合作社综合改革工作，成立街道供销合作社和村社区供销合作社，设立街道和村社惠农综合服务中心。科学调度，确保两次超防汛水位安全度汛。大湖苑限价商品房开售，399户（交款认定）历年已拆迁未安置的群众选购住房37385平方米。完成三村一社区指标回购工作，限价商品房指标去化率达97%，有效化解指标存量。完成低保、残疾人员、精准扶贫对象全民参保工作。2020年度城乡居民医保参保缴费率95%。

【困难与问题】 2020年，大泽湖街道项目推进任重道远。地处全区项目征拆建设“前沿阵地”，2020年完成大泽湖南片（望江路以南、三环以北、金星大道以东、潇湘景观带以西）地块拆迁，街村干部持续连轴运转，“五加二”“白加黑”成为工作常态，辖区内项目都以板块式推进拆迁，常遇“钉子户”，而往往“一户不签”就影响整体交地，导致“五清”交地数量不多。城市管理短板明显，街道地处城郊结合带，既是进主城区必经之地，又是项目建设“主战场”，施工工地多，农安小区品质差，城市管理任务较重。

【“金融普惠同行·信用共守共育”信用村创建活动启动仪式】 2020年6月3日，“金融普惠同行·信用共守共育”信用村创建活动启动仪式在大泽湖街道举行。大泽湖街道整村授信全面启动，望城区大泽湖街道回龙村作为长沙农商银行普惠金融信用村建设试点单位。长沙农商银行望城支行党总支与望城区大泽湖街道党工委通过合作共建，推行“党建共创、金融普惠”集中授信行动，创新基层党建工作模式，实现党建工作与中心工作有机融合，助推乡村振兴、城乡一体化建设和实体经济发展。集中授信让村内每家每户享受到政策红利，围绕消费、创业、扩产等发家致富项目和基础设施、公益项目给予金融支持，把更多金融资源配置到乡村振兴的重点领域和薄弱环节。

2020 年 5 月 29 日，月亮岛街道明发、富基团购房开盘现场（李焕 摄）

【征拆领域违法犯罪处置】 2020 年 6 月 16 日，大泽湖街道联合长沙市公安局望城分局，以雷霆手段抓获企图采取“假结假离”方式骗取征拆资金的嫌疑人共 8 名，其中，刑事拘留 4 人。大泽湖街道在推进望城区 2019 年度第二、三、十七批次建设用地项目征地拆迁过程中发现，个别人员将征拆当成“发财之道”，以“假结婚”“假离婚”等非法手段企图骗取国家征地补偿安置款。该案为全区打击征拆领域违法犯罪首例案件，发挥震慑作用。

（本栏撰稿：陈 庆）

月亮岛街道

【概况】 2020 年，月亮岛街道区域总面积 22.77 平方千米，总人口近 30 万人。下辖中华岭、戴公庙、月亮岛 4 个行政村和黄都港、黄狮岭、桑梓、杨丰、名都、桃花井、金瑞、金甲、天鹅塘 9 个城市社区。街道党工委下设 14 个党总支、73 个党支部，有党员 1774 人。全年完成财税总收入 16.99 亿元，比 2019 年增长 6.07%，其中基础税收 2.23 亿元，建安税 1.88 亿元，房地产税 12.88 亿元；工业产值 3.5 亿，新增“四上”企业 33 家；社会消费品零售额 0.4 亿元，其他营利性收入 11 亿元。

【基层党建】 2020 年，月亮岛街道党工委全面落实管党治党责任，发挥党建引领作用。党工委明确“小区治理攻坚年”“五彩新网格 魅力月亮岛”为街道党建“书记工程”。对照村（社区）项目清单，每月一调度、每季一督办、每半年一讲评，将书记工程落实到项目上，转化为治理效能。利用小区服务用房、架空层等建设、升级雷锋驿站 23 处，为居民学习交流、活动开展提供平台。疫情期间党员干部、志愿者 24 小时在岗对 50 余个楼盘、12 个重建安置小区实行封闭式管理，逐户排查 8.67 万户，摸排外来人员 27807 人，确定重点人员 2343 人，确保疫情期间无本地感染、社会管理紧张有序。被评为省委、省政府颁发的“湖南省抗击新冠肺炎疫情先进集体”和省委颁发“湖南省先进基层党组织”。

【项目建设】 2020 年，月亮岛街道长郡月亮岛学校西侧 9.3 公顷扫尾腾地，挂牌上市；越秀、万科、润和湘江天地、太阳城等项目全面开工建；银星湾板块一、板块二内 6 个项目 120 户全部实现签约和拆房双清零，腾地 25 公顷。在区委、区政府支持，5 月成功举行团购房开盘，8.33 万立方米指标共去化 7.76 万立方米，去化率 93.15%。疫情防控取得阶段性胜利后，转战经济发展，促进经济复苏。对辖区内 40 余家重点企业、100 余个重点项目、3 个商业综合体、2500 余家“五小”门店开展帮扶，协调解决 180 余项防疫物资、人员返工、商品销售等方面问题，不断推出特色活动、积极推动就业帮扶，全面挖掘和回补消费潜力，街道各行业经济复苏走在全区前列。

【社会治理】 2020 年，月亮岛街道率先在全区开展基层社会治理工作创新试点，成立月亮岛街道社会治理中心，将“12345”热线、雷锋“580”、市长信箱等投诉举报清单集中管理，将全街道划分 77 个三级网格，涵盖在建工地，企事业单位所有区域。推进党支部、业委会、物业公司在网格内深度融合，解决村（社区）一系列难点、痛点问题。创立 7 分“暖心”服务、2 分“贴心”管理、1 分“公心”执法“721 三心城市管家”工作模式，“片区、社区、小区、楼栋”四级联动，挖掘网格内党员、社会贤达、热心群众等群体参与小区联席会议，有效化解基层执法阻力，解决小区用电用水、绿化美化、施工扰民等问题 580 余个。处置数字化城管交办件 1942 起，拆除违章建筑 180 余处 3.2 万平方米，开展环境卫生行动40余次、农贸市场整治20余次，获区级“文明单位”，持续推进垃圾分类工作，获评长沙市生活垃圾分类示范街道。推进基层公共服务（一门式）全覆盖工作，完成社区“全岗通”人员培养，改变社区大厅坐班模式，社区干部在小区、在物业、在业委会、在网格听民情、察民意、解民忧、惠民生。投入资金120万元，解决贫困户出行、吃饭、住房、子女上学、就医等基本生活问题75个，开展就业创业培训300人次。调动“雷锋义警”、平安志愿者、四类党员等社会力量参与治安防控，强化法治宣传，排查安全隐患，真正实现群防群治，最大限度减少不和谐、不稳定、不安全因素。

【民生福祉】 2020年，月亮岛街道持续推进“一户一策”的精准扶贫规划，投入资金120万元，解决贫困户出行、吃饭、住房、子女上学、就医等基本生存问题75个，注重增强自我发展能力，开展就业创业培训300人次，建档立卡贫困户58户170人全部实现脱贫；街道低保户96户175人，发放低保金96万元；推进垃圾分类工作，全年处置数字化城管交办件1942起，拆除违章建筑180余处，共3.2万平方米，开展环境卫生行动40余次、农贸市场整治20余次，城市管理水平整体提升，荣获区级“文明单位”和“长沙市生活垃圾分类示范街道”称号；探索网格化社会治理试点工作，成立月亮岛街道社会治理中心，划分78个三级网格；举办各类文化体育活动100余场，支持发展19家正规文艺团队。1月，全区首家智慧社区健身中心翡翠花园小区智慧社区健身中心投入使用。

【困难与问题】 2020年，月亮岛街道党建引领作用有待进一步加强。街道有35个楼盘小区党支部，距“一楼盘一党组织”有差距。党组织引领居民群众、楼盘物业的作用不够明显，参与化解矛盾纠纷、协调利益关系、维护社会稳定等不多，多元共治合力不强，群众知晓度和满意度不高；经济发展后劲不足。以房地产经济为主导，税源结构单一，缺乏可持续性。总部经济、商圈经济、楼宇经济、绿色循环经济引进不多，动能不足。同时，因为人口多，矛盾多，问题多，造成管理维护、民生改善、活动组织等支出压力不断增大。基层治理的本领还不够强。党员干部知识储备不足、治理能力有限，赶不上城市发展节奏，在新矛盾、新问题、新挑战面前，有畏难情绪，不敢直面问题，更不能高效解决问题。工作效能发挥不够实。噪声扰民、流动摊贩、乱停乱放等问题反复出现，物业管理、垃圾分类、违章搭建等问题时常发生，治理停留在表面，没有从源头系统地解决问题、建立长效机制。

（本栏撰稿：李　焕）

雷锋街道

【概况】 2020年，雷锋街道区域总面积60.2平方千米，辖4个行政村、3个社区居委会，12388户，总人口39196人。街道完成经济总收入10.71亿元，人均纯收入27448元，比2019年增长5%。

【基层党建】 2020年，雷锋街道党工委坚持从思想上建党，邀请专家学者讲授党课2次，党工委中心组学习11次，班子成员上党课10余堂；街道召开党员大会，传达学习习近平总书记在湖南考察时的系列重要讲话指示精神。街道党工委对7个村社区进行专题党建调研，排查软弱涣散党组织，收集和解决党建问题40余个。举办党建专干党务工作培训班，组织各党支部书记前往市内党建示范点参观学习，开展半年度党建工作述职述评，配强机关支部班子。从3月开始对各支部“三会一课”、主题党日、党员积分等规定工作实施月度考核检查。街道发展党员30名，含疫情期间火线入党党员1名，转正党员36名。召开“七一”庆祝大会，表彰4个先进支部、8个五星党小组、14位优秀党务工作者和74位优秀共产党员。实施“党建+”工程，“党建+项目”，建立项目临时党支部3个，与施工方建立联合党支部1个，推动项目拆迁建设。“党建+品牌”，继续开展机关党建宣讲，启动坪山村地下党支部旧址打造工作。“党建+主题”，组织开展党员疫情捐款、党建促团建红色教育基地参观学习、观看《半条被子》等一系列党建主题活动。疫情防控期间，街村两级干部全部联系到村、包点到户，发动620名党员志愿者设置党员志愿服务卡点35处，全面开展重点地区返街人员摸排和日常筛查。排查观察涉外人员45人，中高风险地区765人，完成大数据核对人员899人，街道未出现新冠肺炎确诊及疑似病例。建立健全党风廉政建设责任机制和工作机构，明确党工委书记“第一责任人”、纪工委“监督责任”和分管领导“一岗双责”的具体工作任务；与各村（社区）签订《党风廉政建设责任书》，在全区率先开展村（社区）两委干部“述职述廉”测评。每月定期召开街村干部大会，学习贯彻中央、省、市、区关于加强作风和纪律建设有关文件精神。聘请专业讲师团进行廉政宣讲2次，组织观看廉政电影和警示教育片3次；坚持在重大节假日发送作风建设提醒短信，街道纪工委开展各类专项督查暗访20余次，处理4起举报信访件，诫勉谈话1人，党纪处分2人，开除党籍1人，留党察看一年1人。

【项目建设】 2020年，雷锋街道完成金洲大道以南教育用地、中联智慧产业城项目二期、轨道六号线站场用地、坪山中学、真人桥安置地、中联智慧产业城项目三期等4个批次25个项目共计580公顷征地拆迁工作，提前完成“决战一百天，实现双过半”工作任务。街道利用和润园、和康园和桥头家苑剩余房源，在新拆项目实施间隔时间段，对水质净化厂、综合管廊、夏鹃路、健康产业园、中联智慧产业城项目一期等24个项目拆迁群众开展5批次调剂安置，完成选房357套，安置面积42020平方米，安置拆迁群众355户525人。围绕“续建项目促达效、新建项目促建设、预备项目促开工”工作目标，优化建设环境，确保通达电磁能、中联智慧产业城一期、长远锂科、雷锋220千伏变电站、和润园三期、真人桥安置地、坪山安置地等40余个在建项目顺利实施。街道解决和化解因各类施工引发的阻工事件50余起，解决各类矛盾问题20余个。

【社会治理】 2020年，雷锋街道加强辖区社会治理。街道163家“散乱污”企业全面完成整改，通过长沙市“散乱污”企业整治工作验收；处置露天焚烧案件115起，数字化采集较2019年减少87%；完成裸露黄土覆绿20万平方米，种植草籽3.7万平方米；辖区203家餐饮门店全部安装油烟净化器，16家大型餐饮门店（单位）安装油烟在线监控设备，为辖区3043户居民家庭免费安装餐饮油烟净化器；完成省、市、区交办督办案件20件。查处新增违建157处，下达停工、自拆通知书90余份，拆除违章建筑27处2801平方米。组织开展市容执法、夜市整治等行动18次；处理筑垃圾及渣土乱卸100余处、抓获违规渣土车25台；完成国土卫片图版处置27处；处置城管数字化案卷3600条，完成率100%；同时对245家餐厨垃圾产生单位实现常态化监管，完成广告招牌审批80处；成立街道物管站，制定雷锋街道物管小区物业服务企业星级评定考核方案和小区业主委员会监督考核方案，指导农产品大市场完成第二届业主委员会选举。持续推进垃圾分类全覆盖工作，召开街道垃圾分类推进大会，发放宣传资料1.75万册，发放入户垃圾桶15548套，鸭婆塘农安小区和海德广场小区成为示范小区。维修井盖30余处，路面修补1200余平方米，疏通管道50余次，6个地埋式垃圾站全面检修；坪山两条村组公路大修。完成1401户农户改厕任务，优化农村人居环境。破案74起，其中涉黑涉恶案件7起、刑事案件7起、赌博案件5起、吸贩毒案件9起。街道在册吸毒人员192名，没有一起失控、漏管现象。在和润园社区率先设立社会治理创新工作示范点，探索“三零社区”创建途径，成为市委政法委宣传展示窗口。“12345”市长信箱办理895件，回访满意率95%。排查矛盾纠纷125起，涉及人数370余人。其中重大矛盾纠纷11起，群体性矛盾纠纷5起，为群众挽回各类损失300万元。开展火灾疏散、应急救援等演习演练14次，查处来源不明汽油4.7吨、柴油0.5吨、环保油0.4吨。取缔报废非法改装运输危化品车辆4辆，查处问题拖拉机11台次。辖区内238家食品销售单位和269家餐饮服务单位实施监管全覆盖。整改交通道路顽瘴痼疾农村临水临崖路段110余处，取缔马路市场2处。专项整治“三合一”场所安全隐患30余处，比2019年下降83%。荷花塘社区老旧住宅区安全管理获评湖南省防灾减灾示范社区。

【民生福祉】 2020年，雷锋街道坚持惠民便民原则，逐渐构建覆盖城乡、制度统一社会保障体系。街道发放低保、特困、大病救助、帮扶、助残资金共495.58万元，惠及1115人次；发放优抚补贴595.4万余元；发放高龄津贴和老年慰问金70.43万元，购买老年人意外伤害险8760份。残疾帮扶、精神病关爱、危房改造、免费医疗、殡葬管理、地名普查和文物管理等工作均落实到位。组织现场招聘会5场，实现新增稳定就业、转移就业、失业再就业和困难再就业1234人，扶持被征地群众创业16户，发放创业就业补贴、租赁补贴、社保补贴479.51万元；城乡居民基本医疗保险参保率96.8%；养老保险参保率100%。开展各类生殖健康服务、健康咨询、妇科病查治和“两癌”筛查等公益服务活动，服务辖区群众4749人。办理一孩生育服务证133本，二孩生育服务证167本，再生育服务证11本；发放计生奖扶、爱心助孕、保健、计生帮扶等资金62.98万元，孕前优生检测完成261人，绝经期取环18人。遏制耕地抛荒，落实粮食生产目标和工作任务。在汛期对雷锋河、龙王港河全线开展排查4次，完成3处堵点清障，巡河650余次。开展农村集体产权制度改革业务培训3次，完成4村1社区的集体经济组织登记赋码工作。开展农产品质量安全检查139次，对农贸市场家禽交易场所抽查144批次；依法退养野生蛇650千克，退养蓝孔雀25只。冬修水利启动37处骨干山塘整修加固。加强社会主义核心价值观、雷锋精神的宣传，开展义务送春联、我们的节日——端午节、“文明在楼道”、慰问困难党员、纪念雷锋80周年诞辰等一系列志愿主题活动。街道新时代文明实践所下辖8个新时代文明实践站开展广场舞比赛、认领微心愿、捐赠图书等活动96次。开展移风易俗专项督查56次，拆除违规搭建拱门、违规棚21个，劝导超标操办事主33人。街道政务中心开展根治农民工欠薪专项整治行动，“一网通办”办理政务1445件。

【困难与问题】 2020年，雷锋街道项目建设和安置工作任务重，社会事业发展水平难以满足群众日益增长需求，改善民生任务繁重；街道村（社区）发展不平衡，集体经济发展滞后，环境卫生综合治理有待进一步提升。

（本栏撰稿：李湘湘）

白马街道

【概况】 白马街道由长沙高新技术产业开发区批准于2018年2月从雷锋街道析出，成立街道办事处，由长沙高新区托管。2020年，白马街道区域总面积22.16平方千米，总人口2.8万人。下辖三益村、廖家坪村、白马村3个建制村和长兴路社区1个社区。街道党工委下设8个党支部(总支),有党员502人。街道财政总收入6344.41万元,比2019年增长6%。

【基层党建】 2020年,白马街道落实党建责任,实施党支部“五化”三年行动计划,确保8个党支部“五化”达标率100%;开展“联心”大走访活动,对基层换届选举摸底调研。街道党工委科学研判,保障“两委”换届工作有步骤、有秩序、高标准、高质量推进。切实抓好农村党员教育管理工作,发挥基层党员先锋模范作用。选派党建指导员指导非公有制企业党的建设,打造全省最高标准非公党建“红色阵地”,充分发挥党建阵地服务企业发展、凝聚党员群众、搭建活动平台作用。街道兰天集团党支部投资1.2亿元建成“四馆两场一基地”,入选长沙市第四批中小学生研学实践教育基地,被长沙市和湖南省评为“全民国防教育基地”“爱国主义教育基地”“党建示范点”。落实党组织书记管党治党第一责任人的职责,形成“一把手”负总责、层层抓落实工作格局。高标准建设1个廉政广场、3个廉政橱窗、5个廉政文化图书室,班子成员深入村(社区)检查指导党风廉政建设工作30余次,协调解决涉及村务监督、民生工程以及维稳信访等基层党风廉政建设难题21个;村社区均配备村级纪检委员对村社区事务规范运行全面监督。

【项目建设】 2020年,白马街道开展“百日竞赛”活动,启动4个新拆项目,在全区率先实现“清零”,100天实现三安二期等4个项目签约、拆房“双清零”,征地面积67公顷。街道被市政府办公厅评为征拆工作先进集体。街道党政主要负责人牵头10余次协调建设单位,督促安置房按时保质交房。专门成立安置工作指挥部、制定工作方案,明确安置时间节点、责任人、工作步骤、工作要求,街村两级召开专门调度会10余次。指挥部工作人员认真做好提前告知、信息核对、摸清底数等工作,主动走访有困难的拆迁户,对其反映的各类诉求深入调查,及时研究后给予明确答复。班子成员到辖区各企业、建筑工地检查复产复工情况。街道利用网格优势对企业、建筑工地进行地毯式摸排,检查企业、工地疫情防控措施。做好复工复产疫情防控政策宣传,做好各项防疫工作。鼓励企业、工地实行错峰返岗,灵活安排复工复产,做好安全返岗安排,防疫复工复产两手抓。政府“有形之手”和市场“无形之手”打好“组合拳”,把疫情对经济的影响降到最低。

【社会治理】 2020年,白马街道督促22家企业申领排污许可证,24小时不定期巡查辖区正在生产的23家企业、关停“散乱污”企业19家,协助2家企业获得环评批复,督促7家企业办理环评备案登记。督促51家餐饮门店、企事业单位安装油烟净化器,覆盖和覆绿超10万平方米,降尘洒水800余车,抓获违规渣土车辆30辆,清理建筑垃圾50余处。制止违规焚烧杂草行为19处,制定白马街道河道及小微水体常态保洁考核细则,完成雷锋河上游河道清淤工作。开展垃圾分类培训宣传活动50次1200人,发放宣传册4000余份,制作指导牌3500余块。街道覆盖率达到100%,知晓率接近100%,垃圾分类正确率达到80%。依托城市管理和环保网格化平台,组织爱国卫生大清扫活动40余次2000余人参与,清除100余车大件垃圾,清运50余车园林垃圾,发放“灭四害”药品约600千克,发放宣传册7000余份。开展6次“马路市场”整治行动,劝导流动摊贩100余处,采集上报处置城管环保网格化案件900余个。核查20余处国土卫片和300余处乱占耕地卫星图斑,整改2处违规堆场,拆除违章建筑8处。完成900余户农村厕改硬任务。处置突发性事件3起,排查调处各类大小矛盾纠纷328起,调解328起,调解成功率100%。化解信访积案1件。联合公安、国土、城管等部门,做好施工环境综合整治工作。推广“星城园丁”App,开展校园及周边环境整治8次。落实文明养犬管理。排查整治辖区道路交通安全隐患114处。集中教育社区矫正人员30余人次,入户访谈20余人次,解矫3人。推进“一村一法律顾问”,提供法律服务251人次,出具法律专业意见32件。开展安全检查96次,整改隐患247起,下达责令整改通知书20份,约谈企业3家。开展安全生产、电梯、燃气、消防等各类安全教育培训、应急演练6场,参与人数超过3000人。黄桥大道、金洲大道沿线安置交通安全设备,有效消除道路交通安全隐患。

【民生福祉】 2020年,白马街道完成城乡居民基本医疗保险征缴工作,开展社会保障卡“掌上办”培训服务工作,发卡8521张。发放民生资金500万余元。对特困人员、残疾人、老年人、退役军人、困境儿童等群体开展帮扶和服务,动态上户走访600余人次。开展“爱耳日”“残疾预防日”“雷锋慈善”等活动17次。完成爱晚小区楼道、白马敬老院提质改造工作。推进政务服务“就近能办、马上就办”,完成网上办理340项,完成群众帮代办事项210项。组织创业、职业技能培训210人,实现新增被征地农民、农村劳动力转移就业120人,新增创业主体72家,带动就业近300人;完成失业再就业、困难人员再就业230余人。组织开展线上“春风送岗”及线下两场大型招聘会,达成意向就业人员109人。免费孕前优生检查完成率100%;超额完成免费“两癌”筛查、妇女病查治任务,实现“湖南省居民健康卡”申领全覆盖。

【困难与问题】 2020年,白马街道基础设施配套依然薄弱;党的建设方面全市领先、全省示范的亮点特色不多;项目拆迁建设难度不断增大，遗留问题依然没有解决；群众急难诉求还有欠账；人才结构还不优、岗位匹配度还不高；资金平衡压力巨大，集体经济组织自我供血能力不足；安全生产、征拆维稳工作面临很大压力。

（本栏撰稿：王正庭）

桥驿镇

【概况】 2020年，桥驿镇区域总面积103平方千米，总人口40070人。下辖桥头驿1个社区和白石、禾丰、洪家、民福、群力、黑麋峰、沙田、杨桥8个行政村，387个村（居）民小组。全年完成财政总收入4.36亿元，完成财税收入1.01亿元；完成规模工业产值21.5亿元，新增“四上”企业2家，完成社会消费品零售总额0.97亿元；农民人均可支配收入37738元，比2019年增长7.5%。2020年被评为省级卫生镇。

【基层党建】 2020年，桥驿镇深培厚植基层党建元素，高标准打造红色教育基地。全面提质湖南和平解放秘密电台工作站旧址、中共湖南省委旧址、周以栗故居等红色景点，成立周炳文支部、周以栗支部，发动党员群众筹资筹劳，建成雷锋驿站9个，新时代文明实践中心5处，让红色基因、党建元素遍布全域，深入人心。大力推进美丽屋场建设，打造家门口的红色学堂。按照“一村一特”要求，把红色、耕读、餐饮等地方特色文化植入美丽宜居屋场建设当中，因地制宜打造12处美丽屋场示范片，让群众在日常生活中也能受到文化的熏陶。打造屋场夜话品牌，用心用情为群众办实事。坚持以提升群众参与感和满意度为导向，广泛开展屋场夜话，着实为民办实事。召开200余场屋场夜话，共收集整改问题362个，办好民生实事400余件，办结率达98%，实打实解决一批民生诉求，民风得到极大改善。

【项目建设】 2020年，桥驿镇完成市固废场1.5千米搬迁项目，第一批366户征拆签约；第二批次28户征拆签约；争取市级资金6.15亿元和区级资金3.25亿元进行安置及项目建设。完成沙田加油站、洪家自来水加压泵房、S213桥汨线项目征拆腾地。坚持日现场监管、周督促调度、月集中商处，铺排44个项目，固废场焚烧二期、灰渣填埋场项目、S213项目、拆迁集中安置区二期工程加速推进，电力“630”攻坚鼎功线项目、民望片区、桥驿大道污水管网修复、杨桥生态停车坪等项目基本完工，红鑫市场、沙田重建地提质、陈家塅美丽乡村建设等启动建设。培育星空茶园、麋行曲民宿2家“四上”企业，完成九味餐饮、向东洗涤场、源金祥环保、莫名酒店4家“四上”企业入规，中巨机械建成投产；桥和雅苑项目一期开盘预售；中阀科技二期项目动工建设；新达益教育项目签约落地，完成房屋外业调查及土地青苗调查；沙田加油站项目落户洪家村，完成交地，进入开发建设阶段；现代商贸科技学院、一善科技、双桂骨科医院等项目完成前置审查。铺排禾丰水库处险、沟渠塘坝清淤、机台更新改造、秋冬修水利工程项目57个，建设资金738.9万元，改善灌溉面积1500公顷，2万余人受益。绿化美化维护桥驿集镇、固废场及周边路段，水泥路和沥青路面16千米，生命防护工程60千米；投入285万元建设杨桥村新屋湾市级小微水体管护示范片区；投入150万元建设桥驿集镇（饮马湖）、杨桥集镇生态停车坪；投入1100万余元对沙河桥驿段3.5千米进行综合整治、改造民福村高标准农田；实施洪家村、桥头驿社区、群力村、杨桥村4个村社自来水管网延伸工程，建设洪家村加压泵房实现全镇自来水全覆盖。

【社会治理】 2020年，桥驿镇开展月月“亮剑”联合大行动，排查调处矛盾纠纷44起，调处成功率98%。派出所出警850次，受理行政案件64起，立刑事案件44起，抓获嫌疑人50余人。开展领导带队安全生产大检查，排查整改安全隐患267处，镇专职消防队技能比武全区排名第一位，推进创建国家食品安全城市工作，食品安全民意调查和保市场主体工作全区排名第一位。新建垃圾中转站1座，投入100万余元采用社会化服务将集镇道路绿化、路灯维护进行第三方外包，率先推出集镇智慧违停车辆抄牌系统。拆除王某某违法建筑，“文某某案”违法建筑进行生态复绿，消除社会影响。全面推行生活垃圾分类，对各村（社区）实行每月检查监督和评比排名，综合制定公布“红黑榜”。在全区率先发放第一本农村宅基地批准书，巡违控违停工86户，整治拆除乱搭乱建建筑物、构筑物、临时棚屋等40处6600余平方米，拆除广告标牌、非公路标牌110处，立案查处渣土扬尘车辆违规行为60起。杨桥村市级小微水体管护示范片区验收，打造白石村莫家庄、杨桥村新屋湾2个市级美丽屋场示范点，打造禾丰村伞家坳、民福村雅玩山、白石村滂田垅3个区级美丽屋场示范点。制定《重点水域禁捕工作实施方案》，开展60余次禁渔专项执法行动。改造三格式化粪池1738座，无害化厕所覆盖率达到95%以上。推进房地一体化确权登记、乱占耕地建房清理等国土管理工作，卫片图斑交办108处，整改94处。2019年度增减挂钩项目第一、二、三批次通过省级验收。完成镇武装部星级达标建设，开展军事训练和思想教育活动16次。

【民生福祉】 2020年，桥驿镇围绕脱贫攻坚质量，一月一次全面研究、一季度一次交叉检查，逐村逐户逐项全面摸排整改，脱贫攻坚“回头看”，发现245个问题整改清零，脱贫31户65人。11户建档立卡贫困户危房改造，四类人员住房安全保障兜底补助100万余元；助学扶贫503名，资助金额97.15万元。黑麋峰村代表全区迎省检，桥驿镇获评市脱贫攻坚先进集体。《长沙晚报》“山路弯弯”栏目专题报道禾丰村精准扶贫工作。成立桥驿镇农业经济组织联合会，出台桥驿镇农业产业扶持政策（简称“桥九条”），引导帮扶农业产业抱团创新发展，兑现发放第一批水稻早稻种植补贴资金 11.8 万元。制作致桥驿人民的“四封信”、赠送返望人员防控礼包、率先向社会发起防疫捐款。提升村级公卫管理、居家养老、签约医生服务等水平。实现老年优待证、城乡居民医保、养老保险参保登记、养老认证等 45 项民生高频事项全程“一门式”受理、“一站式”服务。召开议教工作专题会议，设立“桥驿教育基金”，投入 135 万元用于改善教学设施、提升教育质量、规范校园管理和激发教职工活力；组织爱心企业、个人捐赠 150 万余元，表彰奖励优秀教师团队 2 个、优秀教师 14 人、优秀学生 97 人。发放低保、五保救助金 950 万元，优抚金 180 万元；开展精神病人药物救助 219 人次，住院救助 83 人次；免费“两癌”筛查 576 人，免费产前筛查 284 人，新生儿疾病筛查 337 人，老年人体检 3299 人。帮扶救助事实无人抚养儿童 12 人，落实高龄老人补助发放 1026 人。完成农村部分计划生育特殊家庭和计划生育家庭奖励扶助 620 人次，发放扶助资金 102.3 万元。新增城镇就业 407 人，新增创业主体 272 个，带动城乡就业 800 余人。城乡居民养老保险参保率 97%，缴费金额占应缴金额比例 99.8%，基本医疗保险参保率 98.5%。

【困难与问题】 2020 年，桥驿镇经济下行压力持续加大，财政收支矛盾亟须缓解，推动高质量发展任务艰巨；乡村振兴产业支撑不足，环境保护存在短板，民生服务投入仍需加大；政府工作作风和行政效能还需提高。

【全域旅游】 2020 年，桥驿镇保护利用好红色文化资源，推进全域旅游。完成群力村照霞冲省委旧址、洪家村周之翰故居修缮工程、民福村周以栗故居陈列布展工程，接待省委办公厅、省委组织部等省市区机关团队 400 个，1 万余人次。黑麋峰森林公园启动 24 小时值班制度，成为区内首个全天候对外营运 A 级景区、全封闭管理景区。全面完成防火通道、消防器材室、湖西冲生态停车场、生态旅游厕所等项目建设。盘活国有闲置资产，假日宾馆启动改造为五星级“维也纳”品牌酒店，原有闲置土地变成聚集人气的黑麋峰欢乐谷。做大做强景区知名品牌，山居半亩、黑麋峰滑翔伞、黑麋峰欢乐谷及星空茶园成为长沙网红打卡地。举办桃花节、高山水果采摘节，参展 2020 年中国（长沙）国际园林绿化产业博览会、2020 年国际文化旅游博览会等活动，多渠道推广景区特色和名优农产品。2020 年 5 月开园以后，景区游客比 2019 年增长 60%，公园景区门票收入比 2019 年增长 50%，各类农家乐、民宿收入比 2019 年增收 40% 以上。

2020 年 9 月 5 日，桥驿镇设立“桥驿教育基金”（黎超 摄）

【“书记代言又带货”活动】 2020 年 3 月 28 日，桥驿镇克服疫情影响，率先在全省开展“书记代言又带货”活动。活动现场十几个摊位一字摆开，桥驿镇 9 个村（社区）

2020 年 5 月，中共湖南省委旧址全景（张姣美 摄）

的党总支书记及驻村第一书记，身着红马甲、佩戴“放心消费、村书记担保”黄色绶带的“销售员”，分别站在相应摊位旁以自己的信誉为村里农特产品“代言”“带货”。桥驿镇的农民专业合作社、农业公司、家庭农场、种养大户以及建档立卡贫困户等带着自家的特色农产品进驻。通过“书记代言又带货”活动，主动为农户搭建线上线下增收平台，引导帮扶农业产业抱团创新发展，点线面结合推进全域旅游，让游客上山观光、下山消费，促进农民增收。

（本栏撰稿：周新宇）

茶亭镇

【概况】 2020年，茶亭镇区域总面积116.4平方千米，总人口5.8万人。下辖静慎、大龙、望群、九峰山、谭家园、狮子岭、西湖寺、戴公桥、洪开桥、泉丰、杨家坪、苏蓼12个建制村和梅花岭1个社区。全年完成财政总收入2.5亿元；固定资产投资增长15%；社会消费品零售总额3.11亿元，比2019年增长0.2%；政府争资消赤减债1800万余元；新增“四上”企业2家，总数达6家；静慎村被评为全国文明村镇，狮子岭村被评为市级文明村镇。

【基层党建】 2020年，茶亭镇按照区委年初到镇调研提出指示精神，围绕“四季花海、五彩茶亭”建设主线，坚持党建引领。紧抓换届选举工作。树立正确用人导向，选优配强“两委”班子，确保“两委”班子做到优中选优；有序推进换届工作，坚决落实“一肩挑”，深入村（社区）与村民座谈、干部谈心交流，详细了解实际情况，摸清党员群众推荐人选，有效保证换届选举平稳顺利；做好党员分类管理。静慎村作为全区农村党员分类管理试点，按照实际情况，将农村党员合理组合，分为4个类别，出台《茶亭镇农村党员分类管理方案》，对全镇其余12个村（社区）进行铺排，各村根据各自党员特点进行分类管理，探索建立长效机制；落实“书记工程”。谭家园、九峰山、望群等村持续推进茶亭花海建设，有效盘活片区内土地资源和闲置资产，其中九峰山村全年集体经济收入达到56万元；开展走出家门学先进经验、走进群众讲屋场故事、走向现场做建设先锋的“三走”党员活动，主动探索“五五治村”基层治理模式，创新“红灯笼”党建品牌；以优化配套设施为基础，强化地域特色，针对“一户一策”精准改造思路，号召党员带头建设美丽屋场；立足吃住游一条龙产业，拓展“线上+线下”两种销售渠道，探索“保底+固定+浮动”三方分红机制，凝聚党群合力共促经济增长。

【项目建设】 2020年，茶亭镇投入项目资金近8000万元。先后完成东城联络线提质改造扫尾工程；完成梅铜公路7.9千米提质改造项目；祥云山水库群道路提质改造工程完成招投标，进入施工；省残联托养基地连接路项目于10月正式通车；花果路北延线建设项目稳步实施；69千米危险路段护栏安保工程完成42千米；争取农村道路改造项目资金3000万元，黑化硬化公路道路50余千米，惠及1150户村民。昆仑燃气穿江管道项目于9月底全面完工输气，和顺石油管道项目和长沙LNG油气加注站项目建设施工；望城区脑科医院扩增用地项目，拆迁交地；完成茶亭水库、东城水厂两处水源地保护专项整治项目；完成郭亮集镇、戴公桥集镇截污治污工程；完成戴公桥重建地、梅花岭重建地、东城示范安置小区二期附属工程道路、护坡、雨污水、强弱电等附属工程，安置户建房入住率90%以上，重建地绿化、亮化工程建设陆续启动。

【社会治理】 2020年，茶亭镇完成农村宅基地房地一体确权登记的技术测绘和数据采集，开展六方联审颁证；完成整改国土卫片执法83处；开展市容环境专项整治行动30余次，集中禁渔专项整治行动12次，公开集中拆解、销毁“三无”船舶21艘；督促各违建户自行拆除违章建筑21处，6560平方米。推进“蓝天保卫战”，立案处罚撒漏飞扬、车轮带泥案42起，罚款4.95万元；加强野外禁烧宣传与巡查，发现、扑灭、清理火源16起，立案4起；改造厕所2126户，完成改建、新建标准化化粪池3200个，旱厕全部清零；9个村创建市级垃圾分类示范村，建成垃圾中转站2座，提质改造1座，获评2020年长沙市人居环境优秀乡镇，长沙市农村人居环境整治工作优秀乡镇。落实安全生产责任制，全年无重大安全生产责任事故；开展交通安全进校园4次、进村社6次、进企业4次，开展交通安全常识、交通安全法规培训讲座3次，向居民发放电动车安全头盔500余顶。按季度开展月月“亮剑”联合大行动，打各类违法犯罪，人民群众安全感和满意度大幅提升；排查调处矛盾纠纷85件，调处成功率95%，各类信访矛盾化解到位。救助各类人群382人次、155万元；关注关爱残疾人生活生产，为22户残疾人家庭进行无障碍改造，为27名残疾对象发放辅助器具。

【民生福祉】 2020年，茶亭镇将花海片区建设纳入区乡村振兴示范片区，投资1500万元，完成10余千米道路窄路加宽、10千米沟渠河道清淤疏通、生态护砌，打造美丽菜园180户，完成房屋环境整治300余户，新建游客服务中心，配设游览全景图，设立标识标牌100余处，配套建改造停车场10个。发动群众筹资近200万元、投工投劳3000余个，争取上级资金3000万元，创建8个“示范屋场”“美丽屋场”项目；九峰山村、静慎村获评国家森林乡村。完成粮食生产种植面积2800公顷，其中双季稻734公顷；扎实开展产业种植结构调整1187公顷，支持鼓励村民规模种植油菜花、荷花、桃花、向日葵等花卉，成片打造四季花海，形成“百花齐争艳，四季有花开”花海形象；建立农旅互促共赢产业结构体系，成立镇农业协会，统筹薯夫妻红薯粉、山亭阁蜂蜜、东城生态椒等特色农业产业，以农产品展销中心为依托，积极策划“蓝莓节”“油菜花节”等系列农产品展销活动，农产品销售额近500万元；引进“去野”生态民宿、大型花卉企业等入驻茶亭，孵化“某谭小院”直播电商平台，壮大集体经济。依托惜字塔、心正宫、省委旧址等自然人文景观发展文化旅游。取得抗击新冠肺炎疫情和苏蓼垸防洪双胜利。对脱贫攻坚240个“回头看”问题整改到位；义务教育阶段适龄儿童100%入学，建档立卡贫困人口医保参保率100%，农村危房、饮水安全问题动态清零，贫困村农网改造升级完成率100%，村组公路覆盖率、4G覆盖率、光纤覆盖率100%，全镇所有建档立卡贫困人口全部脱贫，3个贫困村全部退出。

【困难与问题】 2020年，茶亭镇影响社会和谐稳定的矛盾和问题还比较多，信访维稳等问题不容忽视；镇基础发展薄弱，集镇功能亟待完善，基础设施建设仍需强化；镇村债务沉重，遗留问题多，一些突出问题尚未解决。

（本栏撰稿：熊 伟）

乔口镇

【概况】 2020年，乔口镇区域总面积46.23平方千米，其中水田2178公顷、旱地74公顷、水面933.4公顷；总户数9935户，总人口36780人，其中非农业人口5601人。下辖柳林江、大垅围、田心坪、盘龙岭、团头湖、蓝塘寺、湛水7个行政村和乔口1个社区。地区生产总值4.45亿元，比2019年增长9%；社会固定资产投资比2019年增长4.5%；社会消费品零售总额5.59亿元，比2019年增长11%；财政总收入2.07亿元（其中财税收入3400万元），比2019年增长15%；镇域银行居民存款6.9亿元，比2019年增长5%，经济整体实力不断增强，人民生活日益富裕。乔口镇被评为长沙市特色乡镇社工站、市人居环境优秀乡镇，入选“国家农业产业强镇建设”，被评为“国家卫生乡镇”。

【基层党建】 2020年，乔口镇坚持党建引领，推进“红心向党 新荷创业”党建书记精品工程。实施“新荷人才计划”，重点培育35岁以下青年40名，开展新荷先锋班、五大能力提升讨论学习等活动，建立人才资源库56名，乔口镇被定为市级人才基地。筹集乔口慈善会资金70万余元，连续4届颁发“新荷奖学金”，共发放26万余元，为乡村人才蓄积强劲后劲。创新“红色网格工程”“党员先锋抓振兴”等党员管理模式，评定党员先锋岗，迎接中组部的调研观摩；率先在全区完成村（社区）“两委”换届选举试点，新当选的52名支村“两委”中，“80后”28人，平均年龄37岁，大专及以上文化45名，通过新荷人才培养17名。采取“支部+龙头企业+合作社+种养大户”的集约化经营模式，大力发展望城荷花虾和翘嘴红鲌鱼两大主导产业，建成文和友小龙虾研究院、交易市场、冷链存储和加工厂等产业链项目。打造一堂市级党课名牌课程，雷锋学院将其纳入现场授课点，吸引千余人次观摩学习。打造田心坪村区级“同心乡村”，组织引导统战人士在美丽屋场等发挥带头作用。

【项目建设】 2020年，乔口镇有小龙虾养殖经营主体45个，其中10公顷以上养殖规模的35家，养殖总面积过700公顷，年产量1500吨左右，综合产值约1.7亿元。联合湖南文和友集团成立文和友小龙虾研究院，深化与湖南农业大学战略合作，投入2000万元专项产业扶持资金，配套建设望城荷花虾乔口大市场，完善盘龙岭片区、田心坪片区、团头湖片区基础配套建设，望城荷花虾生产、加工、冷链仓储、观光体验产业链条基本建设完成。举行“助力国家农业产业强镇”银企对接会，为发展势头良好的企业“锦上添花”，为需要帮扶的企业“雪中送炭”，现场签约金额180万余元，落实产业金融支持731万元。强化基础设施建设，35天全线实现顺风渠道路提质改造通车，推进X011（团头湖沿线）改扩建工程。新建农村公路14千米，拓宽提质道路21.8千米，“白改黑”28.6千米，亮化公路41千米，整治交通顽瘴痼疾39处。投入497.4万元完成秋冬修水利项目43处，建成生态灌溉管网，高标准完成大众垸防洪整治工程（乔口电排、乔口防洪闸）。乔口古镇提质维修和渔都夜经济配套设施工程加速立项建设。完成自来水厂管网建设1280余米。乔口镇入选“国家农业产业强镇”建设名录，为长沙市唯一入选乡镇。

【社会治理】 2020年，乔口镇开展平安建设、反邪教、禁毒宣传，举办大型集中宣传8场，发放各类宣传资料1.4万余份。积极排查化解各类矛盾纠纷，司法所立案287起，调解成功率100%。成立社会治理服务中心，受理区长信箱、“12345”热线等社会治理问题226件，回访满意率98.17%。开展安全生产工作执法检查行动12次，查处5家无证经营烟花门店，检查企业41次，下达整改责令通知书10份。开展道路安全顽瘴痼疾整治，细化落实“路长制”责任，投入160万余元完善安全设施，免费发放安全头盔，开展安全驾驶志愿者劝导。开展政治教育、思想教育、国防教育，完成兵役登记率100%，创建省级五星基层武装部。全区县域政治安全和社会稳定风险评估中，乔口为14个街镇中风险系数最低。连续3年被长沙市评为信访“三无”乡镇。

【民生福祉】 2020年，乔口镇实现465户建档立卡户1592人高质量脱贫。完成47户贫困户危房改造，入住率100%。开展荷花虾养殖、育婴员、美容师、西式面点师等技能培训，提供就业援助性岗位60个。创新建立“消费扶贫网挂售＋农民专业合作社分销＋帮扶干部联络销售＋贫困户自销”农产品销售模式，销售额超50万元。发放民生保障资金1095.73万元，保障户数720户、1351人。其中低保保障金740.5万元，五保保障金221.2万元，残疾人两项补贴发放金134万元。为受疫情影响的196户发放慰问金20万元、182户家庭提供临时救助23.97万元，为63名贫困学生发放助学金19.7万元，对困难退役军人和优抚对象进行慰问。投入110万元对敬老院进行改造，解决老年人洗澡、如厕、上楼梯等问题。完善政务服务中心标准化建设，推行“马上办、网上办、就近办、一次办”，累计为群众办事7000余件次。

【困难与问题】 2020年，乔口镇域内产业发展科技贡献率偏低，市场功能拓展需要进一步完善，集体经济高质量发展需要进一步探索和拓展；受到土地利用规划的瓶颈制约，农民建房与建设用地的矛盾依然突出；基层治理面临新的问题，社会治理能力和治理体系现代化亟须提升。

【新冠肺炎疫情防控】 2020年，乔口镇落实落细“四早”举措，全面落实“五包一”责任，率先建立起镇、村、组、党员四级联防联控体系，设立防疫检测点10个，制作宣传横幅150余条，发放防控知识手册1万本，出动300余次宣传车。大数据核查1889人，“五包一”对象195人，核酸检测39人，全镇进行两轮地毯式入家串户摸排，户户签订承诺书，确保排查不漏一人，做到底子清楚、措施到位、管控有效。

【胡衡华调研荷花虾养殖示范基地】 2020年2月20日，省委常委、市委书记胡衡华到乔口镇调研荷花虾养殖示范基地。实地走访文和友望城荷花虾大市场和养殖示范基地，与养殖户一起算经济账、聊养殖经，仔细询问养殖过程中存在的困难和需求。胡衡华充分肯定“望城荷花虾”品牌化发展战略，要求望城在做大做强的同时，更要做精做细农业产业化大文章，实现农业与旅游“无缝”对接，壮大新型村级集体经济，让百姓长久受益。

2020年7月25日，乔口镇举行望城荷花虾“文和友 乔口”首届虾王争霸活动（乔口镇供图）

【“文和友·乔口”首届虾王争霸赛】 2020年7月25日，望城荷花虾“文和友·乔口”首届虾王争霸活动在乔口荷花虾大市场举行。活动由湖南望城国家农业科技园、望城区农业农村局主办，乔口镇人民政府和湖南文和友乔口小龙虾养殖有限公司承办，旨在提升望城荷花虾品牌影响力，提高望城荷花虾乔口大市场知名度，做活乔口渔都“夜经济”和虾产业，提质丰富本地文化旅游资源。活动打造“虾王争霸赛”“厨王争霸赛”“食王争霸赛”三大擂台，将虾的“高级”吃法一站式串联，从源头到出品，毫无保留地展示给消费者，让消费者在现场见证“望城荷花虾，不一样的小龙虾”，品尝到大厨们的拿手好菜。

【陈军调研乔口镇社工站项目建设】 2020年9月14日，民政部慈善事业促进和社会工作司副司长陈军一行到乔口镇调研社工站项目建设情况，湖南省民政厅一级巡视员杨薇等陪同调研。调研组详细了解望城区乔口镇社工站项目运营模式、人才培养、作用发挥、特色品牌和未来设想，与街镇负责人、承接机构和一线社工进行交流。陈军充分肯定望城社工站项目服务成效，为新形势下的民政工作注入新的活力；要求望城强化一线社工能力建设，提升专业服务水平，擦亮社工服务品牌，探索可行可靠经验，让人民群众的获得感、幸福感更强。

【村（社区）“两委”换届选举试点工作】 2020年9月23日，乔口镇召开村（社区）党组织和村（居）民委员会换届选举试点工作动员大会，启动换届选举试点工作。截至11月20日，全镇8个村（社区）“两委”换届选举试点工作全面完成。区委组织部全程指导，镇党委严格把好指导关、纪律关、细节关。作为试点乡镇乔口镇发挥示范带头作用，落实换届要求，严守换届程序，严肃换届纪律，选优配强村支“两委”力量。新当选52名“两委”成员平均年龄37岁，其中“80后”28人（党总支书记4人），女性17人，大专及以上文化程度45人，占比87%。班子成员性别年龄及文化结构实现双优化，为全区的基层“两委”换届工作树立样板。

【乔口新荷人才培训班】 2020年12月9日，乔口新荷人才之镇村干部能力提升班在区委党校（雷锋学院）开班。乔口镇全体干部职工和村（社区）干部共158人分两批进行为期4天的封闭式集训。本次培训按照镇村干部缺什么补什么的原则，分别邀请区委党校、区发改局、区资规局以及电商、小龙虾等领域的专家、领导授课，学习中共十九届五中全会精神、政府投资项目建设基本流程、镇村规划、电商知识、小龙虾养殖研究等课程，参观中国共产党长沙历史陈列馆。通过培训帮镇村干部补钙、壮骨、强筋、固本，拓宽视野，掌握本领，强化党员意识，提升党性修养，为建设美丽乔口凝聚力量。

（本栏撰稿：袁芝城）

靖港镇

【概况】 2020年，靖港镇区域总面积92.53平方千米，19044户，7.08万人。下辖杨家山、格塘、柏叶、三桥、凌冲、石毫、复胜、福塘、前榜、新峰10个行政村和众兴、芦江2个社区。全年完成财政总收入2.79亿元。财税收入6548万元，比2019年增长16%，引进“四上”企业2家，其实现利税500万元。规模工业产业7.2亿元，社会消费品零售总额1.55亿元，其他营利性服务业产值6492万元，完成8家规上企业入库。全镇人均可支配收入28106元。获评长沙市乡村振兴示范镇。

【基层党建】 2020年，靖港镇党委组织《夯实基层基础，加强党小组长、村民组长队伍建设》课题调研，美丽屋场建设，探索“一心一会三互助”基层治理模式，党群理事会成为乡村治理先锋队，有效形成基层治理新格局。推出“立青”乡村人才计划，成立立青党支部，促进青年互励互助，助力镇村干部队伍建设和青年创新创业。关注干部思想动态和干事状态，及时交流谈心疏导教育。组织干部大讨论，制定激励干部担当作为7条措施，优化机关管理、绩效考核、工程管理等制度，开展“七一”表彰。优化调整中层干部，进一步激活干部队伍干事创业活力。疫情期间，党员自发为抗疫捐款36万余元。

【项目建设】 2020年，靖港镇制定实施乡村振兴“三年行动计划”，高标准完成6个美丽屋场建设任务，其中复胜村虢大湾、新峰村陈家湾、福塘村树杉湾获评市级五星级和四星级美丽屋场，众兴社区梅家屋场、前榜村渔业中心屋场、凌冲村山塘湾屋场获评区级美丽屋场。强化全产业链思维。高标准设施蔬菜示范园扩面34公顷投产达效，万亩蔬菜基地提质建设全面竣工。及时解决蔬菜产业发展过程中基础配套、外围环境、矛盾调处等困难和问题，成功引进西藏绿之源、金畴农业等5家蔬菜龙头企业，前榜村推进渔业中心扩面6.7公顷流转。完成粮食种植6667公顷，蔬菜种植2334公顷，生猪出栏2万头，各项农业生产指标超额完成。靖港古镇创建“诚信示范街区”，全面理顺与文旅投、中青旅合作关系，完成广西旅发集团退出古镇扫尾工作，古镇管理体系更加优化。做好省委旧址陈列布展，彰显古镇景区红色文化元素。开发“游靖港”小程序，推出“悠闲靖港乐翻天”“浓情端午·靖览仲夏”、湖南首届美好生活节和第四届望城鲌鱼节等主题活动。组织“春暖花开·靖港拾光”“陌上花开·靖是美景”摄影及短视频大赛，对外推介靖港乡村旅游精品线路。举办首届农旅融合产品推介周暨乡村灯会活动，搭建两大国家AAAA级旅游景区、现代农业基地和美丽屋场有机衔接平台，以屋场引流、项目引资、产业引领方式融合发展，大幅促进游客满意、企业盈利、农民增收。全面盘活村级资产资源，完成16983户67329人的赋码颁证工作。注重文化旅游和蔬菜产业帮扶，投入资金314万元，实施项目17个。众兴社区、新峰村、石毫村结合产业发展，建立产业发展型和土地合作型集体经济发展模式，12个村（社区）集体经济年收入均超过20万元。

【社会治理】 2020年，靖港镇探索推行“一心一会三互助”乡村治理模式，走出一条乡村治理现代化新路子，获“学习强国”、《湖南日报》、《长沙晚报》专版宣传推介，多次接待省、市、区现场观摩。建立生态污染治理和环保工作机制，健全镇、村两级河湖长制责任体系。复胜村虢大湾试点“三池一地”“五治齐抓”生态体系，被《人民日报》推介。巩固湘江流域禁捕退捕成果，组织执法行动19次，清理违规网具450张，集中销毁涉渔“三无”船舶7条。推进“厕所革命”，改厕1880座，普及率97.39%。福塘村、凌冲村分别被评为省市卫生村，三桥村、众兴社区被评为市级垃圾分类示范村，芦江社区金星重建地获评区级垃圾分类示范小区。推进农村移风易俗，复胜村、凌冲村打造花园式生态墓地成为省市治风新标杆。建立健全社会治理“一张网”，狠抓扫黑除恶“六清”行动，开展安全生产、信访综治、禁毒等工作，开展企业安全生产检查79次，督促隐患整改54处。抓好交通顽瘴痼疾排查和整治，有效遏制事故发生。化解信访积案1件，妥善处理各类矛盾纠纷110起，实现10个“三零”村社和“三无”乡镇创建目标。疫情期间辖区7家网吧、16家KTV全部关停；延期喜事50起，简办丧事75起；摸排管控涉鄂涉汉388人，海外返乡7人，实现“零感染、零疑似”目标。

【民生福祉】 2020年，靖港镇全镇建档立卡贫困户847户、2593人，全部实现脱贫，省定贫困村杨家山村通过省级考核验收。认真做好“回头看”，排查整改问题157个。组织“书记代言又带货”活动，助力农业发展和消费扶贫。助学扶贫对象789名，资助金额171.18万元。规范医疗救助、慈善助学和临时救助等程序，关注弱势群体，“一卡通”发放各类民生资金和补贴5607万余元。完成镇村退役军人服务站标准化建设，优质服务区域性敬老院建设。完成免费产筛294例、“两癌”筛查1045人、妇女病普查1850人。开展送戏下乡文化惠民活动10余次，格塘村、三桥村完成市级标准化综合文化服务中心建设，柏叶村完成全民健身中心建设。

【困难与问题】 2020年，靖港镇域内产业发展质量不高，一、二、三产业融合发展力度不够，乡村振兴产业支撑不足，经济下行压力进一步增大；人居环境整治工作及镇村基础设施建设需进一步提升，以满足社会发展和民生需要；保稳定、保民生、保运转、保增长等财政刚性支出压力不断增大，财政收支面临较大压力；公共服务保障水平与群众期盼仍有一定差距。

【靖港镇农旅融合产品推介会暨乡村灯会活动】 2020年10月1日，靖港镇农旅融合产品推介会暨乡村灯会活动在虢大湾屋场举行，居民和游客300余人参加。在农旅融合产品推介环节，靖港古镇、千龙湖、云游茶业、虢大湾等地获重点推介；五名驻村第一书记和主持人为荷花鸡、大米、坛子菜、甲鱼、棉拖鞋等扶贫产品和水果黄瓜、望城鲌鱼、云游茶业、蟹逅靖港大闸蟹等靖港特色农产品代言。小品《懒惹的“祸”》、合唱《我和我的祖国》、萌娃农产品T台秀等节目精彩上演。乡村灯会举行吸引游客朋友驻足观赏。各屋场带来快板《翘起竹板谢党恩》、广场舞《欢聚一堂》、歌曲《喜欢你》等节目一一登场，既接地气又精彩纷呈。靖港镇依托资源、产业优势，积极探索“旅游+农业”模式，推动农旅融合，开发农业农村生态资源和乡村民俗文化，促进农民增收、农村发展、农业升级，实现生态保护和经济发展的双赢。

【李纪恒调研靖港社工站】 2020年10月17日，中共中央委员、民政部部长李纪恒到靖港社工站调研工作。湖南省副省长朱忠明，省民政厅党组书记、厅长唐白玉，长沙市委副书记、市长、湖南湘江新区党工委书记郑建新等陪同调研。在靖港镇社工站，李纪恒详细了解站点运营模式、工作成效和特色服务品牌创建等情况，并与一线社工、服务对象和基层社会组织代表进行交谈。李纪恒肯定乡镇（街道）社工站在推进乡镇（街道）社会工作人才队伍建设方面发挥的重要作用，打通民政为民服务“最后一米”；强调要始终坚持和加强党对社会工作的领导，坚持专业化发展方向、本地化发展思路，因地制宜分类指导，建立协同高效、运转顺畅的推进机制。

2020年10月1日，靖港镇农旅融合产品推荐会在虢大湾屋场举行（靖港镇供图）

【第四届中国长沙·望城鲌鱼节】 2020年12月16日，第四届中国长沙·望城鲌鱼节暨湖南特色渔业产业发展论坛在长沙千龙湖生态旅游度假区举行。此次活动由长沙市人民政府主办指导，长沙市农业农村局、望城区人民政府主办，望城区农业农村局、湖南千龙湖投资集团承办。该届鲌鱼节从12月16日至27日，“鲌鱼进社区”、主播探店、直播冬捕盛况、冬捕全鱼宴等活动，呈现风味美食，加大产销对接，拉动火热消费，进一步推进鲌鱼产业发展，凸显区域农产品特色优势。湖南千龙湖投资集团董事长陈杏华，以“壮大鲌鱼养殖，助力乡村振兴”为主题，从鲌鱼养殖、品牌打造、食品安全等方面，做精彩的案例分享。2020年，望城鲌鱼养殖面积超400公顷，育种、孵化、养殖、加工、销售、物流全产业链建成，专业化经营。辐射带动周围农户养殖1667公顷，形成养殖面积达2000公顷，综合年产值20亿元，带动农民就业超过3000人，实现130余户脱贫致富。千龙湖投资集团旗下长沙千农惠供销合作社农产品流通有限公司与德旺悦总仓餐饮有限公司、老湘食餐饮有限公司等30余家供应商签订供销合同，金额300万余元。

（本栏撰稿：虢正宏）

白箬铺镇

【概况】 2020年，白箬铺镇区域总面积106平方千米，总人口4.6万余人。下辖龙唐、龙莲、黄泥铺、淑一、光明、大塘、齐天庙、金峙、古山、胜和10个行政村和白箬铺1个社区，514个村民小组。2020年税收首次突破亿元大关，完成工业总产值30亿元、社会消费品零售总额1.5亿元，新增“四上”企业4家，“四上”企业总数34家，全镇经济呈现快速发展的良好势头。

【基层党建】 2020年，白箬铺镇党委聚焦主责主业，抓牢党建总纲，将“党建引领促发展，上善‘箬’水惠民生”党建主题系列活动定为年度基层党建“书记工程”首要品牌，镇党委根据各村工作重点统筹定单，村（社区）党总支接单承办，全镇59个党组织全面参与，在全年开展13场党建主题系列活动，实现“村村有主题、月月有活动、人人都参与、个个受启发”社会氛围。提前筹划村（社区）“两委”换届选举工作，开展“两委换届大走访”，保障11个村（社区）支村两委顺利完成换届选举，确保换届选举风平浪静，风清气正。推进星级雷锋驿站建设，黄泥铺村赵家新屋雷锋驿站、光明村阙家湾雷锋驿站、大塘村长塘雷锋驿站获评望城区五星雷锋驿站。镇党委委员、副镇长曾洪波获评“狮子型干部”。深化党性教育工作，党性资源教育片《光明蝶变舞潇湘》入选全国党员干部现代远程教育地方特色教材。

【项目建设】 2020年，白箬铺镇铺排的征拆项目包括光明加气站项目、鼎功—望城白箬铺镇II回500千伏线路工程项目、湖南长沙望城金峰110千伏输变电工程项目、X076望城区G5513长张高速友仁互通—金洲大道公路项目。结合“百日竞赛”活动，抢抓项目建设进度。电力“630”500千伏望城变电站项目通电投产，光明蝶谷•飞鸟乐园试营业，友仁互通－金州大道联络线启动建设，汉琛体育等项目加快推进。投入产业扶贫资金483.5万元，铺排21个产业扶贫项目。重点发展无花果种植、瓜蒌种植、黄豆种植、蜜蜂养殖、小龙虾养殖等扶贫产业，打造“淑恋•豆香坊”等扶贫产品品牌，龙唐村瓜蒌籽顺利通过扶贫产品认证。全部启动11个村（社区）村庄国土空间规划编制工作，在各村探索实施“一村一品”的产业项目，2020年11个村（社区）年集体收入突破1000万元。打造八曲河美丽屋场示范片。沿光明大观园8千米景观游道两厢建设7个美丽屋场，涉及光明、黄泥铺、大塘3个村32个村民小组和1个老集镇1000余户村民。推进旅游业态丰富发展，成立白箬之光乡村创客交流服务中心，探索亲子研学教育线路，鼓励引导传统农业向特色经营转型发展。

【社会治理】 2020年，白箬铺镇开展村庄清洁行动和农村“五治”，推动农村人居环境优化。垃圾分类减量群众知晓率100%，参与率90%以上。完成改厕9000余座，旱厕全部清零。抓餐饮油烟整治，关停转改无灶台104家，安装净化设施77家，完成率100%。打造八曲河美丽屋场示范片，人居环境治理模式得到生态环境部、《经济日报》的宣传推介，获评2020年市级人居环境优秀乡镇。实施2020年“9461”行动（即儿童友好9场主题活动；村社区、公办学校、医院和屋场4个建设试点；贝拉小镇、松鼠谷、光明蝶谷•飞鸟乐园、长郡郡维学校、金海学校和乡村创客服务中心6个社会化阵地；1个儿童参与专项行动），获得中国儿童中心和长沙市儿童友好城市创建工作领导小组肯定。2020年10月，获评由安仁论坛组委会、搜狐焦点文旅和中国青年艺术家美育联盟联合评选和发布的“第二届小镇美学榜样”。推动广大群众参与创建“平安白箬”，组织大型集中宣传2次，发放法治、扫黑除恶专项斗争、禁毒等宣传资料1500余份。推进“红袖章”工程，“月月亮剑”行动，清查出租房屋100余家、流动人口500余人、旅社25家、KTV 15家。化解信访积案3起，办结网信系统交办案件29条，实现信访“三零”目标。镇安委办牵头排查隐患154处，整改154处，罚款7家、8000元。2020年2月，获湖南省计划生育基层群众自治先进乡镇。

【民生福祉】 2020年，白箬铺镇建档立卡贫困户677户2047人实现全部脱贫；做好脱贫“回头看”，投入资金40万元，硬化道路1.3千米，解决15户贫困户出行问题；投入24万元，完成1处山塘、1处沟渠的清淤护砌，惠及9户贫困户农田灌溉；完成消费扶贫54万元，帮助58户贫困户发展产业，完成扶贫小额信贷238.5万元。完成山塘清淤18公顷，机台更新改造7处，沟渠清淤疏浚15千米；全面处险八曲河内河、胜古河等10处险工险段。农村安全饮水工程顺利完工，铺设自来水主支管网168千米，入户988户，解决6个村2万余人的安全饮水问题。实施建设污水管网，铺设主管网13.5千米，支管网5千米，建造人工湿地5座，主管网全面完工。第二所公办幼儿园龙莲幼儿园建成招生，长郡郡维中学于9月开学，全年开展教育扶贫420人、发放16.18万元。义务教育阶段适龄儿童100%入学，建档立卡贫困人口医保参保率100%，医疗综合报销比例90%。农村基础设施全面提升，建制村4G覆盖率、光纤覆盖率均达100%。推进“一门式”全覆盖深化改革，政务大厅办结民生事项11941件。其中：医疗保险相关业务4450件，信息修改550人次，异地补偿报销179人，异地待遇支付109.8万元。2020年城居医保参保缴费3.85万人，参保率100%。城居养老保险缴费16083人，完成目标任务的95.43%，发放丧葬补助金222人、69.2万元。开发贫困劳动力援助性岗位29个，完成免费职业技能培训900人，组织128人参加点亮万家灯火•民营企业招聘月招聘会，城镇新增就业20人，失业人员再就业70人，零就业家庭动态清零。

【困难与问题】 2020年，白箬铺镇区域发展不平衡的情况较为突出；民生社会事业的发展与人民群众的期盼之间还存在着距离；政府治理体系和治理能力与高质量发展的要求还有提升空间，服务项目能力有待进一步优化，解决复杂问题的方式方法有待进一步提高。

【长沙市美丽屋场创建工作现场观摩推进会】 2020 年 10 月 30 日，2020 年长沙市美丽屋场创建工作现场观摩推进会议在白箬铺镇召开。白箬铺镇作为唯一乡镇在大会上作典型发言，八曲河美丽屋场示范片建设得到与会人员的肯定。观摩团参观望城区光明村阙家湾美丽屋场、夏家湾美丽屋场，黄泥铺村彭家老屋美丽屋场、赵家新屋美丽屋场，考察学习白箬铺“美丽屋场”创建经验。副市长李蔚强调要把握住乡村振兴战略大趋势，找准“美丽屋场”科学定位，坚持规划先行、彰显各自特色，加强引导宣传、构建奖补机制等措施，推动形成共建、共管、共享长效机制，实现可持续发展，让“美丽屋场”真正惠及百姓。

2020 年 4 月 20—23 日，白箬铺镇开展 2020 年党员春训（白箬铺镇供图）

【2020 年白箬铺镇党员春训】 2020 年 4 月 20—23 日，白箬铺镇党委对全镇 1590 名党员，开展为期 4 天共 7 场的“分层培训，务实提升”党员特训活动。针对全镇党员学习教育、党性锻炼、“三会一课”、组织生活、支部主题党日、民主评议党员等方面存在问题，白箬铺镇党委进行深入调研与探讨。对全镇近 1600 名党员分为在职党员、农村无职党员、务工党员、流动党员、农村老党员、离退休党员、年老体弱党员等 7 大类进行教育培训。针对不同群体党员特征、行业特点等，建立不同管理模式，采取不同的方式、方法，实现“区别化”党员教育，“齐步走”变“分队学”，有效提升党员学习教育针对性。

【白箬铺镇被评为第二届“小镇美学榜样”】 2020 年 10 月 21 日，由安仁论坛组委会、中国青年艺术家美育联盟和搜狐焦点文旅等联合发起的第二届“小镇美学榜样”发布典礼在成都・安仁盛大举行。白箬铺镇被评为“第二届小镇美学榜样”。发布典礼现场，大理省级旅游度假区党委副书记周丽玲向白箬铺镇党委颁授“小镇美学榜样”——白箬铺之杯。杂志人、生活方式提案人令狐磊作为白箬铺镇的美学讲述人，讲述“白箬铺”的亲子乐学。白箬铺镇近年以乡村振兴为核心，以产业发展和文化传承为两翼，积极打造儿童友好先行先试镇，镇内集合贝拉小镇等文旅项目，全面建设宜居宜业宜游样板镇。

（本栏撰稿：邓宇兵）

人 物

责任编辑 ◎ 肖艳

冯正其

冯正其，男，汉族，长沙望城人，1933年7月出生，中共党员，大专学历。2020年被中国关工委评为“全国关心下一代工作先进个人”，获“全省离退休干部先进个人”和“最美传承之星”称号。

冯正其是雷锋生前好友和同事，坚持义务宣传雷锋精神20余年。退休后担任望城县（区）关工委顾问16年，兼任望城县（区）党史联络组组长12年，他把党史国史教育融入关心下一代教育之中，主持编纂出版《毛泽东与望城》《与雷锋同行》等17部近千万字的党史人物传记和其他党史书籍，为青少年提供极具望城特色的党史文化教材。2015年成立“冯正爹工作室”，打造成全市著名学雷锋志愿服务基地和青少年思想道德教育基地。组建“五老”志愿服务队，加入区道德模范巡讲支队，平均每年志愿宣讲40余场次。满腔热情，积极为人民服务，策划成立社区爱心助学协会，帮助社区200余户居民解决燃气入户问题。他把践行雷锋精神作为人生信条，“坚决听党的话，一辈子跟党走”。

郭伦高

郭伦高，男，汉族，1988年11月出生，中共党员，湖南娄底人，2020年任望城区消防大队党委成员、书堂山消防救援站政治指导员。获湖南消防救援总队“十佳政府专职消防员”1次；长沙市消防救援支队“优秀党务工作者”1次、“先进个人”1次、“十佳政府专职消防员”2次、“嘉奖”10余次，2020年被应急管理部评为“全国119先进个人”。

加入消防救援队伍后，郭伦高先后参加灭火救援战斗2000余次，抢救被困人员百余人，实践“人民至上、生命至上”的理想信念。在2016年长沙白沙街道变电站火灾扑救中，他3次主动请缨进入有毒环境搜救被困人员，成功解救7名群众，自己却因体力不支被送进医院ICU抢救，10天后才脱离生命危险。2018年12月17日，望城区中航飞机起落架有限责任公司4号热表车间发生火灾，他率队在火场鏖战15个小时，成功守住邻近存有氮气罐及30吨淬火油的热处理厂房。2020年7月15日，望城区湾田国际仓储五期C6栋发生火灾，他多次带领攻坚组进入火场与队员们并肩作战，成功阻止火势扩张，保住南面仓库近2000万元的财产。

刘建华

刘建华，女，汉族，长沙望城人，1974年12月出生，现任湘军小青苗托育中心主任、望城区妇联执委。

2020年，在新冠肺炎防疫战中，她挺身而出，争当隔离区幼童的“爱心妈妈”。外地到望城定居的一家三口，因父母相继确诊新冠肺炎，尚未被感染的3岁儿子桐桐成为无亲人照看的“孤儿”。关键时刻，具有早教经验的刘建华主动报名，用她的温情为异乡的孩子撑起一片蓝天。自2020年2月7日起，刘建华与桐桐共同在指定的隔离点度过亲密的14天时光。在进入隔离点之前，刘建华与同事备足功课，整理好孩子喜欢的书籍、玩具、亲子游戏、网络授课，让14天充实又暖心。每天，刘建华都科学安排桐桐的作息时间，详细记录他的身体状况，甚至孩子的大小便、食欲等细节之处，她都一一用心关注。2020年2月21日，这对“临时母子”结束在隔离点的朝夕相处时光，但由于桐桐爸爸尚在治愈出院后的观察期，桐桐妈妈仍在接受治疗，刘建华没有犹豫，她温柔地牵起桐桐的手，把他接回自己家中照顾，直到桐桐爸爸恢复健康接回桐桐。她的事迹被《人民日报》、新华社、“学习强国”湖南频道、《中国妇女报》等媒体报道，获2020年湖南省学雷锋疫情防控最美志愿者、2020年度长沙市三八红旗手、第十二届长沙市五好家庭、2020年度长沙市疫情防控“最美家庭”等荣誉称号。

李晓辉

李晓辉，女，汉族，1972年11月出生，中共党员，望城区疾病预防控制中心传防、艾防、卫生应急科科长、主治医生。疫情期间，李晓辉以高度责任感和使命感，第一时间投入到全区疫情防控一线，2020年被中共湖南省委、湖南省人民政府授予“湖南省抗击新冠肺炎疫情先进个人”荣誉称号。

2020年1月23日，李晓辉接

到市里防疫通知，带领机动队员们奔赴一线。进行电话流调、数据分析、报告修改，即使不眠不休、双眼充血，甚至咽喉因为高强度使用而再次崩裂咯血也咬牙坚持，只为尽早尽快找出所有的病例和密切接触者，让他们及时确诊与隔离，阻止病毒再次传播，确保疫情成功处置。1月30日至2月14日，李晓辉参与11例感染者住院期间治疗情况追踪，在其治愈出院后对其按照要求采取医学观察、采样检测及督促复诊工作；同时参与定点隔离酒店设置、人员培训、随时消毒等技术关口工作；2月19—20日，参与4家养老机构、20家复工复产企业及工地等重点场所防控工作督导；4月7日开学后，组织联合区卫监及乡镇卫生院对29所复课学校开展疫情防控工作督导。在疫情形势逐渐平稳后，李晓辉主动接手资料组工作，坚持细化各类报表和环节，及时规范全区网络报告程序，确保各类报表及时上报；作为望城区疫情防控专家组成员，充分发挥个人职业经验和实践优势，多次参加望城区专家组会议，对疫情防控提出优质建议，为望城区疫情防控当好参谋。

盛壮猷

盛壮猷，男，汉族，1981年9月出生，中共党员，本科学历，现任长沙市望城区人民医院急诊科兼“120”急救中心主任、副主任医生。盛壮猷爱岗敬业、团结同事、甘于奉献、开拓创新，多次获区内先进医务工作者、优秀党员等荣誉。2015年度被评为长沙市青年岗位能手，2020年被湖南省委、省政府授予“湖南省抗击新冠肺炎疫情先进个人”称号，长沙市抗击新冠肺炎疫情特殊贡献奖。

新冠肺炎疫情期间，盛壮猷作为抗疫专家组成员，参与科内危急重症患者的抢救、院内和区里疑似病例的会诊以及院内疫情防控流程和预案的制定；作为“120”急救中心主任，调配“120”急救车对疑似病例的转运以及危重症患者的转运，指导“120”医师、急诊科医师防护工作及新冠肺炎的救治；作为急诊科医师，坚守一线急诊内科，承担发热门诊一线倒班任务。1月26日，盛壮猷报名参加长沙市组建新冠状病毒肺炎救治预备队，1月27日至长沙市第一医院培训学习，2月5日应召进入长沙市公共卫生救治中心新冠状病毒肺炎定点救治中心病房上班，开始一线抗疫。工作之余，他加强对新冠肺炎的诊疗及感控的学习。35天抗疫结束回到医院后，他继续开展新冠肺炎患者的救治、诊疗及转运工作；利用所学感控知识，不断改进医院新冠肺炎防控和救治；带领急诊科同事做好望城区的危急重症患者抢救工作。

石 为

石为，男，汉族，长沙望城人，1967年7月出生，中共党员，本科学历，现任长沙市望城区茶亭镇中心卫生院中医内科副主任医师，茶亭镇人大代表。1987年工作至今，从师自学成才，从医三十余年，一直扎根在基层卫生院，多次评为区卫计系统优秀个人，2013年被授予长沙市乡村名医，2018年授予“湖南好医生”，2019年被授予“长沙市先进工作者”，2019年被授予“长沙市德艺双馨优秀医师”，2019年被授予“长沙市先进工作者”，2020年获湖南省先进工作者。

他以事业为重，日接诊患者60余人次。把自己“新婚之喜、生育儿女、双亲离世”当成自家小事，三十年如一日，坚守工作岗位，牺牲节假日休息时间，多次志愿参加健康扶贫、结对帮扶义诊活动，接诊病人上千人次，用实际行动诠释医者大爱。

他热心公益，为山区患者、五保老人捐钱捐物，为贫困患者多次垫付医药费共10万余元，收到患者的感谢信、牌匾、锦旗无数。

他勤奋好学，注重人才培养，在他的精心培养指导下，为卫健系统培养优秀中医药人才12人，医院团队在他的带领下也不断壮大，助推医院快速发展。

在新型冠状病毒肺炎疫情防控之初，他不顾自己患有肝胆管结石的疾病，坚守工作岗位，积极主动和医院同事探讨中医药治疗方案，向病人宣传防控知识。

吴学文

吴学文，男，汉族，1973年10月出生，1992年12月参加工作，中共党员（1994年8月入党）。现任长沙市生态环境局望城分局行政审批和政务服务科科长（原污控科科长，区第二次全国污染源普查工作办公室副主任、质量技术总负责人），先后被评为湖南省抗洪救灾先进个人，多次荣立三等功。

吴学文自负责全区第二次全国污染源普查工作后，敢于担当、勇于创新、严于质控，全区普查工作先后代表省、市接受国污普办现场质量核查，档案整理工作代表长沙市接受全省验收名列全省第一，全区普查工作走在前列，得到国家、省、市充分肯定。2020年，吴学文所在单位被评为“第二次全国污染源普查表现突出的集体”，其个人被评为“第二次全国污染源普查表现突出的个人”。

王甜佳

王甜佳，女，汉族，1983年3月出生，中共党员，本科学历，现任长沙市望城区高塘岭街道望府路社区党总支书记、居委会主任。2020年疫情期间，作为12个楼盘、12360户居民的守护者，她闻令而动，勇敢逆行，展现疫情防控的巾帼力量，被中共湖南省委、湖南省人民政府授予“湖南省抗击新冠肺炎疫情先进个人”荣誉称号。

面对疫情，望府路社区于1月24日夜间启动公共卫生事件应急响应，王甜佳带领社区工作人员调动协调、走访入户，当好防“疫”守门员。面对因武汉封城无法探亲、从武汉辗转暂住辖区酒店的孙女士母女，她协同联点领导、医生、干警至酒店登记测温，为其购买生活用品、药品，并发动酒店6名党员值班专职服务两母女20余天，让两母女在异乡度过一个特殊却温暖的春节。

迎战疫情，王甜佳带头向党员群众发出战斗号令和动员倡议，上门走访8100余户，发放《致高塘岭人民一封信》9250封，短信通知2.4万余条，实现宣传、全覆盖。倡议发出后，从最初的1人值班，到32名党员轮岗，再到260余名四类党员在社区报到，100余名党员投身一线参与防疫工作。

王甜佳自己以身作则，靠前指挥，每天2次巡查辖区防控监测点，微信运动上每天留下的是2万步的记录，220名重点人员的家门口留下她的背影，辖区内近3万名常住人口实现零感染。进入后疫情时代，王甜佳加强公共卫生、居民健康知识宣传，用恪尽职守、直面风险的姿态，为提升居民卫生意识、防止疫情反弹贡献力量。

徐正祥

徐正祥，男，汉族，长沙市望城人，1960年3月出生，中共党员，本科学历，望城区市场监督管理局退休干部。徐正祥是一名参加过边境作战的老兵，因战场上的一句承诺，让他数十年如一日照顾着牺牲战友的父母，替战友尽孝，成为烈士父母的好儿子，被中央文明办评为“诚实守信”类中国好人。

1978年，徐正祥与同村同名战友丁正祥同时入伍，并在同一战斗团。1979年，徐正祥在激烈战斗间隙与战友承诺：“如有不测，相互照顾好父母。”同年，丁正祥不幸牺牲。1983年，徐正祥退伍回乡后，一直坚守承诺。20世纪80年代农肥需凭指标领取，徐正祥每年都先为丁家备足肥料，再考虑自家需求。当时用骑自行车运送肥料，一次最多只能拖50千克，他便来回反复骑车运送，车子失重翻到田里去了，爬起来整理好又继续上路。丁正祥父亲生病住院，他驱车数十千米到家中和医院照顾。丁正祥父亲去世，他组织各地80余名战友，以儿子礼节悼念。丁正祥母亲做心脏搭桥手术，他主动协调，悉心照顾。二老的生日他牢记在心，每年都到场庆贺。2019年，他精心为丁母策划八十岁家庭聚会，孙子、孙女献花，媳妇道贺，弟弟致辞等，让老人倍感幸福。对丁正祥弟弟妹妹的生活学习他也担起哥哥的责任，当他们遇到困难，都尽力帮忙解决。

肖　定

肖定，女，汉族，湖南望城高塘岭街道新阳村人，1987年6月出生，现任长沙市望城区广源种植合作社负责人。2020年，肖定获2020年度“全国优秀农民工”、“全省规模种粮大户”第二名、2020年度“望城区乡村振兴人才之星”等称号，并作为基层代表分别参加省、市、区“十四五”规划编制和建议基层代表座谈会。

2020年9月17日，习近平总书记到湖南考察，主持召开关于“十四五”规划的编制和建议的基层代表座谈会，肖定作为湖南唯一农业农村基层发言代表以《粮食生产与维护国家粮食安全》为题与习近平总书记进行工作汇报，获得习近平总书记的殷切嘱托和点赞，夸“肖定同志是不爱红装爱武装的新型致富带头人”。

肖定所负责的广源种植合作社以规模高档优质水稻种植、农产品初加工、农机社会化服务为主，现种植水稻面积108.6公顷，服务周边农业生产，带动村民增收合计近一百万元，先后被评为“长沙市粮食生产示范社”“长沙市级龙头企业”“长沙市AAA级农民专业合作社”“长沙市巾帼科技示范基地”“国家级示范合作社”“湖南省百佳”“全国信息化示范基地”等。2020年10月，省、市、区以广源种植合作社为核心打造全国首个全程无人操作的机械化双季稻无人农场。

阳丽波

阳丽波，女，湖南省冷水江市人，1985年出生，硕士研究生学历，2007年加入中国共产党，2010年6月参加工作，现为中共长沙市望城区委党校教研室理论教员。自2016年到区委党校，以求实的工作作风、高涨的工作热情，默默无闻地奋战在干部教育和基层宣讲的第一线。2020年获湖南省五一劳动奖章。

阳丽波爱岗敬业，教学、科研工作业绩突出。打造《坚决反对和克服形式主义》《共产党宣言解读》《党性修养是共产党人的终身必修课》《静慎村的乡贤治村之路》等多门多类课程，其中《坚决反对和克服刑主义》参加长沙市党校系统第十三次教学比赛获一等奖，湖南省党校系统第十三次教学比赛获一等奖；注重理论研究与基层应用研究相结合，主持市级课题1项，重要参与省级课题3项，撰写理论文章20余篇，其中2篇获湖南省社会科学界学术征文一等奖，1篇获市委宣传部理论征文一等奖，2篇进入市委、市政府的内部权威刊物，1篇作为区政协提案的重要参考。

附 录

重要文献

践行“三高四新”战略 建设现代化新望城

——在区委二届十五次全体（扩大）会议上的工作报告

（2020年12月31日）

中共长沙市望城区委书记 刘拥兵

同志们：

这次会议的主要任务是，以习近平新时代中国特色社会主义思想特别是习近平总书记考察湖南重要讲话精神为指导，深入学习贯彻中共十九届五中全会、省委十一届十二次全会精神，全面总结“十三五”特别是今年工作，科学谋划“十四五”和明年工作，动员全区上下拼搏赶超、接续奋斗，践行“三高四新”战略，奋力开启建设美丽强盛幸福现代化新望城的新征程。下面，我代表区委常委会向全会作工作报告。

“十三五”工作回顾

“十三五”时期是望城发展进程中极不平凡的五年。五年来，全区各级各部门和广大党员干部始终坚持以习近平新时代中国特色社会主义思想为指导，认真贯彻落实中央和省委、市委决策部署，牢牢把握稳中求进工作总基调，大力践行新发展理念，积极投身望城改革发展稳定的生动实践，圆满完成“十三五”各项目标任务，共同开创望城发展的崭新局面。

五年来，我们突出发展第一要务，在高质量发展赛道上奋力赶超，全区综合实力实现新跃升。“十三五”期间地区生产总值（预计数，下同）年均增长8.8%，增速全省第一，一般公共预算收入、税收收入相继突破百亿元大关。持续推进制造业高质量发展，六大重点产业链持续发力，智能终端从零起步、白手起家，累计引进华为、比亚迪、德赛电池、新视电子等62个项目，多次刷新项目建设的“望城速度”，千亿级智能终端产业集群初具规模、未来可期。望城经开区先后获评国家新型工业化产业示范基地、国家知识产权示范园区、中国物流示范基地、国家级绿色园区，望城连续3年获评中国工业百强区，连续7年入选全国综合实力和投资潜力百强区。

五年来，我们统筹推进宜居城区、特色小镇和美丽乡村建设，城乡面貌发生新蝶变。滨水新城、高铁西城等新兴片区开发全面提速，“五横十纵一环”的城市主干路网基本成型，长株潭城际铁路西延线、地铁4号线投入运营，常益长高铁、长沙高铁西站动工建设，望城奔跑进入城铁、地铁、高铁时代。海绵城市试点、新型智慧城市建设加快推进，城市社区、老旧小区提质提档有序实施，“15分钟生活圈”基本实现城区全覆盖，城市建成区绿化覆盖率达40%，城市承载力和集聚力显著提升。农村自来水管网基本实现全覆盖，加快推进村村通公交，全面实现组组通硬化路。农村人居环境治理成效显著，农村旱厕全面清零，“三池一地”农村生活污水处理模式全面推广，率先在全市实现农村垃圾分类减量全覆盖，成功入选全国首批农村垃圾分类减量和资源化利用示范区，乔口镇获评全国特色小城镇，白箬铺镇光明村获评全国美丽宜居村庄，茶亭镇静慎村获评全国乡村治理示范村。统筹推进蓝天、碧水、净土保卫战，全区环境质量明显改善，成功获评国家生态文明建设示范区、国家全域旅游示范区。

五年来，我们大力践行以人民为中心的发展思想，让人民群众共享改革发展稳定成果，民生事业获得新发展。全区8个贫困村全部摘帽，5475户16239名建档立卡贫困人口全面脱贫,农民人均收入连续五年保持全省第一,脱贫攻坚取得决定性胜利。就业服务体系不断完善,社会保障、兜底救助水平持续提升。新增中小学优质学位3.9万个,望城人民期盼多年的中招并轨、教育同城顺利实现,湖南师大附属望城人民医院签约挂牌,医院整体搬迁项目启动建设,市四医院滨水新城院区即将投运,教育、医疗短板加快补齐。“每日有书、每周有戏、每月有约、四季欢歌”文化惠民活动品牌获中宣部推介。推进治理能力与治理体系现代化,市级安全生产示范实现街镇全覆盖,成功获评2020年中国领军智慧城区,全区刑事案件发案率持续保持全市最低,多次被评为全省综治工作考核先进区、平安区。

五年来,我们把抓好党建作为最大政绩,认真落实全面从严治党各项要求,党的建设得到新加强。 完成新一轮党政机构和承担行政职能事业单位改革,党对各项工作的领导全面加强。扎实开展“两学一做”学习教育、“不忘初心、牢记使命”主题教育,党员干部思想政治深受洗礼。大力践行新时代党的组织路线,持续深化支部“五化”建设和“头雁”队伍建设,创新推行四级区域化党建联席会议制度、“两前一兼”小区党建模式,率先在全市实行村(社区)党组织书记提级备案管理,扎实开展全国党员分类管理试点,基层党组织的组织力战斗力凝聚力显著增强。率先在全省开展“书记抓统战”工程,青年企业家成长“猎梦计划”获评全国工商联创新奖。率先在全省开展宗教活动场所“四美”创建,宗教管理工作获评全国先进。持之以恒推进正风肃纪反腐,精准运用监督执纪“四种形态”,一体推进“三不”机制,连续4年举办“5·10”党员领导干部廉洁从政警示教育活动,提前实现一届任期内巡察全覆盖,全面从严治党向纵深发展、向基层延伸,全区政治生态持续净化优化。

宝剑锋从磨砺出。回顾过去五年的奋斗历程,望城取得的每一项成绩、获得的每一份荣誉、发生的每一点变化、干成的每一个项目,都洒满我们拼搏奋斗的汗水,留下我们砥砺前行的足迹。我们不会忘记超历史特大洪水中那些舍生忘死、急流勇进的感人瞬间,不会忘记项目征拆建设中那些披星戴月、风雨兼程的忙碌身影,不会忘记百日竞赛活动中那些比学赶超、奋勇争先的火热场面,不会忘记平凡岗位上那些辛勤耕耘、默默付出的幕后英雄。正是这些刻骨铭心的经历,锻造我们敢为人先、勇往直前的精神风骨,赋予我们战胜任何艰难险阻的强大底气。

特别是今年以来,面对突如其来的新冠肺炎疫情,面对极其复杂的外部形势变化,全区上下临危不乱、团结应战,一仗接着一仗打,一关接着一关闯,在疫情防控和经济社会发展的双重考验中交出精彩答卷。预计全年地区生产总值增长5.0%;完成一般公共预算收入115亿元,增长11.5%;规模工业增加值增长7.0%,固定资产投资增长10.0%,社会消费品零售总额增长0.2%,城乡居民人均可支配收入分别增长5.2%、7.4%。一年来,我们主要抓以下工作。

最鲜明的是政治建设提上新高度。 区委牢固树立“四个意识”,切实增强“四个自信”,坚决做到“两个维护”,通过区委中心组理论学习、常委会会议等方式,持续深入学习贯彻习近平新时代中国特色社会主义思想特别是习近平总书记考察湖南重要讲话精神、中共十九届五中全会精神。坚决贯彻中央、省、市各项决策部署,严格执行新形势下党内政治生活若干准则,严守党的政治纪律和政治规矩,印发《进一步加强党的政治建设的意见》,引导党员干部旗帜鲜明讲政治,全区政治生态持续向好。全面落实意识形态工作责任制,举行纪念雷锋80周年诞辰活动,在主流媒体刊发新闻稿件1.5万余条,持续讲好望城故事,做大做强正面宣传。

最难得的是“双统筹”工作构建新优势。 区委科学应对疫情挑战,精准施策攻坚克难,以战时思维、战时状态、战时作风下好先手棋,打好主动仗,主要经济指标全线飘红,保持经济稳中有进、进中向好的发展势头。一是毫不松懈抓好疫情防控。坚持早部署、早行动、早见效,第一时间成立防疫领导小组,春节前着手防疫物资采购,1月31日启动集中隔离,省内最早对重点人群进行核酸检测筛查,围绕“六个早发现、五个早报告、四个早隔离、三个早治疗”制定“四早”方案18条措施,自2月19日起无新增确诊病例,是全市确诊病例最少的城区。二是抢抓先机推进复工复产。率先派出大巴接工人返岗,出台“望十条”“望五条”等措施,全力推动企业、项目复工复产,促进经济社会发展迅速恢复,比亚迪电子成为华为复工最早的代工厂,旺旺集团将多条湖北生产线迁往望城,复工复产工作被省委主要领导点名表扬,先后在省应对疫情做好就业工作会议和省“双统筹”新闻发布会上作典型发言,上半年获评市百日竞赛活动优胜集体。三是多措并举推动经济发展。加快重点产业链建设,新引进产业项目102个、三类500强项目6个,启动技改项目78个,新增市级智能制造试点示范企业58家。智能终端产业加速发力,智能终端配套产业园全面投运,比亚迪电子年产值突破110亿元。推进项目建设“五个一批”,续建、新开工重点项目485个,竣工投产120个,22个产业项目实现当年引进、当年开工,6个产业项目实现当年引进、当年投产,项目建设的“望城速度”持续刷新。深化极省营商改革,工程项目实现集中审批,政务服务实现“七通八达”。激发消费活力,举办“全民嗨购”主题活动,联动12家A级景区推出全域旅游年(联)卡,打造9条乡村旅游精品线路,铜官窑文化旅游区获评省级旅游度假区,全区接待游客2086.1万人次、实现旅游综合收入108.3亿元。

最振奋的是三大攻坚战取得新突破。 区委坚持问题导向,牢牢把握工作主动权,不断提升全面建成小康社会的质量和成色。一是坚持精准施策,脱贫攻坚圆满收官。坚持尽锐出战、一鼓作气,决战决胜区内外脱贫攻坚战场,全面实现区内剩余贫困人口全部脱贫,龙山县洗车河镇、农车镇全面脱贫摘帽。二是推动绿色发展,打好污染防治攻坚战。牢固树立“绿水青山就是金山银山”的理念,狠抓生态环境保护和综合治理,“一江七河两湖库”水质基本稳定在三类以上,全年空气质量优良率达92%,入选全国绿色发展示范案例。三是强化底线思维,打好防

范化解重大风险攻坚战。始终把防范金融风险放到重要位置，积极防范化解各类金融风险，城投集团、经开集团主体信用评级再提升。

最直观的是城乡发展开创新局面。区委坚持规模扩张与功能拓展齐抓，形态优化与品质提升并举，加快新型城镇化和城乡一体化建设。一是统筹谋划“一园三区”发展。望城经开区建成40万平方米高品质专业化工业地产，滨水新城大泽湖生态智慧城启动建设、香炉洲大桥即将正式动工、海归小镇积极谋划建设，高铁西站产业新城一期稳步实施，铜官片区产业强镇、文旅小镇、城乡统筹示范区加快打造，承载力吸引力不断提升。二是大力推进精品城市建设。区委二届十四次全会审议通过打造鲲鹏体系新型智慧城市标杆的决定，智慧政务、智慧园区等新型智慧城市项目建设步伐加快。高规格召开区委城市工作会议，全面开展“文明城市提质年”行动，长常北高速、月亮岛路普瑞隧道等项目建成通车，湘江大道北延线、桥汨公路、金星大道提质改造等项目稳步推进，入选2020年中国最宜置业百佳县市。三是深入推进乡村振兴。加快打造“一县一特”产业，蔬菜种植基地面积2133.33公顷，小龙虾养殖面积5000公顷，新型农业经营主体4328家。持续推进农村“五治”，成功创建10个示范屋场和35个美丽屋场。区农科园获评全省现代农业特色产业集聚区，区供销联社获评全国百强县（区）级社，乔口镇入选全国农业产业强镇建设名录。村级集体经济收入提高至20万元以上。

最喜人的是深化改革迈出新步伐。区委锐意改革抓发展，坚持用制度创新突破发展的难点堵点痛点，着力推进经济体制、公共服务体制等41项改革，形成一批望城特色的改革成果。健全城乡一体化体制机制改革任务全面完成，“带地入建”农村集中居住模式入选全国地方改革典型案例，智慧交通科技治超改革经验被全省重点推介。《望城区公共卫生管理体系建设的若干措施》出台实施，“一件事一次办”改革经验被全市推介，水投集团成为全省首家退出融资平台管理名录的区县级国有企业，园区体制改革实现两园深度融合，城管体制改革实现局队合一、重心下移，基层执法体制改革全面完成，街镇综合体制改革、排水体制改革、社会治理体制改革取得阶段性成果，征拆货币化安置全域推行。

最稳健的是民主法治实现新进步。区委常委会不断加强自身建设，带头贯彻执行民主集中制，充分发挥总揽全局、协调各方的领导核心作用，把方向、管大局、作决策、保落实，认真履职尽责。支持区人大及其常委会依法履职，服务发展成效更加明显。支持区政协参政议政，民主协商职能充分发挥，各民主党派、工商联和无党派人士参与经济社会发展更加积极有效。支持法检两院等司法机关独立行使职权，群众司法满意度不断提高。加强群团工作，各群团组织政治性、先进性、群众性不断增强。加强和改进统战工作，爱国统一战线不断巩固。落实党管武装政治责任，国防后备力量建设稳步提升。

最欣慰的是民生事业得到新改善。区委自觉践行以人民为中心的发展思想，着力保障和改善民生，全年民生支出71.7亿元，占财政支出的71%。一是民生短板加快补齐。落实“七有”要求，统筹推进就业、教育、医疗、养老等工作，义务教育阶段大班额全面消除，区疾控中心实验综合楼等项目建成启用，社工站工作经验得到民政部肯定。二是社会治理全面提升。深入开展“领导接访下访推动矛盾化解”攻坚年活动，持续推进扫黑除恶专项斗争，扎实推进安全生产专项整治三年行动，率先在全省开展网络安全示范单位创建，成功承办全省抗洪抢险应急演练活动，社会大局和谐稳定。望城一中、中南社区分别获评全省民族团结进步教育基地、全省民族团结进步示范单位。三是六稳六保有效落实。率先出台落实六稳六保的“望25条”，全力确保经济平稳运行、社会和谐稳定。稳就业、保粮食安全工作连续两年获全省真抓实干督查激励。城镇登记失业率控制在3%以内，新增市场主体43912户，比2019年增长209%，总量突破10万户，每万人开办市场主体数和企业数均居四县市第一。率先在全省打造“零障碍、零仓储、零物流、零损耗”的“四零”采购平台，310家企业达成采购合作金额30亿元以上，获评“六保”全国创新案例。

最牢固的是从严治党实现新提升。区委坚决扛起管党治党主体责任，推动全面从严治党向纵深发展。一是基层基础更加牢固。大力开展望城大调研活动，积极推进党建“书记工程”，实施《全面加强基层组织建设三年攻坚行动计划》，9个基层党组织获评市级示范党支部。提高村（社区）运转经费标准，选拔20名优秀大学毕业生到村（社区）任职，推进村（社区）书记、主任“一肩挑”，实现社区员额制管理和一门式服务全覆盖。高标准完成区委党校改扩建和雷锋学院建设。开展“狮子型”“黄牛型”干部评选。二是正风肃纪反腐更加深入。积极配合省委巡视工作，认真做好上级交办各类问题整改。探索实施“巡审联动”和村级交叉巡察机制，完成三轮常规巡察。打好作风建设持久战，处置问题线索1249件，谈话函询886次，立案184件，党纪政务处分138人，查处群众身边腐败和作风问题50起111人、形式主义官僚主义问题21起70人。

这些成绩的取得，离不开党中央、省委、市委的坚强领导、关心关怀；离不开历届区委、区政府班子的薪火相传、接续奋斗；离不开区人大、区政协的监督支持、团结协作；离不开民主党派、工商联、无党派人士、群团组织的鼎力支持；离不开全体党员干部、全区人民的艰辛付出、务实奋斗。在此，我代表区委，向全区广大党员干部群众和所有关心、支持、参与望城改革发展的各界人士致以崇高的敬意和衷心的感谢！

“十四五”工作展望

“十四五”时期是“两个一百年”奋斗目标的历史交汇期，也是乘势而上全面开启社会主义现代化强国建设新征程的重要机遇期。中共十九届五中全会将“十四五”规划与二〇三五年远景目标统筹考虑，全面系统回答新形势下实现什么样的发展、如何实现发展这个重大问题，为我们展望“十四五”工作、谋划新一轮发展指明正确方向、提供根本遵循。省委十一届十二次全会从战略和全局高度对湖南中长期发展蓝图进行擘画，旗帜鲜明提出实施“三高四新”战略，为全省今后一个时期的发展作出纲领性的科学指引。我们要立足新发展阶段的历史方位，主动对标对表中共十九届五中全会和省委十一届十二次全会，准确把握望城发展的新特征新要求，研究确立“十四五”时期的奋斗目标，全面提升区域竞争力、创新引领力、要素集聚力、文化软实力和群众幸福感，加快建设现代化新望城。我们要坚持新发展理念的科学指引，以推动高质量发展为主题，紧扣实施“三高四新”战略的重要着力点，始终把先进制造业作为发展实体经济的主战场，突出创新在现代化建设全局中的核心地位，继续用足用好改革开放这个关键一招，努力实现更高质量、更有效率、更加公平、更可持续、更为安全的发展。我们要融入新发展格局的战略构想，找准望城定位和比较优势，大力发展现代产业体系，坚定不移实施扩大内需战略，积极扩大有效投资，优先发展农业农村，加快推进区域协调发展和新型城镇化，在构建新发展格局中做出更大贡献。

今后五年，望城发展的指导思想是：高举中国特色社会主义伟大旗帜，深入贯彻党的十九大和十九届二中、三中、四中、五中全会精神，坚持以马克思列宁主义、毛泽东思想、邓小平理论、“三个代表”重要思想、科学发展观、习近平新时代中国特色社会主义思想为指导，全面贯彻党的基本理论、基本路线、基本方略，深入落实习近平总书记对湖南工作系列重要讲话指示精神，统筹推进经济建设、政治建设、文化建设、社会建设、生态文明建设的总体布局，协调推进全面建设社会主义现代化国家、全面深化改革、全面依法治国、全面从严治党的战略布局，坚持稳中求进工作总基调，立足新发展阶段，贯彻新发展理念，构建新发展格局，以推动高质量发展为主题，以深化供给侧结构性改革为主线，以改革创新为根本动力，以满足人民日益增长的美好生活需要为根本目的，统筹发展和安全，推进治理体系和治理能力现代化，践行“三高四新”战略，坚持创新引领开放崛起，努力将望城打造成为智能制造新高地、创新开放新窗口、智慧城市新标杆、乡村振兴新样板、美丽幸福新家园，奋力谱写现代化新望城建设的崭新篇章。

今后五年，望城发展的总体格局是：科学统筹全域空间布局，主动融入国家发展战略，加快构建一江两岸协调发展、一园三区协同并进、四大功能合理分区、三大战略高位对接的发展新格局。

“一江两岸协调发展”就是要以湘江为轴，依托过江通道建设，加强湘江两岸联系，加快沿江建设、跨江发展，推动河东河西协调发展。

“一园三区协同并进”就是要加快推进望城经开区、滨水新城片区、高铁西城片区、铜官片区四大重点片区开发建设，使之成为现代产业的主载体、城市建设的主战场、创新开放的主引擎、城乡统筹的主阵地。

“四大功能合理分区”就是要合理配置生产、生活、生态三类空间，推动形成城市发展核心区、先进制造聚集区、生态涵养保护区、农旅融合发展区四大功能分区。

“三大战略高位对接”就是主动融入长江经济带、洞庭湖生态经济区、国家级湘江新区等重大战略，努力打造长沙融入长江经济带的桥头堡、洞庭湖生态经济区的排头兵、国家级湘江新区的核心区。

今后五年到2035年，我们的奋斗目标是：总体目标是建设智能制造新高地、创新开放新窗口、智慧城市新标杆、乡村振兴新样板、美丽幸福新家园，奋力谱写现代化新望城建设的崭新篇章。具体目标是，“十四五”时期地区生产总值年均增长8%以上，2025年年末全区地区生产总值达到1400亿元，一般公共预算收入达到180亿元，全区常住人口突破100万人。

“智能制造新高地”就是以智能制造为引领，打好产业基础高级化和产业链现代化攻坚战，努力将智能终端打造成为千亿级产业集群，将新材料、食品医药打造成为五百亿级产业集群，将望城经开区打造成为全国百强园区，将望城打造成为中部地区智能制造新高地和区域性现代服务业中心。

“创新开放新窗口”就是实施创新驱动发展战略，着力推进以科技创新为核心的全面创新，加快建成高水平创新型城区。主动融入国家发展战略，加快建成长沙融入“一带一路”新枢纽、长沙对外开放第一港，统筹推进重要领域和关键环节改革，持续优化营商环境，打造内陆地区创新开放新窗口。

“智慧城市新标杆”就是坚持以数字产业化、产业数字化、城市数字化为主线，大力推进5G等新基建，深入推进数字赋能产业发展、社会治理、城市管理、民生服务等领域，完善“一云、一网、一屏”新型智慧城市总体架构，加快建成国内首个鲲鹏体系区县级新型智慧城市，推动城市智慧化程度走在全国前列。

“乡村振兴新样板”就是坚持农业农村优先发展，全面实施乡村振兴战略，加快构建工农互促、城乡互补、协调发展、共同繁荣的新型工农城乡关系，促进全面脱贫与乡村振兴有效衔接，因地制宜发展现代都市农业和新型村级集体经济，着力走好产业富农、人才助农、文化兴农、生态惠农、组织强农之路，加快打造农业强、农村美、农民富的乡村振兴样板。

“美丽幸福新家园”就是坚守省会主城区定位，统筹推进城乡、区域协调发展，持续擦亮国家生态文明建设示范区名片。常态化开展“学雷锋”活动，传承雷锋精神，弘扬文明新风，涵养城市品格。贯彻以人民为中心的发展思想，着力强化民生保障，促进社会公平正义，全面提升人民群众获得感、幸福感、安全感。

2021年是“十四五”规划的开局之年，做好全年各项工作至关重要。明年全区发展的总体思路是：以习近平新时代中国特色社会主义思想为指导，深入贯彻党的十九大和十九届二中、三中、四中、五中全会精神，全面落实习近平总书记考察湖南重要讲话精神和中央、省委经济工作会议精神，坚决落实中央和省委、市委决策部署，坚持稳中求进工作总基调，立足新发展阶段，贯彻新发展理念，构建新发展格局，以推动高质量发展为主题，以深化供给侧结构性改革为主线，以改革创新为根本动力，以满足人民日益增长的美好生活需要为根本目的，践行“三高四新”战略，坚持创新引领开放崛起，坚持扩大内需战略基点，坚持系统观念和底线思维，更好统筹发展和安全，坚持精准施策，扎实做好“六稳”工作，全面落实“六保”任务，巩固拓展疫情防控和经济社会发展成果，坚定不移推进制造业高质量发展，全力推进“一园三区”建设，持续奏响拼搏赶超主旋律，加快建设美丽强盛幸福的现代化新望城。

2021年主要指标预期是： 地区生产总值增长8%，规模工业增加值增长8.5%，财政总收入增长10%，固定资产投资增长10%，社会消费品零售总额增长10%，城乡居民人均可支配收入分别增长7%、7.5%，单位生产总值能耗下降2%，空气质量优良率达88%。

做好明年工作，实现明年目标，要重点围绕构建新发展格局，践行“三高四新”战略，持续强化省会担当，努力在打造国家重要先进制造业高地上争当排头兵，在打造具有核心竞争力的科技创新高地上取得新突破，在打造内陆地区改革开放高地上展现新作为，推动望城高质量发展迈出新步伐。重点把握好速度、质量、产业、人才、市场五大关键词：

一是刷新望城“速度”。“望城速度”是望城人民用奋斗锻造的金字招牌，也是望城开启高质量发展新征程的重要法宝。要坚持稳中求进工作总基调，在稳的基础上大步前进、高歌猛进，以持续刷新的“望城速度”，完成扩总量、提质量的双重使命。夯实“稳”的基础。坚持“稳”字当头，扎实做好六稳六保工作，推动各项惠企利民政策落实落地，全力稳住经济基本盘、社会基本面，确保社会大局稳、产业企业稳、市场预期稳、民心民情稳。巩固“进”的态势。加强经济运行分析调度，全力以赴兴产业、抓项目、扩投资、促消费、保财税，确保主要经济指标保持较快增长，依靠速度的力量来弥补总量短板、缩小规模差距。保持“拼”的姿态。强化担当精神，弘扬实干作风，树牢效率意识，以时不我待、只争朝夕的精神状态，拼搏赶超，争先创优，争当“狮子型”“黄牛型”、雷锋式好干部，让“望城速度”成为一种品牌、一种精神、一种气质、一种习惯。

二是坚持“质量”优先。 进入高质量发展阶段，经济社会发展从追求“有没有”转向解决“好不好”，必须坚持新发展理念，把发展质量问题摆在更为突出的位置，在提质增效升级上取得新突破、见到新气象。经济发展要实现更高质量。持续深化供给侧结构性改革，高度重视需求侧管理，坚持质量第一、效益优先，切实转变发展方式，推动质量变革、效率变革、动力变革，更加注重投入产出比、产业集聚度和绿色发展水平，着力提升经济发展的“含金量”“含新量”“含绿量”。城乡建设要打造更高品质。突出功能优先、品质至上，把“四精五有”要求全面落实到规划、建设、管理、维护等各环节，加快建设生态智慧活力的宜居城区。巩固提升农村人居环境整治成果，全力推进美丽屋场创建，补齐农村基础设施和公共服务短板，让新时代美丽乡村更加生态宜居。民生保障要跃升更高水平。把高质量发展的着力点放到不断增进民生福祉上来，突出就业优先、教育优先、农业农村优先，深入推进医养结合发展，尽力而为、量力而行，既解决好“发展中的问题”，又不给未来留下后遗症，使改革发展成果更多更公平惠及全体人民。

三是厚植“产业”优势。 产业是高质量发展的根基。要以产业“稳”保持经济基本盘“稳”、以产业“优”支撑经济高质量发展。坚持发展先进制造业。围绕六大重点产业链，着力强龙头、补短板、延链条、塑品牌，加快构建以龙头企业为牵引、以产业集群为支撑的现代化制造业体系。精心培育新兴产业。大力发展总部经济、数字经济和新基建，做大做强软件与信息服务业，推动新一代信息技术与制造业深度融合，构建一、二、三产业融合发展的现代产业体系。做大做强望城经开区。园区是望城经济发展的重要增长极和产业集聚区，要举全区之力支持望城经开区调区扩园、做大做强，持续深化园区体制改革，加快专业化特色园区建设，增强区域经济竞争力。

四是强化“人才”支撑。 产业的根基在人才，望城的发展靠人才。要把对人才的服务做得更加暖心，把创新创业的氛围搞得更加浓厚，用事业留人、感情留人、适当待遇留人，着力形成区域性比较优势，打造人才集聚“洼地”。树立重才理念。人才是区域竞争中最宝贵的财富，谁抢占人才的制高点，谁就掌握发展的主动权。望城要实现弯道超车、进位赶超，就要把人才资源当作第一资源，把人才竞争当作第一竞争力，切实把人才开发工作摆到重要战略位置。广开引才渠道。深入实施好乡村振兴、先进制造业、教育、医卫、机关、技能人才等“六大工程”，打好人才争夺战，以更大的魄力、更宽的视野、更活的机制招才引智。加大“筑巢引凤”力度，把海归小镇打造成国际化高端人才聚集区。搭建用才舞台。人才的舞台在产业，没有产业的集聚，人才就缺乏足够的空间施展才华、成就事业。要围绕产业链布局好人才链，推动人才发展与经济社会发展深度融合。

五是激发“市场”活力。 市场活力十足，经济才会身强体健。要坚持有所为有所不为，把该放的权放到位，该营造的环境营造好，该制定的规则制定好，让市场活力充分迸发，汇聚起高质量发展的强大动能。处理好政府和市场的关系。更加尊重市场规律，充分发挥市场在资源配置中的决定性作用，更好发挥政府作用，让市场“无形之手”和政府“有形之手”相得益彰。持续深化“放管服”改革，营造极省营商环境，在帮扶上有求必应，在检查上无事不扰，让望城成为放心投资、专心创业、安心经营的乐土。发挥好市场主体的作用。市场主体是经济的力量载体，保市场主体就是保社会生产力。要千方百计把市场主体培育好、保护好，加强政策支持、服务指导和跟踪问效，弘扬企业家精神，促进企业发挥更大作用、实现更大发展，推动形成“高大上”企业顶天立地、“中小微”企业

铺天盖地的生动局面。完善要素市场化配置。加快建设统一开放、竞争有序的市场体系,稳步推进土地、劳动力、资本、技术、数据等要素市场化配置,实现价格市场决定、流动自主有序、配置高效公平,加强要素市场监管和服务,引导各类要素协同向先进生产力集聚。

做好明年工作,重点要从以下八个方面发力:一是突出智能制造。聚焦制造业高质量发展,加快建设5G智能终端产业园、生物医药产业园,推动重点产业链建设实现新突破。二是突出项目建设。坚持项目为王,稳步推进项目建设"六大工程",紧盯产业抓项目,抢抓先机谋项目,精准执着引项目,争分夺秒干项目,持续打好项目建设主动仗。三是突出扩大内需。牢牢扭住扩大内需战略基点,合理引导消费、储蓄、投资,做强电商物流,做精现代商贸,做特文化旅游,持续激发市场主体活力,培育壮大消费新增长点。四是突出城市发展。启动实施城市建设管理两年行动计划,优先打造一批典型示范项目,以点带面推动城区功能品质明显提升。五是突出乡村建设。抓好乡村建设行动,提升乡村建设规划,推进特色小镇建设。以战略思维抓好种业发展和粮食生产,高效推进"一县一特"产业。不断改善人居环境,加快农旅融合发展。提质基础设施,推进城乡水电路气讯一体化。六是突出民生保障。统筹抓好教育、医疗、卫生、文化、体育、社保等各项民生事业,集中财力办好一批民生实事,扎实推动共同富裕。七是突出治理提升。加强和创新社会治理,大力推进平安望城、法治望城、志愿者之城建设,构建全民共建共治共享的社会治理格局。八是突出党的建设。忠诚履行全面从严治党责任,精心组织庆祝建党100周年纪念活动,抓好区镇村三级换届工作,全面夯实基层基础,落实意识形态工作主体责任,做好巡视"后半篇文章"。

百年征途谋新篇,雄心壮志启新程。同志们,让我们更加紧密地团结在以习近平同志为核心的党中央周围,在省委、市委的坚强领导下,践行"三高四新"战略,为加快建设美丽强盛幸福现代化新望城而努力奋斗,以优异成绩迎接建党100周年!

长沙市望城区人大常委会工作报告

——在长沙市望城区第二届人民代表大会第六次会议上

(2021 年 2 月 2 日)

长沙市望城区人大常委会主任　喻金平

各位代表:

我受长沙市望城区第二届人民代表大会常务委员会委托,向大会报告工作,请予审议,并请各位列席人员提出意见。

2020 年工作回顾

2020年是极不平凡的一年。一年来,面对国内外形势的深刻变化特别是新冠肺炎疫情的严重冲击,区人大常委会在区委的坚强领导下,坚持以习近平新时代中国特色社会主义思想为指导,全面贯彻党的十九大、十九届二中、三中、四中、五中全会精神和习近平总书记湖南考察重要讲话精神,坚持党的领导、人民当家作主、依法治国有机统一,紧紧围绕全区工作大局,发挥人大职能作用。全年共举行常委会会议6次、主任会议11次,听取和审议专项工作报告21项,开展执法检查、视察调研和工作评议35次,专题询问1次,依法作出决议、决定12项,为促进经济社会发展和民主法治建设做出积极贡献。

一、坚持党的领导,在落实区委决策部署、服务发展大局上彰显新担当

常委会始终牢记人大机关是党领导下的重要政治机关,始终把旗帜鲜明讲政治作为开展人大工作的首要政治原则,始终把政治建设放在首位,牢牢把握正确的政治方向。

1. 坚持不懈加强理论武装,持续提升政治素养。深入学习贯彻习近平新时代中国特色社会主义思想特别是习近平总书记关于坚持和完善人民代表大会制度的重要思想,全面学习《习近平谈治国理政》系列重要文献,不断增强“四个意识”、坚定“四个自信”、做到“两个维护”。坚持集中学习、个人自学、专题党课、“微课堂”等多种学习方式相结合,深刻学习领会习近平总书记在湖南考察调研的重要讲话指示精神和中共十九届五中全会精神,在学懂弄通做实上下功夫,在深化消化转化上见成效,切实把学习成效转化为履职担当的强大力量。

2. 坚定不移坚持党的领导,保持正确政治方向。坚决维护党总揽全局、协调各方的领导核心作用,把党的领导贯穿于人大依法履职的全过程、落实到人大工作的各方面,使党的主张通过法定程序转化为全区人民的共同意志和自觉行动。严格执行请示报告制度,坚持重大事项、重要工作及时向区委请示报告,始终做到与区委在思想上同心、政治上同向、行动上同步。坚持依法进行人事任免,全年共任免国家工作人员和法律职务102人次,依法补选9名区人大代表,确保党的人事意图和区“一府一委两院”人事议案的圆满实现。加强专门委员会队伍建设,任命32名委员。

3. 毫不动摇贯彻区委决策部署,不断提高政治站位。落实“六稳”“六保”工作要求,主动投身“大干一百天、实现双过半”竞赛、联点帮扶重点企业等活动,常委会领导班子深入企业调研指导,帮助企业做好疫情防控、人员返岗和要素保障等工作,助力企业有序复工复产。认真落实联系重大项目和“三资”盘活等工作部署,及时协调解决征地拆迁、施工环境等问题;扎实开展先进制造业、现代农业、房地产业和红色旅游调研,组织开展商贸物流企业视察,联系生物医药产业链工作,全力助推经济高质量发展。聚焦政府性投资项目,通过现场调研、走访视察、会商调度等多种方式,深入了解政府性投资项目建设情况,开展工作讲评并及时向责任单位反馈相关情况,实时跟踪和督促解决前期手续、征拆扫尾、用地报批和要素保障等突出问题,推动项目加快建设。专题调研“十四五”规划编制工作,组织代表深入座谈交流,集民意、聚民智,共绘“十四五”发展蓝图。

4. 全力以赴携手共克时艰,切实强化政治担当。面对新冠肺炎疫情重大挑战,区人大常委会全面贯彻党中央和省市区委决策部署,及时号召人大工作者和各级人大代表带头落实疫情防控的政治责任,切实履行疫情防控的职责任务,汇聚起疫情防控的磅礴力量。常委会领导班子到一线督导街镇严格落实“四早”防控措施,筑牢基层群防群控网络。机关干部全员上阵,主动参与社区健康宣传、体温检测、走访摸排等防疫工作,发挥一线阻击作用。各级人大代表充分发挥代表作用和各自优势,全力支持和主动投身疫情防控工作,积极向防疫一线捐款捐物500万余元,用实际行动诠释“人民选我当代表、我当代表为人民”的庄严承诺。

二、坚持务实笃行，在正确监督、有效监督上展现新作为

常委会始终坚持把维护人民群众最根本的利益作为工作的出发点和落脚点，认真行使宪法和法律赋予的职责，突出监督重点，创新监督形式，增强监督实效。

1. 以打赢“三大攻坚战”为目标，加强重点领域监督。视察“一江七河两湖库”水生态环境保护状况，听取审议2019年环境状况和环境目标完成情况报告，推动进一步加强环保基础设施建设，加大环保执法力度，坚决打赢污染防治攻坚战。听取平台公司整合转型和政府性债务、国有资产管理等报告，建议区人民政府和相关部门深入推进平台公司向现代企业转型，抢抓政策机遇争资融资，进一步规范资金管理，切实防范化解债务风险。开展精准扶贫工作调研，建议压实工作责任、加大扶智力度、落实兜底保障，助力脱贫攻坚任务高质量完成。

2. 以增进福祉为导向，加强民生实事监督。视察政府民生实事工程，推动政府及其相关部门把实事办实办好，真正做到顺民心、解民忧、惠民生。积极顺应人民群众对美好生活的向往，审议通过《关于进一步提升人居环境品质的决定》，提出开展垃圾治理、水体保洁、绿化亮化、交通整治等七项行动，助力打造干净、整洁、雅致的靓丽城区和美丽乡村；审议通过《品质望城设计管理导则(修订版)》，推动加快建设生态、智慧、活力的美丽幸福新家园。精心组织城市管理专题询问，紧扣城市管理的热点、难点和痛点，深入开展走访调研，广泛征求意见建议，直面问题审议询问；突出整改实效，将群众反映强烈的22个问题及时向相关部门反馈交办，做到立行立改，专题询问实效进一步增强。持续跟踪水安全专题询问问题整改落实情况，农村自来水主管网基本实现村村通，饮水安全得到较好保障；推动实施湘江东岸堤防综合整治，加快构筑湘江防洪保安闭合圈。听取学前教育工作汇报，对义务教育优质均衡发展专题询问审议意见整改落实情况进行满意度测评，助推顺利实现中招并轨、教育同城。聚焦常态化疫情防控，开展传染病防治法、突发公共卫生事件应急条例、动物防疫法等法律法规落实情况调研，以法治方式和法治力量守护人民生命安全和身体健康。

3. 以替老百姓管好“钱袋子”为重点，加强财政预算监督。听取和审议2020年上半年国民经济和社会发展计划及财政预算执行情况的报告，审查批准2019年财政决算、2020年预算调整方案；首次听取经开区财政预算和债务情况，不断拓宽预算监督领域。听取和审议“同级审”工作报告，开展问题整改满意度测评，促进财政预算及资金管理使用不断规范。组织代表访问查询预算联网监督系统，完善管理制度机制，促进预算监督公开透明。审议通过《关于街道财政预算审查监督办法》和《关于乡镇人大预算审查监督工作的指导意见》，推动基层财政预算监管进一步规范。

4. 以公平正义为核心，加强法律工作监督。听取区人民法院刑事审判工作报告，助推以审判为中心的刑事诉讼制度改革；审议通过《关于支持区人民法院诉源治理工作的决议》，从源头上减少诉讼增量。听取区人民检察院法律监督工作报告，增强法律监督实效，保障法律正确实施。持续开展“司法公正长沙行”活动，助推认罪认罚从宽制度落实。聚焦社会关注热点，组织代表旁听涉黑涉恶案及破坏生态保护案等典型案的庭审，促进司法公开公正。开展人民调解法、台湾同胞投资保护法、归侨侨眷权益保护法等执法检查，推动相关法律在望城落地生根。深入开展国家宪法日活动，约120万人次参与“全民宪法暨民法典知识竞答”，以互联网推动宪法法律更好地走到群众身边、走进群众心里。加强备案审查工作，完成规范性文件备案审查6件，提出意见建议10余条。加强省人大立法工作基层联系点建设，协助参与上级立法20余部，提出立法意见建议200余条，全省人大立法工作基层联系点现场观摩暨工作经验交流会在望城举行，为科学立法、民主立法贡献望城力量。

三、坚持服务至上，在尊重代表主体地位、发挥代表作用上呈现新气象

常委会充分尊重代表主体地位，以发挥代表作用为重点，创新工作方法、加强建议督办、提高履职能力，进一步提升代表工作水平。

1. 创新工作方法，激发代表履职热情。新成立代表服务中心，更加高效地服务代表工作。开展“三讲三做当表率”活动，各级人大代表在疫情防控、复工复产、百日竞赛等工作中冲锋在前，勇挑重担。区人大代表凝聚决胜脱贫攻坚共识，184名代表联系368户贫困户，全年累计发放帮扶资金140万余元。指导乡镇开展民生实事项目人大代表票决制工作，有效推进“为民做主”向“让民做主”转变。认真开展“评选优秀代表、先进代表小组和优秀代表建议”活动，一批优秀代表的先进事迹在《人民之友》、长沙新闻频道等主流媒体宣传报道，代表履职热情进一步增强。

2. 强化建议督办，切实增强办理实效。常委会始终将代表满意、群众认可作为办好议案建议的第一标准，主任会议成员牵头督办、专门委员会对口督办，联工委跟踪督办，督促办理单位主动与代表见面沟通，加快办理进度，及时答复代表。区二届人大五次会议收集到82件建议意见已全部按时答复，代表建议所提出的问题解决率有新的提高。

3. 拓宽履职渠道，提高代表综合素质。围绕“贴民心、解难题”主题开展“双联”活动，常委会组成人员带头走近人大代表，面对面开展交流座谈，广大代表通过选民接待日、日常走访等方式联系选民群众，听民声、察民情、聚民智。全年共邀请代表列席常委会会议及参与调研、视察、听庭评议、执法检查等工作300余人次，让代表更广泛、更深入参与常委会工作。组织区人大代表在雷锋学院开展培训学习，提升代表履职能力。持续开展代表向选民述职，进一步密切人大代表与选民群众的联系，增强代表履职责任感。

四、坚持固本强基，在加强自身建设、提升履职能力上展现新成效

常委会着眼新形势、新任务对人大工作的新要求，始终把加强自身建设摆在重要位置，完善工作制度，磨砺过硬作风，努力打造高素质人大工作队伍。

1. 强化思想引领，加强政治建设。持续巩固“不忘初心、牢记使命”主题教育成果，在思想上、政治上、行动上始终和以习近平同志为核心的党中央保持高度一致。坚持把政治理论学习作为首要任务，及时传达中央、省市区委重要会议和文件精神，不断提升机关干部政治素养。坚持党管意识形态原则，严格落实意识形态工作责任制，精心办好《望城人大》，凝聚正能量，传播好声音。组织全体党员到郴州汝城“半条被子”发生地接受革命传统教育，铭记共产党人的初心与本色，把群众观点、群众路线深深植根于思想中、具体落实到行动上。

2. 完善制度机制，形成工作合力。修订完善区人大常委会议事规则，优化常委会的履职程序和工作方式，进一步推进人大工作规范化、科学化。建立常态化工作调度机制，确保各项工作按要求落实。完善和落实公民旁听办法，共30余人次列席常委会会议，更好保障公民的知情权、参与权和监督权。组织开展《湖南省乡镇人民代表大会工作条例》培训学习，加强对街镇人大工作的指导，通过召开街镇人大工作座谈会、现场观摩学习、工作交流等形式，密切工作联系，推动街镇人大工作进一步规范提升。

3. 坚持知行合一，磨砺优良作风。常委会党组认真执行《中国共产党党组工作条例》《关于新形势下党内政治生活的若干准则》等制度，切实履行领导职责，充分发挥领导作用，不断提高领导水平；机关党组织严格执行“三会一课”等组织制度，精心开展主题党日活动，不断提升党组织战斗力和凝聚力。坚持以人民为中心，常委会领导班子和机关干部带着感情开展精准扶贫；到胜利垸参与防汛值守；积极参加文明劝导志愿服务等活动，人大机关与人民群众的联系得到进一步加强。严格落实中央八项规定及实施细则精神，继续加强廉政警示教育，持续整治形式主义、官僚主义，构建风清气正的政治生态。深化以“激情工作，快乐生活”为核心的机关文化建设，营造团结务实、高效有序、积极向上的工作氛围。

各位代表，区人大常委会一年来取得的各项工作成绩，是以习近平同志为核心的党中央和省市区委坚强领导的结果，是常委会组成人员、各专委会组成人员和人大机关工作人员尽心履职、全体区人大代表大力支持、望城历届老同志关心厚爱、全区人民充分信任的结果，是“一府一委两院”和各乡镇、街道人大密切协作、共同努力的结果。在此，我代表区人大常委会表示衷心的感谢！

在看到成绩的同时，我们也清醒地认识到，工作中还存在一些差距和不足。主要是：正确监督有效监督的方式方法有待进一步改进；常委会密切联系代表的渠道有待进一步拓宽；干部队伍的履职能力有待进一步提升。在今后的工作中，我们将虚心听取各位代表和各方面的意见建议，采取有效措施，切实加以改进。

2021年工作思路

2021年是中国共产党建党100周年，是“十四五”规划的开局之年，也是区二届人大工作的收官之年。区人大常委会全年的工作思路是：高举习近平新时代中国特色社会主义思想伟大旗帜，认真学习贯彻中共十九届五中全会精神和习近平总书记考察湖南重要讲话精神，全面贯彻新发展理念，落实区委决策部署，坚持党的领导、人民当家做主、依法治国有机统一，坚持正确监督、有效监督，紧紧围绕改革发展的新定位、新使命、新要求，忠实行使宪法和法律赋予的职责，密切联系人大代表和人民群众，把制度优势转化为治理效能，为“十四五”开好局起好步、加快建设现代化新望城和开创望城人大工作新局面而不懈奋斗。

1. 不断加强党的领导，着力助推区委决策部署落实。始终把坚持党的领导作为履职之要，进一步提升政治站位，深刻领会、准确把握，用实际行动增强“四个意识”、坚定“四个自信”、做到“两个维护”，确保人大工作与区委中心工作同频共振，同向发力。严格落实重大事项向区委请示报告制度。坚持以人民为中心，围绕事关群众切身利益和望城发展全局的重大事项，依法适时作出决议决定，全力助推民生改善与经济高质量发展齐头并进。坚持党管干部与人大依法选举任免有机统一，确保党组织推荐的人选通过法定程序成为地方国家政权机关的领导人员。坚持把加强党的领导贯穿换届工作全过程，加强对乡镇人大换届工作的指导，依法做好换届选举工作，为望城经济社会高质量发展提供坚实的法治保障。

2. 围绕服务发展大局，着力增强监督实效。紧扣中心大局，围绕打造“三个高地”、担当“四新”使命、落实五项重点任务积极作为，全力助推经济高质量发展、民生福祉持续改善。加强全口径预算审查监督，提高财政资金统筹能力和资源配置效率。听取和审议国民经济和社会发展计划、财政预算执行情况的报告，听取重大政府性投资项目计划铺排情况和“同级审”工作报告，推进街镇人大开展财政预算监督工作，促进预算管理提质增效。听取审议环境状况和环境保护目标完成情况、城乡规划实施情况等报告，加强环境保护与规划工作监督。开展《关于加强自然生态保护的决定》《关于进一步提升人居环境品质的决定》和《品质望城设计管理导则（修订版）》落实情况监督检查，推动加快建设生态、智慧、活力的美丽幸福新家园。持续关注国有资产管理、政府债务、平台公司整合转型等工作，促推政府管好盘活国有资产，有效防范化解政府性债务风险。推动旅游休闲产业和农业品牌建设，促进精准扶贫与乡村振兴有效衔接。听取商务合同履约情况的报告，视察重点产业项目，持续开展政府性投资项目调研讲评，促推项目加快落地、加快建设。聚焦群众“急难愁盼”的民生问题，开展社会保障、教育卫生、交通出行、安全饮水等调研视察，督促政府落实好民生实事,不断提高人民群众的获得感、幸福感。持续跟踪城市管理专题询问审议意见整改落实情况,督促相关部门将“问题清单”变成“满意清单”。听取区人民法院、区人民检察院专项工作报告,积极促进司法为民、公正司法,跟踪监督2020年度常委会审议意见的办理工作。

3. *突出代表主体地位,着力激发履职热情。*发挥区人大代表服务中心作用,为代表开展活动、履行职责提供更加优质的服务。组织代表参加视察、调研和执法检查活动,拓宽代表参与常委会活动的渠道,创新代表约见、询问等方式方法,不断提高监督实效。立足人大职能,组织和倡导代表积极开展矛盾化解、扶贫助困等活动,引领广大代表全力服务发展、真情奉献社会。加大代表建议“大督办”力度,推动提升办理质量。全面推进民生实事项目人大代表票决制工作,完善代表主体作用发挥的新平台,探索代表履职行权的新内容,激发代表履职为民的新动能。

4. *继续坚持从严从实,着力加强自身建设。*认真落实全面从严治党主体责任,充分发挥常委会党组把方向、管大局、保落实的重要作用,推进人大机关党组织建设和各专门委员会、工作委员会制度化、规范化建设,改进常委会会议组织和服务保障,不断提升常委会会议审议质量。纵深推进“大学习、真调研、严管理”,建设忠诚、干净、担当的人大干部队伍,以始终在一线、在状态、在路上的精气神,全力助推区委提出的战略构想和决策部署落地见效,全力助推改革发展各项事业更好地抓重点、补短板、强弱项,以高效的履职服务高质量发展。加强人大宣传,展现代表风采,讲好人大故事。加强人大工作的上下联动,推动人大工作整体水平进一步提升。

各位代表,征程万里风正劲,重任千钧再奋蹄。让我们更加紧密地团结在以习近平同志为核心的党中央周围,在区委的坚强领导下,以永不懈怠的精神状态和一往无前的奋斗姿态,勇于担当、主动作为,凝心聚力、砥砺奋进,努力为加快建设美丽强盛幸福的现代化新望城做出新的更大贡献!

长沙市望城区人民政府2020年工作报告

——在长沙市望城区第二届人民代表大会第六次会议上

（2021年2月1日）

长沙市望城区人民政府区长　范焱斌

各位代表：

现在，我代表区人民政府向大会报告工作，请连同《长沙市望城区国民经济和社会发展第十四个五年规划和二〇三五年远景目标纲要（草案）》一并审议，并请各位政协委员和其他列席人员提出意见。

2020年及“十三五”工作回顾

2020年是极不平凡的一年。在市委、市政府和区委的坚强领导下，在区人大、区政协的监督支持下，我们坚持以习近平新时代中国特色社会主义思想为指导，认真贯彻党的十九大、十九届二中、三中、四中、五中全会精神和习近平总书记视察湖南重要讲话指示精神，以建设美丽强盛幸福的现代化新望城为目标，统筹推进疫情防控和经济社会发展，做好“六稳”工作，落实“六保”任务，攻坚克难，砥砺奋进，经济社会加快复苏、持续向好。全年地区生产总值增长4.5%（预计数，下同），规模以上工业增加值增长7%，固定资产投资增长10%，社会消费品零售总额增长0.2%，财政总收入增长11.7%，地方一般公共预算收入增长10%，城乡居民人均可支配收入分别增长5.2%、7.5%。

——疫情防控取得重大成效。率先在全省制定疫情防控“四早”举措，用29天实现新增确诊病例清零，在全市城区中确诊病例最少，工作经验获《人民日报》报道推介。

——生产秩序恢复走在前列。作为全省唯一区县代表，在省应对疫情做好就业工作会、省“双统筹”新闻发布会上作经验推介；获评全市“百日竞赛”优胜集体，全年多项主要经济指标走在全市前列，入选中国高质量发展百强城区。经开区复工复产典型经验获省委主要领导点赞；作为唯一园区代表，在省产业项目建设推进现场观摩等会议上作典型发言。

——“一园三区”建设全面提速。战略推进国家级望城经开区和滨水新城、高铁西城、铜官三大重点片区建设，“一江两岸协调发展、一园三区协同并进”的发展格局初步奠定。

——“四精五有”迈出坚实步伐。率先落实“四精五有”要求，出台城市建设提标、城市管理提质实施意见，启动城市建设管理两年行动计划，生态、智慧、活力的宜居城区加快建设。

——生态环境质量明显改善。国、省、市控断面及饮用水源地水质均值达标率保持100%，空气质量优良率达93.4%，创近年最佳水平，入选全国绿色发展示范案例。

——智慧城市建设阔步向前。率先打造全国首个鲲鹏体系新型智慧城区，智慧望城鲲鹏云平台、智慧城市运营中心以及智慧医疗等应用场景投入运行，获评“2020年中国领军智慧城区”。

——文化旅游市场繁荣有序。获评国家全域旅游示范区，新增AAAA级景区2家，长沙铜官窑文化旅游区获评省级旅游度假区，全区接待游客2086万人次，旅游综合收入108亿元。

——时代文明新风深入人心。大力弘扬雷锋精神，纪念雷锋同志80周年诞辰系列活动成功举办，雷锋学院正式揭牌；开发“志愿望城”平台，参与志愿服务超30万人；雷锋纪念馆、大汉金桥获评全国文明单位，静慎村、彩陶源村获评全国文明村。

——乡村振兴取得丰硕成果。全区5475户16239名贫困人口全部脱贫，8个贫困村全部出列，脱贫攻坚取得决定性胜利；率先在全市实现所有村级集体经济收入迈上20万元台阶；农民“带地入建”集中居住模式获全国推介。

——社会治理水平显著提升。科技治超、交通安全示范村创建经验获全省推介；创新打造“雷锋义警”，星城派出所被评为省级“枫桥式公安派出所”；刑事发案数和万人发案率保持全市最低；综治民调全市第一，再获全省平安区县。

一年来，我们主要抓好以下八个方面的工作：

（一）聚焦疫情防控和复工复产“双统筹”。疫情传播控制迅速。第一时间进入战时状态，率先搭建区、街镇、村（社区）三级联防联控体系，积极筹措防疫物资，抽调1475名机关干部、动员2万余名志愿者参与群防群控。利用大数据累计排查中高风险地区来长（望）数据2.9万条。

率先开展重点人群集中隔离、核酸检测，实施“四包一”帮扶责任和“一对一”管控措施，社会秩序恢复走在前列。医疗救助科学有效。完成3个标准化发热门诊建设和1个隔离病区专业化改造，建成日检测量达8000人次的新冠肺炎PCR检测实验室。派出18名援鄂医疗队员，圆满完成防疫支援任务；获评省抗击新冠肺炎疫情表彰先进集体1个、先进个人4人。复工复产率先作为。率先派出免费大巴“点对点”接送企业员工返岗，累计帮助企业招聘员工16300余人。开发返(来)望人员登记管理平台、复工复产企业员工健康管理平台，提升疫情常态化管理水平。选派348名驻企联络员下沉923家企业，率先出台并兑现复工复产“望十条”、乡村旅游“望五条”、“六稳”“六保”25条等政策措施，涉企补助、奖励、政策性减免达13.9亿元。

(二)聚焦打好“三大攻坚战”。脱贫攻坚战圆满收官。发放残疾人两项补贴1535万元，教育扶贫资助12897人次，健康扶贫“一站式”结算住院费用综合报销比例达89%，农村危房动态清零，贫困人口饮水安全问题全面解决，扶贫政策应享尽享。贫困劳动力稳岗就业4516人，实施产业扶贫项目122个，贫困户实现户均年收入增加3000元以上。落实对口帮扶资金2000万余元，实施项目30余个，帮扶龙山县洗车河镇、农车镇顺利脱贫摘帽。污染防治攻坚战持续推进。“蓝天保卫战”十大专项行动深入实施，空气质量优良天数较2019年提升41天。深入实施“一江七河两湖库”综合整治，新建污水管网37千米；扎实开展“洞庭清波”专项行动，推进湘江流域禁捕退捕，销毁涉渔“三无”船舶238条。重大风险防范化解有力。超额完成政府性债务化解目标，化解金融风险隐患8起，处置涉众型非法集资陈案5起；水投集团、经开集团铜官公司实现隐性债务清零，水投集团率先在全省实现区级平台市场化转型，城投集团、经开集团获AA+主体信用评级。

(三)聚焦现代产业高质量发展。工业经济企稳向好。持续推进智能终端、绿色食品等六大重点产业链建设，立邦新材、永杉锂盐等产业项目启动建设，智能终端配件产业园、吴赣药业、金浩粮油等产业项目实现主体竣工或投运，比亚迪实现Buysell模式生产，日产能达13万台。完成工业技改投资67亿元、增长33%，完成智能化改造58家，建成5G基站1450个。经开区实现两园深度融合，获全省产业园区综合评价第一。现代服务业加速回暖。打造9条旅游精品线路，全域旅游年卡销售火爆；精细策划“全民嗨购，望城有约”等系列促销活动，砂之船(长沙)奥莱获评全市“最美夜购示范商圈”。成功举办“金融助力六稳六保”银政企对接签约活动，20家银行机构达成融资合作606亿元；联智科技、军信环保等9家企业进入省上市后备企业名单。招商引资逆势上扬。引进项目103个，协议引进资金185亿元，其中投资过亿元项目37个，益海嘉里等三类500强项目7个，成功与世界500强中交二航局公司“云签约”。积极发展外向型经济，新办外贸经营者备案企业92家。

(四)聚焦重点片区开发建设。滨水新城片区发展势头强劲。滨水新城控规优化提升、大泽湖片区产业策划、城市设计及海归小镇规划有序实施，高效完成海绵城市建设省级试点，积极推进浅层地热能开发利用省级试点。大泽湖生态智慧城综合开发建设项目正式启动，投资27.1亿元的香炉洲大桥项目实现最快报批动工。新一代半导体科创中心加快建设，康佳集团、和顺集团等总部项目入驻，引进过亿元现代服务业项目10个。高铁西城片区建设加速推进。高标准编制高铁西城控制性详规和综合交通规划、片区产业规划等17个专项规划，启动片区新基建、10千伏配电网等专项规划编制，投资59亿元的高铁西站产业新城一期PPP项目加快实施。铜官片区开发卓有成效。片区整体策划、规划基本完成，基础设施及配套建设、民宿提质全面启动，五号山谷民宿、太丰垸现代农业公园等项目加快推进，铜官草市、陈家坪遗址相继开放，中国好声音、铜官穿越跑、世界旅游小姐大赛等活动成功举办。

(五)聚焦城市品质提升。城市规划更加精准。完成全区国土空间总体规划大纲，编制5个乡镇国土空间总体规划和76个“多规合一”村庄规划，加快推进斑马湖片区和雷锋大道等主干道两厢城市设计，品质望城设计管理导则、城市建设品质管控办法全面推行。国土管理更加规范。深入推进违建别墅清查整治、卫片违法用地整改等专项行动，盘活闲置土地279公顷，消化存量土地822.87公顷，完成用地报批350.13公顷。坚持刚性阳光征拆，推行高铁西城、大泽湖片区板块拆迁，全区实现腾地791.73公顷；全面推行征拆货币化安置，有效解决90万平方米存量限价房指标去化，工作经验获全市推介。基础建设更加完善。长常北高速、星月路一期、月亮岛路普瑞隧道建成通车，常益长高铁、湘江大道北延线二期、桥汩线、铜官港二期等加快建设。完成31个老旧小区提质改造、341户棚户区改造，城市有机更新扎实推进。电力“630攻坚”任务圆满完成，实现500千伏电压等级“双电源”保障，220千伏电压等级变电容量增长47%。城市管理更加精细。推进城管体制改革，164项行政处罚权下放至街镇。实施金星北路、雷高路提质改造工程，城市主次干道品质稳步提升。开展“点亮望城”行动，城市主干道亮灯率达98%以上。依法拆除违章建筑31.7万平方米，渣土管理平台与市级平台顺利“接轨”。污泥与生活垃圾清洁焚烧二期主体工程加快推进，灰渣填埋场主体建设完成。

(六)聚焦实施乡村振兴战略。人居环境持续改善。率先在全市完成农村无害化厕所新改建任务，建成市级垃圾分类示范村84个，高标准创建八曲河、马桥河两条市级美丽河流和四个市级小微水体示范点。开展农村乱占耕地建房整治专项行动，农村宅基地和集体建设用地“房地一体”确权登记工作稳步推进。新改建农村公路170千米，完成农村安保工程300千米，“十三五”干线公路“迎国检”获国家、省、市肯定。大众垸堤防整治工程等项目顺利完成，新增农村通自来水17900人。打造茶亭花海、靖港虢大湾等美丽屋场45个，白箬铺八曲河美丽屋场接受全市观摩。特色农业提质发展。高标准设施蔬菜示范园建成投运，万亩蔬菜基地提质建设全面完成；望城荷花虾交易大市场、加工厂建成投运，"文和友"荷花虾养殖基地配套建设逐步完善，优质种苗繁育技术取得重大突破。成功申报中央数字渔业试点县项目、获批省现代农业特色产业集聚区。乔口镇入选国家农业产业强镇建设名录。集体经济提档增收。实施发展壮大新型村级集体经济三年行动计划，出台"1+4"政策体系，持续推广"六型"模式，设立引导资金1500万元分层激励，全区村级集体经济总收入达8472万元。

（七）聚焦民生事业发展。社会保障不断加强。落实"七有"要求，全区20件民生实事全面完成。零就业家庭动态清零，城镇登记失业率控制在3%以内。基本医疗保险参保率达95.4%，城乡居民养老保险实现全覆盖。区养老中心加快建设，建成居家养老服务中心6个，提质敬老院5个。发放各类救助资金1.5亿元，落实城市特困"五帮扶"4524户；社工站工作经验获民政部肯定。坚守"房住不炒"定位，优化住房保障供给，房地产市场保持平稳健康发展，获评"2020中国最宜置业百佳县市"第十位。社会事业持续繁荣。新建中小学校5所、公办幼儿园12所，新增义务教育学位1.2万个、公办幼儿园学位4830个，义务教育大班额全面清零，试点推进教师"区管校聘"改革，与长沙市主城区实现中招并轨。区人民医院与湖南师大合作共建附属医院，滨水新城医院即将投入运营，区疾控中心实验综合楼建成启用。建成市级标准化村（社区）综合文化服务中心15个，全民健身工程点84处，智慧社区健身中心4处。成功举办长沙网球公开赛暨中国网球巡回赛、书堂山当代文人书法周等各类文体活动。社会大局平安稳定。扫黑除恶"六清"行动扎实开展，"平安望城"建设持续深化。保持打击传销高压态势，查封传销窝点45个。积极推进国家级食品安全城市创建，抽检食品合格率96.1%。开展"领导接访下访推动矛盾化解"攻坚年活动，化解信访积案67件。"四美"创建工作经验获国家宗教事务局推介，区一中、中南社区获评全省民族团结进步创建示范单位。应急管理、网络安全管理能力持续提升，率先在全省开展网络安全示范单位创建，成功承办省2020年抗洪抢险应急演练。

（八）聚焦政府自身建设。营商环境更加优越。成功举办全市驻企联络员帮扶及惠企政策落地现场会，"惠企政策畅享工程"获全市推介。首创"四零"采购模式，开展对接活动44次，310家企业达成采购合作金额超30亿元，入选人民网"六保"创新案例。全力打造"七通八达"智慧政务新架构，推进工程建设项目审批改革，精简审批材料22.7%；率先在全省创新"多测合一"，业务办理提速90%。商事主体总量突破10万户，每万人新增开办市场主体数和企业数均居四区县第一。民主法治更加健全。自觉接受人大法律监督、政协民主监督和社会监督，办理区人大代表建议77件，政协提案66件。全面落实法治政府建设年度报告公开制度，探索打造驻园区商事纠纷调解综合平台，成功调处纠纷352起。规范法制审查，全年审查文件220个、合同108件，涉及金额超300亿元。政府更加廉洁高效。实行"电子卖场"采购程序和备案制度，政府采购资金节约率2.8%。加强审计监督，审计项目179个，一级预算单位预算执行情况等实现全覆盖，增收节支6686万元。积极配合省委巡视工作，抓实问题整改，驰而不息正风肃纪。

第七次人口普查全面开展。国防武装、民兵调整改革、退役军人事务、人民防空、外事侨务、史志档案、机关事务、消防、移民、气象、公积金、供销、粮食、老干、融媒体、工青妇、工商联、文联、残联、科协、关工委、红十字会，以及有关社会团体、社会组织工作均取得新成绩。

各位代表，2020年是"十三五"收官之年。回首过去的五年，尽管外部环境发生深刻变化，经济面临下行巨大压力，但全区人民经受住严峻挑战和考验，战胜各种困难和险阻，较好地完成"十三五"规划目标任务，望城高质量发展取得丰硕成果。

——这五年，是负重前行砥砺奋进的五年。过去的五年，诸多矛盾叠加，各种风险挑战并存。全区上下在区委的坚强领导下，攻坚克难、众志成城，成功抵御2016年、2017年特大洪水，扎实推进"三大攻坚战"，稳妥处置系列突发事件，沉着应对新冠肺炎疫情，全区干部群众发扬"越是艰险越向前"的斗争精神，经受住一场场重大考验，经济社会发展取得来之不易的成绩。

——这五年，是望城速度不断刷新的五年。"望城速度"的内涵不断拓展延伸，以"早、准、快、实"为支撑的"望城速度"成为发展进程中最响亮的品牌。从重大基础设施建设到产业项目进度，再到行政效能提升，"望城速度"已经上升成一种习惯。比亚迪电子项目从签约到第一台华为智能手机下线仅用70天；常益长环保路拆迁任务15天完成；"多测合一"推动业务办理时间从118天压缩至13天；复工复产期间率先出台系列"组合拳"。一次又一次的"率先"背后，是区委审时度势、当机立断的魄力和智慧，是广大干部群众闻令而动、一往无前的拼搏和奋进，"望城速度"已成为推动高质量发展的核心密码。

——这五年，是经济实力快速跃升的五年。地区生产总值由520亿元提高至853亿元，年均增长8.8%，增速全省第一；财政总收入、规模以上工业增加值、固定资产投资、社会消费品零售总额年均增速12.5%、10.8%、12.9%、15.6%，财政收入、税收收入相继突破百亿大关；产业发展活力迸发，产业结构比由7.6:72.2:20.2优化为5.8:37:57.2，"三二一"的产业结构愈发稳固，六大重点产业链持续发力，以先进制造业为引领的现代化产业体系基本形成，连续获评中国工业百强区、全国综合实力百强区、全国投资潜力百强区。

——这五年，是城乡面貌焕发新颜的五年。"一园三区"开发全面提速，"一江两岸"格局初步奠定，建成区面积从2015年的62.64平方千米增长到70余平方千米，城镇化率由58.2%上升至67%，湘江古镇群、月亮岛等地成为全市热门"打卡地"。铜官港开港运营，地铁4号线、长株潭城际铁路投入运营，京港澳复线、长常北高速等建成投运，潇湘北路、湘江大道等一大批城市主干道建成通车，"公铁水"联运的现代化交通体系加快形成。宜居环境持续改善,空气质量、水质优良率明显提升,"一圈两场三道"建设两年计划、污染防治三年行动计划、学校建设五年行动计划等专项行动圆满完成,获批国家生态文明建设示范区、国家全域旅游示范区。乡村振兴战略深入实施,"一县一特"蔬菜、小龙虾产业快速发展,农村居民人均可支配收入连续多年居全省第一;粮食安全责任制工作连续两年获全省真抓实干督查激励;大众垸水系连通等重大水利项目全面建成,160余千米堤防岸线基本达标;农村自来水主管网实现村村通,农村无害化厕所、垃圾分类减量实现全覆盖;获评"四好农村路"省级示范县、全省农村人居环境整治先进区县。

——这五年,是改革创新取得突破的五年。统筹推进政府机构、城管执法体制、国企改革、行政审批等重大领域改革,工程建设项目审批创新实现"六新六变",区管国有企业实现产业归位、错位发展。全国农村改革试验区"健全城乡一体化体制机制"改革任务全面完成,区供销社获评"全国百强县级社",农村垃圾分类等工作经验获全国推介。全区高新技术企业数量增长近5倍,技术交易额增长幅度超70倍,获评国家可持续发展实验区、全国科技创新百强区。

——这五年,是民生事业全面进步的五年。居民人均可支配收入由31352元提高至46615元,年均增长8.3%。教育、医疗、文化等基本公共服务水平稳步提高,普惠性幼儿园覆盖率达84%,建成全国义务教育发展基本均衡区,引入长沙四大名校等优质学校合作办学,新建学校16所,新增优质学位4万个;与省、市医院搭建医联体12个;建设基础文化设施74个,成功举办"环法自行车赛"等知名赛事。实现城乡基本养老保险全覆盖,城乡居民医保政策范围内住院报销比例达61%;新增城镇就业3.9万人,两次获评全省真抓实干就业工作成效明显区县;改造棚户区5620户、老旧小区133个,住房保障水平不断加强。连续获评全省平安区县,人民群众安全感满意度显著增强。

各位代表,过去五年成绩的取得,是市委、市政府和区委正确领导的结果,是区人大、区政协监督支持的结果,是全区广大干部和人民群众同心同德、群策群力的结果。在此,我代表区人民政府,向全区人民,向历任老领导,向人大代表、政协委员、各民主党派、人民团体、工商联和无党派人士、离退休老同志,向驻区部队官兵、武警官兵、政法干警、消防救援和民兵预备役人员,向所有关心、支持、参与望城建设和发展的同志们、朋友们,表示衷心的感谢并致以崇高的敬意!

在总结成绩的同时,我们也清醒地认识到发展中的问题和不足,比如:经济结构还不够优,质量效益还不够高;科技创新能力不够强,产业转型升级任务较重;生态环保和安全领域还存在风险隐患;城市建管精细化水平有待提升;农村基础设施、公共服务和乡村治理仍有短板;教育、医疗、养老、就业等民生建设与人民群众期待还有差距;政府自身建设仍需加强等等。对此,我们将采取有效措施,切实加以解决。

"十四五"目标任务

"十四五"时期,处在"两个一百年"奋斗目标的历史交汇期,我国将开启全面建设社会主义现代化国家新征程,望城发展面临千载难逢的机遇。从外部环境来看,"十四五"时期我国经济稳中向好、长期向好的基本趋势没有改变,超大规模市场优势和内需潜力为产业高质量发展提供广阔空间,国内大循环为主体、国内国际双循环相互促进的新发展格局加快形成。从望城自身来看,作为省会长沙最新最大城区,发展空间、经济腹地十分广阔。"十四五"时期,望城交通区位条件将发生质的飞跃,人流、物流、信息流、资金流等要素加速集聚,特别是望城作为长沙融入长江经济带和辐射湘西北的桥头堡,将更全面、更深入地参与"一带一路"建设,对接粤港澳大湾区,担当洞庭湖生态经济区、国家级湘江新区建设主力军。只要我们保持战略定力、坚定发展信心,就一定能把千载难逢的历史机遇转化为推动高质量发展的强劲动力,就一定能把建设现代化新望城的宏伟蓝图变成美好现实!

"十四五"时期,望城发展的指导思想是:高举中国特色社会主义伟大旗帜,深入贯彻党的十九大和十九届二中、三中、四中、五中全会精神,坚持以马克思列宁主义、毛泽东思想、邓小平理论、"三个代表"重要思想、科学发展观、习近平新时代中国特色社会主义思想为指导,全面贯彻党的基本理论、基本路线、基本方略,深入落实习近平总书记对湖南工作系列重要讲话指示精神,统筹推进经济建设、政治建设、文化建设、社会建设、生态文明建设的总体布局,协调推进全面建设社会主义现代化国家、全面深化改革、全面依法治国、全面从严治党的战略布局,坚持稳中求进工作总基调,立足新发展阶段,贯彻新发展理念,构建新发展格局,以推动高质量发展为主题,以深化供给侧结构性改革为主线,以改革创新为根本动力,以满足人民日益增长的美好生活需要为根本目的,统筹发展和安全,推进治理体系和治理能力现代化,践行"三高四新"战略,坚持创新引领开放崛起,努力将望城打造成为智能制造新高地、创新开放新窗口、智慧城市新标杆、乡村振兴新样板、美丽幸福新家园,奋力谱写现代化新望城建设的崭新篇章。

未来五年主要预期目标是:地区生产总值年均增长8%,加快构建一江两岸协调发展、一园三区协同并进、四大功能合理分区、三大战略高位对接的发展新格局。具体而言:

——在打造智能制造新高地上彰显作为。坚定不移把先进制造业作为经济发展的第一选择,坚守国家级园区"两主一特"定位,依托华为、比亚迪、澳优、中信戴卡等重点企业,以工业新兴优势产业链建设为抓手,统筹推进战略性新兴产业培育、高新技术产业发展和传统优势产业转型升级,努力将智能终端打造成为千亿级产业集群,将新材料、食品医药分别打造成为五百亿级产业集群,将经开区打造成为全国百强园区,将望城打造成为中部地区智能制造新高地，到2025年，产业迈向中高端水平，三次产业结构进一步优化，制造业增加值占生产总值比重稳步提升。

——在打造创新开放新窗口上实现突破。坚持产业链、创新链融合发展，重点实施核心技术攻关、创新主体培育、创新平台建设、成果转化服务提质、应用场景示范等“五大工程”；高质量建设海归小镇，以最优政策、最美环境引进一批高层次科技领军人才、高水平创新型人才，到2025年，创新驱动成为发展主引擎，研发经费投入持续加大，高新技术产业增加值、数字经济核心产业增加值占生产总值比重不断提升。主动融入国家发展战略，依托高铁西站等重大交通基础设施，大力推进与周边区域连通联动，高标准建设对外开放门户；抢抓湖南自贸区建设机遇，加速建设大河西交通物流枢纽区和铜官港区，加快建设跨境电商产业园，推动外向型经济提质发展。积极提升政府服务效能，降低企业发展综合成本，完善社会信用体系建设，强化知识产权保护与运用，到2025年，建成具有区域影响力与投资吸引力的“极省”营商环境高地。

——在打造智慧城市新标杆上作出示范。坚持城市数字化为主线，大力推进5G等新基建，提升智慧望城鲲鹏云平台基础支撑能力，夯实“一云、一网、一屏”总体架构，推动城市智慧化程度走在前列。大力推动各类数据的连通共享，完善人口、法人、电子证照、城市部件等基础数据库；充分运用人工智能、区块链等新一代信息技术，强化视频图像、社会事件等智能分析和监测预警。以群众侧、民生端的应用需求为导向，推动高度智慧化的应用场景发展，到2025年，打造智慧教育、智慧交通、智慧园区等一批“管用、爱用、受用”的应用场景。

——在打造乡村振兴新样板上创出佳绩。加快构建工农互促、城乡互补、协调发展、共同繁荣的新型工农城乡关系，推进全面脱贫与乡村振兴有效衔接，促进农业高质高效、农村宜居宜业、农民富裕富足。深入开展乡村建设行动，科学推进小城镇和村庄规划建设，引导农民集中居住，着力完善农村水、电、路、气、通信、物流等基础设施和公共配套，加快城乡公共服务一体化、均等化；持续推进农村人居环境整治，树立健康文明新风尚。牢牢扛起粮食安全政治责任，加强种质资源保护和利用，推进高标准农田和农业水利设施建设，坚决遏制耕地“非农化”、防止“非粮化”。坚持农业产业融合发展，大力发展精细农业、都市农业、特色农业，做强蔬菜、小龙虾全产业链条，加快培育各类新型农业经营主体。完善农村承包地“三权分置”，规范引导农村土地经营权有序流转，探索实施农村集体经营性建设用地入市，发展壮大新型村级集体经济，培育一批经济强村、示范村。

——在打造美丽幸福新家园上锤炼品质。坚守省会主城区定位，统筹规划城市发展核心区、先进制造聚集区、生态涵养保护区、农旅融合发展区等功能分区，形成“一江两岸、一园三区”的发展格局，实现地铁4号线北延至区人民医院、地铁1号线北延至丁字湾街道、地铁2号线西延至高铁西站，香炉洲大桥等重大基础设施建成使用，海归小镇、高铁西城等初具规模。坚持绿色发展，扎实开展市容环境、交通秩序、查违控违、垃圾治理等专项整治，打造精美城市环境。健全社会保障和社会救助体系，实现社会保险、社会救助、社会福利协调衔接。加强公共服务供给，推进学前教育公益普惠、义务教育优质均衡、高中教育高水平发展、职业教育特色发展；建立覆盖全区的医疗卫生服务体系，完善重大疫情预警、救治和应急处置机制；完善基层公共体育设施配套，全面推进基层综合文化服务中心、社区文体广场建设；以数字化助力基层社会治理，解决一批群众“急难愁盼”的民生实事；健全完善“巡、防、查、打”一体化的巡防体系，推进高质量平安建设，让人民群众生活更舒适、更安全。

2021 年工作重点

2021年是实施“十四五”规划的开局之年，是建党100周年、望城撤县设区10周年。主要预期目标是：地区生产总值增长8.5%；规模以上工业增加值增长9%；社会消费品零售总额增长10%；财政总收入增长10%，地方一般公共预算收入增长8%；固定资产投资增长10%，其中产业项目投资占固定资产投资比重40%；研发经费投入增长11.3%；数字经济增加值增长15%以上；城乡居民人均可支配收入分别增长7%、7.5%；单位地区生产总值能耗下降2%；空气质量优良率88%；新增城镇就业1万人。为实现上述目标，需致力抓好以下八个方面工作：

（一）致力做好常态化疫情防控。认真落实防控措施。严格保持“外防输入、内防反弹”不放松，推进“人防+物防+技防”融合，加强重点场所、重点行业、重点人群和重点时段管控，充分发挥大数据优势，扎实做好中、高风险和境外返望人员信息摸排核查，继续抓好入境人员、物流防控管理，严防聚集性疫情。有序推进疫苗接种工作，提升群体免疫保护力。全力做好应急准备。精准开展疫情监测、分析、研判，及时发布预警信息和工作动态，有序做好各项应急准备。完善防疫应急预案，全面提升疫情紧急医疗救援保障能力。提高公共卫生水平。加快推进区疾控中心旧办公楼提质改造、乌山街道第二社区卫生服务中心发热门诊改扩建、乔口镇卫生院发热门诊等6所基层医疗卫生项目建设。

（二）致力推动先进制造业高质量发展。强化产业链建设。坚持把经开区作为发展先进制造业的主战场，持续推动六大重点产业链建设。将千亿级智能终端产业集群作为产业链建设的“头号工程”，推动年产5000万台的比亚迪智能终端产业园产能爬坡，着力构建华为第二供应中心；加强与国防科技大学等高校院所合作，支持新一代半导体研究院导入创新资源和高端人才；重点在乳制品和粮油加工“双驾马车”上发力，加快推进澳优综合性营养品工业科技项目、益海嘉里湖南粮油加工基地项目建设；促推中信戴卡“一基地两园区”建设，支持晟通集团发挥铝箔产能优势、力争进入食品铝箔包装行列；支持长远锂科增产扩效，力促永杉锂盐项目尽快投产达效；促推方盛堂、赛隆药业等项目全面投产，加快建设上海湘申等在建项目。积极对接引进央企、行业领军企业、三类500强企业，力争全年引进产业链企业35家以上。强化创新驱动。深入开展智能制造试点示范工作，重点打造长沙创新药物工业技术研究院等一批行业科技创新平台，大力推进企业智能化改造，力争全年完成工业技改项目60个以上。以长高高压、金驰能源等行业龙头为重点，建设智能工厂和标杆企业，力争打造国家级、省级智能制造试点示范企业1家、3家。加快科技企业孵化器、众创空间等载体建设，为中小企业创新发展提供全要素、低成本的创业支持。做好院士（专家）工作站等建站指导，推动产学研深度融合。强化企业帮扶。积极培育入规企业和新兴企业，支持新视电子、比亚迪等企业应用人工智能等新技术；加快推动联智科技、军信环保等企业上市（挂牌）。加强与先进地区资本市场对接，拓宽企业融资渠道，提高直接融资比重；推动设立转贷基金，重点解决中小微企业融资难、融资贵问题；加快设立产业发展投资基金，引导社会资本投向本地先进制造业和科技创新领域。优化人才服务保障体系，出台专门海归人才支持政策，吸引全球高端人才到望城干事创业。大力弘扬企业家精神，支持企业家以恒心办恒业，依法依规经营，持续激发市场主体活力。

（三）致力实现现代服务业繁荣。推动消费升级扩大内需。支持湾田国际等专业市场做大做强，加强月亮岛商圈建设，加快发展夜间经济。推进京东、苏宁等电商建设，支持大汉电子、卡米乐等企业发展农产品电商。提质生鲜农产品市场等便民服务设施，支持直播带货、无人超市等消费新业态，挖掘大众消费潜力。推动总部经济持续壮大。优化总部企业集聚区和特色楼宇平台，重点发展先进制造业、现代商贸物流和科技研发等各类总部，积极推进湘江涂料集团、中交长沙、康佳等总部项目建设，加快推动国美电商总部等建成投运，提升总部经济、平台经济引领带动效应。推动全域旅游蓬勃发展。以成功创建国家全域旅游示范区为契机，大力发展文化旅游新业态。围绕湘江古镇群等文旅资源，开展全域旅游整体包装推介，加快启动黑麋峰环保主题公园建设，推动更多资源转化为文旅产品。推进红色文化资源普查和红色精品旅游开发，举办郭亮烈士120周年诞辰纪念活动，积极承办红土网球赛等国际国内主流赛事，提升“魅力望城”美誉度。

（四）致力深化乡村振兴战略。实施乡村建设行动。启动乡村建设三年行动计划，持续推进“厕所革命”，保障农村垃圾分类减量体系长效运行，全面消除农村黑臭水体，提升农房建设品质，探索推广农民集中居住试点。改善农村基础设施，提质改造农村公路120千米，新增农村公路列养里程1380千米，建设高标准农田1866.67公顷，实施农田水利设施建设480处，完成湘江东岸堤防综合治理、翻身垸堤防综合整治建设，打造10个以上美丽屋场集群。加快发展现代农业。坚守粮食安全底线，加强种质资源保护，强化科技装备支撑，打造全省首个智能化无人农场。坚持以全产业链思维高质量发展“一县一特”蔬菜、小龙虾和水产产业，完成设施蔬菜示范园（二期）扩面建设，大力支持“绿之源”等发展设施蔬菜产业，重点扶持“文和友”等建设小龙虾繁育仓储加工基地，新增“两品一标”认证10个，培育省、市级产业化龙头企业10家。稳步推进农村改革。实施“引导各类资本投向农村体制机制”改革试验，探索构建“财政资金+信用贷款+专业保险”的农业金融保障体系。加快集体产权制度改革，有序推进集体经营性资产股份合作制改革，大力盘活农村闲置资产资源，深化“六型”村级集体经济发展模式，涌现一批村级集体经济强村。巩固拓展脱贫攻坚成果。完善防止返贫监测帮扶机制，严格落实“四个不摘”要求，保持现有扶贫政策、帮扶资金、帮扶力量稳定，持续巩固“两不愁三保障”和饮水安全成果，推动全面脱贫与乡村振兴有效衔接。

（五）致力推进重大片区建设。高品质建设滨水新城片区。加快大泽湖片区产业策划、潇湘大道景观道慢行系统设计、谷山—汉王陵周边生态公园策划研究，基本完成大泽湖生态智慧城板块拆迁，启动大泽湖生态湿地公园及银杉路等路网建设，推进香炉洲大桥等重大基础设施项目建设，实现大泽湖生态智慧城展示馆、澳优总部、滨水新城医院等项目建成投运，加快实施浅层地热能开发利用、推进第4代住宅建筑建设等工作。高起点建设高铁西城片区。完成片区海绵城市、综合能源等专项规划编制和城市设计。全力推进高铁西站产业新城三年行动计划，加快长沙西站站场和站前北路等基础设施、公共设施项目建设，建成高铁西城片区管理服务中心。精准开展片区项目招商，实现片区可持续高质量发展。高标准建设铜官片区。推进文旅产业、基础设施完善和旅游配套项目开发，支持长沙铜官窑文化旅游区申报国家级旅游度假区。推进太丰垸现代农业公园、五号山谷民宿等项目建成投运，加快打造全省产镇融合示范区和城乡统筹样板区。

（六）致力建设“四精五有”宜居城区。坚持精准规划。实施城乡规划完善提升两年行动计划，提升主体功能区和产业发展布局、山体水体保护、15分钟“生活圈”等专项规划，做优重点片区规划及主干道两厢城市设计，全面构建以国土空间规划为依托，各类控制性详规、专项规划及城市设计为支撑的城市规划体系。坚持精美建设。协调加快渝长厦高铁、地铁4号线北延、地铁2号线西延、地铁1号线北延工程建设，推动香炉洲大桥、银星路过江通道、中青路北延线、桥汨线加快建设，加快普瑞大道等城市主干道提质改造，拉通星月路、月亮岛西路等“断头路”。扎实推进解决停车难两年行动计划、城市污水治理提质增效三年行动计划、“智慧电网”三年行动计划，启动望城一污四期扩建项目；建成5G基站1700个以上，新建新能源汽车公共充电桩92个。完成燃气入户改造1000户，新建燃气管网120千米。推进精细管理。深化城管等执法体制改革，推动区本级、园区和街镇的城市管理职能职责更加明晰、运转更加高效。扎实推进城市管理提质两年行动计划，突出抓好10大专项整治行动和10条道路、10个小区、30个节点等项目提质。统筹推进蓝天、碧水、净土保卫战，从严实施污染管控。健全完善基层网格化管理和服务机制，实现城管交警联动处罚平台投运，加快月亮岛街道社会治理现代化试点。探索推进“无证城市”(一期)、“最多报一次”等应用系统建设，稳步开展智慧城市街镇运营分中心、智慧灯杆、智慧停车等试点。实现精明增长。坚持轨道交通建设与城市有机更新、片区开发建设相结合，打造城市功能聚合体和城市生活共同体。加快市场化配置和“三资”盘活，发挥国有资本在城市建设管理、片区开发、产业发展、资本运营等方面作用，提高资源利用质量和效益。引入战略投资商，统筹实施片区板块拆迁、项目铺排、配套完善及土地出让，提升城区建设品质。

（七）致力增强民生福祉。切实加强社会保障。实施就业优先战略，重点解决下岗失业人员等困难群体就业，新增城镇就业1万人。启动乌山、桥驿区域性敬老院建设，提质改造新康、丁字、格塘敬老院。强化城乡特困群体帮扶，城乡低保、特困供养标准分别提高至750元/人·月、975元/人·月，完善低收入者保障、弱势群体维权、劳动纠纷应急处置等机制，健全社会救助体系。坚持“房住不炒”定位，着力提升保障性住房建设和楼盘小区物业管理服务水平，提质改造老旧小区28个、棚户区改造234户。优化公共服务供给。实施教育高质量发展三年行动计划，提升教育发展水平；多渠道推进楼盘配套幼儿园开办和移交，扩大公办普惠学前教育资源；新建高裕学校、香桥小学等7所学校，扩建前进小学、长月三小等3所学校，新增中小学学位22575个；深化产教融合，推进“大学城”规划研究。发挥人民医院带动作用，建立区域医共体2个；按照“一街道一中心”的工作要求，增设社区卫生服务中心1个；深化“互联网+”健康医疗服务，力争实现医保个人账户资金进行医疗费用在线支付。围绕庆祝建党100周年、撤县设区10周年，推出一批文艺精品。维护社会大局稳定。深入推进新时代县域警务工作，做好公共安全管理。畅通信访渠道，妥善化解各类信访问题。狠抓债务风险管控，规范平台公司融资管理，实现城投集团、经开集团市场化转型，加强到期债务风险防控，严厉打击涉众型非法经营和传销活动。扎实开展安全生产专项整治三年行动，推动重大火灾隐患清零，提升危险化学品、道路交通等重点行业领域安全管理水平。建立健全自然灾害防治工作协调机制，加快长沙应急救援基地二期项目、铜官和桂芳消防站等项目建设。维护食品领域安全，加快省级食品安全示范区创建工作。探索实施涉宗教场所建设项目“论证与管理制”和宗教事务管理“责任清单制”。推进国防动员和民兵调整改革，做好退役军人、双拥等工作，巩固军政军民团结。

（八）致力提升政府效能。严格依法行政。认真落实政府法律顾问制度，加强行政执法监督，推进行政机关治理体系和治理能力现代化。健全重大政策事前评估和事后评价制度，提高政府决策科学化、民主化和法治化水平。持续深化政务公开，加大执法案件公开力度，主动接受各界监督，认真回应社会关切。全力办好人大代表建议、政协委员提案和民生实事工程。勇于担当作为。健全正向激励和容错纠错机制，坚决整治“不作为、慢作为、乱作为”问题，营造比拼赶超、竞相发展的良好局面。坚持改革创新，扎实推进国企改革三年行动，推动“放管服”“一件事一次办”等改革走向深入，切实提升行政效能，全面优化营商环境。恪守清正廉洁。树牢“四个意识”，坚定“四个自信”，做到“两个维护”，确保中央、省、市和区委各项要求全面落实。扛起全面从严治党“一岗双责”，以省委巡视组交办问题整改为契机，扎实推进政府系统党风廉政建设。持之以恒落实中央八项规定及其实施细则精神，坚决防止“四风”问题隐形变异、反弹回潮。强化审计监督，从源头预防腐败滋生，以清正务实作风打造廉洁高效政府。

各位代表，立足新起点，奋进新征程！让我们更加紧密地团结在以习近平同志为核心的党中央周围，高举习近平新时代中国特色社会主义思想伟大旗帜，在中央、省、市和区委的坚强领导下，锐意进取，不懈奋斗，奋力谱写建设美丽强盛幸福现代化新望城的美好篇章，以优异成绩庆祝建党100周年、撤县设区10周年！

附件 1

名词解释：

1. 四早：即早发现、早报告、早隔离、早治疗。

2. 一江两岸协调发展：即以湘江为轴，依托过江通道建设，加强湘江两岸联系，加快沿江建设、跨江发展，推动河东河西协调发展。

3. 一园三区协同并进：即加快推进国家级望城经开区、滨水新城片区、高铁西城片区、铜官片区四大重点片区开发建设，使之成为现代产业主载体、城市建设主战场、创新开放主引擎、城乡统筹主阵地。

4. 四精五有：即精准规划、精美建设、精致管理、精明增长，更加有颜值、有气质、有内涵、有格调、有品位。

5. 农民“带地入建”集中居住模式：即突破农村宅基地制度村组壁垒，在土地合作社平台上，集居户按自愿有偿、等价交换原则将自身耕地经营权（或原宅基地使用权）加入本村土地合作社，通过两个村级土地合作社之间的权益互换，集居户取得集居区所在村的宅基地使用权，集居区所在村（组）的居民通过本村土地合作社享受集居户原所在区域的耕地经营权收益，通过两个村级土地合作社保证双方村民权益。

6. PCR 检测实验室：又名基因扩增实验室，主要开展新型冠状病毒等感染性疾病相关检测，为临床诊断提供重要依据。

7. Buysell模式：是委托加工的一种，物料的物权发生转移，有物料的买卖交易，通俗理解为“包工包料”。

8. 海归小镇：欧美同学会启动的一项集聚海归人才和海归产业发展的重要规划，将在全国建立10个海归小镇。

9. “1+4”政策体系：即1个措施《关于促进村级集体经济发展的若干措施》，4个办法《农村集体经济组织管理办法》《农村集体经济组织收支管理暂行办法》《扶持村级集体经济发展补助资金和项目管理暂行办法》《关于推进村级集体经济2020年高质量发展奖励办法》。

10. “六型”模式：即土地合作型、资源开发型、物业经营型、乡村服务型、农房合作型、产业带动型六种集体经济发展模式。

11. 扫黑除恶“六清”行动：即线索清仓行动、逃犯清零行动、案件清结行动、伞网清除行动、黑财清底行动、行业清源行动。

12. “四美”创建：即在全区宗教（民间信仰）场所开展环境美、秩序美、人文美、声誉美创建工作。

13. “四零”采购模式：即以“零障碍、零仓储、零物流、零损耗”为主要内容，打破传统市场资源间的限制和制约作用，实现资源最优化配置的有序系统。

14. 七通八达：即以一局通、一窗通、一点通、一号通、一网通、一步通、一机通的“七通”之举，实现达村达户、达时达秒、达标达规、达心达意的“八达”之效。

15. 多测合一：将房产、规划、国土等测绘队伍及行业整合。

16. 六新六变：即全新模式，变分散为集中；全新系统，变线下为线上；全新流程，变串联为并联；全新效率，变低效为高效；全新服务，变被动为主动；全新监管，变重批轻管为更加注重批后监管。

17. 四大功能合理分区：即要合理配置生产、生活、生态三类空间，推动形成城市发展核心区、先进制造聚集区、生态涵养保护区、农旅融合发展区四大功能分区。

18. 三大战略高位对接：即主动融入长江经济带、洞庭湖生态经济区、国家级湘江新区等重大战略，努力打造长沙融入长江经济带的桥头堡、洞庭湖生态经济区的排头兵、国家级湘江新区的核心区。

19. 一基地两园区：中信戴卡南方制造基地、车轮产业园、铸件产业园。

20. 两品一标：绿色食品、有机食品和农产品地理标志认证。

21. 无证城市：运用区块链技术，调用省公安厅电子证照库的八大类公安证照，实现政务、治理、生活等领域通过刷脸或手机亮证等方式实现无证办事。

22. 最多报一次：实现各部门、街镇数据上报的统一归集，避免同一数据向不同部门上报，汇聚各部门、街镇需上报的数据，进行加密、分析等处理，按需向有关部门提供数据开放、上报接口，实现基层一次录入，多部门共享。

表7

2020年经济社会发展主要指标完成情况表

序号	主要指标	2020年计划	完成情况（预计数）
1	地区生产总值增速	8.5%—9%	4.5%
2	规模工业增加值增速	9%	7%
3	社会消费品零售总额增速	12%	0.2%
4	地方一般公共预算收入增速	10%	10%
5	固定资产投资增速	10%	10%
6	产业项目投资占固定资产投资比重	50%以上	42%
7	全社会研究与试验发展经费投入占生产总值比重	3%	3%
8	高新技术产业增加值占规模工业增加值比重	60%以上	60%
9	城乡居民人均可支配收入增速	8%(城镇)	5.2%(城镇)
		8.2%(农村)	7.5%(农村)
10	精准脱贫、全面小康任务	全面完成	全面完成
11	单位地区生产总值能耗降幅	2%	2%
12	空气质量优良率	85%	93.4%
13	城镇登记失业率	3%以内	3%以内

表8

2021年经济社会发展主要指标情况表

序号	主要指标	2021年计划
1	地区生产总值增速	8.5%
2	规模以上工业增加值增速	9%
3	社会消费品零售总额增速	10%
4	财政总收入增速	10%
5	地方一般公共预算收入增速	8%
6	固定资产投资增速	10%
7	产业项目投资占固定资产投资比重	40%
8	研发经费投入增速	11.3%
9	数字经济增加值增速	15%以上
10	城乡居民人均可支配收入增速	7%（城镇）
		7.5%（农村）
11	单位地区生产总值能耗降幅	2%
12	空气质量优良率	88%
13	新增城镇就业人数	1万人

表 9

2020 年望城区 20 件民生实事完成情况表

序号	20 件民生实事项目	具体项目指标	完成情况	完成率
1	提质改造乡镇敬老院	3 个	完成乔口镇、白箬铺镇、铜官街道等 3 个乡镇敬老院提质改造	100%
	新增社区、楼盘居家养老中心	6 个	完成高塘岭街道西塘街社区、月亮岛街道杨丰社区新奥佳园居家养老服务中心等 6 个项目	100%
2	农村公路生命安全防护工程（临水临崖路段）	100 千米	完成新建农村公路生命安全防护工程（临水临崖路段）100 千米	100%
3	城镇老旧小区提质改造	31 个	完成老财政局宿舍、老环保局宿舍等 31 个项目城镇老旧小区提质改造	100%
4	提质改造村级儿童之家	4 个	完成金山桥街道金山桥社区、桥驿镇民福村、铜官街道书堂山村、茶亭镇西湖寺村等 4 个儿童之家提质改造	100%
5	节地生态安葬试点	2 个	完成靖港镇复胜村、凌冲村 2 个节地生态安葬试点	100%
6	主要路口优化	5 个	完成雷锋大道与望府路交叉路口、雷锋大道与雷锋东路交叉路口等 5 个主要路口优化	100%
	部分路口交通设施优化	5 个	完成雷锋大道与文源东路交叉路口、雷锋大道与旺旺东路交叉路口等 5 个路口交通设施优化	100%
	打通城区瓶颈路、断头路	4 条	打通金穗路、月亮岛路四标、樟木路、金甲冲路南延线等 4 条城区瓶颈路、断头路	100%
7	新建生鲜市场	2 个	新建大泽湖生鲜市场、乔口农贸市场 2 个	100%
	新建社区门店	3 个	新建高塘岭、月亮岛、金山桥生鲜门店 3 个	100%
8	孕产妇免费血清学产前筛查	3350 人	完成孕产妇免费血清学产前筛查 5005 人	149.4%
	开展农村和城镇低保适龄妇女“两癌”免费检查	8000 人	完成农村和城镇低保适龄妇女“两癌”免费检查 8933 人	111.7%
	完成乔口镇卫生院提质改造	/	完成乔口镇卫生院提质改造	100%
	人民医院整体迁建部分建成	/	人民医院整体迁建部分建成	100%
9	建设标准化村（社区）综合文化服务中心	15 个	完成高塘岭街道斑马湖社区、航运社区等 15 个标准化村（社区）综合文化服务中心建设	100%
	文化惠民演出	100 场	完成文化惠民演出 136 场	136%
	打造全民健身工程	80 处	完成靖港镇柏叶村大山殿文化广场、月亮岛街道桃花井社区时代倾城等 84 处全民健身工程	105%
10	政府补贴性职业培训	6000 人	政府补贴性职业培训 13401 人	223.4%
	实现城镇新增就业	7800 人	城镇新增就业 8063 人	103.4%
	失业人员再就业	3000 以上	失业人员再就业 4928 人	164.3%
11	城市特殊困难群体救助	800 人	完成城市特殊困难群体救助 800 人	100%
	扶残助学	260 名	完成扶残助学 421 名	162%
	贫困重度残疾人家庭无障碍改造	385 户	完成贫困重度残疾人家庭无障碍改造 385 户	100%
12	新（扩）建中小学校	7 所	完成莲湖九年一贯制学校、长沙市一中金山桥学校等 7 所新（扩）建中小学校年度建设任务	100%
	提质改造高中	4 所	完成职业中专、二中、六中等 4 所高中提质改造年度建设任务	100%
	新增学位	10000 个以上	新增学位 12000 个	120%
	新增公办幼儿园	3 所	新增白箬铺、金山桥、大泽湖等公办幼儿园 12 所	400%

续表 9

序号	20 件民生实事项目	具体项目指标	完成情况	完成率
13	“雨露计划”职业教育培训补助：对符合条件的就读中职、高职建档立卡贫困学生补助 1500 元 / 学期	以上	分春、秋季分别补助 544 人、559 人到位	100.3%
14	城区路面修复及管网改造道路	2 处	完成普瑞路（雷锋大道—三环线桥）、普瑞路（观音岩路 - 三环线）城区路面修复及管网改造道路	100%
15	区供电公司 10 千伏以下行政村配电网改造	3 个	完成三桥村、维梓村、杨家山村 3 个行政村 10 千伏以下行政村配电网改造	100%
16	支持社会力量发展普惠托育服务，促进 0—3 岁儿童早期综合发展，先进行试点	2 个	完成小青苗森林海托育中心、富基一二三托育中心 2 个普惠托育服务示范点建设	100%
17	全区农村集镇区域卫生整治	/	完成乔口镇、桥驿镇等 19 个农村集镇卫生整治工作	100%
	全区街镇及部分城市社区天然气覆盖	/	完成高塘岭街道、乌山街道等 14 个社区天然气覆盖	100%
18	提质改造老旧城区自来水管网	1 个	完成胜利村兴隆片老旧城区自来水管网提质改造	100%
	加大对农村安全用水保障力度	159565 米	加大对农村安全用水保障力度，完成自来水管网铺设 159565 米	100%
19	新建停车场	5 个	完成东马路口停车场、大泽湖街道全民健身中心停车场、桥驿镇杨桥集镇生态停车场、高塘岭中心小学停车场、高塘岭莲湖社区（莲湖农贸市场）停车场等 5 个停车场建设	100%
20	部分公路提质、路面修复	/	完成 X76 线、X58 双黑线、X062 梅铜线、X173 霞顺线等线路的公路提质、路面修复	100%

中国人民政治协商会议
长沙市望城区第二届委员会常务委员会工作报告

——在政协长沙市望城区第二届委员会第五次会议上

（2021年1月31日）

政协长沙市望城区委员会主席 骆志平

各位委员，同志们：

我代表政协长沙市望城区第二届委员会常务委员会，向大会报告工作，请予审议，并请列席同志提出意见。

2020年主要工作回顾

2020年是全面建成小康社会和“十三五”规划收官之年。政协长沙市望城区第二届委员会常务委员会在中共长沙市望城区委坚强领导下，以习近平新时代中国特色社会主义思想为指导，深入学习贯彻习近平总书记关于加强和改进人民政协工作重要思想和考察湖南重要讲话精神，强化政治引领，注重建言资政和凝聚共识双向发力，在助推改革发展中履职尽责，在服务民生改善中彰显优势，在推进协商民主建设中发挥专门协商机构作用，为现代化新望城建设贡献政协智慧、政协力量。

*一、坚持党的领导，在巩固共同思想政治基础中把准“政协方向”。*将坚持党的领导作为政协事业发展进步根本遵循，致力推动把党的领导落实到政协全部工作之中。一是始终同以习近平同志为核心的中共中央保持高度一致。将强化理论武装作为重中之重，坚持第一时间学习传达习近平总书记重要讲话精神和中央政治局常委会会议精神，以学深悟透习近平新时代中国特色社会主义思想为统领，深刻领会中共十九届五中全会和习近平总书记考察湖南重要讲话精神，以及中共中央和省、市、区委政协工作会议精神，把准新时代政协工作方向，引导各党派团体和各界人士增强“四个意识”、坚定“四个自信”、做到“两个维护”。二是紧紧围绕党委决策部署开展工作。落实拥兵书记在区政协二届四次会议闭幕式讲话精神，组织开展“和衷共济，做团结奋进的一家人”主题讨论；坚持所有政协重要工作、重大活动和重要问题都主动向区委请示汇报，所有区委交办的协商议题都第一时间召开党组会议研究落实；坚持主动对接区委、区政府重点工作，紧盯落实区委二届十三次、十四次、十五次全会决策部署开展履职活动，始终与区委在政治上同德、思想上同心、目标上同向、行动上同步。三是充分发挥政协各级党组织作用。致力将政协党组把方向、管大局、保落实的领导作用发挥、政协基层党组织战斗堡垒作用发挥、党员委员先锋模范作用发挥落到实处，逐步抓好组织体系、工作制度、运行机制等重点任务落实，努力实现党组织对党员委员全覆盖、党的工作对政协委员全覆盖。

*二、精准参谋辅政，在助推望城高质量发展进程中贡献“政协智慧”。*以推动望城高质量发展为政协工作主线，引领全区各界将思想统一到区委决策部署上来。一是聚焦高质量发展协商议政。区政协二届四次会议聚焦“将‘放管服’改革进行到底”“高效推进新型智慧城市建设”“推进社区多元共治”“让边角插花地为城市靓丽插花”“盘活闲置存量”等9个课题发声，并全部转化为重点提案推动落实，力建发展诤言，力促成果转化；区政协常委会聚焦“盘活闲置存量，推动要素效能高质量”“‘十四五’规划编制”等2个重点议题组织专题协商，邀请区政府和相关部门领导参加，共聚发展智慧；区政协主席会议聚焦“街镇特色工作”“中小微企业发展”“乡村振兴美丽屋场建设”等热点议题调研发声，广汇发展良策。二是瞄准高质量发展建言献策。认真贯彻区委“望城大调研”部署要求，围绕“公共卫生防疫体系建设”“中小微企业发展”“黑臭水体治理”“文化旅游高质量发展”“破解公立幼儿园入园难”等5个课题，深入调研、认真分析、集体讨论、精准建言，形成调研报告呈送区委、区政府供决策参考；以区政协二届五次会议为平台，围绕“先进制造业高地打造”“科技型中小企业引进和培育”“水电气综合改革”“村级集体经济发展”“社区治理能力和服务水平提升”等5个课题组织调研，力争全会发声质效并重。三是围绕高质量发展凝心聚力。《推进社区多元共治，提升城市幸福指数》被推为市政协大会发言并转化为重点提案，建新市长亲自领办并带动20余个市直部门参与落实；《支持长沙铜官窑打造湖湘文化核心景区》被推为市

政协重点提案，获时任市委书记胡衡华批示；共计提交省级提案2件、市级提案6件，为望城发展争取有力外部支持。区政协和广大政协委员积极投身中心工作，主席会议成员扎实参与疫情防控、片区建设、“三资”盘活、脱贫攻坚、征地拆迁、蓝天保卫战、信访接访等中心工作，为望城发展助力攻坚；广大政协委员和政协工作者在望城经济社会发展主战场奋发有为，在疫情防控、精准扶贫、民生改善一线建功立业，为疫情防控累计捐款捐物357.3万元；扎实开展“望城政协人助力巩固脱贫成果帮扶行动”，联系帮扶88户特困家庭。

三、发展协商民主，在发挥专门协商机构优势中彰显“政协担当”。紧扣“加快建设更加美丽强盛幸福的现代化新望城”这一共同目标，发挥政协“人才库”“智囊团”“缓冲器”优势，为谱写“中国梦”望城篇章汇聚强大正能量。一是紧盯凝聚现代化新望城建设共识，组织政治协商。全年组织全会协商1次、常委会专题协商6次、主席会议重点协商12次、专委会对口协商6次、提案工作协商22次，常态化列席区委常委会会议、区政府常务会议，深入协商集中议政，努力使政协成为坚持和加强党对各项工作领导的重要阵地、用党的创新理论团结教育引导各族各界代表人士的重要平台、在共同思想政治基础上化解矛盾和凝聚共识的重要渠道。二是紧盯助力现代化新望城建设提质，开展民主监督。围绕委员提案办理这一关键环节，着力构建“区委、区政府主要领导高度重视、区政府分管领导亲自领办、区政协主席会议成员重点督办、区委办区政府办区政协办联合督办、各级各部门全力承办”的提案工作办理格局，区政协二届四次会议以来的77件立案提案面商率、答复率均达100%，推动落实一大批发展大事、民生实事；连续4年围绕区直部门服务社会投资项目情况开展民主评议，重点走访调研70余家中小微企业，收集106条问题建议，以主席会议视察、调研座谈、调研报告等形式开展民主监督，落实监督监在关键处。三是紧盯促进现代化新望城建设和谐，讲好望城故事。策划制播20期文史电视专栏《望城故事》，全部被“学习强国”平台采用，积极向外界展现望城厚重历史人文；组织“雅诵经典 笑迎重阳”国学经典进社区书堂山专场活动，以中华优秀传统文化感召人、滋养人、凝聚人；编印文史书籍《望城文史拾遗》，深度挖掘湮没于文献古籍中的望城文史资源；收集整理长沙铜官窑海外传播相关资料，为铜官窑作为海上丝绸之路重要支点提供文史史证；编辑整理《望城历代诗赋词联曲选集》(第三卷)，留存望城诗词领域珍贵遗存；编印《望城民俗集(语言文艺)》，为望城留下时代记忆；《望城文化印谱》获评省政协《文史博览》“走过60年•我们的文史资料”特等奖入围奖，文史工作“存史资政团结育人”功能得到充分发挥。

四、广泛凝聚共识，在大团结大联合中汇聚“政协力量”。围绕把准方向、凝聚力量这一工作重点，认真组织开展委员、界别活动，努力推动人民政协制度优势更好转化为服务望城发展治理效能。一是坚持有事好商量、众人的事情由众人商量。协助省政协就“加强乡村人才队伍建设，推动乡村振兴”课题开展调研，推介望城经验做法；协助省、市政协就“推进城乡垃圾分类与资源化利用”开展宣讲，推动垃圾分类落地落实；各专委会围绕“中小微企业发展”“垃圾分类减量”“企业复工复产”“教育工作”“禁毒工作”“助力脱贫攻坚常态化”等议题，与区直部门面对面协商，在畅所欲言中知情明政，在服务部门中有效监督。二是坚持人民政协为人民。紧盯群众思想困惑点、利益关系交织点、社会矛盾易发点，努力协助党委政府摸清最真实情况、上传最基层声音，策划制播11期电视议政栏目《幸福望城大家谈》，全部被“学习强国”平台采用；推送5篇社情民意信息被全国政协采用，另有5篇、7篇社情民意信息分别被省、市政协采用，并编发区级《社情民意反映》21期，收集“微建议”96条；利用参与服务中心、委员工作室等履职渠道，引导政协委员和政协工作者在协调关系、化解矛盾、理顺情绪、促进和谐方面争相奉献，集中宣传解读党的路线方针政策和各级决策部署，不断强化共同目标的思想认同、行动自觉。三是坚持加强联络联谊。加强与各党派团体和各界人士沟通联系，搭建各类协商议政、视察调研、联络联谊、学习讨论平台，吸纳逾千人次参与政协履职；密切与上级政协组织纵向联系和与兄弟政协组织横向联系，接待各类调研考察30余批次，积极推介和展现望城最美模样。

五、强化自身建设，在强基固本激发活力中展现“政协风采”。围绕习近平总书记“懂政协、会协商、善议政，守纪律、讲规矩、重品行”要求，坚持务实创新推进履职能力建设，努力打造适应现代化新望城建设要求的政协队伍。一是以共同事业推进激发履职热情。立足新时代新使命，引导广大政协委员和政协工作者，以改革创新精神谱写新时代望城政协工作新篇章，推动理论研究、制度建设、平台搭建、履职实践等迈出新步伐，以共同事业凝聚人。二是以开拓创新提升履职能力。加强履职方式创新，以协商为中心，统筹运用协商议政、视察调研、学习联谊、提案工作、社情民意、微建议等各种履职手段，探索履职一体化设计、成果一体化运用；加强履职平台创新，充分运用“政协云+”全媒体矩阵，不断拓展民主评议、智慧委员工作室等工作空间，刘云峰委员工作室被省政协授予“湖南省示范性委员工作室”。三是以严管厚爱强化责任担当。完善委员履职量化考核管理，并有效运用到评先评优与委员调整中，实现激励与约束并重；提升委员履职能力，以集中培训、日常线上业务学习、参加履职实践提升等方式，不断提高委员政治把握能力、调查研究能力、联系群众能力、合作共事能力；坚持党要管党，全面从严治党，认真落实“一岗双责”，压实党风廉政建设主体责任，强化意识形态工作责任制，增强文体活动密度活跃政协文化，全区广大政协委员和政协机关干部队伍务实勤勉、服务奉献的意识不断增强，彰显出新时代人民政协新气象。

各位委员、同志们，回顾过去的一年，我们由衷感到，区政协工作取得的每一点成绩，都离不开区委的正确领导，离不开区人大、区政府和社会各界的大力支持，离不开广大委员、政协各参加单位以及全体政协工作者的共同奋斗。在此，我代表区政协二届常委会，向大家表示衷心的感谢和崇高的敬意！

凡益之道，与时偕行。面向新方位新使命，区政协工作还存在一些差距和不足，主要表现在：专门协商机构优势还须进一步彰显，双向发力质效还须进一步提高，民主监督作用还须进一步强化，政协工作开放度还须进一步扩大等。对此，区政协常委会将高度重视，在新的一年里认真研究并加以改进。

2021年工作任务

2021年是中国共产党建党100周年，实施“十四五”规划起步之年。我国开启全面建设社会主义现代化国家新征程，向第二个百年奋斗目标迈进。区政协工作思路是：坚持以习近平新时代中国特色社会主义思想为指导，认真贯彻落实中共十九大和十九届二中、三中、四中、五中全会精神和习近平总书记考察湖南重要讲话精神，紧紧围绕区委二届十五次全体(扩大)会议精神，坚持团结和民主两大主题，坚持建言资政和凝聚共识双向发力，充分发挥专门协商机构优势，扎实履行政治协商、民主监督、参政议政职能，以改革创新精神谱写新时代望城政协工作新篇章，为奋力建设美丽强盛幸福的现代化新望城广泛凝聚共识、凝聚人心、凝聚智慧、凝聚力量。着重抓好以下四个方面工作：

一、以贯彻落实中共十九届五中全会精神作为首要政治任务，加强思想政治引领确保政协事业方向。始终将坚持中国共产党的领导作为最高政治原则和最大政治规矩，并贯穿到政协履职全领域、各环节，推动人民政协事业行稳致远。一是贯彻中央精神见行动。学深悟透习近平新时代中国特色社会主义思想，准确把握中共十九届五中全会精神和习近平总书记考察湖南重要讲话精神，与中共中央和省委、市委、区委政协工作会议精神结合起来，深刻认识五中全会提出的未来发展主要目标和遵循原则，深刻把握全面建设社会主义现代化国家的精髓要义和现实路径，深刻领会望城“十四五”时期的重大部署与工作抓手，更加自觉增强“四个意识”、坚定“四个自信”、做到“两个维护”，持续巩固团结奋斗的共同思想政治基础。二是落实党委决策部署见实效。全面学习贯彻中共中央和省委、市委、区委重大决策部署，始终围绕全区中心大局履职尽责，努力把中共十九届五中全会、习近平总书记考察湖南重要讲话精神和省委、市委、区委决策部署，转化为服务现代化新望城建设的行动指南和强大动力，转化为全区各族各界的自觉行动，努力推动望城政协工作始终与区委、区政府同频共振、同轴运转、同向推进。三是夯实党建保障见真章。牢固树立抓好党建是最大政绩理念，坚持在区委领导下，会同相关部门，做好区政协换届相关工作；认真落实党建工作、意识形态工作、党风廉政建设责任制，持续推进责任、组织、制度等“三个体系”建设，构建“不忘初心、牢记使命”长效机制，充分发挥党组“领头雁”、机关“主阵地”、支部“桥头堡”、党员“排头兵”四个作用，进一步形成以党建带队伍、促工作的良好局面。

二、以服务践行“三高四新”战略作为工作主线，围绕全区发展大局协商议政建言出力。牢记习近平总书记对湖南工作谆谆嘱托，锚定望城新方位新使命，按照区委部署安排，充分发挥人民政协专门协商机构作用，围绕中心，服务大局，为现代化新望城建设贡献智慧、贡献力量。一是始终围绕望城高质量发展协商议政。以区委二届十五次全会精神为引领，紧扣区委“践行‘三高四新’战略，建设现代化新望城”战略推进，紧盯“智能制造新高地、创新开放新窗口、智慧城市新标杆、乡村振兴新样板、美丽幸福新家园”等“五新”目标实施，围绕“十四五”规划、先进制造业高地打造、“一园三区”发展、乡村建设行动、“四精五有”城市建设、科创型小微企业壮大、基层社会治理、网络安全等议题，综合运用专题协商、对口协商、界别协商、提案协商等形式，为望城高质量发展精准建言。二是始终围绕人民对美好生活的追求调研献策。以助力提升人民群众获得感、幸福感、安全感为目标，围绕生态智慧活力宜居城区建设、便民服务再优化、新型村级集体经济发展、水电气综合改革推进、基层公共文化服务体系作用发挥、健康望城建设等议题，组织常委会会议、主席会议、专委会议视察调研，及时传达最基层声音，及时反映最真实情况，努力推动人民政协为人民宗旨落到实处。三是始终围绕服务中心参谋辅政。以服从服务全区工作大局为使命，继续引领区政协和全区广大政协委员，积极投身建设美丽强盛幸福现代化新望城的生动实践，更加自觉主动服务好片区建设、项目建设、招商引资、乡村振兴等全区中心工作，更加精准地推送一批助力望城长远发展的省、市政协提案，更加务实地提交一批贴近民生实际的全国、省、市政协社情民意，助力“望城速度”成为一种品牌、一种精神、一种气质、一种习惯。

三、以汇聚现代化新望城建设磅礴力量为目标，坚持大团结大联合画好最美同心圆。坚持把广泛凝聚共识作为履职中心环节，努力寻求民心民愿最大公约数，画好团结合作最美同心圆，汇聚推动望城改革发展强大正能量。一是在凝聚发展共识中汇聚力量。将巩固珍惜望城来之不易发展局面作为区政协最坚定履职方向，坚决落实习近平总书记提出的“政协委员要更好联系和服务所在界别的群众”要求，引导委员更加主动、更为经常、更有成效地在深入界别深入群众时认真当好“宣传员”，在加强党派团体各界人士联系时努力扩大“朋友圈”，在对外联络联谊时信心满怀唱好“家乡美”，进一步将90万新老望城人的智慧凝聚起来，将关心支持望城发展的有识之士目光吸引过来，共同奏响望城拼搏赶超、接续奋斗的“主旋律”。二是在促进和谐稳定中汇聚力量。将推动形成望城和谐稳定发展局面作为区政协最根本履职原则，一以贯之发挥好政协作为专门协商机构优势和作用，坚持和完善以全体会议协商为龙头、常委会专题协商、对口协商、提案工作协商为重点的协商议政格局，坚持不调研不协商、不调研不提案、不调研不建言，努力为社会各界充分沟通搭建好协商平台，为民情民意充分表达拓展好协商渠道，为民智民力充分汇聚组织好协商活动，持之以恒弘扬主旋律，驰而不息传递正能量。三是在加强民主监督中汇聚力量。将“监督就是服务、监督就是支持”作为区政协最强有力的履职底气，瞄准区委、区政府决策部署落实情况，盯实人民群众意见集中问题，利用好《幸福望城大家谈》《社情民意反映》、政协云“微建议”等民情民意表达平台，着力营造既畅所欲言又理性有度、既各抒己见又合法依章的良好协商氛围，做到在支持中服务、在服务中监督、在监督中助力发展，不断助推全区各项工作往高处攀、往深处走、往实处做。

四、以与时俱进提升政协履职水平为根本，谱写新时代望城政协工作崭新篇章。主动适应人民政协走进新时代的新要求，强化问题导向、目标导向，以改革创新精神抓好党中央和省委、市委、区委对政协工作要求的贯彻落实，不断增强政协工作生机活力。一是坚持创新引领，持续探索政协履职新方法。将协商选题作为政协履职重心，探索协商议政、视察调研、学习联谊、提案工作、社情民意、微建议等多种履职手段一体化设计、成果一体化运用的“链式”履职方式，实现顺畅衔接、闭环运行，形成正向反馈、良性循环，推动政协履职从“做了什么”“做了多少”向“做出了什么效果”转变，更好体现制度优势，更好发挥制度效能。二是坚持质量优先，持续提升政协履职水平。将议政建言质量作为政协履职生命力所在，切实加强委员履职培训，全面提高委员履职水平，努力实现建言建在需要时、议政议到点子上、监督监在关键处；切实丰富“政协云”“委员工作室”内涵，提升委员履职实效，努力打造委员学习交流新载体、联系群众新纽带、团结联谊新平台；切实抓好协商成果运用，加大协商成果转化力度，努力做到履职建言件件有质量、次次见成效。三是坚持常规出彩，持续巩固基础工作水准。将提案、社情民意、文史工作等经常性工作作为政协履职基础，持续激发常规工作生命力。切实提高提案质量，不断提升办理实效，进一步发挥好提案工作“主渠道”作用；充分调动委员参与热情，全面反映基层诉求，进一步利用好社情民意“传声筒”效应；围绕建党100周年、撤县设区10周年、郭亮120周年诞辰等节点以及雷锋、刘畴西、铜官窑等专题，高水平讲好《望城故事》传承红色基因，高质量编印文史书籍传播望城人文，进一步运用好文史工作“存史资政团结育人”功能。四是坚持担当为要，持续发挥委员主体作用。将发挥委员主体作用作为政协履职始终遵循的工作准则，发扬“聚是一团火，散是满天星”的委员风采，坚持严管厚爱结合、激励约束并重，突出转作风、强担当，打造思想过硬、政治过硬、纪律过硬、作风过硬的模范机关，建设适应现代化新望城建设要求的政协队伍，弘扬诚实守信、遵纪守法、勤勉敬业、服务奉献的“政协形象”，全面展现政协工作“新样子”。

各位委员，同志们！牛蹄自奋犁春早，国梦同圆踏步齐。让我们紧密团结在以习近平同志为核心的党中央周围，在区委坚强领导下，解放思想、坚定信心，开拓创新、攻坚克难，不断开创望城政协工作新局面，为加快建设美丽强盛幸福的现代化新望城努力奋斗！

统计资料

长沙市望城区2020年国民经济和社会发展统计公报

2020年，面对复杂严峻的国内外环境和新冠肺炎疫情的巨大冲击，望城区委、区政府坚持以习近平新时代中国特色社会主义思想为指导，深入贯彻习近平总书记考察湖南重要讲话指示精神，以建设美丽强盛幸福的现代化新望城为目标，统筹推进疫情防控和经济社会发展，做好“六稳”工作，落实“六保”任务，攻坚克难，砥砺奋进，有力有效推动生产生活秩序恢复。全年经济持续回升，产业结构不断优化，就业民生保障有力，经济社会发展主要目标任务完成情况好于预期。

一、综合

初步核算，全年实现地区生产总值857.04亿元（含雷锋街道、白马街道），比2019年增长4.3%。其中，第一产业增加值56.65亿元，增长4.3%，第二产业增加值326.45亿元，增长6.3%，第三产业增加值473.94亿元，增长2.9%。第一、第二、第三产业分别拉动生产总值增长0.2、2.6、1.5个百分点，三次产业对生产总值增长的贡献率分别为5.2%、59%、35.8%。

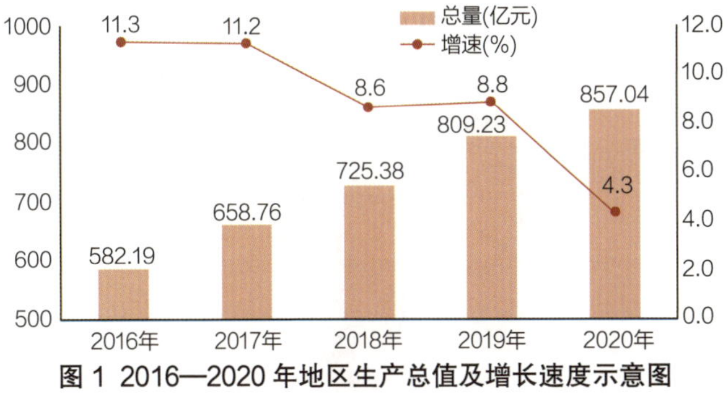

图1 2016—2020年地区生产总值及增长速度示意图

三次产业结构调整为6.6:38.1:55.3。与2019年相比，第一产业比重上升0.7个百分点，第二产业比重上升1.8个百分点，第三产业比重下降2.5个百分点。工业对经济增长的贡献率为54.2%，拉动生产总值增长2.4个百分点，全部工业增加值占生产总值比重为24.5%，较2019年提升1.9个百分点。制造业增加值占生产总值比重为22.2%。

表10 2020年望城区地区生产总值构成情况表

指标名称	总量（亿元）	增长(%)	比重(%)
地区生产总值	857.04	4.3	100
第一产业	56.65	4.3	6.6
第二产业	326.44	6.3	38.1
第三产业	473.94	2.9	55.3

全年新增“四上”企业204家。其中，规模以上工业33家，资质以上建筑业18家，房地产业16家，限额以上批零住餐业85家，规模以上服务业52家。年末共有在库“四上”企业1133家。其中，规模以上工业368家，资质以上建筑业104家，房地产业106家，限额以上批零住餐业302家，规模以上服务业253家。

二、农业、农村

全区实现农林牧渔业增加值60.24亿元，比2019年增长4.5%。完成农林牧渔业总产值99.1亿元，增长4.5%。其中，农业产值63.68亿元，增长6%；林业产值1.49亿元，增长8.4%；牧业产值20亿元，下降6.9%；渔业产值7.53亿元，增长14.3%；农林牧渔服务业产值6.4亿元，增长7.5%。

年末，全区总播种面8.9万公顷。全年粮食播种面积4.53万公顷，其中水稻播种面积4.37万公顷。全年粮食产量31.12万吨，其中水稻总产量30.28万吨。全年蔬菜播种面积3037万公顷，蔬菜产量119.28万吨，比2019年增长8.3%；茶叶产量0.08万吨，增长16.6%；水果产量4.61万吨，增长2.1%。

全年出栏肉猪26.74万头。当年肉类总产量2.51万吨。其中：猪肉产量1.77万吨，家禽产量0.68万吨，牛肉产量0.04万吨，羊肉产量0.02万吨，牛羊肉产量与2019年基本持平。水产品产量3.5万吨，比2019年增长20.3%。

表 11 2020 年望城区主要农产品产量情况表

指标名称	单位	2020 年	2019 年	增长 %
粮食	万吨	31.12	34.02	-8.5
油料	万吨	1.24	1.19	4.7
茶叶	万吨	0.08	0.07	16.6
蔬菜	万吨	119.28	110.18	8.3
水果	万吨	4.61	4.51	2.1
水产品	万吨	3.50	2.91	20.3
出栏肉猪	万头	26.74	40.00	-33.2
肉类总产量	万吨	2.51	3.54	-29.1
牛奶	万吨	0.09	0.18	-49.1

三、工业和建筑业

全年规模以上工业增加值增长 7%。园区占比超七成，望城经开区规模以上工业增加值总量占全区的比重达 74.1%，对全区工业增长贡献突出。

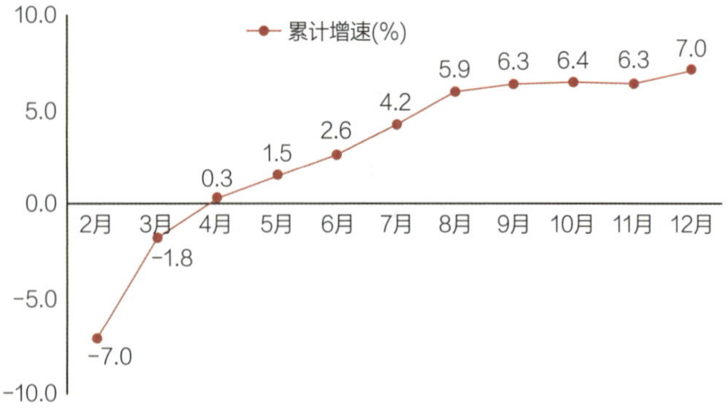

图 2 2020 年 2—12 月规模以上工业增加值累计增速示意图

在规模以上工业中，从产品产量看，移动通信手持机、锂离子电池、铝合金分别比 2019 年增长 750.3%、101.4% 和 11.9%。分行业看，非金属矿物制品业产值比 2019 年增长 3.7%，占规上产值的比重为 11.4%；有色金属冶炼和压延加工业产值下降 8.7%，占比 11.1%；计算机、通信和其他电子设备制造业产值增长 544.4%，占比 9.8%；化学原料和化学制品制造业产值增长 3.4%，占比 8.1%。分经济类型看，股份制企业产值增长 16%，占规上产值的比重为 82.9%；外商及港、澳、台投资企业产值下降 6.5%，占比 16%；集体企业产值下降 39.2%，占比 0.2%；其他经济类型企业产值下降 7%，占比 0.9%。

规模以上工业企业经营效益持续改善，全年实现营业收入 770.72 亿元，比 2019 年增长 8.5%；营业成本 630.48 亿元，增长 7.7%；利润总额 50.17 亿元，增长 19.5%。

全区资质以上建筑业企业完成建筑业总产值 563.79 亿元，比 2019 年增长 6%；实现建筑业增加值 116.97 亿元，增长 1.9%。全年房屋施工面积 2184.36 万平方米，下降 1.5%；房屋竣工面积 789.1 万平方米，增长 11%。

四、固定资产投资

全年固定资产投资比 2019 年增长 10.1%。其中工业投资下降 3.3%，工业技改投资增长 40.9%。全区计划总投资额超过 5000 万元的在建项目（不含房地产开发项目）265 个，完成投资占固定投资总额的 65.9%。

在固定资产投资中，第一产业完成投资比 2019 年增长 1347.5%；第二产业完成投资下降 16.5%；第三产业完成投资增长 15.8%。全年基础设施投资建设完成投资增长 56.4%。

全年完成房地产开发投资 179.64 亿元，比 2019 年增长 11.6%。全区商品房销售面积 409.15 万平方米，增长 0.1%。全区商品房销售额 294.64 亿元，增长 5.1%，其中住宅销售额 268.6 亿元。

五、国内贸易

全年实现社会消费品零售总额 397.94 亿元，比 2019 年下降 0.2%。分行业看，批发业 24.28 亿元，下降 3.5%；零售业 348.68 亿元，增长 0.8%；住宿业 2.97 亿元，增长 1.2%；餐饮业 22.01 亿元，下降 11.2%。

限额以上单位商品零售额 197.84 亿元，比 2019 年增长 8.4%。分类别看，汽车类下降 14.1%；家用电器和音像器材类增长 31.9%；粮油、食品类下降 41.4%；饮料类增长 5.7%；服装、鞋帽、针纺织品类增长 23.9%；化妆品类增长 38.6%；体育、娱乐用品类增长 144.4%；文化办公用品类增长 63.5%；通信器材类增长 80.3%。

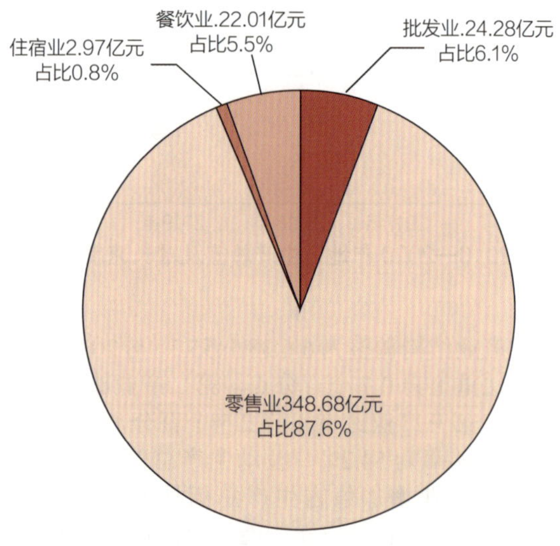

图 3 2020 年社会消费品零售总额行业占比图

六、交通和邮电

境内国省干线公路153.52千米，其中省道105.32千米，国道48.2千米，全区路网密度277.99千米/百平方千米。

全年完成邮政业务总量1.04亿元，比2019年增长1%。全年完成电信业务总量7.38亿元，年末移动电话用户90.34万户。

七、对外经贸和旅游

全年完成进出口总额14.81亿美元，比2019年增长47.4%。实际利用外资3.78亿美元，增长14.3%。实际到位省外境内资金115.05亿元，增长14.2%。

全区有各类景区、景点91处。其中：主要景点12处，国家AAAA级旅游景区5家，国家AAA级旅游景区7家。全年接待游客2086.1万人次，实现旅游综合收入108.3亿元，成功创建省级旅游度假区和国家全域旅游示范区。

八、财政金融

全区实现一般公共预算收入115.23亿元，比2019年增加12.07亿元，增长11.7%。其中：地方一般公共预算收入63.91亿元，比2019年增加5.82亿元，增长10.0%。实现全口径税收收入100.32亿元，税收收入占一般公共预算收入比重为87.1%。全区一般公共预算支出110.70亿元，比2019年增加0.38亿元，增长0.3%。全区政府性基金预算收入93.00亿元，比2019年增加5.37亿元，增长6.1%。其中：国土基金收入85.58亿元，比2019年增加6.22亿元，增长7.8%。

年末金融机构各项存款余额803.19亿元，比2019年增长17%，其中居民储蓄存款余额366.06亿元，增长17.7%。各项贷款余额702.34亿元，增长21.8%，其中银行业金融机构贷款余额696.57亿元，增长22%。

九、科教文卫事业

全区推广转化重大科技成果9项，专利授权量1716件，商标授权量1864件。实现高新技术产业产值611.59亿元，比2019年增长21.9%；实现高新技术产业增加值163.51亿元，增长26.5%；高新技术产业增加值占生产总值的比重为19.1%。

年末全区有普通中学34所，中等职业中学1所，小学79所。普通中学专任教师3214人，中等职业中学专任教师160人，小学专任教师2370人。普通中学在校学生人数29675人，中等职业中学在校学生2624人，小学在校学生数57135人。当年学龄儿童入学率100.0%；初中升学率为99.6%。

全年完成国家级、省级、市级以及区级各类重大体育赛事共计36场，送戏下乡119场，送电影下乡1492场，送图书下乡1399册。建成市级示范性村（社区）文化服务中心15个，全面完成“一圈两场三道”建设任务84处，全民健身工程覆盖率达100%。

年末全区拥有各类医院、卫生院、社区卫生服务中心39个，床位4050张，卫生技术人员4357人，其中执业（助理）医师2157人。婴儿死亡率由2010年的5.6‰下降到2020年的2.08‰。

十、人口、人民生活和社会保障

年末全区户籍人口为61.43万人（不含雷锋街道、白马街道），比2019年年末增加1.31万人，增长2.2%。户籍人口中男性30.22万人，女性31.21万人。人口出生率12.3‰，人口死亡率8.1‰，人口自然增长率4.2‰。年末汽车保有量26.3万辆。

全体居民人均可支配收入46615元，比2019年增长6%。其中，城镇居民人均可支配收入53876元，增长5.2%；农村居民人均可支配收入37738元，增长7.5%。全体居民人均消费支出30677元，增长3.3%。其中，城镇居民人均消费支出35844元，增长1.9%；农村居民人均消费支出24361元，增长5.9%。

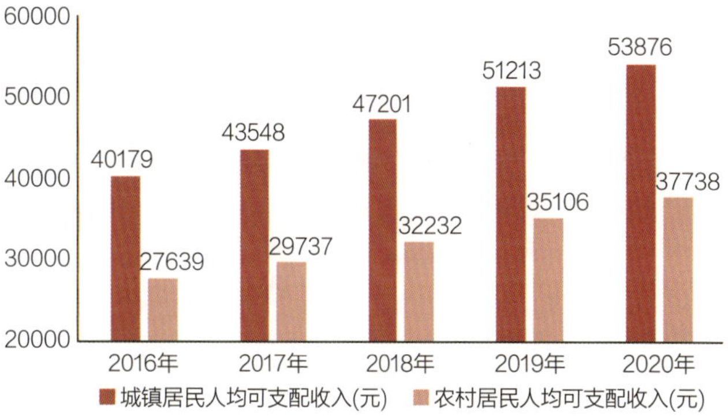

图4 2016—2020年城镇、农村居民人均可支配收入情况示意图

城镇新增就业8063人，农村劳动力转移就业2886人，零就业家庭实现动态清零，城镇登记失业率3.0%。四项社会保险参保人数61.88万人，归集社会保险费17.32亿元，发放保险金9.22亿元。城乡居民养老保险参保率100%。基本医疗保险参保人数69.2万人，参保率95.4%。其中职工医疗保险参保人数为17.47万人，城乡居民医疗保险参保人数51.73万人。

完成农村危房改造245户，实现全区农村危房改造动态清零。

十一、环境、节能和安全生产

全年空气质量优良天数343天，优良率93.7%，比2019年提升11.2个百分点。饮用水源地达到或好于Ⅲ类水体比例为100%。

初步核算，全年规模以上工业企业综合能源消费量187.22万吨标准煤。全社会用电量32.41亿千瓦时，其中工业用电量14.33亿千瓦时，居民生活用电量9.74亿千瓦时。

全年全区发生生产安全事故14起，比2019年下降17.6%；死亡10人，比2019年下降23%；亿元生产总值各类安全事故死亡人数 0.012 人；道路交通事故死亡人数 66 人；万车死亡人数 2.51 人。

公报注释：

1. 2020 年数据均为初步统计数，部分数据因四舍五入的原因，存在与分项合计不等情况。

2. 地区生产总值、三次产业及相关行业增加值绝对数按现价计算，增长速度按不变价格计算。根据第四次全国经济普查结果，对 2018 年地区生产总值等相关指标的历史数据进行了修订。

3. 进出口总额和实际利用外资增速未考虑汇率变动情况。

4. 由于 2020 年国家安全生产事故统计制度发生结构性调整，数据口径有所变化，对 2019 年生产安全事故数据进行了相应调整。

资料来源：

本公报中公路里程数据出自区交通运输局；邮政业务量出自区邮政公司；电信业务量、移动电话用户数出自区工业和信息化局；对外经贸数据出自区商务局；旅游数据、文化体育数据出自区文化旅游广电体育局；财政数据出区财政局；存贷款数据出自中国人民银行望城支行；科技数据出自区科技局；教育数据出自区教育局；卫生数据出自区卫生健康局；户籍人口、汽车保有量、道路交通事故数据出区公安局；居民收入数据出自国家统计局望城调查队；城镇新增就业、社会保险数据出自区人力资源和社会保障局；医疗保险数据出自区医疗保障局；限价商品房、危房改造数据出自区住房和城乡建设局；空气质量、地表水质量出自长沙市生态环境局望城分局；用电量数据出自区供电公司；安全生产数据出自区应急管理局；其他数据出自区统计局。

望城区第七次全国人口普查公报[1]

望城区统计局

望城区第七次全国人口普查领导小组办公室

根据《中华人民共和国统计法》《全国人口普查条例》和国务院的决定，我国以 2020 年 11 月 1 日零时为标准时点进行了第七次全国人口普查[2]。我区人口普查在区委、区政府的坚强领导下，在全体普查对象的支持配合下，通过各级普查机构和广大普查工作人员的艰苦努力，圆满完成了普查现场登记和普查主要数据的汇总工作。现将全区主要数据公布如下：

常住人口

全区常住人口[3]为 890214 人，与 2010 年第六次全国人口普查的 523660 人相比，增加 366554 人，增长 70.00%，年平均增长率为 5.45%。

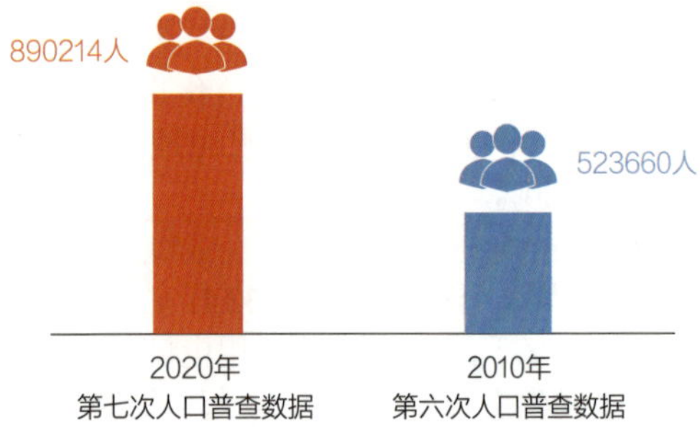

图 5 全区常住人口图

户别人口

全区共有家庭户[4]247269 户，集体户 30509 户，家庭户人口为 713988 人，集体户人口为 176226 人。平均每个家庭户的人口为 2.89 人，比 2010 年第六次全国人口普查减少 0.26 人。

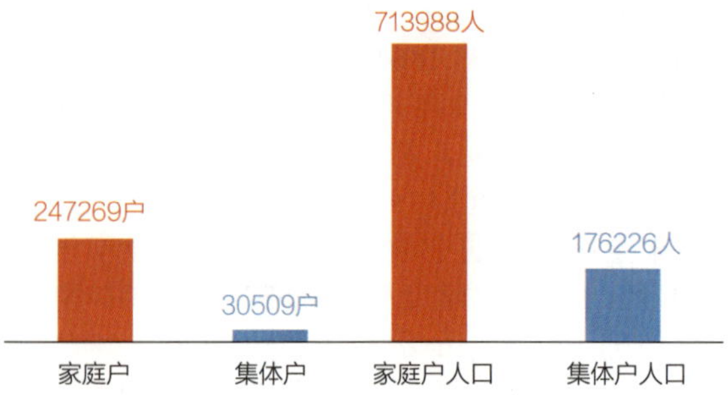

图 6 全区户别人口图

人口性别构成

全区常住人口中，男性人口为 449773 人，占 50.52%；女性人口为 440441 人，占 49.48%。总人口性别比（以女性为 100，男性对女性的比例）为 102.12，比 2010 年第六次全国人口普查下降 1.25%。

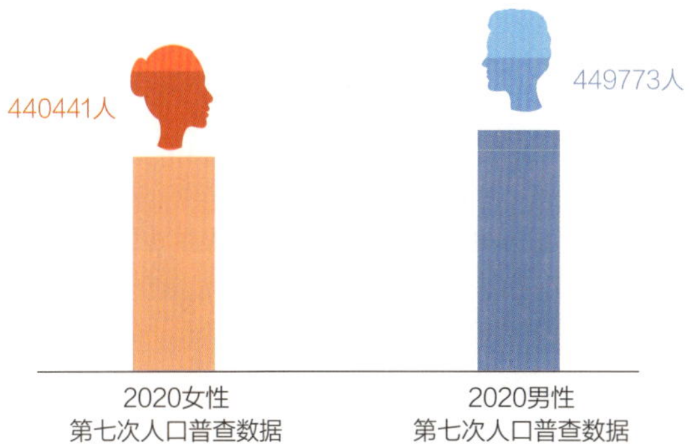

图 7 全区人口性别构成图

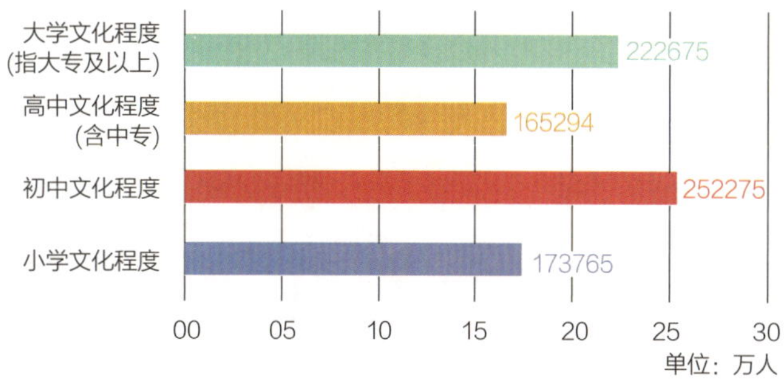

图 9 全区受教育程度人口图

人口年龄构成

全区常住人口中，0~14 岁人口为 149139 人，占 16.75%；15~59 岁人口为 609598 人，占 68.48%；60 岁及以上人口为 131477 人，占 14.77%；65 岁及以上人口为 95682 人，占 10.75%。

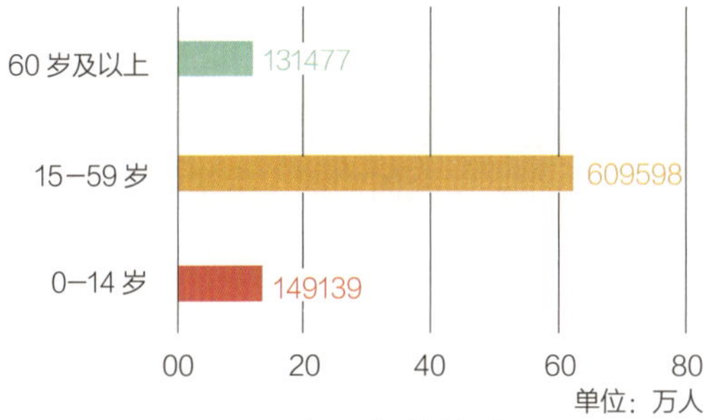

图 8 全区人口年龄构成图

受教育程度人口

全区常住人口中，拥有大学（指大专及以上）文化程度的人口为 222675 人；拥有高中（含中专）文化程度的人口为 165294 人；拥有初中文化程度的人口为 252275 人；拥有小学文化程度的人口为 173765 人（以上各种受教育程度的人包括各类学校的毕业生、肄业生和在校生）。与 2010 年第六次全国人口普查相比，每 10 万人中拥有大学文化程度的由 10772 人上升为 25014 人；拥有高中文化程度的由 13698 人上升为 18568 人；拥有初中文化程度的由 42056 人下降为 28339 人；拥有小学文化程度的由 26192 人下降为 19519 人。

全区常住人口中，15 岁及以上人口的平均受教育年限[5]为 11.22 年。

全区常住人口中，文盲人口（15 岁及以上不识字的人）为 4814 人，与 2010 年第六次全国人口普查相比，文盲人口减少 464 人，文盲率[6]由 1.01% 下降为 0.54%，下降 0.47 个百分点。

注 释：

[1] 本公报数据为初步汇总数据，部分数据因四舍五入的原因，总计与分项合计不相等。

[2] 普查登记的对象是指普查标准时点在中华人民共和国境内的自然人以及在中华人民共和国境外但未定居的中国公民，不包括在中华人民共和国境内短期停留的境外人员。

[3] 常住人口包括，居住在本乡镇街道且户口在本乡镇街道或户口待定的人；居住在本乡镇街道且离开户口所在的乡镇街道半年以上的人；户口在本乡镇街道且外出不满半年或在境外工作学习的人。

[4] 家庭户是指以家庭成员关系为主、居住一处共同生活的人组成的户。

[5] 平均受教育年限是将各种受教育程度折算成受教育年限计算平均数得出的，具体的折算标准是：小学 =6 年，初中 =9 年，高中 =12 年，大专及以上 =16 年。

[6] 文盲率是指常住人口中 15 岁及以上不识字人口所占比例。

光荣榜

表12

2020年长沙市望城区获省部级(含以上)奖励(命名)单位名单一览表

获奖单位	奖励(命名)名称	授奖(命名)单位
望城区	第二批全国全域旅游示范区	文化和旅游部
望城区	首批湖南省全域旅游示范区	湖南省文化和旅游厅
望城经开区	大中小企业融通型双创特色载体	工业和信息化部、财政部
乔口镇	2019年复评国家卫生乡镇	全国爱国卫生运动委员会
乔口镇	2020年农业产业强镇	农业农村部办公厅、财政部办公厅
区委组织部	全国组织系统信息报送先进单位	中共中央组织部
区委统战部	2020年度中国统一战线宣传工作先进单位。	中共中央统战部
区税务局	2019—2020年节约型公共机构示范单位	国管局、国家发展改革委、财政部
区机关事务局	2019—2020年度国家级节约型公共机构示范单位	国管局、国家发展改革委、财政部
雷锋纪念馆	全国文明单位	中央精神文明建设指导委员会
“雷锋号”青少年关爱家园	全国最佳志愿服务项目	中央精神文明建设指导委员会
区检察院	2020年度全国检察宣传先进集体	最高检、检察日报社
长沙市生态环境局望城分局	第二次全国污染源普查表现突出的集体	国务院第二次全国污染源普查领导小组
长沙市望城区教育局	“新时代好少年”主题教育读书活动“美好生活劳动创造”先进集体	教育部关工委
长沙市望城区教育局	2020年国家义务教育质量监测实施“县级优秀组织单位”	教育部基础教育质量监测中心
月亮岛街道党工委	湖南省先进基层党组织	中共湖南省委
月亮岛街道党工委	湖南省抗击新冠肺炎疫情先进集体	中共湖南省委、湖南省人民政府
区委政法委	望城区平安建设(综治工作)获2020年度湖南省先进区县(市)称号	中共湖南省委办公厅、湖南省人民政府办公厅
区人民法院	2020年度考核等次为优	湖南省高级人民法院

续表12

获奖单位	奖励（命名）名称	授奖（命名）单位
区人民法院	2018—2019成绩突出法院	湖南省高级人民法院
望城检察院	全省检察机关扫黑除恶专项斗争先进集体	湖南省人民检察院
望城检察院	2020年度全省检察机关优秀社会治理检察建议	湖南省人民检察院
湖南雷锋纪念馆正兴学雷锋志愿服务中心	湖南省最美文明实践志愿服务组织	湖南省精神文明建设指导委员会
望城一中	湖南省民族团结进步模范集体	湖南省人民政府
区社工总站	湖南省新冠肺炎疫情防控学雷锋志愿服务“最佳志愿服务组织”	湖南省精神文明指导委员会、湖南省学雷锋志愿服务工作委员会

表13

2020年长沙市望城区获省部级奖励（命名）个人名单一览表

获奖人	所在单位	奖励（命名）名称	授奖（命名）单位
肖　定	长沙市望城区广源种植合作社负责人	全国优秀农民工	国务院农民工工作领导小组
吴学文	长沙市生态环境局望城分局	第二次全国污染源普查表现突出的个人	国务院第二次全国污染源普查领导小组
徐正祥	望城区市场局退休干部	“诚实守信”类中国好人	中央精神文明建设指导委员会
冯正其	原望城县人民政府正县级顾问	全国关心下一代工作先进工作者	中国关心下一代工作委员会
刘典闳	望城区人民法院民事审判庭	荣誉天平奖章	最高人民法院
方鸿华	望城区人民法院综合办公室	全国法院第三十二届学术讨论会优秀奖	全国法院学术讨论组织委员会
袁志颖	望城区人民检察院	第三届全国检察官阅读征文活动二等奖（论检察机关捕诉一体化机制的完善）	最高人民检察院
黄煜华	望城区人民检察院	“2020年全国检察机关案件管理理论与实务研究”征文活动二等奖	最高检案件管理办公室
李晓辉	望城区疾病预防控制中心	湖南省抗击新冠肺炎疫情先进个人	中共湖南省委、湖南省人民政府
王甜佳	长沙市望城区高塘岭街道望府路社区党总支书记、居委会主任	湖南省抗击新冠肺炎疫情先进个人	中共湖南省委、湖南省人民政府
陈宏武	长沙市望城区人力资源和社会保障局	湖南省抗击新冠肺炎疫情先进个人	中共湖南省委、湖南省人民政府
盛壮猷	望城区人民医院急诊科主任	湖南省抗击新冠肺炎疫情先进个人	中共湖南省委、湖南省人民政府

续表13

获奖人	所在单位	奖励(命名)名称	授奖(命名)单位
张文清	乌山街道徐家桥社区居民	“见义勇为”类湖南好人	湖南省精神文明建设指导委员会
吴四华	湖南老兵网约车租赁有限公司、长沙华洋汽车租赁有限公司负责人	“助人为乐”类湖南好人	湖南省精神文明建设指导委员会
周伟强	白沙洲街道黄田村原村民委员会主任	“孝老爱亲”类湖南好人	湖南省精神文明建设指导委员会
刘春香	丁字湾街道丁字湾社区居民	“孝老爱亲”类湖南好人	湖南省精神文明建设指导委员会
徐正祥	望城区市场局退休干部	“诚实守信”类湖南好人	湖南省精神文明建设指导委员会
谭建祥	望城隆平蛟麟种植专业合作社理事长	“助人为乐”类湖南好人	湖南省精神文明建设指导委员会
吴丹霞	长沙医学院附属第一医院ICU主任	学雷锋疫情防控湖南好人	湖南省精神文明建设指导委员会
付峰波	长沙医学院附属第一医院急诊科主任	学雷锋疫情防控湖南好人	湖南省精神文明建设指导委员会
王　莎	长沙医学院附属第一医院ICU主治医师	学雷锋疫情防控湖南好人	湖南省精神文明建设指导委员会
何一伟	长沙医学院附属第一医院呼吸内科主治医师	学雷锋疫情防控湖南好人	湖南省精神文明建设指导委员会
欧阳杰	长沙医学院附属第一医院ICU护士长	学雷锋疫情防控湖南好人	湖南省精神文明建设指导委员会
孙一娟	长沙医学院附属第一医院ICU护师	学雷锋疫情防控湖南好人	湖南省精神文明建设指导委员会
陈坚志	长沙医学院附属第一医院ICU护师	学雷锋疫情防控湖南好人	湖南省精神文明建设指导委员会
李朵华	长沙医学院附属第一医院呼吸内科护师	学雷锋疫情防控湖南好人	湖南省精神文明建设指导委员会
王晓妍	长沙医学院附属第一医院呼吸内科护师	学雷锋疫情防控湖南好人	湖南省精神文明建设指导委员会
段晓芳	长沙医学院附属第一医院ICU护士	学雷锋疫情防控湖南好人	湖南省精神文明建设指导委员会
朱才高	长沙医学院附属第一医院耳鼻喉科主任	学雷锋疫情防控湖南好人	湖南省精神文明建设指导委员会
刘　歆	长沙医学院附属第一医院ICU医师	学雷锋疫情防控湖南好人	湖南省精神文明建设指导委员会
谢　静	长沙医学院附属第一医院发热门诊主任	学雷锋疫情防控湖南好人	湖南省精神文明建设指导委员会
吴海燕	长沙医学院附属第一医院中西医结合科护士长	学雷锋疫情防控湖南好人	湖南省精神文明建设指导委员会
李　展	长沙医学院附属第一医院心血管内科护士长	学雷锋疫情防控湖南好人	湖南省精神文明建设指导委员会
罗雅倩	长沙医学院附属第一医院ICU护士	学雷锋疫情防控湖南好人	湖南省精神文明建设指导委员会
杨思瑶	长沙医学院附属第一医院急诊科护师	学雷锋疫情防控湖南好人	湖南省精神文明建设指导委员会
石　琪	长沙医学院附属第一医院ICU护士	学雷锋疫情防控湖南好人	湖南省精神文明建设指导委员会
齐文英	望城区志愿者协会会长	湖南省最美文明实践志愿者	湖南省精神文明建设指导委员会
李　为	望城区人民法院执行局	关于对“基本解决执行难”工作表现突出的集体和个人表演通报	湖南省高级人民法院

续表13

获奖人	所在单位	奖励（命名）名称	授奖（命名）单位
方鸿华	望城区人民法院综合办公室	湖南省法院第十七届理论研讨会获三等奖	湖南省高级人民法院
方鸿华	望城区人民法院综合办公室	湖南省法院第十八届理论研讨会三等奖	湖南省高级人民法院
王 烨	望城区人民法院综合办公室	湖南省法院第十八届理论研讨会优秀奖	湖南省高级人民法院
徐 博	望城区人民法院执行局	湖南省法院第十八届理论研讨会优秀奖	湖南省高级人民法院
王思佳	望城区人民法院雷锋法庭	湖南省法院第十八届理论研讨会优秀奖	湖南省高级人民法院
袁志颖	望城区人民检察院	全省检察机关扫黑除恶专项斗争“先进个人”	湖南省人民检察院
袁志颖	望城区人民检察院	2019年度全国检察宣传先进个人	检察日报社
邓单丹	望城区人民检察院	2020年度全国检察宣传先进个人	检察日报社
孙 洁	长沙市望城区民政局	全省最美文明实践志愿者	湖南省精神文明指导委员会、湖南省学雷锋志愿服务工作委员会
李富强	长沙市望城区档案馆	2019年度湖南省地方志系统先进工作者	湖南省地方志编纂委员会
钟 佳	望城区人民医院药剂科	2020年中国药学会优秀科技志愿者	湖南省药学会基层药学专业委员会
钟 佳	望城区人民医院药剂科	2020年度优秀基层药师	湖南省药学会基层药学专业委员会

表14

2020年长沙市望城区获市厅级奖励（命名）单位名单一览表

获奖单位	奖励（命名）名称	授奖（命名）单位
望城区	2020年农村人居环境整治先进县市区	湖南省委农村工作领导小组
望城区	2020年实施乡村振兴战略先进县市区	湖南省委农村工作领导小组
望城区政府	2020年全省防汛救灾先进集体	湖南省防汛抗旱指挥部
望城经开区	获得全省省级及以上园区综合评价第一名	湖南省产业园区建设领导小组
望城经开区	全省园区高质量发展奖	湖南省工业和信息化厅
长沙铜官窑文化旅游度假区	省级旅游度假区	湖南省文化和旅游厅
区财政局	全省财政税政法制工作绩效评价获奖单位	湖南省财政厅
区财政局	2019年度非税收入征管工作先进单位单位	湖南省财政厅

续表14

获奖单位	奖励(命名)名称	授奖(命名)单位
区商务局	2020年度全省商务工作先进单位	湖南省商务厅
区商务局	全省商务系统稳外贸考核优秀单位	湖南省商务厅
区商务局	2020年度湖南省对区县(市)电商扶贫考核评定中获评优秀	湖南省商务厅
区委网信办	2020年度全省网络舆情信息工作先进单位	湖南省委网信办
区委网信办	“网络安全公益微视频征集评选活动”二等奖	湖南省委网信办
区工商联	2020年度湖南省“五好”县级工商联	湖南省工商联
区工商联	2020年全省统战理论政策研究创新成果二等奖	湖南省委统战部
白箬铺镇	湖南省计划生育基层群众自治先进乡镇街道	湖南省计划生育协会
白箬铺镇大塘村	湖南省民主法治示范村(社区)	湖南省司法厅
白箬铺镇黄泥铺村	湖南省交通安全示范村	湖南省公安厅交通警察总队
高塘岭街道	湖南省星级财政所	湖南省财政厅
长沙市望城区丁字湾街道商会	湖南省抗击新冠肺炎疫情先进单位	湖南省工商业联合会
乔口镇统计站	湖南省“双基”示范优秀统计站	湖南省统计局
区交通局	湖南省2020年度普铁安全环境整治真抓实干督查激励先进单位	湖南省政府办公厅
区人社局	2020年度城乡居保经办管理服务工作优秀单位	湖南省居民社会养老保险管理服务中心
区交通局	全省县市区综合排名并列第一	湖南省加强治理车辆超限超载工作办公室
区卫健局	2020年度全省计生协重点工作优秀单位	湖南省计划生育协会
区卫健局	湖南省无偿献血先进区奖	湖南省卫生健康委、湖南省红十字会
国家统计局望城调查队	统计法治、农业调查、居民收支调查、信息化与网络安全等工作获2020年度业务工作考核优秀等次	国家统计局湖南调查总队
区消防救援大队	全面先进基层单位	湖南省消防救援总队党委
区粮食和物资储备事务中心	全省政策性粮食库存数量和质量大清查先进单位	湖南省粮食和物资储备局、政策性粮食库存大清查省级协调机制办公室
区价格监测认证中心	先进价格认定机构	湖南省价格认证中心
区农机事务中心	2020年全省农机安全工作先进单位	湖南省农机事务中心
雷锋纪念馆	湖南省模范职工之家	湖南省总工会
雷锋慈善会	慈善工作先进单位	湖南省慈善总会

续表14

获奖单位	奖励(命名)名称	授奖(命名)单位
区妇女联合会	湖南省家庭工作先进集体	湖南省妇女联合会
区妇女联合会	2020年度湖南省巾帼建功先进集体	湖南省妇女联合会
区妇女联合会	2020年度湖南省妇联舆论宣传阵地建设表现突出单位	湖南省妇女联合会
区教育局	湖南省第五届中学生班级合唱比赛优秀组织奖	湖南省教育厅
区应急管理局	2020年度全市安全生产和消防工作考核优秀单位	中共长沙市委、长沙市人民政府
区委政法委	望城区平安建设(综治工作)获2020年度长沙市红旗区县(市)称号	中共长沙市委办公厅、长沙市人民政府办公厅
区人民法院	2020年度全市法院工作先进单位	长沙市中级人民法院
区人民法院	全市法院2020年度案例工作先进集体	长沙市中级人民法院
区人民法院	全市法院2020年度调研论文工作先进集体	长沙市中级人民法院
区人民检察院	2019年度长沙检察机关优秀案件	长沙市人民检察院
区人民检察院	2019年度长沙检察机关优秀检察建议	长沙市人民检察院
区人民检察院	长沙市检察机关公诉人辩论赛优胜集体奖	长沙市人民检察院
区供销合作社联合社	全国供销社系统百强县(区)级社	中国供销合作社
农业银行望城支行	2020年度一级支行经营管理先进单位	中国农业银行湖南省分行

表15

2020年长沙市望城区获市厅级奖励(命名)个人名单一览表

获奖人	所在单位	奖励(命名)名称	授奖(命名)单位
阳丽波	长沙市望城区委党校	湖南省五一劳动奖章	湖南省总工会
石　为	长沙市望城区茶亭镇中心卫生院中医内科副主任医师	湖南省先进工作者	湖南省总工会
王　天	长沙市望城区委党校	“党课开讲啦”活动二等奖	湖南省委组织部
万方琦	望城区人民检察院	2019年度省直非税收入执收工作先进个人	湖南省财政厅
冯正其	原望城县人民政府正县级顾问	湖南省离退休干部先进个人	中共湖南省委组织部、省老干局
冯正其	原望城县人民政府正县级顾问	“湖南省最美传承之星”	中共湖南省委老干部局

续表15

获奖人	所在单位	奖励(命名)名称	授奖(命名)单位
何晓倩	长沙市望城区发改局	优秀价格认定人员	湖南省价格认证中心
何青山	望城区文化市场综合行政执法大队	湖南省2020年度“扫黄打非”先进个人	湖南省扫黄打非领导小组办公室
王　宇	望城区人民医院感染科	湖南省新冠肺炎疫情防控护理工作先进个人	湖南省卫健委
谢迎辉	望城区司法局	湖南省最美妇联人	湖南省妇联
李文祥	望城区生态环境保护综合行政执法大队	全省生态环境保护工作先进个人	湖南省生态环境厅
高　峰	望城区农机事务中心	2020年全省农机安全监理示范岗标兵	湖南省农业农村厅
龙　峰	长沙市望城区人民法院综合办公室	2019年度案例工作优秀通信编辑	长沙市中级人民法院
王　烨	长沙市望城区人民法院综合办公室	2020年度案例工作优秀通信编辑	长沙市中级人民法院
王　烨	长沙市望城区人民法院综合办公室	2020年度调研论文组织工作先进个人	长沙市中级人民法院
陈　江	长沙市望城区人民检察院	长沙市检察机关公诉人辩论赛十佳公诉人	长沙市人民检察院
袁志颖	长沙市望城区人民检察院	长沙市检察机关公诉人辩论赛优秀公诉人	长沙市人民检察院
刘　宇	望城一中	长沙市优秀校长	长沙市人民政府
齐双辉	望城一中	长沙市优秀教师	长沙市人民政府

组织机构

长沙市望城区组织机构及负责人名录

中共长沙市望城区委员会

书　　记　刘拥兵
副 书 记　范焱斌　喻志军
常　　委　彭保刚　周志辉　姚建刚
苏春光　戴水文　喻霞元
陶建军　肖三军

区委办公室

主　　任　戴水文
副 主 任　高　明　龙　军　王　卿
杨文耀（2020 年 6 月任）
袁文科（2020 年 4 月免）
派驻纪检监察组组长　王华璇

区直属机关工作委员会

常务副书记　郭荣辉（2020 年 6 月任）
李文沙（2020 年 4 月免）
副 书 记　夏迎春
彭　伟（2020 年 6 月免）
纪工委书记　谢　泉
机关联合工会主席　周千合

区委组织部

部　　长　陶建军
二级调研员　易　翔
副 部 长　郭文波　胡　震
陈宏武（兼职）
胡　勇（2020 年 8 月任）
黄　彩（2020 年 8 月免）
派驻纪检监察组组长　陈　艳

区委宣传部

部　　长　姚建刚
副县级干部　李　宏
副 部 长　姚　静（2020 年 6 月任）
黄跃新　周登攀
周立仁（2020 年 4 月免）
派驻纪检监察组组长　仇定文
区文明办主任　蒋　波

区委统战部

部　　长　喻霞元
副 部 长　唐晓卫　刘　平
袁安波（2020 年 7 月任）
苏景文（2020 年 7 月免）

区委机构编制委员会办公室

主　　任　黄　彩（2020 年 8 月任）
冯群芳（2020 年 8 月免）
副 主 任　张　浩
杨继承（2020 年 10 月免）

区委网络安全和信息化委员会办公室

主　　任　周伟红
副 主 任　周　昕　曾海亮
肖　灿（2020 年 7 月任）
肖　卓（2020 年 7 月免）

区委党校

校　　长　喻志军
常务副校长　黄辉宏
副校长（主持工作）　姚　杰

副　校　长　李果实　王　勇
教　育　长　张丽斐

区委党史联络组

组　　长　高　潮

区档案馆（区委党史研究室、区地方志编纂室）

馆　长（主　任）　苏景文（2020年7月任）
朱凌云（2020年7月免）
副馆长（副主任）　简　艳　龙　宇

区老干部服务中心

主　　任　李　敏
副　主　任　彭运霞（2020年7月任）
郭昱材
罗淑冬（2020年5月免）

区关心下一代工作委员会

主　　任　杨万平

长沙市望城区人民代表大会常务委员会

主　　任　喻金平
副　主　任　文菊华　丁四明
陈亮伟　邓建华
何迎春（2020年1月任）

长沙市望城区人民代表大会专门委员会

区人大民族华侨外事委员会
主任委员　刘文术
区人大监察和司法委员会（法制委员会）
主任委员　李小阳
副主任委员　王卫军
区人大财政经济委员会（区人大常委会预算工作委员会）
主任委员　舒　勇（2020年5月任）
阳立强（2020年5月免）
副主任委员　胡　可（2020年5月任）
沈　勇（2020年5月免）
区人大教育科学文化卫生委员会
主任委员　朱争波
副主任委员　周智敏
区人大环境与资源保护委员会
主任委员　杨立新
副主任委员　曾永胜
区人大农业与农村委员会
主任委员　李智勇（2020年7月任）
王　彬（2020年4月免）
副主任委员　冯　铮
区人大社会建设委员会
主任委员　向章平
副主任委员　周　虹

长沙市望城区人民代表大会常务委员会工作机构

区人大常委会办公室（信访办公室）
主　　任　徐志辉
副　主　任　王亚平
区人大常委会选举任免联络工作委员会
主　　任　毛正标
副　主　任　蔡　英
区人大常委会下设代表服务中心
主　　任　易兴伟（2020年10月任）

长沙市望城区人民政府

区　　长　范焱斌
副　区　长　周志辉　苏敏芳　凌泽民
聂　荣　周正茂　易文龙
杨钦涵
副调研员　李湘清　杨建湘　周恩保
兰志刚　邓桂军　周国忠

长沙市望城区人民政府办公室

主　　任　万畅红
副　主　任　何建新　熊奇志
贺锡泉（兼职）　甘志武
文德霖（兼职，2020年4月任）
刘海林　丁永胜　周建波
刘建春（2020年5月任）
刘本日（2020年6月任）
刘　佳（2020年5月免）
王立志（2020年5月免）
派驻纪检监察组组长　欧　茂

区人力资源和社会保障局

党组书记、局长　陈宏武
党组副书记、副局长　范新建（2020年10月免）
党组成员、副局长　袁彬文　余晓阳
党组成员　魏胜国

区重点建设项目事务中心

党组书记、主任　吴世昌（2020年5月任）
党组成员、副主任　李春生　陈　浩　孔伟锟
副　主　任　谭　思

区征地服务中心

党组书记、主 任　余　波
党组成员、副主任　柳森柯　周智勇　周　勇

区行政审批服务局

党组书记、局长　邓树林
党组副书记、副局长　黄建波
党组成员、副局长　李雄辉　黄果平

区信访局

党组书记、局 长　贺锡泉
党组成员、副局长　陈曙光　李光祥　罗思敏

区社会治理服务中心

党组书记、主 任　黄海文
党组成员、副主任　张　亮　杨　进

区应急管理局

党委书记、副局长　周宏杰
党委副书记、局长　黄纳新
党委副书记、副局长　杨文广
党委成员　汪曙光
党委成员、副局长　吉光明　陈凡辉
李月兰（2020年4月免）

区数据资源中心

党组书记、主任　邹　勇
区数据资源中心副主任　刘　臻
龙　双（2020年7月任）
易振君（2020年7月免）

区机关事务中心

主　　任　谭　灿
副 主 任　程新平　罗　旭

政协长沙市望城区委员会

主　　席　骆志平
副 主 席　凌立霞　蔡　锋
严毅夫（2020年2月免）
李建龙（兼职）　张锰辉
秘 书 长　肖泽晋

政协长沙市望城区委员会常设机构

办公室
主　　任　肖泽晋
副 主 任　冯　恋
委员学习联络委员会
主任委员　李树发
副主任委员　周　玲
提案委员会
主任委员　朱红胜
副主任委员　邓志宏
经济科技和外事委员会
主任委员　李　达（2020年7月任）
王　准（2020年5月免）
副主任委员　胡　灿
农业农村和人口资源环境委员会
主任委员　徐　高
文化教育卫生体育和文史委员会
主任委员　凌小妹
副主任委员　周　可
社会法制和民族宗教委员会
主任委员　高　峰
副主任委员　周英姿

中共长沙市望城区纪律检查委员会

区纪委书记　彭保刚
常务副书记　黄祥明
副 书 记　余卫东　王志华
纪委常委　陈宇旭　罗茂林　李　书
熊铁兵　谢哲明

长沙市望城区监察委员会

主　　任　彭保刚
副 主 任　黄祥明　余卫东　王志华
委　　员　陈宇旭　罗茂林　熊铁兵
吕景俊　何　杨

区委巡察办

主　　任　雍　佳
副 主 任　张德智　阙　硕
李　斌（2019年12月任）

区委巡察组

区委巡察组组长　王　宏　周　翔
胡志刚　焦　广
区委巡察组副组长　谢文武　熊小文
杨　英　陈庆芳

望城区工商业联合会

主　　席　李思慧（2020年7月任）
何迎春（2020年7月免）
党组书记　刘　平
副 主 席　易小玲　陈光宏
杨文朴（挂职2020年9月任）

	杨日平（兼职） 方 鸿（兼职）
	毛铁（兼职） 王德良（兼职）
	许愔（兼职） 魏海京（兼职）
秘书长	易小玲（兼职）

望城区总商会

会长	李思慧（2020年7月任）
	何迎春（2020年7月免）
副会长	易小玲 陈光宏
	朱桂洪（兼职） 邹建成（兼职）
	代志国（兼职） 刘先麟（兼职）
	陈 露（兼职） 刘师伟（兼职）
	颜小冬（兼职） 何厚廷（兼职）
	袁 虎（兼职） 李小英（兼职）

区总工会

主席	杨奇才
副主席	谭 舟 王冬梅
	张 萍（挂职）
	李栋梁（兼职）
	潘丽娜（兼职）

共青团望城区委员会

书记	冯俊凯
副书记	骆 韵
	魏 薇（2020年7月任）
	彭紫嫣（挂职，2020年10月任）
	陈 佩（兼职，2020年10月任）
	王 俊（兼职，2020年10月任）
	李亚祥（兼职，2020年10月任）
	张璐琪（2020年6月免）
	喻 灼（挂职，2020年11月免）

区妇女联合会

党组书记、主席	刘群英
党组成员、副主席	何 莉（2020年6月任）
	肖 敏（2020年6月任）
	吕红梅（2020年6月免）
副主席	彭 阳（2020年6月免）
副主席（挂职）	刘幽羽（2020年10月任）
	蔡孝妮（2020年8月免）

区残疾人联合会

副主席、理事长	李 峰
党组书记、副理事长	舒慧颖
党组成员、副理事长	廖应林

区归侨侨眷联合会

主席	罗丽华
秘书长	莫小代

区红十字会

会长	苏敏芳（女）
常务副会长	罗立新

区社会科学界联合会

主席	李 宏
副主席	黄国梁 龙 波 夏志刚
	李果实 严 璐 秦岳良
	肖正祥 吴 琪
秘书长	丁珍珍

区委政法委

区委常委、政法委书记	苏春光
常务副书记	瞿礼义
副书记	邹 金 欧文武
政法委纪检组组长	瞿钢冰
政法委员	黄 刚 熊立宏 张洪亮
	袁雄文 骆 端

长沙市公安局望城分局

区人民政府副区长、区公安局党委书记、局长	凌泽民
党委副书记、政委	彭 亮
党委副书记、常务副局长	刘勇兵
区纪委派驻公安局纪检组长、党委委员、副政委	彭文格
党委委员、副局长	杨智明 黄建刚 梁志刚
党委委员、副政委	李志良
党委委员、副政委、政工室主任	胡凌志

区公安局交通警察大队

大队长	唐 波
教导员	毛明辉
副大队长	李 钢 吴 浩
	彭震益 张 勇

区消防救援大队

大队长	张志军
教导员	燕 路（2020年11月任）
	邹伟民（2020年11月免）

区人民检察院

党组书记、检察长	宫 平

党组成员、副检察长	易为志（2020 年 4 月任） 曾陕青 李　翔（2020 年 4 月免）
副 检 察 长	江　朔
党 组 成 员	张　平　滕森林

区人民法院

党组书记、院长	龙兴盛
党组成员、副院长	刘昌济
党组成员、副院长、政治部主任	江　革
党组成员、执行局长	李　为
党组成员、副院长	周　赞（2020 年 4 月任） 黄胜华（2020 年 4 月免）
副　院　长	吴　暄（2020 年 4 月任） 郭　峰（2020 年 4 月免）
党 组 成 员	周　丹（2020 年 4 月免）

区司法局

党组书记、局长	廖忠宇
党组副书记	姚建明（2020 年 4 月免）
副局长	姚建明（2020 年 7 月免）
党组成员、副局长	张树雄
党组成员、政工室主任	王炽炎
党组成员、副局长	尹伟博

区退役军人事务局

党组书记、局长	周建武
党组副书记、副局长	谭浩波
党组成员、副局长	杨罗群
党 组 成 员	段石虎

区发展和改革局（粮食和物资储备局）

党组书记、局长	周志国（2020 年 5 月任） 舒　勇（2020 年 5 月免）
党 组 成 员	杨政海
党组成员、副局长	刘　洋　文志勇
副　局　长	邱　进

区财政局

党组书记、局长	吴南军
党组副书记、副局长	姚正祥
区纪委派驻财政局纪检组组长、党组成员	颜长青
党组成员、副局长	张亚波 刘建春（2020 年 5 月免） 何志强（2020 年 7 月任）
党组成员、总会计师	姚铁柱（2020 年 7 月任） 何志强（2020 年 6 月免）

长沙市望城区国有资产事务中心

主　　任	邓　皓
党 组 成 员	邓铁辉
党组成员、副主任	彭　磊

国家税务总局长沙市望城区税务局

党委书记、局长	井晓宇（2020 年 12 月任） 朱浩光（2020 年 12 月免）
党委副书记、副局长	阳国锋（2020 年 12 月免） 朱清平（2020 年 12 月免）
党委委员、副局长	丁寿斌　杨习宇　杨　高 熊志勇　王斌辉　朱　峰 龚红吉　杨　忠 敖　凯（挂职，2020年6月任）
党委委员、纪检组长	平金明

区统计局

党组书记、局长	冯德亮
副　局　长	蔡　江
党组成员、总统计师	唐启平
党组成员、副 局 长	肖　佳（2020 年 5 月任）

国家统计局望城调查队

队　　长	谭正强
副　队　长	任建良
纪　检　员	谢　意

区市场监督管理局（望城区知识产权局、望城区市场监督管理综合行政执法大队）

党组书记、局长、区知识产权局局长、大队长	朱飞跃
党组副书记、副局长	徐文昌
党 组 成 员	刘小松
党组成员、副局长	周建刚　夏　平　莫正波 许德山　谭志波
党 组 成 员	龚建国（2020 年 10 月免）

区审计局

党组书记、局长	任长庚
党组成员、副局长	朱海波
党组成员、总审计师	何永忠
副　局　长	梁　茜
党 组 成 员	刘伦伟　严建武 刘　娟　余　威

自然资源和规划分局

党组书记、副局长	张宏彬
党组副书记、局长	舒志清
党组成员、副局长	张建林　陈舸夫　李园红　李　华　肖新苗　廖运华
党组成员、执法大队长	李再军

区农业农村局

党组书记、局长	刘文勇
党组副书记、局长	胡阳光
党组成员、区纪委派驻纪检组组长	黄　超
党组成员、副局长、原种场场长	李　奇
党组成员、副局长	骆孟国　胡　伟　陈　杰　周红宇　肖剑龙　何泽恩　肖建新
党组成员	王望成（2020年4月免）

区农机事务中心

主任	李志刚　周　准（2020年11月免）
副主任	程润强　高　峰　童瑞金　黄岳元

区水利局

党组书记、局长	朱起志
党组成员、副局长	周云凌　虢昀晖　李代良　周建清　朱小平（2020年5月免）
党组成员、总工程师	罗谷雨

长沙市望城区水利投资发展集团有限公司

党委书记、董事长	李志钢
党委副书记、总经理	李　军（2020年5月任）　袁　艺（2020年5月免）
党委委员、纪委书记、监事长	方　起
党委委员、副总经理	吴　锋　王海祥　郑文军　朱　宁
副总经理	骆　晟（2020年7月任）
文旅投总经理	郭开宇

区气象局

局长	张淼文
副局长	邹　胤　陈久塍

长沙市望城区工业和信息化局

党组书记、局长	黄建平
党组成员、副局长	佘君武　陈　涛
副局长	李　玲

湖南望城经济开发区管理委员会

党工委书记	周　剀
党工委副书记、管委会主任、铜官工业园书记	郑以仁
党工委委员	李小平
党工委委员、管委会副主任	佘浩宇
党工委委员、纪工委书记、监察工委主任（兼职）	谭利辉
党工委委员、管委会副主任	姚罗光　肖　逸
调研员	李新宇　谭平安　涴望民

湖南望城国家农业科技园区

党工委书记	吕凯兴
党工委副书记、管委会主任	黄立武
党工委委员、纪工委书记、监委会主任	符刚耀
党工委委员、管委会副主任	刘　城　周智斌（2020年11月任）　李思慧（2020年7月免）

望城高新区

望城经开区党工委副书记、管委会主任、望城高新区党工委书记	郑以仁
党工委副书记、管委会主任	彭国祥
党工委委员、纪工委书记	邓治国
党工委委员、管委会副主任	任谷良　王　鹏
管委会副主任	刘海波

长沙市望城区滨水新城管理委员会

党工委书记	杨钦涵
党工委副书记、管委会主任	文德霖
党工委副书记、管委会副主任	张朝辉
党工委委员、纪工委书记	李　丹
党工委委员、管委会副主任	杨铁军
综合管理部	
部长	赵卓炜
副部长	罗明军　刘　峥
规划建设部	
部长	宁静宇

副　部　长　　龚细武　陈立祝

招商项目部

部　　长　　杨　彬

副　部　长　　王惠良　苏　侃

长沙市望城区商务局

党组书记、局长　　谢洪波

党组成员、副局长　　陈端霞　罗　懿　曾伟军

长沙市望城区供销合作社联合社

党组书记、理事会主任　　杨　军

党组成员、理事会副主任　　李红玉

党组成员、监事会主任　　尹志强

党组成员、理事会副主任　　彭雄伟

区粮食和物资储备事务中心

党组书记、主任　　吴华林

党组成员、副主任　　黄勇军　夏　昊

长沙市望城区烟草专卖局

党组书记、局长、经理　　吕劲松

党组成员、副经理　　刘　军（2020年10月任）
王中文（2020年5月免）

党组成员、纪检组组长　　陈洁华（2020年11月任）
谭全军（2020年10月免）

党组成员、副局长　　徐自立

湘江古镇群事务中心

主　　任　　韩　洁

雷锋纪念馆

党组副书记、馆长　　余旭阳

党　组　书　记　　邹　文（2020年7月任）

党组成员、副馆长　　刘　燕　廖志军

长沙铜官窑遗址管理处

党组书记、主任　　刘洪波

党组成员、副主任　　叶剑楠

副　主　任　　刘　厚（2020年7月任）
何　莉（2020年6月免）

长沙黑麋峰国家森林公园管理处

主　　任　　陈　浪

副　主　任　　饶　欢　许　威

长沙市望城区金融工作办公室

主　　任　　杨志军

副　主　任　　肖　宇

党组成员、副主任　　朱小彪　程　华

中国人民银行望城支行

支　行　行　长　　陆文贤（2020年6月任）
胡丕吉（2020年1月免）

支行副行长　　邱　昕（2020年9月任）
刘志刚（2020年5月免）

派驻纪检监察组组长　　金自强（2019年5月任）

中国银行望城支行

支　行　行　长　　张　勋

支行副行长　　张　琴　熊　亚

中国工商银行股份有限公司望城支行

支　行　行　长　　桂　晖

支行副行长　　周新平　刘　军　吴　亮

中国建设银行股份有限公司望城支行

支　行　行　长　　唐　韬　尚朝辉

支行副行长　　李海燕　邓鹏飞　陈力丹

中国农业银行股份有限公司长沙望城支行

支　行　行　长　　廖　旺

支行副行长　　熊　滔　孙　承
欧阳斐　刘　潇

纪　委　书　记　　彭　潇

中国农业发展银行望城支行

党支部书记、行长　　杨　艳

党支部委员、副行长　　游建平　陈　宇

中国邮储储蓄银行望城支行

支　行　行　长　　阳小玲

支行副行长　　刘希岩　杨　朝

长沙农村商业银行股份有限公司望城支行

支　行　行　长　　黄治国

支行副行长　　曹　军

行　长　助　理　　易树林　周　煌

长沙银行望城支行

支　行　行　长　　刘红伟

支行副行长　　王　珊　李　婷　汤哲明

支行工会主席　　刘树红

办公室主任　　早　苑

招商银行股份有限公司长沙雷锋支行

支　行　行　长　　陈　科

支行副行长　　谢思思

光大银行望城支行

支行行长　李小峰
支行副行长　徐　灿　周永青

中国人寿保险股份有限公司望城支公司

经理　胡　觉
副经理　曾日红　李海军
办公室主任　王　丹

中国人民财产保险股份有限公司望城支公司

经理　王　储
副经理　宁致远　严　宇
经理助理　贵少龙　邓　卓
见习经理　卢　浩

区交通运输局

局党组书记、局长　谭　磊　周建波
局党组成员、纪检派驻组长　莫泽伟
局党组成员、副局长　李　溪　王向阳　田　维　沈　勇（2020 年 5 月免）
局党组成员、总工程师　骆　晟（2020 年 5 月任）

区公路养护中心

党组书记、主任　王立志（2020 年 5 月任）
党组成员、副主任　曾召速　肖　华　李　丹　黄立春

中国邮政集团长沙市望城区分公司

总经理、党委副书记　罗　俊
纪委书记、副总经理　胡舒展
工会主席、副总经理　何　山
副总经理　傅　豪
综合办公室（安全保卫部）经理　易　军

中国电信望城分公司

经理　蒋　涛
副总经理、工会主席　张　华
党委委员副总经理纪委书记　罗志权
党委委员副总经理　侯　龙
党委委员综合部主任　周大江

中国移动通信集团有限公司长沙市望城区分公司

经理　喻彩斌
群团委员副经理　万　立
经检委员副经理　刘　戈
宣传委员工会主席副经理　胡雪峰
组织委员资深经理　李碧洋
综合部主任　向秀兰

中国联合网络通信有限公司望城区分公司

总经理　项　旭
副总经理党支部书记　廖生林
副总经理　张　宁

国网湖南省电力有限公司长沙市望城区供电分公司

总经理、党委副书记　彭信淞

区住房和城乡建设局（人民防空办公室）

党组书记、副局长　熊建新
党组副书记、局长　张妹辉
区纪委派驻局纪检组组长　郭佳华
副局长　谭　刚　焦放军　廖　勇　徐碧波（2020 年 7 月任）　周晓辉（2020 年 10 月免）
总工程师　刘日刚

区住房保障服务中心

党组书记、主任　黄　定
党组成员、副主任　黄志勇　肖新民

区城市管理和综合执法局

党组书记、副局长　周国如
局长　谢　孟
区纪委派驻区城管执法局纪检监察组组长、党组成员　唐永岗
党组成员、副局长　李　栋　唐华大　言福明　彭亚拉　程　维　洪　峰（2020 年 7 月免）
党组成员　谭　勇
城市管理执法大队教导员　洪　峰（2020 年 7 月任）
副局长　鲁　进
行政综合执法大队副大队长　吴灿波　杨　闯
城管执法大队副大队长　朱海胜　阳　勇
渣土事务中心主任　吴　昊

区市政设施维护中心

党组书记、主任　易又文

党组成员、副主任　刘航舟
钟　宇（2020 年 7 月任）
夏炼佳（2020 年 7 月免）

区园林绿化维护中心

主　　任　张　勇
副 主 任　夏　强　刘　奇

区市容环境卫生维护中心

党组书记、副主任　谭建刚
党组副书记、主任　寻献中（2020 年 7 月任）
党组成员、副主任　吴　霞
副 主 任　周　旺（2020 年 7 月任）

区城市建设投资集团有限公司

党委书记、董事长　刘灿辉
党委副书记、总经理　易　文
党委委员、纪委书记、监事长　谭未明
党委委员、副总经理　钟德星　赵　昂
余　双　魏　来
副总经理　胡清明
总工程师　赵　江

长沙市生态环境局望城分局

党组书记、局长　彭　亮
党组成员、副局长　徐佳辉　虢再华　熊锡军

区妇幼保健计划生育服务中心

院　　长　廖哲辉

区疾病预防控制中心

主　　任　赵劲良
书　　记　程　发

区卫生计生综合监督执法局

局　　长　段　琼

区人民医院

院　　长　张曙林
党委书记、副院长　吴　超

区卫健局

党组书记、局长　刘迎秋
党组副书记、副局长　陈泽军
纪检组组长、党组成员　熊　冰
党组成员、副局长　程新和　李国军
李征斌　冯双炎
副 局 长　张　林

区血吸虫病防治站

站　　长　张　伟

区精神病医院

院　　长　易志雄

区心脑血管病专科医院

院　　长　陈学云

区教育局

党组书记、局长　李树先
区纪委监委驻区教育局纪检监察组组长、党组成员　黄海辉
党组成员、副局长　刘　勇　李　晟
副 局 长　戴金利（2020 年 7 月任）
主任督学、教育督导室主任　李力行

长沙市望城区中小学教师发展中心

主　　任　龙飞跃
副 主 任　唐　卓　周国庆

望城区第一中学

校长、党总支副书记　刘　宇
党总支书记　朱凌云（2020 年 7 月任）
副 校 长　谢永兴　冷　圣

区职业中等专业学校

党总支副书记、校长　张红元（2020 年 3 月任）
党总支书记　李颂武
党总支委员、副校长　文学兵
陈昆明（2020 年 12 月免）
汪志明

区科技局

党组书记、局长　杨东方
党组成员、副局长　刘　英　任成进
党组成员　文革委

区科学技术协会

党组书记、副主席　严　璐
主　　席　严　璐（2020 年 10 月任）
李建龙（2020 年 10 月免）
党组成员、副主席　杨　红

副　主　席　张海斌
胡维平(兼职,2020年10月任)
戴金利(兼职,2020年10月任)
李国军(兼职,2020年10月任)
戴智勇(兼职,2020年10月任)
喻　祺(兼职,2020年10月任)

区文化旅游广电体育局

党组书记、副局长　龚国华(2020年5月任)
张红元(2020年3月免)
局　长　袁　艺(2020年6月任)
党组副书记、局长　龙　波(2020年5月免)
党组成员、副局长　周景光　胡正科
冯静妮　邵志军
刘　厚(2020年6月免)

区文化市场综合行政执法大队

大　队　长　袁　艺(2020年10月任)
专职副大队长　周景光(2020年10月任)

区体育运动中心

主　任　伍　亮(2020年7月任)
副　主　任　袁翠平

区文化馆

党支部书记、副馆长　朱净波

区雷锋图书馆

党支部书记、馆长　任　卓

湖南省新华书店有限责任公司长沙市望城区分公司

经理、党支部书记　李旭群
副　经　理　杨　翼　魏　萍

区花鼓戏剧团

党支部书记、团长　易辉洪

公益电影服务中心

党支部书记、主任　谭　超

区融媒体中心

党组书记、副主任兼副总编辑　万成模
党组副书记、主任兼总编辑　李小春
副主任兼副总编辑　易振君(2020年7月任)
党组成员、副主任　黄称忠
总　监　瞿　佳

区民政局

党组书记、局长　丁　翔
党组副书记、副局长　张志敏
党组成员、副局长　严　娟(2020年12月免)
副　局　长　黄小娟

长沙住房公积金管理中心望城区管理部

主　任　左爱莲
副　主　任　陈　智

区医疗保障局

党组书记、局　长　周剑波
党组成员、副局长　黄炎刚

丁字湾街道

党工委书记　曹　文
党工委副书记、办事处主任　刘倍求
党工委副书记　杜江军(2020年8月任)
胡　勇(2020年8月免)
党工委委员、人大工委主任　王　彪
党工委委员、办事处副主任、政协联络工作负责人　蔡海龙(2020年5月任)
方尉茗(2020年5月免)
党工委委员、纪工委书记　余高建
党工委委员、办事处副主任　杜江军(2020年8月免)
蔡海龙(2020年5月免)
党工委委员、组织委员、宣传委员　张高照
办事处副主任　李　花
人大工委副主任　王　铭

铜官街道

党工委书记　吴　刚(2020年5月任)
党工委副书记、办事处主任　龙　波(2020年5月任)
党工委副书记　杨　磊
党工委委员、人大工委主任　易　皋
党工委委员、纪工委书记　刘　灿
党工委委员、办事处副主任、政协联络处主任　余匹雄
党工委委员、办事处副主任　曾向阳
党工委委员、组织委员、宣传委员　潘　灿
党工委委员　何　柳
办事处副主任　谭佳惠
办事处副主任　余　彪
人大工委副主任　张君宇(2020年6月任)

高塘岭街道

党工委书记	刘国富
办事处主任	易　涛
人大工委主任	毛　旭 李智勇（2020年7月免）
党工委副书记	佘敏威（2020年7月任）
政协联络处负责人	姚帅军
党工委委员、纪工委书记	王泽林（2020年7月任） 何铁亮（2020年7月免）
党工委委员	潘志高　李先知 徐铁武　周志刚 龙峙延（挂职，2020年5月任） 姚帅军　周曼红　李　林 吕红梅（2020年7月任） 陈望福（2020年5月免）
办事处副主任	徐铁武　姚帅军 李　林　唐　勇 李　达（2020年7月免） 粟　强（2020年5月免）
人大工委副主任	魏　伟

乌山街道

党工委书记	梁志辉
党工委副书记、办事处主任	文　侠
党工委副书记	龙　尧（2020年7月任） 舒　泽（2020年6月免）
党工委委员、人大工委主任	舒　泽（2020年8月任） 刘志国（2020年7月免）
党工委委员、纪工委书记	周志兵（2020年7月任） 刘树松（2020年6月免）
党工委委员、办事处副主任	杨　胜　徐　昆 余艳辉（2020年7月任） 彭跃军（2020年6月免）
党工委委员	唐海凡　刘　佶 李再武（2020年3月免）
党工委委员、政协联络工作负责人、办事处副主任	文曙光
办事处副主任	戴　宇　刘贞勇 袁　鑫（2020年6月免）
人大工委副主任	李　科

金山桥街道

党工委书记	杨　毅
党工委副书记	欧阳钟　陈铁武
办事处主任	欧阳钟
人大工委主任	任斗霓（2020年8月任） 熊　昭（2020年5月免）
政协联络工作负责人	刘树松（2020年7月任） 任斗霓（2020年7月免）
纪工委书记	袁本超
组织委员、宣传委员	周　斌
党工委委员	任斗霓　袁本超　易正民 王　帆　周　斌 刘树松（2020年7月任） 熊　昭（2020年5月免）
办事处副主任	王　帆　易正民　李海波 刘树松（2020年7月任） 任斗霓（2020年7月免）
人大工委副主任	张毅锋

黄金园街道

党工委书记	余　款（2020年5月任） 龚国华（2020年5月免）
党工委副书记、办事处主任	熊　昭（2020年5月任） 张　勇（2020年5月免）
党工委委员、人大工委主任	刘志国（2020年7月任） 谢立雄（2020年7月免）
党工委副书记	徐小勇（2020年7月任） 谢定伟（2020年2月免）
党工委委员、纪工委书记	彭跃军（2020年7月任） 周志兵（2020年7月免）
党工委委员、办事处副主任	刘　真　黄志国
党工委委员、政协联络工作负责人、办事处副主任	谭芝藩
党工委委员、组织委员	陈雪娥
办事处副主任	余洪波
人大工委副主任	周　健

白沙洲街道

党工委书记	资　涵
党工委副书记、办事处主任	李刚民
党工委副书记、	孙　亮
党工委委员、人大工委主任	梁海波
党工委委员、办事处副主任、宣传委员	姚　铁
党工委委员、纪工委书记	胡湘海
党工委委员、政协联络工作负责人、办事处副主任	黄海军
党工委委员、办事处副主任	陈伟胜
党工委委员、组织委员	伍斐妮
办事处副主任	陈　畅
办事处副主任（挂职）	梁　硕

人大工委副主任	秦学峰(2020年6月任) 张志勇(2020年6月免)

大泽湖街道

党工委书记	谭志龙
办事处主任	任代伟(2020年7月任) 邹　文(2020年7月免)
人大工委主任	李　飒
政协联络负责人	易　亿
党工委副书记	李　飒　朱　浩 任代伟(2020年7月任) 邹　文(2020年7月免)
党工委委员	易　亿　卢建群　丁　立 周新颜　陈　武 陈　飞(2020年7月任)
办事处副主任	易　亿　卢建群 周新颜　陈　武 陈　飞(2020年7月免)
人大工委副主任	周玉良

月亮岛街道

党工委书记	周辉军
党工委副书记、办事处主任	刘艺苗
党工委副书记、宣传委员	严海砂(2020年7月任) 郭荣辉(2020年7月免)
党工委委员、人大工委主任	易新宙
党工委委员、纪工委书记	彭　阳
党工委委员、办事处副主任、政协联络处工作负责人	李　意(2020年7月任) 徐小勇(2020年7月免)
党工委委员、组织委员	曾日峰
党工委委员、办事处副主任	熊正国　朱栋超
办事处副主任	肖大为
人大工委副主任	尹广明

雷锋街道

党工委书记	金胜利
党工委副书记、办事处主任	罗　钢
党工委委员、人大工委主任	胡裕坤
党工委委员、组织委员、宣传委员	陈英强
党工委委员、办事处副主任、政协联络负责人	周　豹
党工委委员、办事处副主任	杨　灵　俞　阳
党工委委员、纪工委书记	黄伟国
办事处副主任	范海东　董辉林　李珏瑞

白马街道

党工委书记	鲁存良
办事处主任	熊铁钢
人大工委主任	曾曙光
党工委副书记	熊铁钢　杨永亮
政协联络处负责人	余　敏
党工委委员	来辉煌　彭　耿　余　敏 罗劲波　李华东
办事处副主任	罗劲波　李华东 粟德志　杨　浩
人大工委副主任	姚　灿

桥驿镇

党委书记	毛　斌
镇　长	郑文艺
人大主席	黄智峰
党委副书记	郑文艺　陈　浪　罗　瑜
政协联络处主任	周炎明(2020年5月任) 周桂林(2020年5月免)
党委委员	黄智峰　周炎明 周桂林(2020年5月免) 肖　卓(2020年7月任) 王泽林(2020年7月免) 周双旗　姚旭科 谭　栋(2020年5月任)
副镇长	周炎明 周桂林(2020年5月免) 周双旗　姚旭科　王晓东
人大副主席	肖炜琪

茶亭镇

党委书记	李　勇
党委副书记、镇长	易　超
党委副书记	肖伟亮
党委委员、人大主席	舒　鸥
党委委员、纪委书记	龙成宇
镇党委委员	曾文武
镇党委委员、副镇长、政协联络处负责人	何　勇
副镇长	邓　义　姚铁军 钟巍伟　佘　青

乔口镇

镇党委书记	王润波
镇党委副书记、镇长	刘　波

镇党委副书记	胡宇波（2020年5月免）
镇党委委员、人大主席	黄东一（2020年5月任）
	吴弘毅（2020年2月免）
镇党委委员、政协联络负责人、宣传委员、副镇长	杨 涛
镇党委委员、纪委书记	瞿 帅
镇党委委员、副镇长	邓传军
镇党委委员、组织委员	贺 艺
镇党委委员、副镇长	邓 望（挂职龙山县扶贫）
副 镇 长	周 勇
	蒋妙龄（2020年8月任）
人大副主席	粟 钦

靖港镇

党委书记	陈 浪
镇 长	毛 柯
人大主席	崔 林
党委副书记	毛 柯
	何铁亮（2020年6月任）
	余敏威（2020年6月免）
政协联络工作负责人	刘 杰（2020年6月任）
	李 意（2020年6月免）
党委委员	崔 林 刘 杰 刘新辉
	王 宏 袁 坤
	周志红（2020年6月任）
副 镇 长	刘 杰 周志红
	彭 阳（2020年6月任）
	黄高峰（挂职，2020年8月免）
人大副主席	陈 果

白箬铺镇

党委书记	夏岳峰（2020年5月任）
	吴 刚（2020年5月免）
党委副书记、镇长	胡宇波（2020年6月任）
	夏岳峰（2020年5月免）
党委副书记	易小宇（2020年5月任）
	李 军（2020年7月免）
党委委员、人大主席	熊 彪
党委委员、政协联络工作负责人、副镇长	王姣妍
党委委员、纪委书记	胡 宇
党委委员、副镇长	曾洪波
	袁 鑫（2020年7月任）
	余艳辉（2020年7月免）
党委委员、组织委员、宣传委员	李概鹏（2020年7月任）
	易小宇（2020年7月免）
副 镇 长	张力夫
	倪煜权（2020年7月任）
	倪煜权（2020年8月免）
人大副主席	周鹏志

特色栏目

望城红色文化资源概览(节选)

红色遗址遗迹

1. 郭亮纪念园、郭亮墓、郭亮烈士生平事迹陈列室

郭亮纪念园位于铜官街道郭亮村文家坝组，是为纪念无产阶级革命家、湖南著名工人运动领袖郭亮烈士，于2011年11月郭亮110周年诞辰时，由原郭亮陵园提质改造而来。园内有省级文物保护单位郭亮墓、省级爱国主义教育基地郭亮生平事迹陈列室、郭亮故居、郭亮纪念碑廊、郭亮带兵抓郭亮青铜群雕以及郭亮亭等建筑。

2020 年，郭亮纪念园（刘湘东　摄）

郭亮墓位于郭亮纪念园内刘家坡山腰，是革命烈士郭亮的安葬地。1928年郭亮英勇就义后，革命群众用木匣子将烈士的无首遗体抢回文家坝，并将烈士头颅缝合一起后，安葬于旧居的后山刘家坡，与早年亡故的大哥郭砚章合冢。1950年，郭亮烈士的妻子李灿英逝世后与郭亮合葬。1957年，望城县人民政府为纪念郭亮56周年诞辰，采用铜官特色陶瓷修建烈士墓，竖立墓碑。2001年为纪念郭亮100周年诞辰，望城县人民政府维修烈士墓，建立陈列室，展示郭亮生平业绩，并耗资300万余元建立郭亮陵园。

郭亮烈士墓坐西北朝东南，占地面积50余平方米，全部用青绿釉色的琉璃制品装饰。墓围用花形砖图案的琉璃陶砖砌成，封土堆呈椭圆形，三砂封顶。立花岗石碑三通，主碑刻“革命烈士郭亮、中共党员李灿英之墓”，两副碑分别刻“中共望城县委、县人民政府立”和郭亮烈士生平。在三块石碑左侧还立有一块颜色陈旧的小石碑，上刻“郭公砚章之墓”，为掩护郭亮墓所立。1972年、1983年湖南省人民政府两次将郭亮墓公布为省级文物保护单位。

郭亮烈士生平事迹陈列室占地面积约600平方米，为青砖仿古建筑，辟有三间展室，展现了郭亮革命的一生。在郭亮故居内保存有郭亮和妻子结婚时用过的床、茶几、木椅等珍贵文物。

2. 湖南和平解放秘密电台工作站旧址

湖南和平解放秘密电台工作站旧址位于长沙市望城区桥驿镇洪家村付家组，是湖南和平起义时中共中央与国民党湖南当局领导人程潜联络所设置的秘密电台旧址。旧址由办公用房和后山山顶用来收发报的防空洞等组成，占地面积约3000平方米。旧址办公用房建于1937年，坐北朝南，为一座上下两进、中西合璧、中间有院落的四合院建筑，门前有一石碑，阴刻楷书“商农庄”，为周商

2020 年，湖南和平解放秘密电台工作站旧址（刘湘东　摄）

农私人庄园，占地面积500平方米。现存后栋，土木结构，五开间单进，坡屋面，上盖小青瓦，青砖屋脊中部着一莲花形装饰，西式木窗户，青砖铺地，房屋建筑高度4.98米，房屋建筑占地面积252.77平方米。2011年1月，公布为“湖南省级文物保护单位”。

1949年6月，周恩来在了解到湖南当局特别是程潜的思想状况后，指示华东局尽快派人做争取程潜、陈明仁的策反工作，并尽可能建立电台，以建立中央和程潜的直接联系。根据周恩来的指示，中共华东局派周竹安在长沙成立策反情报小组，并建立秘密电台沟通和中央的联系。几经选择，电台最终设在桥驿国民党退役师长周启铎（原名周商农）家中，由周竹安负责。该电台收发程潜给党中央的《备忘录》及毛泽东给程潜的回电等，对推动程潜、陈明仁和平起义起到关键作用。是年8月4日，程潜、陈明仁领衔发出起义通电，宣布湖南和平解放，秘密电台完成历史使命。

3. 铜官陶业工会成立处旧址（东山寺戏台）

铜官陶业工会成立处旧址（东山寺戏台）位于铜官街道铜官街南端夏国安博物馆内，是革命烈士郭亮生前组织陶业工人进行革命斗争的集会场所。前身为彤关寺，始建于隋唐，清康熙十三年（1674）重建，光绪三十年（1904）改为东山寺。

东山寺戏台坐南朝北，呈“凸”字形，占地面积约143平方米，建筑面积约108平方米。石木结构，共两层，第一层为约1.8米的架空层，第二层檐口高度为6米，上盖绿色琉璃瓦，屋脊为黄色陶制品，东西两侧的山墙为琉璃瓦墙顶成两个半圆形封火墙，窗为方格贴纸双扇平开窗。

1923年3月3日，在毛泽东、郭亮的领导下，铜官3000余名陶业工人在东山寺戏台集会，成立铜官陶业工会。这是望城域内成立的第一个工人组织。大会选举郭亮为铜官陶业工会荣誉委员长。

铜官陶业工会成立处旧址（东山寺戏台）也是郭亮牺牲后“悬头”的地方。1928年3月27日，郭亮因叛徒出卖，不幸被捕，3月29日敌人将郭亮杀害于长沙司门口，并残忍将头颅割下装在竹笼里，挂在司门口“示众”，后又挂到他的家乡铜官东山寺戏台柱子上“示众”，以此恐吓革命群众。从此，东山寺戏台成为纪念和缅怀郭亮烈士的纪念地。1963年，铜官镇人民政府将东山寺戏台改建成“郭亮烈士纪念亭”。

2020年，铜官陶业工会成立处旧址（刘湘东　摄）

1981年3月，东山寺戏台因年久失修，在洪水中倒塌，原东山寺戏台建筑拆除。

4. 长沙县第十区农民协会旧址（齐天庙）

长沙县第十区农民协会旧址位于望城区白箬铺镇齐天庙村老屋冲组齐天古庙内。古庙始建于唐末宋初（936—960），后几经毁败，于清乾隆五十六年（1791）重建。古庙毁于“文化大革命”中，1992年开始重建，占地面积11116平方米，建筑面积1450平方米。1998年10月，被长沙市人民政府批为宗教信仰活动场所。

2020年，长沙县第十区农民协会旧址（刘湘东　摄）

1926年上半年，易子义串联叶魁、易顺鼎等骨干400余人，秘密组织工农团。1927年1月，成立第十区农民自卫军（即农民纠察队），驻地白箬铺齐天庙。长沙马日事变后，同年5月29日，第十区农民协会在河西齐天庙集合3000余人农民武装纠察队，讨伐许克祥制造马日事变屠杀革命群众的反革命罪行，议决联合全县18镇乡纠察队员攻打长沙，公推易子义为总指挥，制定16条攻城计划。6月下旬，河西地区农民协会负责人叶魁遵照滕代远指示，秘密召集农民纠察队主要成员30余人成立复仇大队，叶魁任大队长，郭保钦任副大队长，龚杰任秘书。复仇大队先后袭击河西镇团防队、靳江河厘金局、麓山镇团防局（新庄）、三汊矶厘金局，击毙湖南浏（阳）平（江）清乡司令部第三支队队长邹名鼐，打击几个与长沙县县长兼清乡司令王士奇勾结的土豪劣绅，声威大震。10月，叶魁领导的复仇大队更名为“工农革命军长沙独立一团”。

旧址中滕代远、叶魁等商量农民运动有关活动的偏房已毁，但宅基地犹存。戏台为仿照农民协会和复仇大队宣布成立时的戏台所建。

5. 八路军“南下支队”指挥部旧址（杲山寺）

八路军“南下支队”指挥部旧址(杲山寺)位于乌山街道团山湖村西侧山麓处，是中共中央“南下支队”夜渡湘江后的部队扎驻地。杲山寺为砖木结构，建筑南北朝向，屋顶为坡屋顶，遗留建筑为一中殿，其余建筑在“大跃进”及“文化大革命”中损毁，20世纪80年代恢复佛教协会后，按照修旧如旧的原则恢复了全寺建筑，并作为区佛教协会驻地，现建筑保存较好，建筑面积大约1200平方米。

1944年10月，中共中央为建立以五岭山脉为依托的抗日根据地，决定以359旅为基础组成第18集团军独立第1游击队(通称“南下支队”)，王震任司令员，王首道任政委。11月9日“南下支队”从延安出发，向湘粤边境挺进。1945年7月24日，“南下支队”3800余人，在王震、王首道的率领下，夜渡湘江，驻扎在杲山寺附近，指挥部设在杲山寺，在杲山寺周围进行抗日等宣传活动。

2020 年，八路军“南下支队”指挥部旧址（刘湘东　摄）

6. 飞机丘

飞机丘位于高塘岭街道斑马湖社区斑马湖公园北湖西北角，是抗日战争时期日寇飞机坠毁处。

1944年6月30日，5架盟军飞机与9架日军飞机在高塘岭上空激战，击落日军飞机3架，分别坠入芭茅湖(今高塘岭街道斑马湖北湖西北角——飞机丘)、铁塘坝(今高塘岭街道裕农村)、薛家湖(今高塘岭街道沱市对岸)，其余日军飞机狼狈逃窜。同日，3架盟军飞机围追一架日军飞机，日军飞机在沱市上空被击中，机身坠于杨家屋场后面(今高塘岭街道沱市村内)水田里。为了铭记抗日的光荣事迹，纪念为民族解放而抛头颅、洒热血的仁人志士，人们把斑马湖日军飞机坠落处定名为“飞机丘”。

2020 年，飞机丘（刘湘东　摄）

7. 长宁难童教养院旧址

长宁难童教养院旧址位于湖南省长沙市望城区乌山街道(现维梓学校)，建筑占地面积2000平方米，是1944年长沙沦陷后，当地教育爱国人士收养当地失学儿童和难民的处所。长宁难民教养院遗址所在地为低山丘陵地貌，位于团山湖畔，四周水系发达，有八曲河、沩水流经。周边路网发达，高乌公路和许广高速、黄桥大道在附近通过，交通非常便利。人口相对密集，周边建筑主要以现代民居为主。

1939年5月，湖南省政府奉命调查对抗战损失，在核对湘北各县人口时发现，日军在湘北收捕10岁左右的儿童，抽取血液救治伤兵，或运往日本充当童工，十几个县丢失儿童4万余人。因此，抢救、收养、教育难童，是抗日战争中特殊而又艰巨的工作。1944年6月长沙沦陷后，日军烧杀抢掠，百姓无法安身，学校被迫停课，当地适龄儿童无法读书。在此情况下，中共长沙地方党组织积极发动当地教育爱国人士在长沙县仁德乡维梓屋场(今望城区乌山街道)筹办一所收养长宁地区失学儿童和难童的学校。用周姓人家的一座祠堂作为校舍，房屋宽敞、地处偏僻，日军不易深入侵扰。学生除长宁两县沦陷区的失学儿童外，还有部分从长沙市或外地逃难到乡间的难童，共有百余人。教养院一直坚持到抗战胜利。原教养院已多次重建，现名维梓小学，原举办难民教养院时的建筑仅剩部分青砖围墙、石凳等。校门外一棵古树尚存，树龄两百余岁。

2020 年，长宁难童教养院旧址（刘湘东　摄）

红色人物

1. 郭 亮

郭 亮

郭亮（1901—1928），原名郭靖笳。中共中央候补委员，代理湖南省委书记，工人运动领袖。清光绪二十七年（1901）12月3日出生于长沙县临湘都文家坝（今长沙市望城区铜官街道）。1920年秋考入湖南省立第一师范。参加新民学会、湖南马克思主义研究会，结识毛泽东。

1920年10月，郭亮加入中国社会主义青年团。次年冬经毛泽东介绍加入中国共产党。1922年9月，他带头卧轨，发动震撼全国的粤汉铁路大罢工。11月，粤汉铁路总工会成立，他被推选为秘书。湖南省工团联合会成立，毛泽东任总干事，郭亮当选为副总干事。1923年夏，毛泽东调中央工作，他继任总干事。1923年1月，郭亮回铜官领导陶业工人抗税斗争，迫使长沙县府取消“窑门捐”“执照税”，并任铜官陶业工会名誉委员长。其间，郭亮先后任中共湘区委员会委员、工农部部长，湖南外交后援会主席，他创办《救国周刊》，组织群众开展向省长赵恒惕请愿，查禁日货、对日经济绝交等一系列爱国活动。

1925年五卅惨案发生，郭亮联络各界成立“青沪惨案”湖南雪耻会，被公推为主席。他组织长沙2万余人举行示威，宣布对英、日的五项经济绝交公约。12月，又联合各公法团代表火烧日商船舶，要求收回长沙大金码头。

1926年5月，郭亮在第三次全国劳动大会上当选为中华全国总工会候补执行委员。1927年4月，郭亮在中共五大上当选为中央候补委员。5月，代理中共湖南省委书记，应对马日事变后长沙出现的危险局势。事变后辗转到武汉，出席第四次全国劳动大会，当选为全国总工会执行委员。大革命失败后，中共中央长江局派遣郭亮到贺龙部做政治工作。8月担任农工委员会委员，参加南昌起义军南征。广东潮汕地区失利后，郭亮经香港辗转上海找到党组织，被党中央任命为湖北省委书记。1928年1月任命为湘西北特委书记。后改任湘鄂赣边特委书记。在任湘鄂赣边特委书记时，因叛徒出卖，不幸被捕，于1928年3月29日被敌人杀害于长沙司门口。

2. 叶 魁

叶魁（1883—1930），原名书清，清光绪九年（1883）农历三月三十，出生于善化县七都鹧鸪塘（今白马街道廖家坪村鹧鸪塘组）。幼时因家贫仅读私塾3年，后随父务农，闲时从师练武。1926年加入中国共产党，同年9月，叶魁等在友仁乡齐天庙成立长沙县第十区农民协会，组织上千人的自卫团，叶魁任团长。马日事变后，叶组织农民武装在河西夜袭厘金局，缴获大量枪支和银圆，威名大震。1928年3月27日，反动派烧毁了叶魁住房。1928年中秋，叶魁召集主要负责人在宜家坡开会，成立“长潭宁益工农革命军独立团”，叶魁任团长，再次燃起农民武装斗争的烈火。1930年春，叶部在南县、华容边境展开游击战，寻机与贺龙领导的湘鄂西红军会合。不料计划被叛徒告密，1930年3月9日，部队在华容县复兴垸太西庙被敌包围。叶魁率部奋力突围，终因敌强我弱，弹尽无援而被俘。3月26日，在长沙浏阳门外识字岭英勇就义。

叶魁被害后，反动派将叶魁的头颅挂在宜家坡杨公塘边一棵老柞树上“示众”3天。其亲属将叶魁头运回后安葬于三益村曾家坝六指岭山上。叶魁烈士墓原址位于山坡竹林之中，有小路抵达，由墓冢、墓围、墓碑、拜台、前坪组成，水泥墓碑文字简要记载其生平，墓葬占地面积约15平方米。2013年，长沙市人民政府将其遗骨迁葬湖南革命陵园；2018年12月，陵园为其立碑，介绍生平事迹。

3. 周炳文

周炳文（1892—1931），又名传焕，清光绪十八年（1892）农历十一月二十三出生于长沙县临湘都照霞冲（今长沙市望城区桥驿镇群力村），两岁过继给伯父周福堂为嗣，15岁随伯父到江西安源，1913年，在安源路矿工人子弟学校当教员。1917年，考入湖南高等工业学校。1921年，在安源与毛泽东相识，1922年加入中国共产党。1928年，任省委委员并负责财经及秘密机关工作。1929年，主持省委机关秘书处工作并兼任宣传委员会主任。1931年3月7日，在湘阴尖山被捕，就义前周炳文从狱中托人带出“给妻子的遗书”给家人。1931年5月11日在长沙浏阳门外识字岭英勇就义。

4. 周以栗

周以栗（1897—1934），字子慎，参加革命后曾化名岳易云、王仲英，笔名易允。中国共产党早期革命领导人，著名革命烈士。清光绪二十三年（1897）农历十月二十六出生于湖南省长沙县桥头驿九福乡麦子冲易家屋场（今长沙市望城区桥驿镇民福村楠竹山组）。1924年加入中国共产党，曾任湘、鄂、赣三省农民运动讲习所教务主任、中共湖南省委军事部部长、中共河南省委书记、红一方面军总前委委员、总政治部主任等职。在江西瑞金召开的中华苏维埃共和国第一次全国工农兵代表大会上，周以栗当选为人民委员会执行委员、临时中央政府内务人民委员。1931年11月，毛泽东指名周以栗为红中社（新华社前身）第一任负责人、临时中央政府机关报《红色中华》主笔等职。1934年10月，中央红军长征，周以栗因病不能随大部队行动，党组织决定安排他去上海治病。1934年11月，在去上海途中的江西信丰河被国民党军包围，突围时壮烈牺牲。

2020 年，周以栗故居（刘湘东　摄）

5. 刘畴西

刘畴西（1897—1935），清光绪二十三年（1897）出生，望城靖港人。1920年考入湖南省立第一师范学校，1922年夏加入中国共产党。1924年5月考入黄埔军校，曾参加平定广州商团叛乱的战斗。1925年在参加讨伐陈炯明的东征中负重伤，截去左臂。1927年夏任国民革命军第11军24师参谋，参加南昌起义，后任营长、团参谋长。1929年年初到苏联，入伏龙芝军事学院学习。1930年8月回国，被派往中央苏区。刘畴西3次参加反“围剿”，英勇善战，指挥若定，屡建奇功，被中央根据地人民誉为威震敌胆的“独臂将军”。不久调任瑞金中央军事政治学校政治部主任，为红军培养了大批军政干部。1932年7月调任红21军军长，率部转战闽赣边区，全力支援中央根据地的第五次反“围剿”斗争。曾获中革军委授予的二等红星奖章。1934年7月，中央决定由寻淮洲率领的红7军团组成北上抗日先遣队，立即向闽浙赣等省出动，宣传中国共产党抗日主张，推动抗日运动发展。11月，红7军团与刘畴西、方志敏率领的红10军会师，两军合编为红10军团，仍作为北上抗日先遣队，刘畴西任军团长兼第20师师长。12月，红10军团在浙赣边界的怀玉山被国民党军包围。他率部反复冲杀，浴血苦战，右臂又被敌人打伤，终未能突出重围，1935年1月被俘。狱中严词拒绝国民党反动派的劝降，于1935年8月6日在江西南昌英勇就义。

6. 陈锡纯

陈锡纯

陈锡纯（1915—1937），1915年出生于长沙县（今望城区靖港镇凌冲村华林塘）。在青峰山高级小学毕业，考入长沙广益中学。“九一八”事变后，他痛感中华民族屡遭倭寇侵凌，悲愤难禁。初中毕业后，毅然投笔从戎，入南京中央宪兵学校，继入中央陆军军官学校。1936年10月毕业，分配到国民革命军南昌空军第2大队见习，次年1月任少尉飞行员。

1937年7月7日，抗日战争全面爆发，陈锡纯所在空军大队移驻安徽广德机场，处于战备状态。他给家人写信说：“东瀛小丑，必欲亡我中华，吾辈热血青年，怎堪忍此奇耻大辱。吾意已决，誓为祖国的尊严而战，为民族的生存而战，一旦需要时，即使付出生命亦在所不惜……”

1937年8月13日，日本侵略军进攻淞沪地区，出动大批飞机在上海和江南狂轰滥炸。陈锡纯所在的空军第二大队奉命准备参加上海战役，8月19日空军第二大队和第十一大队出动14架飞机，携500磅炸弹2枚、250磅12枚、100磅炸弹7枚于上午9时40分从广德机场起飞，执行轰炸长江口外佘山附近日航空母舰及白龙港之日舰的任务。陈锡纯随分队长沈崇诲驾驶904号战机出击，在佘山海面向敌舰投下大量炸弹，重创敌巡洋舰一艘，返航至白龙港上空时，遭多艘敌舰高射炮火疯狂袭击，激战中904号战机中弹，尾部冒出长长的黑烟。面对日军，陈锡纯与沈崇诲一道，加大马力，以最快的速度，从2000米上空俯冲而下，猛撞敌旗舰“出云号”，致其重伤失去战斗力，陈锡纯和沈崇诲却壮烈牺牲。

陈锡纯牺牲后，国民政府追认他为中尉军衔，并发给其家属1万元抚恤金。1986年，湖南省人民政府批准追认陈锡纯为革命烈士。

7. 谭天觉

谭天觉（1905—1942），子赐符，茶亭九峰山村人，清光绪三十一年（1905）生，毕业于黄埔军校第六期，1925年参加国民革命军的第二次东征，抗日战争中期，任二十七军补充团团长，军部上校作战科长、处长、参谋长等职。1942年年初太行山战役失利后被俘，同年6月在南京浦口新炭场惨遭日寇杀害。当地老百姓以芦席裹其尸体，葬于新炭场荒山上。1946年冬，其家人找到烈士下落，并通过其战友找到尸骨埋葬的准确地点。中华人民共和国成立后，其家人将英雄的遗骨运回九峰山下庙冲后山安葬。

2020 年，谭天觉烈士墓（刘湘东　摄）

主题索引

说明：

一、本索引把年鉴的条目（特载、专文、大事记、人物、附录、彩页、随文表格、类目、概况、综述除外）用主题分析的方法，按汉语拼音字母顺序排列。

二、分目用黑体字标明。

三、索引名称后的阿拉伯数字表示内容所在的页码，拉丁字母（a、b、c）表示栏别（从左至右分别为1、2、3栏）。

A

B

C

D

E

F

G

H

J

K

L

M

N

P

Q

R

S

T

W

X

Y

Z